Spring in Action 제5판

스프링 5.2.x FIFTH EDITION

스프링 인 액션

SPRING IN ACTION, 5th edition

스프링 인 액션(제5판)

1쇄 발행 2020년 5월 14일
4쇄 발행 2024년 3월 31일

지은이 크레이그 월즈
옮긴이 심재철
펴낸이 장성두
펴낸곳 주식회사 제이펍

출판신고 2009년 11월 10일 제406-2009-000087호
주소 경기도 파주시 회동길 159 3층 / **전화** 070-8201-9010 / **팩스** 02-6280-0405
홈페이지 www.jpub.kr / **투고** submit@jpub.kr / **독자문의** help@jpub.kr / **교재문의** textbook@jpub.kr

소통기획부 김정준, 이상복, 김은미, 송영화, 권유라, 송찬수, 박재인, 배인혜, 나준섭
소통지원부 민지환, 이승환, 김정미, 서세원 / **디자인부** 이민숙, 최병찬

진행 및 교정 · 교열 이종무 / **내지디자인** 북아이
용지 에스에이치페이퍼 / **인쇄** 한승문화 / **제본** 일진제책사

ISBN 979-11-90665-18-6 (93000)
값 35,000원

제이펍은 독자 여러분의 아이디어와 원고를 기다리고 있습니다. 책으로 펴내고자 하는 아이디어나 원고가 있는 분께서는 책의 간단한 개요와 차례, 구성과 저(역)자 약력 등을 메일(submit@jpub.kr)로 보내 주세요.

Spring in Action 제5판

스프링 5.2.x FIFTH EDITION

스프링 인 액션

크레이그 월즈 지음 / 심재철 옮김

Jpub 제이펍

※ **드리는 말씀**

- 이 책에 기재된 내용을 기반으로 한 운용 결과에 대해 저/역자, 소프트웨어 개발자 및 제공자, 제이펍 출판사는 일체의 책임을 지지 않으므로 양해 바랍니다.
- 이 책에 기재한 회사명 및 제품명은 각 회사의 상표 및 등록명입니다.
- 이 책에서는 ™, ©, ® 등의 기호를 생략하고 있습니다.
- 이 책에서 사용하고 있는 제품 버전은 독자의 학습 시점이나 환경에 따라 책의 내용과 다를 수 있습니다.
- 이 책은 스프링 5.x, 스프링 부트 2.0.4~2.2.6, STS IDE 4.6.1 버전을 기준으로 집필하였습니다.
- 책의 내용과 관련된 문의사항은 옮긴이나 출판사로 연락주시기 바랍니다.
  - 옮긴이: jcspro@hanafos.com
  - 출판사: help@jpub.kr

차례

PART 5 스프링 배포 537

옮긴이 머리말

"정성과 최선을 다했습니다."

한마디로 요약해서 독자 여러분께 드리고 싶은 제 진심의 표현입니다. 용어 하나하나, 내용 모두에 걸쳐 심사숙고하였으며, 실습용 프로젝트 코드의 작성 및 수정과 테스트를 병행하여 이 책을 완성하였습니다.

이 책에서는 스프링 5와 스프링 부트 2를 사용해서 애플리케이션을 개발하는 데 필요한 여러 핵심 기능을 알려줍니다. 자세한 내용은 여기서 언급하지 않고 제가 긴 시간 동안 많은 노력을 들여 작업했던 것에 관해서만 말씀드리고자 합니다.

우선, 좋은 책인데 해외 사이트에서 원서의 독자평이 좋지 않았습니다. 처음에는 의아했는데 번역 작업을 진행하면서 왜 그런지 알게 되었습니다. 따라서 힘이 들더라도 원서의 문제점이나 미비한 부분을 해결하여 더욱더 좋은 책이 될 수 있는 방향으로 작업하였습니다.

이 책을 번역하면서 다음의 작업을 추가로 진행하였습니다.

1. 책을 읽는 독자의 입장에서 필요한 자세하고 친절한 설명이 원서에서는 많이 생략되어 있었습니다. 예를 들어, 특정 클래스를 작성해야 하는데 이 클래스를 어느 패키지에 두어야 하고 코드 작성 시에 추가로 필요하거나 연관된 것(예를 들어, 다른 모듈 등)이 있을 때 어떻게 해야 하는지와 같은 부연 설명이 없어서 독자의 입장에서 난감한 경우가 많았습니다. 따라서 이런 경우에 필요한 내용을 많이 보충하였습니다.
2. 기존 원서에 있는 대로 코드를 작성하면 프로젝트를 빌드하거나 실행할 때 에러가 생기는 경우가 많았습니다. 따라서 더 이상 진도를 나갈 수 없어 무척 짜증스럽고 피곤했습니다. 그래서 모든 코드의 에러를 찾아 수정하고 책에 반영하였습니다.

3. 전체 프로젝트를 정상적으로 빌드하는 데 필요한 다른 클래스 등이 원서에는 아예 누락된 경우가 더러 있었고 이에 관한 설명도 없었습니다. 따라서 이런 코드를 모두 파악하여 추가하였습니다.

4. 6장부터는 한 프로젝트가 여러 개의 모듈로 구성됩니다. 따라서 프로젝트를 빌드하고 실행하는 데 필요한 작업과 절차를 알아야만 테스트할 수 있습니다. 이런 내용들도 원서에는 반영되어 있지 않습니다(예제 코드에 포함된 README.adoc 파일에 일부 설명이 있지만, 이 내용으로는 부족합니다). 따라서 독자 여러분이 실습하는 데 도움이 되도록 6장부터는 각 장의 제일 뒤에 프로젝트를 빌드하고 실행하는 방법을 자세히 추가했습니다.

이처럼 원서의 많은 오류와 미비점을 수정하고 보완한 책입니다. 제가 들인 많은 시간과 노력이 독자 여러분께 도움이 되었으면 좋겠습니다.

끝으로, 이 책을 출간하는 데 아낌없는 배려와 수고를 해주신 제이펍 출판사의 장성두 대표님과 이종무 팀장님, 김수미 디자이너님께 진심으로 감사드립니다.

2020년 4월

— 옮긴이 **심재철**

머리말

어느덧 15년 이상을 스프링과 함께 일을 하면서 이 책의 5판을 저술하게 되었다. 매번 스프링의 새로운 면모를 알려주기 위해 노력하지만, 쉬운 일은 아닌 듯하다.

스프링 5에서는 여러 가지 변화와 진전이 있었다. 그중에서 리액티브 프로그래밍의 지원이 눈에 띈다. 특히, 새로운 리액티브 웹 프레임워크인 스프링 WebFlux가 그렇다. 스프링 WebFlux는 스프링 MVC의 프로그래밍 모델을 가져와서 만들어졌지만, 스프링 MVC와 많은 컴포넌트를 공통으로 사용하며, 같은 애노테이션을 공유한다. 따라서 개발자들이 더 쉬우면서 확장성이 좋은 웹 애플리케이션을 개발할 수 있다. 또한, 이제는 스프링 데이터Spring Data에서도 리액티브하면서 블로킹이 없는 데이터 리퍼지터리를 생성할 수 있다.

스프링 5의 새로운 리액티브 프로그래밍 기능에 추가하여 이제는 스프링 부트 2도 그 어느 때보다 더욱 강화된 자동-구성을 지원하며, 새로운 면모의 액추에이터를 사용해서 실행 중인 애플리케이션의 내부를 살펴보고 관리할 수 있게 되었다.

게다가 하나의 커다란 애플리케이션을 여러 개의 마이크로서비스로 분할하여 개발할 수 있으며, 스프링 클라우드에서는 마이크로서비스를 쉽게 구성하고 사용할 수 있는 기능을 제공한다.

이번 《**스프링 인 액션(제5판)**》에서는 이런 모든 것을 다루고 있으므로 개발자들이 스프링의 새로운 진면목을 파악하는 데 도움이 되리라 믿는다.

스프링과 함께한 15년 이상의 기간은 흥미진진한 시간이었다. 이 모든 것을 독자 여러분과 공유하고자 더욱 노력할 것이다.

— **크레이그 월즈**

스프링과 스프링 부트는 애플리케이션의 모든 기반을 자동으로 구성해 주므로 개발자가 애플리케이션의 로직에만 집중할 수 있게 한다. 하지만 책을 집필할 때는 그런 마법이 통하지 않는 것 같다.

이 책이 최상의 상태가 될 수 있게 능력을 발휘해 준 매닝 출판사 여러분께 감사의 말을 전한다. 특히, Jenny Stout, Janet Vail, Andy Carroll, Frances Buran, Katie Tennant, Melody Dolab, Joshua White에게 감사드린다.

이 책을 저술하는 동안 목표를 흐트러지지 않고 알찬 내용을 담을 수 있게 해준 리뷰어들로부터 많은 피드백을 받았다. 이런 도움을 준 다음 분들께 감사드린다. Andrea Barisone, Arnaldo Ayala, Bill Fly, Colin Joyce, Daniel Vaughan, David Witherspoon, Eddu Melendez, Iain Campbell, Jettro Coenradie, John Gunvaldson, Markus Matzker, Nick Rakochy, Nusry Firdousi, Piotr Kafel, Raphael Villela, Riccardo Noviello, Sergio Fernandez Gonzalez, Sergiy Pylypets, Thiago Presa, Thorsten Weber, Waldemar Modzelewski, Yagiz Erkan, Željko Trogrlić.

스프링 엔지니어링 팀 멤버들에게도 감사한다. 이분들의 노고와 업적이 없었다면 이 책의 저술 자체가 무의미했을 것이다.

No Fluff/Just Stuff 콘퍼런스의 동료 강연자들에게도 감사드린다. 항상 이분들에게 많은 것을 배운다. 또한, 스프링에 관해 많은 의견을 나누며, 이 책을 구체화하는 데 도움을 준 Brian Sletten, Nate Schutta, Ken Kousen에게도 감사한다.

마지막으로, 책을 저술할 때마다 격려와 응원을 해주는 사랑하는 아내 Raymie와 훌륭한 숙녀로 성장하고 있는 자랑스러운 두 딸 Maisy와 Madi에게도 고마움을 전한다.

《**스프링 인 액션(제5판)**》은 스프링의 핵심 기능을 알려준다. 우선, 데이터베이스가 지원되는 웹 기반의 자바 애플리케이션을 개발하는 방법부터 시작한다. 그다음에 다른 애플리케이션과의 통합과 리액티브 프로그래밍, 애플리케이션을 마이크로서비스로 분할 및 개발하는 방법을 배운다. 그리고 RESTful 사용 및 애플리케이션 배포 방법도 배운다.

이 책은 스프링 입문자와 스프링 5로 레벨업하려는 기존 사용자 모두를 위해 집필하였으며, 스프링의 여러 요소를 함께 사용하여 실무 애플리케이션을 개발하는 데 필요한 지침을 제공한다.

이 책의 구성

이 책은 5부 19개 장으로 구성되어 있다. 1부에서는 스프링 애플리케이션의 작성을 시작하면서 스프링의 기초를 배운다.

- 1장에서는 스프링과 스프링 부트 및 스프링 프로젝트를 초기 설정하는 방법을 소개한다. 이때 책 전반에 걸쳐 기능을 확장할 스프링 애플리케이션을 생성한다.
- 2장에서는 스프링 MVC를 사용한 애플리케이션의 웹 계층 개발에 관해 배운다. 이때 웹 요청을 처리하는 컨트롤러와 웹 브라우저에 정보를 보여주는 뷰를 개발한다.
- 3장에서는 스프링 애플리케이션에서 관계형 데이터베이스에 데이터를 저장하는 방법을 배운다.
- 4장에서는 스프링 시큐리티를 사용해서 사용자를 인증하고 인가되지 않은 애플리케이션의 접근을 막는 방법을 배운다.

- 5장에서는 스프링 부트 구성 속성을 사용해서 스프링 애플리케이션을 구성하는 방법을 배운다. 또한, 프로파일을 사용해서 선택적으로 구성을 적용하는 방법도 배운다.

2부에서는 애플리케이션을 다른 애플리케이션과 통합하는 데 도움을 주는 주제를 다룬다.

- 6장에서는 스프링에서 REST API를 작성하는 방법을 살펴보면서 2장에서 시작했던 스프링 MVC를 더 폭넓게 다룰 것이다.
- 7장에서는 6장과는 반대로 스프링 애플리케이션에서 REST API를 사용하는 방법을 학습한다.
- 8장에서는 JMSJava Message Service와 RabbitMQ 및 카프카Kafka를 사용해서 스프링 애플리케이션이 메시지를 주고받을 수 있도록 비동기 통신을 사용하는 방법을 알아본다.
- 9장에서는 스프링 통합Spring Integration 프로젝트를 사용해서 선언적declarative 애플리케이션 통합 방법을 알아본다.

3부에서는 스프링의 리액티브 프로그래밍Reactive Programming 지원에 관해 살펴본다.

- 10장에서는 프로젝트 리액터Project Reactor를 사용한 리액티브 프로그래밍의 핵심을 알아본다(프로젝트 리액터는 스프링 5의 리액티브 기능을 뒷받침하는 리액티브 프로그래밍 라이브러리다).
- 11장에서는 다시 REST API 개발로 돌아가서 스프링 WebFlux를 소개한다. 이것은 웹 개발의 새로운 리액티브 모델을 제공하면서 스프링 MVC의 많은 것을 가져온 새로운 웹 프레임워크다.
- 12장에서는 카산드라Cassandra와 몽고Mongo 데이터베이스에 데이터를 읽거나 쓰기 위해 스프링 데이터로 리액티브 데이터 퍼시스턴스를 작성하는 방법을 알아본다.

4부에서는 스프링 클라우드와 마이크로서비스Microservice 개발을 소개하면서 단일 애플리케이션을 마이크로서비스로 분할하여 개발하는 방법을 알아본다.

- 13장에서는 서비스 발견discovery에 관해 자세히 살펴본다. 이때 스프링 기반의 마이크로서비스를 등록하고 발견하기 위해 넷플릭스Netflix의 유레카Eureka 서비스 레지스트리를 사용한다.

- 14장에서는 구성 서버Config Server를 사용해서 중앙 집중식으로 애플리케이션 구성을 처리하는 방법을 알아본다. 구성 서버에서는 다수의 마이크로서비스가 구성을 공유할 수 있다.
- 15장에서는 마이크로서비스를 보다 장애에 탄력적이 되도록 하는 서킷 브레이커 패턴을 Hystrix로 적용하는 방법을 알아본다.

5부에서는 스프링 부트 애플리케이션의 모니터링과 관리 및 배포 방법을 알아본다.

- 16장에서는 스프링 부트 액추에이터Actuator를 소개한다. 액추에이터는 실행 중인 스프링 애플리케이션의 내부 정보를 REST 엔드포인트와 JMX MBeans로 노출시키는 스프링 부트의 확장 모듈이다.
- 17장에서는 스프링 부트 Admin을 사용해서 브라우저 기반의 사용자 친화적인 관리 애플리케이션을 액추에이터의 상위 계층에 작성하는 방법을 알아본다.
- 18장에서는 스프링 빈을 JMX MBeans로 노출시키고 사용하는 방법을 알아본다.
- 19장에서는 스프링 애플리케이션을 다양한 프로덕션 환경에 배포하는 방법을 알아본다.

스프링을 처음 접하는 개발자는 1장부터 시작해서 각 장을 차례대로 읽는 것이 좋다. 반면에 스프링을 다루어 본 경험자라면 관심 있는 부분을 선택해서 봐도 된다. 그렇지만 각 장의 프로젝트는 이전 장의 것을 사용해서 점진적으로 개발되므로 전후 상황을 이해하기 어려울 수 있다.

코드 표기 및 예제 코드

이 책에서는 두 개 이상의 키보드 키를 누를 때 + 기호로 나타냈다. 예를 들어, Ctrl 키와 S 키를 같이 누를 때는 Ctrl+S로 표기하였다. 또한, 단축키는 윈도우 키[맥 OS X 키]의 형태로 표시되어 있다(예를 들면, Ctrl+S[Control+S]).

본문 속에 나타나는 키워드, 클래스, 메서드, 애노테이션은 `고정폭 글꼴`로 하여 알아보기 쉽게 하였다. 그리고 코드 리스트에서 새로 추가해야 할 코드는 **진한 글씨체**로 표시하였으며, 삭제할 코드는 글자 중앙에 삭제선으로 나타냈다. 또한, 본문에서 강조할 단어와 입력이나 마우스 선택, 클릭 등의 이벤트 처리 시 해당하는 단어에도 **진한 글씨체**로 표시하였다.

이 책의 프로젝트 소스 예제 코드는 https://github.com/Jpub/SpringInAction5에서 다운로드할 수 있다(원서 코드의 오류를 수정해서 여기에 수록했다). 각 장의 프로젝트 코드는 서브 디렉터리에 포함되어 있다(예를 들어, 1장은 Ch01).

유용한 온라인 리소스

- 스프링 웹 사이트는 https://spring.io/guides이며, 스프링에 관한 모든 정보를 볼 수 있다.
- 스프링과 스프링 부트에 관해 궁금한 것이 있다면 https://stackoverflow.com/questions/tagged/spring에 방문하자.

베타리더 후기

송재욱(우아한형제들)

《스프링 인 액션》을 리뷰할 수 있게 돼서 개인적으로 즐거웠습니다. 5판이 나오기까지 거듭된 개편으로 책의 품질도 향상됐습니다. 스프링은 그 자체만으로도 큰 축을 이루고 있지만, 생태계를 함께 이해하고 접목했을 때 더욱 빛을 발휘하는 좋은 프레임워크입니다. 이에 대한 고민과 궁금증을 해소하는 좋은 가이드가 되는 도서라고 생각합니다.

신진규(JEI)

최근에 접해 본 스프링 관련 도서 중 가장 훌륭한 책이었습니다. 특히, 실제 업무에 가까운 예제가 인상적이었습니다. 예제를 살펴보는 것만으로도 실무에서 어떤 식으로 스프링을 활용하는지 참고가 되었습니다. 그리고 번역을 통해 원서보다 더 좋은 책이 되었습니다. 원서의 경우 잦은 오탈자와 실행되지 않는 예제에 대한 불만이 많았지만, 번역본에서는 수정되어 있었습니다.

양성모(현대오토에버)

2008년 이 책의 2판으로 스프링 프레임워크를 처음 접하였습니다. 벌써 10년이 넘는 시간이 지났고 5판이 출간되었네요. 이 책을 통해 스프링 프레임워크의 새로운 기능과 그동안 놓치고 있던 개념을 명확하게 정리할 수 있었습니다.

윤주환(쿠팡)

가끔 스프링을 쓰다 보면 제공하는 기능이 너무 방대해서 어떤 것을 사용해야 좋을지 모를 때가 많았습니다. 하지만 이 책을 읽고 '아! 그때 이 기능을 사용했어야 했구나'라고 느끼는 경우가 많았는데요. 이 책을 읽는 다른 분에게도 좋은 가이드가 되리라 생각합니다. 또한,

리액티브 프로그래밍의 개념부터 실제 사용까지 이해하기 쉬우면서도 자세히 다룬 점이 좋았습니다.

이태환

이 책은 자바를 접해 본 분에게는 정말 많은 도움이 되는 책이라고 말씀드립니다. 책의 시작부터 직관적이고 쉬운 설명을 통해 스프링의 다양한 개념을 설명합니다. 방대한 양이지만, 핵심적이고 중요한 내용만 체계적으로 다루고 있어서 지루하지 않게 읽었습니다. 스프링 초보자분이 보기에는 다소 어려울 수 있지만, 스프링을 능수능란하게 다루고 싶은 분들에게 특히 추천합니다.

이현수(무스마 기술연구소)

한 시대를 풍미한 자바 언어와 더불어 사실상의 개발 표준이라고 할 수 있는 스프링 프레임워크의 마지막 버전인 5와 실무에서 유용하게 사용할 수 있는 스프링 서브 프로젝트를 소개합니다. 스프링 프레임워크의 새 메이저 버전이 출시될 때마다 출간된 역사가 깊은 책인데, 자바 위주의 개발팀에 많은 도움이 될 것입니다. 그리고 메이븐 대신 그래들도 써보고 자바 대신 코틀린으로도 해보면 더 좋습니다.

정욱재(스캐터랩)

국내의 스프링 바이블을 찾는다면 이 책이 좋은 후보가 될 것입니다. 최신 스프링 부트에 대한 내용과 RESTful한 스프링 부트 작성법, 스프링 통합과 배포까지 정말 필요한 내용을 압축해 담고 있습니다. 스프링을 처음 시작하는 분, 스프링을 다시 훑어보고 싶은 분 모두에게 추천하는 책입니다.

정태일(삼성SDS)

스프링 프레임워크 입문서로 많은 개발자가 활용해 온 이 책은 스프링 기초를 시작으로 실무에서 활용 가능한 다양한 기술을 폭넓게 다루고 있습니다. 특히, 이번 개정판에서는 리액티브 프로그래밍, 마이크로서비스를 위한 풍부한 설명과 코드가 포함되어 기술 트렌드를 잘 반영하고 있습니다. 스프링 프레임워크 기본 지식을 제대로 익히고 저자의 경험이 녹아 있는 예제를 통해 실무에 필요한 기술을 배우고자 하는 분에게 추천합니다.

차준성

저에게는 스프링의 이론적인 부분보다는 업무에 적용하기 전에 참고해 볼 만한 실무서에 가까웠습니다. 그래서 스프링에 대한 기본 개념을 익히고 이 책을 보면 특히 더 좋을 것 같습니다. 그리고 환경 설정할 때 개발과 프로덕션 설정을 구분해서 설명하고 실제 프로덕션에서 유의해야 할 사항에 대해서 친절히 알려주는 부분이 매우 인상적이었습니다.

황도영(NHN)

저자는 타코 클라우드라는 예제 프로젝트에 살을 붙여 가며 소개합니다. 스프링, 데이터, 보안, 리액티브, MSA 등 방대한 범위를 담고 있어 웹 백엔드의 전반적인 기술 세트를 이해하는 데 도움이 됩니다. 초·중급의 난이도이며, 단편적인 지식을 하나로 모으고 싶은 독자들에게 이 책을 추천합니다.

제이펍은 책에 대한 애정과 기술에 대한 열정이 뜨거운 베타리더의 도움으로
출간되는 모든 IT 전문서에 사전 검증을 시행하고 있습니다.

PART 1

스프링 기초

1부에서는 스프링 애플리케이션의 작성을 시작하면서 스프링의 기초를 배울 것이다.

1장에서는 스프링과 스프링 부트의 기본적인 내용을 알아본다. 그리고 최초 스프링 애플리케이션인 타코 클라우드(Taco Cloud)를 개발하면서 스프링 프로젝트를 초기 설정하는 방법도 살펴본다. 2장에서는 스프링 MVC를 자세히 알아보면서 웹 브라우저에 데이터를 나타내는 방법과 입력을 처리하고 검사하는 방법을 배운다. 또한, 뷰 템플릿 라이브러리를 선택하는 방법도 알아본다. 3장에서는 타코 클라우드 애플리케이션에 데이터 퍼시스턴스(Persistence, 영속성)를 추가해 본다. 그리고 이때 스프링의 JDBC 템플릿을 사용해서 스프링 데이터를 저장하는 JPA(Java Persistence API, 자바 객체를 관계형 데이터베이스에 저장하고 사용하는 API) 리퍼지터리(repository)를 선언하고 데이터를 추가하는 방법을 배울 것이다. 4장에서는 스프링 애플리케이션의 보안(security)에 관해 알아본다. 즉, 스프링 시큐리티의 자동-구성(auto-configuration), 커스텀 사용자 스토리지의 정의, 로그인 페이지 커스터마이징, CSRF(Cross-Site Request Forgery) 공격[1]에 대한 보안 처리 등이다. 그리고 1부를 마무리하는 5장에서는 구성 속성(configuration property)을 살펴볼 것이다. 즉, 자동-구성 빈(bean)을 미세 조정하고, 구성 속성을 애플리케이션에 적용하며, 스프링 프로파일을 사용하는 방법을 배운다.

1 옮긴이 특정 사용자가 아닌 불특정 다수를 대상으로 하며, 로그인한 사용자는 자신의 의지와는 무관하게 공격자가 의도한 행위(데이터 수정, 삭제, 등록 등)를 하게 된다.

PART 1

Foundational Spring

CHAPTER

1

스프링 시작하기

이 장에서 배우는 내용

- 스프링과 스프링 부트 핵심 사항
- 스프링 프로젝트 생성하기
- 스프링 개요

그리스 철학자인 헤라클레이토스는 소프트웨어 개발자가 아니었음에도 "모든 것은 변한다"라는 말을 통해 소프트웨어 개발의 진실을 나타내었다.

오늘날 애플리케이션을 개발하는 방법은 1년 전, 5년 전, 10년 전과 다르며, 로드 존슨의 《**Expert One-on-One J2EE Design and Development**》(Wrox, 2002)에서 스프링 프레임워크Spring Framework가 최초로 소개되었던 15년 전과도 확실히 다르다.

그 당시에 가장 많이 개발된 애플리케이션 유형은 관계형 데이터베이스를 사용하는 웹 브라우저 기반의 웹 애플리케이션이었다. 이런 유형의 애플리케이션 개발은 여전히 유용하며 스프링 또한 거기에 맞게 잘 준비되어 있지만, 지금은 다양한 데이터베이스에 데이터를 저장하는 클라우드에 맞춰진 마이크로서비스Microservice로 구성된 애플리케이션의 개발에도 관심이 높다. 그리고 더 큰 확장성과 향상된 성능을 제공하는 리액티브 프로그래밍reactive programming도 새로운 관심사가 되었다.

마이크로서비스와 리액티브 프로그래밍을 포함하는 최신 소프트웨어 개발의 관심사를 다루기 위해 스프링 프레임워크도 진화하였다. 또한, 스프링 부트Spring Boot도 추가되어 스프링 자체의 개발 모델이 간소화하였다.

간단한 웹 데이터베이스 애플리케이션 또는 마이크로서비스를 사용하는 최신의 애플리케이션 중 어느 것을 개발하더라도 스프링은 우리의 목적을 달성하도록 도와주는 프레임워크가 될 수 있다. 이 장은 스프링을 사용한 최신 애플리케이션 개발의 첫 단계가 될 것이다.

1.1 스프링이란?

여러분은 지금이라도 바로 스프링 애플리케이션 작성을 시작하고 싶을 것이다. 그러나 우선 스프링이 어떻게 동작하는지 이해하는 데 도움을 주는 몇 가지 기본 개념부터 알아보자. 그리고 이 장이 끝나기 전에 간단한 스프링 애플리케이션 한 가지를 작성할 것이다.

대부분의 애플리케이션은 애플리케이션 전체 기능 중 일부를 담당하는 많은 컴포넌트로 구성되며, 각 컴포넌트는 다른 애플리케이션 구성 요소와 협력해서 작업을 처리한다. 그리고 애플리케이션이 실행될 때는 각 컴포넌트가 어떻게든 생성되어야 하고 상호 간에 알 수 있어야 한다.

스프링은 **스프링 애플리케이션 컨텍스트**Spring application context라는 **컨테이너**container를 제공하는데, 이것은 애플리케이션 컴포넌트들을 생성하고 관리한다. 그리고 애플리케이션 컴포넌트 또는 **빈**bean들은 스프링 애플리케이션 컨텍스트 내부에서 서로 연결되어 완전한 애플리케이션을 만든다. 벽돌, 모르타르, 목재, 못, 배관, 배선이 함께 어우러져 집을 구성하는 것과 비슷하다.

빈의 상호 연결은 **의존성 주입**Dependency Injection, DI이라고 알려진 패턴을 기반으로 수행된다. 즉, 애플리케이션 컴포넌트에서 의존(사용)하는 다른 빈의 생성과 관리를 자체적으로 하는 대신 별도의 개체(컨테이너)가 해주며, 이 개체에서는 모든 컴포넌트를 생성, 관리하고 해당 컴포넌트를 필요로 하는 빈에 주입(연결)한다. 일반적으로 이것은 생성자 인자 또는 속성의 접근자 메서드를 통해 처리된다.

예를 들어, 애플리케이션의 여러 컴포넌트(빈) 중에 재고 수준을 알아내는 재고 서비스와 제품 정보를 제공하는 제품 서비스 컴포넌트가 있다고 하자. 제품 서비스는 제품에 관한 완전한 정보를 제공하기 위해 재고 서비스에 의존한다. 그림 1.1에서는 이 두 가지 빈과 스프링 애플리케이션 컨텍스트 간의 관계를 보여준다.

핵심 컨테이너 외에도 스프링과 관련 라이브러리에서는 웹 프레임워크, 다양한 데이터 저장 옵션, 보안 프레임워크, 타 시스템과의 통합, 런타임 모니터링, 마이크로서비스 지원, 리액티브 프로그래밍 모델, 그리고 최신 애플리케이션 개발에 필요한 많은 다른 기능을 제공한다.

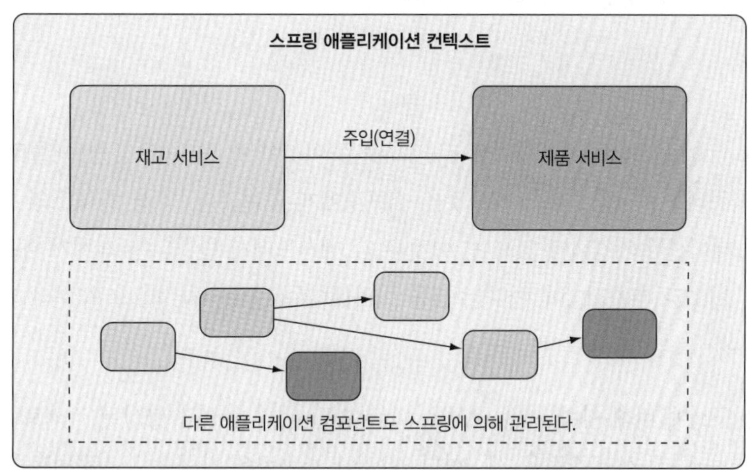

그림 1.1 **애플리케이션 컴포넌트는 스프링 애플리케이션 컨텍스트에 의해 관리되고 상호 주입된다**

지금까지의 스프링 버전에서는 컴포넌트 및 다른 컴포넌트와의 관계를 나타내는 하나 이상의 XML 파일을 사용해서 빈을 상호 연결하도록 스프링 애플리케이션 컨텍스트에 알려주었다. 예를 들어, 다음 XML에서는 `InventoryService` 빈(재고 서비스)과 `ProductService` 빈(제품 서비스)을 선언하며, 생성자 인자를 사용해서 `InventoryService` 빈을 `ProductService` 빈에 연결한다.

```
<bean id="inventoryService"
      class="com.example.InventoryService" />

<bean id="productService"
      class="com.example.ProductService" />
  <constructor-arg ref="inventoryService" />
</bean>
```

그러나 최신 버전의 스프링에서는 자바 기반의 구성configuration이 더 많이 사용된다. 다음의 자바 기반 구성 클래스는 바로 앞의 XML 구성과 동일하다.

```
@Configuration
public class ServiceConfiguration {
  @Bean
  public InventoryService inventoryService() {
    return new InventoryService();
  }
  @Bean
  public ProductService productService() {
    return new ProductService(inventoryService());
  }
}
```

여기서 @Configuration 애노테이션annotation[2]은 이것이 각 빈을 스프링 애플리케이션 컨텍스트에 제공하는 구성 클래스라는 것을 스프링에게 알려준다. 구성 클래스의 메서드에는 @Bean 애노테이션이 지정되어 있으며, 이것은 각 메서드에서 반환되는 객체가 애플리케이션 컨텍스트의 빈으로 추가되어야 한다는 것을 나타낸다(여기서는 기본적으로 각 빈의 ID가 해당 빈을 정의하는 메서드의 이름과 동일하다).

XML 기반 구성에 비해 자바 기반 구성은 더 강화된 타입 안전과 향상된 리팩토링refactoring 기능을 포함해서 몇 가지 장점을 제공한다. 그러나 스프링은 자동으로 컴포넌트들을 구성할 수 있는 자동-구성 기능이 있어서 별도의 XML 구성이나 자바 구성이 없어도 된다. 따라서 자동-구성을 할 수 없을 경우에만 필요하다.

자동-구성은 **자동 연결**autowiring과 **컴포넌트 검색**component scanning이라는 스프링 기법을 기반으로 한다. 컴포넌트 검색을 사용하여 스프링은 자동으로 애플리케이션의 classpath에 지정된 컴포넌트를 찾은 후 스프링 애플리케이션 컨텍스트의 빈으로 생성할 수 있다. 또한, 스프링은 자동 연결을 사용하여 의존 관계가 있는 컴포넌트를 자동으로 다른 빈에 주입(연결)한다.

최근에는 스프링 부트Spring Boot가 소개되면서 자동-구성 기능이 더욱 향상되었다. 스프링 부트는 생산성 향상을 제공하는 스프링 프레임워크의 확장이며, 향상된 **자동-구성** autoconfiguration 기능에 의해 환경 변수인 classpath를 기준으로 어떤 컴포넌트가 구성되고 연결되어야 하는지 알 수 있다.

자동-구성을 보여주는 예제 코드를 여러분에게 보여주고 싶지만 그렇게 할 수는 없다. 왜냐

2 옮긴이 애노테이션은 클래스, 인터페이스, 함수, 매개변수, 속성, 생성자에 어떤 의미를 추가할 수 있는 기능이며, 자바 컴파일러가 컴파일 시에 처리한다. 즉, 소스 코드에 추가된 애노테이션 자체는 바이트 코드로 생성되지 않고 주석으로 처리되지만, 그것이 갖는 의미대로 컴파일러가 작업을 수행해 준다. 애노테이션은 @로 시작하는 이름을 갖는다.

하면 자동-구성은 바람처럼 휙 지나간다. 따라서 자동-구성의 효과는 알 수 있지만, '바로 이것이 자동-구성의 한 예야!'라고 보여주고 말할 수 있는 코드가 없다. 우리가 코드를 작성하지 않아도 컴포넌트가 활성화되고 자동-구성이 작동하기 때문이다. 바로 이것이 자동-구성의 매력이다.

스프링 부트의 자동-구성은 애플리케이션을 빌드하는 데 필요한 별도의 구성 코드(XML이나 자바의 어떤 것이든)를 현격히 줄여준다. 실제로 이번 장의 스프링 예제 애플리케이션을 완료할 때까지 단 한 줄의 스프링 구성 코드만 작성하게 될 것이다!

스프링 부트 없이는 스프링 애플리케이션 개발을 상상하기 어려울 정도로 스프링 부트는 스프링 애플리케이션 개발을 향상시킨다. 이런 이유로 이 책에서는 스프링과 스프링 부트가 일심동체인 것처럼 간주한다. 따라서 될 수 있는 대로 스프링 부트를 많이 사용하고 별도의 구성 파일은 꼭 필요할 때만 사용할 것이다. 또한, 스프링의 XML 구성은 이미 구식의 방법이므로 자바 기반의 구성에 중점을 둘 것이다.

서론은 이 정도로 접어두고 이제는 본론으로 들어가자. 지금부터는 스프링을 사용하는 최초 애플리케이션의 작성을 시작할 것이다.

1.2 스프링 애플리케이션 초기 설정하기

이 책의 진도를 나가면서 인간이 만든 가장 훌륭한 음식인 타코taco[3]를 주문하는 타코 클라우드Taco Cloud 온라인 애플리케이션을 생성할 것이다. 그리고 당연히 스프링과 스프링 부트 및 다양한 관련 라이브러리와 프레임워크를 사용할 것이다.

스프링 애플리케이션을 초기 설정하는 방법은 여러 가지가 있다. 이때 애플리케이션의 프로젝트 디렉터리 구조 생성과 빌드 명세의 정의를 직접 작성할 수도 있을 것이다. 그러나 이것은 시간 낭비이며, 차라리 그 시간에 애플리케이션 코드를 한 줄 더 작성하는 것이 좋을 것이다. 따라서 여기서는 스프링 Initializr(이니셜라이저)를 사용해서 우리 애플리케이션을 초기 설정할 것이다.

스프링 Initializr는 REST API를 사용하는 브라우저 기반의 웹 애플리케이션이며, 우리가 원

3 옮긴이 타코는 멕시코의 전통 음식이며, 밀가루나 옥수수 가루 반죽을 살짝 구워 만든 얇은 토르티아에 고기, 콩, 야채 등을 싸서 먹는 음식이다. 이때 원하는 종류의 식자재를 선택해서 만들 수 있다.

하는 기능을 구현할 수 있는 스프링 프로젝트의 구조를 생성해 준다. 스프링 Initializr를 사용하는 방법은 다음과 같이 여러 가지가 있다.

- https://start.spring.io의 웹 애플리케이션에서
- 명령행에서 curl 명령을 사용해서
- 명령행에서 스프링 부트 CLI(Command-Line Interface)를 사용해서
- Spring Tool Suite IDE를 사용해서 새로운 프로젝트를 생성할 때
- IntelliJ IDEA IDE를 사용해서 새로운 프로젝트를 생성할 때
- NetBeans IDE를 사용해서 새로운 프로젝트를 생성할 때

각 방법의 자세한 내용은 이 책의 부록에서 설명한다. 그리고 이번 장과 이 책 전체에서는 필자가 선호하는 방법인 Spring Tool Suite의 스프링 Initializr 지원 기능을 사용해서 새로운 프로젝트를 생성하는 방법을 보여줄 것이다(이후로는 Spring Tool Suite를 줄여서 STS로 나타낼 것이다).

STS는 이클립스(Eclipse)를 기반으로 하는 스프링 IDE이며, 다른 IDE에는 없는 스프링 부트 대시보드(Spring Boot Dashboard) 기능도 제공한다.

그러나 여러분이 STS 사용자가 아니라고 해도 좋다. 바로 다음에 설명하는 Initializr 사용 방법을 이 책의 부록을 참조하여 여러분이 사용하는 IDE에 맞추면 된다. 그러나 때로는 이 책에서 STS에 특화된 기능(예를 들어, 스프링 부트 대시보드)을 참고할 수도 있다. 이 경우 여러분이 STS를 사용하고 있지 않다면 각자 사용하는 IDE에 적합한 방법을 찾아야 할 것이다.

1.2.1 STS를 사용해서 스프링 프로젝트 초기 설정하기

STS는 https://spring.io/tools에서 각자의 운영체제에 맞는 버전을 다운로드한 후 설치할 수 있다. 화면을 스크롤하면 제일 처음에 Spring Tools 4 for Eclipse가 보일 것이다. 각자 운영체제에 적합한 **다운로드 버튼**을 클릭하여 다운로드하자. 예를 들어, 윈도우 버전의 경우는 zip 또는 jar 파일로 다운로드된다(STS 버전에 따라 달라질 수 있다). zip의 경우는 압축을 풀면 되며, jar의 경우는 명령 프롬프트 창을 열고 설치할 디렉터리로 이동한 후 'java -jar 다운로드파일-경로-이름'을 실행하면 된다.

그다음에 sts-4.6.0.RELEASE 서브 디렉터리(4.6.0은 버전과 릴리즈 번호이며, 달라질 수 있다) 아래에 있는 SpringToolSuite4.exe를 실행하면 된다. STS가 실행되면 작업 영역(workspace)의 위치를 설정하는 대화상자가 나타난다(그림 1.2).

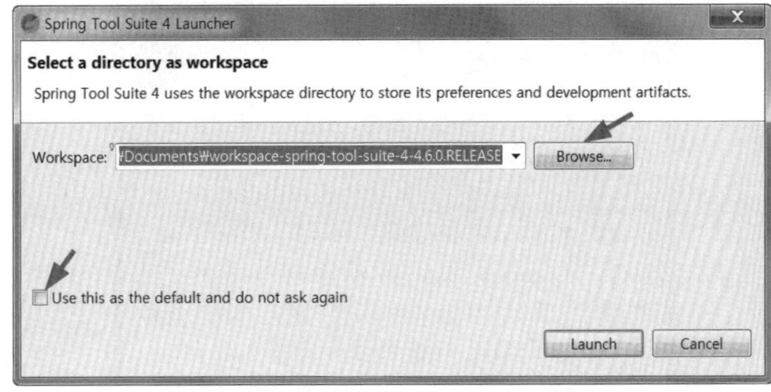

그림 1.2 작업 영역 위치 설정 대화상자

Browse… 버튼을 클릭하면 우리가 원하는 디렉터리로 변경할 수 있다. 또한, '**Use this as the default and do not ask again**'을 체크하면 STS를 다시 실행할 때 이 대화상자를 보여주지 않으며, 이전에 지정된 홈 디렉터리가 프로젝트 저장 위치로 사용된다. **Launch** 버튼을 클릭하면 STS의 화면이 나타난다.

새로운 스프링 프로젝트를 생성하기 위해 메뉴의 **File** ⇨ **New** ⇨ **Spring Starter Project**를 선택하자(그림 1.3).

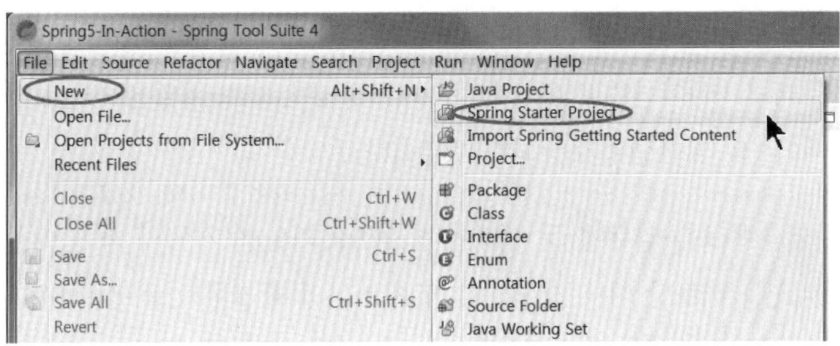

그림 1.3 STS의 Initializr를 사용해서 새로운 프로젝트 생성하기

Spring Starter Project를 선택하면 그림 1.4의 새 프로젝트 위저드 대화상자가 나타난다. 여기서는 프로젝트 이름과 개요 및 기타 필수 프로젝트 정보를 지정한다. 이 대화상자의 대부분 필드는 메이븐 빌드 명세를 정의한 pom.xml 파일의 항목이 되며, 이 파일은 프로젝트 초기 설정이 끝나면 자동 생성된다. 우리의 타코 클라우드 애플리케이션의 경우는 그림 1.4와 같이 각 필드를 입력 또는 선택하고 **Next**를 클릭한다(Service URL은 스프링 Initializr 서비스가 있는 위치를 나타내며, 기본으로 지정된 스프링 사이트의 것을 사용하면 된다).

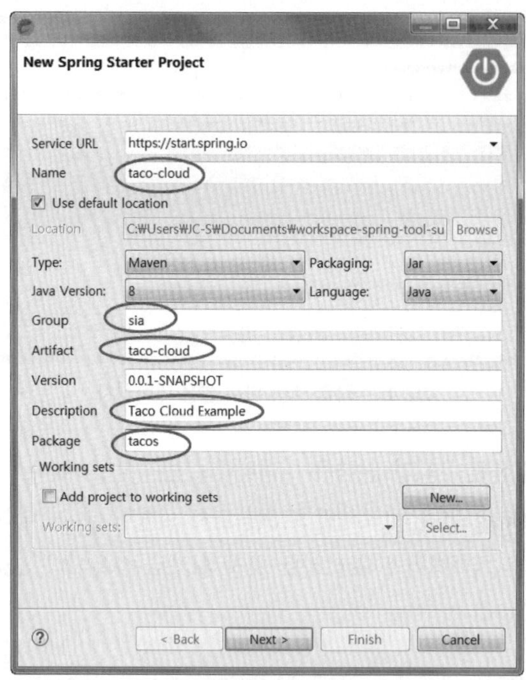

그림 1.4 타코 클라우드 애플리케이션의 프로젝트 정보 지정하기

그림 1.4의 Packaging에서는 WARWeb application ARchive가 아닌 실행 가능 JARJava ARchive 파일을 선택하였다. 웹 애플리케이션의 경우에 이것은 가장 특이한 선택 중 하나일 것이다. 기존의 자바 웹 애플리케이션은 WAR 파일로 패키징되며, JAR 파일은 라이브러리와 데스크톱 UI 애플리케이션의 패키징에 사용되기 때문이다.

JAR 패키징은 클라우드를 염두에 둔 선택이다. WAR 파일은 기존의 자바 애플리케이션 서버에 애플리케이션을 배포할 때는 적합하지만, 대부분의 클라우드 플랫폼에는 잘 맞지 않는다. 일부 클라우드 플랫폼(예를 들어, Cloud Foundry)에서는 WAR 파일을 배포하고 실행할 수 있다. 그러나 모든 자바 클라우드 플랫폼은 실행 가능한 JAR 파일을 사용한다. 따라서 스프링 Initializr에서는 JAR 패키징을 기본값으로 사용한다.

만일 기존의 자바 애플리케이션 서버에 우리 애플리케이션을 배포하고자 한다면 WAR 패키징을 선택하고 웹 초기 설정 클래스를 포함시켜야 한다. WAR 파일의 더 자세한 내용은 2장에서 알아볼 것이다.

그림 1.5의 그다음 대화상자에서는 우리 프로젝트에 추가할 의존성dependency을 지정할 수 있다(의존성에는 우리 프로젝트의 애플리케이션에서 사용하는 외부 라이브러리 모듈을 지정하며, 여러 컴포넌트 클래스가 포함된 jar 파일이 주로 사용된다). 제일 위의 드롭다운에서는 우리 프로젝트의

기반이 되는 스프링 부트의 버전을 선택하며, 사용 가능한 가장 최신 버전이 기본값이 된다. 특별히 다른 버전을 목표로 하지 않는다면 기본값을 그대로 두는 것이 좋다.

의존성을 지정할 때는 각 항목의 왼쪽 화살표를 클릭하여 확장한 후 원하는 항목을 선택하거나, 검색 필드에 **항목 이름**을 입력한 후 나타나는 항목에서 선택하면 된다. 타코 클라우드 애플리케이션의 경우는 그림 1.5의 오른쪽에 **원으로 표시된 4개의 항목**을 선택한다(Spring Boot DevTools와 Lombok은 Developer Tools 항목을 확장하면 선택할 수 있으며, Thymeleaf와 Spring Web은 검색 필드에 각각 **Thy**와 **Web**을 입력하여 나타나는 항목을 선택하면 된다).

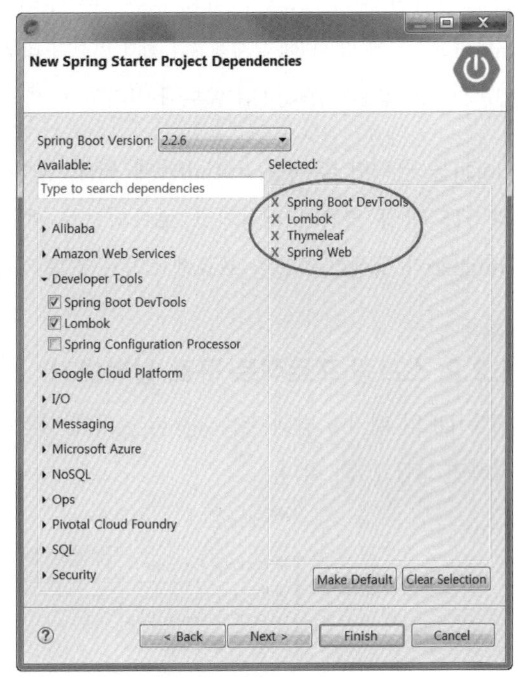

그림 1.5 **의존성 선택하기**

이 시점에서 **Finish**를 클릭하면 프로젝트가 생성되어 STS IDE의 작업 영역에 저장된다. 또한, **Next**를 클릭하면 그림 1.6과 같이 프로젝트 위저드의 마지막 대화상자를 추가로 볼 수 있다.

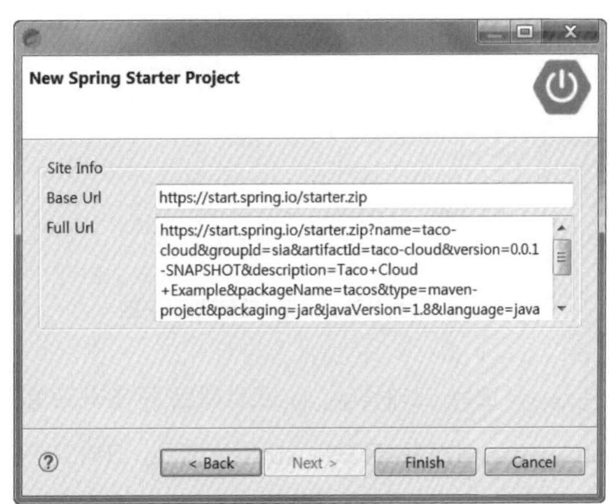

그림 1.6 **Initializr의 주소 지정하기**

기본적으로 프로젝트 위저드는 https://start.spring.io의 스프링 Initializr를 호출하여 프로젝트를 생성한다. 대개는 이 기본값을 변경할 필요가 없으므로 이전 페이지 그림 1.5에서 **Finish**를 클릭하면 된다. 그러나 어떤 이유로든 우리의 Initializr를 갖고 있다면(예를 들어, 기본 Initializr를 로컬 컴퓨터에 복사했거나 회사 방화벽 내부에서 실행되는 커스터마이징된 Initializr가 있을 때), 그것의 **주소**를 Base Url 필드에 입력한 후 **Finish**를 클릭하면 된다.

Finish를 클릭한 후에는 Initializr에 의해 생성된 프로젝트가 다운로드되어 우리 컴퓨터의 STS 작업 영역에 저장되고 로드되므로 애플리케이션 개발을 시작할 수 있다. 우선, Initializr가 생성한 스프링 프로젝트의 구조를 자세히 살펴보자.

1.2.2 스프링 프로젝트 구조 살펴보기

STS IDE의 패키지 탐색기Package Explorer에 나타난 타코 클라우드 프로젝트의 각 항목을 확장하면 그림 1.7과 같다.

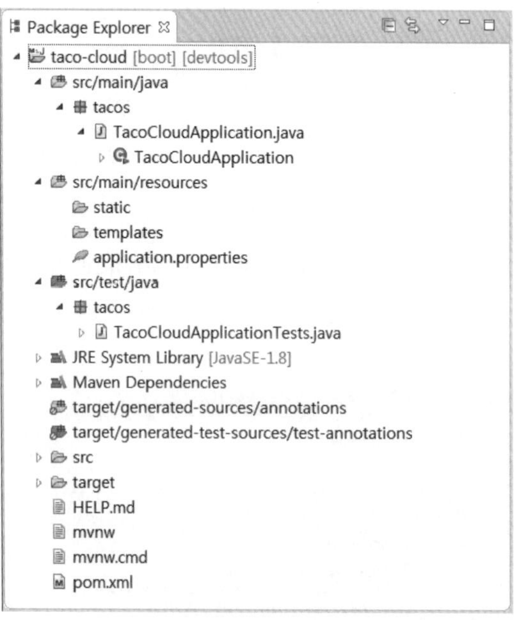

그림 1.7 **초기의 스프링 프로젝트 구조**

이것은 전형적인 메이븐Maven 또는 그래들Gradle 프로젝트 구조라고 할 수 있다. 애플리케이션 소스 코드는 src/main/java, 테스트 코드는 src/test/java, 그리고 자바 리소스가 아닌 것은 src/main/resources에 저장된다. 프로젝트 구조에서 알아 둘 주요 항목(폴더나 파일)은 다음과 같다.

- mvnw와 mvnw.cmd: 이 파일들은 메이븐 래퍼 스크립트다. 메이븐이 각자 컴퓨터에 설치되어 있지 않더라도 이 스크립트를 사용하여 프로젝트를 빌드할 수 있다.
- pom.xml: 이것은 메이븐 빌드 명세(우리 프로젝트를 빌드할 때 필요한 정보)를 지정한 파일이다. 이 파일의 내용은 잠시 후에 더 자세히 살펴볼 것이다.
- TacoCloudApplication.java: 이것은 스프링 부트 메인 클래스이며, 잠시 후에 더 자세히 알아본다.
- application.properties: 처음에는 이 파일의 내용이 없지만, 우리가 구성 속성을 지정할 수 있다. 구성 속성의 자세한 내용은 5장에서 알아볼 예정이다.
- static: 이것은 브라우저에 제공할 정적인 콘텐츠(이미지, 스타일시트, 자바스크립트 등)를 둘 수 있는 폴더다. 처음에는 비어 있다.
- templates: 이것은 브라우저에 콘텐츠를 보여주는 템플릿 파일을 두는 폴더다. 처음에는 비어 있지만, 여기서 조만간 Thymeleaf 템플릿을 추가할 것이다.
- TacoCloudApplicationTests.java: 이것은 스프링 애플리케이션이 성공적으로 로드되는지 확인하는 간단한 테스트 클래스다. 우리 애플리케이션을 개발하는 동안 더 많은 테스트를 추가할 것이다.

앞으로 타코 클라우드 애플리케이션에 더 많은 기능을 넣으면서 지금까지 설명한 프로젝트 구조에 자바 코드, 이미지, 스타일시트, 테스트 등을 추가하게 될 것이다. 지금부터는 스프링 Initializr가 생성해 준 몇 가지 파일들을 조금 더 자세히 살펴보자.

빌드 명세 살펴보기

앞의 Initializr 폼(그림 1.4)에서 우리 프로젝트가 메이븐으로 빌드된다는 것을 지정하였다. 따라서 스프링 Initializr는 우리가 지정한 내용들을 갖는 pom.xml 파일을 생성한다. 이 파일은 빌드 명세를 정의하며, 그 내용은 다음과 같다(패키지 탐색기 창에서 **pom.xml** 파일을 더블 클릭하면 편집기 창에서 볼 수 있다).

리스트 1.1 **초기의 메이븐 빌드 명세**

```
<?xml version="1.0" encoding="UTF-8"?>
<project xmlns="http://maven.apache.org/POM/4.0.0"
  xmlns:xsi="http://www.w3.org/2001/XMLSchema-instance"
    xsi:schemaLocation="http://maven.apache.org/POM/4.0.0
        https://maven.apache.org/xsd/maven-4.0.0.xsd">
    <modelVersion>4.0.0</modelVersion>
    <parent>
```

```
        <groupId>org.springframework.boot</groupId>
        <artifactId>spring-boot-starter-parent</artifactId>
        <version>2.2.6.RELEASE</version>
        <relativePath/> <!-- lookup parent from repository -->
    </parent>
    <groupId>sia</groupId>
    <artifactId>taco-cloud</artifactId>
    <version>0.0.1-SNAPSHOT</version>
    <name>taco-cloud</name>
    <description>Taco Cloud Example</description>

    <properties>
        <java.version>1.8</java.version>
    </properties>

    <dependencies>
        <dependency>
            <groupId>org.springframework.boot</groupId>
            <artifactId>spring-boot-starter-thymeleaf</artifactId>
        </dependency>
        <dependency>
            <groupId>org.springframework.boot</groupId>
            <artifactId>spring-boot-starter-web</artifactId>
        </dependency>

        <dependency>
            <groupId>org.springframework.boot</groupId>
            <artifactId>spring-boot-devtools</artifactId>
            <scope>runtime</scope>
            <optional>true</optional>
        </dependency>
        <dependency>
            <groupId>org.projectlombok</groupId>
            <artifactId>lombok</artifactId>
            <optional>true</optional>
        </dependency>
        <dependency>
            <groupId>org.springframework.boot</groupId>
            <artifactId>spring-boot-starter-test</artifactId>
            <scope>test</scope>
            <exclusions>
                <exclusion>
                    <groupId>org.junit.vintage</groupId>
                    <artifactId>junit-vintage-engine</artifactId>
                </exclusion>
            </exclusions>
        </dependency>
    </dependencies>

    <build>
        <plugins>
            <plugin>
```

```
                <groupId>org.springframework.boot</groupId>
                <artifactId>spring-boot-maven-plugin</artifactId>
            </plugin>
        </plugins>
    </build>

</project>
```

제일 먼저 눈여겨볼 것은 <parent> 요소의 <version>이다. 이 태그에는 우리 프로젝트가 부모 POMProject Object Model으로 spring-boot-starter-parent를 갖는다는 것을 지정한다. 이 부모 POM은 스프링 프로젝트에 흔히 사용되는 여러 라이브러리의 의존성 관리를 제공한다. 따라서 이런 라이브러리들의 경우는 버전을 지정할 필요가 없다. 2.2.6.RELEASE 버전은 스프링 부트 2.2.6을 사용함을 나타낸다. 따라서 이 스프링 부트 버전에 의해 정의된 의존성 관리를 계승한다.

의존성은 <dependencies> 요소에 정의되며, STS의 프로젝트 위저드에서 선택한 각 의존성이 <dependency> 요소로 지정된다. Spring Web, Thymeleaf, Spring Boot DevTools, Lombok은 우리가 선택한 것이며, spring-boot-starter-test는 우리가 테스트를 작성할 것에 대비하여 스프링 Initializr가 자동으로 추가해 준다.

Spring Web, Thymeleaf, Test 의존성 항목은 〈artifactId〉에 starter 단어를 포함하고 있음을 알 수 있다. 이것은 스프링 부트 스타터starter 의존성을 나타낸다. 이 의존성 항목들은 자체적으로 라이브러리 코드를 갖지 않고 다른 라이브러리의 것을 사용한다. 스타터 의존성은 다음 세 가지 장점이 있다.

- 우리가 필요로 하는 모든 라이브러리의 의존성을 선언하지 않아도 되므로 빌드 파일이 훨씬 더 작아지고 관리하기 쉬워진다.
- 라이브러리 이름이 아닌 기능의 관점으로 의존성을 생각할 수 있다. 따라서 만일 웹 애플리케이션을 개발한다면 웹 애플리케이션을 작성할 수 있게 해주는 라이브러리들을 일일이 지정하는 대신에 여기처럼 웹 스타터 의존성만 추가하면 된다.
- 라이브러리들의 버전을 걱정하지 않아도 된다. 스프링 부트에 포함되는 라이브러리들의 버전은 호환이 보장되므로 사용하려는 스프링 부트의 버전만 신경 쓰면 된다.

빌드 명세를 정의한 pom.xml 파일의 제일 끝에는 스프링 부트 플러그인이 지정된다. 이 플러그인의 중요 기능은 다음과 같다.

- 메이븐을 사용하는 애플리케이션을 실행할 수 있게 해준다. 이 내용은 1.3.4에서 알아본다.
- 의존성에 지정된 모든 라이브러리가 실행 가능 JAR 파일에 포함되어 있는지 그리고 런타임 시에 classpath에서 찾을 수 있는지 확인한다.
- 실행 가능 JAR 파일의 메인 클래스로 부트스트랩 클래스(여기서는 TacoCloudApplication)를 나타내는 매니페스트 파일을 JAR 파일에 생성한다.

지금부터는 부트스트랩 클래스를 자세히 알아보자.

애플리케이션의 부트스트랩(구동)

실행 가능 JAR 파일에서 애플리케이션을 실행하므로 제일 먼저 시작되는 부트스트랩 클래스가 있어야 한다. 또한, 애플리케이션을 부트스트랩하기 위한 최소한의 스프링 구성도 있어야 한다. 부트스트랩 클래스인 TacoCloudApplication의 내용은 다음과 같다(패키지 탐색기 창에서 src/main/java의 TacoCloudApplication.java 파일을 더블 클릭하면 편집기 창에서 볼 수 있다).

리스트 1.2 **타코 클라우드 부트스트랩 클래스**

```
package tacos;

import org.springframework.boot.SpringApplication;
import org.springframework.boot.autoconfigure.SpringBootApplication;
@SpringBootApplication ◀── 스프링 부트 애플리케이션
public class TacoCloudApplication {

  public static void main(String[] args) {
    SpringApplication.run(TacoCloudApplication.class, args); ◀── 애플리케이션을 실행한다.
  }
}
```

TacoCloudApplication의 코드는 몇 줄에 불과하지만, 강력한 효과가 있다. @SpringBootApplication 애노테이션은 이 코드가 스프링 부트 애플리케이션임을 나타낸다. 그러나 이것만이 @SpringBootApplication의 전부는 아니다.

@SpringBootApplication은 다음 세 개의 애노테이션이 결합한 것이다.

- @SpringBootConfiguration: 현재 클래스(TacoCloudApplication)를 구성 클래스로 지정한다. 아직은 구성이 많지 않지만, 필요하다면 자바 기반의 스프링 프레임워크 구성을 현재 클래스에 추가할 수 있다. 실제로는 이 애노테이션이 @Configuration: 애노테이션의 특화된 형태다.

- `@EnableAutoConfiguration`: 스프링 부트 자동-구성을 활성화한다. 자동-구성은 나중에 더 자세히 알아볼 것이다. 일단 지금은 이 애노테이션이 우리가 필요로 하는 컴포넌트들을 자동으로 구성하도록 스프링 부트에 알려준다는 것만 알아 두자.
- `@ComponentScan`: 컴포넌트 검색을 활성화한다. 이것은 `@Component`, `@Controller`, `@Service` 등의 애노테이션과 함께 클래스를 선언할 수 있게 해준다. 그러면 스프링은 자동으로 그런 클래스를 찾아 스프링 애플리케이션 컨텍스트에 컴포넌트로 등록한다.

`TacoCloudApplication`의 또 다른 중요한 부분은 `main()` 메서드다. 이것은 JAR 파일이 실행될 때 호출되어 실행되는 메서드다. 대부분의 경우에 이 메서드는 표준화된 형태의 코드로 구성되며, 우리가 작성하는 모든 스프링 부트 애플리케이션은 클래스 이름만 다를 뿐 이것과 비슷하거나 같은 메서드를 갖는다.

`main()` 메서드는 실제로 애플리케이션을 시작시키고 스프링 애플리케이션 컨텍스트를 생성하는 `SpringApplication` 클래스의 `run()` 메서드를 호출한다. `run()` 메서드에 전달되는 두 개의 매개변수는 구성 클래스와 명령행command-line 인자다. 구성 클래스가 부트스트랩 클래스와 반드시 같아야 하는 것은 아니지만 대개 동일하게 지정한다.

부트스트랩 클래스의 내용은 변경할 필요가 없을 것이다. 간단한 애플리케이션의 경우는 하나 또는 두 개의 다른 컴포넌트를 부트스트랩 클래스에서 구성하는 것이 편리하다. 그러나 대부분의 애플리케이션에서는 자동-구성되지 않는 것들을 고려하여 별도의 구성 클래스 하나를 생성하는 것이 좋다. 이 책에서는 진도를 나가면서 몇 가지 구성 클래스들을 정의할 것이다.

애플리케이션 테스트하기

테스트는 소프트웨어 개발의 중요한 부분이다. 따라서 스프링 Initializr는 테스트 클래스를 제공한다. 리스트 1.3에서는 기본적인 테스트 클래스를 보여준다(패키지 탐색기 창에서 src/test/java의 TacoCloudApplicationTests.java 파일을 더블 클릭하면 편집기 창에서 볼 수 있다).

리스트 1.3 기본적인 애플리케이션 테스트

```
package tacos;

import org.junit.jupiter.api.Test;
import org.springframework.boot.test.context.SpringBootTest;

@SpringBootTest
class TacoCloudApplicationTests {
```

```
    @Test
    void contextLoads() {
    }

}
```

테스트 클래스인 TacoCloudApplicationTests의 코드는 간단하다. 이 클래스에는 하나의 테스트 메서드가 있으며, 실행 코드는 없다. 그렇더라도 이 테스트 클래스는 스프링 애플리케이션 컨텍스트가 성공적으로 로드될 수 있는지 확인하는 기본적인 검사를 수행한다. 따라서 만일 스프링 애플리케이션 컨텍스트의 생성을 저해하는 코드가 있다면 이 테스트가 실패하게 되므로 문제점을 찾아 해결할 수 있다.

@SpringBootTest는 스프링 부트 기능으로 테스트를 시작하라는 것을 JUnit에 알려준다. 일단 지금은 main() 메서드의 SpringApplication.run() 호출에 부합되는 테스트 클래스를 나타낸다는 정도로 알아 두자. 이 책의 진도를 나가면서 @SpringBootTest를 여러 번 접하게 될 것이고, 그때 더 자세한 것을 알아볼 것이다.

끝으로 테스트 메서드가 있다. @SpringBootTest가 테스트의 스프링 애플리케이션 컨텍스트를 로드하는 작업을 수행하더라도 테스트 메서드가 없다면 아무 일도 하지 않는다. 그러나 리스트 1.3의 contextLoads()처럼 실행 코드는 없더라도 테스트 메서드가 있는 경우에는 @SpringBootTest 애노테이션이 작업을 수행하게 되어 스프링 애플리케이션 컨텍스트가 로드된다. 그리고 이때 문제가 없는지 테스트하며, 만일 어떤 문제가 생기면 해당 테스트는 실패한다.

지금까지 스프링 Initializr가 제공하는 코드를 살펴보았다. 이제는 스프링 Initializr 애플리케이션 개발에 사용할 수 있는 표준화된 기본 코드를 알 것이다. 그러나 아직 단 한 줄의 코드도 작성하지 않았다. 지금부터는 STS IDE를 본격적으로 사용하여 키보드를 두드리면서 타코 클라우드 애플리케이션에 우리 코드를 추가할 것이다.

1.3 스프링 애플리케이션 작성하기

우선 타코 클라우드 애플리케이션을 조금 변경하는 것부터 시작하겠지만, 이 내용은 스프링의 많은 장점을 보여줄 것이다. 타코 클라우드 애플리케이션에 추가할 첫 번째 기능은 홈페이지homepage이며, 다음의 두 가지 코드를 생성한다.

- 홈페이지의 웹 요청request을 처리하는 컨트롤러controller 클래스
- 홈페이지의 모습을 정의하는 뷰 템플릿

그리고 테스트가 중요하므로 홈페이지를 테스트하는 간단한 테스트 클래스도 작성할 것이다. 우선 컨트롤러부터 작성해 보자.

1.3.1 웹 요청 처리하기

스프링은 스프링 MVC라고 하는 강력한 웹 프레임워크를 갖고 있다. 스프링 MVC의 중심에는 **컨트롤러**가 있으며, 이것은 웹 요청과 응답을 처리하는 컴포넌트(또는 구성 요소)다. 웹 브라우저를 상대하는 애플리케이션의 경우에 컨트롤러는 선택적으로 모델 데이터를 채워서 응답하며, 브라우저에 반환되는 HTML을 생성하기 위해 해당 응답의 웹 요청을 뷰에 전달한다.

스프링 MVC에 관한 자세한 내용은 2장에서 배울 것이다. 일단, 지금은 루트 경로(예를 들어, /)의 웹 요청을 처리한 후 모델 데이터를 채우지 않고 해당 웹 요청을 홈페이지 뷰에 전달하는 간단한 컨트롤러 클래스를 작성할 것이다. 리스트 1.4에서는 간단한 컨트롤러 클래스를 보여준다(탐색기 창의 src/main/java 아래의 **tacos 패키지**에서 오른쪽 마우스 버튼을 누른 후 **New ⇨ Class**를 선택한다. 그리고 대화상자의 Name 필드에 **HomeController**를 입력하고 **Finish** 버튼을 클릭하면 클래스가 생성되고 편집기 창에서 열리므로 리스트 1.4의 진한 글씨 코드를 추가하면 된다). 작성이 끝나면 항상 **Ctrl+S[Control+S]** 키를 눌러 저장하자. 미리 저장하지 않으면 이 코드를 사용하는 다른 코드를 작성할 때 참조 에러가 생길 수 있다.

리스트 1.4 홈페이지 컨트롤러

```
package tacos;

import org.springframework.stereotype.Controller;
import org.springframework.web.bind.annotation.GetMapping;

@Controller  ←— 컨트롤러
public class HomeController {

  @GetMapping("/")  ←— 루트 경로인 /의 웹 요청을 처리한다.
  public String home() {
    return "home";  ←— 뷰 이름을 반환한다.
  }
}
```

코드를 보면 알 수 있듯이, `HomeController` 클래스에는 `@Controller` 애노테이션이 지정되어 있다. `@Controller` 자체는 그리 많은 일을 하지 않는다. 컴포넌트 검색 시에 `Home`

Controller 클래스가 컴포넌트로 식별되게 하는 것이 주 목적이기 때문이다. 따라서 스프링의 컴포넌트 검색에서는 자동으로 HomeController 클래스를 찾은 후 스프링 애플리케이션 컨텍스트의 빈bean으로 HomeController의 인스턴스를 생성한다.

@Component, @Service, @Repository를 포함해서 소수의 다른 애노테이션들도 @Controller와 동일한 기능을 제공하므로 이런 애노테이션들 중 어느 것을 사용해도 된다. 그러나 @Controller를 선택한 이유는 애플리케이션에서의 컴포넌트 역할을 더 잘 설명해 주기 때문이다.

home() 메서드는 간단하며, @GetMapping 애노테이션이 지정되어 있다. 루트 경로인 /의 HTTP GET 요청이 수신되면 이 메서드가 해당 요청을 처리해야 한다. 여기서는 home 값을 갖는 String만 반환하고 다른 일은 하지 않는다. 이 값은 뷰의 논리적인 이름이다. 뷰는 여러 방법으로 구현될 수 있지만, Thymeleaf가 우리의 classpath에 지정되어 있으므로 여기서는 Thymeleaf를 사용해서 뷰 템플릿을 정의할 수 있다.

왜 Thymeleaf를 사용할까?

JSP나 FreeMarker 또는 그 외의 다른 것 중 하나를 선택하지 않고 Thymeleaf를 템플릿 엔진으로 선택한 이유가 궁금할 것이다.

그 이유는 필자가 다른 방법보다 Thymeleaf를 더 선호하기 때문이다. 그리고 JSP를 선택하는 것이 당연한 것처럼 보일 수 있지만, JSP를 스프링 부트와 같이 사용할 때는 몇 가지 고려할 것이 있다. 그래서 여기서는 JSP를 사용하지 않았다. 그러나 조금만 참자. JSP를 포함한 다른 템플릿 사용 방법을 2장에서 살펴볼 것이다.

논리적인 뷰 이름(여기서는 home) 앞에 /templates/가 붙고 끝에는 .html이 추가된 것이 템플릿 경로와 파일 이름이 되므로 여기서는 /templates/home.html이 된다. 그리고 우리 프로젝트에는 /src/main/resources/templates/home.html로 템플릿이 저장되어야 한다. 지금부터는 템플릿을 생성해 보자.

1.3.2 뷰 정의하기

홈페이지를 간단하게 유지하려면 사이트에 방문하는 사용자를 환영한다는 메시지만 보여주면 된다. 리스트 1.5에서는 타코 클라우드 홈페이지를 정의하는 기본적인 Thymeleaf 템플릿을 보여준다(탐색기 창의 **/src/main/resources/templates**에서 오른쪽 마우스 버튼을 누른 후 **New ⇨ Other...**를 선택한다. 그리고 대화상자의 리스트를 스크롤하여 Web을 확장한 후 **HTML File**을 선택하고

Next 버튼을 누른다. 파일 이름에 **home.html**을 입력하고 **Finish** 버튼을 누르면 home.html이 자동 생성되고 편집기 창에서 열린다. 리스트 1.5의 진한 글씨로 된 HTML을 추가 또는 변경하자).

리스트 1.5 타코 클라우드 홈페이지 템플릿

```
<!DOCTYPE html>
<html xmlns="http://www.w3.org/1999/xhtml"
      xmlns:th="http://www.thymeleaf.org">
  <head>
    <meta charset="EUC-KR">
    <title>Taco Cloud</title>
  </head>

  <body>
    <h1>Welcome to...</h1>
    <img th:src="@{/images/TacoCloud.png}"/>
  </body>
</html>
```

이 템플릿에는 특별한 내용이 없으며, 한 가지 알아볼 필요가 있는 코드는 타코 클라우드 로고를 보여주는 `<img>` 태그다. 이 태그에서는 컨텍스트의 상대적인 경로에 위치하는 이미지를 참조하는 `@{...}` 표현식을 사용해서 Thymeleaf의 `th:src` 속성을 지정한다.

여기서 이미지는 타코 클라우드 로고(각자 원하는 다른 것을 사용해도 된다)를 나타내며, 컨텍스트의 상대적인 경로인 /images/TacoCloud.png로 참조한다. 프로젝트 구조에서 얘기했듯이, 이미지와 같은 정적인 콘텐츠는 /src/main/resources/static 폴더에 위치해야 한다. 따라서 타코 클라우드 로고 이미지도 프로젝트의 /src/main/resources/static/images/TacoCloud.png로 저장되어야 한다(**/src/main/resources/static**에서 오른쪽 마우스 버튼을 누른 후 **New ⇨ Folder**를 선택한다. 그리고 대화상자에서 폴더 이름을 **images**로 입력하고 **Finish** 버튼을 눌러서 images 폴더를 생성한다. 각자 원하는 이미지 파일을 이 폴더로 복사하자. TacoCloud.png 파일은 이 책에서 제공하는 다운로드 파일의 1장 프로젝트 디렉터리인 Ch01 아래의 /src/main/resources/static/images 디렉터리에 있다. 이 아래에 있는 TacoCloud.png 파일을 각자 운영체제의 파일 탐색기에서 클립보드로 복사한 후 STS 패키지 탐색기 창의 **/src/main/resources/static/images**에서 오른쪽 마우스 버튼을 누른 후 **Paste**를 선택한다).

이제는 홈페이지의 웹 요청을 처리하는 컨트롤러와 홈페이지를 보여주는 뷰 템플릿을 갖게 되었다. 따라서 애플리케이션을 시작하고 작동하는 방법을 알아볼 준비가 다 되었다. 그러나 이에 앞서 컨트롤러의 테스트를 작성하는 방법을 알아보자.

1.3.3 컨트롤러 테스트하기

웹 애플리케이션의 테스트는 까다로울 수 있다. HTML 페이지의 콘텐츠에 대한 어서션 assertion(우리가 원하는 것이 맞는지 테스트하기 위해 지정한 단언)을 설정하기가 어렵기 때문이다. 다행스럽게도 스프링은 웹 애플리케이션을 쉽게 테스트하는 강력한 테스트 지원 기능을 제공한다.

여기서는 우리 홈페이지에 적합한 테스트를 작성할 것이다. 즉, 루트 경로인 /의 HTTP GET 요청을 수행한 후 성공적인지, 그리고 뷰 이름이 home이고 'Welcome to...' 메시지가 포함된 결과가 기대한 대로 나오는지 테스트한다(탐색기 창의 /src/test/java 아래의 **tacos 패키지**에서 오른쪽 마우스 버튼을 누른 후 **New ⇨ Junit Test Case**를 선택한다. 그리고 대화상자에서 이름에 **HomeControllerTest**를 입력하고 **Finish** 버튼을 누르면 HomeControllerTest.java가 자동 생성되고 편집기 창에서 열린다. 자동 생성된 코드를 모두 삭제하고 리스트 1.6의 코드로 변경하자).

리스트 1.6 **홈페이지 컨트롤러 테스트**

```
package tacos;

import static org.hamcrest.Matchers.containsString;
import static
     org.springframework.test.web.servlet.request.MockMvcRequestBuilders.get;
import static
     org.springframework.test.web.servlet.result.MockMvcResultMatchers.content;
import static
     org.springframework.test.web.servlet.result.MockMvcResultMatchers.status;
import static
     org.springframework.test.web.servlet.result.MockMvcResultMatchers.view;

import org.junit.jupiter.api.Test;
import org.springframework.beans.factory.annotation.Autowired;
import org.springframework.boot.test.autoconfigure.web.servlet.WebMvcTest;
import org.springframework.test.web.servlet.MockMvc;

@WebMvcTest(HomeController.class) ◄── HomeController의
public class HomeControllerTest {      웹 페이지 테스트

  @Autowired
  private MockMvc mockMvc; ◄── MockMvc를 주입한다.

  @Test
  public void testHomePage() throws Exception {
    mockMvc.perform(get("/")) ◄── GET /를 수행한다.

      .andExpect(status().isOk()) ◄── HTTP 200이 되어야 한다.

      .andExpect(view().name("home")) ◄── home 뷰가 있어야 한다.
```

```
        .andExpect(content().string(       ← 콘텐츠에 'Welcome to...'가
            containsString("Welcome to...")));   포함되어야 한다.
  }
}
```

이 테스트에서 첫 번째로 주목할 것은 TacoCloudApplicationTests 클래스(리스트 1.3)에서 사용했던 것과 다른 애노테이션을 사용한다는 것이다. 여기서 HomeControllerTest는 @SpringBootTest 대신 @WebMvcTest 애노테이션을 사용한다. 이것은 스프링 부트에서 제공하는 특별한 테스트 애노테이션이며, 스프링 MVC 애플리케이션의 형태로 테스트가 실행되도록 한다. 즉, HomeController가 스프링 MVC에 등록되므로 우리가 스프링 MVC에 웹 요청을 보낼 수 있다.

@WebMvcTest는 또한 스프링 MVC를 테스트하기 위한 스프링 지원을 설정한다. 이때 우리 테스트에서는 실제 서버를 시작하는 대신 스프링 MVC의 모의mocking 메커니즘을 사용해도 충분하므로 모의 테스트를 하기 위해 우리 테스트 클래스에 MockMvc 객체를 주입(연결)한다.

testHomePage() 메서드에는 홈페이지에 대해 수행하고자 하는 테스트를 정의한다. 우선 루트 경로인 /의 HTTP GET 요청을 MockMvc 객체로 수행한다. 그리고 우리가 기대하는 것expectation을 다음과 같이 설정한다.

- 응답은 반드시 HTTP 200 (OK) 상태가 되어야 한다.
- 뷰의 이름은 반드시 home이어야 한다.
- 브라우저에 보이는 뷰에는 반드시 'Welcome to....' 텍스트가 포함되어야 한다.

만일 MockMvc 객체가 루트 경로인 /의 HTTP GET 요청을 수행한 후, 세 가지 기대 중 어느 하나라도 충족하지 않으면 테스트는 실패한다. 그러나 여기서는 컨트롤러와 뷰 템플릿이 모든 기대를 충족하도록 작성되었으므로 성공적으로 테스트를 통과할 것이다.

그렇다면 정말로 그런지 확인해 보자. 패키지 탐색기의 **taco-cloud [boot] [devtools]**에서 오른쪽 마우스 버튼을 클릭(또는 제일 위 왼쪽의 **Run** 툴바(▶ ▾)를 클릭)한 후 **Run As ⇨ Junit Test**를 선택한다. 만일 Save and Launch 대화상자가 나오면 **OK** 버튼을 클릭한다. 그러면 프로젝트의 모든 테스트 클래스(HomeControllerTest와 TacoCloudApplicationTests)가 실행되고 그 결과가 패키지 탐색기 창의 탭으로 나타난다(그림 1.8).

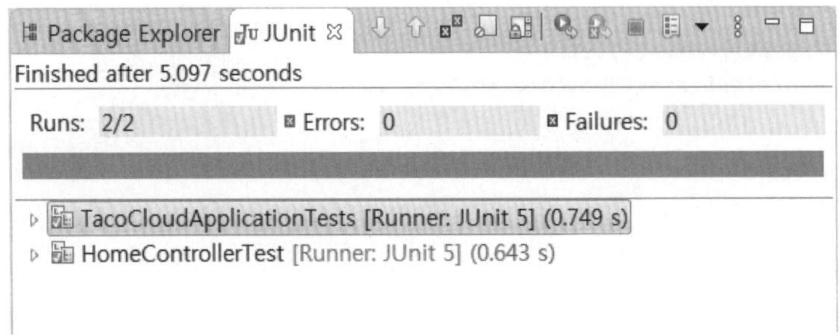

그림 1.8 Junit 테스트 실행 결과

이 그림을 보면 테스트가 에러 없이 정상적으로 수행되었음을 알 수 있다.

이제는 컨트롤러가 작성되었고, 뷰 템플릿이 생성되었으며, 테스트도 통과하였으므로 홈페이지를 성공적으로 구현한 것처럼 보인다. 그러나 테스트를 통과했더라도 브라우저에 보이는 결과에는 더 만족되어야 할 것이 있다. 지금부터는 애플리케이션을 빌드하고 실행하는 방법을 알아보자.

1.3.4 애플리케이션 빌드하고 실행하기

스프링 애플리케이션을 초기 설정하는 방법이 여러 가지가 있듯이, 실행하는 방법도 여러 가지가 있다(STS가 아닌 다른 IDE를 사용하는 방법은 이 책 뒤의 부록을 참고하도록 한다).

여기서는 프로젝트를 초기화하고 개발하기 위해 STS IDE를 선택했으므로 IDE 내부에서 애플리케이션을 실행하는 데 도움을 줄 수 있는 스프링 부트 대시보드라는 편리한 기능을 사용할 수 있다. 스프링 부트 대시보드는 IDE 창의 왼쪽 아래에 탭으로 나타난다(만일 보이지 않을 때는 다음과 같이 한다. 메인 메뉴의 **Window** ⇨ **Show View** ⇨ **Other**…를 선택한 후 Show View 대화상자의 **Other** 항목을 확장하고 **Boot Dashboard**를 선택한 후 **Open** 버튼을 클릭한다).

여기서는 스프링 부트 대시보드의 가장 유용한 기능을 살펴본다. 우선, 이것을 사용해서 타코 클라우드 애플리케이션을 실행하는 방법부터 알아보자. 스프링 부트 대시보드의 local을 확장한 후 **타코 클라우드 애플리케이션**을 선택한 상태에서 **시작(start)** 버튼(제일 왼쪽에 있는 ▶)을 클릭하자. 애플리케이션이 바로 시작될 것이다. 그림 1.9에서는 이 시점의 스프링 부트 대시보드를 보여준다(여기에는 타코 클라우드 애플리케이션만 나타나 있다).

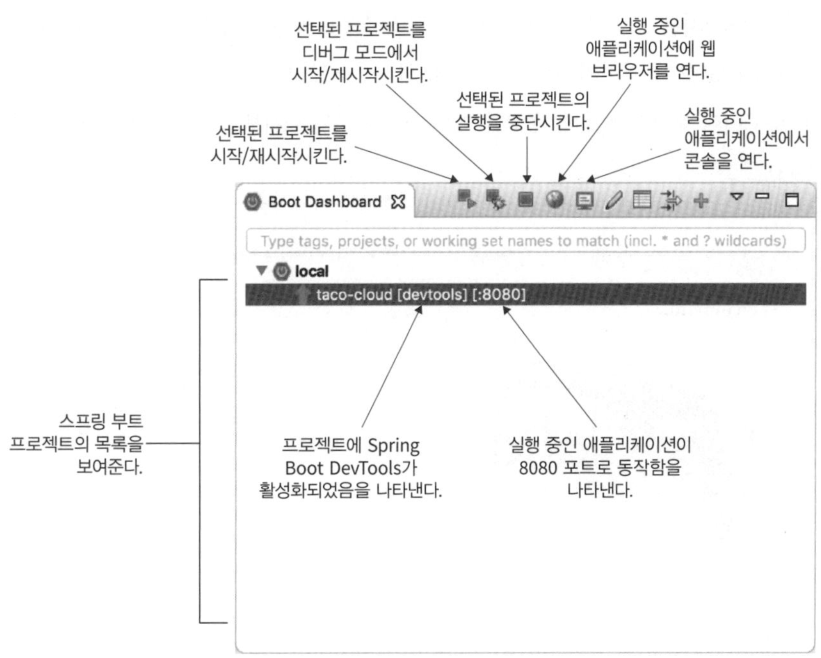

그림 1.9 **스프링 부트 대시보드의 주요 기능**

애플리케이션이 시작되면 작업 진행을 나타내는 로그 항목들이 콘솔에 나타날 것이다. 그 중에는 톰캣Tomcat 애플리케이션 서버를 자동으로 시작시키는 Tomcat started on port(s): 8080 (http)라는 로그 항목도 있다. 이처럼 작업이 진행되면 우리가 공들여 만든 홈페이지를 웹 브라우저에서 볼 수 있다.

그런데 톰캣에 우리 애플리케이션을 설치하지 않았는데도 실행이 가능한 이유가 무엇일까?

스프링 부트 애플리케이션에는 실행에 필요한 모든 것이 포함된다. 따라서 톰캣과 같은 애플리케이션 서버에 별도로 애플리케이션을 설치할 필요가 없다. 여기서도 우리의 애플리케이션을 톰캣에 설치한 적이 없으며, 또한 톰캣도 설치하지 않았다. 톰캣이 우리 애플리케이션의 일부이기 때문이다! (어떻게 톰캣이 우리 애플리케이션의 일부가 되었는지는 1.3.6에서 자세히 알아볼 것이다.)

이제는 애플리케이션이 시작되었으므로 스프링 부트 대시보드의 **웹 브라우저 열기** 버튼( )을 클릭하면 STS의 편집기 창에서 그림 1.10과 같은 화면을 볼 수 있다(각자 사용하는 웹 브라우저에서 http://localhost:8080에 접속해도 된다). 만일 로고 이미지를 다른 것으로 정했다면 보는 결과는 다르겠지만, 전체적인 화면 형태는 그림 1.10과 큰 차이가 없을 것이다.

여기서 보이는 페이지는 그리 멋있지는 않다. 그러나 이 책은 그래픽 디자인에 관한 것이 아니므로 홈페이지 모습이 변변치 않더라도 충분하다. 스프링을 배우기 위한 출발점을 제공하는 것이기 때문이다(애플리케이션을 종료할 때는 스프링 부트 대시보드의 프로세스 중단 버튼(■)을 클릭하면 된다).

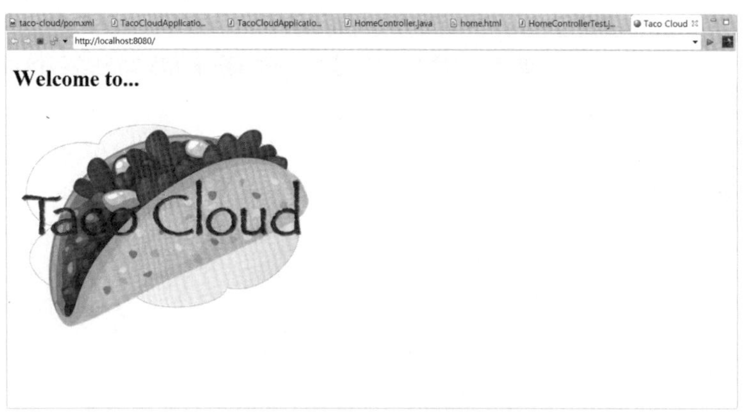

그림 1.10 **타코 클라우드 홈페이지**

아직 얘기하지 않은 것이 한 가지 있다. 그것은 바로 DevTools다. 이것은 이전에 프로젝트를 초기 설정할 때 의존성으로 선택했으며, 자동 생성된 pom.xml 파일의 <dependency> 요소에 지정되어 있다. 그리고 스프링 부트 대시보드에서는 우리 프로젝트에 DevTools가 활성화되었다는 것을 프로젝트 이름 다음에 보여준다(그림 1.9 참고). 그렇다면 DevTools가 무엇이고 무슨 일을 하는 것일까? DevTools의 가장 유용한 기능을 간단히 살펴보자.

1.3.5 스프링 부트 DevTools 알아보기

이름에서 암시하듯, DevTools는 스프링 개발자에게 다음과 같은 개발 시점의 편리한 도구를 제공한다.

- 코드가 변경될 때 자동으로 애플리케이션을 다시 시작시킨다.
- 브라우저로 전송되는 리소스(예를 들어, 템플릿, 자바스크립트, 스타일시트)가 변경될 때 자동으로 브라우저를 새로고침한다.
- 템플릿 캐시를 자동으로 비활성화한다.
- 만일 H2 데이터베이스가 사용 중이라면 자동으로 H2 콘솔을 활성화한다.

DevTools는 각종 IDE의 플러그인이 아니며, 특정 IDE를 사용해야 하는 것도 아니라는 것을 알아 두자. 따라서 STS, IntelliJ IDEA, NetBeans 모두에서 잘 동작한다. 또한, 개발 시에만 사용되도록 했으므로 실제 운영에서는 스스로 비활성화된다(우리 애플리케이션을 배포할 때 어떻게 비활성화되는지는 19장에서 알아볼 것이다). 방금 얘기한 스프링 부트 DevTools의 유용한 기능들을 조금 더 자세히 살펴보자.

자동으로 애플리케이션 다시 시작시키기

프로젝트의 일부로 포함된 DevTools를 사용하면 프로젝트의 자바 코드와 속성 파일들을 변경할 때 곧바로 해당 변경이 적용됨을 알 수 있다.

DevTools는 변경을 감시하며, 뭔가 변경되었음을 알게 되면 자동으로 애플리케이션을 다시 시작시키기 때문이다.

더 자세히 말하면 DevTools를 사용 중일 때 애플리케이션은 JVM에서 두 개의 클래스 로더loader에 의해 로드된다. 그중 하나는 우리 자바 코드, 속성 파일, 프로젝트의 src/main/ 경로에 있는 모든 것과 함께 로드된다. 이것은 자주 변경될 수 있는 것이다. 나머지 클래스 로더는 자주 변경되지 않는 의존성 라이브러리와 함께 로드된다.

변경이 감지되는 경우 DevTools는 우리 프로젝트 코드를 포함하는 클래스 로더만 다시 로드하고 스프링 애플리케이션 컨텍스트를 다시 시작시킨다. 그러나 다른 클래스 로더와 JVM은 그대로 둔다. 따라서 애플리케이션이 시작하는데 걸리는 시간을 조금이나마 단축해 준다.

이런 전략의 단점은 애플리케이션이 자동으로 다시 시작될 때 의존성 변경이 적용될 수 없다는 것이다. 의존성 라이브러리를 포함하는 클래스 로더는 자동으로 다시 로드되지 않기 때문이다. 따라서 빌드 명세(pom.xml 파일)에 의존성을 추가, 변경, 삭제할 때는 애플리케이션을 새로 시작해야만 그러한 변경의 효과가 나타날 수 있다.

자동으로 브라우저를 새로고침하고 템플릿 캐시를 비활성화하기

기본적으로 Thymeleaf와 FreeMarker 같은 템플릿에서는 템플릿의 파싱(코드 분석) 결과를 캐시에 저장하고 사용하도록 구성된다. 템플릿이 사용되는 모든 웹 요청마다 매번 다시 파싱되지 않게 하기 위해서다. 이것은 조금이라도 성능상의 이점을 얻을 수 있어서 실제 운영 시에는 좋다.

그러나 개발 시점에는 템플릿 캐싱이 그리 유용하지 않다. 애플리케이션이 실행 중일 때 템플릿을 변경하고 브라우저를 새로고침하더라도 여전히 변경 전의 캐싱된 템플릿이 사용되므로 변경된 결과를 볼 수 없기 때문이다. 이 경우 애플리케이션을 다시 시작해야만 변경된 결과를 볼 수 있다.

DevTools는 모든 템플릿 캐싱을 자동으로 비활성화하여 이 문제를 해결한다. 따라서 템플릿을 얼마든지 변경하더라도 브라우저만 새로고침해주면 변경된 템플릿이 적용된다.

그러나 독자들이 필자와 마음이 같다면, 브라우저의 새로고침 버튼을 클릭하는 것조차 원치 않을 것이다. 즉, 템플릿을 변경하고 브라우저에서 그 결과를 즉시 볼 수 있다면 훨씬 더 좋을 것이다. 다행히도 너무 게을러서 새로고침 버튼을 누르기 싫은 사람들을 위해 DevTools는 특별한 것을 갖고 있다.

DevTools가 사용될 때는 우리 애플리케이션과 함께 자동으로 LiveReload(http://livereload.com/) 서버를 활성화한다. LiveReload 서버 자체는 그리 유용하지 않다. 그러나 이 서버와 부합되는 LiveReload 브라우저 플러그인과 연결될 때는 브라우저에 전달되는 거의 모든 것(예를 들어, 템플릿, 이미지, 스타일시트, 자바스크립트 등)에 변경이 생길 때 브라우저가 자동으로 새로고침된다.

LiveReload는 구글 크롬, 사파리, 파이어폭스 브라우저의 플러그인을 갖고 있다(인터넷 익스플로러와 엣지 팬에게는 유감이다). 브라우저에 LiveReload를 설치하는 방법에 관한 정보는 http://livereload.com/extensions/에 방문하면 알 수 있다.

H2 콘솔

3장에서 변경하겠지만, 우리 프로젝트는 아직 데이터베이스를 사용하지 않는다. 만일 개발용으로 H2 데이터베이스의 사용을 선택한다면, 웹 브라우저에서 사용할 수 있는 H2 콘솔도 DevTools가 자동으로 활성화해 준다. 따라서 웹 브라우저에서 http://localhost:8080/h2-console에 접속하면 애플리케이션에서 사용하는 데이터를 알 수 있다.

지금까지 비록 간단하지만 나름대로 완전한 스프링 애플리케이션을 작성하였다. 이 책의 진도를 나가면서 이 애플리케이션의 기능을 확장할 것이다. 지금까지 우리가 했던 것을 전반적으로 리뷰해 보자.

1.3.6 리뷰하기

스프링 기반의 타코 클라우드 애플리케이션을 구축하기 위해 지금까지 했던 작업 단계를 요약해 보면 다음과 같다.

- 스프링 Initializr를 사용해서 프로젝트 초기 구조를 생성하였다.
- 홈페이지 웹 요청을 처리하기 위해 컨트롤러 클래스를 작성하였다.
- 홈페이지를 보여주기 위해 뷰 템플릿을 정의하였다.
- 애플리케이션을 테스트하기 위해 간단한 테스트 클래스를 작성하였다.

매우 쉽지 않은가? 프로젝트를 시작시키기 위한 첫 번째 단계를 제외하고 나머지 작업은 홈페이지 생성 목적을 달성하는 데 초점을 두었다.

실제로 우리가 작성했던 모든 코드는 홈페이지 생성을 위한 것이다. 자바 `import` 문을 제외하고 컨트롤러 클래스에 우리가 작성한 코드는 두 줄에 불과하며, 뷰 템플릿에도 스프링에 특정한 코드를 작성한 것은 없다. 그리고 대부분의 테스트 클래스 코드는 스프링의 테스트 지원 기능을 이용하므로, 우리가 작성할 코드가 급격히 많아지지는 않는다.

이것이 스프링을 사용한 애플리케이션 개발의 커다란 장점이다. 즉, 프레임워크의 요구를 만족시키기 위한 코드보다는 우리 애플리케이션의 요구를 충족하는 코드에 집중할 수 있다. 물론 프레임워크에 관련된 코드를 작성해야 할 때도 있다. 그러나 소량에 불과하다. 이전에 얘기했듯이, 스프링(스프링 부트를 사용한)은 프레임워크를 사용하는 데 필요한 코드 작성 부담이 거의 없는 그런 프레임워크로 생각할 수 있다.

이것이 어떻게 가능할까? 우리 애플리케이션의 요구를 충족하기 위해 스프링이 내부적으로 무슨 일을 할까? 스프링이 하는 일을 이해하기 위해 우선 빌드 명세를 살펴보자.

빌드 명세를 정의한 pom.xml 파일에서 `Web`과 `Thymeleaf` 의존성을 선언했다. 이 두 의존성은 다음 내용을 비롯해서 일부의 다른 의존성도 포함시킨다.

- 스프링의 MVC 프레임워크
- 내장된 톰캣
- Thymeleaf와 Thymeleaf 레이아웃 dialect

이때 스프링 부트의 자동-구성 라이브러리도 개입되므로 애플리케이션이 시작될 때 스프링 부트 자동-구성에서 그런 의존성 라이브러리들을 감지하고 자동으로 다음 일을 수행한다.

- 스프링 MVC를 활성화하기 위해 스프링 애플리케이션 컨텍스트에 관련된 빈들을 구성한다.
- 내장된 톰캣 서버를 스프링 애플리케이션 컨텍스트에 구성한다.

- Thymeleaf 템플릿을 사용하는 스프링 MVC 뷰를 나타내기 위해 Thymeleaf 뷰 리졸버resolver를 구성한다.

요컨대 자동-구성이 모든 작업을 수행하므로 우리는 애플리케이션 구현 코드를 작성하는 데 집중할 수 있다.

스프링을 향한 우리의 여정은 이제 시작되었다. 현재의 타코 클라우드 애플리케이션은 스프링이 제공하는 기능 중 일부만을 사용하였다. 다음 단계로 가기 전에 앞으로 우리의 여정에서 접할 스프링의 중요한 기능을 살펴보자.

1.4 스프링 살펴보기

스프링의 모든 것은 스프링 웹 폼의 체크박스 리스트(그림 1.5 참고)에 나와 있다. 그러나 거기에는 100개 이상의 너무 많은 의존성이 있어서 그 내역을 모두 나열하거나 화면으로 보여주기는 어렵다. 그러니 각자 살펴볼 것을 권한다. 여기서는 몇 가지 중요한 것만 언급한다.

1.4.1 핵심 스프링 프레임워크

알다시피 핵심 스프링 프레임워크는 스프링에 있는 모든 것의 기반이다. 이것은 핵심 컨테이너와 의존성 주입 프레임워크 외에 몇 가지 다른 기능도 제공한다.

그중 하나가 스프링의 웹 프레임워크인 스프링 MVC다. 웹 요청을 처리하기 위해 스프링 MVC를 사용해서 컨트롤러 클래스를 작성하는 방법은 이미 알아 보았다. 그러나 아직 알아보지 않은 것이 있다. 즉, HTML이 아닌 출력을 생성하는 REST API를 만들 때도 스프링 MVC를 사용할 수 있다. 스프링 MVC의 자세한 내용은 2장에서 알아보고, REST API를 생성하기 위해 스프링 MVC를 사용하는 방법은 6장에서 살펴볼 것이다.

핵심 스프링 프레임워크는 템플릿 기반의 JDBC 지원(`JdbcTemplate`)을 포함해서 기본적인 데이터 퍼시스턴스 지원도 제공한다. 이 기능을 사용하는 방법은 3장에서 배울 것이다.

스프링의 가장 최신 버전에서는 리액티브 프로그래밍 지원이 추가되었다. 여기에는 스프링 MVC 개념의 스프링 WebFlux라는 새로운 리액티브 웹 프레임워크가 포함된다. 스프링의 리액티브 프로그래밍 모델은 10, 11, 12장에서, 특히 스프링 WebFlux는 10장에서 알아볼 것이다.

1.4.2 스프링 부트

스타터 의존성과 자동-구성을 포함하는 스프링 부트의 여러 장점은 이미 알아보았다. 이 책 전반에 걸쳐 가능한 한 스프링 부트의 많은 기능을 사용하면서 꼭 필요하지 않다면 별도의 구성 작성을 피할 것이다. 스타터 의존성과 자동-구성 외에도 스프링 부트는 다음의 다른 편리한 기능도 제공한다.

- 액추에이터Actuator는 애플리케이션의 내부 작동을 런타임 시에 살펴볼 수 있는 기능을 제공하며, 여기에는 메트릭metric, 스레드 덤프 정보, 애플리케이션의 상태, 애플리케이션에서 사용할 수 있는 환경 속성이 포함된다.
- 환경 속성의 명세
- 핵심 프레임워크에 추가되는 테스트 지원

게다가 스프링 부트는 스프링 부트 CLIcommand-line interface(명령행 인터페이스)를 제공한다. 스프링 부트 CLI를 사용하면 애플리케이션 전체를 그루비 스크립트들로 작성하여 명령행에서 실행할 수 있다. 이 책에서는 스프링 부트 CLI가 우리 요구에 적합한 경우에만 사용할 것이다.

스프링 부트는 스프링의 필수 요소가 되었으므로 스프링 부트 없이 스프링 애플리케이션을 개발한다는 것은 상상하기 어렵다. 따라서 이 책에서는 스프링 부트 중심의 관점으로 스프링이라는 용어를 사용한다는 것을 알아 두자.

1.4.3 스프링 데이터

기본적인 데이터 퍼시스턴스 지원은 핵심 스프링 프레임워크에 포함되어 있지만, 스프링 데이터는 이외에도 꽤 놀랄 만한 기능을 제공한다. 즉, 간단한 자바 인터페이스로 우리 애플리케이션의 데이터 리퍼지터리를 정의할 수 있다. 이때 데이터를 저장하고 읽는 메서드를 작명 규칙을 사용해서 정의한다.

게다가 스프링 데이터는 서로 다른 종류의 데이터베이스와 함께 사용될 수 있다. 예를 들어, 관계형 데이터베이스인 JPA, 문서형 데이터베이스인 Mongo, 그래프형 데이터베이스인 Neo4j 등이다. 3장에서는 타코 클라우드 애플리케이션의 리퍼지터리를 생성하는 데 스프링 데이터를 사용할 것이다.

1.4.4 스프링 시큐리티

애플리케이션 보안은 항상 중요한 주제다. 다행스럽게도 스프링은 강력한 보안 프레임워크를 갖고 있다.

스프링 시큐리티는 인증authentication, 허가authorization, API 보안을 포함하는 폭넓은 범위의 애플리케이션 보안 요구를 다룬다. 스프링 시큐리티의 범위가 너무 넓어서 이 책에서 모두 다루기는 어렵지만, 가장 흔히 사용하는 몇 가지 경우를 4장과 12장에서 알아볼 것이다.

1.4.5 스프링 통합과 배치

어떤 시점이든 대부분의 애플리케이션은 다른 애플리케이션 또는 같은 애플리케이션의 서로 다른 컴포넌트를 통합Integration할 필요가 생긴다. 이런 요구사항을 해결하기 위한 이미 알려진 몇 가지 애플리케이션 통합 패턴이 있다. 스프링 통합과 스프링 배치Batch는 스프링 기반 애플리케이션의 이런 패턴 구현을 제공한다.

스프링 통합은 데이터가 사용 가능한 즉시 처리되는 실시간 통합을 한다. 반면에 스프링 배치에서는 다량의 데이터가 처리되는 시점을 트리거(대개 시간을 기준하는 트리거)가 알려줄 때 데이터가 수집 처리되는 배치 통합을 처리해 준다. 스프링 배치와 스프링 통합 모두 9장에서 알아볼 것이다.

1.4.6 스프링 클라우드

이 책을 저술하는 시점에서 애플리케이션 개발 세계는 새로운 시대로 진입하고 있다. 즉, 우리 애플리케이션을 거대한 하나의 단일체로 개발하는 대신 **마이크로서비스**라는 여러 개의 개별적인 단위들로 합성하는 것이다.

마이크로서비스는 애플리케이션 개발과 실행에서 많은 관심을 받는 주제다. 그러나 그렇게 하려면 도전이 필요하며, 이때 스프링을 사용해서 클라우드 애플리케이션을 개발하기 위한 프로젝트들의 모음인 스프링 클라우드를 사용한다.

스프링 클라우드에서는 많은 것을 다루므로 이 책에서 모두 알아보는 것은 불가능하다. 따라서 이 책에서는 13, 14, 15장에서 스프링 클라우드의 가장 중요한 컴포넌트 중 일부를 알아볼 것이다. 스프링 클라우드와 마이크로서비스의 더 자세한 내용은 다음 책을 참고하기 바란다. **《스프링 마이크로서비스 코딩 공작소(Spring Microservices in Action)》**(존 카넬 저, 정성권 역, 길벗, 2018)

요약

- 웹 애플리케이션 생성, 데이터베이스 사용, 애플리케이션 보안, 마이크로서비스 등에서 개발자의 노력을 덜어주는 것이 스프링의 목표다.
- 스프링 부트는 손쉬운 의존성 관리, 자동-구성, 런타임 시의 애플리케이션 내부 작동 파악을 스프링에서 할 수 있게 한다.
- 스프링 애플리케이션은 스프링 Initializr를 사용해서 초기 설정할 수 있다. 스프링 Initializr는 웹을 기반으로 하며, 대부분의 자바 개발 환경을 지원한다.
- 빈bean이라고 하는 컴포넌트는 스프링 애플리케이션 컨텍스트에서 자바나 XML로 선언할 수 있으며, 컴포넌트 탐색으로 찾거나 스프링 부트 자동-구성에서 자동으로 구성할 수도 있다.

CHAPTER

2

웹 애플리케이션 개발하기

이 장에서 배우는 내용

- 모델 데이터를 브라우저에서 보여주기
- 폼 입력 처리하고 검사하기
- 뷰 템플릿 라이브러리 선택하기

뭐든지 첫 인상이 중요하다. 집의 앞마당을 잘 꾸미면 구매자가 집안에 들어오기 전에 집을 팔 수 있다. 자동차의 색을 잘 칠하면 내부보다 더 시선을 끌 수 있다. 문학에는 첫 눈에 반해서 사랑에 빠지는 이야기로 가득하다. 내부의 것은 매우 중요하다. 그러나 처음에 보는 외부의 것 또한 중요하다.

스프링으로 구축할 애플리케이션은 모든 종류의 일을 수행한다. 예를 들어, 데이터를 처리하고 데이터베이스로부터 정보를 읽고 다른 애플리케이션과 상호 작용한다. 그러나 사용자가 느끼는 우리 애플리케이션의 첫 인상은 UI(사용자 인터페이스)에서 갖게 된다. 그리고 대부분의 애플리케이션에서 UI는 웹 브라우저에 나타난다.

1장에서는 애플리케이션 홈페이지를 보여주기 위해 최초의 스프링 MVC 컨트롤러를 생성하였다. 그러나 스프링 MVC는 간단하게 정적인 콘텐츠를 보여주는 것보다 훨씬 더 많은 일을 할 수 있다. 이 장에서는 우리의 타코 클라우드 애플리케이션에 가장 중요한 커스텀 타코 디자인 기능(바로 다음의 2.1에서 자세히 설명한다)을 추가할 것이다. 그리고 이렇게 하면서 스프링 MVC를 더 깊이 있게 알아볼 것이며, 모델 데이터를 보여주고 사용자 입력을 처리하는 방법을 알게 될 것이다.

2.1 정보 보여주기

기본적으로 타코 클라우드는 온라인으로 타코를 주문할 수 있는 애플리케이션이다. 그러나 한걸음 더 나아가서 타코 클라우드에서는 풍부한 식자재ingredient를 보여주는 팔레트를 사용해서 고객이 창의적으로 커스텀 타코를 디자인할 수 있게 하고자 한다.

그러므로 고객 자신이 원하는 타코를 디자인할 때 식자재를 보여주고 선택할 수 있는 페이지가 타코 클라우드 웹 애플리케이션에 있어야 한다. 선택할 수 있는 식자재의 내역은 수시로 변경될 수 있다. 따라서 HTML 페이지에 하드코딩되면 안 되며, 이보다는 사용 가능한 식자재의 내역을 데이터베이스로부터 가져와서 고객이 볼 수 있도록 해당 페이지에 전달되어야 한다.

스프링 웹 애플리케이션에서는 데이터를 가져오고 처리하는 것이 컨트롤러의 일이다. 그리고 브라우저에 보여주는 데이터를 HTML로 나타내는 것은 뷰가 하는 일이다. 지금까지 얘기한 타코 디자인 페이지를 지원하기 위해 다음 컴포넌트를 생성할 것이다.

- 타코 식자재의 속성을 정의하는 도메인domain 클래스
- 식자재 정보를 가져와서 뷰에 전달하는 스프링 MVC 컨트롤러 클래스
- 식자재의 내역을 사용자의 브라우저에 보여주는 뷰 템플릿

이 컴포넌트들 간의 관계는 그림 2.1에 나타나 있다.

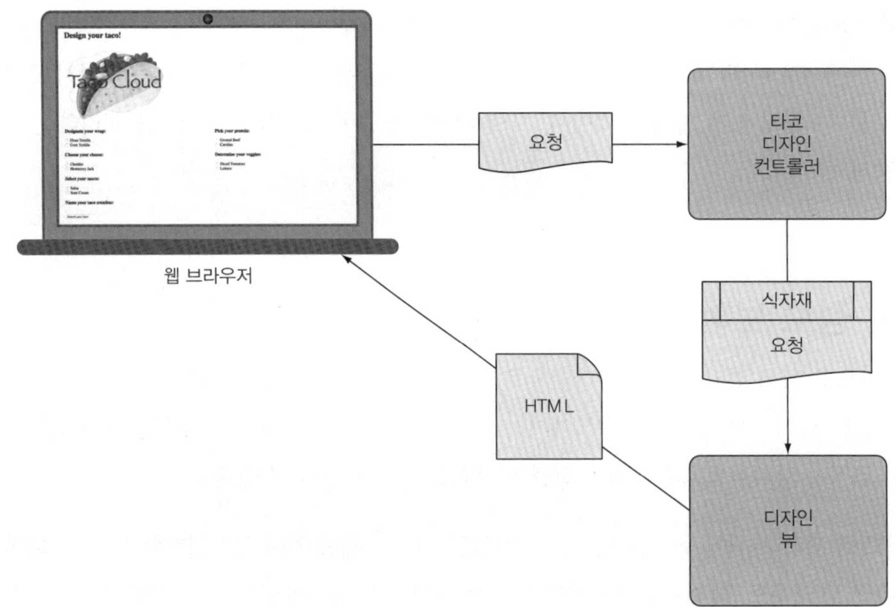

그림 2.1 **전형적인 스프링 MVC의 요청 처리 흐름**

이 장에서는 스프링의 웹 프레임워크에 초점을 두므로 데이터베이스 관련 내용은 3장으로 미룰 것이다. 따라서 여기서는 식자재 내역을 뷰에 제공하는 일만 컨트롤러가 할 것이다. 그리고 데이터베이스로부터 식자재를 가져오는 작업은 3장에서 컨트롤러에 추가할 것이다.

컨트롤러와 뷰를 작성하기에 앞서 식자재를 나타내는 도메인 타입에 관해 알아보자. 이것은 우리의 웹 컴포넌트를 개발할 수 있는 기초를 다지게 될 것이다.

2.1.1 도메인 설정하기

애플리케이션의 도메인은 해당 애플리케이션의 이해에 필요한 개념을 다루는 영역이다.[4] 타코 클라우드 애플리케이션의 도메인에는 다음과 같은 객체가 포함된다. 고객이 선택한 타코 디자인, 디자인을 구성하는 식자재, 고객, 고객의 타코 주문이다. 우선 타코 식자재에 초점을 둘 것이다. 1장에서 작성했던 taco-cloud 프로젝트를 STS에서 열도록 하자(STS를 실행하고 작업 영역workspace을 taco-cloud 디렉터리의 부모 디렉터리로 지정하면 된다).

우리 도메인에서 타코 식자재는 매우 간단한 객체다. 각 식자재는 타입(고기류, 치즈류, 소스류 등)은 물론 이름도 갖는다. 각 식자재는 또한 쉽고 분명하게 참조할 수 있는 ID를 갖는다. 우

4 애플리케이션 도메인의 더 자세한 내용은 《도메인 주도 설계: 소프트웨어의 복잡성을 다루는 지혜(Domain-Driven Design)》(위키북스, 이대엽 옮김, 2011)를 참고하자.

리가 필요한 도메인 객체인 타코 식자재를 정의하는 `Ingredient` 클래스는 다음과 같다(탐색기 창의 src/main/java 아래의 **tacos 패키지**에서 오른쪽 마우스 버튼을 누른 후 **New ⇨ Class**를 선택한다. 그리고 대화상자의 Name 필드에 **Ingredient**를 입력하고 **Finish** 버튼을 클릭하면 클래스가 생성되고 편집기 창에서 열리므로 리스트 2.1의 진한 글씨로 된 코드를 추가하면 된다). 작성이 끝나면 항상 **Ctrl+S[Control+S]** 키를 눌러 저장하자. 미리 저장하지 않으면 이 코드를 사용하는 다른 코드를 작성할 때 참조 에러가 생길 수 있다.

리스트 2.1 **타코 식자재 정의하기**

```
package tacos;

import lombok.Data;
import lombok.RequiredArgsConstructor;

@Data
@RequiredArgsConstructor
public class Ingredient {

  private final String id;
  private final String name;
  private final Type type;

  public static enum Type {
    WRAP, PROTEIN, VEGGIES, CHEESE, SAUCE
  }
}
```

보다시피 이것은 지극히 평범한 자바 도메인 클래스이며, 식자재를 나타내는데 필요한 3개의 속성을 정의한다. `Ingredient` 클래스에서 특이한 점은 `final` 속성들을 초기화하는 생성자는 물론이고 속성들의 게터getter와 세터setter 메서드가 없다는 것과 `equals()`, `hashCode()`, `toString()` 등의 유용한 메서드도 정의하지 않았다는 것이다.

책의 페이지 공간을 절약하기 위해 나타내지 않은 이유도 있지만, Lombok이라는 좋은 라이브러리를 사용해서 그런 메서드들을 **런타임** 시에 자동으로 생성하기 때문이다. 리스트 2.1처럼 클래스에 `@Data` 애노테이션을 지정하면 소스 코드에 누락된 `final` 속성들을 초기화하는 생성자는 물론이고, 속성들의 게터와 세터 등을 생성하라고 Lombok에 알려준다. 따라서 Lombok을 사용하면 `Ingredient` 클래스의 소스 코드 분량을 줄일 수 있다.

Lombok은 스프링 라이브러리가 아니지만 이것을 사용하지 않으면 힘들 정도로 굉장히 유용하다. 그리고 Lombok은 이 책의 코드 예제를 간략하게 만들 수 있게 해준다(바로 전에 작성한 `Ingredient` 클래스의 속성마다 게터와 세터 등의 메서드를 우리가 일일이 코드로 작성하는 것은 매우 번거롭고 힘든 일이다).

Lombok을 사용하려면 우리 프로젝트에 의존성dependency으로 추가해야 한다. 만일 여러분이 STSSpring Tool Suite를 사용 중이라면 매우 쉽다. 패키지 탐색기의 **pom.xml**에서 오른쪽 마우스 버튼을 클릭한 후 **Spring(스프링 컨텍스트 메뉴)** ⇨ **Edit Starters**를 선택하면 된다. 그러면 1장(그림 1.5)에서 보았던 의존성 선택과 동일한 대화상자가 나타나므로 이때 선택하여 변경하면 된다. 즉, 검색 필드에 **Lombok**을 입력하여 선택한 후 **OK** 버튼을 누른다. 그러면 STS가 자동으로 빌드 명세(pom.xml 파일)에 추가할 것이다(이 책에서는 1장에서 이미 추가했으므로 다시 추가하지 않아도 된다).

이와는 달리, 다음 항목을 우리가 직접 pom.xml 파일에 추가할 수도 있다.

```
<dependency>
  <groupId>org.projectlombok</groupId>
  <artifactId>lombok</artifactId>
  <optional>true</optional>
</dependency>
```

의존성을 추가한 후 `@Data`와 같은 Lombok 애노테이션을 코드에 추가하면 컴파일 시에 빌드 명세(pom.xml 파일)에 정의한 Lombok이 실행된다. 그리고 클래스의 속성들을 초기화하는 생성자는 물론이고, 속성들의 게터와 세터 등을 Lombok이 자동 생성해 주므로 에러가 생기지 않는다. 그러나 개발 시점에는 해당 메서드들이 없다고 STS가 에러로 보여준다.

Ingredient.java가 편집기 창에 열린 상태에서 오른쪽에 Outline 창이 열려 있는지 확인한다. 만일 열려 있지 않다면 **STS의 오른쪽 위에 있는 아이콘**(그림 2.2의 화살표가 가리키는)을 클릭해 보자. 또는 STS 메뉴 바의 **Window** ⇨ **Show View** ⇨ **Outline**을 선택해도 된다.

그림 2.2 **Outline 창을 여는 아이콘**

그러면 그림 2.3과 같이 Outline 창이 열릴 것이다.

그림 2.3 **Outline 창**

`Ingredient` 클래스의 Outline 창을 보면 알 수 있듯이, 각 속성에 대한 생성자와 게터 및 세터 등이 없다. 코드 작성 중에는 Lombok 애노테이션들을 STS가 알 수 없기 때문이다.

이때 다음과 같이 STS의 확장extension으로 Lombok을 추가하면 코드 작성 시점에서도 속성 관련 메서드들이 자동 생성되므로 에러가 나타나지 않게 할 수 있다. 다음 절차를 따라서 STS에 Lombok을 설치하자.

1. Lombok은 실행 가능한 jar 파일로 되어 있으며, 웹 브라우저에서 https://www.projectlombok.org/download에 접속하여 **Download**를 클릭하면 다운로드할 수 있다(Download 바로 다음의 숫자는 Lombok 버전이다).
2. 다운로드된 lombok.jar 파일을 STS 실행 파일(예를 들어, 윈도우 버전의 경우 SpringToolSuite4.exe)이 있는 디렉터리에 복사한다.
3. STS 실행 파일이 있는 디렉터리에 보면 STS 구성 파일인 SpringToolSuite4.ini 파일이 있다(STS 실행 파일과 구성 파일의 이름은 STS 버전이 업데이트되면서 변경될 수 있다). 이 파일을 텍스트 편집기(예를 들어, 윈도우의 메모장)에서 열고 제일 끝에 한 줄을 추가하고 저장한다. 예를 들어, 윈도우 시스템에서 STS 실행 파일과 lombok.jar 파일이 C:\sts-4.6.0.RELEASE 디렉터리에 있는 경우는 다음과 같다.

```
..
-javaagent:C:\sts-4.6.0.RELEASE\lombok.jar
```

4. 만일 STS를 실행 중이라면 종료했다가 다시 시작해야 한다(SpringToolSuite4.ini 파일의 설정이 잘못된 게 있으면 STS가 실행되지 않으므로 lombok.jar 파일의 위치를 정확하게 지정해야 한다).

이제는 Lombok의 설치가 완료되었다. STS를 다시 실행한 후 편집기 창에서 Ingredient.java를 열고 Outline 창을 열면 `Ingredient` 클래스 속성에 관련된 메서드들이 자동 생성된 것을 볼 수 있다(그림 2.4).

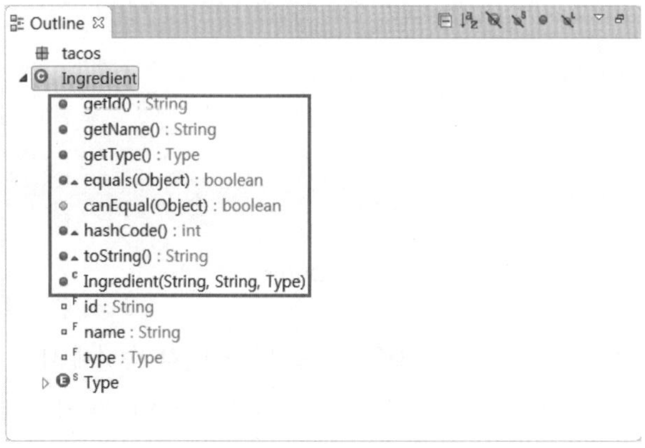

그림 2.4 STS에 lombok.jar가 설치된 후의 Outline 창

또한, 편집기 창에 열린 Ingredient.java를 보면 각 속성의 왼쪽에 x로 표시된 에러도 더 이상 나타나지 않는 것을 알 수 있다(그림 2.5). 단, 자동 생성된 그림 2.4의 메서드들이 예제 코드에 추가되지는 않는다.

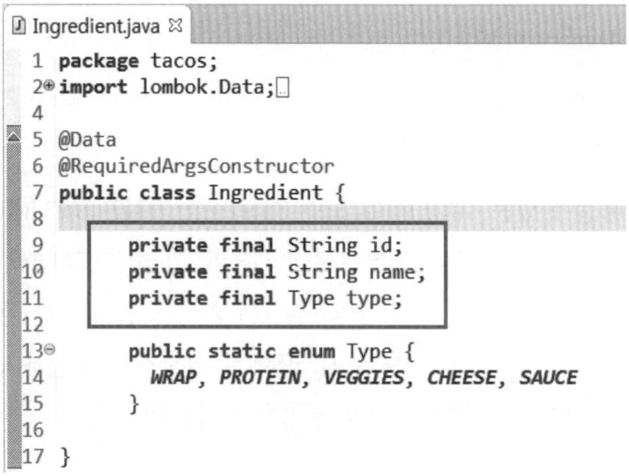

Ingredient.java

```
package tacos;
import lombok.Data;

@Data
@RequiredArgsConstructor
public class Ingredient {

    private final String id;
    private final String name;
    private final Type type;

    public static enum Type {
      WRAP, PROTEIN, VEGGIES, CHEESE, SAUCE
    }

}
```

그림 2.5 속성의 에러 표시가 사라진 Ingredient.java

지금까지 Lombok을 설치한 방법 외에 lombok.jar를 실행하면 수행되는 Lombok Installer를 사용할 수도 있다. 이 Installer가 실행되면 대화상자를 보여주고 앞에서 했던 것과 동일한 작업(lombok.jar 파일을 STS가 설치된 디렉터리에 복사하고 STS 구성 파일에 -javaagent:를 추가)을 한다. 그러나 STS 버전이 업데이트되면서 제대로 실행이 안 되는 경우가 있으므로 권장하지 않는다.

Lombok이 매우 유용하다는 것을 알 수 있겠지만 여러분이 선택하기 나름이며, 스프링 애플리케이션 개발에 꼭 필요한 것은 아니다. 그러나 여러분이 Lombok을 사용하지 않는다면 앞에서 얘기한 메서드들을 직접 작성해야 한다. 그러려고 싶다면 계속 하자. 기다려 줄 것이다. 그리고 작성이 끝나면 웹 요청을 처리하기 위해 몇 가지 컨트롤러를 우리 애플리케이션에 추가할 것이다.

컨트롤러 클래스를 작성하기 전에 잠시 `Taco` 클래스를 추가하자. 이 클래스는 평범한 자바 도메인 객체를 나타내며, 두 개의 속성을 갖는다. 그리고 `Ingredient` 클래스처럼 `Taco` 클래스에도 `@Data` 애노테이션이 지정되었다. 각 속성의 생성자와 게터 및 세터를 컴파일 시에 Lombok에서 자동 생성하여 런타임 시에 사용할 수 있도록 하기 위해서이다(탐색기 창의 src/main/java 아래의 **tacos 패키지**에서 오른쪽 마우스 버튼을 누른 후 **New ⇨ Class**를 선택한다. 그리고 대화상자의 Name 필드에 **Taco**를 입력하고 **Finish** 버튼을 클릭하면 클래스가 생성되고 편집기 창에 열리므로 리스트 2.2의 진한 글씨로 된 코드를 추가하면 된다).

리스트 2.2 **타코 디자인을 정의하는 도메인 객체**

```
package tacos;

import java.util.List;
import lombok.Data;

@Data
public class Taco {
  private String name;
  private List<String> ingredients;
}
```

`Taco` 클래스가 왜 필요한지는 리스트 2.6에서 설명할 것이다. 또한, 리스트 2.11에서는 이 클래스를 개선할 것이다.

2.1.2 컨트롤러 클래스 생성하기

컨트롤러는 스프링 MVC 프레임워크의 중심적인 역할을 수행한다. 컨트롤러는 HTTP 요청을 처리하고, 브라우저에 보여줄 HTML을 뷰에 요청하거나, 또는 REST 형태의 응답 몸체에 직접 데이터를 추가한다. 이 장에서는 웹 브라우저의 콘텐츠를 생성하기 위해 뷰를 사용하는 컨트롤러에 초점을 둘 것이다. 그다음에 6장에서 REST API를 처리하는 컨트롤러의 작성 방법을 알아볼 것이다.

타코 클라우드 애플리케이션의 경우는 다음 일을 수행하는 간단한 컨트롤러가 필요하다.

- 요청 경로가 /design인 HTTP GET 요청을 처리한다.
- 식자재의 내역을 생성한다.
- 식자재 데이터의 HTML 작성을 뷰 템플릿에 요청하고, 작성된 HTML을 웹 브라우저에 전송한다.

이런 요구사항을 처리하는 DesignTacoController 클래스는 다음과 같다(src/main/java 아래의 tacos 패키지에서 오른쪽 마우스 버튼을 누른 후 New ⇨ Folder를 선택한다. 그리고 대화상자에서 폴더 이름을 web으로 입력하고 Finish 버튼을 눌러서 web 폴더를 생성한다. 그다음에 리스트 2.2에서 했던 대로 탐색기 창에서 src/main/java 아래의 tacos.web에 DesignTacoController 클래스를 생성한 후 리스트 2.3의 진한 글씨로 된 코드를 추가하자).

리스트 2.3 스프링 컨트롤러 클래스

```
package tacos.web;

import java.util.Arrays;
import java.util.List;
import java.util.stream.Collectors;
import org.springframework.stereotype.Controller;
import org.springframework.ui.Model;
import org.springframework.web.bind.annotation.GetMapping;
import org.springframework.web.bind.annotation.RequestMapping;

import lombok.extern.slf4j.Slf4j;
import tacos.Taco;
import tacos.Ingredient;
import tacos.Ingredient.Type;

@Slf4j
@Controller
@RequestMapping("/design")
public class DesignTacoController {

  @GetMapping
  public String showDesignForm(Model model) {
    List<Ingredient> ingredients = Arrays.asList(
      new Ingredient("FLTO", "Flour Tortilla", Type.WRAP),
      new Ingredient("COTO", "Corn Tortilla", Type.WRAP),
      new Ingredient("GRBF", "Ground Beef", Type.PROTEIN),
      new Ingredient("CARN", "Carnitas", Type.PROTEIN),
      new Ingredient("TMTO", "Diced Tomatoes", Type.VEGGIES),
      new Ingredient("LETC", "Lettuce", Type.VEGGIES),
      new Ingredient("CHED", "Cheddar", Type.CHEESE),
      new Ingredient("JACK", "Monterrey Jack", Type.CHEESE),
      new Ingredient("SLSA", "Salsa", Type.SAUCE),
      new Ingredient("SRCR", "Sour Cream", Type.SAUCE)
```

```
    );

    Type[] types = Ingredient.Type.values();
    for (Type type : types) {
      model.addAttribute(type.toString().toLowerCase(),
          filterByType(ingredients, type));
    }

    model.addAttribute("taco", new Taco());

    return "design";
  }

private List<Ingredient> filterByType(
      List<Ingredient> ingredients, Type type) {
    return ingredients
              .stream()
              .filter(x -> x.getType().equals(type))
              .collect(Collectors.toList());
  }
}
```

DesignTacoController 클래스에서 첫 번째로 주목할 것은 클래스 수준에 적용된 애노테이션들이다. 우선 @Slf4j는 컴파일 시에 Lombok에 제공되며, 이 클래스에 자동으로 SLF4J(자바에 사용하는 Simple Logging Facade, https://www.slf4j.org/) Logger를 생성한다. 이 애노테이션은 다음 코드를 추가한 것과 같은 효과를 낸다.

```
private static final org.slf4j.Logger log =
    org.slf4j.LoggerFactory.getLogger(DesignTacoController.class);
```

이 Logger는 잠시 후에 사용할 것이다.

DesignTacoController에 적용된 그다음 애노테이션은 @Controller다. 이 애노테이션은 DesignTacoController 클래스가 컨트롤러로 식별되게 하며, 컴포넌트 검색을 해야 한다는 것을 나타낸다. 따라서 스프링이 DesignTacoController 클래스를 찾은 후 스프링 애플리케이션 컨텍스트의 빈bean으로 이 클래스의 인스턴스를 자동 생성한다.

DesignTacoController에는 또한 @RequestMapping 애노테이션도 지정되어 있다. 이 애노테이션이 클래스 수준으로 적용될 때는 해당 컨트롤러가 처리하는 요청의 종류를 나타낸다. 여기서는 DesignTacoController에서 /design으로 시작하는 경로의 요청을 처리함을 나타낸다.

GET 요청 처리하기

클래스 수준의 @RequestMapping과 함께 사용된 @GetMapping 애노테이션은 /design의 HTTP GET 요청이 수신될 때 그 요청을 처리하기 위해 showDesignForm() 메서드가 호출됨을 나타낸다.

@GetMapping은 스프링 4.3에서 소개된 새로운 애노테이션이다. 스프링 4.3 이전에는 이것 대신 메서드 수준의 @RequestMapping 애노테이션을 사용할 수 있었다.

```
@RequestMapping(method=RequestMethod.GET)
```

그러나 @GetMapping이 더 간결하고 HTTP GET 요청에 특화되어 있다. @GetMapping은 요청에 대응하는 애노테이션 중 하나다. 스프링 MVC에서 사용할 수 있는 요청-대응 애노테이션들은 표 2.1과 같다.

표 2.1 **스프링 MVC 요청-대응 애노테이션**

애노테이션	설명
@RequestMapping	다목적 요청을 처리한다.
@GetMapping	HTTP GET 요청을 처리한다.
@PostMapping	HTTP POST 요청을 처리한다.
@PutMapping	HTTP PUT 요청을 처리한다.
@DeleteMapping	HTTP DELETE 요청을 처리한다.
@PatchMapping	HTTP PATCH 요청을 처리한다.

잘 맞게 특화된 애노테이션

컨트롤러 메서드에 대한 요청-대응 애노테이션을 선언할 때는 가급적 특화된 것을 사용하는 것이 좋다. 즉, 경로(또는 클래스 수준의 @RequestMapping에서 경로를 상속받음)를 지정하는 애노테이션과 처리하려는 특정 HTTP 요청을 지정하는 애노테이션 모두를 각각 선언한다는 의미다.

method 속성을 지정해야 하는 @RequestMapping(method=RequestMethod.GET) 애노테이션은 길어서 작성하기 불편하다. 스프링 4.3에 새로운 요청-대응 애노테이션(표 2.1)이 추가된 것은 참 잘된 일이다. 코드 작성이 쉽고 해당 요청에 맞게 처리할 수 있기 때문이다.

새로운 요청-대응 애노테이션들은 @RequestMapping의 것과 같은 속성들을 가지므로 @RequestMapping을 사용했던 코드에도 사용할 수 있다.

대개의 경우 필자는 기본 경로를 지정하기 위해서 클래스 수준의 @RequestMapping을 사용한다. 그리고 요청 처리 메서드에는 더 특화된 @GetMapping, @PostMapping 등을 사용한다.

이제는 리스트 2.3의 showDesignForm() 메서드가 해당 요청을 처리한다는 것을 알게 되었으므로 이 메서드의 몸체 코드를 살펴보자. 우선, 식자재를 나타내는 Ingredient 객체를 저장하는 List를 생성한다. 지금은 Ingredient 객체들을 직접 코드에서 추가하였다. 그러나 3장에서는 데이터베이스로부터 가져와서 저장할 것이다.

그 다음 코드에서는 식자재의 유형(고기, 치즈, 소스 등)을 List에서 필터링(filterByType 메서드)한 후 showDesignForm()의 인자로 전달되는 Model 객체의 속성으로 추가한다. Model은 컨트롤러와 데이터를 보여주는 뷰 사이에서 데이터를 운반하는 객체다. 궁극적으로 Model 객체의 속성에 있는 데이터는 뷰가 알 수 있는 서블릿servlet 요청 속성들로 복사된다. showDesignForm() 메서드는 제일 마지막에 "design"을 반환한다. 이것은 모델 데이터를 브라우저에 나타내는 데 사용될 뷰의 논리적인 이름이다.

DesignTacoController는 이제야 형태를 갖추기 시작하였다. 따라서 지금 애플리케이션을 실행하고 브라우저에서 /design 경로에 접속한다면 DesignTacoController의 showDesignForm() 메서드가 실행된다. 그리고 뷰에 요청이 전달되기 전에 List에 저장된 식자재 데이터를 모델 객체(Model)에 넣을 것이다. 그러나 아직 뷰를 정의하지 않았으므로 HTTP 404 (Not Found) 에러를 초래하게 된다. 이 문제를 해결하기 위해 지금부터는 뷰를 알아보자. 데이터가 HTML로 작성되어 사용자의 웹 브라우저에 나타나게 하는 것이 뷰의 역할이다.

2.1.3 뷰 디자인하기

컨트롤러가 완성되었으므로 이제는 뷰를 만들 것이다. 스프링은 뷰를 정의하는 여러 가지 방법을 제공한다. JSPJavaServer Pages, Thymeleaf, FreeMarker, Mustache, 그루비Groovy 기반의 템플릿 등이다. 일단 지금은 1장에서 프로젝트를 시작할 때 사용했던 Thymeleaf를 사용한다. 그리고 다른 방법은 2.5에서 알아볼 것이다.

Thymeleaf를 사용하려면 우리 프로젝트의 빌드 구성 파일(pom.xml)에 또 다른 의존성dependency을 추가해야 한다(우리는 1장에서 이미 추가하였다). 이때 다음의 <dependency> 항목을 추가하면 스프링 부트의 Thymeleaf 스타터를 사용해서 생성할 뷰를 만들 수 있다.

```
<dependency>
  <groupId>org.springframework.boot</groupId>
  <artifactId>spring-boot-starter-thymeleaf</artifactId>
</dependency>
```

그리고 이렇게 하면 스프링 부트의 자동-구성에서 런타임 시에 classpath의 Thymeleaf를 찾아 빈(스프링 MVC에 Thymeleaf 뷰를 지원하는)을 자동으로 생성한다.

Thymeleaf와 같은 뷰 라이브러리들은 어떤 웹 프레임워크와도 사용 가능하도록 설계되었다. 따라서 스프링의 추상화 모델을 알지 못하며, 컨트롤러가 데이터를 넣는 Model 대신 서블릿 요청 속성들을 사용한다. 그러므로 그런 뷰에게 요청을 전달하기 앞서 스프링은 Thymeleaf와 이외의 다른 뷰 템플릿이 사용하는 요청 속성에 모델 데이터를 복사한다.

Thymeleaf 템플릿은 요청 데이터를 나타내는 요소 속성을 추가로 갖는 HTML이다. 예를 들어, 키key가 "message"인 요청 속성이 있고, 이것을 Thymeleaf를 사용해서 HTML <p> 태그로 나타내고자 했다면 다음과 같이 Thymeleaf 템플릿에 작성했을 것이다.

```
<p th:text="${message}">placeholder message</p>
```

이 경우 템플릿이 HTML로 표현될 때 <p> 요소의 몸체는 키가 "message"인 서블릿 요청 속성의 값으로 교체된다. th:text는 교체를 수행하는 Thymeleaf 네임스페이스namespace 속성이다. ${} 연산자는 요청 속성(여기서는 "message")의 값을 사용하라는 것을 알려준다.

Thymeleaf는 또한 다른 속성으로 th:each를 제공한다. 이 속성은 컬렉션(예를 들어, List)을 반복 처리하며, 해당 컬렉션의 각 요소를 하나씩 HTML로 나타낸다. 따라서 List에 저장된 타코 식자재(Ingredient 객체)를 모델 데이터로부터 뷰에 보여줄 때 편리하다. 예를 들어, 토르티아tortilla를 의미하는 "wrap" 유형의 식자재 내역을 나타낼 때는 다음과 같이 HTML을 사용할 수 있다.

```
<h3>Designate your wrap:</h3>
<div th:each="ingredient : ${wrap}">
  <input name="ingredients" type="checkbox" th:value="${ingredient.id}" />
  <span th:text="${ingredient.name}">INGREDIENT</span><br/>
</div>
```

여기서는 "wrap" 요청 속성에 있는 컬렉션의 각 항목에 대해 하나씩 <div>를 반복해서 나타내기 위해 <div> 태그에 th:each 속성을 사용한다. 각 반복에서는 식자재 항목이 ingredient라는 이름의 Thymeleaf 변수와 바인딩된다.

<div> 요소 내부에는 체크 상자check box인 <input> 요소와 해당 체크 상자의 라벨을 제공하기 위한 <span> 요소가 있다. 그리고 체크 상자에서는 Thymeleaf의 th:value를 사용해

서 <input> 요소의 value 속성을 해당 식자재의 id 속성 값으로 설정한다. <span> 요소에서는 th:text를 사용해서 "INGREDIENT" 텍스트를 해당 식자재의 name 속성 값으로 교체한다.

실제 모델 데이터를 사용했을 때 생성되는 <div> 중 하나를 예로 보면 다음과 같다.

```
<div>
  <input name="ingredients" type="checkbox" value="FLTO" />
  <span>Flour Tortilla</span><br/>
</div>
```

th:each 속성을 사용한 앞의 Thymeleaf 코드는 더 큰 HTML 폼(타코 애플리케이션 사용자가 자신이 원하는 식자재를 요청한)의 일부다. 모든 식자재의 유형과 폼을 포함하는 전체 Thymeleaf 템플릿의 코드는 다음과 같다(탐색기 창의 /src/main/resources/templates에서 오른쪽 마우스 버튼을 누른 후 New ⇨ Other...를 선택한다. 그리고 대화상자의 리스트를 스크롤하여 Web을 확장한 후 HTML File을 선택하고 Next 버튼을 누른다. 파일 이름에 design.html을 입력하고 Finish 버튼을 누르면 design.html이 자동 생성되고 편집기 창에서 열린다. 생성된 코드를 삭제하고 리스트 2.4의 HTML을 작성하자).

리스트 2.4 **전체 타코 디자인 페이지**

```
<!DOCTYPE html>
<html xmlns="http://www.w3.org/1999/xhtml"
      xmlns:th="http://www.thymeleaf.org">
  <head>
    <meta charset="EUC-KR">
    <title>Taco Cloud</title>
    <link rel="stylesheet" th:href="@{/styles.css}" />
  </head>

  <body>
    <h1>Design your taco!</h1>
    <img th:src="@{/images/TacoCloud.png}"/>

    <form method="POST" th:object="${taco}">
    <span class="validationError"
       th:if="${#fields.hasErrors('ingredients')}"
       th:errors="*{ingredients}">Ingredient Error</span>

    <div class="grid">
      <div class="ingredient-group" id="wraps">
      <h3>Designate your wrap:</h3>

      <div th:each="ingredient : ${wrap}">
```

```
      <input name="ingredients" type="checkbox" th:value="${ingredient.id}"/>
      <span th:text="${ingredient.name}">INGREDIENT</span><br/>
    </div>
    </div>

    <div class="ingredient-group" id="proteins">
    <h3>Pick your protein:</h3>
    <div th:each="ingredient : ${protein}">
      <input name="ingredients" type="checkbox" th:value="${ingredient.id}"/>
      <span th:text="${ingredient.name}">INGREDIENT</span><br/>
    </div>
    </div>

    <div class="ingredient-group" id="cheeses">
    <h3>Choose your cheese:</h3>
    <div th:each="ingredient : ${cheese}">
      <input name="ingredients" type="checkbox" th:value="${ingredient.id}"/>
      <span th:text="${ingredient.name}">INGREDIENT</span><br/>
    </div>
    </div>

    <div class="ingredient-group" id="veggies">
    <h3>Determine your veggies:</h3>
    <div th:each="ingredient : ${veggies}">
      <input name="ingredients" type="checkbox" th:value="${ingredient.id}"/>
      <span th:text="${ingredient.name}">INGREDIENT</span><br/>
    </div>
    </div>

    <div class="ingredient-group" id="sauces">
    <h3>Select your sauce:</h3>
    <div th:each="ingredient : ${sauce}">
      <input name="ingredients" type="checkbox" th:value="${ingredient.id}"/>
      <span th:text="${ingredient.name}">INGREDIENT</span><br/>
    </div>
    </div>
    </div>

    <div>

    <h3>Name your taco creation:</h3>
    <input type="text" th:field="*{name}"/>
    <span th:text="${#fields.hasErrors('name')}">XXX</span>
    <span class="validationError"
       th:if="${#fields.hasErrors('name')}"
       th:errors="*{name}">Name Error</span>
    <br/>

    <button>Submit your taco</button>
    </div>
   </form>
  </body>
</html>
```

이것을 보면 알 수 있듯이, 각 유형의 식자재마다 <div> 코드가 반복되어 있다. 그리고 사용자 자신이 생성한 타코의 이름을 지정할 수 있는 필드와 Submit 버튼을 포함한다.

<body> 태그 맨 앞에 있는 타코 클라우드 로고 이미지와 <head> 태그에 있는 <link> 스타일시트stylesheet[5] 참조도 주목할 필요가 있다. 두 가지 모두에서 Thymeleaf의 @{} 연산자가 사용되었다. 참조되는 정적 콘텐츠인 로고 이미지와 스타일시트의 위치(컨텍스트 상대 경로)를 알려주기 위해서다. 1장에서 배웠듯이, 스프링 부트 애플리케이션의 정적 콘텐츠는 classpath의 루트 밑에 있는 /static 디렉터리에 위치한다.

앞의 리스트 2.4에서 참조하는 스타일시트는 리스트 2.5와 같다(탐색기 창의 **/src/main/resources/static**에서 오른쪽 마우스 버튼을 누른 후 **New ⇨ Other...**를 선택한다. 그리고 대화상자의 리스트를 스크롤하여 Web을 확장한 후 **CSS File**을 선택하고 **Next** 버튼을 누른다. 파일 이름에 **styles.css**를 입력하고 **Finish** 버튼을 누르면 styles.css가 자동 생성되고 편집기 창에서 열린다. 리스트 2.5의 진한 글씨 코드를 추가하자).

리스트 2.5 **타코 디자인 페이지에서 참조하는 스타일시트**

```
@charset "EUC-KR";
div.ingredient-group:nth-child(odd) {
     float: left;
     padding-right: 20px;
}

div.ingredient-group:nth-child(even) {
    float: left;
     padding-right: 0;
}

div.ingredient-group {
     width: 50%;
}

.grid:after {
  content: "";
  display: table;
  clear: both;
}

*, *:after, *:before {
  -webkit-box-sizing: border-box;
```

5 스타일시트의 내용은 특별한 게 없으며, 각 유형의 식자재들을 길게 가로로 나타내는 대신 두 개의 컬럼으로 보여주는 스타일만 포함한다.

```
  -moz-box-sizing: border-box;
  box-sizing: border-box;
}

span.validationError {
    color: red;
}
```

이제는 컨트롤러와 뷰가 모두 완성되었으므로 노력의 결실을 알아보기 위해 애플리케이션을 실행해 볼 수 있다. 스프링 부트 애플리케이션을 실행하는 방법은 많다. 예를 들어, 애플리케이션을 실행 가능한 JAR 파일로 빌드한 후 `java -jar`로 JAR를 실행하거나, 또는 `mvn spring-boot:run`을 사용해서 실행할 수도 있다. 여기서는 1장과 같이 스프링 부트 대시보드를 사용한다. 타코 클라우드 애플리케이션이 스프링 부트 대시보드의 프로젝트 목록에서 선택된 상태에서 **시작(start)** 버튼(제일 왼쪽에 있는)을 클릭하자. 애플리케이션이 바로 시작될 것이다(편집기 창에서 저장하지 않은 파일이 있을 때는 'Save and Launch' 대화상자가 나타나므로 OK 버튼을 클릭하여 저장한다).

그리고 각자 사용하는 웹 브라우저에서 http://localhost:8080/design에 접속하면 그림 2.6의 페이지를 볼 수 있다.

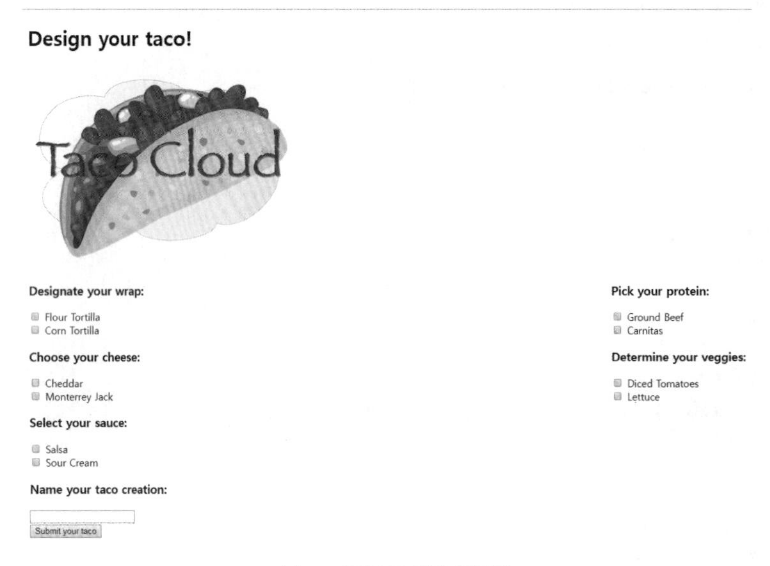

그림 2.6 **타코 디자인 페이지**

이제는 그럴듯해 보인다! 사이트를 방문하는 타코 디자인 사용자가 타코 식자재 팔레트를 포함하는 폼을 볼 수 있으므로 이제는 자기가 원하는 타코를 생성할 수 있다. 그러나 그들이

Submit your taco 버튼을 클릭하면 어떻게 될까?

DesignTacoController에서 타코를 생성할 준비가 아직 안 되었으므로, 만일 디자인 폼이 제출submit되면 사용자는 에러(HTTP 405: Request method "POST" not supported)를 접하게 될 것이다. 지금부터는 폼 제출을 처리하는 컨트롤러 코드를 추가해 보자.

2.2 폼 제출 처리하기

뷰(리스트 2.4의 design.html)의 <form> 태그를 다시 보면 method 속성이 POST로 설정되어 있는데도 <form>에는 action 속성이 선언되지 않은 것을 알 수 있다. 이 경우 폼이 제출되면 브라우저가 폼의 모든 데이터를 모아서 폼에 나타난 GET 요청과 같은 경로(/design)로 서버에 HTTP POST 요청을 전송한다. 따라서 이 요청을 처리하는 컨트롤러의 메서드가 있어야 한다. 지금부터는 /design 경로의 POST 요청을 처리하는 DesignTacoController의 새로운 메서드를 작성할 것이다.

리스트 2.3에서는 showDesignForm() 메서드가 /design 경로의 HTTP GET 요청을 처리하도록 지정하기 위해 @GetMapping 애노테이션을 사용하였다. 이와 유사하게 POST 요청 처리에는 @PostMapping 애노테이션을 사용할 수 있다. 타코 디자인 폼의 제출을 처리하기 위해 리스트 2.6의 processDesign() 메서드를 DesignTacoController에 추가하자.

리스트 2.6 @PostMapping을 사용해서 POST 요청 처리하기

```
...
import org.springframework.web.bind.annotation.RequestMapping;
import org.springframework.web.bind.annotation.PostMapping;
...

public class DesignTacoController {
  ...
  @PostMapping
  public String processDesign(Taco design) {
    // 이 지점에서 타코 디자인(선택된 식자재 내역)을 저장한다.
    // 이 작업은 3장에서 할 것이다.
    log.info("Processing design: " + design);

    return "redirect:/orders/current";
  }
}
```

클래스 수준의 @RequestMapping과 연관하여 processDesign() 메서드에 지정한 @PostMapping

애노테이션은 processDesign()이 /design 경로의 POST 요청을 처리함을 나타낸다. 따라서 타코를 디자인하는 사용자가 제출한 것을 여기에서 처리해야 한다.

타코 디자인 폼이 제출될 때 이 폼의 필드는 processDesign()의 인자로 전달되는 Taco 객체(리스트 2.2)의 속성과 바인딩된다. 따라서 processDesign() 메서드에서는 Taco 객체를 사용해서 어떤 것이든 원하는 처리를 할 수 있다.

리스트 2.4의 폼을 다시 보면 checkbox 요소들이 여러 개 있는데, 이것들 모두 ingredients라는 이름을 가지며, 텍스트 입력 요소의 이름은 name인 것을 알 수 있다. 이 필드들은 Taco 클래스의 ingredients 및 name 속성 값과 바인딩된다.

폼의 Name 필드는 간단한 텍스트 값을 가질 때만 필요하므로 Taco의 name 속성은 String 타입이다. 식자재ingredients를 나타내는 checkbox들도 텍스트 값을 갖는다. 그러나 checkbox들은 0 또는 여러 개가 선택될 수 있으므로, 이것들과 바인딩되는 Taco 클래스의 ingredients 속성은 선택된 식자재들의 id를 저장하기 위해 List<String> 타입이어야 한다.

지금은 processDesign() 메서드에서 Taco 객체 관련 처리를 아무 것도 하지 않는다. 그러나 폼으로 제출된 Taco 객체를 데이터베이스에 저장하는 퍼시스턴스 로직을 3장에서 추가할 것이다.

showDesignForm() 메서드처럼 processDesign()도 String 값을 반환하고 종료하며, 이 값도 사용자에게 보여주는 뷰를 나타낸다. 그러나 차이점이 있다. processDesign()에서 반환되는 값은 리디렉션redirection(변경된 경로로 재접속) 뷰를 나타내는 "redirect:"가 제일 앞에 붙는다. 즉, processDesign()의 실행이 끝난 후 사용자의 브라우저가 /orders/current 상대 경로로 재접속되어야 한다는 것을 나타낸다.

이렇게 함으로써 타코를 생성한 사용자는 자신들의 타코를 받기 위해 주문order을 처리하는 폼으로 접속할 수 있다. 그러나 /orders/current 경로의 요청을 처리할 컨트롤러가 아직 없다.

이제는 @Controller, @RequestMapping, @GetMapping 애노테이션을 알게 되었으므로 리스트 2.7과 같은 컨트롤러를 쉽게 작성할 수 있다(탐색기 창의 src/main/java 아래의 tacos.web 패키지에 OrderController 클래스를 생성한 후 리스트 2.7의 진한 글씨로 된 코드를 추가하자).

리스트 2.7 **타코 주문 폼을 나타내는 컨트롤러**

```
package tacos.web;

import org.springframework.stereotype.Controller;
import org.springframework.ui.Model;
import org.springframework.web.bind.annotation.GetMapping;
import org.springframework.web.bind.annotation.RequestMapping;
import lombok.extern.slf4j.Slf4j;
import tacos.Order;

@Slf4j
@Controller
@RequestMapping("/orders")
public class OrderController {

  @GetMapping("/current")
  public String orderForm(Model model) {
    model.addAttribute("order", new Order());
    return "orderForm";
  }
}
```

(코드 작성이 끝나면 Order 클래스가 아직 없어서 에러가 표시될 것이다. 그러나 잠시 후에 Order 클래스를 정의할 것이므로 염려하지 말자).

다시 말하지만, Lombok의 @Slf4j 애노테이션을 사용하면 컴파일 시에 SLF4J Logger 객체를 생성할 수 있다. 이 Logger는 제출한 주문의 상세 내역을 로그로 기록하기 위해 잠시 후 사용할 것이다.

/orders로 시작되는 경로의 요청을 이 컨트롤러의 요청 처리 메서드가 처리한다는 것을 알려주는 것이 클래스 수준의 @RequestMapping 애노테이션이다. 그리고 여기서는 메서드 수준의 @GetMapping을 함께 지정하여 /orders/current 경로의 HTTP GET 요청을 orderForm() 메서드가 처리한다는 것을 알려준다.

현재의 orderForm() 메서드는 orderForm이라는 이름의 뷰를 반환하는 것만 하므로 매우 간단하다. 그러나 3장에서는 모델 데이터를 데이터베이스에 저장할 때 주문된 Taco 객체들로 모델을 채우도록 이 메서드를 변경할 것이다.

orderForm 뷰는 orderForm.html(리스트 2.8)이라는 이름의 Thymeleaf 템플릿에 의해 제공된다(탐색기 창의 **/src/main/resources/templates**에서 오른쪽 마우스 버튼을 누른 후 **New ⇨ Other...**를 선택한다. 그리고 대화상자의 리스트를 스크롤하여 Web을 확장한 후 **HTML File**을 선택하고 **Next** 버튼을 누른다. 파일 이름에 **orderForm.html**을 입력하고 **Finish** 버튼을 누르면 orderForm.html이 자동 생성되고 편집기 창에서 열린다. 생성된 코드를 삭제하고 **리스트 2.8의 HTML**을 작성하자).

리스트 2.8 **타코 주문 폼 뷰**

```
<!DOCTYPE html>
<html xmlns="http://www.w3.org/1999/xhtml"
      xmlns:th="http://www.thymeleaf.org">
  <head>
    <meta charset="EUC-KR">
    <title>Taco Cloud</title>
    <link rel="stylesheet" th:href="@{/styles.css}" />
  </head>
  <body>

    <form method="POST" th:action="@{/orders}" th:object="${order}">
      <h1>Order your taco creations!</h1>

      <img th:src="@{/images/TacoCloud.png}"/>
      <a th:href="@{/design}" id="another">Design another taco</a><br/>

      <div th:if="${#fields.hasErrors()}">
        <span class="validationError">
        Please correct the problems below and resubmit.
        </span>
      </div>

      <h3>Deliver my taco masterpieces to...</h3>

      <label for="deliveryName">Name: </label>
      <input type="text" th:field="*{deliveryName}"/>
      <br/>

      <label for="deliveryStreet">Street address: </label>
      <input type="text" th:field="*{deliveryStreet}"/>
      <br/>

      <label for="deliveryCity">City: </label>
      <input type="text" th:field="*{deliveryCity}"/>
      <br/>

      <label for="deliveryState">State: </label>
      <input type="text" th:field="*{deliveryState}"/>
      <br/>

      <label for="deliveryZip">Zip code: </label>
      <input type="text" th:field="*{deliveryZip}"/>
      <br/>

      <h3>Here's how I'll pay...</h3>
      <label for="ccNumber">Credit Card #: </label>
```

```
      <input type="text" th:field="*{ccNumber}"/>
      <br/>
      <label for="ccExpiration">Expiration: </label>
      <input type="text" th:field="*{ccExpiration}"/>
      <br/>

      <label for="ccCVV">CVV: </label>
      <input type="text" th:field="*{ccCVV}"/>
      <br/>

      <input type="submit" value="Submit order"/>
    </form>

  </body>
</html>
```

orderForm.html 뷰의 대부분은 평범한 html/thymeleaf 코드이므로 특별히 살펴볼 내용은 없다. 그러나 리스트 2.4에 사용된 <form> 태그와는 다르게 여기서는 <form> 태그에 폼 액션action도 지정하고 있다. 액션이 지정되지 않을 경우에는 폼에 나타났던 것과 같은 URL로 폼의 HTTP POST 요청이 제출될 것이다. 그러나 여기서는 /orders 경로로 제출되도록 지정하고 있다(Thymeleaf의 @{…} 연산자를 사용해서 컨텍스트 상대 경로인 /orders를 지정).

따라서 /orders 경로의 POST 요청을 처리하는 또 다른 메서드를 OrderController 클래스에 추가해야 한다. 주문 데이터의 퍼시스턴스를 처리하는 것은 다음 장에서 할 것이므로, 현재 추가할 메서드는 리스트 2.9와 같이 간단하게 작성하면 된다(import 문도 추가해야 한다).

리스트 2.9 **타코 주문 제출 처리하기**

```
...
import org.springframework.web.bind.annotation.RequestMapping;
import org.springframework.web.bind.annotation.PostMapping;
...

public class OrderController {
  ...
  @PostMapping
  public String processOrder(Order order) {
    log.info("Order submitted: " + order);
    return "redirect:/";
  }
}
```

제출된 주문을 처리하기 위해 processOrder() 메서드가 호출될 때는 제출된 폼 필드와 바인딩된 속성을 갖는 Order 객체가 인자로 전달된다. Taco처럼 Order는 주문 정보를 갖는 간단한 클래스다. Order 클래스를 생성하자(탐색기 창의 src/main/java 아래의 **tacos 패키지**에서 오른쪽 마우스 버튼을 누른 후 **New ⇨ Class**를 선택한다. 그리고 대화상자의 Name 필드에 **Order**를 입력하고 **Finish** 버튼을 클릭하면 클래스가 생성되고 편집기 창에서 열리므로 리스트 2.10의 진한 글씨로 된 코드를 추가하면 된다).

리스트 2.10 타코 주문 정보를 갖는 도메인 객체

```
package tacos;

import lombok.Data;

@Data
public class Order {

  private String deliveryName;
  private String deliveryStreet;
  private String deliveryCity;
  private String deliveryState;
  private String deliveryZip;
  private String ccNumber;
  private String ccExpiration;
  private String ccCVV;
}
```

이제는 OrderController와 주문 폼 뷰의 작성이 모두 끝났으므로 애플리케이션을 실행할 준비가 되었다. 타코 클라우드 애플리케이션을 실행시키자. 그 다음에 각자 사용하는 웹 브라우저로 http://localhost:8080/design에 접속한다. 그리고 **타코의 식자재 중 몇 가지**를 선택한 후 **Submit your taco** 버튼을 클릭하면 그림 2.7의 주문 폼을 보게 될 것이다.

그림 2.7 **타코 주문 폼**

폼의 일부 필드에 아무 값이나 입력하고 **Submit order** 버튼을 눌러보자. 그러면 주문 처리가 끝나고 타코 홈페이지가 나타날 것이다. 그리고 주문 정보를 보기 위해 애플리케이션 로그를 살펴보자. 각자 입력한 주문 정보의 내용에 따라 다르겠지만, 다음과 같은 형태로 보일 것이다(편집기 창 아래에 열려 있는 콘솔(Console 탭)의 제일 끝에 출력된 메시지를 보면 된다).

```
2020-03-30 22:42:17.095 INFO 10800 --- [nio-8080-exec-3] tacos.web.OrderController:
Order submitted: Order(deliveryName=심재철, deliveryStreet=어딘가에, deliveryCity=
서울, deliveryState=해당없음, deliveryZip=압축, ccNumber=몰라, ccExpiration=언젠가,
ccCVV=뭘까)
```

이 로그 항목을 살펴보면, `processOrder()` 메서드가 실행되어 폼 제출을 처리하는 것은 잘 되었지만, 잘못된 정보의 입력을 허용한다는 것을 알 수 있다. 대부분의 폼 필드 데이터가 엉터리다. 따라서 우리가 필요한 정보에 맞도록 데이터를 검사해야 한다.

2.3 폼 입력 유효성 검사하기

타코 디자인 페이지(그림 2.6)에서 새로운 타코를 디자인할 때 사용자가 식자재를 아예 선택하지 않거나, 또는 생성되는 타코의 이름을 입력하지 않거나 다섯 글자보다 적게 입력하면 어떻게 될까? 또는 고객이 디자인한 타코의 주문을 제출할 때 필수 입력 필드에 데이터를 입력하지 않으면? 또는 신용 카드 필드에 유효하지 않은 신용 카드 번호를 입력한다면?

식자재 선택을 아무 것도 하지 않거나, 배달 주소를 입력하지 않거나, 또는 신용 카드 번호에 자신이 좋아하는 노래 가사를 입력해도 현재로는 사용자의 타코 생성을 막을 방법이 없다. 그런 필드들의 유효성 검사를 하는 방법을 아직 지정하지 않았기 때문이다.

폼의 유효성 검사를 하는 한 가지 방법으로 `processDesign()`과 `processOrder()` 메서드에 수많은 `if/then` 블록을 너저분하게 추가하는 것이 있다. 이 경우 데이터가 적합한지 각 필드에서 일일이 확인해야 한다. 그러나 그것은 무척 번거롭고 코드 파악과 디버깅이 어렵다.

다행스럽게도 스프링은 자바의 빈 유효성 검사Bean Validation API(JSR-303; https://jcp.org/en/jsr/detail?id=303)를 지원한다. 이것을 사용하면 애플리케이션에 추가 코드를 작성하지 않고 유효성 검사 규칙을 쉽게 선언할 수 있다. 그리고 스프링 부트를 사용하면 유효성 검사 라이브러리를 우리 프로젝트에 쉽게 추가할 수 있다. 유효성 검사 API와 이 API를 구현한 Hibernate(하이버네이트) 컴포넌트는 스프링 부트의 웹 스타터 의존성으로 자동 추가되기 때문이다.

스프링 MVC에 유효성 검사를 적용하려면 다음과 같이 해야 한다.

- 유효성을 검사할 클래스(여기서는 Taco와 Order)에 검사 규칙을 선언한다.
- 유효성 검사를 해야 하는 컨트롤러 메서드에 검사를 수행한다는 것을 지정한다. 여기서는 DesignTacoController의 processDesign() 메서드와 OrderController의 processOrder() 메서드가 해당된다.
- 검사 에러를 보여주도록 폼 뷰를 수정한다.

유효성 검사 API는 몇 가지 애노테이션을 제공한다. 이 애노테이션들은 검사 규칙을 선언하기 위해 도메인 객체의 속성에 지정할 수 있다. 유효성 검사 API를 구현한 Hibernate 컴포넌트에는 더 많은 유효성 검사 애노테이션이 추가되었다. 지금부터는 제출된 Taco나 Order의 유효성 검사를 하는 몇 가지 애노테이션의 적용 방법을 알아보자.

2.3.1 유효성 검사 규칙 선언하기

Taco 클래스의 경우는 name 속성의 값이 없거나 null인지 확인하며, 최소한 하나 이상의 식자재 항목을 선택했는지 확인할 필요가 있다. 리스트 2.11에서는 이런 유효성 검사 규칙을 선언하기 위해 @NotNull과 @Size를 사용하도록 변경된 Taco 클래스를 보여준다(리스트 2.11의 진한 글씨의 코드를 추가하자).

리스트 2.11 Taco 도메인 클래스에 유효성 검사 규칙 추가하기

```
package tacos;

import java.util.List;

import javax.validation.constraints.NotNull;
import javax.validation.constraints.Size;

import lombok.Data;

@Data
public class Taco {

  @NotNull
  @Size(min=5, message="Name must be at least 5 characters long")
  private String name;

  @Size(min=1, message="You must choose at least 1 ingredient")
  private List<String> ingredients;
}
```

name 속성에는 값이 null이 아니어야 한다는 규칙과 더불어 최소한 5개 문자이어야 한다는 것을 선언하였다.

제출된 타코 주문의 유효성 검사를 하기 위해서는 Order 클래스에 관련 애노테이션을 적용해야 한다. 배달 주소에 관한 속성들(street, city, state, zip)의 경우에는 사용자가 입력을 하지 않은 필드가 있는지 확인만 하면 되므로 이때는 자바 빈 유효성 검사 API의 @NotBlank 애노테이션을 사용할 것이다.

그러나 대금 지불에 관한 필드의 경우에는 다르다. ccNumber 속성의 경우는 값이 있는지는 물론이고, 입력 값이 유효한 신용 카드 번호인지도 확인해야 한다. ccExpiration 속성의 경우는 MM/YY(두 자리 수의 월과 연도) 형식의 값이어야 한다. 그리고 ccCVV 속성의 값은 세 자리 수가 되어야 한다. 이런 종류의 유효성 검사를 하려면 다른 자바 빈 유효성 검사 API 애노테이션과 Hibernate Validator의 또 다른 애노테이션을 사용해야 한다. 리스트 2.12에서는 변경된 Order 클래스를 보여준다(리스트 2.12의 진한 글씨의 코드를 추가하자).

리스트 2.12 주문 필드의 유효성 검사 규칙 추가하기

```
package tacos;

import javax.validation.constraints.Digits;
import javax.validation.constraints.Pattern;
import javax.validation.constraints.NotBlank;
import org.hibernate.validator.constraints.CreditCardNumber;

import lombok.Data;

@Data
public class Order {

  @NotBlank(message="Name is required")
  private String deliveryName;

  @NotBlank(message="Street is required")
  private String deliveryStreet;

  @NotBlank(message="City is required")
  private String deliveryCity;

  @NotBlank(message="State is required")
  private String deliveryState;

  @NotBlank(message="Zip code is required")
  private String deliveryZip;

  @CreditCardNumber(message="Not a valid credit card number")
```

```
    private String ccNumber;

    @Pattern(regexp="^(0[1-9]|1[0-2])([\\/])([1-9][0-9])$",
             message="Must be formatted MM/YY")
    private String ccExpiration;

    @Digits(integer=3, fraction=0, message="Invalid CVV")
    private String ccCVV;
}
```

이 코드에 있듯이, ccNumber 속성에는 @CreditCardNumber가 지정되어 있다. 이 애노테이션은 속성의 값이 Luhn(룬) 알고리즘 검사(https://en.wikipedia.org/wiki/Luhn_algorithm)에 합격한 유효한 신용 카드 번호이어야 한다는 것을 선언한다. 이 알고리즘 검사는 사용자의 입력 실수나 고의적인 악성 데이터를 방지해 준다. 그러나 입력된 신용 카드 번호가 실제로 존재하는 것인지, 또는 대금 지불에 사용될 수 있는지는 검사하지 못한다(이런 검사까지 하려면 실시간으로 금융망과 연동해야 할 것이다).

ccExpiration 속성의 경우는 애석하게도 MM/YY 형식의 검사에 사용할 수 있는 애노테이션이 없다. 따라서 여기서는 @Pattern 애노테이션에 정규 표현식regular expression을 지정하여 ccExpiration 속성 값이 해당 형식을 따르는지 확인하였다. 이 정규 표현식의 의미를 모르는 독자는 인터넷을 찾아보기 바란다(예를 들어, http://www.regular-expressions.info). 정규 표현식의 문법은 이 책의 범위를 벗어나므로 추가로 설명하지 않는다.

마지막으로, ccCVV 속성에서는 @Digits 애노테이션을 지정하여 입력 값이 정확하게 세 자리 숫자인지 검사한다.

모든 유효성 검사 애노테이션은 message 속성을 갖고 있다. 사용자가 입력한 정보가 애노테이션으로 선언된 유효성 규칙을 충족하지 못할 때 보여줄 메시지를 message 속성에 정의한다.

2.3.2 폼과 바인딩될 때 유효성 검사 수행하기

이제는 Taco와 Order의 유효성 검사 규칙 선언이 끝났으므로, 각 폼의 POST 요청이 관련 메서드에서 처리될 때 유효성 검사가 수행되도록 컨트롤러를 수정해야 한다.

제출된 Taco의 유효성 검사를 하려면 DesignTacoController의 processDesign() 메서드 인자로 전달되는 Taco에 자바 빈 유효성 검사 API의 @Valid 애노테이션을 추가해야 한다. DesignTacoController.java에서 다음의 진한 글씨 코드를 추가하자.

리스트 2.13 **제출된 Taco의 유효성 검사하기**

```
...
import javax.validation.Valid;
import org.springframework.validation.Errors;
...

@PostMapping
public String processDesign(@Valid Taco design, Errors errors) {
  if (errors.hasErrors()) {
    return "design";
  }

  // 이 지점에서 타코 디자인(선택된 식자재 내역)을 저장한다.
  // 이 작업은 3장에서 할 것이다.
  log.info("Processing design: " + design);
  return "redirect:/orders/current";
}
```

@Valid 애노테이션은 제출된 Taco 객체의 유효성 검사를 수행(제출된 폼 데이터와 Taco 객체가 바인딩된 후, 그리고 processDesign() 메서드의 코드가 실행되기 전에)하라고 스프링 MVC에 알려준다. 만일 어떤 검사 에러라도 있으면 에러의 상세 내역이 Errors 객체에 저장되어 processDesign()으로 전달된다. processDesign()의 처음 세 줄의 코드에서는 Errors 객체의 hasErrors() 메서드를 호출하여 검사 에러가 있는지 확인한다. 그리고 에러가 있으면 Taco의 처리를 중지하고 "design" 뷰 이름을 반환하여 폼이 다시 보이게 한다.

제출된 Order의 유효성 검사를 하려면 Taco와 유사하게 OrderController의 processOrder() 메서드를 변경하면 된다. OrderController.java에서 다음의 진한 글씨 코드를 추가하자.

리스트 2.14 **제출된 Order의 유효성 검사하기**

```
...
import javax.validation.Valid;
import org.springframework.validation.Errors;
...

@PostMapping
public String processOrder(@Valid Order order, Errors errors) {
  if (errors.hasErrors()) {
    return "orderForm";
  }

  log.info("Order submitted: " + order);
  return "redirect:/";
}
```

processDesign()과 processOrder() 모두 유효성 검사 에러가 없으면 제출된 데이터의 처리가 허용된다. 그러나 에러가 있으면 사용자가 입력 오류를 수정할 수 있도록 해당 요청이 폼 뷰에 다시 보내진다.

그러나 무엇을 수정해야 할지 사용자가 어떻게 알까? 어떤 에러인지 폼에 보여주지 않으면 사용자는 성공적으로 폼을 제출하기 위해 한참 들여다 보면서 궁리해야 할 것이다.

2.3.3 유효성 검사 에러 보여주기

Thymeleaf는 fields와 th:errors 속성을 통해서 Errors 객체의 편리한 사용 방법을 제공한다. 예를 들어, 신용 카드 번호 필드의 유효성 검사 에러를 보여줄 때는 이 에러 참조를 사용하는 <span> 요소를 주문 폼 템플릿(orderForm.html)에 추가할 수 있다(리스트 2.15).

리스트 2.15 유효성 검사 에러 보여주기

```
<label for="ccNumber">Credit Card #: </label>
<input type="text" th:field="*{ccNumber}"/>
<span class="validationError"
      th:if="${#fields.hasErrors('ccNumber')}"
      th:errors="*{ccNumber}">CC Num Error</span>
```

<span> 요소의 class 속성은 사용자의 주의를 끌기 위한 에러의 명칭을 지정하는 데 사용된다. 그리고 th:if 속성에서는 이 <span>을 보여줄지 말지를 결정하며, 이때 fields 속성의 hasErrors() 메서드를 사용해서 ccNumber 필드에 에러가 있는지 검사한다. 그리고 만일 있다면 <span>이 나타난다.

th:errors 속성은 ccNumber 필드를 참조한다. 그리고 이 필드에 에러가 있다고 가정하고 <span>에 사전 지정된 메시지(CC Num Error)를 검사 에러 메시지로 교체한다.

이와 유사한 <span> 태그들을 주문 폼의 다른 필드에도 추가했다면, 잘못된 데이터를 입력한 폼을 제출했을 때 그림 2.8과 같은 폼과 에러 메시지를 볼 수 있을 것이다.

여기서는 name, city, ZIP code 필드에 입력을 안 했다는 에러를 보여준다. 그리고 모든 대금 지불 관련 필드에서는 유효성 검사 기준을 충족하는 데 실패했다는 에러를 표시한다.

Order your taco creations!

Design another taco

Please correct the problems below and resubmit.

Deliver my taco masterpieces to...

Name: [ ] Name is required
Street address: [성북구]
City: [ ] City is required
State: [해당없음]
Zip code: [ ] Zip code is required

Here's how I'll pay...

Credit Card #: [123-456] Not a valid credit card number
Expiration: [언젠가] Must be formatted MM/YY
CVV: [뭘까] Invalid CVV
[Submit order]

그림 2.8 **주문 폼에 나타난 유효성 검사 에러**

참고로, 주문 폼 템플릿의 모든 필드에 <span>을 추가한 코드는 리스트 2.16과 같다 (orderForm.html에 진한 글씨의 코드만 추가하면 된다).

리스트 2.16 **주문 폼의 모든 필드에 <span> 추가하기**

```
<!DOCTYPE html>
<html xmlns="http://www.w3.org/1999/xhtml"
      xmlns:th="http://www.thymeleaf.org">
  <head>
    <meta charset="EUC-KR">
    <title>Taco Cloud</title>
    <link rel="stylesheet" th:href="@{/styles.css}" />
  </head>

  <body>

    <form method="POST" th:action="@{/orders}" th:object="${order}">
      <h1>Order your taco creations!</h1>
```

```
<img th:src="@{/images/TacoCloud.png}"/>
<a th:href="@{/design}" id="another">Design another taco</a><br/>

<div th:if="${#fields.hasErrors()}">
  <span class="validationError">
  Please correct the problems below and resubmit.
  </span>
</div>

<h3>Deliver my taco masterpieces to...</h3>
<label for="deliveryName">Name: </label>
<input type="text" th:field="*{deliveryName}"/>
<span class="validationError"
  th:if="${#fields.hasErrors('deliveryName')}"
  th:errors="*{deliveryName}">Name Error</span>
<br/>

<label for="deliveryStreet">Street address: </label>
<input type="text" th:field="*{deliveryStreet}"/>
<span class="validationError"
   th:if="${#fields.hasErrors('deliveryStreet')}"
   th:errors="*{deliveryStreet}">Street Error</span>
<br/>

<label for="deliveryCity">City: </label>
<input type="text" th:field="*{deliveryCity}"/>
<span class="validationError"
   th:if="${#fields.hasErrors('deliveryCity')}"
   th:errors="*{deliveryCity}">City Error</span>
<br/>

<label for="deliveryState">State: </label>
<input type="text" th:field="*{deliveryState}"/>
<span class="validationError"
    th:if="${#fields.hasErrors('deliveryState')}"
    th:errors="*{deliveryState}">State Error</span>
<br/>
<label for="deliveryZip">Zip code: </label>
<input type="text" th:field="*{deliveryZip}"/>
<span class="validationError"
   th:if="${#fields.hasErrors('deliveryZip')}"
   th:errors="*{deliveryZip}">Zip Error</span>
<br/>

<h3>Here's how I'll pay...</h3>
<label for="ccNumber">Credit Card #: </label>
<input type="text" th:field="*{ccNumber}"/>
<span class="validationError"
   th:if="${#fields.hasErrors('ccNumber')}"
   th:errors="*{ccNumber}">CC Num Error</span>
<br/>
```

```
      <label for="ccExpiration">Expiration: </label>
      <input type="text" th:field="*{ccExpiration}"/>
      <span class="validationError"
         th:if="${#fields.hasErrors('ccExpiration')}"
         th:errors="*{ccExpiration}">CC Num Error</span>
      <br/>

      <label for="ccCVV">CVV: </label>
      <input type="text" th:field="*{ccCVV}"/>
      <span class="validationError"
         th:if="${#fields.hasErrors('ccCVV')}"
         th:errors="*{ccCVV}">CC Num Error</span>
      <br/>
      <input type="submit" value="Submit order"/>
    </form>

  </body>
</html>
```

(리스트 2.16과 같이 주문 폼의 모든 필드에 <span>을 추가했으면 애플리케이션을 다시 실행해 보자. 그리고 웹 브라우저에서 http://localhost:8080/design에 접속하고 타코 디자인 페이지에서 **Submit your taco** 버튼을 누른다. 주문 폼이 나타나면 데이터를 입력하지 않거나 아무 데이터나 각 필드에 입력한 후 **Submit order** 버튼을 누른다. 그리고 그림 2.8처럼 해당 필드에 에러 메시지가 나타나는지 확인해 보자).

이제는 타코 클라우드 컨트롤러가 데이터를 보여주고 입력 받는 것은 물론, 입력 데이터가 기본적인 유효성 검사 규칙을 충족하는지 검사한다.

지금부터는 1장에서 작성한 HomeController의 다른 구현 방법을 알아볼 것이다.

2.4 뷰 컨트롤러로 작업하기

지금까지 타코 클라우드 애플리케이션의 세 가지 컨트롤러를 작성하였다. 각 컨트롤러는 애플리케이션의 서로 다른 기능을 제공한다. 그러나 프로그래밍 패턴은 다음과 같이 동일하다.

- 스프링 컴포넌트 검색에서 자동으로 찾은 후 스프링 애플리케이션 컨텍스트의 빈bean으로 생성되는 컨트롤러 클래스임을 나타내기 위해 그것들 모두 @Controller 애노테이션을 사용한다.
- HomeController 외의 다른 컨트롤러에서는 자신이 처리하는 요청 패턴을 정의하기

위해 클래스 수준의 @RequestMapping 애노테이션을 사용한다.

- 메서드에서 어떤 종류의 요청을 처리해야 하는지 나타내기 위해 @GetMapping 또는 @PostMapping 애노테이션이 지정된 하나 이상의 메서드를 갖는다.

우리가 작성하는 대부분의 컨트롤러는 지금까지 얘기한 패턴을 따른다. 그러나 HomeController와 같이 모델 데이터나 사용자 입력을 처리하지 않는 간단한 컨트롤러의 경우는 다른 방법으로 컨트롤러를 정의할 수 있다. 이처럼 뷰에 요청을 전달하는 일만 하는 컨트롤러(뷰 컨트롤러라고 함)를 선언하는 방법을 알아보자(리스트 2.17)(탐색기 창의 src/main/java 아래의 tacos.web에 WebConfig 클래스를 생성한 후 리스트 2.17의 진한 글씨로 된 코드를 추가하자).

리스트 2.17 뷰 컨트롤러 선언하기

```
package tacos.web;

import org.springframework.context.annotation.Configuration;
import org.springframework.web.servlet.config.annotation.ViewControllerRegistry;
import org.springframework.web.servlet.config.annotation.WebMvcConfigurer;

@Configuration
public class WebConfig implements WebMvcConfigurer {

  @Override
  public void addViewControllers(ViewControllerRegistry registry) {
    registry.addViewController("/").setViewName("home");
  }
}
```

WebConfig는 뷰 컨트롤러의 역할을 수행하는 구성 클래스이며, 여기서 가장 중요한 것은 WebMvcConfigurer 인터페이스를 구현한다는 것이다. WebMvcConfigurer 인터페이스는 스프링 MVC를 구성하는 메서드를 정의하고 있다. 그리고 인터페이스임에도 불구하고, 정의된 모든 메서드의 기본적인 구현을 제공한다. 따라서 우리가 필요한 메서드만 선택해서 오버라이딩하면 된다. 여기서는 addViewControllers()를 오버라이딩하고 있다.

addViewControllers() 메서드는 하나 이상의 뷰 컨트롤러를 등록하기 위해 사용할 수 있는 ViewControllerRegistry를 인자로 받는다. 여기서는 우리의 뷰 컨트롤러가 GET 요청을 처리하는 경로인 "/"를 인자로 전달하여 addViewController()를 호출한다. 이 메서드는 ViewControllerRegistration 객체를 반환한다. 그리고 "/" 경로의 요청이 전달되어야 하는 뷰로 home을 지정하기 위해 연달아 ViewControllerRegistration 객체의 setViewName()을 호출한다.

이렇게 함으로써 구성 클래스(WebConfig)의 몇 줄 안되는 코드로 HomeController를 대체할 수 있다. 이제는 HomeController를 삭제해도 우리 애플리케이션이 종전처럼 잘 실행될 것이다. 그리고 1장에서 작성한 HomeControllerTest에서 @WebMvcTest 애노테이션의 HomeController 참조만 삭제하면 테스트 클래스도 에러 없이 컴파일 될 수 있다.

(리스트 2.17의 WebConfig 클래스를 다 작성하면 src/main/java의 tacos 패키지에 있는 HomeController.java를 삭제하자(이 파일에서 오른쪽 마우스 버튼을 누른 후 **Delete** 선택). 그리고 src/test/java의 tacos 패키지에 있는 HomeControllerTest.java를 편집기에서 열고 @WebMvcTest(HomeController.class)를 @WebMvcTest로 변경하면 된다. 그다음에 애플리케이션을 실행한 후 웹 브라우저에서 http:/localhost:8080에 접속하여 이전처럼 타코 클라우드 홈페이지가 나타나는지 확인해 보자. 또한, 패키지 탐색기의 **taco-cloud [boot] [devtools]**에서 오른쪽 마우스 버튼을 클릭(또는 제일 위 왼쪽의 **Run** 툴바(▾))를 클릭)한 후 **Run As ⇨ JUnit Test**를 선택한다(만일 Save and Launch 대화상자가 나오면 **OK** 버튼을 클릭한다). 그러면 테스트 클래스(HomeControllerTest와 TacoCloudApplicationTests)가 실행되고 그 결과가 패키지 탐색기 창의 탭으로 나타난다. 테스트가 에러 없이 잘 되었는지 확인해 보자.)

여기서는 뷰 컨트롤러를 선언하기 위해 새로운 구성 클래스인 WebConfig를 생성하였다. 그러나 어떤 구성 클래스에서도 WebMvcConfigurer 인터페이스를 구현하고 addView Controller 메서드를 오버라이딩할 수 있다. 예를 들어, 똑같은 뷰 컨트롤러 선언을 부트스트랩 클래스인 TacoCloudApplication에 추가할 수 있다(다음은 실습하지 말고 참고만 하자).

```
@SpringBootApplication
public class TacoCloudApplication implements WebMvcConfigurer {

  public static void main(String[] args) {
    SpringApplication.run(TacoCloudApplication.class, args);
  }

  @Override
  public void addViewControllers(ViewControllerRegistry registry) {
    registry.addViewController("/").setViewName("home");
  }
}
```

기존의 구성 클래스를 확장하면 새로운 구성 클래스의 생성을 피할 수 있어서 프로젝트 파일 개수도 줄어든다. 그러나 필자는 부트스트랩 구성 클래스는 간단하게 유지하되, 서로 다른 종류의 구성 클래스(웹, 데이터, 보안 등)를 새로 생성하는 것을 선호한다.

요청을 뷰에 전달하는 일만 하는 뷰 컨트롤러, 그리고 컨트롤러로부터 요청을 받는 뷰를 얘기하면서 지금까지는 모든 뷰에 Thymeleaf를 사용하였다. 필자는 Thymeleaf를 매우 좋아한다. 그러나 애플리케이션 뷰로 다른 템플릿 모델을 선호하는 사람도 있을 것이다. 지금부터는 스프링에 지원되는 다양한 뷰를 알아보도록 하자.

2.5 뷰 템플릿 라이브러리 선택하기

대부분의 경우 개인 취향에 따라 뷰 템플릿 라이브러리를 선택한다. 스프링은 유연성이 좋아서 다양한 템플릿을 지원한다. 또한, 극히 소수(4장에서 알아볼 Thymeleaf의 스프링 시큐리티 dialect)를 제외하고, 우리가 선택하는 템플릿 라이브러리는 자신이 스프링과 함께 동작한다는 것 조차도 모른다. 그 정도로 스프링의 유연성이 좋기 때문이다.

스프링 부트 자동-구성에서 지원되는 템플릿은 표 2.2와 같다.

표 2.2 스프링에서 지원되는 템플릿

템플릿	스프링 부트 스타터 의존성
FreeMarker	`spring-boot-starter-freemarker`
Groovy 템플릿	`spring-boot-starter-groovy-templates`
JavaServer Pages (JSP)	없음(톰캣(Tomcat)이나 제티(Jetty) 서블릿 컨테이너 자체에서 제공됨)
Mustache	`spring-boot-starter-mustache`
Thymeleaf	`spring-boot-starter-thymeleaf`

대개의 경우 우리가 원하는 뷰 템플릿을 선택하고 의존성으로 추가한 후 /templates 디렉터리(메이븐이나 그래들 빌드 프로젝트의 src/main/resources 디렉터리 아래에 있는)에 템플릿을 작성한다. 그러면 스프링 부트는 우리가 선택한 템플릿 라이브러리를 찾아서 스프링 MVC 컨트롤러의 뷰로 사용할 컴포넌트를 자동으로 구성한다.

지금까지 타코 클라우드 애플리케이션에서도 Thymeleaf를 사용해서 이렇게 하였다. 즉, 1장에서 프로젝트를 생성할 때 Thymeleaf 체크박스를 선택했으며, 이에 따라 스프링 부트의 Thymeleaf 스타터가 pom.xml 파일에 자동으로 추가되었다. 그리고 애플리케이션이 시작될 때 스프링 부트 자동-구성에서 Thymeleaf를 찾은 후 자동으로 Thymeleaf 빈bean을 구성해준다. 따라서 우리는 /templates 디렉터리에 템플릿만 작성하면 된다.

만일 다른 템플릿 라이브러리를 사용하고 싶다면 프로젝트 생성 시점에 그것을 선택하거나 또는 새로 선택한 템플릿 라이브러리를 포함하도록 기존의 프로젝트 빌드 명세(pom.xml 파일)를 수정하면 된다.

예를 들어, Thymeleaf 대신 Mustache를 사용한다고 해보자. 이 경우도 아무 문제 없다. 우선, 우리 프로젝트의 pom.xml 파일을 열자.

```
<dependency>
  <groupId>org.springframework.boot</groupId>
  <artifactId>spring-boot-starter-thymeleaf</artifactId>
</dependency>
```

그리고 위 코드를 다음과 같이 변경하면 되기 때문이다.

```
<dependency>
  <groupId>org.springframework.boot</groupId>
  <artifactId>spring-boot-starter-mustache</artifactId>
</dependency>
```

당연하지만 이때는 Thymeleaf 태그 대신 Mustache를 사용해서 모든 템플릿을 작성해야 한다. Mustache(또는 다른 템플릿 언어)의 사용 방법은 이 책의 범위를 벗어난다. 그러나 Mustache로 어떻게 하는지 잠시 간단한 예를 보자. 다음은 식자재 중 하나를 타코 디자인 폼에 보여주는 Mustache 템플릿 코드다.

```
<h3>Designate your wrap:</h3>
{{#wrap}}
<div>
  <input name="ingredients" type="checkbox" value="{{id}}" />
  <span>{{name}}</span><br/>
</div>
{{/wrap}}
```

이것은 2.1.3에서 예로 들어 설명한 Thymeleaf 코드와 동일하다. `{{/wrap}}`으로 끝나는 `{{#wrap}}` 블록은 키가 `wrap`인 요청 속성의 컬렉션(자바 List)을 반복 처리하면서 컬렉션에 저장된 각 항목의 HTML을 생성한다. `{{id}}`와 `{{name}}` 태그는 각 항목(식자재를 나타내는 `Ingredient`)의 `id`와 `name` 속성을 참조한다.

앞의 표 2.2를 보면 JSP는 의존성을 지정하지 않는다는 것을 알 수 있다. 왜냐하면 서블릿 컨테이너(기본적으로 톰캣) 자신이 JSP 명세를 구현하므로 스프링 부트의 스타터로 지정할 필요가 없기 때문이다.

그러나 JSP를 선택한다면 추가로 고려할 것이 있다. 알다시피, 내장된 톰캣과 제티 컨테이너를 포함해서 자바 서블릿 컨테이너는 /WEB-INF 밑에서 JSP 코드를 찾는다. 그러나 우리 애플리케이션을 실행 가능한 JAR 파일로 생성한다면 그런 요구사항을 충족시킬 방법이 없다. 따라서 애플리케이션을 WAR 파일로 생성하고 종전의 서블릿 컨테이너에 설치하는 경우에는 JSP를 선택해야 한다. 그러나 실행 가능한 JAR 파일로 생성한다면 표 2.2에서 JSP를 제외한 나머지 중 하나(예를 들어, Thymeleaf나 FreeMarker)를 선택해야 한다.

2.5.1 템플릿 캐싱

기본적으로 템플릿은 최초 사용될 때 한 번만 파싱(코드 분석)된다. 그리고 파싱된 결과는 향후 사용을 위해 캐시에 저장된다. 이것은 프로덕션에서 애플리케이션을 실행할 때 좋은 기능이다. 매번 요청을 처리할 때마다 불필요하게 템플릿 파싱을 하지 않으므로 성능을 향상시킬 수 있기 때문이다.

그러나 개발 시에는 템플릿 캐싱이 그리 달갑지 않다. 예를 들어, 우리 애플리케이션을 시작시키고 브라우저에서 타코 디자인 페이지를 접속한 후에 이 페이지를 약간 수정한다고 해보자. 웹 브라우저에서 새로고침을 하더라도 여전히 수정 전의 페이지를 보게 될 것이다. 이 경우 변경된 페이지를 보려면, 무척 불편하지만 애플리케이션을 다시 시작하는 방법밖에 없다.

다행스럽게도 템플릿 캐싱을 비활성화하는 방법이 있다. 각 템플릿의 캐싱 속성만 `false`로 설정하면 된다. 표 2.3에서는 스프링에서 지원되는 템플릿 라이브러리의 캐싱 속성을 보여준다.

표 2.3 템플릿 캐싱을 활성화/비활성화하는 속성

템플릿	캐싱 속성
FreeMarker	`spring.freemarker.cache`
Groovy Templates	`spring.groovy.template.cache`
Mustache	`spring.mustache.cache`
Thymeleaf	`spring.thymeleaf.cache`

기본적으로 표 2.3의 모든 속성은 캐싱을 활성화하는 `true`로 기본값이 설정되어 있다. 따라서 캐싱을 비활성화할 때는 해당 속성을 `false`로 설정해야 한다. 예를 들어, Thymeleaf의 캐싱을 비활성화할 때는 application.properties 파일(프로젝트의 src/main/resources 아래에 있음)에 다음을 추가한다.

```
spring.thymeleaf.cache=false
```

단, 프로덕션에서 애플리케이션을 배포할 때는 방금 추가한 설정을 삭제하거나 true로 변경해야 한다는 것을 유의하자. 이외에도 프로파일에 해당 속성을 설정하는 방법이 있다(프로파일은 5장에서 알아볼 것이다).

하지만 1장에서 설명했던 스프링 부트의 DevTools를 사용하는 것이 훨씬 더 쉽다. 개발 시점에 DevTools는 많은 도움을 제공하며, 모든 템플릿 라이브러리의 캐싱을 비활성화한다. 그러나 애플리케이션이 실무 운영을 위해 배포될 때는 DevTools 자신이 비활성화되므로 템플릿 캐싱이 활성화될 수 있다.

요약

- 스프링은 스프링 MVC라는 강력한 웹 프레임워크를 제공하는데, 스프링 MVC는 스프링 애플리케이션의 웹 프론트엔드 개발에 사용한다.
- 스프링 MVC는 애노테이션을 기반으로 하며, @RequestMapping, @GetMapping, @PostMapping과 같은 애노테이션을 사용해서 요청 처리 메서드를 선언할 수 있다.
- 대부분의 요청 처리 메서드들은 마지막에 Thymeleaf 템플릿과 같은 논리 뷰 이름을 반환한다. 모델 데이터와 함께 해당 요청을 전달하기 위해서다.
- 스프링 MVC는 자바 빈 유효성 검사 API와 Hibernate Validator 등의 유효성 검사 API 구현 컴포넌트를 통해 유효성 검사를 지원한다.
- 모델 데이터가 없거나 처리할 필요가 없는 HTTP GET 요청을 처리할 때는 뷰 컨트롤러를 사용할 수 있다.
- Thymeleaf에 추가하여 스프링은 다양한 뷰 템플릿(FreeMarker, Groovy Templates, Mustache 등)을 지원한다.

CHAPTER

3

데이터로 작업하기

이 장에서 배우는 내용

- 스프링 JdbcTemplate 사용하기
- SimpleJdbcInsert를 사용해서 데이터 추가하기
- 스프링 데이터(Spring Data)를 사용해서 JPA 선언하고 사용하기

대부분의 애플리케이션은 보기 좋은 UI(사용자 인터페이스)는 기본이고 그 이상의 기능을 지원한다. UI는 사용자와 애플리케이션 간에 상호 작용을 지원한다. 그러나 동적인 애플리케이션을 정적인 웹사이트와 차별화하는 것은 사용자에게 보여주고 저장하는 데이터다.

타코 클라우드 애플리케이션에서는 식자재, 타코, 주문에 관한 정보를 유지·관리할 수 있어야 한다. 그러나 이런 정보를 데이터베이스에 저장하지 않는다면 2장에서 개발했던 것보다 더 진보된 애플리케이션이 될 수 없을 것이다.

이 장에서는 데이터 퍼시스턴스persistence(저장 및 지속성 유지)를 타코 클라우드 애플리케이션에 추가할 것이다. 이때 상용구 코드boilerplate code[6]를 없애기 위해 스프링의 JDBC 지원 기능을 사용하는 것부터 시작한다. 그다음에 더 많은 코드를 줄여서 JPAJava Persistence API로 데이터 리퍼지터리를 사용할 수 있도록 할 것이다.

6 옮긴이 상용구 코드는 언어의 문법이나 형식 등의 이유로 거의 수정 없이 여러 곳에 반복적으로 사용해야 하는 코드를 말하며, 이로 인해 작성할 코드의 분량만 많아진다.

3.1 JDBC를 사용해서 데이터 읽고 쓰기

수십 년간 관계형 데이터베이스와 SQL은 데이터 퍼시스턴스의 최우선 선택으로 자리를 지켜왔다. 최근에는 대체 가능한 데이터베이스가 많이 출현했지만, 관계형 데이터베이스는 여전히 범용 데이터 저장소를 선택하는 최선이며, 빠른 시일 내에 그런 위치를 빼앗기지는 않을 것이다.

관계형 데이터를 사용할 경우 자바 개발자들이 선택할 수 있는 몇 가지 방법이 있다. 그중 가장 많이 사용하는 두 가지 방법이 JDBC와 JPA다. 스프링은 이 두 가지 모두를 지원하며, 스프링을 사용하지 않을 때에 비해 더 쉽게 JDBC나 JPA를 사용할 수 있도록 해준다. 여기서는 스프링이 JDBC를 지원하는 방법을 중점적으로 알아보고, 스프링의 JPA 지원은 3.2에서 살펴볼 것이다.

스프링의 JDBC 지원은 `JdbcTemplate` 클래스에 기반을 둔다. `JdbcTemplate`은 JDBC를 사용할 때 요구되는 모든 형식적이고 상투적인 코드없이 개발자가 관계형 데이터베이스에 대한 SQL 연산을 수행할 수 있는 방법을 제공한다.

`JdbcTemplate`이 무슨 일을 하는지 이해하기 위해 우선 다음 예를 살펴보자. 여기서는 `JdbcTemplate`을 사용하지 않고 자바로 간단한 SQL 쿼리query를 수행하는 방법을 보여준다.

리스트 3.1 **`JdbcTemplate`을 사용하지 않고 데이터베이스 쿼리하기**

```
@Override
public Ingredient findById(String id) {
  Connection connection = null;
  PreparedStatement statement = null;
  ResultSet resultSet = null;
  try {
    connection = dataSource.getConnection();
    statement = connection.prepareStatement(
        "select id, name, type from Ingredient where id = ?");
    statement.setString(1, id);
    resultSet = statement.executeQuery();
    Ingredient ingredient = null;
    if (resultSet.next()) {
      ingredient = new Ingredient(
          resultSet.getString("id"),
          resultSet.getString("name"),
          Ingredient.Type.valueOf(resultSet.getString("type")));
    }
    return ingredient;
  } catch (SQLException e) {
    // 여기서는 무엇을 해야 할까?
```

```
  } finally {
    if (resultSet != null) {
      try {
        resultSet.close();
      } catch (SQLException e) {}
    }
    if (statement != null) {
      try {
        statement.close();
      } catch (SQLException e) {}
    }
    if (connection != null) {
      try {
        connection.close();
      } catch (SQLException e) {}
    }
  }
  return null;
}
```

리스트 3.1의 어딘가에는 틀림없이 식자재가 저장된 데이터베이스를 쿼리하는 코드가 있다. 그러나 어디 있는지 보려면 JDBC 건초 더미에서 쿼리 바늘을 찾느라 헤맬 것이다. 데이터베이스 연결connection 생성, 명령문statement 생성, 그리고 연결과 명령문 및 결과 세트result set를 닫고 클린업하는 코드들로 쿼리 코드가 둘러싸여 있기 때문이다.

설상가상으로 연결이나 명령문 등의 객체를 생성할 때 또는 쿼리를 수행할 때 얼마든지 많은 일들이 잘못될 수 있다. 따라서 SQLException 예외를 처리해야 한다. 그러나 이것은 문제의 해결 방법을 찾는 데 도움이 될 수도 있고 안될 수도 있다.

SQLException은 catch 블록으로 반드시 처리해야 하는 checked 예외다. 그러나 데이터베이스 연결 생성 실패나 작성 오류가 있는 쿼리와 같은 대부분의 흔한 문제들은 catch 블록에서 해결될 수 없으므로 현재 메서드를 호출한 상위 코드로 예외 처리를 넘겨야 한다. 다음에서 이것과 대조되는 JdbcTemplate 사용 메서드를 알아보자.

리스트 3.2 JdbcTemplate을 사용해서 데이터베이스 쿼리하기

```
private JdbcTemplate jdbc;

@Override
public Ingredient findById(String id) {
  return jdbc.queryForObject(
      "select id, name, type from Ingredient where id=?",
      this::mapRowToIngredient, id);
}
```

```
private Ingredient mapRowToIngredient(ResultSet rs, int rowNum)
    throws SQLException {
  return new Ingredient(
      rs.getString("id"),
      rs.getString("name"),
      Ingredient.Type.valueOf(rs.getString("type")));
}
```

리스트 3.2의 코드는 리스트 3.1의 코드보다 훨씬 간단하다. 리스트 3.2에는 명령문이나 데이터베이스 연결 객체를 생성하는 코드가 아예 없다. 그리고 메서드의 실행이 끝난 후 그런 객체들을 클린업하는 코드 또한 없다. 또한, catch 블록에서 올바르게 처리할 수 없는 예외를 처리하는 어떤 코드도 없다. 쿼리를 수행하고(JdbcTemplate의 queryForObject() 메서드), 그 결과를 Ingredient 객체로 생성하는(mapRowToIngredient() 메서드) 것에 초점을 두는 코드만 존재한다.

리스트 3.2의 코드는 JdbcTemplate을 사용해서 타코 클라우드 애플리케이션의 데이터를 저장하고 읽는 데 필요한 코드의 일부분이다. 지금부터는 JDBC 퍼시스턴스를 우리 애플리케이션에 추가하는 데 필요한 첫 번째 단계를 알아본다. 우선, 도메인 객체를 수정하는 것부터 시작한다.

3.1.1 퍼시스턴스를 고려한 도메인 객체 수정하기

우선, 2장에서 작성했던 taco-cloud 프로젝트를 STS에서 열자(STS를 실행하고 작업 영역을 taco-cloud 디렉터리의 부모 디렉터리로 지정하면 된다).

객체를 데이터베이스에 저장하고자 할 때는 해당 객체를 고유하게 식별해 주는 필드를 하나 추가하는 것이 좋다. Ingredient 클래스는 이미 id 필드를 갖고 있다. 그러나 Taco와 Order에는 id 필드가 없으므로 추가해야 한다.

이와 더불어 타코(Taco 객체)가 언제 생성되었는지, 주문(Order 객체)이 언제 되었는지 알면 유용하다. 또한, 객체가 저장된 날짜와 시간을 갖는 필드를 각 객체에 추가할 필요도 있다. 리스트 3.3과 같이 Taco 클래스(src/main/java/tacos/Taco.java)에 필요한 id와 createdAt 속성을 추가하자(import 문도 추가해야 한다). 작성이 끝나면 항상 **Ctrl+S[Control+S]** 키를 눌러 저장하자. 미리 저장하지 않으면 이 코드를 사용하는 다른 코드를 작성할 때 참조 에러가 생길 수 있다.

리스트 3.3 **ID와 타임스탬프 필드를 Taco 클래스에 추가하기**

```
...
import java.util.Date;

@Data
public class Taco {
  private Long id;
  private Date createdAt;
  ...
}
```

게터와 세터 및 생성자는 런타임 시에 Lombok이 자동 생성해 주므로 id와 createdAt 속성만 추가하면 된다. 이와 유사하게 다음과 같이 Order 클래스(src/main/java/tacos/Order.java)도 수정하자.

```
...
import java.util.Date;

@Data
public class Order {
  private Long id;
  private Date placedAt;
  ...
}
```

다시 말하지만, 게터와 세터 및 생성자는 런타임 시에 Lombok이 자동 생성해 주므로 id와 placedAt 속성만 추가하면 된다(만일 어떤 이유가 있어서 Lombok을 사용하지 않는다면 그런 메서드들을 우리가 직접 추가해야 한다).

이제 도메인 클래스들은 퍼시스턴스를 고려한 준비가 되었다. 지금부터는 JdbcTemplate을 사용해서 이 객체들을 데이터베이스에 읽고 쓰는 방법을 알아보자.

3.1.2 JdbcTemplate 사용하기

JdbcTemplate를 사용하려면 이것을 우리 프로젝트의 classpath에 추가해야 한다. 이때는 다음과 같은 스프링 부트의 JDBC 스타터 의존성을 빌드 명세에 추가하면 간단히 해결된다(패키지 탐색기 창의 taco-clould 프로젝트 아래에 있는 pom.xml 파일을 편집기 창에 열고 진한 글씨로 된 코드를 추가하자).

```
<dependencies>
  ...
  <dependency>
    <groupId>org.springframework.boot</groupId>
    <artifactId>spring-boot-starter-test</artifactId>
    <scope>test</scope>
    ...
  </dependency>

  <dependency>
    <groupId>org.springframework.boot</groupId>
    <artifactId>spring-boot-starter-jdbc</artifactId>
  </dependency>
</dependencies>
```

또한, 데이터를 저장하는 데이터베이스가 필요하다. 개발 시에는 STSSpring Tool Suite에 내장된 데이터베이스를 사용하면 좋을 것이다. 필자는 H2 내장 데이터베이스를 좋아해서 다음 의존성을 추가하였다(바로 앞에서 추가한 JDBC 의존성 다음에 진한 글씨로 된 의존성을 추가하자).

```
<dependencies>
  ...
  <dependency>
    <groupId>org.springframework.boot</groupId>
    <artifactId>spring-boot-starter-jdbc</artifactId>
  </dependency>

  <dependency>
    <groupId>com.h2database</groupId>
    <artifactId>h2</artifactId>
    <scope>runtime</scope>
  </dependency>
</dependencies>
```

NOTE

앞에서는 JDBC와 H2 의존성을 직접 pom.xml 파일에 추가하였다. 그러나 STS의 기능을 사용하면 더 편리하게 추가할 수 있다.

패키지 탐색기의 **pom.xml** 파일에서 오른쪽 마우스 버튼을 클릭한 후 **Spring ⇨ Edit Starters**를 선택한다. 그러면 1장(그림 1.5)에서 보았던 의존성 선택과 동일한 대화상자가 나타나므로 이때 선택하여 변경하면 된다. 즉, 검색 필드에 **JDBC**를 입력하면 데이터베이스에 관련된 스프링 부트 스타터 내역이 나타난다. 이때 SQL 밑의 **JDBC API**와 **H2 Database 체크박스**를 선택하고 **OK** 버튼을 누르면 된다. 그러면 STS가 자동으로 빌드 명세(pom.xml 파일)에 추가해 준다.

H2 데이터베이스의 경우에 의존성 추가와 더불어 버전 정보도 추가해야 한다. 조금 전에 수정했던 pom.xml 파일의 내용을 보면 앞 쪽에 `<properties>`가 있다. 여기에 다음과 같이 추가한다.

```
...
<properties>
  ...
  <h2.version>1.4.196</h2.version>
</properties>
...
```

향후에는 외부 데이터베이스를 사용하기 위해 애플리케이션을 구성하는 방법을 알아볼 것이다. 그러나 일단 지금은 H2를 사용해서 식자재 데이터를 가져오고 저장하는 리퍼지터리 클래스를 작성하자.

JDBC 리퍼지터리 정의하기

식자재 리퍼지터리는 다음 연산을 수행해야 한다.

- 데이터베이스의 모든 식자재 데이터를 쿼리하여 `Ingredient` 객체 컬렉션(여기서는 List)에 넣어야 한다.
- id를 사용해서 하나의 `Ingredient`를 쿼리해야 한다.
- `Ingredient` 객체를 데이터베이스에 저장해야 한다.

다음의 `IngredientRepository` 인터페이스에서는 방금 얘기한 세 가지 연산을 메서드로 정의한다. 이 인터페이스를 작성하자(src/main/java 아래의 **tacos 패키지**에서 오른쪽 마우스 버튼을 누른 후 **New ⇨ Folder**를 선택한다. 그리고 대화상자에서 폴더 이름을 **data**로 입력하고 **Finish** 버튼을 눌러서 data 폴더를 생성한다. 그다음에 src/main/java 아래의 **tacos.data**에서 오른쪽 마우스 버튼을 누른 후 **New ⇨ Interface**를 선택한다. 그리고 대화상자의 Name 필드에 **IngredientRepository**를 입력하고 **Finish** 버튼을 클릭하면 인터페이스가 생성되고 편집기 창에 열리므로 아래의 진한 글씨로 된 코드를 추가하면 된다).

```
public interface IngredientRepository {
  Iterable<Ingredient> findAll();
  Ingredient findById(String id);
  Ingredient save(Ingredient ingredient);
}
```

(package 문에 있듯이, 데이터베이스에 관련된 클래스와 인터페이스는 tacos.data 패키지에 둘 것이다.)

`Ingredient` 리퍼지터리가 해야 할 일을 `IngredientRepository` 인터페이스에 정의했으므로 이제는 `JdbcTemplate`을 이용해서 데이터베이스 쿼리에 사용할 수 있도록 `Ingredient`

Repository 인터페이스를 구현해야 한다. 구현 코드를 작성하는 첫 번째 단계로 리스트 3.4의 리퍼지터리 클래스를 생성하자(src/main/java 아래의 **tacos.data**에서 오른쪽 마우스 버튼을 누른 후 **New** ⇨ **Class**를 선택한다. 그리고 대화상자의 Name 필드에 **JdbcIngredientRepository**를 입력하고 **Finish** 버튼을 클릭하면 클래스가 생성되고 편집기 창에 열리므로 리스트 3.4의 진한 글씨로 된 코드를 추가하면 된다). RowMapper와 Ingredient의 import 문은 미리 추가한 것이다.

리스트 3.4 JdbcTemplate를 사용하는 식자재 리퍼지터리 시작하기

```
package tacos.data;

import org.springframework.beans.factory.annotation.Autowired;
import org.springframework.jdbc.core.JdbcTemplate;
import org.springframework.jdbc.core.RowMapper;
import org.springframework.stereotype.Repository;

import tacos.Ingredient;

@Repository
public class JdbcIngredientRepository {

  private JdbcTemplate jdbc;

  @Autowired
  public JdbcIngredientRepository(JdbcTemplate jdbc) {
    this.jdbc = jdbc;
  }
}
```

여기에서 JdbcIngredientRepository 클래스에는 @Repository 애노테이션이 지정되었다. 이것은 @Controller와 @Component 외에 스프링이 정의하는 몇 안 되는 스테레오타입 stereotype 애노테이션[7] 중 하나다. 즉, JdbcIngredientRepository 클래스에 @Repository를 지정하면, 스프링 컴포넌트 검색에서 이 클래스를 자동으로 찾아서 스프링 애플리케이션 컨텍스트의 빈으로 생성해 준다.

그리고 JdbcIngredientRepository 빈이 생성되면 @Autowired 애노테이션을 통해서 스프링이 해당 빈을 JdbcTemplate에 주입(연결)한다. JdbcIngredientRepository의 생성

7 옮긴이 스프링 MVC에서는 클래스의 역할을 구분하는 것이 중요하다. 스테레오타입 애노테이션은 스프링에서 주로 사용하는 역할 그룹을 나타내는 애노테이션이다. 예를 들어, @Component는 스프링이 자동으로 탐색하여 생성하는 빈으로 특정 클래스를 지정하는 클래스 수준의 애노테이션이며, @Repository는 @Component에서 특화된 데이터 액세스 관련 애노테이션이다. @Controller 또한 @Component에서 특화된 애노테이션이며, 이것이 지정된 클래스가 스프링 웹 MVC 컨트롤러라는 것을 알려준다.

자에서는 JdbcTemplate 참조를 인스턴스 변수에 저장한다. 이 변수는 데이터베이스의 데이터를 쿼리하고 추가하기 위해 다른 메서드에서 사용될 것이다. 이런 메서드로 리스트 3.5의 findAll()과 findById()를 살펴보자(리스트 3.5의 진한 글씨로 된 코드를 리스트 3.4의 JdbcIngredientRepository 클래스에 추가하자).

리스트 3.5 **JdbcTemplate을 사용해서 데이터베이스 쿼리하기**

```
...
import java.sql.ResultSet;
import java.sql.SQLException;

@Repository
public class JdbcIngredientRepository implements IngredientRepository {

  private JdbcTemplate jdbc;

  @Autowired
  public JdbcIngredientRepository(JdbcTemplate jdbc) {
    this.jdbc = jdbc;
  }

  @Override
  public Iterable<Ingredient> findAll() {
    return jdbc.query("select id, name, type from Ingredient",
      this::mapRowToIngredient);
  }

  @Override
  public Ingredient findById(String id) {
    return jdbc.queryForObject(
      "select id, name, type from Ingredient where id=?",
        this::mapRowToIngredient, id);
  }

  private Ingredient mapRowToIngredient(ResultSet rs, int rowNum)
    throws SQLException {
      return new Ingredient(
         rs.getString("id"),
         rs.getString("name"),
         Ingredient.Type.valueOf(rs.getString("type")));
  }
}
```

JdbcIngredientRepository 클래스는 IngredientRepository 인터페이스를 구현하므로 클래스 이름 다음에 implements IngredientRepository를 추가하였다(현재는 JdbcIngredient Repository 클래스 선언 코드 왼쪽에 빨간색의 작은 x로 에러 표시가 나타날 것이다. 그러나 잠시 후에 IngredientRepository 인터페이스의 save() 메서드를 추가로 구현하면 해결된다).

findAll()과 findById() 모두 유사한 방법으로 JdbcTemplate을 사용한다. 객체가 저장된 컬렉션을 반환하는 findAll() 메서드는 JdbcTemplate의 query() 메서드를 사용한다. query() 메서드는 두 개의 인자를 받는다. 첫 번째 인자는 쿼리를 수행하는 SQL(select 명령)이며, 두 번째 인자는 스프링의 RowMapper 인터페이스를 우리가 구현한 mapRowToIngredient 메서드다. 이 메서드는 쿼리로 생성된 결과 세트(ResultSet 객체)의 행row 개수만큼 호출되며, 결과 세트의 모든 행을 각각 객체(여기서는 식자재를 나타내는 Ingredient)로 생성하고 List에 저장한 후 반환한다. query()에서는 또한 해당 쿼리에서 요구하는 매개변수들의 내역을 마지막 인자로 받을 수 있다. 그러나 여기서는 그런 매개변수가 필요 없어서 생략하였다.

findById() 메서드는 하나의 Ingredient 객체만 반환한다. 따라서 query() 대신 JdbcTemplate의 queryForObject() 메서드를 사용한다. 이 메서드는 query()와 동일하게 실행되지만, 객체의 List를 반환하는 대신 하나의 객체만 반환한다는 것이 다르다. queryForObject() 메서드의 첫 번째와 두 번째 인자는 query()와 같으며, 세 번째 인자로는 검색할 행의 id(여기서는 식자재 id)를 전달한다. 그러면 이 id가 첫 번째 인자로 전달된 SQL(select 명령)에 있는 물음표(?) 대신 교체되어 쿼리에 사용된다.

리스트 3.5에 있듯이, findAll()과 findById() 모두의 두 번째 인자로는 스프링 RowMapper 인터페이스를 구현한 mapRowToIngredient() 메서드의 참조가 전달된다. 이처럼 메서드 인자로 다른 메서드의 참조를 전달할 수 있는 것은 자바 8에서 메서드 참조와 람다lambda가 추가되었기 때문이며, JdbcTemplate을 사용할 때 매우 편리하다. 그러나 종전처럼 RowMapper 인터페이스의 mapRow() 메서드를 구현하는 방법을 사용할 수도 있다. 이 방법을 사용해서 작성한 리스트 3.5의 findById() 메서드는 다음과 같다.

```
@Override
public Ingredient findById(String id) {
  return jdbc.queryForObject(
      "select id, name, type from Ingredient where id=?",
      new RowMapper<Ingredient>() {
        public Ingredient mapRow(ResultSet rs, int rowNum)
            throws SQLException {
          return new Ingredient(
              rs.getString("id"),
              rs.getString("name"),
              Ingredient.Type.valueOf(rs.getString("type")));
        };
      }, id);
}
```

이런 형태의 findById()에서는 이 메서드가 호출될 때마다 RowMapper를 구현한 익명 클래스 인스턴스가 생성되어 인자로 전달된 후 mapRow() 메서드가 실행된다. 그러나 리스트 3.5의 findById() 메서드에서는 별도의 익명 클래스 인스턴스를 생성하지 않는다. 또한, RowMapper를 구현한 우리 메서드 참조를 인자로 전달하여 실행되게 할 수 있으므로 편리하다.

데이터베이스의 데이터를 읽으려면 데이터를 쓸 수 있어야 하므로 지금부터는 Ingredient Repository 인터페이스의 save() 메서드를 구현하자.

데이터 추가하기

JdbcTemplate의 update() 메서드는 데이터베이스에 데이터를 추가하거나 변경하는 어떤 쿼리에도 사용될 수 있다. 리스트 3.6의 save() 메서드에서는 데이터베이스에 데이터를 추가한다(리스트 3.6의 코드를 리스트 3.5의 JdbcIngredientRepository 클래스 제일 끝에 추가하자).

리스트 3.6 **JdbcTemplate을 사용해서 데이터베이스에 데이터 추가하기**

```
...
@Override
public Ingredient save(Ingredient ingredient) {
  jdbc.update(
      "insert into Ingredient (id, name, type) values (?, ?, ?)",
      ingredient.getId(),
      ingredient.getName(),
      ingredient.getType().toString());
  return ingredient;
}
...
```

JdbcTemplate의 update() 메서드는 결과 세트의 데이터를 객체로 생성할 필요가 없으므로 query()나 queryForObject()보다 훨씬 간단하다. update() 메서드에는 수행될 SQL을 포함하는 문자열과 쿼리 매개변수에 지정할 값만 인자로 전달한다. 여기서는 3개의 매개변수를 가지며, save() 메서드의 인자로 전달되는 식자재 객체의 id, name, type 속성의 값이 각 매개변수에 지정된다.

JdbcIngredientRepository가 완성되었으므로, 이제는 이것을 DesignTacoController에 주입(연결)하고, 리스트 2.3에서 하드코딩했던 Ingredient 객체의 List 대신, 데이터베이스로부터 읽은 데이터로 생성한 Ingredient 객체의 List를 제공할 수 있다. src/main/java의 tacos.web에 있는 DesignTacoController.java를 편집기 창에서 열고 리스트 3.7과 같이 수정하도록 한다(가운데 삭제선 표시가 된 코드는 삭제하고 진한 글씨 코드는 추가한다).

리스트 3.7 컨트롤러에 리퍼지터리 주입하고 사용하기

```
package tacos.web;

import java.util.Arrays;
import java.util.ArrayList;
...
import org.springframework.beans.factory.annotation.Autowired;

import tacos.data.IngredientRepository;
...
@Slf4j
@Controller
@RequestMapping("/design")
public class DesignTacoController {

  private final IngredientRepository ingredientRepo;

  @Autowired
  public DesignTacoController(IngredientRepository ingredientRepo) {
    this.ingredientRepo = ingredientRepo;
  }

  @GetMapping
  public String showDesignForm(Model model) {
    List<Ingredient> ingredients = Arrays.asList(
      new Ingredient("FLTO", "Flour Tortilla", Type.WRAP),
      new Ingredient("COTO", "Corn Tortilla", Type.WRAP),
      new Ingredient("GRBF", "Ground Beef", Type.PROTEIN),
      new Ingredient("CARN", "Carnitas", Type.PROTEIN),
      new Ingredient("TMTO", "Diced Tomatoes", Type.VEGGIES),
      new Ingredient("LETC", "Lettuce", Type.VEGGIES),
      new Ingredient("CHED", "Cheddar", Type.CHEESE),
      new Ingredient("JACK", "Monterrey Jack", Type.CHEESE),
      new Ingredient("SLSA", "Salsa", Type.SAUCE),
      new Ingredient("SRCR", "Sour Cream", Type.SAUCE)
    );

    List<Ingredient> ingredients = new ArrayList<>();
    ingredientRepo.findAll().forEach(i -> ingredients.add(i));

    Type[] types = Ingredient.Type.values();
    for (Type type : types) {
      model.addAttribute(type.toString().toLowerCase(),
          filterByType(ingredients, type));
    }

    model.addAttribute("taco", new Taco());

    return "design";
```

```
    }
    ...
}
```

이제는 주입된 IngredientRepository의 findAll() 메서드를 showDesignForm() 메서드에서 호출한다. findAll() 메서드는 모든 식자재 데이터를 데이터베이스로부터 가져온다. 그 다음에 타입별로 식자재가 필터링된다.

이제는 애플리케이션을 실행할 준비가 거의 다 되었다. 그러나 쿼리에서 참조되는 Ingredient 테이블로부터 데이터를 읽기 위해서는 먼저 이 테이블을 생성한 후 식자재 데이터를 미리 추가해 놓아야 한다.

3.1.3 스키마 정의하고 데이터 추가하기

Ingredient 테이블 외에도 주문 정보와 타코 디자인(각 타코의 식자재 구성) 정보를 저장할 테이블들이 필요하다. 그림 3.1에서는 우리가 필요한 테이블과 테이블 간의 관계를 보여준다.

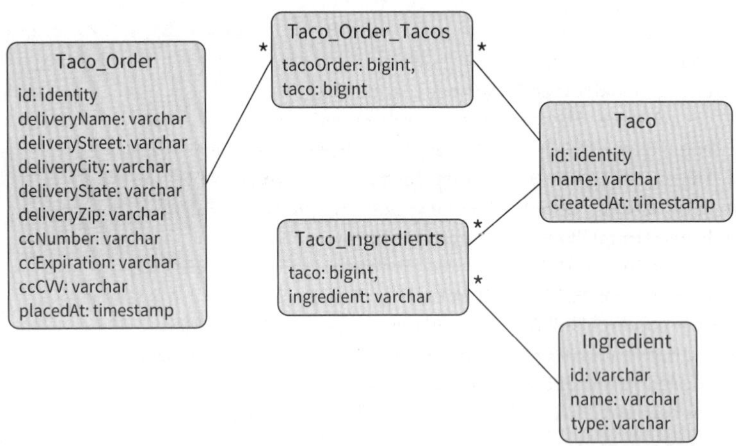

그림 3.1 **타코 클라우드 스키마의 테이블**

그림 3.1의 테이블은 다음의 용도로 사용된다.

- Ingredient: 식자재 정보를 저장한다.
- Taco: 사용자가 식자재를 선택하여 생성한 타코 디자인에 관한 정보를 저장한다.
- Taco_Ingredients: Taco와 Ingredient 테이블 간의 관계를 나타내며, Taco 테이블의 각 행row에 대해 하나 이상의 행(타코를 식자재와 연관시키는)을 포함한다(하나의 타코에는 하나 이상의 식자재가 포함될 수 있다).

- Taco_Order: 주문 정보를 저장한다.
- Taco_Order_Tacos: Taco_Order와 Taco 테이블 간의 관계를 나타내며, Taco_Order 테이블의 각 행에 대해 하나 이상의 행(주문을 타코와 연관시키는)을 포함한다(한 건의 주문에는 하나 이상의 타코가 포함될 수 있다).

리스트 3.8에서는 이 테이블들을 생성하는 SQL을 보여준다.

리스트 3.8 **타코 클라우드 스키마 정의하기**

```
create table if not exists Ingredient (
  id varchar(4) not null,
  name varchar(25) not null,
  type varchar(10) not null
);

create table if not exists Taco (
  id identity,
  name varchar(50) not null,
  createdAt timestamp not null
);

create table if not exists Taco_Ingredients (
  taco bigint not null,
  ingredient varchar(4) not null
);

alter table Taco_Ingredients
    add foreign key (taco) references Taco(id);
alter table Taco_Ingredients
    add foreign key (ingredient) references Ingredient(id);

create table if not exists Taco_Order (
  id identity,
  deliveryName varchar(50) not null,
  deliveryStreet varchar(50) not null,
  deliveryCity varchar(50) not null,
  deliveryState varchar(2) not null,
  deliveryZip varchar(10) not null,
  ccNumber varchar(16) not null,
  ccExpiration varchar(5) not null,
  ccCVV varchar(3) not null,
  placedAt timestamp not null
);

create table if not exists Taco_Order_Tacos (
  tacoOrder bigint not null,
  taco bigint not null
);
```

```
alter table Taco_Order_Tacos
    add foreign key (tacoOrder) references Taco_Order(id);
alter table Taco_Order_Tacos
    add foreign key (taco) references Taco(id);
```

그런데 이 스키마 정의를 어디에 두어야 할까? 스프링 부트가 그 답을 알려준다.

schema.sql이라는 이름의 파일이 애플리케이션 classpath의 루트 경로에 있으면 애플리케이션이 시작될 때 schema.sql 파일의 SQL이 사용 중인 데이터베이스에서 자동 실행된다. 따라서 리스트 3.8의 SQL을 schema.sql이라는 이름의 파일로 src/main/resources 폴더에 저장하면 된다(탐색기 창의 /src/main/resources에서 오른쪽 마우스 버튼을 누른 후 **New ⇨ Untitled Text File**을 선택하면 이름이 없는 텍스트 파일로 편집기 창에서 열린다. 리스트 3.8의 SQL을 입력하자. 그리고 작성이 끝나면 STS 메뉴 바의 **File ⇨ Save As…**를 선택한다. 대화상자에서 taco-cloud 프로젝트를 확장하여 /src/main/resources 폴더를 선택하고 파일 이름에 **schema.sql**을 입력한 후 **OK**를 클릭한다).

그리고 또한 식자재 데이터를 데이터베이스에 미리 저장해야 한다. 다행스럽게도 스프링 부트는 애플리케이션이 시작될 때 data.sql이라는 이름의 파일도 실행되도록 한다(앞의 schema.sql처럼 이 파일도 src/main/resources 폴더에 저장한다). 따라서 리스트 3.9와 같이 SQL insert 명령을 사용해서 식자재 데이터를 미리 데이터베이스에 추가할 수 있다.

리스트 3.9 **식자재 데이터 미리 저장하기**

```
delete from Taco_Order_Tacos;
delete from Taco_Ingredients;
delete from Taco;
delete from Taco_Order;

delete from Ingredient;
insert into Ingredient (id, name, type)
    values ('FLTO', 'Flour Tortilla', 'WRAP');
insert into Ingredient (id, name, type)
    values ('COTO', 'Corn Tortilla', 'WRAP');
insert into Ingredient (id, name, type)
    values ('GRBF', 'Ground Beef', 'PROTEIN');
insert into Ingredient (id, name, type)
    values ('CARN', 'Carnitas', 'PROTEIN');
insert into Ingredient (id, name, type)
    values ('TMTO', 'Diced Tomatoes', 'VEGGIES');
insert into Ingredient (id, name, type)
    values ('LETC', 'Lettuce', 'VEGGIES');
insert into Ingredient (id, name, type)
    values ('CHED', 'Cheddar', 'CHEESE');
insert into Ingredient (id, name, type)
    values ('JACK', 'Monterrey Jack', 'CHEESE');
```

```
insert into Ingredient (id, name, type)
    values ('SLSA', 'Salsa', 'SAUCE');
insert into Ingredient (id, name, type)
    values ('SRCR', 'Sour Cream', 'SAUCE');
```

현재는 식자재 데이터를 저장하는 리퍼지터리만 개발하였다. 그러나 이 시점에서 타코 클라우드 애플리케이션을 실행한 후 타코 디자인 페이지에 접속하면 JdbcIngredientRepository가 동작하는 것을 확인할 수 있다. 각자 해보자(앞의 다른 장에서 했던 것처럼, 타코 클라우드 애플리케이션이 스프링 부트 대시보드의 프로젝트 목록에서 선택된 상태에서 **시작** 버튼(제일 왼쪽에 있는)을 클릭하여 애플리케이션을 시작한다. 그리고 각자 사용하는 웹 브라우저에서 http://localhost:8080/design에 접속하면 데이터베이스에서 가져온 식자재들이 디자인 폼에 나타나는 것을 볼 수 있다).

(schema.sql 파일과 data.sql 파일은 이 책에서 제공하는 다운로드 파일의 Ch03-JDBC용-SQL 서브 디렉터리에 있다. 이 두 파일을 STS 탐색기 창의 /src/main/resources 디렉터리에 복사해도 된다.)

다음으로 Taco와 Order의 리퍼지터리를 작성해 보자.

3.1.4 타코와 주문 데이터 추가하기

지금까지 JdbcTemplate을 사용해서 데이터베이스에 데이터를 저장하는 방법을 전반적으로 알아보았다. JdbcIngredientRepository의 save() 메서드에서는 JdbcTemplate의 update() 메서드를 사용해서 Ingredient 객체를 데이터베이스 데이터로 저장한다.

첫 번째 예로는 훌륭했지만 너무 간단한 것이었다. 곧 알게 되겠지만, 데이터를 저장할 때는 JdbcIngredientRepository에서 했던 것보다 더 많은 처리가 필요할 수 있다. JdbcTemplate을 사용해서 데이터를 저장하는 방법은 다음 두 가지가 있다.

- 직접 update() 메서드를 사용한다.
- SimpleJdbcInsert 래퍼wrapper 클래스를 사용한다.

Ingredient 객체를 저장할 때보다 퍼시스턴스 처리가 더 복잡할 때는 어떻게 update() 메서드를 사용하는지 알아보자.

JdbcTemplate을 사용해서 데이터 저장하기

앞의 식자재에서 했던 것처럼 우선 타코와 주문 리퍼지터리에서 Taco와 Order 객체를 저장하기 위한 인터페이스를 정의하자. Taco 객체를 저장하는데 필요한 TacoRepository 인터페이스는 다음과 같다. 일단 지금은 save() 메서드만 선언한다(앞의 IngredientRepository와 동일한 방법으로 src/main/java 아래의 tacos.data 패키지에 TacoRepository 인터페이스를 생성한다).

```
package tacos.data;

import tacos.Taco;

public interface TacoRepository {
  Taco save(Taco design);
}
```

그리고 Order 객체를 저장하는 데 필요한 OrderRepository 인터페이스는 다음과 같다. 이것 역시 지금은 save() 메서드만 선언한다(src/main/java 아래의 tacos.data 패키지에 OrderRepository 인터페이스를 생성한다).

```
package tacos.data;

import tacos.Order;

public interface OrderRepository {
  Order save(Order order);
}
```

무척 간단해 보인다. 그러나 성급히 판단하기는 이르다. 사용자가 식자재를 선택하여 생성한 타코 디자인을 저장하려면 해당 타코와 연관된 식지재 데이터도 Taco_Ingredients 테이블에 저장해야 한다. 어떤 식자재를 해당 타코에 넣을지 알 수 있어야 하기 때문이다. 마찬가지로 주문을 저장하려면 해당 주문과 연관된 타코 데이터를 Taco_Order_Tacos 테이블에 저장해야 한다. 해당 주문에 어떤 타코들이 연관된 것인지 알 수 있어야 하기 때문이다. 이런 이유로 식자재를 저장하는 것보다 타코와 주문을 저장하는 것이 조금 더 복잡하다.

TacoRepository를 구현하려면 다음 일을 수행하는 save() 메서드를 구현해야 한다. 즉, 타코 디자인 정보(예를 들어, 이름과 생성 시간)를 저장한 다음에, Taco 객체 id와 이 객체의 List에 저장된 각 Ingredient 객체 id를 Taco_Ingredients 테이블의 행으로 추가한다.

리스트 3.10에서는 완성된 JdbcTacoRepository 클래스를 보여준다(src/main/java 아래의 tacos.data에 JdbcTacoRepository 클래스를 생성하고 리스트 3.10의 진한 글씨로 된 코드를 추가하자).

리스트 3.10 **JdbcTemplate을 사용해서 TacoRepository 구현하기**

```
package tacos.data;

import java.sql.Timestamp;
import java.sql.Types;
import java.util.Arrays;
import java.util.Date;

import org.springframework.jdbc.core.JdbcTemplate;
import org.springframework.jdbc.core.PreparedStatementCreator;
import org.springframework.jdbc.core.PreparedStatementCreatorFactory;
import org.springframework.jdbc.support.GeneratedKeyHolder;
import org.springframework.jdbc.support.KeyHolder;
import org.springframework.stereotype.Repository;

import tacos.Ingredient;
import tacos.Taco;

@Repository
public class JdbcTacoRepository implements TacoRepository {

  private JdbcTemplate jdbc;

  public JdbcTacoRepository(JdbcTemplate jdbc) {
    this.jdbc = jdbc;
  }

  @Override
  public Taco save(Taco taco) {
    long tacoId = saveTacoInfo(taco);
    taco.setId(tacoId);
    for (Ingredient ingredient : taco.getIngredients()) {
      saveIngredientToTaco(ingredient, tacoId);
    }
    return taco;
  }

  private long saveTacoInfo(Taco taco) {
    taco.setCreatedAt(new Date());
    PreparedStatementCreator psc =
        new PreparedStatementCreatorFactory(
            "insert into Taco (name, createdAt) values (?, ?)",
            Types.VARCHAR, Types.TIMESTAMP
        ).newPreparedStatementCreator(
           Arrays.asList(
               taco.getName(),
               new Timestamp(taco.getCreatedAt().getTime())));

    KeyHolder keyHolder = new GeneratedKeyHolder();
    jdbc.update(psc, keyHolder);
```

```
        return keyHolder.getKey().longValue();
    }

    private void saveIngredientToTaco(
            Ingredient ingredient, long tacoId) {
        jdbc.update(
            "insert into Taco_Ingredients (taco, ingredient) " +
            "values (?, ?)",
            tacoId, ingredient.getId());
    }
}
```

리스트 3.10 코드를 보면 알 수 있듯이, save() 메서드에서는 우선 Taco 테이블에 각 식자재를 저장하는 saveTacoInfo() 메서드를 호출한다. 그리고 이 메서드에서 반환된 타코 ID를 사용해서 타코와 식자재의 연관 정보를 저장하는 saveIngredientToTaco()를 호출한다. 조금 골치 아픈 코드는 saveTacoInfo()에 있다.

Taco 테이블에 하나의 행을 추가할 때는 데이터베이스에서 생성되는 ID를 알아야 한다. 그래야만 각 식자재를 저장할 때 참조할 수 있기 때문이다. 더 앞에서 식자재 데이터를 저장할 때 사용했던 update() 메서드로는 생성된 타코 ID를 얻을 수 없으므로 여기서는 다른 update() 메서드가 필요하다.

여기서 사용하는 update() 메서드는 PreparedStatementCreator 객체와 KeyHolder 객체를 인자로 받는다. 생성된 타코 ID를 제공하는 것이 바로 이 KeyHolder다. 그러나 이것을 사용하기 위해서는 PreparedStatementCreator도 생성해야 한다.

리스트 3.10에 있듯이, PreparedStatementCreator 객체의 생성은 간단하지 않다. 실행할 SQL 명령과 각 쿼리 매개변수의 타입을 인자로 전달하여 PreparedStatement Creator Factory 객체를 생성하는 것으로 시작한다. 그리고 이 객체의 newPrepared Statement Creator()를 호출하며, 이때 PreparedStatementCreator를 생성하기 위해 쿼리 매개변수의 값을 인자로 전달한다.

이렇게 하여 PreparedStatementCreator 객체가 생성되면 이 객체와 KeyHolder 객체(여기서는 GeneratedKeyHolder 인스턴스)를 인자로 전달하여 update()를 호출할 수 있다. 그리고 update()의 실행이 끝나면 keyHolder.getKey().longValue()의 연속 호출로 타코 ID를 반환할 수 있다.

그다음에 save() 메서드로 제어가 복귀된 후 saveIngredientToTaco()를 호출하여 Taco 객체의 List에 저장된 각 Ingredient 객체를 반복 처리한다. saveIngredientToTaco() 메

서드는 더 간단한 형태의 update()를 사용해서 타코 ID와 Ingredient 객체 참조를 Taco_Ingredients 테이블에 저장한다.

리스트 3.10 코드의 작성이 끝나면 save() 메서드의 for (Ingredient ingredient : taco.getIngredients())에서 에러가 표시될 것이다. 왜냐하면 현재 Taco 클래스의 ingredients 속성은 해당 타코와 연관된 식자재들의 id(String 타입)만 저장하는 List이기 때문이다. 따라서 ingredients 속성의 자동 생성된 게터인 getIngredients()에서 반환되는 List의 각 요소는 String 타입이므로 Ingredient 객체를 반복 처리하는 for문에서 타입이 일치하지 않기 때문이다. 그러므로 이 시점에서 Taco 클래스의 ingredients 속성을 Ingredient 객체로 저장하는 List로 변경해야 한다.

src/main/java 아래의 Taco.java를 열고 다음의 진한 글씨 부분을 수정하자. 수정이 끝나면 항상 **Ctrl+S[Control+S]** 키를 눌러 저장하자.

```
...
public class Taco {

     ...
     @Size(min=1, message="You must choose at least 1 ingredient")
     private List<Ingredient> ingredients;
}
```

이제는 TacoRepository를 DesignTacoController에 주입하고 타코를 저장할 때 사용하는 일만 남았다. 리스트 3.11과 같이 DesignTacoController를 수정하자(src/main/java의 tacos.web 패키지 아래에 있는 DesignTacoController.java에서 진한 글씨 코드를 추가한다).

리스트 3.11 TacoRepository를 주입하고 사용하기

```
...
import tacos.data.TacoRepository;

@Controller
@RequestMapping("/design")
public class DesignTacoController {
  private final IngredientRepository ingredientRepo;

  private TacoRepository tacoRepo;

  @Autowired
  public DesignTacoController(
        IngredientRepository ingredientRepo, TacoRepository tacoRepo) {
    this.ingredientRepo = ingredientRepo;
```

```
    this.tacoRepo = tacoRepo;
  }
  ...
}
```

보다시피 DesignTacoController의 생성자에서는 IngredientRepository와 TacoRepository 객체 모두를 인자로 받는다. 그리고 showDesignForm()과 processDesign() 메서드에서 사용할 수 있도록 두 인자 모두 인스턴스 변수에 지정한다.

processDesign() 메서드의 변경 사항이 리스트 3.7의 showDesignForm()에 했던 것보다 약간 더 많다. 리스트 3.12와 같이 DesignTacoController의 processDesign() 메서드를 수정하자.

리스트 3.12 타코 디자인을 저장하고 주문과 연결시키기

```
...
import org.springframework.web.bind.annotation.ModelAttribute;
import org.springframework.web.bind.annotation.SessionAttributes;
...
import tacos.Order;
...

@Slf4j
@Controller
@RequestMapping("/design")
@SessionAttributes("order")
public class DesignTacoController {
  ...

  @ModelAttribute(name = "order")
  public Order order() {
    return new Order();
  }

  @ModelAttribute(name = "taco")
  public Taco taco() {
    return new Taco();
  }

  @PostMapping
  public String processDesign(
      @Valid Taco design,
      Errors errors, @ModelAttribute Order order) {

    if (errors.hasErrors()) {
      return "design";
    }
```

```
    // 이 지점에서 타코 디자인(선택된 식자재 내역)을 저장한다…
    // 이 작업은 3장에서 할 것이다.
    log.info("Processing design: " + design);

    Taco saved = tacoRepo.save(design);
    order.addDesign(saved);


    return "redirect:/orders/current";
  }
  ...
}
```

리스트 3.12의 코드에서 첫 번째로 주목할 것은 DesignTacoController에 @SessionAttributes ("order")가 추가되고 order()와 taco()에는 메서드 애노테이션인 @ModelAttribute가 추가되었다는 것이다. taco() 메서드와 동일하게 order()의 @ModelAttribute 애노테이션은 Order 객체가 모델에 생성되도록 해준다. 그러나 하나의 세션에서 생성되는 Taco 객체와 다르게(사용자가 타코를 생성할 때는 타코 디자인 폼에서 자신이 원하는 식자재를 선택하면 된다), 주문은 다수의 HTTP 요청에 걸쳐 존재해야 한다. 다수의 타코를 생성하고 그것들을 하나의 주문으로 추가할 수 있게 하기 위해서다. 이때 클래스 수준의 @SessionAttributes 애노테이션을 주문과 같은 모델 객체에 지정하면 된다. 그러면 세션에서 계속 보존되면서 다수의 요청에 걸쳐 사용될 수 있다.

하나의 타코 디자인을 실제로 처리(저장)하는 일은 processDesign() 메서드에서 수행된다. 이제는 이 메서드에서 Taco 및 Errors 객체와 더불어 Order 객체도 인자로 받는다. Order 매개변수에는 @ModelAttribute 애노테이션이 지정되었다. 이 매개변수의 값이 모델로부터 전달되어야 한다는 것과 스프링 MVC가 이 매개변수에 요청 매개변수를 바인딩하지 않아야 한다는 것을 나타내기 위해서다.

전달된 데이터의 유효성 검사를 한 후 processDesign()에서는 주입된 TacoRepository를 사용해서 타코를 저장한다. 그다음에 세션에 보존된 Order에 Taco 객체를 추가한다.

리스트 3.12의 코드를 추가한 후에는 processDesign() 메서드의 order.addDesign(saved);에서 에러가 표시될 것이다. 현재 Order 클래스에는 addDesign() 메서드가 없기 때문이다. 또한, 해당 주문과 연관된 Taco 객체들(사용자가 원하는 식자재들을 선택하여 생성한 타코)을 저장하는 List 타입의 속성인 tacos도 추가한다. 패키지 탐색기 창에서 src/main/java의 tacos 패키지에 있는 Order.java를 열고 Order 클래스 제일 끝에 다음과 같이 tacos 속성과 addDesign() 메서드를 추가하자.

```
...
import java.util.ArrayList;
import java.util.List;
...
@Data
public class Order {
  ...
  @Digits(integer=3, fraction=0, message="Invalid CVV")
  private String ccCVV;

  private List<Taco> tacos = new ArrayList<>();

  public void addDesign(Taco design) {
    this.tacos.add(design);
  }
}
```

(작성이 끝나면 항상 Ctrl+S[Control+S] 키를 눌러 저장하자.)

사용자가 주문 폼에 입력을 완료하고 제출할 때까지 Order 객체는 세션에 남아 있고 데이터베이스에 저장되지 않는다. 이제는 주문을 저장하기 위해 OrderController가 Order Repository를 사용할 수 있어야 한다. OrderRepository를 구현하는 클래스를 작성하자.

SimpleJdbcInsert를 사용해서 데이터 추가하기

앞에서 얘기했듯이, 타코를 저장할 때는 해당 타코의 이름과 생성 시간을 Taco 테이블에 저장하는 것은 물론이고, 해당 타코의 id 및 이것과 연관된 식자재들의 id도 Taco_Ingredients 테이블에 저장하도록 한다. 그리고 이때 KeyHolder와 PreparedStatementCreator를 사용해서 Taco 객체의 id를 얻는다.

주문을 저장할 때도 타코의 경우와 유사하다. 주문 데이터를 Taco_Order 테이블에 저장하는 것은 물론이고, 해당 주문의 각 타코에 대한 id도 Taco_Order_Tacos 테이블에 저장해야 한다. 그러나 이 경우는 복잡한 PreparedStatementCreator 대신 SimpleJdbcInsert를 사용하는 방법을 보여줄 것이다. SimpleJdbcInsert는 데이터를 더 쉽게 테이블에 추가하기 위해 JdbcTemplate을 래핑한 객체다.

우선, OrderRepository를 구현하는 JdbcOrderRepository의 생성부터 시작하자. 단, save() 메서드의 구현 코드를 작성하기 전에 생성자부터 자세히 알아본다. JdbcOrder Repository 생성자에서는 Taco_Order와 Taco_Order_Tacos 테이블에 데이터를 추가하기 위해 두 개의 SimpleJdbcInsert 인스턴스를 생성한다. 리스트 3.13에서는 save() 메서드를 구현하지 않은 JdbcOrderRepository 클래스를 보여준다(src/main/java 아래의 tacos.data에 JdbcOrder

Repository 클래스를 생성하고 리스트 3.13의 진한 글씨로 된 코드를 추가하자).

리스트 3.13 **SimpleJdbcInsert 생성하기**

```
package tacos.data;

import java.util.Date;
import java.util.HashMap;
import java.util.List;
import java.util.Map;

import org.springframework.beans.factory.annotation.Autowired;
import org.springframework.jdbc.core.JdbcTemplate;
import org.springframework.jdbc.core.simple.SimpleJdbcInsert;
import org.springframework.stereotype.Repository;

import com.fasterxml.jackson.databind.ObjectMapper;

import tacos.Taco;
import tacos.Order;

@Repository
public class JdbcOrderRepository implements OrderRepository {
  private SimpleJdbcInsert orderInserter;
  private SimpleJdbcInsert orderTacoInserter;
  private ObjectMapper objectMapper;

  @Autowired
  public JdbcOrderRepository(JdbcTemplate jdbc) {
    this.orderInserter = new SimpleJdbcInsert(jdbc)
        .withTableName("Taco_Order")
        .usingGeneratedKeyColumns("id");

    this.orderTacoInserter = new SimpleJdbcInsert(jdbc)
        .withTableName("Taco_Order_Tacos");

    this.objectMapper = new ObjectMapper();
  }
}
```

JdbcTacoRepository처럼 JdbcOrderRepository에서도 생성자를 통해 JdbcTemplate이 주입된다. 그러나 인스턴스 변수에 JdbcTemplate을 직접 지정하는 대신, JdbcOrderRepository 생성자에서는 JdbcTemplate을 사용해서 두 개의 SimpleJdbcInsert 인스턴스를 생성한다.

orderInserter 인스턴스 변수에 지정되는 첫 번째 SimpleJdbcInsert 인스턴스는 Taco_Order 테이블에 주문 데이터를 추가하기 위해 구성되며, 이때 Order 객체의 id 속성 값은 데이터베이스가 생성해 주는 것을 사용한다. orderTacoInserter 인스턴스 변수에 지정되는 두 번째 SimpleJdbcInsert 인스턴스는 Taco_Order_Tacos 테이블에 해당 주문 id 및 이것과 연관된 타코들의 id를 추가하기 위해 구성된다. 그러나 어떤 id 값들을 Taco_Order_Tacos 테이블의 데이터에 생성할 것인지는 지정하지 않는다(데이터베이스에서 생성해 주는 것을 사용하지 않고 이미 생성된 주문 id 및 이것과 연관된 타코들의 id를 우리가 지정하기 때문이다).

JdbcOrderRepository 생성자에서는 또한 Jackson ObjectMapper 인스턴스를 생성하고 인스턴스 변수에 지정한다. 잭슨은 원래 JSON을 처리하기 위한 것이지만, 주문 및 이것과 연관된 타코들을 저장할 때 어떻게 용도를 변경해서 사용하는지 잠시 후에 알게 될 것이다.

이제는 save() 메서드에서 SimpleJdbcInsert 인스턴스를 사용하는 방법을 알아보자. JdbcOrderRepository 클래스의 제일 끝에 리스트 3.14의 코드를 추가하자.

리스트 3.14 SimpleJdbcInsert를 사용해서 데이터 추가하기

```
package tacos.data;

import java.util.Date;
...
  ...
  @Override
  public Order save(Order order) {
    order.setPlacedAt(new Date());
    long orderId = saveOrderDetails(order);
    order.setId(orderId);
    List<Taco> tacos = order.getTacos();

    for (Taco taco : tacos) {
      saveTacoToOrder(taco, orderId);
    }

    return order;
  }

  private long saveOrderDetails(Order order) {
    @SuppressWarnings("unchecked")
    Map<String, Object> values =
        objectMapper.convertValue(order, Map.class);
    values.put("placedAt", order.getPlacedAt());

    long orderId =
        orderInserter
            .executeAndReturnKey(values)
            .longValue();
    return orderId;
  }

  private void saveTacoToOrder(Taco taco, long orderId) {
    Map<String, Object> values = new HashMap<>();
```

```
    values.put("tacoOrder", orderId);
    values.put("taco", taco.getId());
    orderTacoInserter.execute(values);
  }
```

save() 메서드는 실제로 저장하는 일은 하지 않으며, Order 및 이것과 연관된 Taco 객체들을 저장하는 처리를 총괄한다. 그리고 실제로 저장하는 일은 saveOrderDetails()와 saveTacoToOrder() 메서드에 위임한다.

SimpleJdbcInsert는 데이터를 추가하는 두 개의 유용한 메서드인 execute()와 executeAndReturnKey()를 갖고 있다. 두 메서드는 모두 Map<String, Object>를 인자로 받는다. 이 Map의 키는 데이터가 추가되는 테이블의 열column 이름과 대응되며, Map의 값은 해당 열에 추가되는 값이다.

Order 객체의 속성 값들을 Map의 항목으로 복사하면 되므로 이런 Map의 생성은 쉽다. 그러나 Order 객체는 여러 개의 속성을 가지며, 속성 모두가 테이블의 열과 같은 이름을 갖는다. 따라서 saveOrderDetails() 메서드에서는 잭슨Jackson ObjectMapper와 이것의 convertValue() 메서드를 사용해서 Order를 Map으로 변환한 것이다.[8] Map이 생성되면 키가 placedAt인 항목의 값을 Order 객체의 placedAt 속성 값으로 변경한다. 왜냐하면 ObjectMapper는 Date 타입의 값을 long 타입의 값으로 변환하므로, Taco_Order 테이블의 placedAt 열과 타입이 호환되지 않기 때문이다.

해당 주문 데이터의 모든 속성 값을 갖는 Map이 준비되었으므로 이제는 orderInserter의 executeAndReturnKey() 메서드를 호출할 수 있다. 그리고 이 메서드를 호출하면 해당 주문 데이터가 Taco_Order 테이블에 저장된 후 데이터베이스에서 생성된 ID가 Number 객체로 반환된다. 따라서 연속으로 longValue()를 호출하여 saveOrderDetails() 메서드에서 반환하는 long 타입으로 변환할 수 있다.

saveTacoToOrder() 메서드는 훨씬 더 간단하다. 객체를 Map으로 변환하기 위해 ObjectMapper를 사용하는 대신, 우리가 Map을 생성하고 각 항목에 적합한 값을 설정한다. 다시 말하지만, 여기서 Map의 키는 테이블의 열 이름과 같다. 따라서 간단하게 orderTacoInserter의 execute() 메서드를 호출하여 데이터를 저장할 수 있다.

8 이것은 특이한 방법으로 ObjectMapper를 사용하는 것임을 인정한다. 원래 잭슨은 자바용 JSON 라이브러리다. 그러나 잭슨은 스프링 부트의 웹 스타터가 시작시키며, 객체의 각 속성을 일일이 Map으로 생성하는 것보다 ObjectMapper를 사용하는 것이 훨씬 쉽다. 그러므로 객체를 Map으로 생성할 때 각자 선호하는 코드가 있다면 해당 코드로 교체해도 된다.

이제는 OrderRepository를 OrderController에 주입하고 사용할 수 있다. 리스트 3.15는 주입되는 OrderRepository의 사용을 포함하는 OrderController의 전체 코드를 보여준다(src/main/java의 tacos.web 패키지 아래에 있는 OrderController.java를 열고 진한 글씨 코드를 추가한다).

리스트 3.15 OrderController에서 OrderRepository 사용하기

```
package tacos.web;

import javax.validation.Valid;

import org.springframework.stereotype.Controller;
import org.springframework.validation.Errors;
import org.springframework.web.bind.annotation.GetMapping;
import org.springframework.web.bind.annotation.PostMapping;
import org.springframework.web.bind.annotation.RequestMapping;
import org.springframework.web.bind.annotation.SessionAttributes;
import org.springframework.web.bind.support.SessionStatus;

import lombok.extern.slf4j.Slf4j;
import tacos.Order;
import tacos.data.OrderRepository;
...
@Slf4j
@Controller
@RequestMapping("/orders")
@SessionAttributes("order")
public class OrderController {

  private OrderRepository orderRepo;

  public OrderController(OrderRepository orderRepo) {
    this.orderRepo = orderRepo;
  }

  @GetMapping("/current")
  public String orderForm(Model model) {
    model.addAttribute("order", new Order());
    return "orderForm";
  }

  @PostMapping
  public String processOrder(@Valid Order order,
      Errors errors, SessionStatus sessionStatus) {
    if (errors.hasErrors()) {
      return "orderForm";
    }

    log.info("Order submitted: " + order);
```

```
        orderRepo.save(order);
        sessionStatus.setComplete();

        return "redirect:/";
    }
}
```

생성자에서 OrderRepository를 컨트롤러에 주입하는 것 외에, OrderController에서 변경된 것 중 가장 중요한 것은 processOrder() 메서드다. 이 메서드에서는 주입된 OrderRepository의 save() 메서드를 통해 폼에서 제출된 Order 객체를 저장한다(따라서 Order 객체도 세션에 보존되어야 한다).

주문 객체가 데이터베이스에 저장된 후에는 더 이상 세션에 보존할 필요가 없다. 그러나 만일 제거하지 않으면 이전 주문 및 이것과 연관된 타코가 세션에 남아 있게 되어 다음 주문은 이전 주문에 포함되었던 타코 객체들을 가지고 시작하게 될 것이다.

따라서 processOrder() 메서드에서는 SessionStatus를 인자로 전달받아 이것의 setComplete() 메서드를 호출하여 세션을 재설정한다.

이제는 모든 JDBC 퍼시스턴스 코드가 완성되었다. 그러나 사용자가 생성한 타코의 내역을 주문 폼(orderForm.html)에 보여준다면 더 좋을 것이다. 사용자는 자신이 원하는 식자재를 포함하는 여러 종류의 타코를 생성할 수 있기 때문이다.

패키지 탐색기 창의 src/main/resources/templates에 있는 orderForm.html을 열고 다음의 진한 글씨 코드를 추가하자.

```
...
<form method="POST" th:action="@{/orders}" th:object="${order}">
  <h1>Order your taco creations!</h1>

  <img th:src="@{/images/TacoCloud.png}"/>
  <a th:href="@{/design}" id="another">Design another taco</a><br/>

  <ul>
    <li th:each="taco : ${order.tacos}">
    <span th:text="${taco.name}">taco name</span></li>
  </ul>
  ...
```

여기서는 주문된 타코들이 저장된 컬렉션(List)의 각 타코에 대해 하나씩 <li> 리스트 요소를 반복해서 나타내기 위해 th:each 속성을 사용한다. 각 반복에서는 타코 요소가 taco라는 이름의 Thymeleaf 변수와 바인딩된다. 그리고 타코 디자인 폼에서 사용자가 입력했던 각 타코의 이름을 보여준다.

마지막으로, 데이터의 타입을 변환해 주는 컨버터converter 클래스를 작성하자. 이 클래스는 스프링의 Converter 인터페이스에 정의된 convert() 메서드를 구현한다. 따라서 우리가 Converter에 지정한 타입 변환이 필요할 때 convert() 메서드가 자동 호출된다. 우리 애플리케이션에서는 String 타입의 식자재 ID를 사용해서 데이터베이스에 저장된 특정 식자재 데이터를 읽은 후 Ingredient 객체로 변환하기 위해 컨버터가 사용된다(그리고 이 컨버터로 변환된 Ingredient 객체는 다른 곳에서 List에 저장된다)(탐색기 창에서 src/main/java 아래의 **tacos.web 패키지**에서 오른쪽 마우스 버튼을 누른 후 **New ⇨ Class**를 선택한다. 그리고 대화상자의 Name 필드에 **IngredientByIdConverter**를 입력하고 **Finish** 버튼을 클릭하면 클래스가 생성되고 편집기 창이 열리므로 리스트 3.16의 진한 글씨로 된 코드를 추가하면 된다).

리스트 3.16 데이터베이스의 식자재 데이터를 Ingredient 객체로 변환하기

```
package tacos.web;

import org.springframework.beans.factory.annotation.Autowired;
import org.springframework.core.convert.converter.Converter;
import org.springframework.stereotype.Component;

import tacos.Ingredient;
import tacos.data.IngredientRepository;

@Component
public class IngredientByIdConverter
        implements Converter<String, Ingredient> {
  private IngredientRepository ingredientRepo;

  @Autowired
  public IngredientByIdConverter(IngredientRepository ingredientRepo) {
    this.ingredientRepo = ingredientRepo;
  }

  @Override
  public Ingredient convert(String id) {
    return ingredientRepo.findById(id);
  }
}
```

IngredientByIdConverter 클래스에는 @Component 애노테이션을 지정했으므로 이 클래스는 스프링에 의해 자동 생성 및 주입되는 빈으로 생성된다. 그리고 생성자에 @Autowired 애노테이션을 지정했으므로 IngredientRepository 인터페이스를 구현한 빈(JdbcIngredient

Repository) 인스턴스가 생성자의 인자로 주입된다. Converter<String, Ingredient>에서 String은 변환할 값의 타입이고, Ingredient는 변환된 값의 타입을 나타낸다. convert() 메서드에서는 IngredientRepository 인터페이스를 구현한 Jdbc Ingredient Repository 클래스(리스트 3.5 참고) 인스턴스의 findById() 메서드를 호출한다. 이 메서드에서는 변환할 String 값을 id로 갖는 식자재 데이터를 데이터베이스에서 찾는다. 그리고 JdbcIngredientRepository의 private 메서드인 mapRowToIngredient() 메서드를 호출하여 결과 세트의 행 데이터를 속성 값으로 갖는 Ingredient 객체를 생성하고 반환한다.

이제는 타코 클라우드 애플리케이션을 시작시키고 http://localhost:8080/design에 접속하여 우리가 노력한 결과를 확인할 수 있다. 각자 원하는 대로 얼마든지 많은 타코와 주문을 생성해 보자(브라우저의 타코 디자인 페이지가 나타나면 **원하는 식자재**를 선택하고 **타코의 이름**을 다섯 글자 이상으로 입력한다. 그리고 **Submit your taco** 버튼을 클릭하면 주문 폼이 나타난다. 이때 방금 생성한 타코 이름이 위쪽에 나타날 것이다. 만일 여러 개의 타코를 같이 주문할 때는 브라우저에서 이전 페이지로 이동하여 또 다른 타코를 생성한 후 **Submit your taco** 버튼을 누르면 된다).

이와 더불어 데이터베이스도 직접 살펴볼 수 있다. 여기서는 내장 데이터베이스로 H2를 사용하고 스프링 부트 DevTools도 이미 포함되어 있으므로, 웹 브라우저에서 http://localhost:8080/h2-console에 접속하여 H2 콘솔을 볼 수 있다. 처음에는 Login 대화상자가 나타난다. JDBC URL 필드에 **jdbc:h2:mem:testdb**를 입력하고 사용자명에 **sa**를 입력한 후, **연결**을 클릭한다(제일 위의 **드롭다운**을 클릭하고 **한국어**를 선택하면 그림 3.2처럼 나타난다).

그림 3.2 **H2 데이터베이스 로그인 대화상자**

로그인이 되면 그림 3.3의 페이지가 나타나며, 타코 클라우드의 테이블에 대해 어떤 쿼리도 수행할 수 있다.

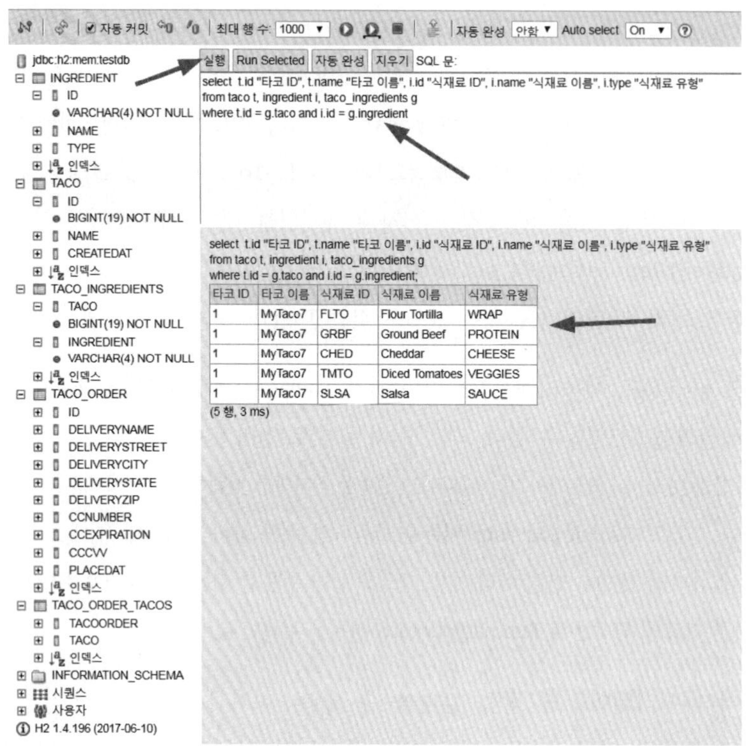

그림 3.3 **H2 콘솔**

왼쪽 패널에는 타코 클라우드의 테이블들이 나타나며, 각 항목을 확장하면 해당 테이블의 열column 데이터 타입까지도 볼 수 있다. 그리고 오른쪽 위에서 우리가 원하는 SQL 명령을 입력한 후 **실행** 버튼을 클릭하면 입력된 SQL 명령이 즉시 실행된다. 실행된 결과는 오른쪽 아래에 자세히 나타난다.

여기서는 현재 데이터베이스에 저장된 모든 타코 및 이것과 연관된 식자재의 내역을 다음과 같이 쿼리하였다(SQL 명령 제일 끝에 세미콜론(;)을 붙이지 않아도 된다).

```
select t.id "타코 ID", t.name "타코 이름", i.id "식자재 ID",
       i.name "식자재 이름", i.type "식자재 유형"
  from taco t, ingredient i, taco_ingredients g
  where t.id = g.taco and i.id = g.ingredient
```

`SimpleJdbcInsert`와 더불어 스프링의 `JdbcTemplate`은 일반적인 JDBC보다 훨씬 더 쉽게 관계형 데이터베이스를 사용하도록 해준다. 그러나 스프링 데이터 JPAJava Persistence API는 더욱 쉽게 해준다는 것을 곧 알게 될 것이다. 지금부터는 스프링 데이터 JPA를 사용해서 데이터 퍼시스턴스를 더 쉽게 처리하는 방법을 알아본다.

3.2 스프링 데이터 JPA를 사용해서 데이터 저장하고 사용하기

스프링 데이터 프로젝트는 여러 개의 하위 프로젝트로 구성되는 다소 규모가 큰 프로젝트다. 그리고 대부분의 하위 프로젝트는 다양한 데이터베이스 유형을 사용한 데이터 퍼시스턴스에 초점을 둔다. 가장 많이 알려진 스프링 데이터 프로젝트들은 다음과 같다.

- **스프링 데이터 JPA**: 관계형 데이터베이스의 JPA 퍼시스턴스
- **스프링 데이터 MongoDB**: 몽고 문서형 데이터베이스의 퍼시스턴스
- **스프링 데이터 Neo4**: Neo4j 그래프 데이터베이스의 퍼시스턴스
- **스프링 데이터 레디스**Redis: 레디스 키-값 스토어의 퍼시스턴스
- **스프링 데이터 카산드라**Cassandra: 카산드라 데이터베이스의 퍼시스턴스

스프링 데이터에서는 리퍼지터리 인터페이스를 기반으로 이 인터페이스를 구현하는 리퍼지터리를 자동 생성해 준다.

스프링 데이터가 작동하는 방법을 알기 위해 이번 장 앞에서 작성한 JDBC 기반의 리퍼지터리를 스프링 데이터 JPA로 교체하는 것부터 시작할 것이다. 그러나 우선, 스프링 데이터 JPA를 프로젝트 빌드 파일에 추가해야 한다.

3.2.1 스프링 데이터 JPA를 프로젝트에 추가하기

스프링 데이터 JPA는 JPA 스타터를 통해서 스프링 부트 애플리케이션에서 사용할 수 있다. 이 스타터 의존성에는 스프링 데이터 JPA는 물론이고 JPA를 구현한 Hibernate까지도 포함된다(패키지 탐색기 창의 taco-clould 프로젝트 밑에 있는 pom.xml 파일을 편집기 창에서 열고 진한 글씨로 된 코드를 추가하자).

```
...
<dependencies>
  ...
    <dependency>
        <groupId>com.h2database</groupId>
        <artifactId>h2</artifactId>
        <scope>runtime</scope>
    </dependency>

    <dependency>
        <groupId>org.springframework.boot</groupId>
        <artifactId>spring-boot-starter-data-jpa</artifactId>
    </dependency>
</dependencies>
```

만일 다른 JPA 구현 라이브러리를 사용하고 싶다면 Hibernate 의존성을 제외하고 우리가 선택한 JPA 라이브러리를 포함해야 한다. 예를 들어, Hibernate 대신 EclipseLink를 사용한다면 다음과 같이 하면 된다.

```
<dependency>
    <groupId>org.springframework.boot</groupId>
    <artifactId>spring-boot-starter-data-jpa</artifactId>
    <exclusions>
        <exclusion>
            <artifactId>hibernate-entitymanager</artifactId>
            <groupId>org.hibernate</groupId>
        </exclusion>
    </exclusions>
</dependency>

<dependency>
    <groupId>org.eclipse.persistence</groupId>
    <artifactId>eclipselink</artifactId>
    <version>2.5.2</version>
</dependency>
```

우리가 선택한 JPA 구현 라이브러리에 따라 변경할 내용이 달라질 수 있다는 것에 유의하자. 자세한 내용은 각자 선택한 JPA 구현 라이브러리의 문서를 참고한다. 지금부터는 우리 애플리케이션의 도메인 객체를 다시 보면서 JPA 퍼시스턴스에 필요한 애노테이션을 추가할 것이다.

3.2.2 도메인 객체에 애노테이션 추가하기

곧 알게 되겠지만, 스프링 데이터는 리퍼지터리를 생성할 때 놀랄 만한 일을 수행한다. 그러나 JPA 매핑mapping 애노테이션을 우리 도메인 객체에 추가해야 한다. 지금부터는 src/main/java 아래의 tacos 패키지에 있는 Ingredient, Taco, Order 클래스를 열고 해당 애노테이션을 추가할 것이다. 제일 먼저 Ingredient 클래스는 리스트 3.17과 같다.

리스트 3.17 Ingredient 클래스에 JPA 퍼시스턴스 애노테이션 추가하기

```
package tacos;

import javax.persistence.Entity;
import javax.persistence.Id;

import lombok.AccessLevel;
import lombok.NoArgsConstructor;
import lombok.Data;
```

```java
import lombok.RequiredArgsConstructor;

@Data
@RequiredArgsConstructor
@NoArgsConstructor(access=AccessLevel.PRIVATE, force=true)
@Entity
public class Ingredient {

  @Id
  private final String id;
  private final String name;
  private final Type type;

  public static enum Type {
    WRAP, PROTEIN, VEGGIES, CHEESE, SAUCE
  }
}
```

Ingredient를 JPA 개체entity로 선언하려면 반드시 @Entity 애노테이션을 추가해야 한다. 그리고 이것의 id 속성에는 반드시 @Id를 지정하여 이 속성이 데이터베이스의 개체를 고유하게 식별한다는 것을 나타내야 한다.

JPA 애노테이션과 더불어 Ingredient에는 클래스 수준의 @NoArgsConstructor 애노테이션도 추가되었음을 알 수 있다. JPA에서는 개체가 인자 없는noarguments 생성자를 가져야 한다. 따라서 Lombok의 @NoArgsConstructor를 지정한 것이다. 하지만 여기서는 인자 없는 생성자의 사용을 원치 않으므로 access 속성을 AccessLevel.PRIVATE으로 설정하여 클래스 외부에서 사용하지 못하게 했다. 그리고 Ingredient에는 초기화가 필요한 final 속성들이 있으므로 force 속성을 true로 설정하였다. 이에 따라 Lombok이 자동 생성한 생성자에서 그 속성들을 null로 설정한다.

@Data는 인자가 있는 생성자를 자동으로 추가한다. 그러나 @NoArgsConstructor가 지정되면 그런 생성자는 제거된다. 하지만 여기처럼 @RequiredArgsConstructor를 추가하면 private의 인자 없는 생성자와 더불어 인자가 있는 생성자를 여전히 가질 수 있다. 다음의 Taco 클래스를 JPA 개체로 나타내는 애노테이션을 리스트 3.18처럼 추가해 보자.

리스트 3.18 **Taco에 JPA 개체 애노테이션 지정하기**

```java
package tacos;

import java.util.Date;
import java.util.List;
```

```
import javax.persistence.Entity;
import javax.persistence.GeneratedValue;
import javax.persistence.GenerationType;
import javax.persistence.Id;
import javax.persistence.ManyToMany;
import javax.persistence.PrePersist;

import javax.validation.constraints.NotNull;
import javax.validation.constraints.Size;

import lombok.Data;

@Data
@Entity
public class Taco {

  @Id
  @GeneratedValue(strategy=GenerationType.AUTO)
  private Long id;

  private Date createdAt;

  @NotNull
  @Size(min=5, message="Name must be at least 5 characters long")
  private String name;

  @ManyToMany(targetEntity=Ingredient.class)
  @Size(min=1, message="You must choose at least 1 ingredient")
  private List<Ingredient> ingredients;

  @PrePersist
  void createdAt() {
    this.createdAt = new Date();
  }
}
```

Ingredient와 동일하게 Taco 클래스에도 @Entity가 지정되었으며, id 속성에는 @Id가 지정되었다. id 속성에는 데이터베이스가 자동으로 생성해 주는 ID 값이 사용된다. 따라서 strategy 속성의 값이 GenerationType.AUTO로 설정된 @GeneratedValue 애노테이션이 지정되었다.

Taco 및 이것과 연관된 Ingredient들 간의 관계를 선언하기 위해 ingredients 속성에는 @ManyToMany 애노테이션이 지정되었다. 하나의 Taco 객체는 많은 Ingredient 객체를 가질 수 있는데, 하나의 Ingredient는 여러 Taco 객체에 포함될 수 있기 때문이다.

또한, @PrePersist 애노테이션이 지정되어 있는 새로운 메서드인 createdAt()이 있다. 이 메서드는 Taco 객체가 저장되기 전에 createdAt 속성을 현재 일자와 시간으로 설정하는 데 사용될 것이다. 마지막으로, `Order` 클래스를 JPA 개체로 나타내는 애노테이션을 추가하자.

리스트 3.19 Order에 JPA 개체 애노테이션 지정하기

```
package tacos;

import java.io.Serializable;
import java.util.ArrayList;
import java.util.Date;
import java.util.List;

import javax.persistence.Entity;
import javax.persistence.GeneratedValue;
import javax.persistence.GenerationType;
import javax.persistence.Id;
import javax.persistence.ManyToMany;
import javax.persistence.PrePersist;
import javax.persistence.Table;
import javax.validation.constraints.Digits;
import javax.validation.constraints.Pattern;
import org.hibernate.validator.constraints.CreditCardNumber;
import javax.validation.constraints.NotBlank;
import lombok.Data;

@Data
@Entity
@Table(name="Taco_Order")
public class Order implements Serializable {

  private static final long serialVersionUID = 1L;
  @Id
  @GeneratedValue(strategy=GenerationType.AUTO)
  private Long id;

  private Date placedAt;

  ...

  @ManyToMany(targetEntity=Taco.class)
  private List<Taco> tacos = new ArrayList<>();

  public void addDesign(Taco design) {
    this.tacos.add(design);
  }

  @PrePersist
  void placedAt() {
    this.placedAt = new Date();
  }

}
```

리스트 3.19 코드를 보면 알 수 있듯이, Order 클래스의 변경 사항은 Taco와 거의 같다. 그러나 클래스 수준의 새로운 애노테이션인 @Table이 있다. 이것은 Order 개체가 데이터베이스의 Taco_Order 테이블에 저장되어야 한다는 것을 나타낸다.

@Table 애노테이션은 어떤 개체entity에도 사용될 수 있지만, Order의 경우는 반드시 필요하다. 만일 이 애노테이션을 지정하지 않으면 JPA가 Order라는 이름의 테이블로 Order 개체를 저장할 것이다. 그러나 Order는 SQL의 예약어이므로 문제가 생기기 때문에 @Table 애노테이션이 필요하다. 도메인 객체의 JPA 애노테이션 추가가 제대로 되었으므로 이제는 리퍼지터리를 작성할 것이다.

3.2.3 JPA 리퍼지터리 선언하기

JDBC 버전의 리퍼지터리에서는 리퍼지터리가 제공하는 메서드를 우리가 명시적으로 선언하였다. 그러나 스프링 데이터에서는 그 대신 CrudRepository 인터페이스를 확장extends할 수 있다. 예를 들어, 다음 코드에서는 새로운 인터페이스인 IngredientRepository를 보여준다(src/main/java 아래의 tacos.data 패키지에 있는 IngredientRepository.java를 열고 변경하자).

```
package tacos.data;

import org.springframework.data.repository.CrudRepository;

import tacos.Ingredient;

public interface IngredientRepository
        extends CrudRepository<Ingredient, String> {

  Iterable<Ingredient> findAll();
  Ingredient findById(String id);
  Ingredient save(Ingredient ingredient);
}
```

CrudRepository 인터페이스에는 데이터베이스의 CRUD(Create(생성), Read(읽기), Update(변경), Delete(삭제)) 연산을 위한 많은 메서드가 선언되어 있다. CrudRepository는 매개변수화 타입이다. 첫 번째 매개변수는 리퍼지터리에 저장되는 개체 타입이며, 두 번째 매개변수는 개체 ID 속성의 타입이다. IngredientRepository의 경우는 매개변수 타입이 Ingredient와 String이어야 한다.

이와 유사하게 TacoRepository 인터페이스도 다음과 같이 정의할 수 있다(src/main/java 아래의 tacos.data 패키지에 있는 TacoRepository.java를 열고 변경하자).

```
package tacos.data;

import org.springframework.data.repository.CrudRepository;

import tacos.Taco;

public interface TacoRepository
        extends CrudRepository<Taco, Long> {
  Taco save(Taco design);
}
```

IngredientRepository와 TacoRepository 간의 중요한 차이점은 CrudRepository의 매개변수다. TacoRepository 인터페이스에서는 저장 단위로 Taco 개체(그리고 이것의 ID 타입)를 지정하기 위해 매개변수 타입을 Taco와 Long으로 지정한 것이 다르다. 마지막으로, OrderRepository 인터페이스도 다음과 같이 동일하게 변경할 수 있다(src/main/java 아래의 tacos.data 패키지에 있는 OrderRepository.java를 열고 변경하자).

```
package tacos.data;

import org.springframework.data.repository.CrudRepository;

import tacos.Order;

public interface OrderRepository
        extends CrudRepository<Order, Long> {
  Order save(Order order);
}
```

CrudRepository 인터페이스를 확장한 3개의 인터페이스를 선언했으므로, CrudRepository 인터페이스에 정의된 많은 메서드의 구현을 포함해서 3개의 인터페이스를 구현하는 클래스를 작성해야 한다고 생각할 수 있다. 그러나 그럴 필요가 없다. 바로 이것이 스프링 데이터 JPA의 장점이다! 애플리케이션이 시작될 때 스프링 데이터 JPA가 각 인터페이스 구현체(클래스 등)를 자동으로 생성해 주기 때문이다. 이것은 리퍼지터리들이 애당초 사용할 준비가 되어 있다는 것을 의미한다. JDBC 기반의 구현에서 했던 것처럼 그것들을 컨트롤러에 주입만 하면 된다.

이제는 스프링 데이터 JPA를 사용하도록 3개의 도메인 클래스와 3개의 리퍼지터리 인터페이스를 변경하였다. 그러나 우리 애플리케이션이 실행되려면 이 장 앞에서 작성했던 JDBC 기반의 리퍼지터리 클래스인 JdbcIngredientRepository, JdbcTacoRepository,

JdbcOrderRepository를 삭제해야 한다. src/main/java 아래의 tacos.data 패키지에 있는 JdbcIngredientRepository.java, JdbcTacoRepository.java, JdbcOrderRepository.java를 삭제하자. 패키지 탐색기의 각 파일에서 오른쪽 마우스 버튼을 누른 후 **Delete**를 선택한다. 또한, src/main/resources 아래에 있는 data.sql과 schema.sql 파일도 삭제하자(만일 향후에 JDBC 기반 코드를 참고할 필요가 있다면 이 책의 다운로드 파일에서 Ch03_JDBC에 있는 taco-clould 프로젝트를 열고 보면 된다).

다음으로 부트스트랩 클래스를 변경하자. src/main/java 아래의 tacos 패키지에 있는 TacoCloudApplication.java를 열고 리스트 3.20과 같이 변경한다.

리스트 3.20 **부트스트랩 클래스 변경하기**

```
package tacos;

import org.springframework.boot.SpringApplication;
import org.springframework.boot.autoconfigure.SpringBootApplication;

import org.springframework.boot.CommandLineRunner;
import org.springframework.context.annotation.Bean;

import tacos.Ingredient.Type;
import tacos.data.IngredientRepository;

@SpringBootApplication
public class TacoCloudApplication {

  public static void main(String[] args) {
    SpringApplication.run(TacoCloudApplication.class, args);
  }

  @Bean
  public CommandLineRunner dataLoader(IngredientRepository repo) {
    return new CommandLineRunner() {
      @Override
      public void run(String... args) throws Exception {
        repo.save(new Ingredient("FLTO", "Flour Tortilla", Type.WRAP));
        repo.save(new Ingredient("COTO", "Corn Tortilla", Type.WRAP));
        repo.save(new Ingredient("GRBF", "Ground Beef", Type.PROTEIN));
        repo.save(new Ingredient("CARN", "Carnitas", Type.PROTEIN));
        repo.save(new Ingredient("TMTO", "Diced Tomatoes", Type.VEGGIES));
        repo.save(new Ingredient("LETC", "Lettuce", Type.VEGGIES));
        repo.save(new Ingredient("CHED", "Cheddar", Type.CHEESE));
        repo.save(new Ingredient("JACK", "Monterrey Jack", Type.CHEESE));
        repo.save(new Ingredient("SLSA", "Salsa", Type.SAUCE));
        repo.save(new Ingredient("SRCR", "Sour Cream", Type.SAUCE));
      }
    };
```

```
    }
}
```

여기서 부트스트랩 클래스를 변경한 이유는 애플리케이션이 시작되면서 호출되는 dataLoader() 메서드에서 식자재 데이터를 데이터베이스에 미리 저장할 필요가 있기 때문이다(JDBC 기반에서는 애플리케이션이 시작될 때 자동 실행되는 리스트 3.9의 data.sql에서 했다). 만일 이런 요구사항이 없다면 스프링 데이터 JPA를 사용하기 위해 부트스트랩 클래스를 변경할 필요가 없을 것이다.

다음으로 src/main/java 아래의 tacos.web 패키지에 있는 IngredientByIdConverter.java를 열고 리스트 3.21과 같이 변경한다.

리스트 3.21 **컨버터 변경하기**

```
...
import java.util.Optional;
...
@Component
public class IngredientByIdConverter implements Converter<String, Ingredient> {

  ...

  @Override
  public Ingredient convert(String id) {
    return ingredientRepo.findById(id);
    Optional<Ingredient> optionalIngredient = ingredientRepo.findById(id);
    return optionalIngredient.isPresent() ?
                         optionalIngredient.get() : null;
  }
}
```

컨버터를 변경한 것도 우리 애플리케이션에서만 필요해서 그런 것이지 스프링 데이터 JPA를 사용하기 위해 꼭 해야 하는 것은 아니다. 이미 얘기했듯이, String 타입의 식자재 ID를 사용해서 데이터베이스에 저장된 특정 식자재 데이터를 읽은 후 Ingredient 객체로 변환하기 위해 컨버터를 사용한다.

JDBC 기반에서는 IngredientRepository 인터페이스를 구현하는 리퍼지터리 클래스인 JdbcIngredientRepository의 findById() 메서드가 실행되었다. 그러나 스프링 데이터 JPA에서는 자동으로 구현된 findById() 메서드가 실행되고 데이터베이스에서 식자재를 찾지 못했을 때 null이 반환될 수 있으므로 안전한 처리를 위해 리스트 3.21과 같이 변경한 것이다.

이제는 스프링 데이터 JPA를 사용하는 우리의 애플리케이션을 실행할 수 있다. 애플리케이션을 시작시키고 http://localhost:8080/design에 접속하여 JDBC 기반일 때와 동일하게 잘 작동하는지 확인해 보자.

스프링 데이터 JPA의 CrudRepository에서 제공하는 메서드들은 범용적인 데이터 저장에는 훌륭하다. 그러나 기본적인 데이터 저장 이상의 요구사항이 있다면? 지금부터는 우리 도메인에 고유한 쿼리를 수행하기 위해 리퍼지터리를 커스터마이즈하는 방법을 알아본다.

3.2.4 JPA 리퍼지터리 커스터마이징하기

CrudRepository에서 제공하는 기본적인 CRUD 연산에 추가하여, 특정 ZIP(우편번호) 코드로 배달된 모든 주문 데이터도 데이터베이스로부터 가져와야 한다고 하자. 이것은 다음과 같이 OrderRepository에 메서드를 선언하면 쉽게 해결될 수 있다.

```
List<Order> findByDeliveryZip(String deliveryZip);
```

리퍼지터리 구현체를 생성할 때 스프링 데이터는 해당 리퍼지터리 인터페이스에 정의된 메서드를 찾아 메서드 이름을 분석하며, 저장되는 객체(여기서는 Order)의 컨텍스트에서 메서드의 용도가 무엇인지 파악한다. 본질적으로 스프링 데이터는 일종의 DSLDomain Specific Language을 정의하고 있어서 퍼시스턴스에 관한 내용이 리퍼지터리 메서드의 시그니처에 표현된다.

스프링 데이터는 findByDeliveryZip() 메서드가 주문 객체(Order)들을 찾으려고 한다는 것을 안다. 왜냐하면 OrderRepository에서 CrudRepository의 매개변수를 Order로 지정했기 때문이다. 그리고 메서드 이름인 findByDeliveryZip()은 이 메서드가 Order의 deliveryZip 속성(메서드의 인자로 전달된 값을 갖는)과 일치하는 모든 개체를 찾아야 한다는 것을 확실하게 판단하도록 해준다.

findByDeliveryZip() 메서드는 매우 간단하다. 그러나 스프링 데이터는 더 복잡한 메서드 이름도 처리할 수 있다. 리퍼지터리 메서드 이름은 동사, 생략 가능한 처리 대상, By 단어, 그리고 서술어로 구성된다. findByDeliveryZip()의 경우에는 동사가 find이고 서술어가 DeliveryZip이며, 처리 대상은 지정되지 않았지만 묵시적으로 Order가 된다.

더 복잡한 예를 생각해 보자. 지정된 일자 범위 내에서 특정 ZIP 코드로 배달된 모든 주문을 쿼리해야 한다고 가정해 보자. 이 경우는 다음 메서드를 OrderRepository에 추가하면 좋을 것이다.

```
List<Order> readOrdersByDeliveryZipAndPlacedAtBetween(
      String deliveryZip, Date startDate, Date endDate);
```

아래 그림 3.4에서는 해당 리퍼지터리의 구현체를 생성할 때 스프링 데이터가 어떻게 readOrdersByDeliveryZipAndPlacedAtBetween() 메서드를 분석하고 이해하는지를 보여준다. 보면 알 수 있듯이, 이 메서드 이름의 동사는 read다. 또한, 스프링 데이터는 find, read, get이 하나 이상의 개체를 읽는 동의어임을 안다. 만일 일치하는 개체의 수를 의미하는 정수를 반환하는 메서드를 원한다면 count를 동사로 사용할 수도 있다.

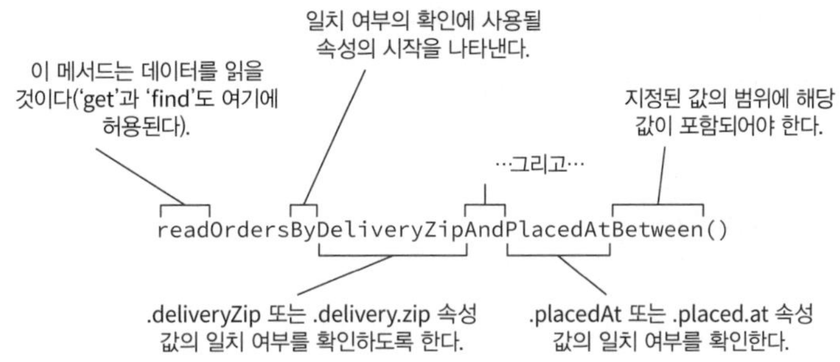

그림 3.4 스프링 데이터는 리퍼지터리 메서드 시그니처를 분석하여 수행되어야 할 쿼리를 결정한다

메서드의 처리 대상이 생략되더라도 여기서는 Orders가 된다. 스프링 데이터는 처리 대상에서 대부분의 단어를 무시한다. 따라서 메서드 이름이 readPuppiesBy...일 경우에도 여전히 Order 개체를 찾는다. Order가 CrudRepository 인터페이스의 매개변수로 지정된 타입이기 때문이다.

서술어는 메서드 이름의 By 단어 다음에 나오며, 메서드 시그니처에서 가장 복잡한 부분이다. 그림 3.4의 경우에는 서술어에서 두 개의 Order 속성인 deliveryZip과 placedAt을 나타낸다. deliveryZip 속성은 메서드의 첫 번째 인자로 전달된 값과 반드시 같아야 한다. 그리고 deliveryZip의 값이 메서드의 마지막 두 개 인자로 전달된 값 사이에 포함되는 것이어야 함을 나타내는 것이 Between 키워드다.

묵시적으로 수행되는 Equals와 Between 연산에 추가하여 스프링 데이터 메서드 시그니처에는 다음 연산자 중 어느 것도 포함될 수 있다.

- IsAfter, After, IsGreaterThan, GreaterThan
- IsGreaterThanEqual, GreaterThanEqual
- IsBefore, Before, IsLessThan, LessThan

- IsLessThanEqual, LessThanEqual
- IsBetween, Between
- IsNull, Null
- IsNotNull, NotNull
- IsIn, In
- IsNotIn, NotIn
- IsStartingWith, StartingWith, StartsWith
- IsEndingWith, EndingWith, EndsWith
- IsContaining, Containing, Contains
- IsLike, Like
- IsNotLike, NotLike
- IsTrue, True
- IsFalse, False
- Is, Equals
- IsNot, Not
- IgnoringCase, IgnoresCase

모든 String 비교에서 대소문자를 무시하기 위해 IgnoringCase와 IgnoresCase 대신 AllIgnoringCase 또는 AllIgnoresCase를 메서드 이름으로 사용할 수 있다. 예를 들면, 다음과 같다.

```
List<Order> findByDeliveryToAndDeliveryCityAllIgnoresCase(
        String deliveryTo, String deliveryCity);
```

마지막으로, 지정된 열의 값을 기준으로 결과를 정렬하기 위해 메서드 이름의 끝에 OrderBy를 추가할 수도 있다. deliveryTo 속성 값을 기준으로 정렬하는 예를 들면 다음과 같다.

```
List<Order> findByDeliveryCityOrderByDeliveryTo(String city);
```

지금까지 얘기한 이름 규칙은 비교적 간단한 쿼리에서는 유용할 수 있다. 그러나 더 복잡한 쿼리의 경우는 메서드 이름만으로는 감당하기 어렵다. 따라서 이때는 어떤 이름이든 우리가 원하는 것을 지정한 후 해당 메서드가 호출될 때 수행되는 쿼리에 @Query 애노테이션을 지정하자. 예를 들면, 다음과 같다.

```
@Query("Order o where o.deliveryCity='Seattle'")
List<Order> readOrdersDeliveredInSeattle();
```

이렇게 @Query를 사용하면 시애틀Seattle에 배달된 모든 주문을 요청하게 된다. 그러나 우리가 생각하는 어떤 쿼리를 수행할 때도 @Query를 사용할 수 있다. 심지어는 이름 규칙을 준수하여 쿼리를 수행하는 것이 어렵거나 불가능할 때에도 @Query를 사용할 수 있다.

요약

- 스프링의 JdbcTemplate은 JDBC 작업을 굉장히 쉽게 해준다.
- 데이터베이스가 생성해 주는 ID의 값을 알아야 할 때는 PreparedStatementCreator와 KeyHolder를 함께 사용할 수 있다.
- 데이터 추가를 쉽게 실행할 때는 SimpleJdbcInsert를 사용하자.
- 스프링 데이터 JPA는 리퍼지터리 인터페이스를 작성하듯이 JPA 퍼시스턴스를 쉽게 해준다.

CHAPTER

4

스프링 시큐리티

이 장에서 배우는 내용

- 스프링 시큐리티(Spring Security) 자동-구성하기
- 커스텀 사용자 스토리지 정의하기
- 커스텀 로그인 페이지 만들기
- CSRF 공격으로부터 방어하기
- 사용자 파악하기

텔레비전에 방영되는 시트콤에서는 대부분의 사람들이 문을 잠그지 않는다는 사실을 알고 있는가? 〈비버는 해결사Leave it to Beaver〉란 TV 드라마가 방영되던 시절에는 사람들이 문을 잠그지 않은 채로 있는 것이 그리 이상하지 않았다. 그러나 사생활과 방범에 관심이 많은 오늘날은 그것이 어리석어 보인다. 드라마 속의 등장인물들이 아무런 제약 없이 자신들의 아파트나 집에 접근할 수 있기 때문이다.

아마도 정보는 우리가 갖는 가장 중요한 귀중품일 것이다. 해커들은 안전하지 않은 애플리케이션에 침입하여 우리 데이터와 신원 정보를 훔쳐 가는 방법을 찾는다. 소프트웨어 개발자로써 우리는 애플리케이션에 있는 정보를 보호하는 조치를 해야 한다. 사용자 id와 비밀번호의 조합으로 보호되는 이메일 계정이나 거래용 개인식별번호(PIN)로 보호되는 증권 계좌의 어떤 것이든 보안은 대부분의 애플리케이션에서 중요하다.

4.1 스프링 시큐리티 활성화하기

스프링 애플리케이션의 보안에서 맨 먼저 할 일은 스프링 부트 보안 스타터 의존성을 빌드 명세에 추가하는 것이다. 3장까지 작성이 끝난 taco-clould 프로젝트의 pom.xml 파일을 편집기 창에서 열고 다음의 〈dependency〉 항목을 추가하자. 여기서 추가하는 첫 번째 〈dependency〉 항목은 스프링 부트 보안 스타터 의존성이고, 두 번째는 보안 테스트 의존성이다(이번 장에서는 3장의 스프링 데이터 JPA까지 작성된 taco-cloud 프로젝트를 계속 사용할 것이다. 이 프로젝트는 다운로드한 코드의 Ch03-JPA 서브 디렉터리에 있다. 또한, 이번 장이 끝났을 때 완성된 taco-cloud 프로젝트는 Ch04에 있다).

```
...
<dependencies>
    ...
    <dependency>
        <groupId>org.springframework.boot</groupId>
        <artifactId>spring-boot-starter-data-jpa</artifactId>
    </dependency>

    <dependency>
        <groupId>org.springframework.boot</groupId>
        <artifactId>spring-boot-starter-security</artifactId>
    </dependency>

    <dependency>
        <groupId>org.springframework.security</groupId>
        <artifactId>spring-security-test</artifactId>
        <scope>test</scope>
    </dependency>

</dependencies>
```

방금 스프링 부트 보안 스타터 의존성과 보안 테스트 의존성을 우리가 직접 pom.xml 파일에 추가하였다. 그러나 STSSpring Tool Suite를 사용 중이라면 더 편리하게 추가할 수 있다. 패키지 탐색기의 **pom.xml** 파일에서 오른쪽 마우스 버튼을 클릭한 후 **Spring ⇨ Edit Starters**를 선택한다. 그러면 스타터 의존성 대화상자가 나타난다. 이때 그림 4.1과 같이 Security 항목을 확장하고 그 아래의 **Spring Security**를 선택한 후 **OK** 버튼을 클릭하면 STS가 두 가지 의존성을 pom.xml 파일에 추가해 준다.

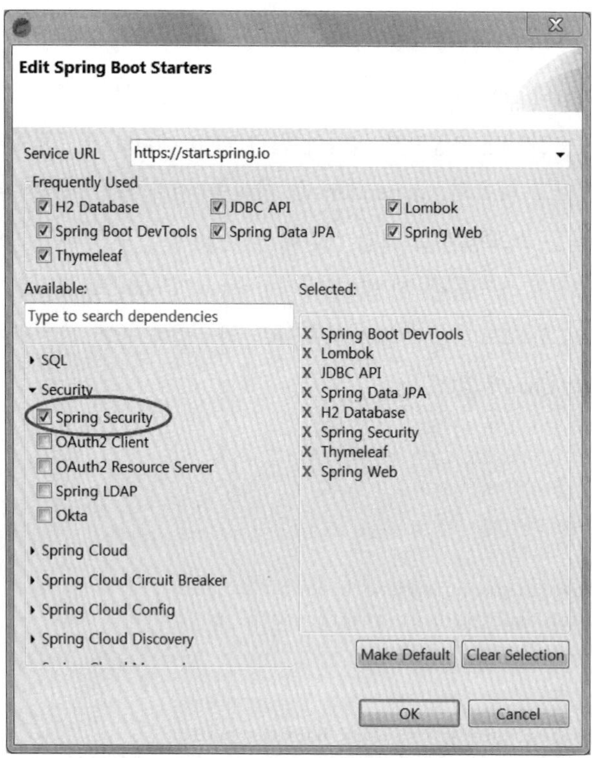

그림 4.1 STS에서 보안 스타터 추가하기

믿기지 않겠지만, 방금 추가한 의존성이 스프링 애플리케이션을 안전하게 하기 위해 필요한 전부다. 애플리케이션이 시작되면 스프링이 우리 프로젝트의 classpath에 있는 스프링 시큐리티Spring Security 라이브러리를 찾아 기본적인 보안 구성을 설정해 준다.

어떻게 설정해 주는지 확인하고 싶다면 타코 클라우드 애플리케이션을 시작한 후(3장에서 했던 것처럼 스프링 부트 대시보드를 사용하면 편리하다), 웹 브라우저에서 홈페이지(http://localhost:8080)나 타코 디자인 페이지(http://localhost:8080/design)에 접속해 보자. 그러면 스프링 시큐리티에서 제공하는 HTTP 기본 인증 대화상자가 나타난다(만일 나타나지 않으면 브라우저를 다시 실행해 보자).

그림 4.2 스프링 시큐리티의 HTTP 기본 인증 대화상자

그림 4.2와 같이 Username 필드에 **user**를 입력한다. Password는 무작위로 자동 생성되어 애플리케이션 로그 파일에 수록된다. STS의 편집기 창 밑에 열린 콘솔 창을 보면 아래쪽에 다음과 같은 로그 항목이 있을 것이다.

```
Using generated security password: 6838886b-edb5-40d8-bc45-395ba25a79e4
```

뒤쪽에 **36자리의 비밀번호**를 마우스로 선택하여 복사한 후 Password 필드에 붙여넣기 하고 **Sign in** 버튼을 클릭하면 로그인된다. 그러면 애플리케이션을 사용할 수 있는 권한이 부여되어 우리가 접속한 페이지가 나타난다(스프링의 username(사용자 이름)은 사용자 id를 의미한다는 것을 알아두자).

이것을 보면 스프링 애플리케이션에 보안 기능을 추가하는 것이 매우 쉬운 것처럼 보인다. 그리고 이제는 타코 클라우드 애플리케이션이 안전해졌다. 그러나 스프링 시큐리티는 지금부터 시작이다. 우선, 어떤 보안 구성이 자동으로 제공되는지 알아보자.

이미 했듯이, 보안 스타터를 프로젝트 빌드 파일에 추가만 했을 때는 다음의 보안 구성이 제공된다.

- 모든 HTTP 요청 경로는 인증authentication되어야 한다.
- 어떤 특정 역할이나 권한이 없다.
- 로그인 페이지가 따로 없다.
- 스프링 시큐리티의 HTTP 기본 인증(그림 4.2)을 사용해서 인증된다.
- 사용자는 하나만 있으며, 이름은 **user**다. 비밀번호는 암호화해 준다.

이것은 첫 출발에는 도움이 된다. 그러나 타코 클라우드를 포함해서 대부분의 애플리케이션에서 필요한 보안 기능은 이런 기본적인 보안 기능과 많이 다를 것이라고 생각한다.

타코 클라우드 애플리케이션의 보안을 제대로 구축하려면 더 많은 작업이 필요하며, 최소한 다음 기능을 할 수 있도록 스프링 시큐리티를 구성해야 한다.

- 스프링 시큐리티의 HTTP 인증 대화상자(그림 4.2) 대신 우리의 로그인 페이지로 인증한다.
- 다수의 사용자를 제공하며, 새로운 타코 클라우드 고객이 사용자로 등록할 수 있는 페이지가 있어야 한다.

• 서로 다른 HTTP 요청 경로마다 서로 다른 보안 규칙을 적용한다. 예를 들어, 홈페이지와 사용자 등록 페이지는 인증이 필요하지 않다.

타코 클라우드의 이런 보안 요구를 충족하기 위해서는 스프링 자동-구성이 하는 것을 대체하기 위한 작업을 해야 한다. 우선, 한 명 이상의 사용자를 가질 수 있도록 타코 클라우드에 적합한 사용자 스토어store를 구성하는 것부터 시작한다.

4.2 스프링 시큐리티 구성하기

장황한 XML 기반의 구성을 포함해서 그동안 스프링 시큐리티를 구성하는 방법은 여러가지가 있었다. 다행스럽게도 최근의 여러 스프링 시큐리티 버전에서는 훨씬 더 알기 쉬운 자바 기반의 구성을 지원한다.

이번 장이 끝나기 전까지 타코 클라우드 보안의 모든 요구사항은 자바 기반의 스프링 시큐리티 구성으로 구현하게 될 것이다. 우선, 리스트 4.1의 기본 구성 클래스를 작성하는 방법부터 알아야 한다(src/main/java 아래의 **tacos 패키지**에서 오른쪽 마우스 버튼을 누른 후 **New ⇨ Folder**를 선택한다. 그리고 대화상자에서 폴더 이름을 **security**로 입력하고 **Finish** 버튼을 눌러서 security 폴더를 생성한다. 그다음에 **tacos.security**에서 오른쪽 마우스 버튼을 누른 후 **New ⇨ Class**를 선택한다. 그리고 대화상자의 Name 필드에 **SecurityConfig**를 입력하고 **Finish** 버튼을 클릭하면 클래스가 생성되고 편집기 창이 열리므로 다음의 진한 글씨로 된 코드를 추가하면 된다. 모든 import 문은 다른 코드 작성 후에 **Ctrl+Shift+O[Command+Shift+O]**를 누르면 한꺼번에 자동으로 추가된다. 이후의 스프링 시큐리티 관련 클래스들은 tacos.security 패키지에 둘 것이다).

리스트 4.1 스프링 시큐리티의 기본 구성 클래스

```
package tacos.security;

import org.springframework.beans.factory.annotation.Autowired;
import org.springframework.context.annotation.Configuration;
import org.springframework.security.config.annotation
        .authentication.builders.AuthenticationManagerBuilder;
import org.springframework.security.config.annotation
        .web.builders.HttpSecurity;
import org.springframework.security.config.annotation.web
        .configuration.EnableWebSecurity;
import org.springframework.security.config.annotation.web
        .configuration.WebSecurityConfigurerAdapter;

@Configuration
```

```
@EnableWebSecurity
public class SecurityConfig extends WebSecurityConfigurerAdapter {
    @Override
    protected void configure(HttpSecurity http) throws Exception {
        http
        .authorizeRequests()
          .antMatchers("/design", "/orders")
            .access("hasRole('ROLE_USER')")
          .antMatchers("/", "/**").access("permitAll")
        .and()
          .httpBasic();
    }

    @Override
    public void configure(AuthenticationManagerBuilder auth) throws Exception{
        auth.inMemoryAuthentication()
                .withUser("user1")
                .password("{noop}password1")
                .authorities("ROLE_USER")
                .and()
                .withUser("user2")
                .password("{noop}password2")
                .authorities("ROLE_USER");
}
```

SecurityConfig 클래스는 무엇을 하는 걸까? 간단히 말해서, 사용자의 HTTP 요청 경로에 대해 접근 제한과 같은 보안 관련 처리를 우리가 원하는 대로 할 수 있게 해준다. 더 자세한 내용은 이 장의 진도를 나가면서 알게 될 것이다. 일단, 타코 클라우드 애플리케이션이 실행되는 상태에서(스프링 부트 대시보드를 사용하면 애플리케이션의 코드를 변경했을 때 자동으로 애플리케이션이 다시 시작되므로 편리하다. 단, Ctrl+S[Command+S] 키를 눌러서 작성/변경한 코드를 저장해야 한다) 웹 브라우저에서 http://localhost:8080에 접속해 보자. 홈페이지가 바로 나타날 것이다. SecurityConfig 클래스의 configure() 메서드에서 모든 사용자의 홈페이지 접근을 허용했기 때문이다. 그다음에 http://localhost:8080/design에 접속해 보자. 이번에는 스프링 시큐리티의 HTTP 기본 인증 대화상자 대신 다른 HTTP 로그인 대화상자를 보게 될 것이다. 예를 들어, 그림 4.3에서는 구글 크롬에 나타난 로그인 대화상자를 보여준다.

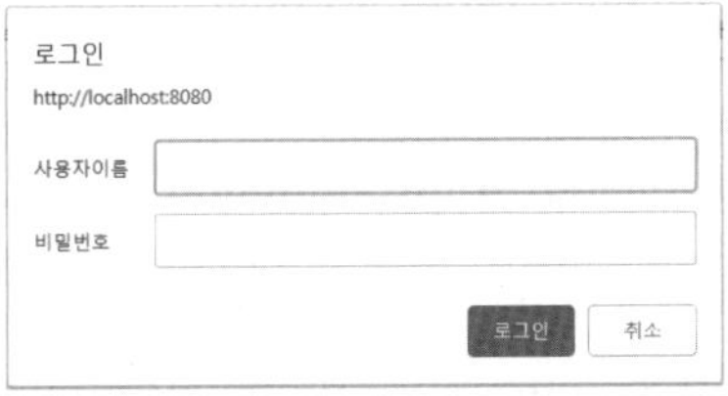

그림 4.3 다른 HTTP 로그인 대화상자

사용자 이름에는 **user1**을, 비밀번호 필드는 **password1**을 입력하고 로그인을 클릭하면 타코 디자인 폼(고객이 원하는 식자재를 선택하여 타코를 생성함)이 나타날 것이다. 그러나 스프링 시큐리티의 HTTP 기본 인증 대화상자(그림 4.2)나 그림 4.3의 다른 HTTP 로그인 대화상자 역시 우리 애플리케이션에서 사용하기는 곤란하다. 따라서 4.3.2에서 로그인 페이지를 새로 생성할 것이다(리스트 4.1의 코드에서는 비밀번호를 암호화하지 않았지만 실제로는 반드시 해야 한다. 이 내용도 곧 알게 될 것이다).

보안을 테스트할 때는 웹 브라우저를 private 또는 incognito 모드로 설정하는 것이 좋다. 예를 들어, 구글 크롬의 Incognito 모드(시크릿 모드), IE(인터넷 익스플로러)의 InPrivate 브라우징, 파이어폭스의 Private 브라우징 등을 활성화하면 된다(기본적으로 이런 모드에서 실행되는 에픽 브라우저는 그러할 필요 없다). 그리고 이렇게 하면 사용자의 검색 세션에 관한 데이터인 쿠키, 임시 인터넷 파일, 열어 본 페이지 목록 및 기타 데이터를 저장하지 못하도록 한다(또는, 해당 창을 닫을 때 삭제된다). 따라서 브라우저의 창을 열 때마다 이전 세션의 사용 기록이 반영되지 않는 새로운 세션으로 시작된다. 단, 애플리케이션을 테스트할 때 매번 로그인을 해야 한다. 그러나 보안 관련 변경이 확실하게 적용되는지 분명하게 확인할 수 있다(구글 크롬의 경우는 **Ctrl+Shift+N[Command+Shift+N]** 키를 누르면 시크릿 모드로 새로운 창이 열린다. 또한, IE의 경우 **Ctrl_Shift+P** 키를 누르면 InPrivate 브라우징되는 새로운 창이 열린다).

타코 클라우드 애플리케이션의 로그인 페이지를 생성하고 보안을 구성하기에 앞서 먼저 알아 둘 것이 있다. 즉, 한 명 이상의 사용자를 처리할 수 있도록 사용자 정보를 유지·관리하는 사용자 스토어를 구성하는 것이다. 스프링 시큐리티에서는 여러 가지의 사용자 스토어 구성 방법을 제공한다.

- 인메모리in-memory 사용자 스토어
- JDBC 기반 사용자 스토어
- LDAP 기반 사용자 스토어
- 커스텀 사용자 명세 서비스

리스트 4.1에 있듯이, `SecurityConfig` 클래스는 보안 구성 클래스인 `WebSecurityConfigurerAdapter`의 서브 클래스다. 그리고 두 개의 `configure()` 메서드를 오버라이딩하고 있다. `configure(HttpSecurity)`는 HTTP 보안을 구성하는 메서드다. 그리고 `configure(AuthenticationManagerBuilder)`는 사용자 인증 정보를 구성하는 메서드이며, 위의 사용자 스토어 중 어떤 것을 선택하든 이 메서드에서 구성한다. 우선, `configure(Authentic` ationManagerBuilder) 메서드를 오버라이딩하여 사용자 스토어를 구성하는 방법부터 알아보자(configure(HttpSecurity http)는 4.3에서 살펴본다).

```
@Override
public void configure(AuthenticationManagerBuilder auth)
                                   throws Exception {
...
}
```

이 configure() 메서드에는 인증을 하기 위해 사용자를 찾는 방법을 지정하는 코드를 작성해야 한다. 이때 인자로 전달된 AuthenticationManagerBuilder를 사용한다. 우선, 인메모리 사용자 스토어를 구현하는 방법은 다음과 같다.

4.2.1 인메모리 사용자 스토어

사용자 정보를 유지·관리할 수 있는 곳 중 하나가 메모리다. 만일 변경이 필요 없는 사용자만 미리 정해 놓고 애플리케이션을 사용한다면 아예 보안 구성 코드 내부에 정의할 수 있을 것이다.

예를 들어, 리스트 4.2에서는 "user1"과 "user2"라는 사용자를 인메모리 사용자 스토어에 구성하는 방법을 보여준다. 여기서 configure(AuthenticationManagerBuilder) 메서드는 리스트 4.1과 동일하므로 변경할 필요는 없다.

리스트 4.2 **인메모리 사용자 스토어에 사용자 정의하기**

```
...
@Override
protected void configure(AuthenticationManagerBuilder auth)
    throws Exception {

    auth.inMemoryAuthentication()
        .withUser("user1")
        .password("{noop}password1")
        .authorities("ROLE_USER")
        .and()
        .withUser("user2")
        .password("{noop}password2")
        .authorities("ROLE_USER");
}
```

타코 애플리케이션이 실행되는 상태에서 웹 브라우저의 프라이버시 모드로 새 창을 연다(예를 들어, 구글 크롬의 경우 Ctrl+Shift+N[Command+Shift+N]을 누름). 그리고 http://localhost:8080/design에 접속하면 로그인 대화상자가 나타난다. 사용자 이름에 user1을, 비밀번호에는 password1을 입력하고 **로그인** 버튼을 클릭(또는 Enter 누름)하면 정상적으로 인증되어 타코 디자인 폼이 나타날 것이다. 만일 사용자 이름이나 비밀번호가 잘못 입력된 경우엔 현재는 로그인 대화상자가 다시 나타난다. 그리고 보안 관련 변경을 했을 때는 현재 창을 닫고 다시 프라이버시 모드로 새 창을 열어 테스트하는 것이 좋다(만일 로그인 대화상자가 나타나지 않으면 브라우저를 종료했다가 다시 실행한 후 해보자).

리스트 4.2 예제 코드의 AuthenticationManagerBuilder는 인증 명세를 구성하기 위해 빌더 형태의 API를 사용한다. 이때는 inMemoryAuthentication() 메서드를 사용하여 보안 구성 자체에 사용자 정보를 직접 지정할 수 있다.

withUser()를 호출하면 해당 사용자의 구성이 시작되며, 이때 사용자 이름username을 인자로 전달한다. 반면에 비밀번호password와 부여 권한granted authority은 각각 password()와 authorities() 메서드의 인자로 전달하여 호출한다(.authorities("ROLE_USER") 대신 .roles("USER")를 사용해도 된다). 그리고 and() 메서드로 연속해서 withUser()를 호출하여 여러 사용자를 지정할 수 있다. 리스트 4.2 예제 코드에서는 두 사용자 모두 ROLE_USER 권한이 부여되었으며(권한의 명칭은 USER 대신 우리가 원하는 어떤 것도 지정할 수 있다), user1 사용자의 비밀번호는 password1이고, user2의 비밀번호는 password2다.

스프링 5부터는 반드시 비밀번호를 암호화해야 하므로 만일 password() 메서드를 호출하여 암호화하지 않으면 접근 거부(HTTP 403) 또는 Internal Server Error(HTTP 500)가 발생된다. 그러나 인메모리 사용자 스토어의 간단한 테스트를 위해 리스트 4.2에서는 {noop}를 지정하여 비밀번호를 암호화하지 않았다. 암호화에 관한 내용은 곧 알아볼 것이다.

인메모리 사용자 스토어는 테스트 목적이나 간단한 애플리케이션에는 편리하다. 그러나 사용자 정보의 추가나 변경이 쉽지 않다. 즉, 사용자의 추가, 삭제, 변경을 해야 한다면 보안 구성 코드를 변경한 후 애플리케이션을 다시 빌드하고 배포, 설치해야 한다.

타코 클라우드 애플리케이션의 경우는 고객 스스로 사용자로 등록하고 자신의 정보를 변경할 수 있어야 한다. 따라서 인메모리 사용자 스토어에는 적합하지 않다. 지금부터는 데이터베이스로 지원되는 사용자 스토어를 알아보자.

4.2.2 JDBC 기반의 사용자 스토어

사용자 정보는 관계형 데이터베이스로 유지·관리되는 경우가 많으므로 JDBC 기반의 사용자 스토어가 적합해 보인다. 리스트 4.3에서는 관계형 데이터베이스에 유지되는 사용자 정보를 인증하기 위해 JDBC를 사용하여 스프링 시큐리티를 구성하는 방법을 보여준다. 리스트 4.2의 configure() 메서드 내부에 있는 인메모리 사용자 스토어 구현 코드를 주석으로 처리하고(/*와 */ 사용), 다음 코드를 추가해 보자.

리스트 4.3 **JDBC 기반의 사용자 스토어로 인증하기**

```
...
import javax.sql.DataSource;
...

@Autowired
DataSource dataSource;

@Override
protected void configure(AuthenticationManagerBuilder auth)
    throws Exception {
    auth
      .jdbcAuthentication()
      .dataSource(dataSource);

}
```

리스트 4.3의 configure()에서는 AuthenticationManagerBuilder의 jdbcAuthentication()을 호출한다. 이때 데이터베이스를 액세스하는 방법을 알 수 있도록 dataSource() 메서드를 호출하여 DataSource도 설정해야 한다. 여기서는 @Autowired 애노테이션을 지정했으므로 DataSource가 자동으로 주입된다(이 코드의 테스트는 잠시 후에 할 것이다).

스프링 시큐리티의 기본 사용자 쿼리를 대체하기

스프링 시큐리티의 사용자 정보 데이터베이스 스키마를 사용할 때는 방금 전에 작성한 configure() 메서드의 코드면 충분하다. 사용자 정보를 저장하는 테이블과 열이 정해져 있고 쿼리가 미리 생성되어 있기 때문이다. 즉, 사용자 정보를 찾을 때 스프링 시큐리티의 내부 코드에서는 기본적으로 다음 쿼리를 수행한다.

```
public static final String DEF_USERS_BY_USERNAME_QUERY =
        "select username,password,enabled " +
        "from users " +
        "where username = ?";
```

```
public static final String DEF_AUTHORITIES_BY_USERNAME_QUERY =
        "select username,authority " +
        "from authorities " +
        "where username = ?";
public static final String DEF_GROUP_AUTHORITIES_BY_USERNAME_QUERY =
        "select g.id, g.group_name, ga.authority " +
        "from authorities g, group_members gm, group_authorities ga " +
        "where gm.username = ? " +
        "and g.id = ga.group_id " +
        "and g.id = gm.group_id";
```

이것을 보면 내부적으로 기본 생성되는 테이블과 열의 이름을 알 수 있을 것이다. 사용자 정보는 users 테이블에, 권한은 authorities 테이블에, 그룹의 사용자는 group_members 테이블에, 그룹의 권한은 group_authorities 테이블에 있다.

첫 번째 쿼리에서는 해당 사용자의 이름username, 비밀번호password, 사용 가능한 사용자인지를 나타내는 활성화 여부enabled를 검색한다. 이 정보는 사용자 인증에 사용된다. 그다음 쿼리에서는 해당 사용자에게 부여된 권한을 찾는다. 그리고 마지막 쿼리에서는 해당 사용자가 속한 그룹과 그룹 권한을 찾는다.

이처럼 스프링 시큐리티에 사전 지정된 데이터베이스 테이블과 SQL 쿼리를 사용하려면 관련 테이블을 생성하고 사용자 데이터를 추가해야 한다. 이때는 3장의 JDBC에서 했던 것처럼 스키마를 정의한 schema.sql 파일과 데이터를 추가하는 data.sql 파일을 작성한 후 프로젝트의 src/main/resources 아래에 두면 된다. 그러면 애플리케이션이 시작될 때 schema.sql과 data.sql의 SQL이 데이터 소스로 지정된 데이터베이스(여기서는 내장된 H2)에서 자동 실행된다.

우선, 데이터베이스 스키마를 생성하는 SQL은 다음과 같다(탐색기 창의 **/src/main/resources**에서 오른쪽 마우스 버튼을 누른 후 **New ⇨ Untitled Text File**을 선택하면 이름이 없는 텍스트 파일로 편집기 창에서 열린다. 그러면 다음의 SQL을 입력하자. 그리고 작성이 끝나면 STS 메뉴 바의 **File ⇨ Save As…**를 선택한다. 대화상자에서 taco-cloud 프로젝트를 확장하여 **/src/main/resources** 폴더를 선택하고 파일 이름으로 **schema.sql**을 입력한 후 **OK**를 클릭한다).

```
drop table if exists users;
drop table if exists authorities;
drop index if exists ix_auth_username;

create table if not exists users(
    username varchar2(50) not null primary key,
    password varchar2(50) not null,
    enabled char(1) default '1');
```

```
create table if not exists authorities (
    username varchar2(50) not null,
    authority varchar2(50) not null,
    constraint fk_authorities_users
        foreign key(username) references users(username));

create unique index ix_auth_username
    on authorities (username, authority);
```

이 SQL은 스프링 시큐리티에 사전 지정된 사용자 및 권한 테이블과 동일한 테이블을 생성한다. 다음은 사용자 데이터를 추가하는 SQL이다(schema.sql과 같은 방법으로 /src/main/resources 아래에 data.sql 파일을 생성하고 작성한다).

```
insert into users (username, password) values ('user1', 'password1');
insert into users (username, password) values ('user2', 'password2');

insert into authorities (username, authority)
    values ('user1', 'ROLE_USER');
insert into authorities (username, authority)
    values ('user2', 'ROLE_USER');

commit;
```

(schema.sql 파일과 data.sql 파일은 이 책에서 제공하는 다운로드 파일의 Ch04-JDBC인증용-SQL 서브 디렉터리에 있다. 이 두 파일을 STS 탐색기 창의 /src/main/resources 디렉터리에 복사해도 된다.)

앞의 리스트 4.3 코드가 추가된 상태에서 애플리케이션을 다시 시작시킨 후 웹 브라우저에서 http://localhost:8080/design에 접속하면 로그인 대화상자가 나타난다. 사용자 이름에 **user1**을, 비밀번호에는 **password1**을 입력하고 **로그인**을 클릭(또는 Enter)한다. 그러나 이번에는 타코 디자인 페이지 대신 다음과 같은 에러가 나타날 것이다.

```
There was an unexpected error (type=Internal Server Error, status=500).
There is no PasswordEncoder mapped for the id "null"
```

앞에서 데이터베이스는 정상적으로 생성되었지만, 사용자 비밀번호를 암호화하지 않았기 때문이다. 스프링 시큐리티 5 버전부터는 의무적으로 PasswordEncoder를 사용해서 비밀번호를 암호화해야 하기 때문이다. 그러나 현재 users 테이블의 password 열에는 암호화되지 않은 데이터가 저장되어 있다. 따라서 암호화 코드를 추가하더라도 인증이 성공적으로 되지 않는다. 로그인 시에 입력된 비밀번호를 암호화한 값과 암호화되지 않은 users 테이블의

password 값과 비교하면 일치하지 않기 때문이다. 따라서 리스트 4.3의 코드를 제대로 테스트하려면 비밀번호를 암호화하지 않는 PasswordEncoder를 임시로 작성하고 사용해야 한다(이것은 PasswordEncoder의 본래 취지와 어긋나며 좋은 것은 아니다. 그러나 임시로 개발 및 테스트 시에는 사용할 수 있다). PasswordEncoder는 잠시 후에 알아볼 것이므로 리스트 4.3의 코드 테스트는 한번 더 미룰 것이다.

지금까지 했던 것처럼 스프링 시큐리티에 사전 지정된 데이터베이스 테이블과 SQL 쿼리를 사용하고 사용자 데이터도 저장했다면 이대로 사용할 수 있다. 그러나 스프링 시큐리티의 것과 다른 데이터베이스(예를 들어, 테이블이나 열의 이름이 다를 때)를 사용한다면, 리스트 4.4와 같이 스프링 시큐리티의 SQL 쿼리를 우리 SQL 쿼리로 대체할 수 있다(`.dataSource(dataSource);`의 제일 끝에 있는 세미콜론(;)을 삭제하고 진한 글씨의 코드를 추가하자).

리스트 4.4 **사용자 정보 쿼리의 커스터마이징**

```
@Override
protected void configure(AuthenticationManagerBuilder auth)
    throws Exception {
  auth
    .jdbcAuthentication()
      .dataSource(dataSource)
      .usersByUsernameQuery(
          "select username, password, enabled from users " +
          "where username=?")
      .authoritiesByUsernameQuery(
          "select username, authority from authorities " +
          "where username=?");
}
```

이 쿼리에서 사용하는 테이블의 이름은 스프링 시큐리티의 기본 데이터베이스 테이블과 달라도 된다(여기서는 기본 데이터베이스 테이블을 그냥 사용하였다). 그러나 테이블이 갖는 열의 데이터 타입과 길이는 일치해야 한다. 여기서는 또한 `usersByUsernameQuery()`와 `authorities ByUsernameQuery()` 메서드를 사용하여 사용자 정보와 권한 쿼리만을 대체하였다. 그러나 `groupAuthoritiesByUsername()`을 호출하여 그룹 권한 쿼리도 대체하여 사용할 수 있다.

스프링 시큐리티의 기본 SQL 쿼리를 우리 것으로 대체할 때는 다음의 사항을 지켜야 한다. 매개변수(where 절에 사용됨)는 하나이며, username이어야 한다. 사용자 정보 인증 쿼리에서는 username, password, enabled 열의 값을 반환해야 한다. 사용자 권한 쿼리에서는 해당 사용자 이름username과 부여된 권한authority을 포함하는 0 또는 다수의 행을 반환할 수 있다. 그리고 그룹 권한 쿼리에서는 각각 그룹 id, 그룹 이름group_name, 권한authority 열을 갖는 0 또는 다수의 행을 반환할 수 있다.

암호화된 비밀번호 사용하기

앞의 인증 쿼리에서 보듯이, 사용자 비밀번호는 데이터베이스에 저장된다. 따라서 만일 비밀번호가 평범한 텍스트로 저장된다면 해커의 먹잇감이 될 것이 뻔하다. 그러나 비밀번호를 암호화해서 데이터베이스에 저장하면, 사용자가 입력한 평범한 텍스트의 비밀번호와 일치하지 않기 때문에 인증에 실패할 것이다. 따라서 비밀번호를 데이터베이스에 저장할 때와 사용자가 입력한 비밀번호는 모두 같은 암호화 알고리즘을 사용해서 암호화해야 한다.

비밀번호를 암호화할 때는 다음과 같이 passwordEncoder() 메서드를 호출하여 비밀번호 인코더encoder를 지정한다("where username=?");의 제일 끝에 있는 세미콜론(;)을 삭제하고 진한 글씨의 코드를 추가하자).

```
...
import org.springframework.security.crypto.bcrypt.BCryptPasswordEncoder;
...
@Override
protected void configure(AuthenticationManagerBuilder auth)
    throws Exception {
  auth
    .jdbcAuthentication()
      .dataSource(dataSource)
      .usersByUsernameQuery(
          "select username, password, enabled from users " +
          "where username=?")
      .authoritiesByUsernameQuery(
          "select username, authority from authorities " +
          "where username=?")
      .passwordEncoder(new BCryptPasswordEncoder());
}
```

passwordEncoder() 메서드는 스프링 시큐리티의 PasswordEncoder 인터페이스를 구현하는 어떤 객체도 인자로 받을 수 있다. 암호화 알고리즘을 구현한 스프링 시큐리티의 모듈에는 다음과 같은 구현 클래스가 포함되어 있다.

- BCryptPasswordEncoder: bcrypt를 해싱 암호화한다.
- NoOpPasswordEncoder: 암호화하지 않는다.
- Pbkdf2PasswordEncoder: PBKDF2를 암호화한다.

- SCryptPasswordEncoder: scrypt를 해싱 암호화한다.
- StandardPasswordEncoder: SHA-256을 해싱 암호화한다.

앞의 코드에서는 BCryptPasswordEncoder를 사용하였다. 그러나 다른 클래스를 사용하거나 우리가 구현한 클래스를 사용할 수도 있다. PasswordEncoder 인터페이스는 다음과 같이 간단하게 정의되어 있다.

```
public interface PasswordEncoder {
  String encode(CharSequence rawPassword);
  boolean matches(CharSequence rawPassword, String encodedPassword);
}
```

어떤 비밀번호 인코더를 사용하든, 일단 암호화되어 데이터베이스에 저장된 비밀번호는 암호가 해독되지 않는다. 대신 로그인 시에 사용자가 입력한 비밀번호와 동일한 알고리즘을 사용해서 암호화된다. 그다음에 데이터베이스의 암호화된 비밀번호와 비교되며, 이 일은 PasswordEncoder의 matches() 메서드에서 수행되어야 한다.

현재 상태에서 애플리케이션을 다시 시작시킨 후 웹 브라우저에서 http://localhost:8080/design에 접속해 보자. 그리고 로그인 대화상자의 사용자 이름에 **user1**을, 비밀번호에는 **password1**을 입력하고 **로그인**을 클릭(또는 Enter)한다. 이번에는 에러가 없이 로그인 대화상자만 다시 나타날 것이다. 데이터베이스에 저장된 비밀번호는 암호화되지 않았지만, 로그인 대화상자에 입력된 비밀번호는 암호화되었으므로 두 값이 다른 것으로 간주되어 로그인에 실패했기 때문이다.

따라서 현재까지 작성한 configure() 메서드가 데이터베이스의 사용자 정보를 읽어서 제대로 인증을 하는지 확인해 보려면 역설적이지만 PasswordEncoder 인터페이스를 구현하되 비밀번호를 암호화하지 않는 클래스를 임시로 작성하고 사용해야 한다. tocos.security 패키지에 NoEncodingPasswordEncoder 클래스를 생성하고 다음 코드를 입력하자.

```
package tacos.security;

import org.springframework.security.crypto.password.PasswordEncoder;

public class NoEncodingPasswordEncoder implements PasswordEncoder {

    @Override
    public String encode(CharSequence rawPwd) {
        return rawPwd.toString();
```

```
    }

    @Override
    public boolean matches(CharSequence rawPwd, String encodedPwd) {
        return rawPwd.toString().equals(encodedPwd);
    }
}
```

NoEncodingPasswordEncoder 클래스에서는 PasswordEncoder 인터페이스의 encode()와 matches() 메서드를 구현한다. encode() 메서드에서는 로그인 대화상자에서 입력된 비밀번호(rawPwd)를 암호화하지 않고 String으로 반환한다. 그리고 matches() 메서드에서는 encode()에서 반환된 비밀번호를 데이터베이스에서 가져온 비밀번호(encodedPwd)와 비교한다. 여기서는 현재 users 테이블의 password 열에 저장된 비밀번호가 암호화되지 않았으므로 결국 암호화되지 않은 두 개의 비밀번호를 비교하는 셈이다. 따라서 로그인 대화상자에서 해당 사용자의 비밀번호를 올바로 입력한다면(user1은 password1, user2는 password2) 비밀번호가 일치하므로 성공적으로 로그인될 것이다.

그러면 앞에서 변경한 configure() 메서드에서 NoEncodingPasswordEncoder 클래스를 비밀번호 인코더로 사용하도록 다음과 같이 변경하자.

```
...
import tacos.security.NoEncodingPasswordEncoder;
...
@Override
protected void configure(AuthenticationManagerBuilder auth)
    throws Exception {
  auth
    .jdbcAuthentication()
      .dataSource(dataSource)
      .usersByUsernameQuery(
          "select username, password, enabled from users " +
          "where username=?")
      .authoritiesByUsernameQuery(
          "select username, authority from authorities " +
          "where username=?")
      .passwordEncoder(new NoEncodingPasswordEncoder());
}
```

현재 상태에서 애플리케이션을 다시 시작시킨 후 웹 브라우저에서 http://localhost:8080/design에 접속해 보자. 그리고 로그인 대화상자의 사용자 이름에 **user1**을, 비밀번호에는 **password1**을 입력하고 **로그인**을 클릭(또는 Enter)한다. 이번에는 정상적으로 로그인되어 타코 디자인 페이지가 나타날 것이다(만일 로그인 대화상자가 나타나지 않으면 브라우저를 종료했다가 다시 실행한 후 해보자).

이제는 JDBC 기반으로 사용자를 인증하는 방법을 알았다. 여기서는 인증이 제대로 되는지 확인하기 위해 비밀번호를 암호화하지 않았다. 그러나 이 방법은 코드를 테스트할 때만 임시로 사용한다는 것에 유의하자.

궁극적으로 타코 클라우드 사용자 정보는 데이터베이스에서 유지·관리할 것이다. 그러나 JDBC 기반으로 인증하는 jdbcAuthentication() 대신 다른 인증 방법을 사용할 것이다. 그 전에 또 다른 사용자 스토어인 LDAP Lightweight Directory Access Protocol를 알아보자.

4.2.3 LDAP 기반 사용자 스토어

LDAP 기반 인증으로 스프링 시큐리티를 구성하기 위해서 ldapAuthentication() 메서드를 사용할 수 있다. 이 메서드는 LDAP를 jdbcAuthentication()처럼 사용할 수 있게 해준다. 다음의 configure() 메서드에서는 LDAP 인증의 간단한 구성 방법을 보여준다(실습 코드는 더 뒤의 리스트 4.5부터 작성할 것이므로 참고만 하자).

```
...
@Override
protected void configure(AuthenticationManagerBuilder auth)
    throws Exception {
  auth
    .ldapAuthentication()
    .userSearchFilter("(uid={0})")
    .groupSearchFilter("member={0}");
}
```

userSearchFilter()와 groupSearchFilter() 메서드는 LDAP 기본 쿼리의 필터를 제공하기 위해 사용되며, 여기서는 사용자와 그룹을 검색하기 위해 사용하였다. 기본적으로 사용자와 그룹 모두의 LDAP 기본 쿼리는 비어 있어서 쿼리에 의한 검색이 LDAP 계층의 루트부터 수행된다는 것을 나타낸다. 그러나 다음과 같이 쿼리의 기준점을 지정하여 계층을 변경할 수 있다.

```
...
@Override
protected void configure(AuthenticationManagerBuilder auth)
    throws Exception {
  auth
```

```
        .ldapAuthentication()
        .userSearchBase("ou=people")
        .userSearchFilter("(uid={0})")
        .groupSearchBase("ou=groups")
        .groupSearchFilter("member={0}");
}
```

userSearchBase() 메서드는 사용자를 찾기 위한 기준점 쿼리를 제공하며, 이와 유사하게 groupSearchBase()에는 그룹을 찾기 위한 기준점 쿼리를 지정한다. 따라서 이 코드에서는 루트부터 검색하지 않는다. 즉, 사용자는 people 구성 단위Organizational Unit, OU부터, 그룹은 groups 구성 단위부터 검색이 시작된다.

비밀번호 비교 구성하기

LDAP의 기본 인증 전략은 사용자가 직접 LDAP 서버에서 인증받도록 하는 것이다. 그러나 비밀번호를 비교하는 방법도 있다. 이 방법에서는 입력된 비밀번호를 LDAP 디렉터리에 전송한 후, 이 비밀번호를 사용자의 비밀번호 속성 값과 비교하도록 LDAP 서버에 요청한다. 이때 비밀번호 비교는 LDAP 서버에서 수행되므로 실제 비밀번호는 노출되지 않는다.

만일 비밀번호를 비교하는 방법으로 LDAP 인증을 하고자 할 때는 다음과 같이 passwordCompare() 메서드를 호출하면 된다.

```
...
@Override
protected void configure(AuthenticationManagerBuilder auth)
        throws Exception {
    auth
        .ldapAuthentication()
        .userSearchBase("ou=people")
        .userSearchFilter("(uid={0})")
        .groupSearchBase("ou=groups")
        .groupSearchFilter("member={0}")
        .passwordCompare();
}
```

이때는 로그인 폼에 입력된 비밀번호가 사용자의 LDAP 서버에 있는 userPassword 속성 값과 비교된다. 따라서 비밀번호가 다른 속성에 있다면, passwordAttribute()를 사용해서 비밀번호 속성의 이름을 지정할 수 있다. 예를 들면, 다음과 같다.

```
@Override
protected void configure(AuthenticationManagerBuilder auth)
```

```
    throws Exception {
  auth
    .ldapAuthentication()
    .userSearchBase("ou=people")
    .userSearchFilter("(uid={0})")
    .groupSearchBase("ou=groups")
    .groupSearchFilter("member={0}")
    .passwordCompare()
    .passwordEncoder(new BCryptPasswordEncoder())
    .passwordAttribute("userPasscode");
}
```

여기서는 전달된 비밀번호와 userPasscode 속성 값이 비교되어야 한다는 것을 지정하였으며 (비밀번호 속성 이름을 변경하지 않을 때는 기본적으로 userPassword가 된다), 비밀번호를 암호화하는 인코더도 지정하였다. 이처럼 서버 측에서 비밀번호가 비교될 때는 실제 비밀번호가 서버에 유지된다는 것이 장점이다. 그러나 비교되는 비밀번호는 여전히 LDAP 서버에 전달되어야 하므로 해커가 가로챌 수 있다. 따라서 이것을 방지하기 위해 passwordEncoder() 메서드를 호출하여 암호화에 사용할 인코더를 지정할 수 있다.

앞의 예에서는 bcrypt 암호화 해싱 인코더를 사용해서 비밀번호가 암호화된다. 이것은 LDAP 서버에서도 bcrypt를 사용해서 비밀번호가 암호화된다는 것을 의미한다.

원격 LDAP 서버 참조하기

지금까지는 LDAP 서버로 인증하기 위해 스프링을 구성하는 방법을 알아보았다. 그런데 LDAP 서버는 어디에 있는 것일까?

기본적으로 스프링 시큐리티의 LDAP 인증에서는 로컬 호스트localhost의 33389 포트로 LDAP 서버가 접속된다고 간주한다. 그러나 만일 LDAP 서버가 다른 컴퓨터에서 실행 중이라면 contextSource() 메서드를 사용해서 해당 서버의 위치를 구성할 수 있다. 예를 들면, 다음과 같다.

```
@Override
protected void configure(AuthenticationManagerBuilder auth)
    throws Exception {
  auth
    .ldapAuthentication()
    .userSearchBase("ou=people")
    .userSearchFilter("(uid={0})")
    .groupSearchBase("ou=groups")
    .groupSearchFilter("member={0}")
    .passwordCompare()
```

```
        .passwordEncoder(new BCryptPasswordEncoder())
        .passwordAttribute("userPasscode")
        .contextSource().url("ldap://tacocloud.com:389/dc=tacocloud,dc=com");
}
```

contextSource() 메서드는 ContextSourceBuilder를 반환한다. 이것은 url() 메서드를 제공하므로 LDAP 서버의 위치를 지정할 수 있게 해준다.

내장된 LDAP 서버 구성하기

인증을 기다리는 LDAP 서버가 없는 경우에는 스프링 시큐리티에서 제공하는 내장 LDAP 서버를 사용할 수 있다. 이때는 우선, pom.xml 파일에 다음과 같이 의존성을 추가해야 한다. taco-clould 프로젝트의 pom.xml 파일에 다음의 <dependency> 항목을 추가하자.

리스트 4.5 LDAP 의존성 추가하기

```
...
  <dependency>
    <groupId>org.springframework.security</groupId>
    <artifactId>spring-security-test</artifactId>
    <scope>test</scope>
   </dependency>

  <dependency>
    <groupId>org.springframework.boot</groupId>
    <artifactId>spring-boot-starter-data-ldap</artifactId>
  </dependency>

  <dependency>
    <groupId>org.springframework.ldap</groupId>
    <artifactId>spring-ldap-core</artifactId>
  </dependency>

  <dependency>
    <groupId>org.springframework.security</groupId>
    <artifactId>spring-security-ldap</artifactId>
  </dependency>
</dependencies>
```

내장된 LDAP 서버를 사용할 때는 원격 LDAP 서버의 URL을 설정하는 대신 root() 메서드를 사용해서 내장 LDAP 서버의 루트 경로를 지정할 수 있다.

```
@Override
protected void configure(AuthenticationManagerBuilder auth)
    throws Exception {
```

```
  auth
    .ldapAuthentication()
    .userSearchBase("ou=people")
    .userSearchFilter("(uid={0})")
    .groupSearchBase("ou=groups")
    .groupSearchFilter("member={0}")
    .passwordCompare()
    .passwordEncoder(new BCryptPasswordEncoder())
    .passwordAttribute("userPasscode")
    .contextSource()
    .root("dc=tacocloud,dc=com");
}
```

LDAP 서버가 시작될 때는 classpath에서 찾을 수 있는 LDIF_{LDAP Data Interchange Format} 파일로부터 데이터를 로드한다. LDIF는 일반 텍스트 파일에 LDAP 데이터를 나타내는 표준화된 방법이다. 각 레코드는 하나 이상의 줄로 구성되며, 각 줄은 한 쌍으로 된 `name:value`를 포함한다. 그리고 각 레코드는 빈 줄로 구분된다.

만일 스프링이 classpath를 검색하지 않고 LDIF 파일을 찾도록 한다면, `ldif()` 메서드를 사용해서 LDIF 파일을 찾을 수 있는 경로를 지정할 수 있다. 더 앞에서 작성했던 JDBC 기반의 사용자 스토어 구현 코드를 주석으로 처리하고(/*와 */ 사용), 다음 코드를 추가해 보자.

리스트 4.6 LDAP 인증 구성하기

```
@Override
protected void configure(AuthenticationManagerBuilder auth)
    throws Exception {
  auth
    .ldapAuthentication()
    .userSearchBase("ou=people")
    .userSearchFilter("(uid={0})")
    .groupSearchBase("ou=groups")
    .groupSearchFilter("member={0}")
    .contextSource()
    .root("dc=tacocloud,dc=com")
    .ldif("classpath:users.ldif")
    .and()
    .passwordCompare()
    .passwordEncoder(new BCryptPasswordEncoder())
    .passwordAttribute("userPasscode");

}
```

여기서는 classpath의 루트에서 users.ldif 파일을 찾아 LDAP 서버로 데이터를 로드하라고 요청한다. 예를 들어, 내장된 LDAP 서버에 사용자 데이터를 로드하는 데 사용할 수 있는

LDIF 파일의 내용은 다음과 같다(탐색기 창의 **/src/main/resources**에서 오른쪽 마우스 버튼을 누른 후 **New ⇨ Untitled Text File**을 선택하면 이름이 없는 텍스트 파일로 편집기 창에서 열린다. 그러면 다음의 내용을 입력하자. 그리고 작성이 끝나면 STS 메뉴 바의 **File ⇨ Save As…**를 선택한다. 대화상자에서 taco-cloud 프로젝트를 확장하여 **/src/main/resources** 폴더를 선택하고 파일 이름에 **users.ldif**를 입력한 후 **OK**를 클릭한다. 그리고 내장된 LDAP 서버를 사용하도록 리스트 4.6의 `configure(AuthenticationManagerBuilder)` 메서드를 작성한 후 애플리케이션을 실행해 보자(사용자 이름에 **user1**을, 비밀번호에는 **password1**을 입력). users.ldif 파일의 데이터는 애플리케이션이 시작될 때 내장 LDAP 서버가 자동으로 로드한다).

```
dn: ou=groups,dc=tacocloud,dc=com
objectclass: top
objectclass: organizationalUnit
ou: groups

dn: ou=people,dc=tacocloud,dc=com
objectclass: top
objectclass: organizationalUnit
ou: people

dn: uid=tacocloud,ou=people,dc=tacocloud,dc=com
objectclass: top
objectclass: person
objectclass: organizationalPerson
objectclass: inetOrgPerson
cn: GD Hong
sn: Hong
uid: user1
userPasscode: password1

dn: uid=tacocloud,ou=people,dc=tacocloud,dc=com
objectclass: top
objectclass: person
objectclass: organizationalPerson
objectclass: inetOrgPerson
cn: MS Park
sn: Park
uid: user2
userPasscode: password2

dn: cn=USER,ou=groups,dc=tacocloud,dc=com
objectclass: top
objectclass: groupOfNames
cn: USER
member: uid=user1,ou=people,dc=tacocloud,dc=com
member: uid=user2,ou=people,dc=tacocloud,dc=com
```

(LDAP 기반 인증을 테스트할 때는 로그인이 안 되어 계속 로그인 대화상자가 나타날 것이다. 앞의 LDIF 파일에서 각 사용자의 passCode 값이 암호화되지 않은 것이므로 사용자가 입력한 비밀번호를 LDAP 서버에서 암호화하여 비교하면 일치하지 않기 때문이다. 따라서 로그인이 되게 하려면 미리 정해 둔 비밀번호(예를 들어, password1)를 BCryptPasswordEncoder로 암호화한 결과값을 알아낸 후 LDIF 파일 사용자의 passCode 값으로 교체하고 애플리케이션을 다시 시작해야 한다).

지금까지 알아보았던 스프링 시큐리티에 내장된 사용자 스토어(인메모리, JDBC 기반, LDAP 기반)는 편리하며 일반적인 용도로 사용하기 좋다. 그러나 타코 클라우드 애플리케이션에서는 약간 특별한 것이 필요하다. 만일 스프링에 내장된 사용자 스토어가 우리 요구를 충족하지 못할 때는 우리가 커스텀 사용자 명세 서비스를 생성하고 구성해야 한다. 예를 들어, 스프링에 내장된 사용자 스토어에서는 사용자를 인증하는 데 꼭 필요한 정보(사용자의 이름, 비밀번호, 사용 가능한 사용자인지를 나타내는 활성화 여부)만 사용자 정보로 갖고 있다. 그러나 더 자세한 사용자 정보가 필요할 수 있다.

4.2.4 사용자 인증의 커스터마이징

3장에서는 모든 데이터(타코, 식자재, 주문)의 퍼시스턴스를 처리하기 위해 스프링 데이터 JPA를 사용하였다. 따라서 사용자 데이터도 같은 방법으로 퍼시스턴스를 처리하는 것이 좋을 것이다. 이 경우 결국 데이터는 관계형 데이터베이스에 저장될 것이므로 JDBC 기반 인증을 사용할 수 있다. 그러나 사용자 정보의 저장은 스프링 데이터 리퍼지터리를 사용하는 것이 더 좋을 것이다.

일단 가장 중요한 것부터 먼저 하자. 지금부터는 사용자 정보를 저장하는 도메인 객체와 리퍼지터리 인터페이스를 생성한다.

사용자 도메인 객체와 퍼시스턴스 정의하기

애플리케이션을 사용해서 타코 클라우드 고객이 등록할 때는 사용자 이름과 비밀번호 외에 전체 이름, 주소, 전화번호도 제공해야 한다. 이 정보는 주문 폼에 미리 보여주기 위해 사용되지만, 이외의 다양한 목적으로도 사용될 수 있다. 사용자를 나타내는 `User` 클래스는 리스트 4.7과 같다(탐색기 창의 src/main/java 아래의 tacos 패키지에 `User` 클래스를 생성하고 진한 글씨로 된 코드를 추가하자).

리스트 4.7 **사용자 개체(entity) 정의하기**

```
package tacos;

import java.util.Arrays;
import java.util.Collection;
import javax.persistence.Entity;
import javax.persistence.GeneratedValue;
import javax.persistence.GenerationType;
import javax.persistence.Id;
import org.springframework.security.core.GrantedAuthority;
import org.springframework.security.core
                      .authority.SimpleGrantedAuthority;
import org.springframework.security.core
                          .userdetails.UserDetails;
import lombok.AccessLevel;
import lombok.Data;
import lombok.NoArgsConstructor;
import lombok.RequiredArgsConstructor;

@Entity
@Data
@NoArgsConstructor(access=AccessLevel.PRIVATE, force=true)
@RequiredArgsConstructor
public class User implements UserDetails {
  private static final long serialVersionUID = 1L;

  @Id
  @GeneratedValue(strategy=GenerationType.AUTO)
  private Long id;

  private final String username;
  private final String password;
  private final String fullname;
  private final String street;
  private final String city;
  private final String state;
  private final String zip;
  private final String phoneNumber;

  @Override
  public Collection<? extends
                GrantedAuthority> getAuthorities() {
    return Arrays.asList(new
                 SimpleGrantedAuthority("ROLE_USER"));
  }

  @Override
  public boolean isAccountNonExpired() {
    return true;
  }
```

```
  @Override
  public boolean isAccountNonLocked() {
    return true;
  }

  @Override
  public boolean isCredentialsNonExpired() {
    return true;
  }

  @Override
  public boolean isEnabled() {
    return true;
  }
}
```

3장에서 정의했던 다른 도메인 클래스보다 User 클래스는 더 많은 정보를 포함한다. 몇 가지 속성 정의와 더불어 User 클래스는 스프링 시큐리티의 UserDetails 인터페이스를 구현한다.

UserDetails를 구현한 User 클래스는 기본 사용자 정보를 프레임워크에 제공한다. 예를 들어, 해당 사용자에게 부여된 권한과 해당 사용자 계정을 사용할 수 있는 지의 여부 등이다.

getAuthorities() 메서드는 해당 사용자에게 부여된 권한을 저장한 컬렉션을 반환한다. 메서드 이름이 is로 시작하고 Expired로 끝나는 다양한 메서드들은 해당 사용자 계정의 활성화 또는 비활성화 여부를 나타내는 boolean 값을 반환한다.

일단 지금은 타코 클라우드에서 사용자를 비활성화할 필요가 없으므로 메서드 이름이 is로 시작하고 Expired로 끝나는 메서드들은 모두 true(사용자가 활성화됨을 나타냄)를 반환한다.

User가 정의되었으므로 이제는 다음과 같이 리퍼지터리 인터페이스를 정의할 수 있다(src/main/java 아래의 **tacos.data 패키지**에서 오른쪽 마우스 버튼을 누른 후 **New ⇨ Interface**를 선택한다. 그리고 대화상자의 Name 필드에 **UserRepository**를 입력하고 **Finish** 버튼을 클릭하면 인터페이스가 생성되고 편집기 창에서 열리므로 다음의 진한 글씨로 된 코드를 추가하면 된다).

```
package tacos.data;

import org.springframework.data.repository.CrudRepository;
import tacos.User;

public interface UserRepository extends CrudRepository<User, Long> {
  User findByUsername(String username);

}
```

CrudRepository 인터페이스를 확장하여 제공된 CRUD 연산에 추가하여, UserRepository는 findByUsername() 메서드를 추가로 정의하고 있다. 이 메서드는 사용자 이름 즉, id로 User를 찾기 위해 사용자 명세 서비스에서 사용될 것이다.

3장에서 배웠듯이, 스프링 데이터 JPA는 UserRepository 인터페이스의 구현체(클래스)를 런타임 시에 자동으로 생성한다. 따라서 이것을 사용하는 사용자 명세 서비스를 작성할 준비가 된 것이다.

사용자 명세 서비스 생성하기

스프링 시큐리티의 UserDetailsService는 다음과 같이 간단한 인터페이스다.

```
public interface UserDetailsService {
  UserDetails loadUserByUsername(String username)
                    throws UsernameNotFoundException;
}
```

이 코드를 보면 알 수 있듯이, 이 인터페이스를 구현하는 클래스의 메서드에는 사용자 이름이 인자로 전달되며, 메서드 실행 후 UserDetails 객체가 반환되거나, 또는 해당 사용자 이름이 없으면 UsernameNotFoundException을 발생시킨다.

User 클래스에서는 UserDetails를 구현하고, UserRepository에서는 findByUsername() 메서드를 제공하므로, 우리의 UserDetailsService 구현 클래스에서 사용해야 하는 모든 것이 준비된 것이다. 리스트 4.8에서는 타코 클라우드 애플리케이션에서 사용할 사용자 명세 서비스 클래스를 보여준다(탐색기 창의 src/main/java 아래의 tacos.security 패키지에 UserRepositoryUserDetailsService 클래스를 생성하고 리스트 4.8의 진한 글씨로 된 코드를 추가하자).

리스트 4.8 커스텀 사용자 명세 서비스 정의하기

```
package tacos.security;

import org.springframework.beans.factory.annotation.Autowired;
import org.springframework.security.core
                          .userdetails.UserDetails;
import org.springframework.security.core
                          .userdetails.UserDetailsService;
import org.springframework.security.core
                          .userdetails.UsernameNotFoundException;
import org.springframework.stereotype.Service;

import tacos.User;
```

```
import tacos.data.UserRepository;

@Service
public class UserRepositoryUserDetailsService
        implements UserDetailsService {
  private UserRepository userRepo;

  @Autowired
  public UserRepositoryUserDetailsService(UserRepository userRepo) {
    this.userRepo = userRepo;
  }

  @Override
  public UserDetails loadUserByUsername(String username)
      throws UsernameNotFoundException {
    User user = userRepo.findByUsername(username);
    if (user != null) {
      return user;
    }
    throw new UsernameNotFoundException(
                    "User '" + username + "' not found");
  }
}
```

UserRepositoryUserDetailsService에서는 생성자를 통해서 UserRepository의 인스턴스가 주입된다. 그다음에 loadByUsername() 메서드에서는 주입된 UserRepository 인스턴스의 findByUsername()을 호출하여 User를 찾는다.

loadByUsername() 메서드에서는 절대로 null을 반환하지 않는다는 간단한 규칙이 있다. 따라서 만일 findByUsername() 호출에서 null을 반환하면 loadByUsername()은 UsernameNotFoundException을 발생시키며, 그렇지 않으면 찾은 User가 반환된다.

UserRepositoryUserDetailsService 클래스에는 @Service 애노테이션이 지정되어 있다. 이것은 스프링의 스테레오타입 애노테이션 중 하나이며, 스프링이 컴포넌트 검색을 해준다는 것을 나타낸다. 따라서 이 클래스를 빈으로 선언하지 않아도 된다. 스프링이 자동으로 이 클래스를 찾아 빈으로 생성하기 때문이다.

그러나 우리의 커스텀 명세 서비스를 스프링 시큐리티에 구성하는 것을 여전히 해야 한다. 이때 4.2.4 이전까지 작성했던 SecurityConfig 클래스의 configure() 메서드에 다음과 같이 추가하면 된다(4.2.4 이전에 작성했던 configure() 메서드의 실행 코드는 **모두 주석으로 처리하거나 삭제**한 후 다음의 진한 글씨 코드를 추가해야 한다).

```
...
import org.springframework.security.core.userdetails.UserDetailsService;
...
public class SecurityConfig extends WebSecurityConfigurerAdapter {
  ...
  @Autowired
  private UserDetailsService userDetailsService;

  @Override
  protected void configure(AuthenticationManagerBuilder auth)
      throws Exception {
    auth
      .userDetailsService(userDetailsService);
  }
  ...
}
```

여기서는 SecurityConfig로 자동 주입된 UserDetailsService 인스턴스를 인자로 전달하여 userDetailsService() 메서드를 호출한다.

그다음에 JDBC 기반 인증에서 했던 것처럼, 비밀번호가 암호화되어 데이터베이스에 저장될 수 있도록 비밀번호 인코더를 구성해야 한다. 이때는 우선 PasswordEncoder 타입의 빈을 선언한다. 그리고 passwordEncoder()를 호출하여 이 빈을 우리의 사용자 명세 서비스 구성config에 주입되게 하면 된다(방금 변경한 코드에 다음의 진한 글씨 코드를 또 추가하자).

```
...
import org.springframework.security.core.userdetails.UserDetailsService;
import org.springframework.security.crypto.bcrypt.BCryptPasswordEncoder;
import org.springframework.security.crypto.password.PasswordEncoder;

import org.springframework.context.annotation.Bean;
...
public class SecurityConfig extends WebSecurityConfigurerAdapter {
  ...
  @Autowired
  private UserDetailsService userDetailsService;

  @Bean
  public PasswordEncoder encoder() {
    return new BCryptPasswordEncoder();
  }

  @Override
  protected void configure(AuthenticationManagerBuilder auth)
      throws Exception {
    auth
      .userDetailsService(userDetailsService)
```

```
        .passwordEncoder(encoder());
  }
  ...
}
```

여기서 configure() 메서드의 제일 마지막 코드에 주목하자. 이 코드에서는 단순히 encoder() 메서드를 호출한 후 반환값을 passwordEncoder()의 인자로 전달하는 것처럼 보인다. 그러나 실제로는 다음의 절차로 실행된다. 즉, encoder()에 @Bean 애노테이션이 지정되었으므로, encoder() 메서드가 생성한 BCryptPasswordEncoder 인스턴스가 스프링 애플리케이션 컨텍스트에 등록, 관리되며, 이 인스턴스가 애플리케이션 컨텍스트로부터 주입되어 반환된다. 이렇게 함으로써 우리가 원하는 종류의 PasswordEncoder 빈 객체를 스프링의 관리하에 사용할 수 있다(클래스와 클래스 인스턴스 생성 및 주입의 전 과정을 스프링이 관리하는 @Component 애노테이션과는 의미가 다르다).

이제는 JPA 리퍼지터리에서 사용자 정보를 읽는 커스텀 사용자 명세 서비스를 갖게 되었으므로 데이터베이스에 사용자 정보를 저장하는 방법이 필요하다. 그렇게 하려면 타코 클라우드의 사용자 등록 페이지를 생성해야 한다.

사용자 등록하기

스프링 시큐리티에서는 보안의 많은 관점을 알아서 처리해 준다. 그러나 사용자 등록 절차에는 직접 개입하지 않는다. 따라서 이것을 처리하기 위한 스프링 MVC 코드를 작성할 것이다. 리스트 4.9의 RegistrationController 클래스에서는 등록 폼을 보여주고 처리한다(탐색기 창의 src/main/java 아래의 tacos.security 패키지에 RegistrationController 클래스를 생성하고 리스트 4.9의 진한 글씨로 된 코드를 추가하자).

리스트 4.9 사용자 등록 컨트롤러

```
package tacos.security;

import org.springframework.security.crypto.password.PasswordEncoder;
import org.springframework.stereotype.Controller;
import org.springframework.web.bind.annotation.GetMapping;
import org.springframework.web.bind.annotation.PostMapping;
import org.springframework.web.bind.annotation.RequestMapping;
import tacos.data.UserRepository;

@Controller
@RequestMapping("/register")
public class RegistrationController {
  private UserRepository userRepo;
```

```
  private PasswordEncoder passwordEncoder;

  public RegistrationController(
      UserRepository userRepo, PasswordEncoder passwordEncoder) {
    this.userRepo = userRepo;
    this.passwordEncoder = passwordEncoder;
  }

  @GetMapping
  public String registerForm() {
    return "registration";
  }

  @PostMapping
  public String processRegistration(RegistrationForm form) {
    userRepo.save(form.toUser(passwordEncoder));
    return "redirect:/login";
  }
}
```

(현재는 RegistrationForm 클래스가 없어서 에러가 나타날 것이다. 잠시 후에 이 클래스를 작성하면 에러가 없어지니 염려하지 말자).

일반적인 스프링 MVC 컨트롤러처럼 RegistrationController에도 @Controller 애노테이션이 지정되었다. 이 클래스가 컨트롤러임을 나타내고 컴포넌트 자동 검색이 되어야 한다는 것을 나타내기 위해서다. 그리고 또한 @RequestMapping이 지정되었으므로 /register 경로의 웹 요청을 처리할 것이다.

더 자세히 말하면, /register의 GET 요청이 registerForm() 메서드에 의해 처리된다. 이 메서드에서는 논리 뷰 이름인 registration만 반환한다. 리스트 4.10에서는 registration 뷰를 정의하는 Thymeleaf 템플릿을 보여준다(탐색기 창의 **/src/main/resources/templates**에서 오른쪽 마우스 버튼을 누른 후 **New ⇨ Other…**를 선택한다. 그리고 대화상자의 리스트를 스크롤하여 Web을 확장한 후 **HTML File**을 선택하고 **Next** 버튼을 누른다. 파일 이름에 **registration.html**을 입력하고 **Finish** 버튼을 누르면 registration.html이 자동 생성되고 편집기 창에서 열린다. 생성된 코드를 삭제하고 리스트 4.10의 HTML을 작성하자).

리스트 4.10 Thymeleaf 등록 폼 뷰

```
<!DOCTYPE html>
<html xmlns="http://www.w3.org/1999/xhtml"
      xmlns:th="http://www.thymeleaf.org">
  <head>
    <meta charset="EUC-KR">
```

```
    <title>Taco Cloud</title>
  </head>

  <body>
    <h1>Register</h1>
    <img th:src="@{/images/TacoCloud.png}"/>
    <form method="POST" th:action="@{/register}" id="registerForm">

        <label for="username">Username: </label>
        <input type="text" name="username"/><br/>

        <label for="password">Password: </label>
        <input type="password" name="password"/><br/>

        <label for="confirm">Confirm password: </label>
        <input type="password" name="confirm"/><br/>

        <label for="fullname">Full name: </label>
        <input type="text" name="fullname"/><br/>

        <label for="street">Street: </label>
        <input type="text" name="street"/><br/>

        <label for="city">City: </label>
        <input type="text" name="city"/><br/>

        <label for="state">State: </label>
        <input type="text" name="state"/><br/>

        <label for="zip">Zip: </label>
        <input type="text" name="zip"/><br/>

        <label for="phone">Phone: </label>
        <input type="text" name="phone"/><br/>

        <input type="submit" value="Register"/>
    </form>

  </body>
</html>
```

리스트 4.10의 등록 폼이 제출되면 리스트 4.9의 processRegistration() 메서드에서 HTTP POST 요청이 처리된다. 이때 이 메서드의 인자로 전달된 RegistrationForm 객체가 요청 데이터와 바인딩된다. RegistrationForm 클래스는 다음과 같다(탐색기 창의 src/main/java 아래의 tacos.security 패키지에 RegistrationForm 클래스를 생성하고 다음의 진한 글씨로 된 코드를 추가하자).

```
package tacos.security;

import org.springframework.security.crypto.password.PasswordEncoder;
import lombok.Data;
import tacos.User;

@Data
public class RegistrationForm {

  private String username;
  private String password;
  private String fullname;
  private String street;
  private String city;
  private String state;
  private String zip;
  private String phone;

  public User toUser(PasswordEncoder passwordEncoder) {
    return new User(
        username, passwordEncoder.encode(password),
        fullname, street, city, state, zip, phone);
  }
}
```

(RegistrationForm을 저장하면 리스트 4.9의 RegistrationController에 나타났던 에러도 없어질 것이다).

RegistrationForm은 유용한 속성들을 정의하는 코드가 대부분이며, 클래스 생성자와 속성들의 게터나 세터는 컴파일 시에 Lombok에서 자동으로 생성해 준다. 그리고 toUser() 메서드는 RegistrationForm의 속성 값을 갖는 새로운 User 객체를 생성한다. 이 객체는 리스트 4.9의 processRegistration() 메서드에서 UserRepository를 사용하여 저장된다.

리스트 4.9의 RegistrationController에는 PasswordEncoder가 주입된다는 것을 이미 알고 있다. 이것은 리스트 4.9의 바로 앞 코드에서 SecurityConfig 클래스에 추가했던 PasswordEncoder 빈과 똑같은 것이다. 폼 제출이 처리될 때 RegistrationController는 PasswordEncoder 객체(여기서는 BCryptPasswordEncoder)를 toUser() 메서드의 인자로 전달한다. 그리고 비밀번호가 데이터베이스에 저장되기 전에 toUser()는 PasswordEncoder 객체를 사용해서 암호화한다. 제출된 비밀번호는 이런 방법으로 암호화된 형태로 저장되며, 향후에 사용자 명세 서비스가 이 비밀번호를 사용해서 사용자를 인증한다.

이제는 타코 클라우드 애플리케이션의 사용자 등록과 인증 지원이 완성되었다. 그러나 지금은 애플리케이션을 시작해도 등록 페이지를 볼 수 없다. 기본적으로 모든 웹 요청은 인증이 필요하기 때문이다. 이 문제를 해결하기 위해 지금부터는 웹 요청의 보안을 처리하는 방법을 살펴본다.

4.3 웹 요청 보안 처리하기

타코를 디자인하거나 주문하기 전에 사용자를 인증해야 한다는 것이 타코 클라우드 애플리케이션의 보안 요구사항이다. 그러나 홈페이지, 로그인 페이지, 등록 페이지는 인증되지 않은 모든 사용자가 사용할 수 있어야 한다.

이런 보안 규칙을 구성하려면 이 장 앞의 리스트 4.1에서 보았던 것처럼 SecurityConfig 클래스에 다음의 configure(HttpSecurity) 메서드를 오버라이딩해야 한다.

```
@Override
protected void configure(HttpSecurity http) throws Exception {
  ...
}
```

이 configure() 메서드는 HttpSecurity 객체를 인자로 받는다. 이 객체는 웹 수준에서 보안을 처리하는 방법을 구성하는 데 사용된다. HttpSecurity를 사용해서 구성할 수 있는 것은 다음과 같다.

- HTTP 요청 처리를 허용하기 전에 충족되어야 할 특정 보안 조건을 구성한다.
- 커스텀 로그인 페이지를 구성한다.
- 사용자가 애플리케이션의 로그아웃을 할 수 있도록 한다.
- CSRF 공격으로부터 보호하도록 구성한다.

해당 요청 시에 사용자가 합당한 권한을 갖는지 확인하는 것이 HttpSecurity 구성에서 가장 많이 하는 것 중 하나다. 타코 클라우드 고객이 이런 보안 요구사항들을 충족하는지 확인하는 방법을 지금부터 알아보자.

4.3.1 웹 요청 보안 처리하기

/design과 /orders의 요청은 인증된 사용자에게만 허용되어야 한다. 그리고 이외의 모든 다른 요청은 모든 사용자에게 허용되어야 한다. 다음의 configure() 메서드에서는 이런 요

구사항을 정확하게 처리해 준다(tacos.security 패키지의 SecurityConfig 클래스의 configure (HttpSecurity) 메서드 코드를 다음과 같이 변경하자).

```
...
@Override
protected void configure(HttpSecurity http) throws Exception {
  http
    .authorizeRequests()
    .antMatchers("/design", "/orders")
    .hasRole("ROLE_USER")
    .antMatchers("/", "/**").permitAll();
}
```

authorizeRequests()는 ExpressionInterceptUrlRegistry 객체를 반환한다. 이 객체를 사용하면 URL 경로와 패턴 및 해당 경로의 보안 요구사항을 구성할 수 있다. 여기서는 두 가지 보안 규칙을 지정하였다.

- /design과 /orders의 요청은 ROLE_USER의 권한을 갖는 사용자에게만 허용된다.
- 이외의 모든 요청은 모든 사용자에게 허용된다.

이런 규칙을 지정할 때는 순서가 중요하다. antMatchers()에서 지정된 경로의 패턴 일치를 검사하므로 먼저 지정된 보안 규칙이 우선적으로 처리된다. 따라서 만일 앞 코드에서 두 개의 antMatchers() 순서를 바꾸면 모든 요청의 사용자에게 permitAll()이 적용되므로 /design과 /orders의 요청은 효력이 없어진다.

hasRole()과 permitAll()은 요청 경로의 보안 요구를 선언하는 메서드다. 표 4.1에서는 이때 사용 가능한 모든 메서드를 보여준다.

표 4.1 요청 경로가 보안 처리되는 방법을 정의하는 구성 메서드

메서드	하는 일
access(String)	인자로 전달된 SpEL 표현식이 true면 접근을 허용한다.
anonymous()	익명의 사용자에게 접근을 허용한다.
authenticated()	익명이 아닌 사용자로 인증된 경우 접근을 허용한다.
denyAll()	무조건 접근을 거부한다.
fullyAuthenticated()	익명이 아니거나 또는 remember-me(바로 아래 참조)가 아닌 사용자로 인증되면 접근을 허용한다.
hasAnyAuthority(String...)	지정된 권한 중 어떤 것이라도 사용자가 갖고 있으면 접근을 허용한다.
hasAnyRole(String...)	지정된 역할 중 어느 하나라도 사용자가 갖고 있으면 접근을 허용한다.

표 4.1 요청 경로가 보안 처리되는 방법을 정의하는 구성 메서드 (계속)

메서드	하는 일
hasAuthority(String)	지정된 권한을 사용자가 갖고 있으면 접근을 허용한다.
hasIpAddress(String)	지정된 IP 주소로부터 요청이 오면 접근을 허용한다.
hasRole(String)	지정된 역할을 사용자가 갖고 있으면 접근을 허용한다.
not()	다른 접근 메서드들의 효력을 무효화한다.
permitAll()	무조건 접근을 허용한다.
rememberMe()	remember-me(이전 로그인 정보를 쿠키나 데이터베이스로 저장한 후 일정 기간 내에 다시 접근 시 저장된 정보로 자동 로그인됨)를 통해 인증된 사용자의 접근을 허용한다.

표 4.1에 있는 대부분의 메서드는 요청 처리의 기본적인 보안 규칙을 제공한다. 그러나 각 메서드에 정의된 보안 규칙만 사용된다는 제약이 있다. 따라서 이의 대안으로 access() 메서드를 사용하면 더 풍부한 보안 규칙을 선언하기 위해 SpEL Spring Expression Language, 스프링 표현식 언어을 사용할 수 있다. 표 4.2에 볼 수 있듯이, 스프링 시큐리티에서는 SpEL을 확장하여 보안 관련 특정 값과 함수를 갖고 있다.

표 4.2 스프링 시큐리티에서 확장된 SpEL

보안 표현식	산출 결과
authentication	해당 사용자의 인증 객체
denyAll	항상 false를 산출한다.
hasAnyRole(역할 내역)	지정된 역할 중 어느 하나라도 해당 사용자가 갖고 있으면 true
hasRole(역할)	지정된 역할을 해당 사용자가 갖고 있으면 true
hasIpAddress(IP 주소)	지정된 IP 주소로부터 해당 요청이 온 것이면 true
isAnonymous()	해당 사용자가 익명 사용자이면 true
isAuthenticated()	해당 사용자가 익명이 아닌 사용자로 인증되었으면 true
isFullyAuthenticated()	해당 사용자가 익명이 아니거나 또는 remember-me가 아닌 사용자로 인증되었으면 true
isRememberMe()	해당 사용자가 remember-me 기능으로 인증되었으면 true
permitAll	항상 true를 산출한다.
principal	해당 사용자의 principal 객체

두 개의 표를 보면 알 수 있듯이, 표 4.2에 있는 대부분의 보안 표현식 확장과 유사한 기능의 메서드가 표 4.1에도 있다. 예를 들어, access() 메서드를 hasRole() 및 permitAll 표현식

과 함께 사용하면 리스트 4.11과 같이 configure() 메서드를 다시 작성할 수 있다.

리스트 4.11 스프링 표현식을 사용해서 인증 규칙 정의하기

```
@Override
protected void configure(HttpSecurity http) throws Exception {
  http
    .authorizeRequests()
    .antMatchers("/design", "/orders")
      .access("hasRole('ROLE_USER')")
    .antMatchers("/", "/**").access("permitAll");
}
```

이것만 보면 스프링 표현식이 대수롭지 않게 보일 수 있다. 이미 메서드 호출로 할 수 있는 것을 표현식으로도 되도록 한 것이기 때문이다. 그러나 이게 전부가 아니다. 표현식이 훨씬 더 유연하게 사용될 수 있다. 이럴 일은 별로 없겠지만 예를 들어, 화요일의 타코 생성은 ROLE_USER 권한을 갖는 사용자에게만 허용하고 싶다고 해보자. 이 경우 다음과 같이 변경된 configure() 버전을 작성할 수 있다.

```
@Override
protected void configure(HttpSecurity http) throws Exception {
  http
    .authorizeRequests()
      .antMatchers("/design", "/orders")
        .access("hasRole('ROLE_USER') && " +
          "T(java.util.Calendar).getInstance().get("+
          "T(java.util.Calendar).DAY_OF_WEEK) == " +
          "T(java.util.Calendar).TUESDAY")
      .antMatchers("/", "/**").access("permitAll");
}
```

SpEL을 사용하면 가능성은 무궁무진하므로 어떤 보안 규칙도 작성할 수 있다. 여러분도 틀림없이 SpEL 사용에 관심을 갖게 될 것이다.

타코 클라우드 애플리케이션의 인증 요구사항은 리스트 4.9처럼 간단하게 access()와 SpEL 표현식을 사용하면 해결할 수 있다. 지금부터는 타코 클라우드 애플리케이션에 적합한 로그인 페이지를 작성할 것이다.

4.3.2 커스텀 로그인 페이지 생성하기

이 장 앞에서 보았던 스프링이나 HTTP 기본 로그인 대화상자는 너무 평범해서 타코 클라우드 애플리케이션에는 적합하지 않다.

기본 로그인 페이지를 교체하려면 우선 우리의 커스텀 로그인 페이지가 있는 경로를 스프링 시큐리티에 알려주어야 한다. 이것은 `configure(HttpSecurity)` 메서드의 인자로 전달되는 `HttpSecurity` 객체의 `formLogin()`을 호출해서 할 수 있다(리스트 4.12의 진한 글씨 코드를 추가하자).

리스트 4.12 커스텀 로그인 페이지 경로 지정하기

```
@Override
protected void configure(HttpSecurity http) throws Exception {
  http
    .authorizeRequests()
    .antMatchers("/design", "/orders")
    .access("hasRole('ROLE_USER')")
    .antMatchers("/", "/**").access("permitAll")
    .and()
    .formLogin()
    .loginPage("/login");
}
```

`formLogin()` 호출 코드 앞에 `and()` 호출을 추가하여 인증 구성 코드와 연결시킨다는 것에 유의하자. `and()` 메서드는 인증 구성이 끝나서 추가적인 HTTP 구성을 적용할 준비가 되었다는 것을 나타낸다. `and()`는 새로운 구성을 시작할 때마다 사용할 수 있다.

`formLogin()`은 우리의 커스텀 로그인 폼을 구성하기 위해 호출한다. 그리고 그다음에 호출하는 `loginPage()`에는 커스텀 로그인 페이지의 경로를 지정한다. 그러면 사용자가 인증되지 않아 로그인이 필요하다고 스프링 시큐리티가 판단할 때 해당 경로로 연결해 준다.

이제는 해당 경로의 요청을 처리하는 컨트롤러를 제공해야 한다. 우리의 로그인 페이지는 뷰만 있어서 매우 간단하므로 `WebConfig`에 뷰 컨트롤러로 선언해도 충분하다. 다음의 `addViewControllers()` 메서드에서는 로그인 페이지의 뷰 컨트롤러를 설정한다. 여기에는 '/' 경로를 홈페이지 컨트롤러에 연관시키는 뷰 컨트롤러도 지정되어 있다(tacos/web 패키지 아래의 `WebConfig` 클래스에 있는 `addViewControllers()` 메서드에 진한 글씨 코드를 추가하자).

리스트 4.13 WebConfig에 뷰 컨트롤러 선언하기

```
...
@Override
public void addViewControllers(ViewControllerRegistry registry) {
  registry.addViewController("/").setViewName("home");
  registry.addViewController("/login");
}
```

또한, 로그인 페이지 자체를 정의해야 한다(리스트 4.10의 registration.html처럼 /src/main/resources/templates에 login.html을 생성한 후 생성된 코드를 삭제하고 다음의 HTML을 작성하자).

리스트 4.14 로그인 페이지 정의하기

```
<!DOCTYPE html>
<html xmlns="http://www.w3.org/1999/xhtml"
      xmlns:th="http://www.thymeleaf.org">
  <head>
    <meta charset="EUC-KR">
    <title>Taco Cloud</title>
  </head>

  <body>
    <h1>Login</h1>
    <img th:src="@{/images/TacoCloud.png}"/>

    <div th:if="${error}">
      Unable to login. Check your username and password.
    </div>

    <p>New here? Click
        <a th:href="@{/register}">here</a> to register.</p>

    <!-- tag::thAction[] -->
    <form method="POST" th:action="@{/login}" id="loginForm">
    <!-- end::thAction[] -->
      <label for="username">Username: </label>
      <input type="text" name="username" id="username" /><br/>
      <label for="password">Password: </label>
      <input type="password" name="password" id="password" /><br/>

      <input type="submit" value="Login"/>
    </form>
  </body>
</html>
```

이 로그인 페이지에서 주목할 부분은 POST 요청 경로 및 사용자 이름과 비밀번호 필드다. 기본적으로 스프링 시큐리티는 /login 경로로 로그인 요청을 처리하며, 사용자 이름과 비밀번호 필드의 이름은 username과 password로 간주한다. 그러나 이것은 우리가 구성할 수 있다. 예를 들어, 다음 구성에서는 로그인 경로와 필드 이름을 변경하여 사용한다.

```
.and()
.formLogin()
.loginPage("/login")
.loginProcessingUrl("/authenticate")
.usernameParameter("user")
.passwordParameter("pwd")
```

이 경우 스프링 시큐리티는 /authenticate 경로의 요청으로 로그인을 처리한다. 그리고 사용자 이름과 비밀번호 필드의 이름도 user와 pwd가 된다.

로그인하면 해당 사용자의 로그인이 필요하다고 스프링 시큐리티가 판단했을 당시에 사용자가 머물던 페이지로 바로 이동한다. 그러나 사용자가 직접 로그인 페이지로 이동했을 경우는 로그인한 후 루트 경로(예를 들어, 홈페이지)로 이동한다. 하지만 로그인한 후 이동할 페이지를 다음과 같이 변경할 수 있다.

```
.and()
.formLogin()
.loginPage("/login")
.defaultSuccessUrl("/design")
```

이 경우는 사용자가 직접 로그인 페이지로 이동한 후 로그인을 성공적으로 했다면 /design 페이지로 이동할 것이다.

또한, 사용자가 로그인 전에 어떤 페이지에 있었는 지와 무관하게 로그인 후에는 무조건 /design 페이지로 이동하도록 할 수도 있다. 이때는 defaultSuccessUrl의 두 번째 인자로 true를 전달하면 된다.

```
.and()
.formLogin()
.loginPage("/login")
.defaultSuccessUrl("/design", true)
```

이제는 우리의 커스텀 로그인 페이지를 처리할 수 있게 되었다. 다음은 사용자가 로그아웃을 하는 방법을 알아보자.

4.3.3 로그아웃하기

로그아웃도 로그인처럼 중요하다. 로그아웃을 하기 위해서는 `HttpSecurity` 객체의 `logout`을 호출해야 한다.

```
.and()
.logout()
.logoutSuccessUrl("/")
```

이 코드는 /logout의 POST 요청을 가로채는 보안 필터를 설정한다. 따라서 로그아웃 기능을 제공하기 위해 애플리케이션의 해당 뷰에 로그아웃 폼과 버튼을 추가해야 한다(이 작업은 4.5에서 할 것이다).

```
<form method="POST" th:action="@{/logout}">
  <input type="submit" value="Logout"/>
</form>
```

그리고 사용자가 로그아웃 버튼을 클릭하면 세션이 종료되고 애플리케이션에서 로그아웃된다. 이때 사용자는 기본적으로 로그인 페이지로 다시 이동된다. 그러나 다른 페이지로 이동시키고 싶다면, 로그아웃 이후에 이동할 페이지를 지정하여 `logoutSucessUrl()`을 호출하면 된다.

```
.and()
.logout()
.logoutSuccessUrl("/")
```

이 경우는 로그아웃 이후에 홈페이지로 이동된다.

4.3.4 CSRF 공격 방어하기

CSRFCross-Site Request Forgery(크로스 사이트 요청 위조)는 많이 알려진 보안 공격이다. 즉, 사용자가 웹사이트에 로그인한 상태에서 악의적인 코드(사이트 간의 요청을 위조하여 공격하는)가 삽입된 페이지를 열면 공격 대상이 되는 웹사이트에 자동으로 (그리고 은밀하게) 폼이 제출되고 이 사이트는 위조된 공격 명령이 믿을 수 있는 사용자로부터 제출된 것으로 판단하게 되어 공격에 노출된다. 예를 들어, 자동으로 해당 사용자의 거래 은행 웹사이트 URL(송금을 위한)로 다른 폼을 제출하는 공격자 웹사이트의 폼을 사용자가 볼 수 있다(단, 해당 은행의 웹사이트가 부실하게 설계되었거나 CSRF 공격에 취약할 경우다). 이 경우 사용자는 자신의 계좌에서 돈이 인출되었는지 실제 확인하지 않는 한 공격이 이루어졌다는 것을 모를 수 있다.

CSRF 공격을 막기 위해 애플리케이션에서는 폼의 숨김hidden 필드에 넣을 CSRF 토큰token을 생성할 수 있다. 그리고 해당 필드에 토큰을 넣은 후 나중에 서버에서 사용한다. 이후에 해당 폼이 제출될 때는 폼의 다른 데이터와 함께 토큰도 서버로 전송된다. 그리고 서버에서는 이 토큰을 원래 생성되었던 토큰과 비교하며, 토큰이 일치하면 해당 요청의 처리가 허용된다. 그러나 일치하지 않는다면 해당 폼은 토큰이 있다는 사실을 모르는 악의적인 웹사이트에서 제출된 것이다.

다행스럽게도 스프링 시큐리티에는 내장된 CSRF 방어 기능이 있다. 또한, 이 기능이 기본으로 활성화되어 있어서 우리가 별도로 구성할 필요가 없다. 단지 CSRF 토큰을 넣을 _csrf라는 이름의 필드를 애플리케이션이 제출하는 폼에 포함시키면 된다.

게다가 스프링 시큐리티에서는 CSRF 토큰을 넣는 것조차도 쉽게 해준다. _csrf라는 이름의 요청 속성에 넣으면 되기 때문이다. 이 경우 Thymeleaf 템플릿에서는 다음과 같이 숨김 필드에 CSRF 토큰을 나타낼 수 있다.

```
<input type="hidden" name="_csrf" th:value="${_csrf.token}"/>
```

만일 스프링 MVC의 JSP 태그 라이브러리 또는 Thymeleaf를 스프링 시큐리티 dialect와 함께 사용 중이라면 숨김 필드조차도 자동으로 생성되므로 우리가 지정할 필요 없다.

Thymeleaf에서는 <form> 요소의 속성 중 하나가 Thymeleaf 속성임을 나타내는 접두사를 갖도록 하면 된다. 이것은 Thymeleaf가 컨텍스트의 상대 경로를 나타내기 위해 흔히 하는 것이므로 문제가 되지 않는다. 예를 들어, Thymeleaf가 숨김 필드를 포함하도록 하기 위해 다음과 같이 th:action 속성만 지정하면 된다.

```
<form method="POST" th:action="@{/login}" id="loginForm">
```

CSRF 지원을 비활성화시킬 수도 있다. 그러나 절대로 그렇게 하지 말자. CSRF 방어는 중요하고 폼에서 쉽게 처리되므로 CSRF 지원을 굳이 비활성화할 이유가 없기 때문이다. 그러나 진정으로 그렇게 하고 싶다면 다음과 같이 disable()을 호출하면 된다.

```
.and()
.csrf()
.disable()
```

다시 말하지만, CSRF 지원을 비활성화하지 말자. 실제 업무용 애플리케이션에서는 특히 그렇다(단, REST API 서버로 실행되는 애플리케이션의 경우는 CSRF를 disable 해야 한다).

이번 장의 처음부터 지금까지 알아본 SecurityConfig 보안 구성 클래스의 최종 코드는 리스트 4.15와 같다. configure(AuthenticationManagerBuilder) 메서드에서는 제일 나중에 살펴본 사용자 명세 서비스를 기반으로 사용자 인증 정보를 구성한다. 각자 작성한 코드와 비교해 보자. 그리고 진한 글씨로 표시한 로그아웃과 CSRF 코드를 추가하자(세미콜론(;)은 제일 끝에 하나만 있어야 한다).

리스트 4.15 SecurityConfig 보안 구성 클래스의 최종 코드

```
package tacos.security;

import org.springframework.beans.factory.annotation.Autowired;
import org.springframework.context.annotation.Bean;
import org.springframework.context.annotation.Configuration;
import org.springframework.security.config.annotation
          .authentication.builders.AuthenticationManagerBuilder;
import org.springframework.security.config.annotation
          .web.builders.HttpSecurity;
import org.springframework.security.config.annotation.web
          .configuration.EnableWebSecurity;
import org.springframework.security.config.annotation.web
          .configuration.WebSecurityConfigurerAdapter;
import org.springframework.security.core.userdetails.UserDetailsService;
import org.springframework.security.crypto.bcrypt.BCryptPasswordEncoder;
import org.springframework.security.crypto.password.PasswordEncoder;

@Configuration
@EnableWebSecurity
public class SecurityConfig extends WebSecurityConfigurerAdapter {
  @Override
  protected void configure(HttpSecurity http) throws Exception {
    http
    .authorizeRequests()
      .antMatchers("/design", "/orders")
        .access("hasRole('ROLE_USER')")
      .antMatchers("/", "/**").access("permitAll")

    .and()
      .formLogin()
        .loginPage("/login")
```

```
      .and()
        .logout()
          .logoutSuccessUrl("/")

      .and()
        .csrf()
      ;
  }

  @Autowired
  private UserDetailsService userDetailsService;

  @Bean
  public PasswordEncoder encoder() {
    return new BCryptPasswordEncoder();
  }

  @Override
  protected void configure(AuthenticationManagerBuilder auth)
      throws Exception {
    auth
      .userDetailsService(userDetailsService)
      .passwordEncoder(encoder());
  }
}
```

이제는 타코 클라우드 애플리케이션의 웹 계층 보안에 관한 모든 것이 구성되었다. 무엇보다도 이제는 커스텀 로그인 페이지를 갖게 되었으며, JPA 기반의 사용자 리퍼지터리에 대한 사용자 인증을 할 수 있게 되었다. 지금부터는 로그인한 사용자에 관한 정보를 얻을 수 있는 방법을 알아보자.

4.4 사용자 인지하기

사용자가 로그인되었음을 아는 정도로는 충분하지 않을 때가 있다. 사용자 경험에 맞추려면 그들이 누구인지 아는 것도 중요하다.

예를 들어, OrderController에서 주문 폼과 바인딩되는 Order 객체를 최초 생성할 때 해당 주문을 하는 사용자의 이름과 주소를 주문 폼에 미리 넣을 수 있다면 좋을 것이다. 그러면 사용자가 매번 주문을 할 때마다 다시 입력할 필요가 없기 때문이다. 또한, 이보다 더 중요한 것으로 사용자 주문 데이터를 데이터베이스에 저장할 때 주문이 생성되는 User와 Order를 연관시킬 수 있어야 한다.

데이터베이스에서 Order 개체entity와 User 개체를 연관시키기 위해서는 리스트 4.16과 같이 Order 클래스에 새로운 속성을 추가해야 한다. 여기서는 Lombok을 사용하므로 속성의 게터와 세터는 우리가 작성할 필요가 없다(src/main/java 아래의 tacos 패키지에 있는 Order 클래스에 다음의 진한 글씨 코드를 추가하자).

리스트 4.16 Order 클래스에 새로운 속성 추가하기

```
...
import javax.persistence.ManyToOne;
...
@Data
@Entity
@Table(name="Taco_Order")
public class Order implements Serializable {

...
  private Date placedAt;

  @ManyToOne
  private User user;

...
}
```

user 속성의 @ManyToOne 애노테이션은 한 건의 주문이 한 명의 사용자에 속한다는 것을 나타낸다. 그리고 반대로 말해서, 한 명의 사용자는 여러 주문을 가질 수 있다.

주문을 처리하는 OrderController에서는 processOrder() 메서드가 주문을 저장하는 일을 수행한다. 따라서 인증된 사용자가 누구인지 결정한 후, Order 객체의 setUser()를 호출하여 해당 주문을 사용자와 연결하도록 processOrder() 메서드를 수정해야 한다.

사용자가 누구인지 결정하는 방법은 여러 가지가 있으며, 그중 가장 많이 사용되는 방법은 다음과 같다.

- Principal 객체를 컨트롤러 메서드에 주입한다.
- Authentication 객체를 컨트롤러 메서드에 주입한다.
- SecurityContextHolder를 사용해서 보안 컨텍스트를 얻는다.
- @AuthenticationPrincipal 애노테이션을 메서드에 지정한다.

예를 들어, processOrder() 메서드에서 java.security.Principal 객체를 인자로 받도록 수정할 수 있다. 그다음에 이 객체의 name 속성을 사용해서 UserRepository의 사용자를 찾을 수 있다(다음 코드는 참고만 하자).

```
@PostMapping
public String processOrder(@Valid Order order, Errors errors,
    SessionStatus sessionStatus,
    Principal principal) {
  ...
  User user = userRepository.findByUsername(principal.getName());

  order.setUser(user);
  ...
}
```

이 코드는 잘 동작한다. 그러나 보안과 관련 없는 코드가 혼재한다. Principal 대신 Authentication 객체를 인자로 받도록 processOrder()를 변경할 수도 있다(다음 코드도 참고만 하자).

```
@PostMapping
public String processOrder(
    @Valid Order order,
    Errors errors,
    SessionStatus sessionStatus,
    Authentication authentication) {
  ...
  User user = (User) authentication.getPrincipal();

  order.setUser(user);
  ...
}
```

이 코드에서는 Authentication 객체를 얻은 다음에 getPrincipal()을 호출하여 Principal 객체(여기서는 User)를 얻는다. 단, getPrincipal()은 java.util.Object 타입을 반환하므로 User 타입으로 변환해야 한다.

그러나 다음과 같이 processOrder()의 인자로 User 객체를 전달하는 것이 가장 명쾌한 해결 방법일 것이다. 여기서는 이 방법을 사용한다. 단, User 객체에 @AuthenticationPrincipal 애노테이션을 지정해야 한다(src/main/java 아래의 tacos.web에 있는 OrderController 클래스의 processOrder() 메서드에 진한 글씨 코드를 추가하자).

리스트 4.17 **OrderController의 processOrder() 변경하기**

```
...
import org.springframework.security.core.annotation.AuthenticationPrincipal;
...
import tacos.User;
...
@PostMapping
public String processOrder(@Valid Order order,
                      Errors errors, SessionStatus sessionStatus
                      , @AuthenticationPrincipal User user) {
  if (errors.hasErrors()) {
    return "orderForm";
  }

  order.setUser(user);

  orderRepo.save(order);
  sessionStatus.setComplete();

  return "redirect:/";
}
...
```

@AuthenticationPrincipal의 장점은 타입 변환이 필요 없고 Authentication과 동일하게 보안 특정 코드만 갖는다. 일단, User 객체가 processOrder()에 전달되면 해당 주문(Order 객체)에서 사용할 준비가 된 것이다.

보안 특정 코드가 많아서 조금 어렵게 보이지만 인증된 사용자가 누구인지 식별하는 방법이 하나 더 있다. 즉, 보안 컨텍스트로부터 Authentication 객체를 얻은 후 다음과 같이 Principal 객체(인증된 사용자를 나타냄)를 요청하면 된다. 이때도 반환되는 객체를 User 타입으로 변환해야 한다.

```
Authentication authentication =
    SecurityContextHolder.getContext().getAuthentication();
User user = (User) authentication.getPrincipal();
```

이 코드에는 보안 특정 코드가 많다. 그러나 지금까지 얘기한 다른 방법에 비해서 한 가지 장점이 있다. 즉, 이 방법은 컨트롤러의 처리 메서드는 물론이고, 애플리케이션의 어디서든 사용할 수 있다는 것이다.

사용자와 주문을 연관시키는 것에 추가하여 현재 주문을 하는 인증된 사용자의 이름과 주소를 주문 폼에 미리 채워서 보여줄 수 있다면 더욱 좋을 것이다. 그러면 사용자가 매번 주문을 할 때마다 이름과 주소를 다시 입력할 필요가 없기 때문이다. 리스트 4.18과 같이 OrderController의 orderForm() 메서드를 변경하자.

리스트 4.18 **OrderController의 orderForm() 변경하기**

```
...
import org.springframework.web.bind.annotation.ModelAttribute;
...
@GetMapping("/current")
public String orderForm(@AuthenticationPrincipal User user,
                        @ModelAttribute Order order) {
  if (order.getDeliveryName() == null) {
    order.setDeliveryName(user.getFullname());
  }
  if (order.getDeliveryStreet() == null) {
    order.setDeliveryStreet(user.getStreet());
  }
  if (order.getDeliveryCity() == null) {
    order.setDeliveryCity(user.getCity());
  }
  if (order.getDeliveryState() == null) {
    order.setDeliveryState(user.getState());
  }
  if (order.getDeliveryZip() == null) {
    order.setDeliveryZip(user.getZip());
  }

  return "orderForm";
}
...
```

여기서는 인증된 사용자(User 객체)를 메서드 인자로 받아서(리스트 4.17처럼 @AuthenticationPrincipal을 사용) 해당 사용자의 이름과 주소를 Order 객체의 각 속성에 설정한다. 이렇게 하면 주문의 GET 요청이 제출될 때 해당 사용자의 이름과 주소가 미리 채워진 상태로 주문 폼이 전송될 수 있다.

주문 외에도 인증된 사용자 정보를 활용할 곳이 하나 더 있다. 즉, 사용자가 원하는 식자재를 선택하여 타코를 생성하는 디자인 폼에는 현재 사용자의 이름을 보여줄 것이다(폼 변경은 4.5에서 한다). 이때 리스트 4.6의 바로 앞에서 생성했던 UserRepository의 findByUsername() 메서드를 사용해서 현재 디자인 폼으로 작업 중인 인증된 사용자를 찾아야 한다. tacos.web 패키지에 있는 DesignTacoController의 생성자와 showDesignForm() 메서드를 리스트 4.19와 같이 변경하자.

리스트 4.19 **DesignTacoController의 showDesignForm() 변경하기**

```
...
import java.security.Principal;

import tacos.data.UserRepository;
import tacos.User;
...

public class DesignTacoController {

  private final IngredientRepository ingredientRepo;

  private TacoRepository tacoRepo;

  private UserRepository userRepo;

  @Autowired
  public DesignTacoController(
        IngredientRepository ingredientRepo,
        TacoRepository tacoRepo,
        UserRepository userRepo) {
    this.ingredientRepo = ingredientRepo;
    this.tacoRepo = tacoRepo;
    this.userRepo = userRepo;
  }

  ...

  @GetMapping
  public String showDesignForm(Model model, Principal principal) {

    ...
    for (Type type : types) {

      model.addAttribute(type.toString().toLowerCase(),
          filterByType(ingredients, type));
    }

    model.addAttribute("taco", new Taco());

    String username = principal.getName();
    User user = userRepo.findByUsername(username);
    model.addAttribute("user", user);

    return "design";
  }

  ...

}
```

4.5 각 폼에 로그아웃 버튼 추가하고 사용자 정보 보여주기

마지막으로, 로그아웃 버튼과 사용자 정보를 보여주는 필드를 각 폼에 추가할 것이다.

우선, 사용자가 타코를 생성할 수 있는 디자인 페이지로 이동하는 참조와 로그아웃 버튼을 홈페이지에 추가하자(src/main/resources 아래의 templates에 있는 **home.html**을 열고 다음의 진한 글씨 코드를 추가한다).

리스트 4.20 홈페이지에 로그아웃 버튼 추가하기

```
<!DOCTYPE html>
<html xmlns="http://www.w3.org/1999/xhtml"
      xmlns:th="http://www.thymeleaf.org">

  ...
  <body>
    <h1>Welcome to...</h1>
    <img th:src="@{/images/TacoCloud.png}"/>

    <form method="POST" th:action="@{/logout}" id="logoutForm">
      <input type="submit" value="Logout"/>
    </form>

    <a th:href="@{/design}" id="design">Design a taco</a>
  </body>
</html>
```

다음은 사용자가 원하는 타코를 생성할 수 있는 디자인 페이지에 로그아웃 버튼을 추가하자. 또한, 현재 사용자의 이름을 보여주는 필드도 추가한다(src/main/resources 아래의 templates에 있는 **design.html**을 열고 다음의 진한 글씨 코드를 추가한다).

리스트 4.21 타코 디자인 페이지에 로그아웃 버튼 추가하기

```
<html xmlns="http://www.w3.org/1999/xhtml"
      xmlns:th="http://www.thymeleaf.org">

  ...

  <body>
    <h1>Design your taco!</h1>
    <h2>Feelin' hungry, <span th:text="${user.fullname}">NAME</span>?</h2>
    <img th:src="@{/images/TacoCloud.png}"/>

    <form method="POST" th:action="@{/logout}" id="logoutForm">
      <input type="submit" value="Logout"/>
    </form>
```

```
    <form th:method="POST" th:object="${taco}" th:action="@{/design}"
          id="tacoForm">
      <span class="validationError">

      ...

    </form>
  </body>
</html>
```

다음은 사용자가 생성한 타코를 주문할 수 있는 주문 페이지에 로그아웃 버튼을 추가하자(src/main/resources 아래의 templates에 있는 **orderForm.html**을 열고 다음의 진한 글씨 코드를 추가한다).

리스트 4.22 주문 페이지에 로그아웃 버튼 추가하기

```
<!DOCTYPE html>
<html xmlns="http://www.w3.org/1999/xhtml"
      xmlns:th="http://www.thymeleaf.org">

  ...

  <body>

    <form method="POST" th:action="@{/logout}" id="logoutForm">
      <input type="submit" value="Logout"/>
    </form>

    <form method="POST" th:action="@{/orders}" th:object="${order}"
          id="orderForm">
      <h1>Order your taco creations!</h1>

      <img th:src="@{/images/TacoCloud.png}"/>

      <h3>Your tacos in this order:</h3>

      <a th:href="@{/design}" id="another">Design another taco</a><br/>
      ...
    </form>
  </body>
</html>
```

이제는 타코 클라우드 애플리케이션에서 필요한 스프링 시큐리티 구성, 커스텀 사용자 스토어 구성, 로그인 페이지 작성, 인증된 사용자 정보 파악이 모두 완료되었다. 애플리케이션을 시작하고 웹 브라우저에서 홈페이지(http://localhost:8080)로 접속해 보자.

왼쪽 아래의 **'Design a taco'**를 클릭하면 로그인 페이지가 나타날 것이다. 그리고 **here**를 클릭하면 등록Register 페이지가 나온다. Username에 **user1**을 입력하고, Password와 Confirm password에는 모두 **password1**을 입력한다(각자 원하는 값을 입력해도 된다). 그리고 Full name에 **홍길동**을 입력하고 Street와 City에도 원하는 도로명과 도시를 입력한 후 **Register** 버튼을 누르면 다시 로그인 페이지로 돌아온다. 방금 등록한 **user1**과 **password1**을 각각 Username과 Password에 입력한 후 Login 버튼을 누르면 타코 디자인 페이지가 나타날 것이다.

이 페이지 위쪽에는 'Feelin' hungry, 홍길동?' 메시지가 보이고 중간에는 Logout 버튼이 보일 것이다. 각자 좋아하는 토르티아, 치즈, 소스, 고기, 채소를 선택하고 제일 밑의 필드에 타코 이름을 입력한 후 **'Submit your taco'**를 클릭하자. 그러면 제일 위에 Logout 버튼이 있고 방금 생성한 타코 이름을 같이 보여주는 주문 페이지가 나타날 것이다(사용자가 자신을 등록할 때 입력했던 사용자 이름, 주소 등도 같이 나타난다). 형식에 맞게(특히 신용카드 번호) 모든 필드의 값을 입력한 후 **'Submit order'**를 클릭하면 주문 데이터가 저장되고 다시 홈페이지가 나타난다.

이 상태에서 **'Design a taco'**를 클릭하면 다시 타코 디자인 페이지로 이동하여 계속 타코를 생성하고 주문할 수 있다. 그러나 **Logout** 버튼을 클릭한 후 **'Design a taco'**를 클릭하면 이번에는 로그인 페이지가 나타나므로 다시 로그인해야 한다. 여기까지 제대로 되었으면 지금까지 노력한 결과를 보상받은 것이다. 만일 에러가 생긴다면 어떤 것인지 살펴보고 이번 장에서 작성했던 관련 코드를 재검토해 보기 바란다. 책의 내용대로 했다면 에러는 생기지 않을 것이다.

요약

- 스프링 시큐리티의 자동-구성은 보안을 시작하는 데 좋은 방법이다. 그러나 대부분의 애플리케이션에서는 나름의 보안 요구사항을 충족하기 위해 별도의 보안 구성이 필요하다.
- 사용자 정보는 여러 종류의 사용자 스토어에 저장되고 관리될 수 있다. 예를 들어, 관계형 데이터베이스, LDAP 등이다.
- 스프링 시큐리티는 자동으로 CSRF 공격을 방어한다.
- 인증된 사용자에 관한 정보는 `SecurityContext` 객체(`SecurityContextHolder.getContext()`에서 반환됨)를 통해서 얻거나, `@AuthenticationPrincipal`을 사용해서 컨트롤러에 주입하면 된다.

CHAPTER

5 구성 속성 사용하기

이 장에서 배우는 내용

- 자동-구성되는 빈 조정하기
- 구성 속성을 애플리케이션 컴포넌트에 적용하기
- 스프링 프로파일 사용하기

아이폰이 처음 나왔을 때를 기억하는가? 작고 평평하며 네모난 금속판과 유리로 만든 아이폰은 그 당시 전화기와는 전혀 다른 모습이었다. 그리고 아직까지도 통신 방법에 관한 모든 것을 변화시키며 현대의 스마트폰 시대를 이끌고 있다. 터치 가능한 스마트폰은 이전 세대의 플립폰보다 여러 면에서 더 쉽게 사용할 수 있고 기능도 더 좋다. 그러나 아이폰이 처음 나왔을 때는 과연 얼마나 잘 쓸 수 있을지 상상하기 어려웠던 것이 사실이다.

여러 면에서 스프링 부트의 자동-구성autoconfiguration도 이와 유사하다. 자동-구성은 스프링 애플리케이션 개발을 굉장히 단순화해 준다. 그러나 스프링 XML 구성으로 속성 값을 설정하던 지난 10년간은 명시적으로 빈을 구성하지 않고는 속성을 설정하는 마땅한 방법이 없었다.

다행스럽게도 스프링 부트는 구성 속성configuration property을 사용하는 방법을 제공한다. 스프링 애플리케이션 컨텍스트에서 구성 속성은 빈의 속성이다. 그리고 JVM 시스템 속성, 명령행 인자, 환경 변수 등의 여러 가지 원천 속성 중에서 설정할 수 있다.

이 장에서는 타코 클라우드 애플리케이션에 새로운 기능을 구현하는 것을 잠시 멈추고 구성 속성의 이모저모를 살펴볼 것이다. 구성 속성을 알아 두면 이후의 진도를 나가는 데 확실히 도움이 되기 때문이다. 우선, 스프링 부트가 자동으로 구성하는 것을 세부 조정하기 위해 구성 속성을 사용하는 방법부터 알아보자.

5.1 자동-구성 세부 조정하기

구성 속성을 더 자세히 알아보기에 앞서, 스프링에는 다음 두 가지 형태의 서로 다르면서도 관련이 있는 구성이 있다는 것을 아는 것이 중요하다.

- **빈 연결**Bean wiring: 스프링 애플리케이션 컨텍스트에서 빈으로 생성되는 애플리케이션 컴포넌트 및 상호 간에 주입되는 방법을 선언하는 구성
- **속성 주입**Property injection: 스프링 애플리케이션 컨텍스트에서 빈의 속성 값을 설정하는 구성

이 두 가지 구성은 스프링의 XML 구성과 자바 기반 구성 모두에서 종종 같은 곳에 선언된다. 자바 기반 구성에서 @Bean 애노테이션이 지정된 메서드는 사용하는 빈의 인스턴스를 생성하고 속성 값도 설정한다. 예를 들어, 스프링에 내장된 H2 데이터베이스를 DataSource로 선언하는 다음의 @Bean 지정 메서드를 생각해 보자.

```
@Bean
public DataSource dataSource() {
  return new EmbeddedDatabaseBuilder()
      .setType(EmbeddedDatabaseType.H2)
      .addScript("schema.sql")
      .addScripts("user_data.sql", "ingredient_data.sql")
      .build();
}
```

여기서 EmbeddedDatabaseBuilder는 내장embedded 데이터베이스(H2, HSQL, DERBY 중 하나)를 구성하는 클래스이며, addScript()와 addScripts() 메서드는 하나 또는 여러 개의 속성을 SQL 스크립트 파일의 이름으로 설정한다. 이 경우 해당 DataSource(여기서는 H2)가 준비되면 각 스크립트의 SQL이 실행되어 데이터베이스에 적용된다. 만일 스프링 부트를 사용 중이 아니라면 이 메서드(dataSource())는 DataSource 빈을 구성할 수 있는 방법이 된다. 그러나 스프링 부트를 사용 중일 때는 자동-구성이 DataSource 빈을 구성해 주므로 dataSource() 메서드가 필요 없다.

만일 H2 의존성 라이브러리를 런타임 시에 classpath에서 찾아 사용할 수 있다면, 스프링 부트는 해당 빈을 자동으로 찾아 스프링 애플리케이션 컨텍스트에 생성한다. 그리고 해당 빈이 SQL 스크립트인 schema.sql(데이터베이스 스키마 생성용)과 data.sql(초기 데이터 추가용)의 SQL을 실행하여 데이터베이스에 적용시킨다(이것은 3장과 4장에서 이미 했다).

그러나 SQL 스크립트 파일의 이름을 다르게 지정하고 싶거나 3개 이상을 지정해야 한다면? 바로 이럴 때 구성 속성을 사용할 수 있다. 그러나 구성 속성을 사용하기에 앞서 그런 속성들이 어디에서 나오는지 알아야 한다.

5.1.1 스프링 환경 추상화 이해하기

스프링 환경 추상화environment abstraction는 구성 가능한 모든 속성을 한 곳에서 관리하는 개념이다. 즉, 속성의 근원을 추상화하여 각 속성을 필요로 하는 빈이 스프링 자체에서 해당 속성을 사용할 수 있게 해준다. 스프링 환경에서는 다음과 같은 속성의 근원으로부터 원천 속성을 가져온다.

- JVM 시스템 속성
- 운영체제의 환경 변수
- 명령행 인자command-line argument
- 애플리케이션의 속성 구성 파일

그런 다음에 스프링 환경에서는 이 속성들을 한 군데로 모은 후 각 속성이 주입되는 스프링 빈을 사용할 수 있게 해준다. 그림 5.1에서는 스프링 환경 추상화를 통해 어떻게 원천 속성들이 스프링 빈에게 전달되는지 보여준다.

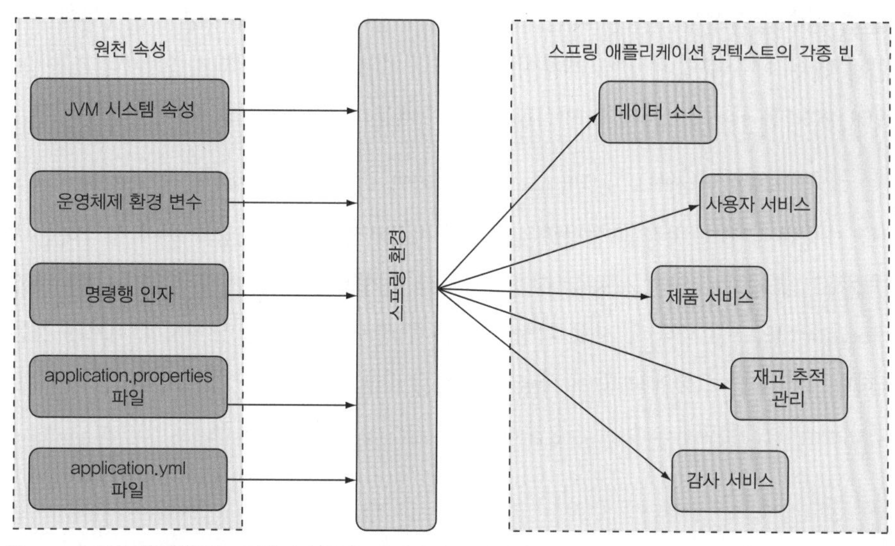

그림 5.1 스프링 환경에서는 원천 속성들을 가져와서 애플리케이션 컨텍스트의 빈이 사용할 수 있게 해준다

스프링 부트에 의해 자동으로 구성되는 빈들은 스프링 환경으로부터 가져온 속성들을 사용해서 구성될 수 있다. 간단한 예로, 애플리케이션을 실행해 주는 서블릿 컨테이너가 8080 기본 포트가 아닌 다른 포트로 작동하게 한다면 다음과 같이 다른 포트 값을 갖는 server.port 속성을 src/main/resources/application.properties 파일에 지정하면 된다.

```
server.port=9090
```

구성 속성을 설정할 때 YAML(YAML Ain't Markup Language)을 주로 사용한다면 application.properties 파일 대신 src/main/resources/application.yml에 server.port 값을 설정하면 된다.

```
server:
  port: 9090
```

또한, 애플리케이션을 시작할 때 명령행 인자로 server.port 속성을 지정할 수도 있다.

```
$ java -jar tacocloud-0.0.5-SNAPSHOT.jar --server.port=9090
```

만일 애플리케이션에서 항상 특정 포트를 사용하게 하고 싶다면 다음과 같이 운영체제 환경 변수에 설정하면 된다.

```
$ export SERVER_PORT=9090
```

단, 환경 변수로 속성을 설정할 때는 속성 이름의 형태가 약간 달라진다. 운영체제 나름대로 환경 변수 이름 규칙이 있기 때문이다. 그러나 이것은 문제가 되지 않는다. 스프링에서 SERVER_PORT를 server.port로 인식할 수 있기 때문이다.

이처럼 구성 속성을 설정하는 방법에는 여러 가지가 있다. 그리고 이 책의 14장에서는 구성 서버를 사용해서 구성 속성을 설정하는 방법을 배울 것이다. 스프링의 빈이 동작하는 방법을 변경하고 조정하기 위해 사용할 수 있는 구성 속성에는 수백 가지가 있다. 방금 보았던 server.port도 그중 하나다. 사용 가능한 모든 구성 속성을 이번 장에서 살펴보는 것은 불가능하다. 그렇지만 그중에서 많이 사용하는 가장 유용한 구성 속성들을 살펴볼 것이다. 우선, 자동-구성된 데이터 소스를 조정할 수 있는 속성들부터 알아보자.

5.1.2 데이터 소스 구성하기

현재 시점에서 타코 클라우드 애플리케이션은 아직 완성되지 않았다. 그리고 이후 몇 개 장에 나올 주제를 살펴본 후 완료할 것이다. 예를 들어, 데이터 소스로 사용하는 내장 H2 데이터베이스는 현재의 우리 요구사항을 충족시켜 준다. 그러나 프로덕션production, 운영 환경에 사용하게 될 때는 더 확실한 데이터베이스 솔루션을 원하게 될 것이다.

데이터 소스의 경우는 우리 나름의 `DataSource` 빈을 명시적으로 구성할 수 있다. 그러나 스프링 부트 사용 시는 그럴 필요 없으며, 대신에 구성 속성을 통해서 해당 데이터베이스의 URL과 인증을 구성하는 것이 더 간단하다. 예를 들어, 로컬 호스트의 MySQL 데이터베이스를 사용한다면 다음의 구성 속성을 application.yml 파일에 추가하면 된다(이 파일의 생성 방법은 리스트 5.6의 설명을 참고하자).

```
spring:
  datasource:
    url: jdbc:mysql://localhost/tacocloud
    username: tacodb
    password: tacopassword
```

그다음에 적합한 JDBC 드라이버를 추가해야 하지만, 구체적인 JDBC 드라이버 클래스를 지정할 필요는 없다. 스프링 부트가 데이터베이스 URL로부터 찾을 수 있기 때문이다. 그러나 만일 문제가 생긴다면 다음과 같이 `spring.datasource.driver-class-name` 속성을 설정하면 된다.

```
spring:
  datasource:
    url: jdbc:mysql://localhost/tacocloud
    username: tacodb
    password: tacopassword
    driver-class-name: com.mysql.jdbc.Driver
```

그러면 이 `DataSource` 빈을 자동-구성할 때 스프링 부트가 이런 속성 설정을 연결 데이터로 사용한다. 또한, 톰캣의 JDBC 커넥션 풀connection pool을 classpath에서 자동으로 찾을 수 있다면 `DataSource` 빈이 그것을 사용한다. 그러나 그렇지 않다면 스프링 부트는 다음 중 하나의 다른 커넥션 풀을 classpath에서 찾아 사용한다.

- HikariCP
- Commons DBCP 2

이것이 스프링 부트의 자동-구성을 통해서 사용 가능한 커넥션 풀이다. 그러나 우리가 원하는 DataSource 빈을 명시적으로 구성하면 어떤 커넥션 풀도 사용할 수 있다.

애플리케이션이 시작될 때 데이터베이스를 초기화하는 SQL 스크립트의 실행 방법을 이번 장 앞에서 얘기했었다. 이때 다음과 같이 spring.datasource.schema와 spring.datasource.data 속성을 사용하면 더 간단하게 지정할 수 있다.

```
spring:
  datasource:
    schema:
      - order-schema.sql
      - ingredient-schema.sql
      - taco-schema.sql
      - user-schema.sql
    data:
      - ingredients.sql
```

또는 명시적인 데이터 소스 구성 대신 JNDI(Java Naming and Directory Interface)에 구성하는 것을 원할 수도 있다. 이때는 다음과 같이 spring.datasource.jndi-name 속성을 구성하면 스프링이 찾아준다.

```
spring:
  datasource:
    jndi-name: java:/comp/env/jdbc/tacoCloudDS
```

단, spring.datasource.jndi-name 속성을 설정하면 기존에 설정된 다른 데이터 소스 구성 속성은 무시된다.

5.1.3 내장 서버 구성하기

server.port 속성을 사용하여 서블릿 컨테이너의 포트를 설정하는 방법은 이미 알아보았다. 그런데 만일 server.port가 0으로 설정되면 어떻게 될까?

```
server:
  port: 0
```

이처럼 우리가 server.port를 0으로 설정하더라도 서버는 0번 포트로 시작하지 않는다. 대신에 사용 가능한 포트를 무작위로 선택하여 시작된다. 이것은 자동화된 통합 테스트를 실행할 때 유용하다. 즉, 동시적으로 실행되는 어떤 테스트도 같은 포트 번호로 인한 충돌이 생기지 않기 때문이다. 이것은 또한 마이크로서비스microservice와 같이 애플리케이션이 시작되는 포트가 중요하지 않을 때도 유용하다(마이크로서비스는 13장에서 알아볼 것이다).

서버에 관련해서는 포트 외에도 중요한 것이 더 있다. 그중 하나가 HTTPS 요청 처리를 위한 컨테이너 관련 설정이다. 이때는 JDK의 keytool 명령행 유틸리티를 사용해서 키스토어keystore를 생성하는 것이 가장 먼저 할 일이다.

```
$ keytool -keystore mykeys.jks -genkey -alias tomcat -keyalg RSA
```

keytool이 실행되면 저장 위치 등의 여러 정보를 입력받는데, 무엇보다 우리가 입력한 비밀번호password를 잘 기억해 두는 것이 중요하다. 여기서는 letmein을 비밀번호로 지정하였다.

키스토어 생성이 끝난 후에는 내장 서버의 HTTPS를 활성화하기 위해 몇 가지 속성을 설정해야 한다. 이 속성들은 모두 명령행에 지정할 수 있다. 그러나 그렇게 하는 것은 굉장히 불편하다. 대신에 application.properties 또는 다음과 같이 application.yml 파일에 설정하는 것이 좋다.

```
server:
  port: 8443
  ssl:
    key-store: file:///path/to/mykeys.jks
    key-store-password: letmein
    key-password: letmein
```

여기서 server.port 속성은 8443으로 설정되었다. 이 값은 개발용 HTTPS 서버에 많이 사용된다. server.ssl.key-store 속성은 키스토어 파일이 생성된 경로로 설정되어야 한다. 여기서는 운영체제의 파일 시스템에서 키스토어 파일을 로드하기 위해 file://를 URL로 지정하였다. 그러나 애플리케이션 JAR 파일에 키스토어 파일을 넣는 경우는 classpath:를 URL로 지정하여 참조해야 한다.

그리고 server.ssl.key-store-password와 server.ssl.key-password 속성에는 키스토어를 생성할 때 지정했던 비밀번호를 설정한다.

이 모든 속성이 제대로 설정되면 우리 애플리케이션은 8443 포트의 HTTPS 요청을 기다린다. 각자 사용 중인 웹 브라우저에 따라 다르겠지만, 이 시점에서 브라우저로 접속하면 사이트의 보안 연결이 되지 않아 주의를 요한다는 서버 관련 경고 메시지를 보여줄 것이다. 그러나 애플리케이션 개발 중에 로컬 호스트localhost로 작동할 때는 신경 쓰지 않아도 된다.

5.1.4 로깅 구성하기

대부분의 애플리케이션은 어떤 형태로든 로깅logging을 제공한다. 설사 우리 애플리케이션이 직접 로깅을 하지 않더라도 애플리케이션에서 사용하는 라이브러리가 자신의 활동을 로깅할 것이다.

기본적으로 스프링 부트는 INFO 수준level으로 콘솔에 로그 메시지를 쓰기 위해 Logback (http://logback.qos.ch)을 통해 로깅을 구성한다. 애플리케이션을 실행할 때 이미 많은 양의 INFO 수준 항목(메시지)들을 콘솔의 애플리케이션 로그에서 보았을 것이다.

로깅 구성을 제어할 때는 classpath의 루트(src/main/resources)에 logback.xml 파일을 생성할 수 있다. 간단히 사용할 수 있는 logback.xml 파일의 예를 보면 다음과 같다.

```
<configuration>
  <appender name="STDOUT" class="ch.qos.logback.core.ConsoleAppender">
    <encoder>
      <pattern>
        %d{HH:mm:ss.SSS} [%thread] %-5level %logger{36} - %msg%n
      </pattern>
    </encoder>
  </appender>
  <logger name="root" level="INFO"/>
  <root level="INFO">
    <appender-ref ref="STDOUT" />
  </root>
</configuration>
```

로깅에 사용되는 패턴을 제외하면 이 Logback 구성은 logback.xml 파일이 없을 때의 기본 로깅 구성과 동일하다. 그러나 logback.xml 파일을 수정하면 우리가 원하는 형태로 애플리케이션 로그 파일을 제어할 수 있다.[9]

로깅 구성에서 가장 많이 변경하는 것은 로깅 수준과 로그를 수록할 파일이다. 스프링 부트의 구성 속성을 사용하면 logback.xml 파일을 **생성하지 않고** 그것을 변경할 수 있다.

9 어떤 것을 logback.xml 파일에 수록할 수 있는지는 이 책의 범위를 벗어나므로 더 자세한 정보는 Logback 문서를 참고하자.

로깅 수준을 설정할 때는 `logging.level`을 접두어로 갖는 속성들을 생성한다. 그리고 그다음에 로깅 수준을 설정하기 원하는 로거logger의 이름을 붙인다. 예를 들어, 루트의 로깅 수준을 WARN으로 하되, 스프링 시큐리티의 로그는 DEBUG 수준으로 설정하고 싶다고 해보자. 이때는 application.yml에 다음 항목을 지정하면 된다.

```
logging:
  level:
    root: WARN
    org:
      springframework:
        security: DEBUG
```

또한, 알아보기 쉽도록 스프링 시큐리티 패키지 이름을 붙여서 한 줄로 지정할 수도 있다.

```
logging:
  level:
    root: WARN
    org.springframework.security: DEBUG
```

그다음에 로그 항목들을 /var/logs/ 경로의 TacoCloud.log 파일에 수록하고 싶다고 해보자. 이때는 다음과 같이 `logging.path`와 `logging.file` 속성을 사용하면 된다.

```
logging:
  path: /var/logs/
  file: TacoCloud.log
  level:
    root: WARN
    org:
      springframework:
        security: DEBUG
```

이 경우 애플리케이션이 /var/logs/에 대해 쓰기 퍼미션을 갖고 있다면 로그 항목들이 /var/logs/TacoCloud.log에 수록될 것이다. 기본적인 로그 파일의 크기인 10MB가 가득 차게 되면 새로운 로그 파일이 생성되어 로그 항목이 계속 수록된다(스프링 2.0부터는 날짜별로 로그 파일이 남으며, 지정된 일 수가 지난 로그 파일은 삭제된다).

5.1.5 다른 속성의 값 가져오기

하드코딩된 String과 숫자 값으로만 속성 값을 설정해야 하는 것은 아니다. 대신에 다른 구성 속성으로부터 값을 가져올 수도 있다.

예를 들어, greeting.welcome이라는 속성을 또 다른 속성인 spring.application.name의 값으로 설정하고 싶다고 해보자. 이때는 다음과 같이 ${}를 사용해서 greeting.welcome을 설정할 수 있다.

```
greeting:
  welcome: ${spring.application.name}
```

또한, 다른 텍스트 속에 ${}를 포함시킬 수도 있다.

```
greeting:
  welcome: You are using ${spring.application.name}.
```

지금까지 보았듯이, 구성 속성을 사용해서 스프링 자체의 컴포넌트를 구성하면 해당 컴포넌트의 속성 값을 쉽게 주입할 수 있고 자동-구성을 세부 조정할 수 있다. 그러나 구성 속성은 스프링이 생성하는 빈에만 사용할 수 있는 것이 아니다. 약간의 노력으로 우리 빈에도 구성 속성을 사용할 수 있다. 어떻게 하는지 알아보자.

5.2 우리의 구성 속성 생성하기

이번 장 앞에서 애기했듯이, 구성 속성은 빈의 속성일 뿐이며, 스프링의 환경 추상화로부터 여러 가지 구성을 받기 위해 설계되었다. 그런데 그런 구성들을 사용한다는 것을 어떻게 빈에 나타낼 수 있을까?

구성 속성의 올바른 주입을 지원하기 위해 스프링 부트는 @ConfigurationProperties 애노테이션을 제공한다. 그리고 어떤 스프링 빈이건 이 애노테이션이 지정되면, 해당 빈의 속성들이 스프링 환경의 속성으로부터 주입될 수 있다.

@ConfigurationProperties가 어떻게 동작하는지 알아보기 위해 다음의 ordersForUser() 메서드를 OrderController에 추가하자. 이 메서드에서는 인증된 사용자의 주문들을 List에 저장한다(4장까지 작성된 taco-cloud 프로젝트를 STS에서 열고 src/main/java 아래의 tacos.web 패키지에 있는 OrderController 클래스 내부에 추가한 후 저장한다).

리스트 5.1 OrderController에 ordersForUser() 메서드 추가하기

```
...
@GetMapping
public String ordersForUser(
    @AuthenticationPrincipal User user, Model model) {
  model.addAttribute("orders",
      orderRepo.findByUserOrderByPlacedAtDesc(user));

  return "orderList";
}
...
```

이와 더불어, 다음 메서드도 OrderRepository에 추가하고 저장하자(OrderRepository는 src/main/java 아래의 tacos.data 패키지에 있다).

리스트 5.2 findByUserOrderByPlacedAtDesc() 메서드 추가하기

```
...
import java.util.List;
import tacos.User;
...
public interface OrderRepository extends CrudRepository<Order, Long> {
    List<Order> findByUserOrderByPlacedAtDesc(User user);
}
```

이 리퍼지터리 메서드의 이름은 OrderByPlacedAtDesc 절clause을 사용해서 지정되었다는 것에 주목하자. 여기서 OrderBy 부분은 결과를 정렬하는 기준이 되는 속성(이 경우는 placedAt)을 나타낸다. 그리고 제일 끝의 Desc는 내림차순 정렬descending order이 실행되게 한다. 따라서 결과로 반환되는 주문 List는 가장 최근 주문부터 오래된 주문의 순서로 정렬된다(이와 같은 메서드 이름 분석의 자세한 내용은 3장의 3.2.4를 참고하자).

코드에 있듯이, ordersForUser() 메서드는 사용자가 여러 번 주문을 했을 때 유용하게 사용할 수 있다. 그러나 최근 몇 개의 주문이 브라우저에 나타나는 것은 유용하지만, 수백 개의 주문을 여러 페이지에 걸쳐 봐야 한다면 피곤할 것이다. 예를 들어, 가장 최근의 20개 주문만 나타나도록 조회 주문 수를 제한하고 싶다고 해보자. 이때는 ordersForUser() 메서드(리스트 5.1)를 리스트 5.3과 같이 변경할 수 있다.

리스트 5.3 ordersForUser() 메서드 변경하기

```
...
import org.springframework.data.domain.PageRequest;
import org.springframework.data.domain.Pageable;
```

```
...
@GetMapping
public String ordersForUser(
    @AuthenticationPrincipal User user, Model model) {

  Pageable pageable = PageRequest.of(0, 20);
  model.addAttribute("orders",
      orderRepo.findByUserOrderByPlacedAtDesc(user, pageable));

  return "orderList";
}
```

또한, OrderRepository의 메서드도 리스트 5.4와 같이 변경해야 한다(변경 후에 저장하면 리스트 5.3의 에러가 해결된다).

리스트 5.4 **findByUserOrderByPlacedAtDesc() 메서드 변경하기**

```
...
import org.springframework.data.domain.Pageable;
...
List<Order> findByUserOrderByPlacedAtDesc(User user, Pageable pageable);
...
```

여기서는 Pageable 객체를 인자로 받기 위해 findByUserOrderByPlacedAtDesc() 메서드의 시그니처를 변경하였다. 스프링 데이터의 Pageable 인터페이스를 사용하면 페이지 번호와 크기로 결과의 일부분을 선택할 수 있다. ordersForUser() 컨트롤러 메서드에서는 페이지 크기가 20(해당 사용자의 가장 최근 주문 중 20개까지 갖는)인 첫 번째 페이지(페이지 0)를 요청하기 위해 Pageable을 구현한 PageRequest 객체를 생성한다.

이 코드는 잘 동작한다. 그러나 페이지 크기를 하드코딩했다는 것이 좀 거슬린다. 만일 한 페이지에 20개가 너무 많아서 향후에 10개로 줄이려고 한다면? 현재는 페이지 크기가 하드코딩되어 있으므로 애플리케이션을 다시 빌드 및 배포해야 할 것이다.

이때는 커스텀 구성 속성을 사용해서 페이지 크기를 설정할 수 있다. 우선, pageSize라는 새로운 속성을 OrderController에 추가해야 한다. 그다음에 @ConfigurationProperties 애노테이션을 OrderController에 지정하면 된다(리스트 5.5).

리스트 5.5 **OrderController에 구성 속성 추가하기**

```
...
import org.springframework.boot.context.properties.ConfigurationProperties;
...
```

```java
@Controller
@RequestMapping("/orders")
@SessionAttributes("order")
@ConfigurationProperties(prefix="taco.orders")
public class OrderController {

  private int pageSize = 20;

  public void setPageSize(int pageSize) {
    this.pageSize = pageSize;
  }

  ...

  @GetMapping
  public String ordersForUser(
      @AuthenticationPrincipal User user, Model model) {

    Pageable pageable = PageRequest.of(0, pageSize);
    model.addAttribute("orders",
        orderRepo.findByUserOrderByPlacedAtDesc(user, pageable));

    return "orderList";
  }
}
```

리스트 5.5의 코드에서 가장 중요한 변화는 @ConfigurationProperties이며, 이 애노테이션에 지정된 접두어는 taco.orders다. 따라서 pageSize 구성 속성 값을 설정할 때는 taco.orders.pageSize라는 이름을 사용해야 한다.

리스트 5.5의 코드에 지정되었듯이, 새로운 pageSize 속성의 기본값은 20이다. 그러나 taco.orders.pageSize를 사용해서 어떤 값으로도 쉽게 변경할 수 있다. 예를 들어, 다음과 같이 application.yml에 이 속성을 설정하면 된다(만일 application.yml 파일이 없다면 다음과 같이 생성하자. 탐색기 창의 **/src/main/resources**에서 오른쪽 마우스 버튼을 누른 후 **New ⇨ File**을 선택하면 파일 생성 대화상자가 나타난다. **taco-cloud/src/main/resources**가 선택된 상태에서 파일 이름에 **application.yml**을 입력한 후 **Finish**를 클릭한다. 그리고 리스트 5.6의 속성 설정을 입력하고 저장하자).

리스트 5.6 application.yml에 구성 속성 설정하기

```yaml
taco:
  orders:
    pageSize: 10
```

또는 애플리케이션을 프로덕션에서 사용 중에 빨리 변경해야 한다면, 다음과 같이 환경 변수에 taco.orders.pageSize 속성을 설정할 수도 있다. 이때는 애플리케이션을 다시 빌드 및 배포하지 않아도 된다.

```
$ export TACO_ORDERS_PAGESIZE=10
```

다음으로 구성 데이터를 속성 홀더property holder에 설정하는 방법을 알아본다.

5.2.1 구성 속성 홀더 정의하기

@ConfigurationProperties가 반드시 컨트롤러나 특정 빈에만 사용될 수 있는 것은 아니다. 실제로 @ConfigurationProperties는 구성 데이터의 홀더로 사용되는 빈에 지정되는 경우가 많다. 그리고 이렇게 하면 컨트롤러와 이외의 다른 애플리케이션 클래스 외부에 구성 관련 정보를 따로 유지할 수 있다. 또한, 여러 빈에 공통적인 구성 속성을 쉽게 공유할 수 있다.

OrderController의 pageSize 속성의 경우는 이 속성을 별개의 홀더 클래스로 추출할 수 있다. 리스트 5.7에서는 OrderProps를 홀더 클래스로 사용한다(src/main/java 아래의 tacos.web 패키지에 OrderProps 클래스를 생성하고 리스트 5.7의 진한 글씨 코드를 입력하자).

리스트 5.7 **pageSize 속성을 홀더 클래스로 추출하기**

```
package tacos.web;

import org.springframework.boot.context.properties.
                                        ConfigurationProperties;
import org.springframework.stereotype.Component;
import lombok.Data;

@Component
@ConfigurationProperties(prefix="taco.orders")
@Data
public class OrderProps {

  private int pageSize = 20;

}
```

OrderController에서 했듯이, 여기서도 pageSize 속성의 기본값은 20이며, OrderProps 클래스에는 접두어로 taco.orders를 갖는 @ConfigurationProperties가 지정되었다.

또한, @Component가 지정되었으므로, 스프링 컴포넌트 검색에서 OrderProps를 자동으로 찾은 후 스프링 애플리케이션 컨텍스트의 빈으로 생성해 준다. 이것은 중요하다. 왜냐하면 다음 단계에서 OrderProps 빈을 OrderController에 주입할 것이기 때문이다.

OrderProps와 같은 구성 속성 홀더 클래스에 특별한 것은 없다. 구성 속성 홀더는 스프링 환경으로부터 주입되는 속성들을 갖는 빈이므로 해당 속성들이 필요한 다른 빈에 주입될 수 있다. 따라서 OrderController에서는 기존의 pageSize 속성을 제거하고 OrderProps 빈을 주입해서 사용하면 된다.

리스트 5.8 **OrderController 변경하기**

```
...
import org.springframework.boot.context.properties.ConfigurationProperties;
...
@Controller
@RequestMapping("/orders")
@SessionAttributes("order")
@ConfigurationProperties(prefix="taco.orders")
public class OrderController {

  private int pageSize = 20;

  public void setPageSize(int pageSize) {
    this.pageSize = pageSize;
  }
  private OrderProps props;

  private OrderRepository orderRepo;

  public OrderController(OrderRepository orderRepo,
          OrderProps props) {
    this.orderRepo = orderRepo;
    this.props = props;
  }

  ...

  @GetMapping
  public String ordersForUser(
          @AuthenticationPrincipal User user, Model model) {

    Pageable pageable = PageRequest.of(0, props.getPageSize());
    model.addAttribute("orders",
        orderRepo.findByUserOrderByPlacedAtDesc(user, pageable));

    return "orderList";
  }

  ...

}
```

이제는 OrderController가 직접 pageSize 구성 속성을 처리할 필요 없다. 따라서 OrderController의 코드가 더 깔끔해지며, 해당 속성이 필요한 다른 빈에서 OrderProps의 속성들을 재사용할 수 있다. 게다가 주문에 관련된 구성 속성들을 한군데(OrderProps 클래스)에 모아 둘 수 있다. 따라서 해당 속성들의 추가, 삭제, 이름 변경 등을 해야 할 때는 OrderProps만 변경하면 된다.

예를 들어, 여러 다른 빈에서 pageSize 속성을 사용하는데, 이 속성의 값이 5부터 25 사이인지 검사하는 애노테이션(@Validated, @Min, @Max)을 적용하기로 해보자. 이 경우 홀더 빈이 없다면 OrderController, pageSize 속성, 그리고 pageSize 속성을 사용하는 모든 다른 클래스에 일일이 검사 애노테이션을 추가해야 한다. 그러나 여기서는 OrderProps로 pageSize 속성을 추출했으므로 다음과 같이 OrderProps만 변경하면 된다(리스트 5.7의 OrderProps 클래스를 리스트 5.9와 같이 변경하자).

리스트 5.9 OrderProps 클래스 변경하기

```
package tacos.web;

import javax.validation.constraints.Max;
import javax.validation.constraints.Min;
import org.springframework.validation.annotation.Validated;
...

@Component
@ConfigurationProperties(prefix="taco.orders")
@Data
@Validated
public class OrderProps {

  @Min(value=5, message="must be between 5 and 25")
  @Max(value=25, message="must be between 5 and 25")
  private int pageSize = 20;
}
```

이처럼 구성 속성 홀더 빈을 사용하면 구성 속성 관련 코드를 한군데에 모아둘 수 있으므로 해당 속성을 사용하는 클래스들의 코드가 더 깔끔해진다.

5.2.2 구성 속성 메타데이터 선언하기

우선 리스트 5.6에서 작성한 application.yml을 편집기에서 열자. 각자 사용하는 IDE에 따라 다를 수 있지만, application.yml의 taco.orders.pageSize 항목에서 Unknown Property 'taco'와 같은 경고 메시지가 나타날 수 있다. 이것은 리스트 5.7에서 생성한 pageSize 구성 속성에 관한 메타데이터가 없어서 그렇다. STSSpring Tool Suite에서 taco.orders.pageSize 속성의 taco 부분에 마우스 커서를 대면 그림 5.2와 같은 경고 메시지가 나타난다(F2 키를 누르면 더 상세하게 메시지를 볼 수 있다).

그림 5.2 **구성 속성의 메타데이터가 없음을 알려주는 경고 메시지**

구성 속성 메타데이터는 선택적이므로 설사 없더라도 구성 속성이 동작하는 데 문제가 생기지는 않는다. 그러나 메타데이터가 있으면 해당 구성 속성에 관해 최소한의 정보를 제공해주므로 유용하다(특히, STS 등의 IDE 사용 시).

예를 들어, server.address 속성에 마우스 커서를 놓고 F2 키를 누르면 그림 5.3과 같이 이 속성의 정보를 더 자세히 보여준다. 물론 이것은 최소한의 정보다. 그러나 해당 속성이 어디에 그리고 어떻게 사용되는지 이해하는 데 도움이 될 수 있다.

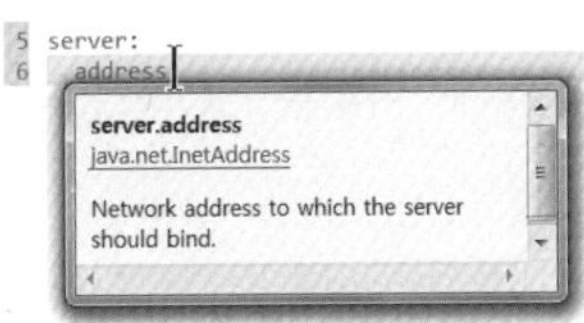

그림 5.3 **STS에서 보여주는 구성 속성의 메타데이터**

우리가 정의한 구성 속성들을 사용할 수 있는 사람들(우리 자신이 될 수도 있다)을 돕기 위해 해당 속성들에 관한 메타데이터를 생성하는 것이 좋다. 그리고 이렇게 하면 최소한 IDE의 성가신 경고 메시지는 나타나지 않는다.

그에 앞서 우선, 다음과 같이 spring-boot-configuration-processor(스프링 부트 구성 처리기) 의존성을 pom.xml 파일에 추가하자(진한 글씨 부분).

```
  <dependency>
      <groupId>org.springframework.boot</groupId>
      <artifactId>
          spring-boot-configuration-processor
      </artifactId>
      <optional>true</optional>
  </dependency>
</dependencies>
```

spring-boot-configuration-processor는 `@ConfigurationProperties` 애노테이션이 지정된 애플리케이션 클래스에 관한 메타데이터를 생성하는 애노테이션 처리기다. 그리고 생성된 메타데이터는 application.yml이나 application.properties를 작성할 때 자동-완성 기능 제공 및 속성의 문서를 보여주기 위해 STS와 같은 IDE에서 사용된다.

그다음에 우리의 커스텀 구성 속성에 관한 메타데이터를 생성하려면 프로젝트의 src/main/resources/META-INF 아래에 additional-spring-configuration-metadata.json이라는 이름의 파일을 생성해야 한다.

탐색기 창의 **/src/main/resources**에서 오른쪽 마우스 버튼을 누른 후 **New** ⇨ **Folder**를 선택한다. 그리고 대화상자에서 폴더 이름을 **META-INF**로 입력하고 **Finish** 버튼을 눌러서 META-INF 폴더를 생성한다. 그다음에 이 폴더에서 오른쪽 마우스 버튼을 누른 후 **New** ⇨ **File**을 선택하면 파일 생성 대화상자가 나타난다. **taco-cloud/src/main/resources/META-INF**가 선택된 상태에서 파일 이름에 **additional-spring-configuration-metadata.json**을 입력한 후 **Finish**를 클릭한다.

그다음에 리스트 5.10의 메타데이터를 입력하고 저장하자. 이것은 JSON 형식으로 된 `taco.orders.pageSize` 속성의 메타데이터다.

리스트 5.10 **taco.orders.pageSize 속성의 메타데이터**

```
{
  "properties": [
    {
      "name": "taco.orders.page-size",
      "type": "int",
      "description": "Sets the maximum number of orders to display in a list."
    }
  ]
}
```

여기서는 메타데이터에서 참조되는 속성 이름을 `taco.orders.page-size`로 지정하였다. 그러나 스프링 부트는 속성 이름을 유연하게 처리하므로 `taco.orders.page-size`와 `taco.orders.pageSize`를 같은 것으로 간주한다.

메타데이터가 생성되면 application.yml의 경고 메시지(그림 5.2)가 없어질 것이다. 또한, `taco.orders.pageSize` 속성에 마우스 커서를 대고 **F2** 키를 누르면 그림 5.4와 같이 메타데이터를 도움말로 보여준다.

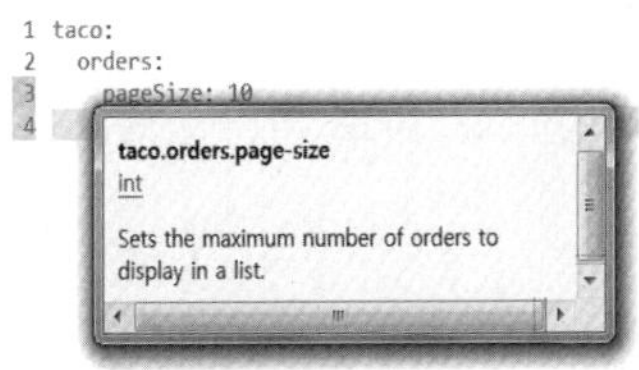

그림 5.4 커스텀 구성 속성의 도움말로 나타나는 메타데이터

이와 더불어 스프링 자체에서 제공하는 구성 속성처럼 STS IDE의 자동-완성 기능도 사용할 수 있다(application.yml 파일에서 현재 내용을 삭제하고 **taco**를 입력하면 보여준다).

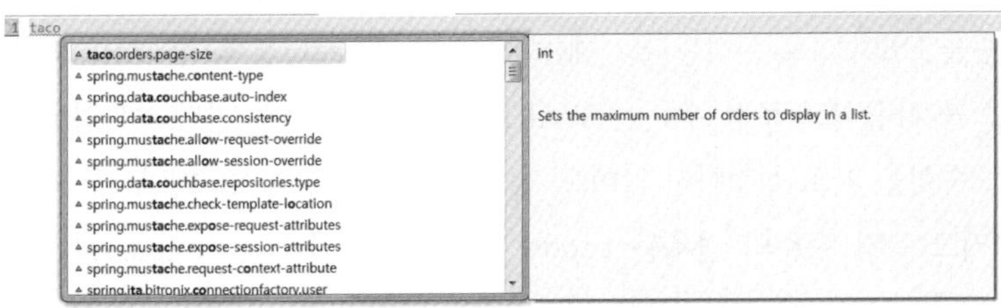

그림 5.5 구성 속성의 메타데이터는 해당 속성의 자동-완성 기능을 활성화해 준다

지금까지 보았듯이, 우리 애플리케이션 빈은 물론 자동-구성되는 컴포넌트 모두를 변경하는 데 구성 속성이 유용하다. 그러나 서로 다른 설치 환경에 서로 다른 속성을 구성해야 한다면? 지금부터는 환경에 특화된 구성을 설정하기 위해 스프링 프로파일profile을 사용하는 방법을 알아보자.

5.3 프로파일 사용해서 구성하기

애플리케이션이 서로 다른 런타임 환경에 배포, 설치될 때는 대개 구성 명세가 달라진다. 예를 들어, 데이터베이스 연결 명세가 개발 환경과 다를 것이고, 프로덕션 환경과도 여전히 다를 것이다. 이때는 각 환경의 속성들을 application.properties나 application.yml에 정의하는 대신, 운영체제의 환경 변수를 사용해서 구성하는 것이 한 가지 방법이다.

예를 들어, 개발 시점에는 자동-구성된 내장 H2 데이터베이스를 사용할 수 있다. 그러나 프로덕션 환경에서는 다음과 같이 환경 변수로 데이터베이스 구성 속성을 설정해야 한다.

```
% export SPRING_DATASOURCE_URL=jdbc:mysql://localhost/tacocloud
% export SPRING_DATASOURCE_USERNAME=tacouser
% export SPRING_DATASOURCE_PASSWORD=tacopassword
```

하지만 하나 이상의 구성 속성을 환경 변수로 지정하는 것은 번거롭다. 게다가 환경 변수의 변경을 추적 관리하거나 오류가 있을 경우에 변경 전으로 바로 되돌릴 수 있는 방법이 마땅치 않다.

따라서 필자는 이 방법 대신 스프링 프로파일의 사용을 선호한다. 런타임 시에 활성화active 되는 프로파일에 따라 서로 다른 빈, 구성 클래스, 구성 속성들이 적용 또는 무시되도록 하는 것이 프로파일이다.

예를 들어, 개발과 디버깅 목적으로 내장 H2 데이터베이스를 사용하고, 타코 클라우드 코드의 로깅 수준을 DEBUG로 설정한다고 해보자. 그러나 프로덕션 환경에서는 외부의 MySQL 데이터베이스를 사용하고 로깅 수준은 WARN으로 설정하고자 한다. 이 경우 개발 시에는 데이터 소스 속성을 따로 설정하지 않아도 자동-구성된 H2 데이터베이스를 충분히 사용할 수 있다. 그리고 로깅 수준의 경우는 `tacos` 기본 패키지의 `logging.level.tacos` 속성을 application.yml에 DEBUG로 설정하면 된다.

```
logging:
  level:
    tacos: DEBUG
```

개발 환경에서 필요한 것은 이게 전부다. 그러나 application.yml을 변경하지 않고 이 애플리케이션을 프로덕션 환경에 배포 및 설치한다면, `tacos` 패키지의 DEBUG 로깅 수준과 내장 H2 데이터베이스 사용은 여전히 그대로일 것이다.

바로 이럴 때 프로덕션 환경에 적합한 속성들을 설정하는 프로파일을 정의해야 한다.

5.3.1 프로파일 특정 속성 정의하기

프로파일에 특정한 속성을 정의하는 한 가지 방법은 프로덕션 환경의 속성들만 포함하는 또 다른 .yml이나 .properties 파일을 생성하는 것이다. 이때 파일 이름은 다음 규칙을 따라야 한다. 즉, application-{프로파일 이름}.yml 또는 application-{프로파일 이름}.properties다. 그다음에 해당 프로파일에 적합한 구성 속성들을 지정할 수 있다. 예를 들어, 다음과 같은 속성들을 지정한 application-prod.yml이라는 새로운 파일을 생성할 수 있다.

```
spring:
  datasource:
    url: jdbc:mysql://localhost/tacocloud
```

```
    username: tacouser
    password: tacopassword
logging:
  level:
    tacos: WARN
```

또한, YAML 구성에서만 가능한 또 다른 방법으로 프로파일 특정 속성을 정의할 수도 있다. 이때는 프로파일에 특정되지 않고 공통으로 적용되는 기본 속성과 함께 프로파일 특정 속성을 application.yml에 지정할 수 있다. 즉, 프로파일에 특정되지 않는 기본 속성 다음에 3개의 하이픈(---)을 추가하고 그다음에 해당 프로파일의 이름을 나타내는 `spring.profiles` 속성을 지정하면 된다. 이 방법으로 application.yml에 프로덕션 환경 속성을 지정한 예를 보면 다음과 같다.

```
logging:
  level:
    tacos: DEBUG

---
spring:
  profiles: prod
  datasource:
    url: jdbc:mysql://localhost/tacocloud
    username: tacouser
    password: tacopassword

logging:
  level:
  tacos: WARN
```

이 application.yml 파일은 3개의 하이픈(---)을 기준으로 두 부분으로 구분된다. 그리고 두 번째 부분에서는 `spring.profiles`의 값을 지정하고 있으며, 이후의 속성 설정은 `prod` 프로파일에만 적용됨을 나타낸다. 이와는 달리 첫 번째 부분에서는 `spring.profiles`의 값을 지정하지 않았다. 따라서 이 부분의 속성 설정은 모든 프로파일에 공통으로 적용되며, 만일 이 부분의 속성과 같은 속성을 활성화된 프로파일에서 설정하지 않으면 해당 속성의 기본 설정이 된다.

애플리케이션이 실행될 때 활성화되는 프로파일과 무관하게, `tacos` 패키지의 로깅 수준은 기본 프로파일에 설정된 속성에 의해 DEBUG로 설정된다. 그러나 만일 `prod` 프로파일이 활성화되면 `logging.level.tacos` 속성의 값은 `WARN`으로 변경된다. 또한, `datasource` 속성들은 외부의 MySQL 데이터베이스를 사용하도록 설정된다.

application-{프로파일 이름}.yml 또는 application-{프로파일 이름}.properties 형식의 이름을 갖는 파일들을 추가로 생성하면, 우리가 필요한만큼 얼마든지 많은 프로파일로 속성을 정의할 수 있다. 또는 우리가 원한다면 application.yml에 3개의 하이픈(---)을 입력한 후 프로파일 이름을 나타내는 또 다른 spring.profiles 속성을 지정하여 우리가 필요한 모든 프로파일 특정 속성을 추가할 수 있다.

5.3.2 프로파일 활성화하기

프로파일 특정 속성들의 설정은 해당 프로파일이 활성화되어야 유효하다. 그렇다면 어떻게 프로파일을 활성화할 수 있을까? spring.profiles.active 속성에 지정하면 된다. 예를 들어, 다음과 같이 application.yml에 설정할 수 있다.

```
spring:
  profiles:
    active:
    - prod
```

그러나 이것은 가장 좋지 않은 프로파일 활성화 방법일 것이다. 만일 application.yml에서 활성화 프로파일을 설정하면 해당 프로파일이 기본 프로파일이 된다. 따라서 프로덕션 환경 특정 속성을 개발 속성과 분리시키기 위해 프로파일을 사용하는 장점을 전혀 살릴 수 없게 된다. 그러므로 이 방법 대신에 환경 변수를 사용해서 활성화 프로파일을 설정할 것을 권한다. 이때는 다음과 같이 프로덕션 환경의 SPRING_PROFILES_ACTIVE를 설정할 수 있다.

```
% export SPRING_PROFILES_ACTIVE=prod
```

이렇게 하면 해당 컴퓨터에 배포되는 어떤 애플리케이션에서도 prod 프로파일이 활성화된다. 따라서 이 프로파일의 속성이 기본 프로파일의 동일한 속성보다 더 높은 우선순위를 갖도록 적용될 것이다.

만일 실행 가능한 JAR 파일로 애플리케이션을 실행한다면, 다음과 같이 명령행 인자로 활성화 프로파일을 설정할 수도 있다.

```
% java -jar taco-cloud.jar --spring.profiles.active=prod
```

spring.profiles.active 속성에는 여러 개의 프로파일이 포함될 수 있다. 즉, 하나 이상의 활성화 프로파일을 지정할 수 있다는 의미다. 이런 경우, 환경 변수를 사용해서 프로파일을 활성화할 때는 쉼표(,)를 사용해서 지정한다.

```
% export SPRING_PROFILES_ACTIVE=prod,audit,ha
```

그러나 YAML에서는 다음과 같이 지정하면 된다.

```
spring:
  profiles:
  active:
    - prod
    - audit
    - ha
```

만일 스프링 애플리케이션을 클라우드 파운드리Cloud Foundry[10]에 배포할 때는 cloud라는 이름의 프로파일이 자동으로 활성화된다는 것을 알아 두자. 따라서 클라우드 파운드리가 우리의 프로덕션 환경이라면 cloud 프로파일 아래에 프로덕션 환경의 특정 속성들을 지정해야 한다.

그러나 스프링 애플리케이션에서 조건별로 구성 속성을 설정할 때만 프로파일이 유용한 것은 아니다. 지금부터는 활성화 프로파일에 빈을 선언하는 방법을 알아볼 것이다.

5.3.3 프로파일을 사용해서 조건별로 빈 생성하기

서로 다른 프로파일 각각에 적합한 빈들을 제공하는 것이 유용할 때가 있다. 일반적으로 자바 구성 클래스에 선언된 빈은 활성화되는 프로파일과는 무관하게 생성된다. 그러나 특정 프로파일이 활성화될 때만 생성되어야 하는 빈들이 있다고 해보자. 이 경우 @Profile 애노테이션을 사용하면 지정된 프로파일에만 적합한 빈들을 나타낼 수 있다.

예를 들어, TacoCloudApplication에는 CommandLineRunner 빈이 선언되어 있다. 그리고 애플리케이션이 시작될 때마다 식자재ingredient 데이터를 내장 데이터베이스에 로드하기 위해 CommandLineRunner 빈이 사용된다. 이것은 개발 시점에는 좋다. 그러나 프로덕션 환경에 애플리케이션을 사용할 때는 불필요하고 우리가 원하는 것도 아니다. 이 경우 다음과 같

10 옮긴이 클라우드 파운드리는 애플리케이션의 개발, 배포, 확장을 위한 오픈소스/멀티 클라우드 PaaS(Platform as a Service)이며, 클라우드 파운드리 재단에 의해 최초 개발되었다(PaaS는 인터넷으로 애플리케이션 설계/개발/배포할 때 필요한 하드웨어와 소프트웨어를 제공하는 플랫폼을 말한다).

이 CommandLineRunner 빈 메서드에 @Profile을 지정하면, 프로덕션 환경에서 애플리케이션이 시작될 때마다 식자재 데이터가 로드되는 것을 방지할 수 있다.

```
@Bean
@Profile("dev")
public CommandLineRunner dataLoader(IngredientRepository repo,
      UserRepository userRepo, PasswordEncoder encoder) {
  ...
}
```

또는 dev 프로파일이나 qa 프로파일 중 하나가 활성화될 때 CommandLineRunner 빈이 생성되어야 한다고 해보자. 이때는 이 빈이 생성되어야 하는 프로파일들을 함께 지정할 수 있다.

```
@Bean
@Profile({"dev", "qa"})
public CommandLineRunner dataLoader(IngredientRepository repo,
      UserRepository userRepo, PasswordEncoder encoder) {
  ...
}
```

이렇게 하면 dev 프로파일이나 qa 프로파일 중 하나가 활성화될 때만 식자재 데이터가 로드될 것이다. 단, 개발 환경에서 애플리케이션이 실행될 때는 dev 프로파일을 활성화해 주어야 한다는 것에 유의하자. 또한, prod 프로파일이 활성화되지 않을 때는 CommandLineRunner 빈이 항상 생성되도록 한다면 더 편리할 것이다. 이때는 다음과 같이 @Profile을 지정할 수 있다.

```
@Bean
@Profile("!prod")
public CommandLineRunner dataLoader(IngredientRepository repo,
      UserRepository userRepo, PasswordEncoder encoder) {
  ...
}
```

여기서 느낌표(!)는 부정의 의미이므로 prod 프로파일이 활성화되지 않을 경우 CommandLineRunner 빈이 생성됨을 나타낸다.

@Profile은 @Configuration이 지정된 클래스 전체에 대해 사용할 수도 있다. 예를 들어, DevelopmentConfig라는 이름의 구성 클래스로 CommandLineRunner 빈을 주입할 때 다

음과 같이 @Profile을 DevelopmentConfig에 지정할 수 있다.

```
@Profile({"!prod", "!qa"})
@Configuration
public class DevelopmentConfig {

  @Bean
  public CommandLineRunner dataLoader(IngredientRepository repo,
        UserRepository userRepo, PasswordEncoder encoder) {
    ...
  }
}
```

이 경우는 prod 프로파일과 qa 프로파일 모두 활성화되지 않을 때만 CommandLineRunner 빈이 생성된다(DevelopmentConfig에 정의된 다른 빈도 마찬가지다).

요약

- 스프링 빈에 @ConfigurationProperties를 지정하면 여러 가지 원천 속성으로부터 구성 속성 값의 주입을 활성화할 수 있다.
- 구성 속성은 명령행 인자, 환경 변수, JVM 시스템 속성, 속성 파일, YAML 파일, 커스텀 속성 등에서 설정할 수 있다.
- 데이터 소스 URL과 로깅 수준의 지정을 포함해서 구성 속성은 스프링의 자동-구성 설정을 변경하는 데 사용할 수 있다.
- 스프링 프로파일은 활성화된 프로파일을 기반으로 구성 속성을 설정하기 위해 사용할 수 있다.

PART

2

통합된 스프링

2부의 6장부터 9장까지는 스프링 애플리케이션을 다른 애플리케이션과 통합하는 데 도움을 주는 주제를 다룬다.

6장에서는 스프링에서 REST API를 작성하는 방법을 살펴보면서 2장에서 시작했던 스프링 MVC를 더 폭넓게 다룰 것이다. 즉, 스프링 MVC에서 REST 엔드포인트(endpoint)를 정의하고, 하이퍼링크(hyperlink) REST 리소스를 활성화하고, 스프링 데이터 REST를 사용해서 리퍼지터리 기반의 REST 엔드포인트를 자동으로 생성하는 방법을 살펴볼 것이다. 7장에서는 스프링 애플리케이션에서 REST API를 사용할 수 있는 방법을 보여준다. 8장에서는 JMS(Java Message Service)와 RabbitMQ 및 카프카(Kafka)를 사용해서 스프링 애플리케이션이 메시지를 주고받을 수 있도록 비동기 통신을 사용하는 방법을 알아본다. 그리고 끝으로 9장에서는 스프링 통합(Spring Integration) 프로젝트를 사용해서 선언적(declarative) 애플리케이션 통합 방법을 알아본다. 이때 실시간 데이터 처리, 통합 흐름 정의, 이메일과 파일 시스템 같은 외부 시스템과의 통합을 다룬다.

PART 2

Integrated Spring

CHAPTER

6

REST 서비스 생성하기

이 장에서 배우는 내용

- 스프링 MVC에서 REST 엔드포인트 정의하기
- 하이퍼링크 REST 리소스 활성화하기
- 리퍼지터리 기반의 REST 엔드포인트 자동화

'웹 브라우저의 시대는 끝났다. 그렇다면?'

웹 브라우저는 거의 구식이 되었고 뭔가 다른 것이 대체하게 될 거라는 얘기를 대략 12년 전에 들었다. 그러나 어떻게 그렇게 될 수 있을까? 어디서든 사용되는 웹 브라우저를 권좌에서 몰아낼 수 있는 게 무엇일까? 만일 웹 브라우저를 사용하지 않는다면 계속 증가하는 웹사이트와 온라인 서비스를 어떻게 사용해야 할까? 돌이켜 보건대, 이런 얘기들은 미친 사람의 횡설수설이었다!

오늘날 웹 브라우저가 사라지지 않은 것은 분명하다. 그러나 더 이상 인터넷을 사용하는 주요 수단은 아니다. 이제는 모바일 장치, 태블릿, 스마트 워치, 음성 기반 장치들이 흔히 사용된다. 그리고 웹 브라우저 기반의 애플리케이션조차도 서버 위주로 실행되기보다는 프로세서가 있는 클라이언트에서 자바스크립트 애플리케이션으로 많이 실행된다.

이처럼 클라이언트 측에서 다양한 선택을 할 수 있으므로, 많은 애플리케이션이 클라이언트에 더 다가갈 수 있는 사용자 인터페이스 설계를 적용하고 있다. 또한, 모든 종류의 클라이언트가 백엔드backend 기능과 상호작용할 수 있게 서버는 클라이언트가 필요로 하는 API를 노출시킨다.

이번 장에서는 스프링을 사용해서 타코 클라우드 애플리케이션에 REST API를 제공할 것이다. 이때 스프링 MVC 컨트롤러를 사용해서 REST 엔드포인트를 생성하기 위해 2장에서 배웠던 스프링 MVC를 사용한다. 또한, 4장에서 정의했던 스프링 데이터 리퍼지터리의 REST 엔드포인트도 외부에서 사용할 수 있게 자동으로 노출시킨다. 마지막으로, 그런 엔드포인트를 테스트하고 안전하게 만드는 방법을 알아본다.

우선, 몇 가지 새로운 스프링 MVC 컨트롤러의 작성부터 시작한다. 이 컨트롤러들은 웹 프런트엔드에서 사용되는 REST 엔드포인트를 갖는 백엔드의 기능을 노출시킨다(6장에서는 6.4에서 실습을 진행할 것이다).

6.1 REST 컨트롤러 작성하기

잠시 타코 클라우드의 UI(사용자 인터페이스)를 다시 생각해 보자. 그동안 개발했던 UI는 처음 시작하는 수준에서는 양호하지만, 미적인 관점에서는 턱없이 부족하다. 그림 6.1은 새로운 타코 클라우드 UI 중 하나다. 어떤가? 꽤 멋져 보이지 않는가?

그림 6.1 새로운 타코 클라우드 홈페이지

타코 클라우드 UI를 멋지게 만드는 동안, 필자는 많이 알려진 앵귤러Angular 프레임워크를 사용해서 SPASingle-Page Application(단일-페이지 애플리케이션)로 프론트엔드를 구축하기로 결정하였다. 궁극적으로 이런 새로운 브라우저 UI가 2장에서 생성했던 서버 생성 페이지를 대체하게 될 것이다. 그러나 이렇게 하려면 타코 데이터를 저장하거나 가져오기 위해 앵귤러 기반[11]의 UI와 통신하는 REST API를 생성해야 한다.

> **SPA냐 SPA가 아니냐 그것이 문제로다**
>
> 2장에서는 스프링 MVC를 사용해서 전통적인 MPA(Multi-Page Application, 다중-페이지 애플리케이션)를 개발하였다. 그러나 이제는 앵귤러 기반의 SPA로 대체할 것이다. 물론 SPA가 항상 MPA보다 더 좋은 선택은 아니다.
>
> 하지만 SPA에서는 프리젠테이션 계층이 백엔드 처리와 거의 독립적이므로, 백엔드 기능은 같은 것을 사용하면서도 사용자 인터페이스만 다르게(예를 들어, 모바일 애플리케이션) 개발할 수 있다. 또한, 이런 API를 사용할 수 있는 다른 애플리케이션과 통합할 수 있는 기회를 제공한다. 그러나 모든 애플리케이션이 이와 같은 유연성을 필요로 하는 것은 아니므로, 웹 페이지에 정보를 보여주는 것이 전부라면 기존의 MPA가 더 간단할 수도 있다.

이 책의 목적은 앵귤러를 배우는 것이 아니므로 이번 장의 코드는 백엔드 스프링 코드에 초점을 둘 것이다. 그리고 앵귤러 코드는 클라이언트 측에서 작동하는 방법을 아는 데 필요한 코드만 보여줄 것이다. 단, 이 책에서 제공하는 예제 코드에는 모든 앵귤러 프론트엔드 코드와 스프링 코드가 있으므로 자세히 알 수 있다. 그리고 다운로드한 6장의 코드를 실행하기 위해 필요한 앵귤러 IDE 이클립스 플러그인의 설치와 이것을 사용해서 프로젝트를 빌드하고 실행하는 방법은 '6.4 앵귤러 IDE 이클립스 플러그인 설치와 프로젝트 빌드 및 실행하기'에서 자세히 알려줄 것이다. 그리고 앵귤러에 관한 더 자세한 내용은 다음 책을 참고하도록 하자. 《Angular in Action》(Jeremy Wilken, Manning, 2018), 《Angular Development with TypeScript(Second Edition)》(Yakov Fain, Anton Moiseev, Manning, 2018).

간단히 말해서, 앵귤러 클라이언트 코드는 HTTP 요청을 통해 이 장 전체에 걸쳐 생성할 REST API로 통신한다. 2장에서는 `@GetMapping`과 `@PostMapping` 애노테이션을 사용해서 서버에서 데이터를 가져오거나 전송하였다. REST API를 정의할 때도 그런 애노테이션들은 여전히 사용된다. 더불어 스프링 MVC는 다양한 타입의 HTTP 요청에 사용되는 다른 애노테이션들도 제공한다(표 6.1).

11 여기서는 앵귤러를 사용하기로 했지만, 프론트엔드 프레임워크는 백엔드 스프링 코드의 작성 방법과는 무관하게 선택할 수 있다. 따라서 앵귤러, 리액트(React), Vue.js 또는 여러분이 원하는 어떤 프론트엔드를 선택해도 좋다.

표 6.1 **스프링 MVC의 HTTP 요청-처리 애노테이션**

애노테이션	HTTP 메서드	용도[a]
@GetMapping	HTTP GET 요청	리소스 데이터 읽기
@PostMapping	HTTP POST 요청	리소스 생성하기
@PutMapping	HTTP PUT 요청	리소스 변경하기
@PatchMapping	HTTP PATCH 요청	리소스 변경하기
@DeleteMapping	HTTP DELETE 요청	리소스 삭제하기
@RequestMapping	다목적 요청 처리이며, HTTP 메서드가 method 속성에 지정된다.	

(a) 생성, 읽기, 변경, 삭제를 하는 CRUD 연산과 HTTP 메서드는 1:1로 완벽하게 대응되지 않는다. 그러나 실제로는 대응시키는 방법으로 사용되고 있으며, 타코 클라우드에서도 이 방법을 사용한다.

이 애노테이션들의 실제 사용법을 알기 위해, 가장 최근에 생성된 타코를 가져오는 간단한 REST 엔드포인트를 먼저 생성할 것이다.

6.1.1 서버에서 데이터 가져오기

타코 클라우드 애플리케이션에서 가장 멋진 기능 중 하나는 타코 애호가들이 자신만의 타코를 디자인하여 생성한 후 다른 사람들과 그 정보를 공유하는 것이다. 이렇게 하려면 **Latest Designs** 링크를 클릭했을 때 가장 최근에 생성된 타코의 내역을 보여줄 수 있어야 한다.

따라서 가장 최근에 생성된 타코를 보여주는 RecentTacosComponent를 앵귤러 코드에 정의하였다. RecentTacosComponent의 전체 타입스크립트TypeScript 코드는 리스트 6.1과 같다(이 책에서는 앵귤러를 따로 설명하지는 않지만, 자바 관점에서 보면 개략적으로 이해할 수 있을 것이다).

리스트 6.1 **최근 타코들의 내역을 보여주는 앵귤러 컴포넌트**

```
import { Component, OnInit, Injectable } from '@angular/core';
import { Http } from '@angular/http';
import { HttpClient } from '@angular/common/http';

@Component({
  selector: 'recent-tacos',
  templateUrl: 'recents.component.html',
  styleUrls: ['./recents.component.css']
})

@Injectable()
export class RecentTacosComponent implements OnInit {
  recentTacos: any;

  constructor(private httpClient: HttpClient) { }
```

```
  ngOnInit() {
    // 최근 생성된 타코들을 서버에서 가져온다.
    this.httpClient.get('http://localhost:8080/design/recent')
        .subscribe(data => this.recentTacos = data);
  }
}
```

ngOnInit() 메서드에 주목하자. 이 메서드에서 RecentTacosComponent는 주입된 Http 모듈을 사용해서 http://localhost:8080/design/recent에 대한 HTTP 요청을 수행한다. 이 경우 recentTacos 모델 변수로 참조되는 타코들의 내역이 응답에 포함된다. 그리고 recents.component.html의 뷰에서는 브라우저에 나타나는 HTML로 모델 데이터를 보여준다. 예를 들어, 세 개의 타코가 생성된 후에 보여지는 최종 결과는 그림 6.2와 같다.

그림 6.2 가장 최근에 생성된 타코들

다음으로 리스트 6.1의 앵귤러 컴포넌트가 수행하는 /design/recent의 GET 요청을 처리하여 최근에 디자인된 타코들의 내역을 응답하는 엔드포인트가 필요하다. 여기서는 리스트 6.2의 새로운 컨트롤러를 생성하여 요청을 처리한다.

리스트 6.2 **타코 디자인 API 요청을 처리하는 REST 사용 컨트롤러**[12]

```
package tacos.web.api;

import java.util.Optional;
import org.springframework.beans.factory.annotation.Autowired;
import org.springframework.data.domain.PageRequest;
import org.springframework.data.domain.Sort;
import org.springframework.hateoas.EntityLinks;
import org.springframework.http.HttpStatus;
import org.springframework.web.bind.annotation.CrossOrigin;
import org.springframework.web.bind.annotation.GetMapping;
import org.springframework.web.bind.annotation.PathVariable;
import org.springframework.web.bind.annotation.RequestMapping;
import org.springframework.web.bind.annotation.ResponseStatus;
import org.springframework.web.bind.annotation.RestController;

import tacos.Taco;
import tacos.data.TacoRepository;

@RestController
@RequestMapping(path="/design",          ◀── /design 경로의 요청 처리
                produces="application/json")
@CrossOrigin(origins="*")          ◀── 서로 다른 도메인 간의 요청을 허용한다.
public class DesignTacoController {
  private TacoRepository tacoRepo;

  @Autowired
  EntityLinks entityLinks;

  public DesignTacoController(TacoRepository tacoRepo) {
    this.tacoRepo = tacoRepo;
  }

  @GetMapping("/recent")
  public Iterable<Taco> recentTacos() {          ◀── 최근 생성된 타코 디자인들을 가져와서 반환한다.
    PageRequest page = PageRequest.of(
            0, 12, Sort.by("createdAt").descending());
    return tacoRepo.findAll(page).getContent();
  }
}
```

이 컨트롤러 클래스의 이름인 DesignTacoController는 눈에 익을 것이다. 이와 유사한 요청 처리를 했던 같은 이름의 컨트롤러를 2장에서 생성한 적이 있기 때문이다. 그러나 2장에

12 옮긴이 리스트 6.2의 TacoRepository 객체에 호출되는 findAll() 메서드는 PageRequest 객체를 인자로 받아 페이징(응답 결과를 여러 페이지로 구성)을 수행한다. TacoRepository 인터페이스에서 CrudRepository 인터페이스를 확장하는 대신 PagingAndSorting Repository 인터페이스를 확장하면 이 findAll() 메서드를 사용할 수 있다. 이렇게 할 수 있게 이 책에서 제공하는 예제 코드에는 변경되어 있지만, 책에는 언급되지 않았으니 참고하도록 하자.

서는 다중-페이지 애플리케이션(MPA)에 사용하는 컨트롤러인 반면, 여기서 새로 생성하는 DesignTacoController는 @RestController 애노테이션으로 나타낸 REST 컨트롤러다.

@RestController 애노테이션은 다음 두 가지를 지원한다. 우선, @Controller나 @Service와 같이 스테레오타입 애노테이션이므로 이 애노테이션이 지정된 클래스를 스프링의 컴포넌트 검색으로 찾을 수 있다. 그러나 REST 관점에서 가장 유용하다. 즉 @RestController 애노테이션은 컨트롤러의 모든 HTTP 요청 처리 메서드에서 HTTP 응답 몸체에 직접 쓰는 값을 반환한다는 것을 스프링에게 알려준다(뷰로 보여줄 값을 반환하는 스프링의 일반적인 @Controller와는 다르다). 따라서 반환값이 뷰를 통해 HTML로 변환되지 않고 직접 HTTP 응답으로 브라우저에 전달되어 나타난다.

또는 일반적인 스프링 MVC 컨트롤러처럼 DesignTacoController 클래스에 @Controller를 사용할 수도 있다. 그러나 이때는 이 클래스의 모든 요청 처리 메서드에 @ResponseBody 애노테이션을 지정해야만 @RestController와 같은 결과를 얻을 수 있다. 이외에도 ResponseEntity 객체를 반환하는 또 다른 방법이 있다. 이 내용은 더 뒤에서 알아볼 것이다.

리스트 6.2의 DesignTacoController에는 /design 경로의 요청을 처리하도록 @RequestMapping 애노테이션이 지정되었고, recentTacos() 메서드에는 /recent 경로의 GET 요청을 처리하는 @GetMapping이 지정되었다. 따라서 recentTacos() 메서드에서는 /design/recent 경로의 GET 요청을 처리해야 한다. 바로 이것이 리스트 6.1의 앵귤러 코드가 실행될 때 필요한 기능이다.

@RequestMapping 애노테이션에는 produces 속성(값은 "application/json")도 설정되어 있다. 이것은 요청의 Accept 헤더에 "application/json"이 포함된 요청만을 DesignTacoController의 메서드에서 처리한다는 것을 나타낸다. 이 경우 응답 결과는 JSON 형식이 되지만, produces 속성의 값은 String 배열로 저장되므로, 다른 컨트롤러(예를 들어, 2장의 DesignTacoController)에서도 요청을 처리할 수 있도록 JSON만이 아닌 다른 콘텐트 타입을 같이 지정할 수 있다. 예를 들어, XML로 출력하고자 할 때는 다음과 같이 "text/html"을 produces 속성에 추가하면 된다.

```
@RequestMapping(path="/design",
                produces={"application/json", "text/xml"})
```

리스트 6.2에는 DesignTacoController 클래스에 @CrossOrigin 애노테이션이 지정되어 있다. 현재 리스트 6.1의 앵귤러 코드는 리스트 6.2의 API와 별도의 도메인(호스트와 포트 모두 또는 둘 중 하나가 다른)에서 실행 중이므로 앵귤러 클라이언트에서 리스트 6.2의 API를 사용하지 못하게 웹 브라우저가 막는다. 이런 제약은 서버 응답에 CORSCross-Origin Resource Sharing 헤더를 포함시켜 극복할 수 있으며, 스프링에서는 @CrossOrigin 애노테이션을 지정하여 쉽게 CORS를 적용할 수 있다. 즉 리스트 6.2에 지정했듯이, @CrossOrigin은 다른 도메인(프로토콜과 호스트 및 포트로 구성)의 클라이언트에서 해당 REST API를 사용(공유)할 수 있게 해주는 스프링 애노테이션이다.

recentTacos() 메서드의 로직은 간단하다. 우선, 최근 생성 일자 순으로 정렬된 처음 12개의 결과를 갖는 첫 번째(페이지 번호는 0부터 시작) 페이지만 원한다는 것을 PageRequest 객체에 지정한다. 즉, 가장 최근에 생성된 12개의 타코 디자인을 원한다는 의미다. 그다음에 TacoRepository의 findAll() 메서드 인자로 PageRequest 객체가 전달되어 호출된 후 결과 페이지의 콘텐츠가 클라이언트에게 반환된다. 리스트 6.1의 앵귤러 코드에 있듯이, 여기서 반환된 결과는 사용자에게 보여줄 모델 데이터로 사용된다.

타코 ID로 특정 타코만 가져오는 엔드포인트를 제공하고 싶다면 어떻게 하면 될까? 이때는 메서드의 경로에 플레이스홀더 변수를 지정하고 해당 변수를 통해 ID를 인자로 받는 메서드를 DesignTacoController에 추가하면 된다. 그러면 이 메서드에서 해당 ID를 사용해서 리퍼지터리의 특정 객체를 찾을 수 있다. 이런 일을 수행하는 tacoById() 메서드는 다음과 같다.

```
@GetMapping("/{id}")
public Taco tacoById(@PathVariable("id") Long id) {
  Optional<Taco> optTaco = tacoRepo.findById(id);
  if (optTaco.isPresent()) {
    return optTaco.get();
  }
  return null;
}
```

DesignTacoController의 기본 경로가 /design이므로 이 메서드는 /design/{id} 경로의 GET 요청을 처리한다. 여기서 경로의 {id} 부분이 플레이스홀더이며, @PathVariable에 의해 {id} 플레이스홀더와 대응되는 id 매개변수에 해당 요청의 실제 값이 지정된다.

tacoById() 내부에서는 Taco 객체를 가져오기 위해 id 매개변수 값이 타코 리퍼지터리의 findById() 메서드 인자로 전달된다. 그리고 지정된 ID의 타코가 없을 수 있으므로 findById()는 Optional<Taco>를 반환한다. 따라서 값을 반환하기 전에 해당 ID와 일치하는 타코가 있는지 확인한 후, 있다면 Optional<Taco> 객체의 get()을 호출하여 Taco 객체를 반환해야 한다.

만일 해당 ID와 일치하는 타코가 없다면 null을 반환한다. 그러나 이것은 좋은 방법이 아니다. null을 반환하면 콘텐츠가 없는데도 정상 처리를 나타내는 HTTP 200(OK) 상태 코드를 클라이언트가 받기 때문이다. 따라서 이때는 다음과 같이 HTTP 404(NOT FOUND) 상태 코드를 응답으로 반환하는 것이 더 좋다.

```
@GetMapping("/{id}")
public ResponseEntity<Taco> tacoById(@PathVariable("id") Long id) {
  Optional<Taco> optTaco = tacoRepo.findById(id);
  if (optTaco.isPresent()) {
    return new ResponseEntity<>(optTaco.get(), HttpStatus.OK);
  }
  return new ResponseEntity<>(null, HttpStatus.NOT_FOUND);
}
```

이렇게 하면 Taco 객체 대신 ResponseEntity<Taco>가 반환된다. 이 경우 찾은 타코가 있을 때는 HTTP 200(OK) 상태 코드를 갖는 ResponseEntity에 Taco 객체가 포함된다. 그러나 타코를 찾지 못했을 때는 HTTP 404(NOT FOUND) 상태 코드를 갖는 ResponseEntity에 null이 포함되어 클라이언트에서 가져오려는 타코가 없다는 것을 나타낸다.

이제는 앵귤러 클라이언트(또는 다른 종류의 클라이언트)에서 타코 클라우드 API를 사용할 수 있다. 그리고 개발 시에 API를 테스트할 때는 curl이나 HTTPie(https://httpie.org/)를 사용해도 된다. 명령행에서 curl을 사용해서 최근 생성된 타코들을 가져오는 예는 다음과 같다. (curl은 사용 중인 운영체제와 무관하게 그림 6.17처럼 STS의 터미널 창에서 실행할 수 있다.)

```
$ curl localhost:8080/design/recent
```

HTTPie를 사용할 때는 다음과 같다.

```
$ http :8080/design/recent
```

지금까지는 정보 반환만 하는 엔드포인트 API를 정의하였다. 그러나 API가 클라이언트로부터 데이터를 받아야 한다면 어떻게 해야 할까? 요청의 입력 데이터를 처리하는 컨트롤러 메서드를 작성하는 방법을 알아보자.

6.1.2 서버에 데이터 전송하기

이제는 API에서 가장 최근에 생성된 타코들을 반환할 수 있다. 그러나 현재는 최초에 테스트 데이터로 생성된 타코 데이터를 사용한다. 즉, 2장에서 작성된 어떤 코드도 변경하지 않았으므로 타코 디자인 폼을 보여주고 사용자가 입력한 데이터의 제출submission을 처리하는 DesignTacoController는 여전히 그대로다. 생성한 API를 테스트할 때는 테스트 데이터를 사용하는 것이 좋다. 그러나 타코 클라우드를 단일-페이지 애플리케이션(SPA)으로 변환하고자 한다면 이에 필요한 앵귤러 컴포넌트와 엔드포인트를 생성하여 2장의 타코 디자인 폼을 교체해야 한다.

따라서 여기서는 DesignComponent(파일 이름은 design.component.ts)라는 이름의 새로운 앵귤러 컴포넌트를 정의하여 타코 디자인 폼의 클라이언트 코드를 처리하였다. 그리고 이 컴포넌트의 onSubmit() 메서드에서는 다음과 같이 타코 디자인 폼의 제출submit을 처리한다.

```
onSubmit() {
  this.httpClient.post(
      'http://localhost:8080/design',
      this.model, {
          headers: new HttpHeaders().set('Content-type', 'application/json'),
      }).subscribe(taco => this.cart.addToCart(taco));
  this.router.navigate(['/cart']);
}
```

여기서는 HttpClient의 post() 메서드가 get() 대신 호출된다. 이것은 API로부터 데이터를 가져오는 대신 API로 데이터를 전송한다는 것을 의미한다. 즉, model 변수에 저장된 타코 디자인 데이터를 API 엔드포인트(/design 경로의 HTTP POST 요청에 대한)로 전송하는 것이다.

따라서 타코 디자인 데이터를 요청하고 저장하는 메서드를 DesignTacoController에 추가해야 한다. 이 메서드의 이름은 postTaco()이며, 코드는 다음과 같다.

```
@PostMapping(consumes="application/json")
@ResponseStatus(HttpStatus.CREATED)
public Taco postTaco(@RequestBody Taco taco) {
  return tacoRepo.save(taco);
}
```

postTaco()는 HTTP POST 요청을 처리하므로 @GetMapping 대신 @PostMapping 애노테이션을 지정하였다. 그리고 path 속성을 지정하지 않았으므로 postTaco() 메서드는

DesignTacoController 클래스에 지정된 @RequestMapping의 /design 경로에 대한 요청을 처리한다.

여기서는 consumes 속성을 설정하였다. 따라서 Content-type이 application/json과 일치하는 요청만 처리한다.

postTaco() 메서드의 taco 매개변수에는 @RequestBody가 지정되었다. 이것은 요청 몸체의 JSON 데이터가 Taco 객체로 변환되어 taco 매개변수와 바인딩된다는 것을 나타낸다. @RequestBody 애노테이션은 중요하다. 이것이 지정되지 않으면 매개변수(쿼리 매개변수나 폼 매개변수)가 곧바로 Taco 객체와 바인딩되는 것으로 스프링 MVC가 간주하기 때문이다.

postTaco() 메서드에서는 Taco 객체를 받아서 TacoRepository의 save() 메서드 인자로 전달하여 호출한다.

postTaco() 메서드에는 @ResponseStatus(HttpStatus.CREATED) 애노테이션도 지정되어 있다. 따라서 해당 요청이 성공적이면서 요청의 결과로 리소스가 생성되면 HTTP 201(CREATED) 상태 코드가 클라이언트에게 전달된다. 이 경우 @ResponseStatus를 사용하지 않았을 때 요청 성공을 나타내는 HTTP 200(OK) 상태 코드보다 더 상세한 설명을 알려줄 수 있다. 그러므로 항상 @ResponseStatus를 사용하여 클라이언트에게 더 서술적이며 정확한 HTTP 상태 코드를 전달하는 것이 좋다.

여기서는 새로운 Taco 객체를 생성하기 위해 @PostMapping을 사용했지만 변경할 때도 사용할 수 있다. 그렇지만 일반적으로 POST 요청은 데이터 생성에 사용되고 변경 시에는 PUT이나 PATCH 요청이 사용된다. 지금부터는 @PutMapping과 @PatchMapping을 사용해서 데이터를 변경하는 방법을 알아본다.

6.1.3 서버의 데이터 변경하기

데이터를 변경하기 위한 HTTP 메서드로는 PUT과 PATCH가 있다. 왜 그 두 개가 있는지 이유를 알고 컨트롤러를 작성하는 것이 중요하다.

PUT은 데이터를 변경하는 데 사용되기는 하지만, 실제로는 GET과 반대의 의미를 갖는다. 즉 GET 요청은 서버로부터 클라이언트로 데이터를 전송하는 반면, PUT 요청은 클라이언트로부터 서버로 데이터를 전송한다.

이런 관점에서 PUT은 데이터 전체를 교체하는 것이며, 반면에 HTTP PATCH의 목적은 데이터의 일부분을 변경하는 것이다.

예를 들어, 특정 주문 데이터의 주소를 변경하고 싶다고 하자. REST API를 통해서 이렇게 할 수 있는 한 가지 방법은 다음과 같이 PUT 요청을 처리하는 것이다.

```
@PutMapping("/{orderId}")
public Order putOrder(@RequestBody Order order) {
  return repo.save(order);
}
```

그러나 이 경우는 클라이언트에서 해당 주문 데이터 전체를 PUT 요청으로 제출해야 한다. PUT은 해당 URL에 이 데이터를 쓰라는 의미이므로 이미 존재하는 해당 데이터 전체를 교체한다. 그리고 만일 해당 주문의 속성이 생략되면 이 속성의 값은 null로 변경된다. 따라서 주문에 관련된 주소만 변경할지라도 해당 주문에 포함된 여러 개의 타코 데이터들이 같이 제출되어야 한다. 그렇지 않으면 타코 데이터들이 삭제되기 때문이다.

그렇다면 데이터의 일부만 변경하고자 할 때는 어떻게 요청을 처리해야 할까? 바로 이때 HTTP PATCH 요청과 스프링의 @PatchMapping을 사용한다. 특정 주문의 PATCH 요청을 처리하는 컨트롤러 메서드는 다음과 같이 작성할 수 있다.

```
@PatchMapping(path="/{orderId}", consumes="application/json")
public Order patchOrder(@PathVariable("orderId") Long orderId,
                        @RequestBody Order patch) {

  Order order = repo.findById(orderId).get();
  if (patch.getDeliveryName() != null) {
    order.setDeliveryName(patch.getDeliveryName());
  }
  if (patch.getDeliveryStreet() != null) {
    order.setDeliveryStreet(patch.getDeliveryStreet());
  }
  if (patch.getDeliveryCity() != null) {
    order.setDeliveryCity(patch.getDeliveryCity());
  }
  if (patch.getDeliveryState() != null) {
    order.setDeliveryState(patch.getDeliveryState());
  }
  if (patch.getDeliveryZip() != null) {
    order.setDeliveryZip(patch.getDeliveryState());
  }
  if (patch.getCcNumber() != null) {
    order.setCcNumber(patch.getCcNumber());
  }
```

```
    if (patch.getCcExpiration() != null) {
      order.setCcExpiration(patch.getCcExpiration());
    }
    if (patch.getCcCVV() != null) {
      order.setCcCVV(patch.getCcCVV());
    }

    return repo.save(order);
  }
```

여기서는 patchOrder() 메서드에 @PutMapping 대신 @PatchMapping이 지정되었다. @PatchMapping은 HTTP PUT 대신 PATCH 요청을 처리함을 나타낸다.

patchOrder() 메서드는 putOrder() 메서드보다 실행 코드가 더 많음을 알 수 있다. @PatchMapping과 @PutMapping을 비롯해서 스프링 MVC의 애노테이션들은 어떤 종류의 요청을 메서드에서 처리하는지만 나타내며, 해당 요청이 어떻게 처리되는지는 나타내지 않는다. 따라서 PATCH가 부분 변경의 의미를 내포하고 있더라도 실제로 변경을 수행하는 메서드 코드는 우리가 작성해야 한다.

putOrder() 메서드의 경우는 HTTP PUT의 의미대로 한 주문의 전체 데이터를 받고 저장한다. 그러나 HTTP PATCH의 의미를 따르는 patchMapping()에서는 데이터의 일부만 변경하기 위한 로직이 필요하다. 즉 해당 주문 데이터를 전송된 Order 객체로 완전히 교체하는 대신, Order 객체의 각 필드 값이 null이 아닌지 확인하고 기존 주문 데이터에 변경해야 한다. 이 방법을 사용하면 클라이언트에서 변경할 속성만 전송하면 된다. 그리고 서버에서는 클라이언트에서 지정하지 않은 속성의 기존 데이터를 그대로 보존할 수 있다.

PATCH를 하는 방법은 여러 가지가 있다

patchOrder() 메서드에 적용하는 방법은 다음 두 가지 제약을 갖는다.

- 만일 특정 필드의 데이터를 변경하지 않는다는 것을 나타내기 위해 null 값이 사용된다면 해당 필드를 null로 변경하고 싶을 때 클라이언트에서 이를 나타낼 수 있는 방법이 필요하다.
- 컬렉션에 저장된 항목을 삭제 혹은 추가할 방법이 없다. 따라서 클라이언트가 컬렉션의 항목을 삭제 혹은 추가하려면 변경될 컬렉션 데이터 전체를 전송해야 한다.

PATCH 요청을 처리하는 방법이나 수신 데이터의 형식에 관해 반드시 지켜야 할 규칙은 없다. 따라서 클라이언트는 실제 도메인 데이터를 전송하는 대신 PATCH에 적용할 변경사항 명세를 전송할 수 있다. 물론 이때는 도메인 데이터 대신 PATCH 명세를 처리하도록 요청 처리 메서드가 작성되어야 한다.

@PutMapping과 @PatchMapping 모두에서 요청 경로는 변경되는 데이터를 참조한다. 이것은 @GetMapping이 지정된 메서드에서 경로를 처리하는 것과 같은 방법이다.

지금까지 @GetMapping과 @PostMapping을 사용해서 데이터를 가져오거나 쓰는 방법을 알아보았다. 그리고 @PutMapping과 @PatchMapping을 사용해서 데이터를 변경하는 방법도 알아보았다. 이제 남은 것은 데이터를 삭제하는 요청을 처리하는 것이다.

6.1.4 서버에서 데이터 삭제하기

데이터를 그냥 삭제할 때는 클라이언트에서 HTTP DELETE 요청으로 삭제를 요청하면 된다. 이때는 DELETE 요청을 처리하는 메서드에 스프링 MVC의 @DeleteMapping을 지정한다. 예를 들어, 주문 데이터를 삭제하는 API의 컨트롤러 메서드는 다음과 같다.

```
@DeleteMapping("/{orderId}")
@ResponseStatus(code=HttpStatus.NO_CONTENT)
public void deleteOrder(@PathVariable("orderId") Long orderId) {
  try {
    repo.deleteById(orderId);
  } catch (EmptyResultDataAccessException e) {}
}
```

이미 배웠듯이, @GetMapping, @PostMapping, @PutMapping, @PatchMapping이 지정된 메서드는 각각 대응되는 HTTP 요청을 처리해야 한다. @DeleteMapping이 지정된 deleteOrder() 메서드 역시 /orders/{orderId}의 DELETE 요청을 처리해야 한다.

deleteOrder() 메서드의 코드가 하는 일은 특정 주문 데이터를 삭제하는 것이다. 이때 URL의 경로 변수로 제공된 주문 ID를 인자로 받아서 리퍼지터리의 deleteById() 메서드에 전달한다. 그리고 이 메서드가 실행될 때 해당 주문이 존재하면 삭제되며, 없으면 EmptyResultDataAccessException이 발생된다.

여기서는 EmptyResultDataAccessException을 catch한 후 아무 것도 하지 않는다. 설사 존재하지 않는 주문 데이터를 삭제하려다가 예외가 생겨도 정상적으로 존재하는 주문이 삭제된 것처럼 특별히 할 것이 없기 때문이다. 물론 이렇게 하는 대신에 null로 지정된 ResponseEntity와 'NOT FOUND' HTTP 상태 코드를 deleteOrder() 메서드에서 반환하게 할 수도 있다.

이외에 deleteOrder() 메서드에는 @ResponseStatus가 지정되어 있다. 이것은 응답의

HTTP 상태 코드가 204 (NO CONTENT)가 되도록 하기 위해서다. 이 메서드는 주문 데이터를 삭제하는 것이므로 클라이언트에게 데이터를 반환할 필요가 없다. 따라서 대개의 경우 DELETE 요청의 응답은 몸체 데이터를 갖지 않으며, 반환 데이터가 없다는 것을 클라이언트가 알 수 있게 HTTP 상태 코드를 사용한다.

이제는 기본적인 타코 클라우드 API가 구현되었으므로 클라이언트 코드에서 이 API를 사용하여 식자재를 보여주거나, 주문을 받거나 최근 생성된 타코를 보여줄 수 있다. 그러나 클라이언트에서 이 API를 더 쉽게 사용할 수 있다. 지금부터는 타코 클라우드 API에 하이퍼미디어hypermedia를 추가하는 방법을 알아본다.

6.2 하이퍼미디어 사용하기

지금까지 생성했던 기본적인 API에서는 해당 API를 사용하는 클라이언트가 API의 URL 스킴scheme을 알아야 한다. 예를 들어, 클라이언트에서는 /design/recent의 GET 요청을 하드코딩하여 최근 생성된 타코 리스트를 얻을 수 있다. 이와 동일하게 해당 리스트의 특정 타코 ID를 /design에 추가하여 URL을 얻을 수도 있다.

API 클라이언트 코드에서는 흔히 하드코딩된 URL 패턴을 사용하고 문자열로 처리한다. 그러나 API의 URL 스킴이 변경되면 어떻게 될까? 하드코딩된 클라이언트 코드는 API를 잘못 인식하여 정상적으로 실행되지 않을 것이다. 따라서 API URL을 하드코딩하고 문자열로 처리하면 클라이언트 코드가 불안정해진다.

REST API를 구현하는 또 다른 방법으로 HATEOASHypermedia As The Engine Of Application State가 있다. 이것은 API로부터 반환되는 리소스(데이터)에 해당 리소스와 관련된 하이퍼링크hyperlink들이 포함된다. 따라서 클라이언트가 최소한의 API URL만 알면 반환되는 리소스와 관련하여 처리 가능한 다른 API URL들을 알아내어 사용할 수 있다(기존 REST API의 경우는 API의 엔드포인트 URL이 정해지면 이를 변경하기 어렵다는 단점이 있다. API의 기존 URL을 변경하면 이를 사용하는 모든 클라이언트가 함께 수정되어야 하기 때문이다. 따라서 API URL의 관리가 어렵다).

예를 들어, 클라이언트가 최근 생성된 타코 리스트를 요청했다고 하자. 하이퍼링크가 없는 형태의 최근 타코 리스트는 다음과 같이 JSON 형식으로 클라이언트에서 수신될 것이다(공간을 줄이기 위해 여기서는 리스트의 첫 번째 타코만 나타냈다).

```
[
  {
    "id": 4,
    "name": "Veg-Out",
    "createdAt": "2018-01-31T20:15:53.219+0000",
    "ingredients": [
      {"id": "FLTO", "name": "Flour Tortilla", "type": "WRAP"},
      {"id": "COTO", "name": "Corn Tortilla", "type": "WRAP"},
      {"id": "TMTO", "name": "Diced Tomatoes", "type": "VEGGIES"},
      {"id": "LETC", "name": "Lettuce", "type": "VEGGIES"},
      {"id": "SLSA", "name": "Salsa", "type": "SAUCE"}
    ]
  },
  ...
]
```

이 경우 만일 클라이언트가 타코 자체에 대한 다른 HTTP 작업을 수행하고 싶다면 /design 경로의 URL에 `id` 속성 값을 추가해야(하드코딩을 해야) 한다는 것을 알고 있어야 한다. 마찬가지로 식자재 중 하나에 HTTP 작업을 수행하고 싶다면 /ingredients 경로의 URL에 해당 식자재의 `id` 속성 값을 추가해야 한다는 것을 알아야 한다. 그리고 어떤 경우든 해당 경로 앞에 http://나 https:// 및 API 호스트 이름도 붙여야 한다.

이와는 다르게 API에 하이퍼미디어가 활성화되면 해당 API에는 자신과 관련된 URL이 나타나므로 그것을 클라이언트가 하드코딩하지 않아도 된다. 하이퍼링크가 삽입된 최근 생성 타코 리스트는 다음과 같다.

리스트 6.3 **하이퍼링크를 포함한 타코 리스트**

```
{
  "_embedded": {
    "tacoResourceList": [
      {
        "name": "Veg-Out",
        "createdAt": "2018-01-31T20:15:53.219+0000",
        "ingredients": [
          {
            "name": "Flour Tortilla", "type": "WRAP",
            "_links": {
              "self": { "href": "http://localhost:8080/ingredients/FLTO" }
            }
          },
          {
            "name": "Corn Tortilla", "type": "WRAP",
            "_links": {
              "self": { "href": "http://localhost:8080/ingredients/COTO" }
            }
```

```
          },
          {
            "name": "Diced Tomatoes", "type": "VEGGIES",
            "_links": {
              "self": { "href": "http://localhost:8080/ingredients/TMTO" }
            }
          },
          {
            "name": "Lettuce", "type": "VEGGIES",
            "_links": {
              "self": { "href": "http://localhost:8080/ingredients/LETC" }
            }
          },
          {
            "name": "Salsa", "type": "SAUCE",
            "_links": {
              "self": { "href": "http://localhost:8080/ingredients/SLSA" }
            }
          }
        ],
        "_links": {
          "self": { "href": "http://localhost:8080/design/4" }
        }
      },
      ...
    ]
  },
  "_links": {
    "recents": {
      "href": "http://localhost:8080/design/recent"
    }
  }
}
```

이런 형태의 HATEOAS를 HALHypertext Application Language(http://stateless.co/hal_specification.html)이라고 한다. 이것은 JSON 응답에 하이퍼링크를 포함시킬 때 주로 사용되는 형식이다.

이 리스트는 이전 것보다 간결하지는 않지만, 몇 가지 유용한 정보를 제공한다. 이 타코 리스트의 각 요소는 _links라는 속성을 포함하는데, 이 속성은 클라이언트가 관련 API를 수행할 수 있는 하이퍼링크를 포함한다. 리스트 6.3의 예에서는 타코와 해당 타코의 식자재 모두 그들 리소스를 참조하는 self 링크를 가지며, 리스트 전체는 자신을 참조하는 recents 링크를 갖는다.

따라서 클라이언트 애플리케이션이 타코 리스트의 특정 타코에 대해 HTTP 요청을 수행해야 할 때 해당 타코 리소스의 URL을 지정하지 않아도 된다. 대신에 http://localhost:8080/

design/4(앞의 예의 경우)를 참조하는 self 링크를 요청하면 된다. 그리고 해당 타코의 특정 식자재를 처리하고자 할 때는 해당 식자재의 self 링크만 접속하면 된다.

스프링 HATEOAS 프로젝트는 하이퍼링크를 스프링에 지원한다. 구체적으로 말해서 스프링 MVC 컨트롤러에서 리소스를 반환하기 전에 해당 리소스에 링크를 추가하는 데 사용할 수 있는 클래스와 리소스 어셈블러들을 제공한다.

타코 클라우드 API에서 하이퍼미디어를 사용할 수 있게 하려면 스프링 HATEOAS 스타터 의존성을 해당 빌드에 추가해야 한다.

```
<dependency>
  <groupId>org.springframework.boot</groupId>
  <artifactId>spring-boot-starter-hateoas</artifactId>
</dependency>
```

이 스타터는 스프링 HATEOAS를 해당 프로젝트의 classpath에 추가하는 것은 물론이고, 스프링 HATEOAS를 활성화하는 자동-구성도 제공한다. 따라서 도메인 타입 대신 리소스 타입을 반환하도록 컨트롤러를 수정하면 된다.

지금부터는 /design/recent에 대한 GET 요청에서 반환되는 최근 타코 리스트에 하이퍼미디어 링크를 추가할 것이다.

6.2.1 하이퍼링크 추가하기

스프링 HATEOAS는 하이퍼링크 리소스를 나타내는 두 개의 기본 타입인 Resource와 Resources를 제공한다. Resource 타입은 단일 리소스를, 그리고 Resources는 리소스 컬렉션을 나타내며, 두 타입 모두 다른 리소스를 링크할 수 있다. 두 타입이 전달하는 링크는 스프링 MVC 컨트롤러 메서드에서 반환될 때 클라이언트가 받는 JSON(또는 XML)에 포함된다.

최근 생성된 타코 리스트에 하이퍼링크를 추가하려면 리스트 6.2의 recentTacos() 메서드에서 List<Taco>를 반환하는 대신 Resources 객체를 반환하도록 수정해야 한다. 최근 생성된 타코 리스트에 하이퍼링크를 사용할 수 있게 일차로 수정된 recentTacos() 메서드는 리스트 6.4와 같다.

리스트 6.4 **리소스에 하이퍼링크 추가하기**

```
@GetMapping("/recent")
public Resources<Resource<Taco>> recentTacos() {
  PageRequest page = PageRequest.of(
          0, 12, Sort.by("createdAt").descending());

  List<Taco> tacos = tacoRepo.findAll(page).getContent();
  Resources<Resource<Taco>> recentResources = Resources.wrap(tacos);

  recentResources.add(
      new Link("http://localhost:8080/design/recent", "recents"));
  return recentResources;
}
```

이렇게 수정된 recentTacos()에서는 직접 타코 리스트를 반환하지 않고 대신에 Resources.wrap()을 사용해서 recentTacos()의 반환 타입인 Resources<Resource <Taco>>의 인스턴스로 타코 리스트를 래핑한다. 그러나 Resources 객체를 반환하기 전에 이름이 recents이고 URL이 http://localhost:8080/design/recent인 링크를 추가한다. 따라서 API 요청에서 반환되는 리소스에 다음의 JSON 코드가 포함된다.

```
"_links": {
  "recents": {
    "href": "http://localhost:8080/design/recent"
  }
}
```

일차로 잘 수정되었지만 더 해야 할 일이 있다. 이 시점에서는 타코 리스트 전체에 대한 링크만 추가되었고 타코 리소스 자체나 각 타코의 식자재에 대한 링크는 추가된 것이 없기 때문이다. 이 링크들을 곧 추가할 것이다. 그러나 우선 recents 링크에 지정한 하드코딩된 URL을 살펴보자.

이처럼 URL을 하드코딩하는 것은 좋은 방법이 아니다. 타코 클라우드 애플리케이션을 개발용 컴퓨터에서만 실행한다면 모를까 로컬 호스트와 포트를 나타내는 localhost:8080으로 URL을 하드코딩하면 안 되기 때문이다. 다행하게도 스프링 HATEOAS는 링크 빌더를 제공하여 URL을 하드코딩하지 않는 방법을 제공한다.

스프링 HATEOAS 링크 빌더 중 가장 유용한 것이 ControllerLinkBuilder다. 이 링크 빌더를 사용하면 URL을 하드코딩하지 않고 호스트 이름을 알 수 있다. 그리고 컨트롤러의 기본 URL에 관련된 링크의 빌드를 도와주는 편리한 API를 제공한다.

ControllerLinkBuilder를 사용하면 recentTacos()의 하드코딩된 Link를 다음과 같이 생성할 수 있다.

```
Resources<Resource<Taco>> recentResources = Resources.wrap(tacos);
recentResources.add(
  ControllerLinkBuilder.linkTo(DesignTacoController.class)
                       .slash("recent")
                       .withRel("recents"));
```

이제는 호스트 이름을 하드코딩할 필요가 없으며, /design 경로 역시 지정하지 않아도 된다. 대신에 기본 경로가 /design인 링크를 DesignTacoController에 요청한다. ControllerLinkBuilder는 이 컨트롤러의 기본 경로를 사용해서 Link 객체를 생성한다.

그 다음에는 스프링 프로젝트에서 많이 사용하는 slash() 메서드를 호출한다. 이 메서드는 이름 그대로 슬래시(/)와 인자로 전달된 값을 URL에 추가한다. 따라서 URL의 경로는 /design/recent가 된다.

제일 끝에는 해당 Link의 관계 이름relation name(링크 참조 시 사용)을 지정하며, 이 예에서는 recents다.

필자는 slash() 메서드를 매우 좋아한다. 그러나 ControllerLinkBuilder에는 링크 URL을 하드코딩하지 않게 해주는 또 다른 메서드인 linkTo()가 있어서 slash() 대신 호출할 수 있다. linkTo()의 사용 예는 다음과 같다.

```
Resources<Resource<Taco>> recentResources = Resources.wrap(tacos);
recentResources.add(
        linkTo(methodOn(DesignTacoController.class).recentTacos())
        .withRel("recents"));
```

여기서는 코드를 알기 쉽도록 ControllerLinkBuilder의 메서드인 linkTo()와 methodOn()을 사용하였다. methodOn()은 컨트롤러 클래스인 DesignTacoController를 인자로 받아 recentTacos() 메서드를 호출할 수 있게 해준다. 따라서 해당 컨트롤러의 기본 경로와 recentTacos()의 매핑 경로 모두를 결정하는 데 사용한다. 이제는 해당 컨트롤러로부터 URL의 모든 값을 얻게 되었으므로 하드코딩하지 않아도 된다!

6.2.2 리소스 어셈블러 생성하기

다음으로는 리스트에 포함된 각 타코 리소스에 대한 링크를 추가해야 한다. 이때 한 가지 방법은 반복 루프에서 Resources 객체가 가지는 각 Resource<Taco> 요소에 Link를 추가하는 것이다. 그러나 이 경우는 타코 리소스의 리스트를 반환하는 API 코드마다 루프를 실행하는 코드가 있어야 하므로 번거롭다. 따라서 다른 전략이 필요하다.

여기서는 Resources.wrap()에서 리스트의 각 타코를 Resource 객체로 생성하는 대신 Taco 객체를 새로운 TacoResource 객체로 변환하는 유틸리티 클래스를 정의할 것이다. TacoResource 객체는 도메인 객체인 Taco와 유사하지만, 링크를 추가로 가질 수 있다. TacoResource 클래스는 리스트 6.5와 같다.

리스트 6.5 도메인 데이터와 하이퍼링크 리스트를 갖는 타코 리소스

```
package tacos.web.api;

import java.util.Date;
import java.util.List;
import org.springframework.hateoas.ResourceSupport;
import lombok.Getter;
import tacos.Ingredient;
import tacos.Taco;

public class TacoResource extends ResourceSupport {

  @Getter
  private final String name;

  @Getter
  private final Date createdAt;

  @Getter
  private final List<Ingredient> ingredients;

  public TacoResource(Taco taco) {
    this.name = taco.getName();
    this.createdAt = taco.getCreatedAt();
    this.ingredients = taco.getIngredients();
  }
}
```

여러 면에서 TacoResource는 Taco 도메인 클래스와 그리 다르지 않다. 두 클래스 모두 name, createdAt, ingredients 속성을 갖는다. 그러나 TacoResource는 ResourceSupport의 서브 클래스로서 Link 객체 리스트와 이것을 관리하는 메서드를 상속받는다.

게다가 TacoResource는 Taco의 id 속성을 갖지 않는다. 왜냐하면 데이터베이스에서 필요한 ID를 API에 노출시킬 필요가 없기 때문이다. 그리고 API 클라이언트 관점에서는 해당 리소스의 self 링크가 리소스 식별자 역할을 할 것이다.[13]

TacoResource는 Taco 객체를 인자로 받는 하나의 생성자를 가지며, Taco 객체의 속성 값을 자신의 속성에 복사한다. 따라서 Taco 객체를 TacoResource 객체로 쉽게 변환한다. 그러나 여기까지만 한다면 Taco 객체 리스트를 Resources<TacoResource>로 변환하기 위해 여전히 반복 루프가 필요할 것이다.

따라서 리스트의 Taco 객체들을 TacoResource 객체들로 변환하는 데 도움을 주기 위해 리스트 6.6과 같이 리소스 어셈블러 클래스를 생성해야 한다.

리스트 6.6 타코 리소스를 구성하는 리소스 어셈블러

```
package tacos.web.api;

import org.springframework.hateoas.mvc.ResourceAssemblerSupport;

import tacos.Taco;

public class TacoResourceAssembler
       extends ResourceAssemblerSupport<Taco, TacoResource> {

  public TacoResourceAssembler() {
    super(DesignTacoController.class, TacoResource.class);
  }

  @Override
  protected TacoResource instantiateResource(Taco taco) {
    return new TacoResource(taco);
  }

  @Override
  public TacoResource toResource(Taco taco) {
    return createResourceWithId(taco.getId(), taco);
  }
}
```

13 도메인과 리소스, 별개로 또는 하나로? 도메인 타입을 ResourceSupport의 서브 클래스로 만들어서 도메인과 리소스의 타입을 별개가 아닌 하나의 타입으로 겸용하는 방법을 사용하는 스프링 개발자들도 있다. 어떤 방법이 좋은지는 정답이 없다. 역자는 리소스 타입을 별개로 생성하는 방법을 선택하였다. 링크가 필요 없는 경우에는 Taco에 리소스 링크를 넣을 필요가 없으며, 리소스 타입을 별개로 생성하여 도메인 타입의 id 속성이 API에 노출되지 않게 할 수 있었기 때문이다.

TacoResourceAssembler의 기본 생성자에서는 슈퍼 클래스인 ResourceAssemblerSupport의 기본 생성자를 호출하며, 이때 TacoResource를 생성하면서 만들어지는 링크에 포함되는 URL의 기본 경로를 결정하기 위해 DesignTacoController를 사용한다.

instantiateResource() 메서드는 인자로 전달된 Taco 객체로 TacoResource 인스턴스를 생성하도록 오버라이드되었다. TacoResource가 기본 생성자를 갖고 있다면 이 메서드는 생략할 수 있다. 그러나 여기서는 Taco 객체로 TacoResource 인스턴스를 생성해야 하므로 오버라이드해야 한다.

마지막으로 toResource() 메서드는 ResourceAssemblerSupport로부터 상속받을 때 반드시 오버라이드해야 한다. 여기서는 Taco 객체로 TacoResource 인스턴스를 생성하면서 Taco 객체의 id 속성 값으로 생성되는 self 링크가 URL에 자동 지정된다.

외견상으로는 toResource()가 instantiateResource()와 같은 목적을 갖는 것처럼 보이지만, 약간 다르다. instantiateResource()는 Resource 인스턴스만 생성하지만, toResource()는 Resource 인스턴스를 생성하면서 링크도 추가한다. 내부적으로 toResource()는 instantiateResource()를 호출한다.

이제는 TacoResourceAssembler를 사용하도록 리스트 6.4의 recentTacos() 메서드를 변경할 수 있다.

```
@GetMapping("/recent")
public Resources<TacoResource> recentTacos() {
  PageRequest page = PageRequest.of(
          0, 12, Sort.by("createdAt").descending());
  List<Taco> tacos = tacoRepo.findAll(page).getContent();

  List<TacoResource> tacoResources =
      new TacoResourceAssembler().toResources(tacos);
  Resources<TacoResource> recentResources =
      new Resources<TacoResource>(tacoResources);
  recentResources.add(
      linkTo(methodOn(DesignTacoController.class).recentTacos())
      .withRel("recents"));
  return recentResources;
}
```

이처럼 변경된 recentTacos()에서는 새로운 TacoResource 타입을 사용하여 Resources<Resource<Taco>> 대신 Resources<TacoResource>를 반환한다. 즉, 리퍼지터리로부터 타코들을 가져와서 Taco 객체 리스트에 저장한 후 이 리스트를 TacoResourceAssembler

의 toResources() 메서드에 전달한다. 그리고 이 메서드에서는 리스트의 모든 Taco 객체에 대해 TacoResourceAssembler에 오버라이드했던 toResource() 메서드를 호출하여 TacoResource 객체를 저장한 리스트를 생성한다.

그다음에 TacoResource 객체 리스트를 사용하여 Resources<TacoResource> 객체를 생성한 후 변경 전의 recentTacos() 메서드에서 했던 것처럼 recents 링크를 추가한다.

이 시점에서 /design/recent에 대한 GET 요청은 각각 self 링크를 갖는 타코들과 이 타코들이 포함된 리스트 자체의 recents 링크를 갖는 타코 리스트를 생성할 것이다. 그러나 각 타코의 식자재(Ingredient 객체)에는 여전히 링크가 없다. 따라서 식자재의 리소스 어셈블러 클래스도 새로 생성해야 한다.

```
package tacos.web.api;

import org.springframework.hateoas.mvc.ResourceAssemblerSupport;
import tacos.Ingredient;

class IngredientResourceAssembler extends
          ResourceAssemblerSupport<Ingredient, IngredientResource> {

  public IngredientResourceAssembler() {
    super(IngredientController2.class, IngredientResource.class);
  }

  @Override
  public IngredientResource toResource(Ingredient ingredient) {
    return createResourceWithId(ingredient.getId(), ingredient);
  }

  @Override
  protected IngredientResource instantiateResource(
                                           Ingredient ingredient) {
    return new IngredientResource(ingredient);
  }
}
```

이 코드를 보면 알 수 있듯이, IngredientResourceAssembler는 TacoResourceAssembler와 매우 흡사하다. 그러나 Taco와 TacoResource 객체 대신 Ingredient와 IngredientResource 객체를 사용한다.

IngredientResource 클래스는 다음과 같다.

```
package tacos.web.api;

import org.springframework.hateoas.ResourceSupport;
import lombok.Getter;
import tacos.Ingredient;
import tacos.Ingredient.Type;

public class IngredientResource extends ResourceSupport {

  @Getter
  private String name;

  @Getter
  private Type type;

  public IngredientResource(Ingredient ingredient) {
    this.name = ingredient.getName();
    this.type = ingredient.getType();
  }
}
```

TacoResource처럼 IngredientResource도 ResourceSupport로부터 상속받으며, 도메인 타입의 속성 값을 자신의 속성(id 속성은 제외)에 복사한다.

이제는 Ingredient 객체 대신 IngredientResource 객체를 처리하도록 TacoResource를 약간 변경하는 것만 남았다.

```
package tacos.web.api;

import java.util.Date;
import java.util.List;
import org.springframework.hateoas.ResourceSupport;
import lombok.Getter;
import tacos.Taco;

public class TacoResource extends ResourceSupport {

  private static final IngredientResourceAssembler
           ingredientAssembler = new IngredientResourceAssembler();

  @Getter
  private final String name;

  @Getter
  private final Date createdAt;

  @Getter
  private final List<IngredientResource> ingredients;
```

```
  public TacoResource(Taco taco) {
    this.name = taco.getName();
    this.createdAt = taco.getCreatedAt();
    this.ingredients =
        ingredientAssembler.toResources(taco.getIngredients());
  }
}
```

이 새 버전의 TacoResource에서는 IngredientResourceAssembler의 static final 인스턴스를 생성한 후 toResource() 메서드를 사용해서 Taco 객체의 Ingredient 리스트를 IngredientResource로 변환한다.

이제는 최근 생성된 타코 리스트가 완벽하게 하이퍼링크를 갖게 되었다. 즉, 리스트 자체의 recents 링크, 리스트에 포함된 모든 타코의 링크, 각 타코의 식자재 링크다. 따라서 응답 결과는 리스트 6.3의 JSON과 거의 동일하게 될 것이다.

다른 주제로 넘어가기 전에 앞에 나왔던 리스트 6.3의 내용에 관해 추가로 알아볼 것이 있다.

6.2.3 embedded 관계 이름 짓기

리스트 6.3을 살펴보면 다음과 같은 최상위 수준의 요소가 있다.

```
{
  "_embedded": {
    "tacoResourceList": [
      ...
    ]
  }
}
```

여기서 embedded 밑의 tacoResourceList라는 이름에 주목하자. 이 이름은 Resources 객체가 List<TacoResource>로부터 생성되었다는 것을 나타낸다. 그럴 리는 없겠지만, 만일 TacoResource 클래스의 이름을 다른 것으로 변경한다면 이 결과 JSON의 필드 이름이 그에 맞춰 바뀔 것이다. 따라서 변경 전의 이름을 사용하는 클라이언트 코드가 제대로 실행되지 않을 것이다.

이럴 때 @Relation 애노테이션을 사용하면 자바로 정의된 리소스 타입 클래스 이름과 JSON 필드 이름 간의 결합도를 낮출 수 있다. 즉, 다음과 같이 TacoResource에 @Relation을 추가하면 스프링 HATEOAS가 결과 JSON의 필드 이름을 짓는 방법을 지정할 수 있다.

```
@Relation(value="taco", collectionRelation="tacos")
public class TacoResource extends ResourceSupport {
  ...
}
```

여기서는 TacoResource 객체 리스트가 Resources 객체에서 사용될 때 tacos라는 이름이 되도록 지정하였다. 그리고 API에서는 사용되지 않겠지만, JSON에서는 TacoResource 객체가 taco로 참조된다.

이에 따라 TacoResource의 이름을 변경하는 것과 상관 없이 /design/recent로부터 반환되는 JSON은 다음과 같다.

```
{
  "_embedded": {
    "tacos": [
      ...
    ]
  }
}
```

스프링 HATEOAS는 직관적이고 쉬운 방법으로 API에 링크를 추가하지만, 우리가 필요로 하지 않는 몇 줄의 코드를 자동으로 추가한다. API의 URL 스킴이 변경되면 클라이언트 코드 실행이 중단됨에도 자동으로 추가되는 코드가 싫어서 API에 HATEOAS 사용을 고려하지 않는 개발자들도 있다. 하지만 HATEOAS를 적극 사용할 것을 권장한다.

만일 스프링 데이터를 리퍼지터리로 사용한다면 또 다른 방법이 있다. 지금부터는 3장에서 스프링 데이터로 생성했던 데이터 리퍼지터리를 기반으로 스프링 데이터 REST가 API를 자동 생성할 수 있게 돕는 방법을 알아본다.

6.3 데이터 기반 서비스 활성화하기

3장에서 보았듯이, 스프링 데이터는 우리가 코드에 정의한 인터페이스를 기반으로 리퍼지터리 구현체(클래스)를 자동으로 생성하고 필요한 기능을 수행한다. 그러나 스프링 데이터에는 애플리케이션의 API를 정의하는 데 도움을 줄 수 있는 기능도 있다.

스프링 데이터 REST는 스프링 데이터의 또 다른 모듈이며, 스프링 데이터가 생성하는 리퍼지터리의 REST API를 자동 생성한다. 따라서 스프링 데이터 REST를 우리 빌드에 추가하면 우리가 정의한 각 리퍼지터리 인터페이스를 사용하는 API를 얻을 수 있다.

스프링 데이터 REST의 사용을 시작하려면 다음과 같이 의존성을 추가해야 한다.

```
<dependency>
  <groupId>org.springframework.boot</groupId>
  <artifactId>spring-boot-starter-data-rest</artifactId>
</dependency>
```

믿기지 않겠지만, 이렇게 의존성만 지정하면 이미 스프링 데이터를 사용 중인 프로젝트에서 REST API를 노출시킬 수 있다. 스프링 데이터 REST 스타터가 우리 빌드에 포함되었으므로, 스프링 데이터가 생성한 모든 리퍼지터리(예를 들어, 스프링 데이터 JPA, 스프링 데이터 몽고)의 REST API가 자동 생성될 수 있도록 스프링 데이터 REST가 자동-구성되기 때문이다.

스프링 데이터 REST가 생성하는 REST 엔드포인트는 우리가 직접 생성한 것만큼 좋다(더 좋을 수도 있다). 그리고 이 엔드포인트를 사용하려면 지금까지 생성했던 `@RestController` 애노테이션이 지정된 모든 클래스들을 이 시점에서 제거해야 한다.

과연 스프링 데이터 REST가 엔드포인트를 자동 제공하는지 알아보려면 애플리케이션을 시작시키고 원하는 URL을 지정하면 된다. 타코 클라우드에 이미 정의했던 리퍼지터리들을 기반으로 타코, 식자재, 주문, 사용자의 `GET` 요청을 수행해 보자.

예를 들어, /ingredients의 `GET` 요청을 하면 모든 식자재 리스트를 얻을 수 있다. 클라이언트로 curl을 사용해서 얻은 결과는 다음과 같다(여기서는 첫 번째 식자재만 나타내었다).

```
$ curl localhost:8080/ingredients
{
  "_embedded" : {
    "ingredients" : [ {
      "name" : "Flour Tortilla",
      "type" : "WRAP",
      "_links" : {
        "self" : {
          "href" : "http://localhost:8080/ingredients/FLTO"
        },
        "ingredient" : {
          "href" : "http://localhost:8080/ingredients/FLTO"
        }
      }
    },
    ...
    ]
```

```
  },
  "_links" : {
    "self" : {
      "href" : "http://localhost:8080/ingredients"
    },
    "profile" : {
      "href" : "http://localhost:8080/profile/ingredients"
    }
  }
}
```

와우! 우리 빌드에 의존성만 지정했을 뿐인데 식자재의 엔드포인트는 물론이고 하이퍼링크까지 포함된 리소스도 얻게 되었다. REST API가 자동 생성되었기 때문이다. 또한, 'Flour Tortilla' 식자재 항목의 `self` 링크에 대해서도 클라이언트인 것처럼 curl을 사용해서 `GET`을 요청할 수 있다.

```
$ curl http://localhost:8080/ingredients/FLTO
{
  "name" : "Flour Tortilla",
  "type" : "WRAP",
  "_links" : {
    "self" : {
      "href" : "http://localhost:8080/ingredients/FLTO"
    },
    "ingredient" : {
      "href" : "http://localhost:8080/ingredients/FLTO"
    }
  }
}
```

책의 내용이 너무 산만해지는 것을 피하기 위해 이 책에서는 스프링 데이터 REST가 자동 생성한 각 엔드포인트와 옵션을 일일이 거론하지 않았다. 그러나 스프링 데이터 REST가 생성한 엔드포인트들은 `GET`은 물론 `POST`, `PUT`, `DELETE` 메서드도 지원한다는 것을 알아 두자. 그렇다! /ingredients의 `POST` 요청을 하여 새로운 식자재를 생성할 수 있으며, /ingredients/FLTO의 `DELETE` 요청으로 'Flour Tortilla' 식자재를 삭제할 수도 있다.

스프링 데이터 REST가 자동 생성한 API와 관련해서 한 가지 할 일은 해당 API의 기본 경로를 설정하는 것이다. 해당 API의 엔드포인트가 우리가 작성한 모든 다른 컨트롤러와 충돌하지 않게 하기 위함이다(실제로 우리가 이전에 생성한 `IngredientsController`를 제거하지 않으면 스프링 데이터 REST가 자동으로 제공하는 /ingredients 엔드포인트의 접속을 방해한다). 스프링 데이터 REST가 자동 생성한 API의 기본 경로는 다음과 같이 `spring.data.rest.base-path` 속성에 설정한다.

```
spring:
  data:
    rest:
      base-path: /api
```

여기서는 스프링 데이터 REST 엔드포인트의 기본 경로를 /api로 설정하였으므로 이제는 식자재의 엔드포인트가 /api/ingredients다. 타코 리스트를 요청할 때도 다음과 같이 /api 기본 경로를 사용할 수 있다.

```
$ curl http://localhost:8080/api/tacos
{
  "timestamp": "2018-02-11T16:22:12.381+0000",
  "status": 404,
  "error": "Not Found",
  "message": "No message available",
  "path": "/api/tacos"
}
```

아, 그러나 이 경우는 예상했던 대로 수행되지 않았다. Ingredient와 IngredientRepository 인터페이스의 경우는 스프링 데이터 REST가 /api/ingredients 엔드포인트를 노출시켰다. 그런데 Taco와 TacoRepository 인터페이스의 경우는 스프링 데이터 REST가 /api/tacos 엔드포인트를 노출시키지 않는 이유가 무엇일까?

6.3.1 리소스 경로와 관계 이름 조정하기

실제로는 스프링 데이터 REST가 tacos라는 엔드포인트를 제공한다. 그러나 엔드포인트를 노출하는 방법이 문제다. 즉, 스프링 데이터 리퍼지터리의 엔드포인트를 생성할 때 스프링 데이터 REST는 해당 엔드포인트와 관련된 엔터티 클래스 이름의 복수형을 사용한다.

따라서 Ingredient의 경우는 엔드포인트가 /ingredients가 되며, Order는 /orders, User는 /users가 된다. 지금까지는 좋다.

그러나 'taco'의 경우는 복수형으로 인한 문제가 생길 수 있다. 왜냐하면 스프링 데이터 REST는 'taco'의 엔트포인트를 'tacoes'로 지정하므로 타코 리스트의 요청을 수행하려면 다음과 같이 /api/tacos가 아닌 /api/tacoes로 해야 하기 때문이다.

```
% curl localhost:8080/api/tacoes
{
  "_embedded" : {
```

```
    "tacoes" : [ {
      "name" : "Carnivore",
      "createdAt" : "2018-02-11T17:01:32.999+0000",
      "_links" : {
        "self" : {
          "href" : "http://localhost:8080/api/tacoes/2"
        },
        "taco" : {
          "href" : "http://localhost:8080/api/tacoes/2"
        },
        "ingredients" : {
          "href" : "http://localhost:8080/api/tacoes/2/ingredients"
        }
      }
    }]
  },
  "page" : {
    "size" : 20,
    "totalElements" : 3,
    "totalPages" : 1,
    "number" : 0
  }
}
```

스프링 데이터 REST는 또한 노출된 모든 엔드포인트의 링크를 갖는 홈home 리소스도 노출시킨다. 다음과 같이 API 기본 경로의 GET 요청을 하면 홈 리소스 내역을 얻을 수 있다.

```
$ curl localhost:8080/api
{
  "_links" : {
    "orders" : {
      "href" : "http://localhost:8080/api/orders"
    },
    "ingredients" : {
      "href" : "http://localhost:8080/api/ingredients"
    },
    "tacoes" : {
      "href" : "http://localhost:8080/api/tacoes{?page,size,sort}",
      "templated" : true
    },
    "users" : {
      "href" : "http://localhost:8080/api/users"
    },
    "profile" : {
      "href" : "http://localhost:8080/api/profile"
    }
  }
}
```

이것을 보면 알 수 있듯이, 홈 리소스는 모든 엔터티의 링크를 보여준다. 이미 얘기했듯이, 'taco'의 복수형인 tacoes를 사용하는 tacoes 링크를 제외한 나머지는 문제가 없어 보인다.

스프링 데이터 REST의 복수형 관련 문제점을 해결할 수 있는 방법이 있다. Taco 클래스에 간단한 애노테이션을 하나 추가하면 된다.

```
@Data
@Entity
@RestResource(rel="tacos", path="tacos")
public class Taco {
  ...
}
```

이처럼 @RestResource 애노테이션을 지정하면 관계 이름과 경로를 우리가 원하는 것으로 변경할 수 있다. 여기서는 두 가지 모두 'tacos'로 설정하였다. 이제 홈 리소스를 요청하면 tacoes가 아닌 tacos 링크로 나타난다.

```
"tacos" : {
  "href" : "http://localhost:8080/api/tacos{?page,size,sort}",
  "templated" : true
},
```

또한, 엔드포인트도 /tacos가 되므로 타코 리소스의 /api/tacos 요청도 문제없이 처리된다.

지금부터는 스프링 데이터 REST 엔드포인트의 결과를 분류하는 방법을 알아보자.

6.3.2 페이징과 정렬

홈 리소스의 모든 링크는 선택적 매개변수인 page, size, sort를 제공한다. /api/tacos와 같은 컬렉션(여러 항목이 포함된) 리소스를 요청하면 기본적으로 한 페이지당 20개의 항목이 반환된다. 그러나 page와 size 매개변수를 지정하면 요청에 포함될 페이지 번호와 페이지 크기를 조정할 수 있다.

예를 들어, 페이지 크기가 5인 첫 번째 페이지를 요청할 때는 다음과 같이 GET 요청을 하면 된다(curl을 사용할 때).

```
$ curl "localhost:8080/api/tacos?size=5"
```

5개 이상의 타코가 있다고 가정할 때, 다음과 같이 page 매개변수를 추가하면 두 번째 페이지의 타코를 요청할 수 있다.

```
$ curl "localhost:8080/api/tacos?size=5&page=1"
```

page 매개변수의 값은 0부터 시작하므로 페이지 1은 두 번째 페이지를 의미한다. 또한, curl과 같은 여러 명령행 셸에서는 요청 속에 앰퍼샌드(&)를 포함하므로 URL 전체를 겹따옴표("")로 둘러싸야 한다.

HATEOAS는 처음first, 마지막last, 다음next, 이전previous 페이지의 링크를 요청 응답에 제공한다.

```
"_links" : {
  "first" : {
    "href" : "http://localhost:8080/api/tacos?page=0&size=5"
  },
  "self" : {
    "href" : "http://localhost:8080/api/tacos"
  },
  "next" : {
    "href" : "http://localhost:8080/api/tacos?page=1&size=5"
  },
  "last" : {
    "href" : "http://localhost:8080/api/tacos?page=2&size=5"
  },
  "profile" : {
    "href" : "http://localhost:8080/api/profile/tacos"
  },
  "recents" : {
    "href" : "http://localhost:8080/api/tacos/recent"
  }
}
```

이처럼 링크들을 제공하므로 API의 클라이언트는 현재 페이지가 어딘지 계속 파악하면서 매개변수와 URL을 연관시킬 필요가 없다. 대신에 링크 이름으로 이런 페이지를 이동하는 링크들 중 하나를 찾으면 된다.

sort 매개변수를 지정하면 엔터티의 속성을 기준으로 결과 리스트를 정렬할 수 있다. 예를 들어, UI(사용자 인터페이스)에 보여주기 위해 최근 생성된 12개의 타코를 가져와야 한다면, 다음과 같이 페이징과 정렬 매개변수를 같이 지정하면 된다.

```
$ curl "localhost:8080/api/tacos?sort=createdAt,desc&page=0&size=12"
```

여기서는 createdAt 속성 값을 기준으로 하되 내림차순descending order으로 정렬하려고 sort 매개변수에 지정하였다(가장 최근의 타코가 제일 먼저 나타나게 하기 위함이다). 그리고 page와 size 매개변수는 첫 번째 페이지에 12개의 타코가 나타나게 지정했다.

바로 이것이 가장 최근에 생성된 타코를 보여주기 위해 UI에서 필요로 하는 것이다. 또한, 이것은 이번 장 앞의 DesignTacoController에 정의했던 엔드포인트와 거의 같다.

그러나 작은 문제가 하나 있다. 앞의 매개변수들을 사용해서 타코 리스트를 요청하기 위한 UI 코드가 하드코딩되어야 한다. 물론 이렇게 해도 잘 된다. 그러나 하드코딩으로 인해 클라이언트 코드가 실행되지 않을 수 있다(API 요청 URL이 변경된다면). 따라서 클라이언트가 링크 리스트에서 URL을 찾을 수 있다면 좋을 것이다. 그리고 이전에 나왔던 /design/recent 엔드포인트처럼 URL이 더 간단명료하다면 훨씬 좋을 것이다.

6.3.3 커스텀 엔드포인트 추가하기

스프링 데이터 REST는 스프링 데이터 리퍼지터리의 CRUD 작업을 수행하는 엔드포인트 생성을 잘 하도록 한다. 그러나 때로는 기본적인 CRUD API로부터 탈피하여 우리 나름의 엔드포인트를 생성해야 할 때가 있다.

이때 @RestController 애노테이션이 지정된 빈bean을 구현하여 스프링 데이터 REST가 자동 생성하는 엔드포인트에 보충할 수도 있다. 예를 들어, 이번 장 앞에 나왔던 DesignTacoController를 다시 사용하면서 이것이 스프링 데이터 REST가 제공하는 엔드포인트와 함께 작동하도록 할 수 있다.

그러나 이때는 다음 두 가지를 고려하여 우리의 API 컨트롤러를 작성해야 한다.

- 우리의 엔드포인트 컨트롤러는 스프링 데이터 REST의 기본 경로로 매핑되지 않는다. 따라서 이때는 스프링 데이터 REST의 기본 경로를 포함하여 우리가 원하는 기본 경로가 앞에 붙도록 매핑시켜야 한다. 그러나 기본 경로가 변경될 때는 해당 컨트롤러의 매핑이 일치되도록 수정해야 한다.
- 우리 컨트롤러에 정의한 엔드포인트는 스프링 데이터 REST 엔드포인트에서 반환되는 리소스의 하이퍼링크에 자동으로 포함되지 않는다. 이것은 클라이언트가 관계 이름을 사용해서 커스텀 엔드포인트를 찾을 수 없다는 의미다.

우선, 기본 경로에 관한 문제를 해결해 보자. 스프링 데이터 REST는 @RepositoryRestController를 포함한다. 이것은 스프링 데이터 REST 엔드포인트에 구성되는 것과 동일한 기본 경로로 매핑되는 컨트롤러 클래스에 지정하는 새로운 애노테이션이다.

간단히 말해서 @RepositoryRestController가 지정된 컨트롤러의 모든 경로 매핑은 spring.data.rest.base-path 속성의 값(/api로 구성했던)이 앞에 붙은 경로를 갖는다.

이전의 DesignTacoController는 우리가 필요 없는 여러 핸들러 메서드를 갖고 있으므로 이것을 다시 활용하는 대신 여기서는 recentTacos() 메서드만 갖는 새로운 컨트롤러를 생성할 것이다. 리스트 6.7의 RecentTacosController에는 스프링 데이터 REST의 기본 경로를 요청 매핑에 적용하기 위해 @RepositoryRestController가 지정되었다.

리스트 6.7 스프링 데이터 REST의 기본 경로를 컨트롤러에 적용하기

```
package tacos.web.api;

import static org.springframework.hateoas.mvc.ControllerLinkBuilder.*;
import java.util.List;
import org.springframework.data.domain.PageRequest;
import org.springframework.data.domain.Sort;
import org.springframework.data.rest.webmvc.RepositoryRestController;
import org.springframework.hateoas.Resources;
import org.springframework.http.HttpStatus;
import org.springframework.http.ResponseEntity;
import org.springframework.web.bind.annotation.GetMapping;
import tacos.Taco;
import tacos.data.TacoRepository;

@RepositoryRestController
public class RecentTacosController {

  private TacoRepository tacoRepo;

  public RecentTacosController(TacoRepository tacoRepo) {
    this.tacoRepo = tacoRepo;
  }

  @GetMapping(path="/tacos/recent", produces="application/hal+json")
  public ResponseEntity<Resources<TacoResource>> recentTacos() {
    PageRequest page = PageRequest.of(
                          0, 12, Sort.by("createdAt").descending());
    List<Taco> tacos = tacoRepo.findAll(page).getContent();

     List<TacoResource> tacoResources =
        new TacoResourceAssembler().toResources(tacos);
    Resources<TacoResource> recentResources =
            new Resources<TacoResource>(tacoResources);
```

```
    recentResources.add(
        linkTo(methodOn(RecentTacosController.class).recentTacos())
            .withRel("recents"));
    return new ResponseEntity<>(recentResources, HttpStatus.OK);
  }
}
```

여기서 @GetMapping은 /tacos/recent 경로로 매핑되지만, RecentTacosController 클래스에 @RepositoryRestController 애노테이션이 지정되어 있으므로 맨 앞에 스프링 데이터 REST의 기본 경로가 추가된다. 따라서 recentTacos() 메서드는 /api/tacos/recent의 GET 요청을 처리하게 된다.

여기서 한 가지 중요한 것이 있다. @RepositoryRestController는 @RestController와 이름이 유사하지만, @RestController와 동일한 기능을 수행하지 않는다는 것이다. 특히 @RepositoryRestController는 핸들러 메서드의 반환값을 요청 응답의 몸체에 자동으로 수록하지 않는다. 따라서 해당 메서드에 @ResponseBody 애노테이션을 지정하거나 해당 메서드에서 응답 데이터를 포함하는 ResponseEntity를 반환해야 한다. 리스트 6.7의 코드에서는 ResponseEntity를 반환하였다.

RecentTacosController가 실행되면 /api/tacos/recent의 Get 요청을 할 때 가장 최근에 생성된 타코를 12개까지 반환한다. 그러나 /api/tacos를 요청할 때는 여전히 하이퍼링크 리스트에 나타나지 않을 것이다. 이제는 이 문제를 해결해 보자.

6.3.4 커스텀 하이퍼링크를 스프링 데이터 엔드포인트에 추가하기

최근에 생성된 타코의 엔드포인트가 /api/tacos에서 반환된 하이퍼링크 중에 없다면 클라이언트가 가장 최근 타코들을 가져오는 방법을 어떻게 알 수 있을까? 추론을 하거나 또는 페이징과 정렬 매개변수를 사용해야 할 것이다. 또는 바람직하지 않지만 클라이언트 코드에 해당 엔드포인트를 하드코딩해야 한다.

그러나 리소스 프로세서 빈을 선언하면 스프링 데이터 REST가 자동으로 포함시키는 링크 리스트에 해당 링크를 추가할 수 있다. 스프링 데이터 HATEOAS는 ResourceProcessor를 제공한다. 이것은 API를 통해 리소스가 반환되기 전에 리소스를 조작하는 인터페이스다.

여기서는 PagedResources<Resource <Taco>> 타입(/api/tacos 엔드포인트의 반환 타입)의 리소스에 recents 링크를 추가하는 ResourceProcessor를 구현해야 한다. 리스트 6.8에서는 이런 ResourceProcessor를 정의하는 빈 선언 메서드를 보여준다.

리스트 6.8 **커스텀 링크를 스프링 데이터 REST 엔드포인트에 추가하기**

```
@Bean
public ResourceProcessor<PagedResources<Resource<Taco>>>
  tacoProcessor(EntityLinks links) {

  return new ResourceProcessor<PagedResources<Resource<Taco>>>() {
    @Override
    public PagedResources<Resource<Taco>> process(
                        PagedResources<Resource<Taco>> resource) {

      resource.add(
          links.linkFor(Taco.class)
               .slash("recent")
               .withRel("recents"));
      return resource;
    }
  };
}
```

리스트 6.8의 ResourceProcessor는 익명 내부 클래스anonymous inner class로 정의되었고 스프링 애플리케이션 컨텍스트에 생성되는 빈으로 선언되었다. 따라서 스프링 HATEOAS가 자동으로 이 빈을 찾은 후(물론 ResourceProcessor 타입의 다른 빈들도 찾는다) 해당되는 리소스에 적용한다.

이 경우 컨트롤러에서 PagedResources<Resource<Taco>>가 반환된다면 가장 최근에 생성된 타코들의 링크를 받게 되며, /api/tacos의 요청 응답에도 해당 링크들이 포함된다.

이번 장에서 살펴본 타코 클라우드 애플리케이션은 어떻게 빌드하고 실행해야 할까? 자바 스프링 코드와 앵귤러 코드가 함께 있으므로, 5장까지 했던 것과는 다른 방법이 필요하다. 지금부터는 이 방법을 알아본다.

6.4 앵귤러 IDE 이클립스 플러그인 설치와 프로젝트 빌드 및 실행하기

STS IDE에 앵귤러 IDE(앵귤러 CLI가 포함됨)의 이클립스 플러그인을 설치하면 스프링 부트와 앵귤러를 함께 사용하는 애플리케이션을 STS에서 개발하고 빌드하여 실행할 수 있다. STS IDE가 아닌 명령행에서 앵귤러를 사용할 때는 Node.js와 앵귤러 CLI를 설치해야 하고 사용도 불편하다. 여기서는 우선 STS IDE에 앵귤러 IDE의 이클립스 플러그인을 설치하고 사용하는 방법을 알아본다. 그다음에 이번 장에서 설명했던 타코 클라우드 애플리케이션을 빌드하고 실행해 본다.

6.4.1 앵귤러 IDE 이클립스 플러그인 설치하기

그림 6.3과 같이 STS의 메뉴에서 **Help ⇨ Eclipse Marketplace…**를 선택한다.

그러면 그림 6.4의 대화상자가 나타난다. 여기서는 설치할 플러그인을 검색하고 선택할 수 있다.

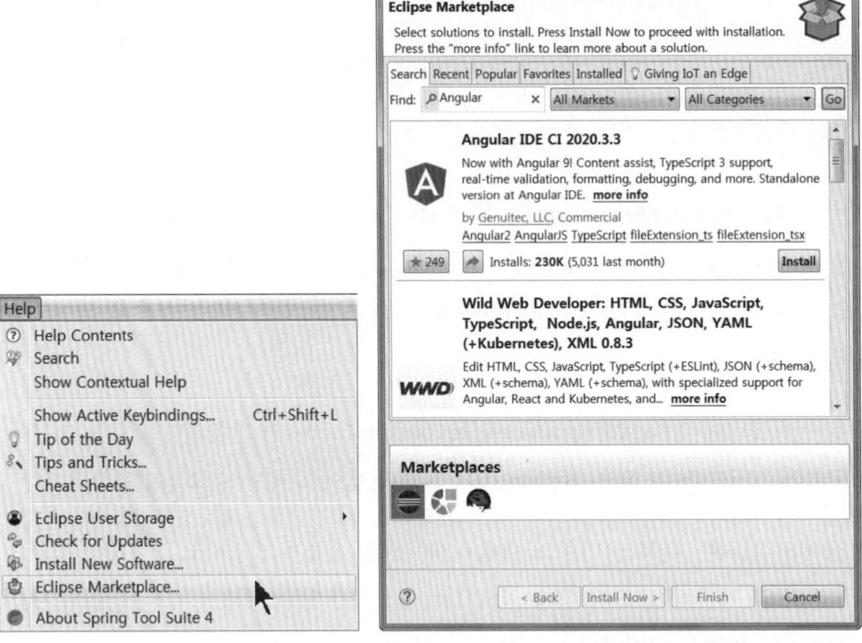

그림 6.3 **이클립스 Marketplace**

그림 6.4 **설치할 플러그인 선택 대화상자**

그림 6.4의 왼쪽 위 검색 필드에 **Angular**를 입력하고 오른쪽의 **Go** 버튼을 누르면 그 아래에 검색된 플러그인들이 나타난다. Angular IDE CI 2020.3.3(버전 대신 나타내는 날짜는 달라질 수 있다)의 오른쪽 아래에 있는 **Install** 버튼을 클릭하면(이미 설치가 된 경우는 **Installed**로 나타난다) 그림 6.5의 대화상자가 나타난다. 여기서 CI는 상용 버전이며, 45일 동안만 무료로 사용할 수 있고 이후에는 구입해야(연간 $29) 계속 사용할 수 있다. 그러나 제일 안정되고 모든 기능이 제공되는 버전이므로 이것을 사용하는 것이 좋다.

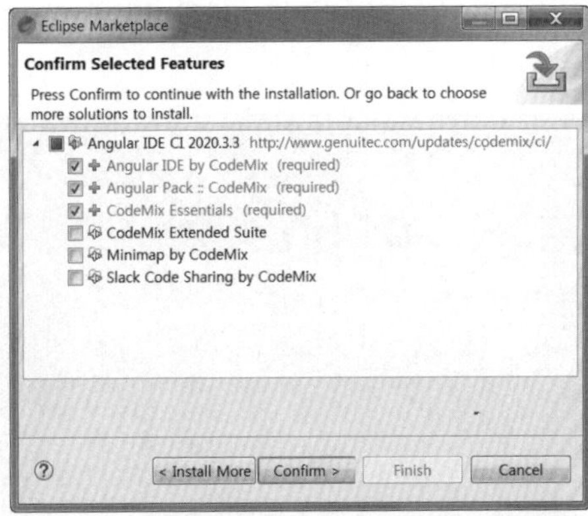

그림 6.5 **앵귤러 IDE CI의 원하는 기능 선택하기**

Confirm 버튼을 누르면 그림 6.6의 라이선스 동의 대화상자가 나타난다.

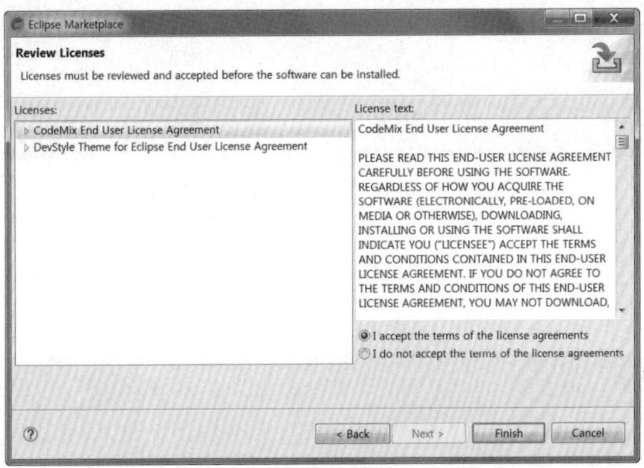

그림 6.6 **라이선스 동의 대화상자**

'I accept the terms of the license agreement'를 선택하고 **Finish** 버튼을 누르면 설치가 시작되며, 잠시 후 설치가 끝나면 그림 6.7의 대화상자가 나타난다.

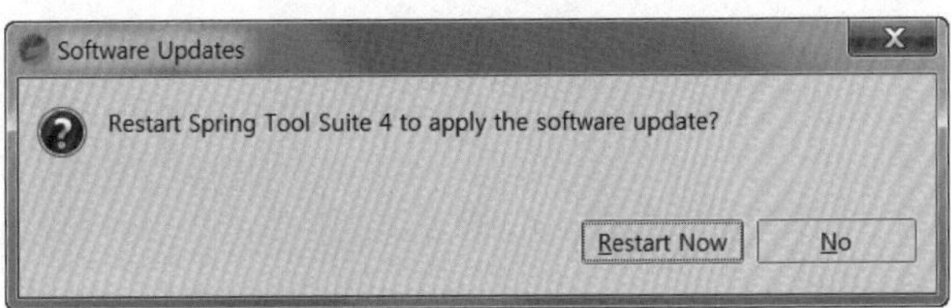

그림 6.7 **STS의 재시작 확인 대화상자**

추가된 앵귤러 플러그인을 사용할 수 있도록 **Restart Now** 버튼을 눌러서 STS를 다시 시작한다.

STS가 다시 시작되면 앵귤러 IDE가 설치되었다는 대화상자가 나타난다(그림 6.8).

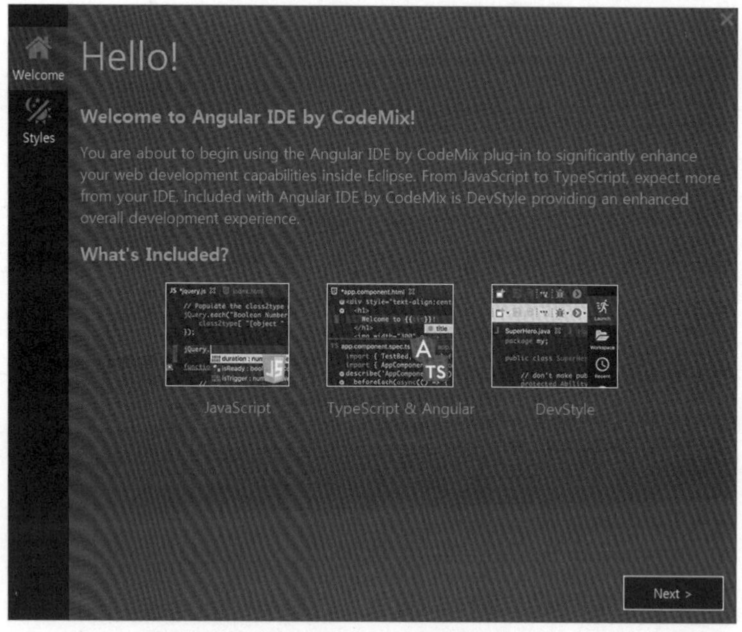

그림 6.8 앵귤러 IDE 설치 알림 대화상자

Next 버튼을 누르면 앵귤러 IDE의 UI 테마를 선택하는 그림 6.9의 대화상자가 나타난다.

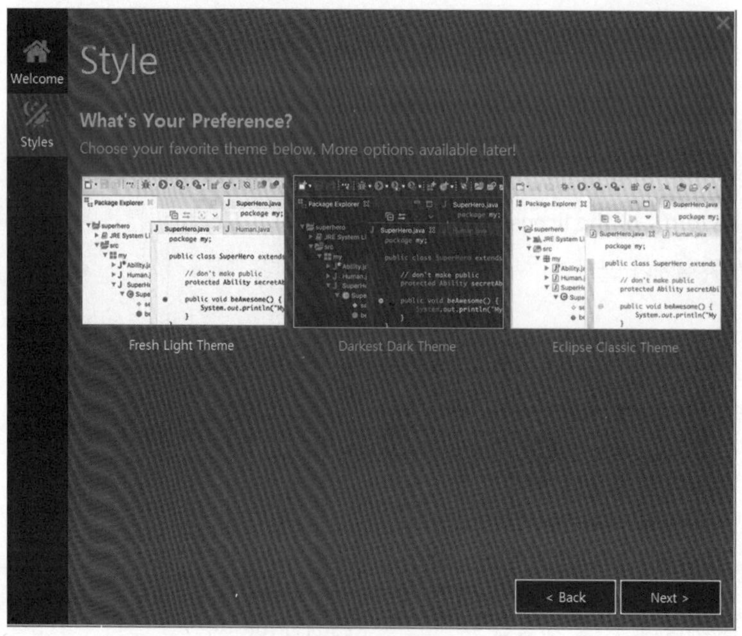

그림 6.9 앵귤러 IDE의 UI 테마 선택

각자 **선호하는 테마**를 선택하고 **Next** 버튼을 누르면 STS를 시작할 때 나타나는 초기 대화상자의 형태가 더 편리하고 보기 좋게 바뀌어 나타난다(그림 6.10).

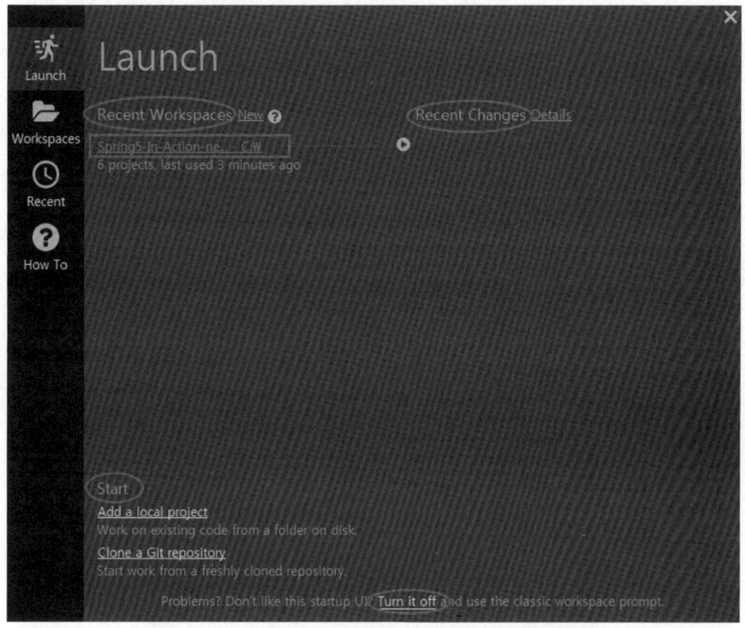

그림 6.10 STS 시작 시에 나타나는 초기 대화상자

여기서는 최근에 사용했던 작업 영역workspace을 볼 수 있고, 최근에 변경했던 내역도 볼 수 있다. 그리고 STS를 시작할 때 기본적으로 나타나는 대화상자처럼 원하는 작업 영역을 지정할 수 있다. 이후로 STS를 시작할 때는 그림 6.10의 대화상자가 나타난다.

만일 종전대로 STS의 기본 대화상자를 사용하고 싶은 경우는 제일 밑의 **Turn it off**를 클릭하여 나타나는 그림 6.11의 대화상자에서 **Use Classic dialog** 버튼을 클릭하면 된다.

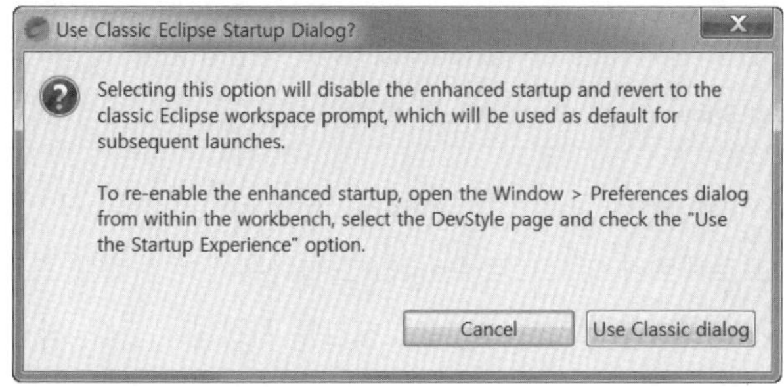

그림 6.11 STS의 기본 대화상자를 사용할 것인지 여부 확인

이제는 STS에 앵귤러 IDE 플러그인을 설치 완료하였다. 따라서 STS에서 기본으로 선택되는 자바 퍼스펙티브Perspective 대신 앵귤러 퍼스펙티브로 전환하면 앵귤러 IDE의 기능을 STS에서 사용할 수 있다. 또한, 스프링과 앵귤러를 함께 사용하여 편리하게 애플리케이션을 생성할 수 있다.

그림 6.10의 대화상자에서 작업 영역으로 사용할 디렉터리를 지정하고(사각형으로 표시된 부분) 왼쪽 밑의 **Start**를 클릭하면 STS가 시작된다(작업 영역 디렉터리는 각자 원하는 것을 지정하자).

STS가 시작된 후에 오른쪽 제일 위에 있는 **Open Perspective** 버튼(⊞)을 누르면 퍼스펙티브를 여는 대화상지기 나타닌다(그림 6.12).

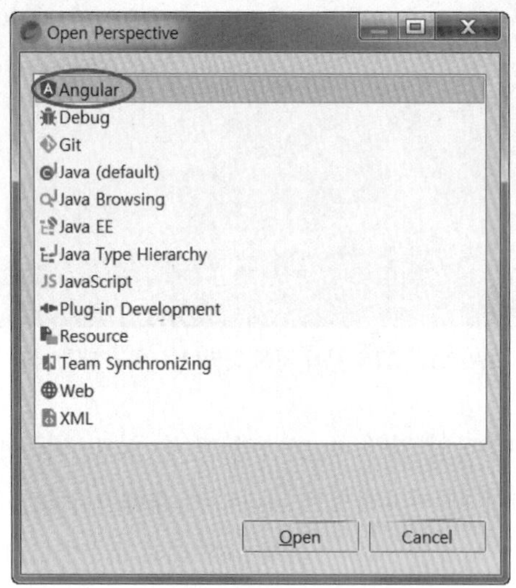

그림 6.12 **퍼스펙티브 열기**

Angular를 선택하고 **Open** 버튼을 누르면 그림 6.13과 같이 앵귤러 페스펙티브로 전환되고, 오른쪽 제일 위에는 앵귤러 퍼스펙티브가 선택된 것을 나타내는 버튼(A)이 나타나며, 아래쪽의 **Terminal+** 탭을 클릭하면 터미널Terminal 창이 열린다(만일 Terminal+ 탭이 안 보인다면 STS 메뉴의 **Window** ⇨ **Show View** ⇨ **Terminal+**를 선택하면 된다).

화살표가 가리키는 경계선에서 마우스를 클릭하고 끌면 터미널 창의 크기를 조정할 수 있다. 현재는 열려 있는 프로젝트가 없으므로 Project 드롭다운에서 선택할 프로젝트가 나타나지 않는다. 터미널 창에서 명령을 실행하려면 프로젝트를 지정해야 한다. 잠시 후에 6장의 프로젝트를 열고 지정할 것이다.

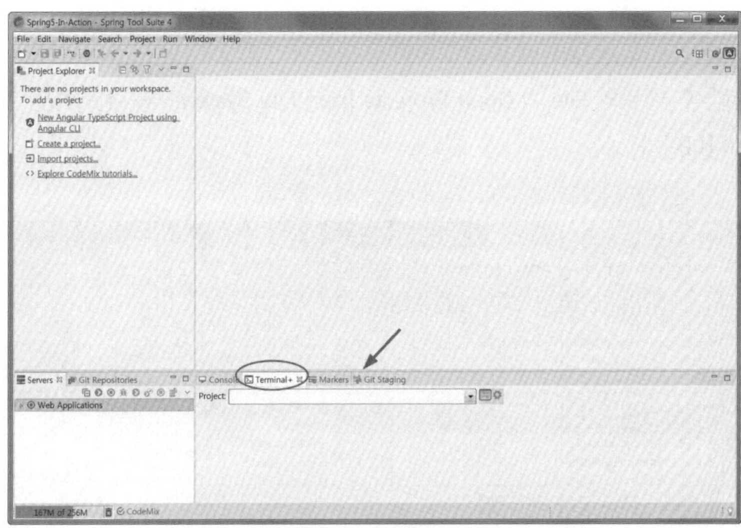

그림 6.13 **앵귤러 퍼스펙티브로 전환된 STS**

이제는 앵귤러 IDE 플러그인이 추가되었으므로 STS에서 사용할 수 있다. 지금부터는 이번 장에서 알아본 타코 클라우드 애플리케이션을 터미널 창을 사용해서 빌드하고 실행할 것이다. 왜냐하면 서로 다른 언어의 모듈(자바를 사용하는 스프링과 앵귤러)들을 하나의 jar 배포 파일로 생성해야 하기 때문이다.[14]

6.4.2 타코 클라우드 애플리케이션 빌드하고 실행하기

지금부터는 6장에서 알아본 모든 스프링과 앵귤러 코드로 타코 클라우드 애플리케이션을 빌드하고 실행할 것이다. 우선, 이 책의 다운로드 코드(다운로드 방법은 책의 앞부분의 '이 책에 대하여'를 참고한다)에서 **Ch06 서브 디렉터리**를 각자 STS 작업 영역 디렉터리 밑에 복사한다. 여기서는 C:\Spring5-In-Action을 STS 작업 영역으로 지정하였고, 6장의 모든 코드가 있는 Ch06 서브 디렉터리를 이 밑에 복사한 것으로 간주한다.

만일 Ch06 서브 디렉터리가 이전에 STS를 시작할 때 지정한 작업 영역이 아닌 다른 디렉터리 밑에 있다면 이 디렉터리를 작업 영역으로 지정해야 한다. 이때는 STS 메뉴의 **File ⇨ Switch Workspace ⇨ Other…**를 선택한 후 대화상자에서 Ch06 서브 디렉터리가 있는 상위 디렉터리를 작업 영역으로 지정하면 STS가 다시 시작되고 작업 영역이 변경된다. 그러나 이처럼 작업 영역을 변경할 때는 간혹 문제가 생길 수 있다. 따라서 아예 STS를 끝낸 후 다시

14 옮긴이 6장부터는 앵귤러 퍼스펙티브로 STS를 사용한다.

시작할 때 초기 대화상자에서 작업 영역을 변경하는 것이 좋다.

STS가 시작한 후 메뉴의 **File ⇨ Open Projects from File System…**을 선택하면 그림 6.14의 대화상자가 나타난다.

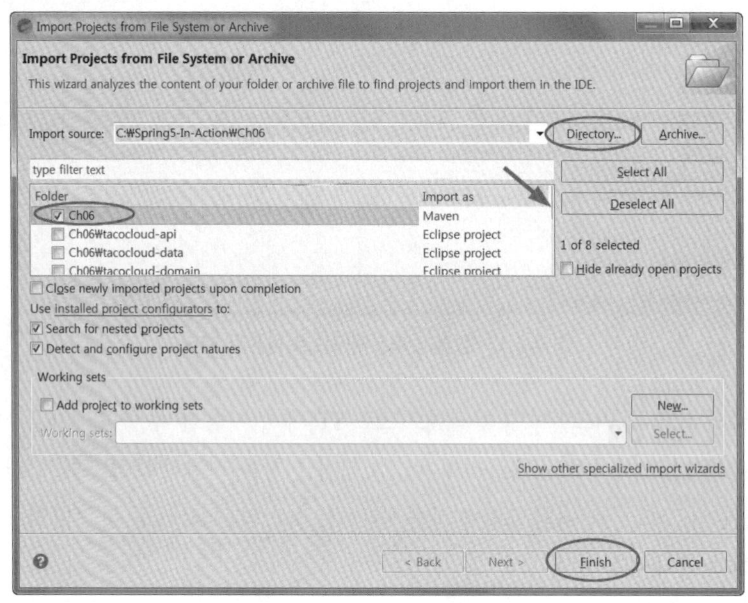

그림 6.14 **프로젝트 열기 대화상자**

Directory… 버튼을 클릭하여 나타나는 대화상자에서 **Ch06 서브 디렉터리**를 선택하면 그림 6.14처럼 잠시 후에 STS가 이 디렉터리의 모든 프로젝트 폴더를 찾아 보여준다. 이 폴더 중에서 **Ch06 메이븐 폴더**만 체크된 상태로 두고 **나머지 폴더**는 체크를 해제한다(화살표가 가리키는 스크롤바를 내리면서 아래의 모든 폴더의 체크를 해제해야 한다). 그 다음에 **Finish** 버튼을 클릭하면 그림 6.15처럼 STS가 모든 프로젝트를 열고 패키지 탐색기 창에 보여준다(원으로 표시된 **각 항목 왼쪽의 화살표**를 클릭하면 항목을 확장 또는 축소해서 볼 수 있다).

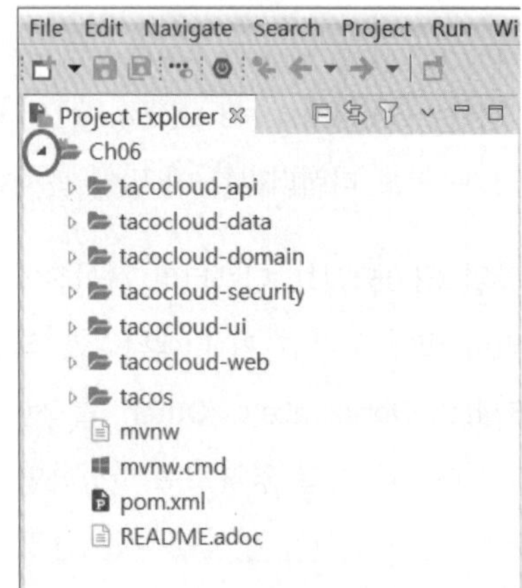

그림 6.15 **Ch06의 모든 프로젝트가 열린 패키지 탐색기 창**

여기에는 하나의 메이븐 프로젝트로 구성된 타코 클라우드의 각 모듈들이 나타나 있으며, 그 내역은 다음과 같다.

- `tacocloud-api`: REST API 처리 클래스와 인터페이스
- `tacocloud-data`: 데이터 저장을 위한 리퍼지터리 인터페이스
- `tacocloud-domain`: 도메인 클래스
- `tacocloud-security`: 보안 관련 클래스(아직은 모든 기능이 구현되지 않았다)
- `tacocloud-ui`: 타입스크립트 앵귤러 UI 컴포넌트와 모듈
- `tacocloud-web`: 웹 처리 관련 클래스와 인터페이스(이전 장에서 사용했던 것으로 없어도 된다)
- `tacos`: 타코 애플리케이션의 스프링 부트 메인 클래스와 구성 클래스

이제는 프로젝트가 열렸으므로 터미널 창을 사용하여 애플리케이션을 빌드하고 실행할 수 있다. 아래쪽의 **Terminal+** 탭을 클릭하고 Project 드롭다운에서 **Ch06**을 선택한다(그림 6.16). (터미널 창이 열려 있지 않다면 STS 메뉴의 **Window** ⇨ **Show View** ⇨ **Terminal+**를 선택하여 열자.)

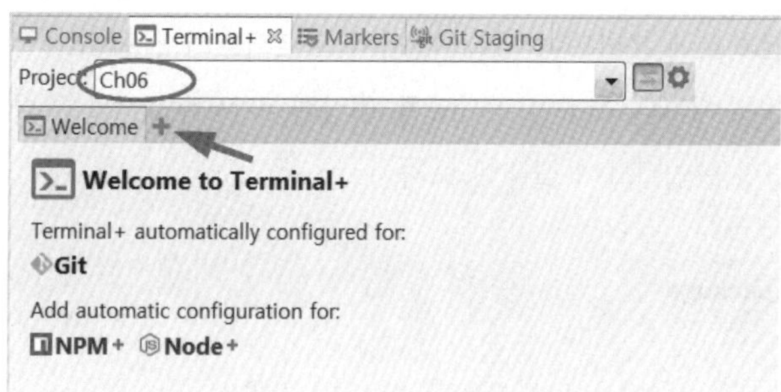

그림 6.16 **터미널 창에서 프로젝트 선택하기**

그리고 바로 밑의 **+** 아이콘을 클릭하여 터미널 창을 새로 열면 셸 프롬프트가 나타나므로 우리가 원하는 명령을 입력하여 실행할 수 있다. 예를 들어, 그림 6.17과 같이 curl 명령을 실행하면 스프링 Initializr의 기본 URL에 접속하여 모든 매개변수 내역을 볼 수 있다. 각자 실행해 보자.

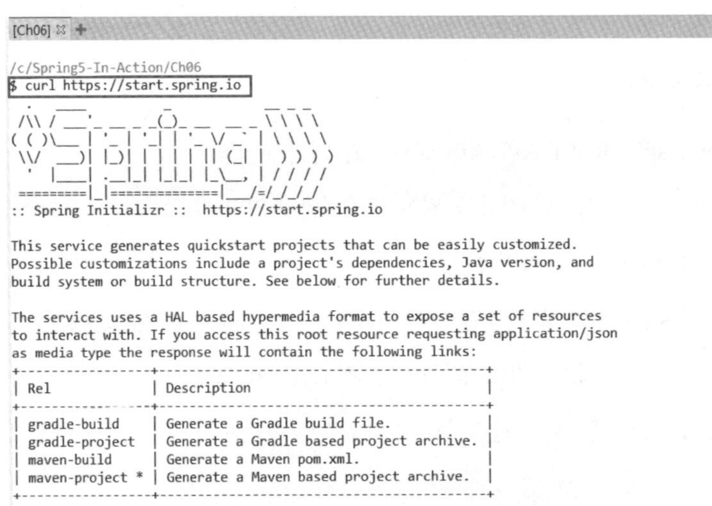

그림 6.17 터미널 창에서 curl 명령 실행하기

curl 명령을 포함해서 이처럼 명령행에서 수행할 필요가 있는 명령들을 터미널 창에서 실행할 수 있다.

조금 전에 얘기했듯이, 타코 클라우드 애플리케이션은 여러 개의 모듈로 구성되어 있으며, 하나의 메이븐 프로젝트에 포함되어 있다. 따라서 프로젝트의 전체 모듈을 하나의 애플리케이션으로 빌드하려면 메이븐 래퍼인 mvnw를 명령행(여기서는 터미널 창)에서 실행시켜야 한다. 다음과 같이 명령을 입력하여 실행해 보자.

```
$ ./mvnw clean package
```

이렇게 하면 탐색기 창에 나타난 7개의 모듈(tacocloud-ui는 앵귤러 코드이고 나머지는 자바 스프링 코드)을 메이븐이 차례대로 빌드하여 하나의 jar 파일로 생성해 준다(운영체제의 명령행에서 실행할 때는 Node와 앵귤러 CLI가 설치되어 있어야 한다. 그러나 여기서는 STS에 앵귤러 IDE 플러그인이 설치되었으므로 Node와 앵귤러 CLI를 또 설치할 필요는 없다).

빌드가 성공적으로 끝나면 그림 6.18과 같이 빌드된 모듈과 성공 메시지 및 소요 시간을 터미널 창에 보여준다.

```
[INFO] --- maven-jar-plugin:3.0.2:jar (default-jar) @ tacocloud-web ---
[INFO] Building jar: C:\Spring5-In-Action\Ch06\tacocloud-web\target\tacocloud-web-0.0.6-SNAPSHOT.jar
[INFO] ------------------------------------------------------------------------
[INFO] Reactor Summary:
[INFO]
[INFO] taco-cloud-parent .................................. SUCCESS [  2.986 s]
[INFO] tacocloud-domain ................................... SUCCESS [ 24.053 s]
[INFO] tacocloud-data ..................................... SUCCESS [  1.132 s]
[INFO] tacocloud-security ................................. SUCCESS [  1.642 s]
[INFO] tacocloud-api ...................................... SUCCESS [  1.951 s]
[INFO] tacocloud-ui ....................................... SUCCESS [01:43 min]
[INFO] taco-cloud ......................................... SUCCESS [01:19 min]
[INFO] tacocloud-web ...................................... SUCCESS [  6.944 s]
[INFO] ------------------------------------------------------------------------
[INFO] BUILD SUCCESS
[INFO] ------------------------------------------------------------------------
[INFO] Total time: 03:43 min
[INFO] Finished at: 2020-01-30T14:12:07+09:00
[INFO] Final Memory: 66M/453M
[INFO] ------------------------------------------------------------------------
```

그림 6.18 **빌드 성공 메시지**

이처럼 빌드가 끝나면 하나의 실행 가능한 jar 파일이 생성되어 tacos 프로젝트의 target 디렉터리에 저장된다. 그리고 그림 6.19처럼 탐색기 창에서 tacos와 target을 확장하면 볼 수 있다.

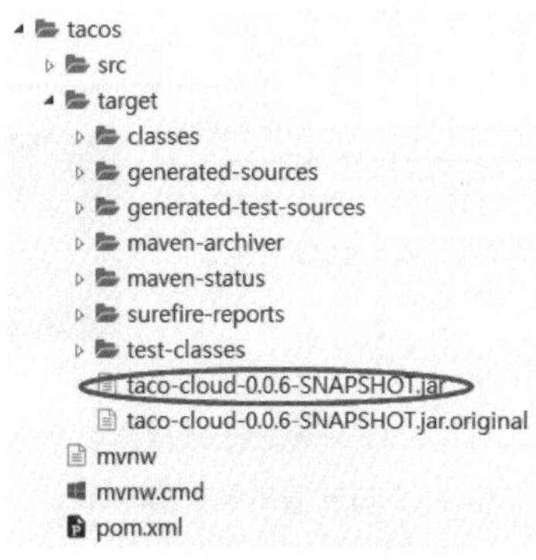

그림 6.19 **빌드 후 생성된 jar 파일**

그리고 터미널 창에서 다음과 같이 타코 클라우드 애플리케이션을 실행할 수 있다. 각자 실행해 보자.

```
$ java -jar tacos/target/taco-cloud-0.0.6-SNAPSHOT.jar
```

이 경우 내장된 톰캣 서버가 자동으로 시작되며, 타코 클라우드 애플리케이션이 시작된다(그림 6.20).

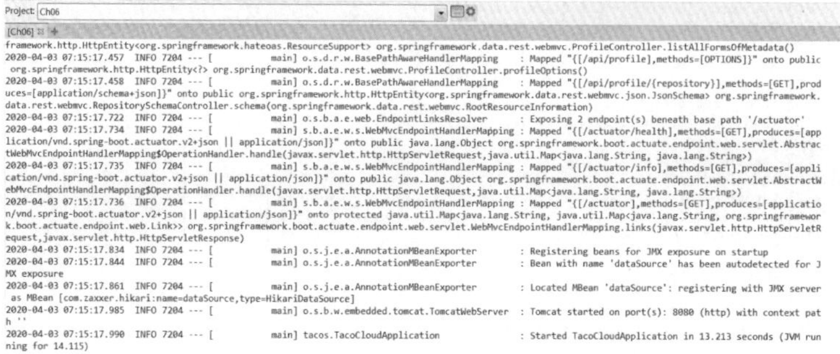

Project: Ch06
[Ch06]
framework.http.HttpEntity<org.springframework.hateoas.ResourceSupport> org.springframework.data.rest.webmvc.ProfileController.listAllFormsOfMetadata()
2020-04-03 07:15:17.457 INFO 7204 --- [main] o.s.d.r.w.BasePathAwareHandlerMapping : Mapped "{[/api/profile],methods=[OPTIONS]}" onto public org.springframework.http.HttpEntity<?> org.springframework.data.rest.webmvc.ProfileController.profileOptions()
2020-04-03 07:15:17.458 INFO 7204 --- [main] o.s.d.r.w.BasePathAwareHandlerMapping : Mapped "{[/api/profile/{repository}],methods=[GET],produces=[application/schema+json]}" onto public org.springframework.http.HttpEntity<org.springframework.data.rest.webmvc.json.JsonSchema> org.springframework.data.rest.webmvc.RepositorySchemaController.schema(org.springframework.data.rest.webmvc.RootResourceInformation)
2020-04-03 07:15:17.722 INFO 7204 --- [main] o.s.b.a.e.web.EndpointLinksResolver : Exposing 2 endpoint(s) beneath base path '/actuator'
2020-04-03 07:15:17.734 INFO 7204 --- [main] s.b.a.e.w.s.WebMvcEndpointHandlerMapping : Mapped "{[/actuator/health],methods=[GET],produces=[application/vnd.spring-boot.actuator.v2+json || application/json]}" onto public java.lang.Object org.springframework.boot.actuate.endpoint.web.servlet.AbstractWebMvcEndpointHandlerMapping$OperationHandler.handle(javax.servlet.http.HttpServletRequest,java.util.Map<java.lang.String, java.lang.String>)
2020-04-03 07:15:17.735 INFO 7204 --- [main] s.b.a.e.w.s.WebMvcEndpointHandlerMapping : Mapped "{[/actuator/info],methods=[GET],produces=[application/vnd.spring-boot.actuator.v2+json || application/json]}" onto public java.lang.Object org.springframework.boot.actuate.endpoint.web.servlet.AbstractWebMvcEndpointHandlerMapping$OperationHandler.handle(javax.servlet.http.HttpServletRequest,java.util.Map<java.lang.String, java.lang.String>)
2020-04-03 07:15:17.736 INFO 7204 --- [main] s.b.a.e.w.s.WebMvcEndpointHandlerMapping : Mapped "{[/actuator],methods=[GET],produces=[application/vnd.spring-boot.actuator.v2+json || application/json]}" onto protected java.util.Map<java.lang.String, java.util.Map<java.lang.String, org.springframework.boot.actuate.endpoint.web.Link>> org.springframework.boot.actuate.endpoint.web.servlet.WebMvcEndpointHandlerMapping.links(javax.servlet.http.HttpServletRequest,javax.servlet.http.HttpServletResponse)
2020-04-03 07:15:17.834 INFO 7204 --- [main] o.s.j.e.a.AnnotationMBeanExporter : Registering beans for JMX exposure on startup
2020-04-03 07:15:17.844 INFO 7204 --- [main] o.s.j.e.a.AnnotationMBeanExporter : Bean with name 'dataSource' has been autodetected for JMX exposure
2020-04-03 07:15:17.861 INFO 7204 --- [main] o.s.j.e.a.AnnotationMBeanExporter : Located MBean 'dataSource': registering with JMX server as MBean [com.zaxxer.hikari:name=dataSource,type=HikariDataSource]
2020-04-03 07:15:17.985 INFO 7204 --- [main] o.s.b.w.embedded.tomcat.TomcatWebServer : Tomcat started on port(s): 8080 (http) with context path ''
2020-04-03 07:15:17.990 INFO 7204 --- [main] tacos.TacoCloudApplication : Started TacoCloudApplication in 13.213 seconds (JVM running for 14.115)

그림 6.20 타코 클라우드 애플리케이션 시작

톰캣 서버는 로컬 호스트의 8080 포트를 리스닝하므로 각자 웹 브라우저에서 http://localhost:8080에 접속하면 타코 클라우드 홈페이지가 나타난다(그림 6.21).

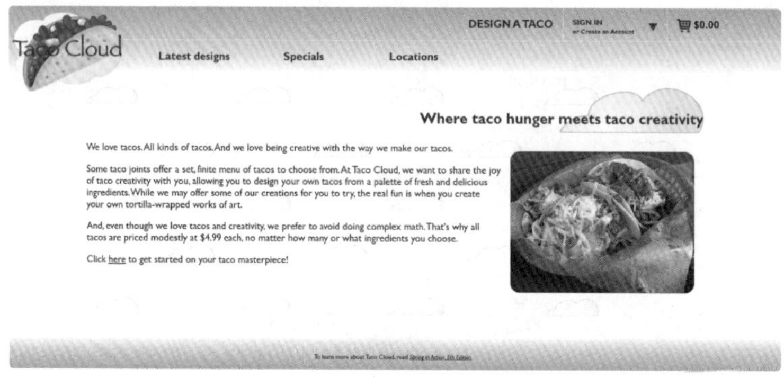

그림 6.21 타코 클라우드 홈페이지

여기서 왼쪽 위의 'Latest designs' 링크를 클릭하면 최근에 생성된 타코들을 볼 수 있다(그림 6.22).

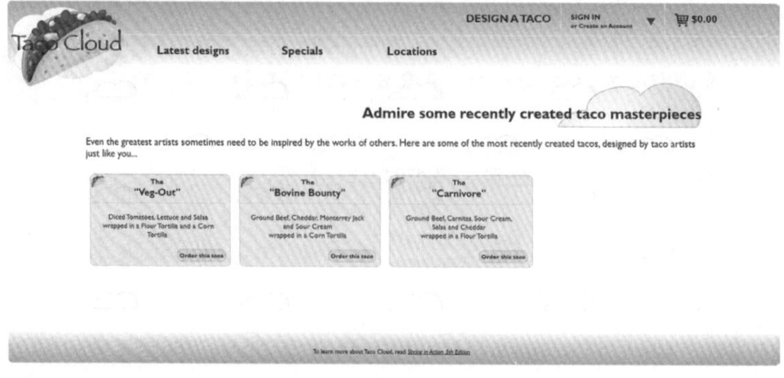

그림 6.22 최근 생성된 타코 보기

그러나 **Specials**와 **Locations** 링크를 클릭하면 현재는 간단한 메시지만 나타날 것이다.

그리고 그림 6.21의 홈페이지에서 제일 위의 **DESIGN A TACO** 링크를 클릭하면 원하는 식자재를 선택하여 타코를 생성하고 주문할 수 있다. 그림 6.23 페이지에서 식자재를 선택하고 오른쪽 아래의 필드에 각자 원하는 **타코 이름**을 입력한 후, **Construct this taco** 버튼을 누르면 그림 6.24의 주문 페이지가 나타난다.

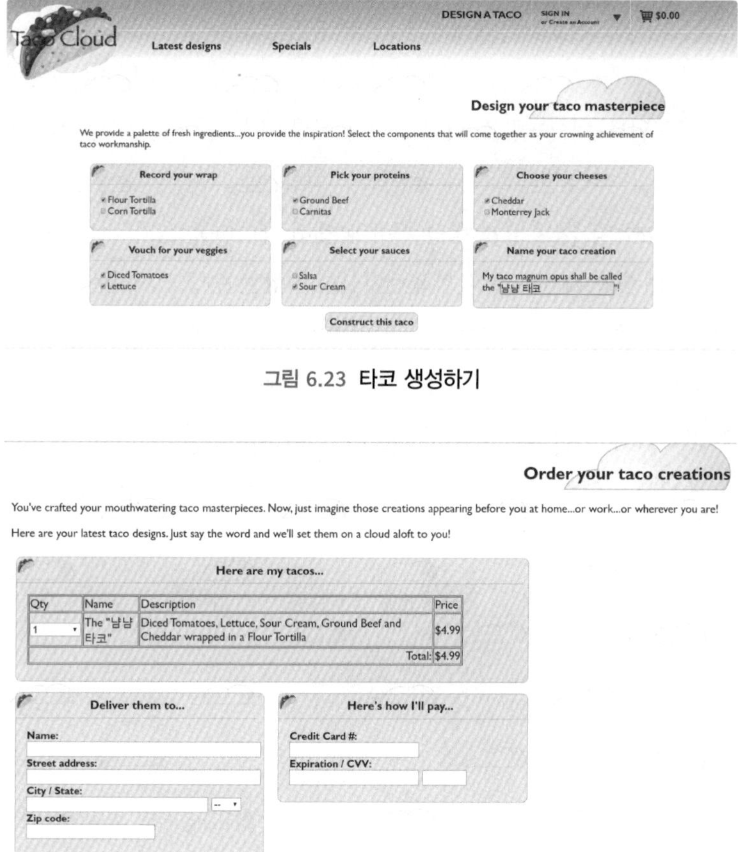

그림 6.23 **타코 생성하기**

그림 6.24 **타코 주문하기**

또한, 그림 6.21의 홈페이지에서 제일 위의 오른쪽에 있는 **쇼핑 카트**와 **가격**을 클릭하면 생성 및 주문한 타코 내역을 볼 수 있다. 그리고 제일 위의 왼쪽에 있는 **타코 이미지**를 클릭하면 홈페이지로 돌아온다. 이외에 보안과 관련한 로그인 기능 등은 이후의 다른 장에서 추가할 것이다.

그리고 그림 6.16과 같이 + 아이콘을 클릭하여 추가로 터미널 창을 열면 이번 장에서 설명했던 curl 명령들을 실습해 볼 수 있다.

지금까지 스프링과 앵귤러가 통합한 타코 클라우드 애플리케이션을 빌드하고 실행하는 방법을 알아보았다. 이후의 다른 장에서도 지금과 같은 방법으로 애플리케이션을 빌드하고 실행하면 된다는 것을 알아 두자.[15]

요약

- REST 엔드포인트는 스프링 MVC, 그리고 브라우저 지향의 컨트롤러와 동일한 프로그래밍 모델을 따르는 컨트롤러로 생성할 수 있다.
- 모델과 뷰를 거치지 않고 요청 응답 몸체에 직접 데이터를 쓰기 위해 컨트롤러의 핸들러 메서드에는 `@ResponseBody` 애노테이션을 지정할 수 있으며, `ResponseEntity` 객체를 반환할 수 있다.
- `@RestController` 애노테이션을 컨트롤러에 지정하면 해당 컨트롤러의 각 핸들러 메서드에 `@ResponseBody`를 지정하지 않아도 되므로 컨트롤러를 단순화해 준다.
- 스프링 HATEOAS는 스프링 MVC에서 반환되는 리소스의 하이퍼링크를 추가할 수 있게 한다.
- 스프링 데이터 리퍼지터리는 스프링 데이터 REST를 사용하는 REST API로 자동 노출될 수 있다.

---

15 옮긴이 현재 로컬 호스트에서 실행 중인 톰캣 서버는 터미널 창의 아무 곳이나 클릭한 후 **Ctrl+C**(윈도우 시스템의 경우) 키를 누르면 종료된다.

CHAPTER

7

REST 서비스 사용하기

이 장에서 배우는 내용

- RestTemplate을 사용해서 REST API 사용하기
- Traverson을 사용해서 하이퍼미디어 API 이동하기

극장에 가서 영화가 시작될 때 관객이 나 혼자였던 경험이 있는가? 마치 영화관을 전세라도 낸 것처럼 혼자만 본다는 것은 황홀한 경험이 될 것이다. 어떤 좌석이든 마음대로 골라 앉아 다른 사람에 대한 방해에 신경 쓰지 않고 영화를 볼 수 있고 또한 휴대폰을 사용하면서 SNS에 메시지를 올릴 수도 있다.

필자에게는 이런 일이 생긴 적이 없다. 그러나 이런 일이 생겼을 때 유일한 관객인 나조차도 영화관에 가지 않았다면 어떻게 되었을지 궁금하다. 관객이 없는데도 영화를 상영했을까? 영화가 끝난 후 여전히 영화관 실내 청소를 했을까?

관객이 없는 영화는 클라이언트가 없는 API와 같다. API는 데이터를 받거나 제공한다. 그러나 호출되지 않는다면 그것을 API라고 할 수 있을까? 슈뢰딩거의 고양이Schrödinger's cat처럼 API의 경우에도 API에 요청을 할 때까지는 해당 API가 제대로 작동하는지 아니면 HTTP 404 에러 응답을 반환하는지 알 수 없다.

6장에서는 애플리케이션의 외부 클라이언트가 사용할 수 있는 엔드포인트를 정의하는 데 초점을 두었다. 이때 타코 클라우드 웹사이트로 서비스되는 단일-페이지 앵귤러 애플리케이션

을 사용했지만, 실제로는 클라이언트가 자바를 비롯해 어떤 언어로 작성된 애플리케이션도 될 수 있다.

스프링 애플리케이션에서 API를 제공하면서 다른 애플리케이션의 API를 요청하는 것은 흔한 일이다. 이번 장에서는 REST API 클라이언트를 작성하고 사용하는 방법을 알아본다. 그리고 REST API 클라이언트가 추가된 타코 클라우드 애플리케이션을 빌드하고 실행해 볼 것이다.

실제로 마이크로서비스에서는 REST API를 많이 사용한다. 그러므로 스프링을 사용해서 다른 REST API와 상호작용하는 방법을 알아 둘 필요가 있다.

스프링 애플리케이션은 다음과 같은 방법을 사용해서 REST API를 사용할 수 있다.

- `RestTemplate`: 스프링 프레임워크에서 제공하는 간단하고 동기화된 REST 클라이언트
- `Traverson`: 스프링 HATEOAS에서 제공하는 하이퍼링크를 인식하는 동기화 REST 클라이언트로 같은 이름의 자바스크립트 라이브러리로부터 비롯된 것이다.
- `WebClient`: 스프링 5에서 소개된 반응형 비동기 REST 클라이언트

`WebClient`는 11장 스프링 반응형 웹 프레임워크에서 알아볼 것이며, 지금은 다른 두 개의 REST 클라이언트부터 알아볼 것이다. 우선 `RestTemplate`부터 시작해 보자.

7.1 RestTemplate으로 REST 엔드포인트 사용하기

클라이언트 입장에서 REST 리소스와 상호작용하려면 해야 할 일이 많아서 코드가 장황해진다. 즉, 저수준의 HTTP 라이브러리로 작업하면서 클라이언트는 클라이언트 인스턴스와 요청 객체를 생성하고, 해당 요청을 실행하고, 응답을 분석하여 관련 도메인 객체와 연관시켜 처리해야 한다. 또한, 그 와중에 발생될 수 있는 예외도 처리해야 한다. 그리고 어떤 HTTP 요청이 전송되더라도 이런 모든 진부한 작업이 반복된다.

이처럼 장황한 코드를 피하기 위해 스프링은 `RestTemplate`을 제공한다. JDBC를 사용할 때 번거로운 작업을 `JDBCTemplate`이 처리하듯이, `RestTemplate`은 REST 리소스를 사용하는 데 번잡한 일을 처리해 준다.

`RestTemplate`은 REST 리소스와 상호작용하기 위한 41개의 메서드를 제공한다. 그렇지만 고유한 작업을 수행하는 메서드는 12개이며, 나머지는 이 메서드들의 오버로딩된 버전이다.

따라서 표 7.1의 12개 메서드만 알면 된다.

표 7.1 **RestTemplate이 정의하는 고유한 작업을 수행하는 12개의 메서드**

메서드	기능 설명
delete(...)	지정된 URL의 리소스에 HTTP DELETE 요청을 수행한다.
exchange(...)	지정된 HTTP 메서드를 URL에 대해 실행하며, 응답 몸체와 연결되는 객체를 포함하는 ResponseEntity를 반환한다.
execute(...)	지정된 HTTP 메서드를 URL에 대해 실행하며, 응답 몸체와 연결되는 객체를 반환한다.
getForEntity(...)	HTTP GET 요청을 전송하며, 응답 몸체와 연결되는 객체를 포함하는 ResponseEntity를 반환한다.
getForObject(...)	HTTP GET 요청을 전송하며, 응답 몸체와 연결되는 객체를 반환한다.
headForHeaders(...)	HTTP HEAD 요청을 전송하며, 지정된 리소스 URL의 HTTP 헤더를 반환한다.
optionsForAllow(...)	HTTP OPTIONS 요청을 전송하며, 지정된 URL의 Allow 헤더를 반환한다.
patchForObject(...)	HTTP PATCH 요청을 전송하며, 응답 몸체와 연결되는 결과 객체를 반환한다.
postForEntity(...)	URL에 데이터를 POST하며, 응답 몸체와 연결되는 객체를 포함하는 ResponseEntity를 반환한다.
postForLocation(...)	URL에 데이터를 POST하며, 새로 생성된 리소스의 URL을 반환한다.
postForObject(...)	URL에 데이터를 POST하며, 응답 몸체와 연결되는 객체를 반환한다.
put(...)	리소스 데이터를 지정된 URL에 PUT한다.

RestTemplate은 TRACE를 제외한 표준 HTTP 메서드 각각에 대해 최소한 하나의 메서드를 갖고 있다. 또한, execute()와 exchange()는 모든 HTTP 메서드의 요청을 전송하기 위한 저수준의 범용 메서드를 제공한다.

표 7.1의 메서드는 다음의 세 가지 형태로 오버로딩되어 있다.

- 가변 인자 리스트에 지정된 URL 매개변수에 URL 문자열(String 타입)을 인자로 받는다.
- Map<String,String>에 지정된 URL 매개변수에 URL 문자열을 인자로 받는다.
- java.net.URI를 URL에 대한 인자로 받으며, 매개변수화된 URL은 지원하지 않는다.

RestTemplate에서 제공하는 12개의 메서드와 이 메서드들의 오버로딩된 버전이 어떻게 작동하는지 이해하면 REST 리소스를 사용하는 클라이언트를 잘 작성할 수 있을 것이다.

RestTemplate을 사용하려면 우리가 필요한 시점에 RestTemplate 인스턴스를 생성해야 한다.

```
RestTemplate rest = new RestTemplate();
```

또는 빈으로 선언하고 필요할 때 주입할 수도 있다.

```
@Bean
public RestTemplate restTemplate() {
  return new RestTemplate();
}
```

지금부터는 4개의 주요 HTTP 메서드인 GET, PUT, DELETE, POST를 지원하는 RestTemplate의 메서드를 알아보자. 우선 GET 메서드를 지원하는 getForObject()와 getForEntity()부터 시작한다.

7.1.1 리소스 가져오기(GET)

타코 클라우드 API로부터 식자재ingredient를 가져온다고 해보자. 만일 해당 API에 HATEOAS가 활성화되지 않았다면 getForObject()를 사용해서 식자재를 가져올 수 있다. 예를 들어, 다음 코드에서는 RestTemplate을 사용해서 특정 ID를 갖는 Ingredient 객체를 가져온다.

```
public Ingredient getIngredientById(String ingredientId) {
  return rest.getForObject("http://localhost:8080/ingredients/{id}",
                           Ingredient.class, ingredientId);
}
```

여기서는 URL 변수의 가변 리스트와 URL 문자열을 인자로 받게 오버로딩된 getForObject()를 사용한다. getForObject()에 전달된 ingredientId 매개변수는 지정된 URL의 {id} 플레이스홀더에 넣기 위해 사용된다. 이 예에는 하나의 변수만 있지만, 변수 매개변수들은 주어진 순서대로 플레이스홀더에 지정된다는 것을 알아 두자.

getForObject()의 두 번째 매개변수는 응답이 바인딩되는 타입이다. 여기서는 JSON 형식인 응답 데이터가 객체로 역직렬화되어deserialized 반환된다.

다른 방법으로는 Map을 사용해서 URL 변수들을 지정할 수 있다.

```
public Ingredient getIngredientById(String ingredientId) {
  Map<String,String> urlVariables = new HashMap<>();
```

```
  urlVariables.put("id", ingredientId);
  return rest.getForObject("http://localhost:8080/ingredients/{id}",
                           Ingredient.class, urlVariables);
}
```

여기서 ingredientId 값의 키는 "id"이며, 요청이 수행될 때 {id} 플레이스홀더는 키가 id인 Map 항목 값(ingredientId 값)으로 교체된다.

이와는 달리 URI 매개변수를 사용할 때는 URI 객체를 구성하여 getForObject()를 호출해야 한다.

```
public Ingredient getIngredientById(String ingredientId) {
  Map<String,String> urlVariables = new HashMap<>();
  urlVariables.put("id", ingredientId);
  URI url = UriComponentsBuilder
          .fromHttpUrl("http://localhost:8080/ingredients/{id}")
          .build(urlVariables);
  return rest.getForObject(url, Ingredient.class);
}
```

여기서 URI 객체는 URL 문자열 명세로 생성되며, 이 문자열의 {id} 플레이스홀더는 바로 앞의 getForObject() 오버로딩 버전과 동일하게 Map 항목 값으로 교체된다. getForObject() 메서드는 리소스로 도메인 객체만 가져와서 응답 결과로 반환한다. 그러나 클라이언트가 이외에 추가로 필요한 것이 있다면 getForEntity()를 사용할 수 있다.

getForEntity()는 getForObject()와 같은 방법으로 작동하지만, 응답 결과를 나타내는 도메인 객체를 반환하는 대신 도메인 객체를 포함하는 ResponseEntity 객체를 반환한다. ResponseEntity에는 응답 헤더와 같은 더 상세한 응답 콘텐츠가 포함될 수 있다.

예를 들어, 도메인 객체인 식자재 데이터에 추가하여 응답의 Date 헤더를 확인하고 싶다고 하자. 이때는 다음과 같이 getForEntity()를 사용하면 쉽다.

```
public Ingredient getIngredientById(String ingredientId) {
  ResponseEntity<Ingredient> responseEntity =
      rest.getForEntity("http://localhost:8080/ingredients/{id}",
          Ingredient.class, ingredientId);
  log.info("Fetched time: " +
          responseEntity.getHeaders().getDate());

  return responseEntity.getBody();
}
```

getForEntity() 메서드는 getForObject()와 동일한 매개변수를 갖도록 오버로딩되어 있다. 따라서 URL 변수들을 가변 인자 리스트나 URI 객체로 전달하여 getForEntity()를 호출할 수 있다.

7.1.2 리소스 쓰기(PUT)

HTTP PUT 요청을 전송하기 위해 RestTemplate은 put() 메서드를 제공한다. 이 메서드는 3개의 오버로딩된 버전이 있으며, 직렬화된 후 지정된 URL로 전송되는 Object 타입을 인자로 받는다. 이때 URL 자체는 URI 객체나 문자열로 지정될 수 있다. 그리고 getForObject()와 getForEntity()처럼 URL 변수들은 가변 인자 리스트나 Map으로 제공될 수 있다.

특정 식자재 리소스를 새로운 Ingredient 객체의 데이터로 교체한다고 해보자. 이때는 다음과 같은 메서드를 사용할 수 있다.

```
public void updateIngredient(Ingredient ingredient) {
  rest.put("http://localhost:8080/ingredients/{id}",
           ingredient,
           ingredient.getId());
}
```

여기서 URL은 문자열로 지정되었고 인자로 전달된 Ingredient 객체의 id 속성 값으로 교체되는 플레이스홀더를 갖는다. put() 메서드는 Ingredient 객체 자체를 전송하며, 반환 타입은 void이므로 이 메서드의 반환값을 처리할 필요는 없다.

7.1.3 리소스 삭제하기(DELETE)

타코 클라우드에서 특정 식자재를 더 이상 제공하지 않으므로 해당 식자재를 완전히 삭제하고 싶다고 해보자. 이때는 RestTemplate의 delete() 메서드를 호출하면 된다.

```
public void deleteIngredient(Ingredient ingredient) {
  rest.delete("http://localhost:8080/ingredients/{id}",
              ingredient.getId());
}
```

여기서는 문자열로 지정된 URL과 URL 변수 값만 delete()의 인자로 전달한다. 그러나 다른 RestTemplate 메서드와 마찬가지로, URL은 Map으로 된 URL 매개변수나 URI 객체로 지정될 수 있다.

7.1.4 리소스 데이터 추가하기(POST)

새로운 식자재를 타코 클라우드 메뉴에 추가한다고 해보자. 이때는 요청 몸체에 식자재 데이터를 갖는 HTTP POST 요청을 …/ingredients 엔드포인트에 하면 된다. RestTemplate은 POST 요청을 전송하는 오버로딩된 3개의 메서드를 갖고 있으며, URL을 지정하는 형식은 모두 같다. POST 요청이 수행된 후 새로 생성된 Ingredient 리소스를 반환받고 싶다면 다음과 같이 postForObject()를 사용한다.

```
public Ingredient createIngredient(Ingredient ingredient) {
  return rest.postForObject("http://localhost:8080/ingredients",
                            ingredient,
                            Ingredient.class);
}
```

postForObject() 메서드는 문자열(String 타입) URL과 서버에 전송될 객체 및 이 객체의 타입(리소스 몸체의 데이터와 연관된)을 인자로 받는다. 또한, 여기서는 필요 없지만, URL 변수값을 갖는 Map이나 URL을 대체할 가변 매개변수 리스트를 네 번째 매개변수로 전달할 수 있다.

만일 클라이언트에서 새로 생성된 리소스의 위치가 추가로 필요하다면 postForObject() 대신 postForLocation()을 호출할 수 있다.

```
public URI createIngredient(Ingredient ingredient) {
  return rest.postForLocation("http://localhost:8080/ingredients",
                              ingredient);
}
```

postForLocation()은 postForObject()와 동일하게 작동하지만, 리소스 객체 대신 새로 생성된 리소스의 URI를 반환한다는 것이 다르다. 반환된 URI는 해당 응답의 Location 헤더에서 얻는다. 만일 새로 생성된 리소스의 위치와 리소스 객체 모두가 필요하다면 postForEntity()를 호출할 수 있다.

```
public Ingredient createIngredient(Ingredient ingredient) {
  ResponseEntity<Ingredient> responseEntity =
         rest.postForEntity("http://localhost:8080/ingredients",
                            ingredient,
                            Ingredient.class);

  log.info("New resource created at " +
```

```
            responseEntity.getHeaders().getLocation());

    return responseEntity.getBody();
}
```

RestTemplate 메서드들의 용도는 다르지만, 사용하는 방법은 매우 유사하다. 따라서 쉽게 배워서 클라이언트 코드에 사용할 수 있다.

반면에 우리가 사용하는 API에서 하이퍼링크를 포함해야 한다면 RestTemplate은 도움이 안 된다. 물론 RestTemplate으로 더 상세한 리소스 데이터를 가져와서 그 안에 포함된 콘텐츠와 링크를 사용할 수도 있지만, 간단하지는 않다. 따라서 이때는 Traverson과 같은 클라이언트 라이브러리를 사용하는 것이 좋다. 지금부터는 이 내용을 알아본다.

7.2 Traverson으로 REST API 사용하기

Traverson은 스프링 데이터 HATEOAS에 같이 제공되며, 스프링 애플리케이션에서 하이퍼미디어 API를 사용할 수 있는 솔루션이다. 이것은 자바 기반의 라이브러리이며, 같은 이름을 갖는 유사한 기능의 자바스크립트 라이브러리로부터 영감을 얻은 것이다(https://github.com/traverson/traverson).

Traverson은 '돌아다닌다는traverse on'의 의미로 붙여진 이름이며, 여기서는 관계 이름으로 원하는 API를 (이동하며) 사용할 것이나.

Traverson을 사용할 때는 우선 해당 API의 기본 URI를 갖는 객체를 생성해야 한다.

```
Traverson traverson = new Traverson(
    URI.create("http://localhost:8080/api"), MediaTypes.HAL_JSON);
```

여기서는 Traverson을 타코 클라우드의 기본 URL(로컬에서 실행되는)로 지정하였다. Traverson에는 이 URL만 지정하면 되며, 이후부터는 각 링크의 관계 이름으로 API를 사용한다. 또한, Traverson 생성자에는 해당 API가 HAL 스타일의 하이퍼링크를 갖는 JSON 응답을 생성한다는 것을 인자로 지정할 수도 있다. 이 인자를 지정하는 이유는 수신되는 리소스 데이터를 분석하는 방법을 Traverson이 알 수 있게 하기 위해서다. 어디서든 Traverson이 필요할 때는 RestTemplate처럼 Traverson 객체를 생성한 후에 사용하거나 또는 주입되는 빈으로 선언할 수 있다.

Traverson 객체가 생성되었으므로 이제는 링크를 따라가면서 API를 사용할 수 있다. 예를 들어, 모든 식자재 리스트를 가져온다고 해보자. 6.3.1에서 설명했듯이, 각 ingredients 링크들은 해당 식자재 리소스를 링크하는 href 속성을 가지므로 그 링크를 따라가면 된다.

```
ParameterizedTypeReference<Resources<Ingredient>> ingredientType =
    new ParameterizedTypeReference<Resources<Ingredient>>() {};

Resources<Ingredient> ingredientRes =
    traverson
      .follow("ingredients")
      .toObject(ingredientType);

Collection<Ingredient> ingredients = ingredientRes.getContent();
```

이처럼 Traverson 객체의 follow() 메서드를 호출하면 리소스 링크의 관계 이름이 ingredients인 리소스로 이동할 수 있다. 이 시점에서 클라이언트는 ingredients로 이동했으므로 toObject()를 호출하여 해당 리소스의 콘텐츠를 가져와야 한다.

toObject() 메서드의 인자에는 데이터를 읽어 들이는 객체의 타입을 지정해야 한다. 이때 고려할 것이 있다. Resources<Ingredient> 타입의 객체로 읽어 들여야 하는데, 자바에서는 런타임 시에 제네릭 타입의 타입 정보(여기서는 <Ingredient>)가 소거되어 리소스 타입을 지정하기 어렵다. 그러나 ParameterizedTypeReference를 생성하면 리소스 타입을 지정할 수 있다.

만일 이것이 REST API가 아닌 웹사이트의 홈페이지였다고 하자. 그리고 REST 클라이언트 코드가 아닌 브라우저를 사용해서 해당 홈페이지를 본다고 하자. 그러면 식자재를 알려주는 페이지의 링크를 보게 될 것이고 이 링크를 클릭하여 따라갈 것이다. 그리고 그다음 페이지가 나타나면 해당 페이지를 읽을 것이다. 이것은 Traverson을 사용해서 Resources<Ingredient> 객체로 해당 콘텐츠를 가져오는 것과 유사하다.

다음은 조금 더 흥미로운 사용 예로, 가장 최근에 생성된 타코들을 가져온다고 하자. 이때는 다음과 같이 홈 리소스에서 시작해서 가장 최근에 생성된 타코 리소스로 이동할 수 있다.

```
ParameterizedTypeReference<Resources<Taco>> tacoType =
    new ParameterizedTypeReference<Resources<Taco>>() {};

Resources<Taco> tacoRes =
    traverson
      .follow("tacos")
```

```
        .follow("recents")
        .toObject(tacoType);

Collection<Taco> tacos = tacoRes.getContent();
```

여기서는 tacos 링크 다음에 recents 링크를 따라간다. 그러면 최근 생성된 타코 리소스에 도달하므로 toObject()를 호출하여 해당 리소스를 가져올 수 있다. 여기서 tacoType은 ParameterizedTypeReference 객체로 생성되었으며, 우리가 원하는 Resources<Taco> 타입이다. follow() 메서드는 다음과 같이 두 개 이상의 관계 이름들을 인자로 지정하여 한 번만 호출할 수 있다.

```
Resources<Taco> tacoRes =
    traverson
      .follow("tacos", "recents")
      .toObject(tacoType);
```

지금까지 보았듯이, Traverson을 사용하면 HATEOAS가 활성화된 API를 이동하면서 해당 API의 리소스를 쉽게 가져올 수 있다. 그러나 Traverson은 API에 리소스를 쓰거나 삭제하는 메서드를 제공하지 않는다. 이와는 반대로 RestTemplate은 리소스를 쓰거나 삭제할 수 있지만, API를 이동하는 것은 쉽지 않다.

따라서 API의 이동과 리소스의 변경이나 삭제 모두를 해야 한다면 RestTemplate과 Traverson을 함께 사용해야 한다. Traverson은 새로운 리소스가 생성될 링크로 이동할 때도 사용할 수 있으며, 이동한 다음에는 해당 링크를 RestTemplate에 지정하여 우리가 필요한 POST, PUT, DELETE 또는 어떤 다른 HTTP 요청도 할 수 있다.

예를 들어, 새로운 식자재(Ingredient 객체)를 타코 클라우드 메뉴에 추가하고 싶다면, 다음의 addIngredient() 메서드처럼 Traverson과 RestTemplate을 같이 사용하여 새로운 Ingredient 객체를 API에 POST하면 된다.

```
private Ingredient addIngredient(Ingredient ingredient) {
  String ingredientsUrl = traverson
      .follow("ingredients")
      .asLink()
      .getHref();

  return rest.postForObject(ingredientsUrl,
                            ingredient,
                            Ingredient.class);
}
```

ingredients 링크를 따라간 후에는 `asLink()`를 호출하여 ingredients 링크 자체를 요청한다. 그리고 `getHref()`를 호출하여 이 링크의 URL을 가져온다. 이렇게 URL을 얻은 다음에는 `RestTemplate` 인스턴스의 `postForObject()`를 호출하여 새로운 식자재를 추가할 수 있다.

이번 장에서는 REST API 클라이언트를 작성하고 사용하는 방법을 알아보았다. 지금부터는 REST API 클라이언트가 추가된 타코 클라우드 애플리케이션을 빌드하고 실행해 볼 것이다.

7.3 REST API 클라이언트가 추가된 타코 클라우드 애플리케이션 빌드 및 실행하기

우선, STS가 실행 중이라면 STS를 종료하자. 그리고 각자 STS 작업 영역 디렉터리에 생성한 .metadata 서브 디렉터리를 삭제하자(이전의 다른 프로젝트를 열고 사용할 때 남아 있던 정보로 인한 오류 발생 가능성을 방지하기 위함이다).

그리고 이 책의 다운로드 코드(다운로드하는 방법은 이 책 맨 앞에 있는 '이 책에 대하여'를 참고)에서 Ch07 서브 디렉터리를 각자 STS 작업 영역 디렉터리 아래에 복사하자. 여기서는 C:\Spring5-In-Action을 STS 작업 영역으로 지정하였고, 7장의 모든 코드가 있는 Ch07 서브 디렉터리를 이 밑에 복사한 것으로 간주한다.

STS를 실행하고 그림 6.12와 6.13에 설명한 대로 앵귤러 퍼스펙티브로 전환한다.

STS 메뉴의 **File ⇨ Open Projects from File System...**을 선택하면 그림 7.1이 보일 것이다.

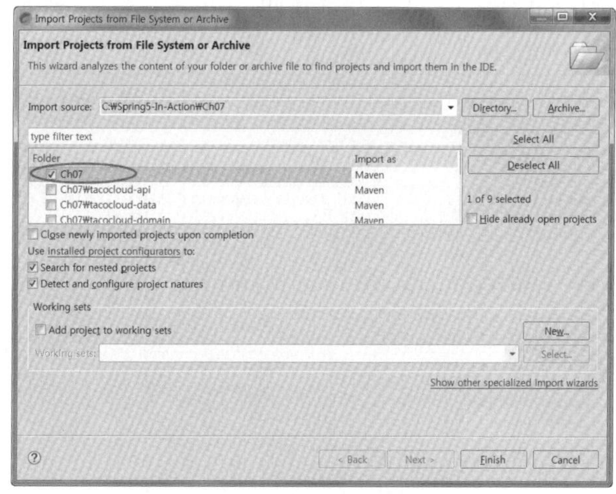

그림 7.1 프로젝트 열기 대화상자

Directory… 버튼을 클릭하여 나타나는 대화상자에서 **Ch07 서브 디렉터리**를 선택하면 잠시 후에 STS가 그림 7.1처럼 이 디렉터리의 모든 프로젝트 폴더를 찾아 보여준다. 이 폴더 중에서 Ch07 메이븐 폴더만 체크된 상태로 두고 나머지 폴더는 체크를 해제한다. 그 다음에 **Finish** 버튼을 클릭하면 STS가 모든 프로젝트를 열고 패키지 탐색기 창에 보여준다(그림 7.2).

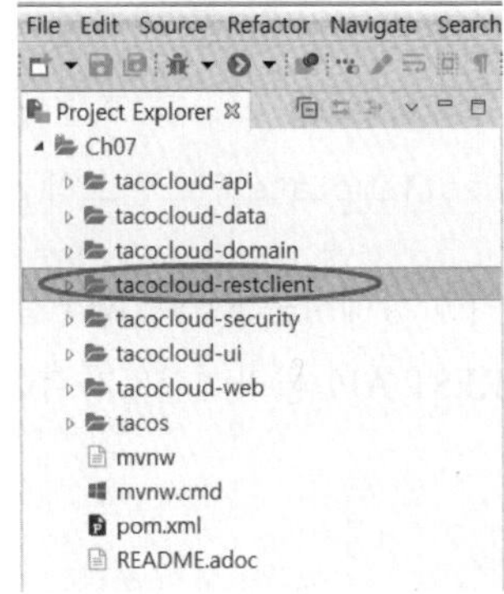

그림 7.2 Ch07의 모든 프로젝트가 열린 패키지 탐색기 창

그림 7.2에서 'tacocloud-restclient'가 이번 장에서 추가된 REST 클라이언트 프로젝트(모듈)이며, 나머지는 6장과 동일하다. tacocloud-restclient 아래의 src/main/java/tacos/restclient에는 `RestExamples` 클래스와 `TacoCloudClient` 클래스가 있다. 이번 장에서 설명한 모든 메서드 코드는 `TacoCloudClient` 클래스에 있으며, 이 클래스의 인스턴스를 생성하여 메서드를 호출하는 코드는 `RestExamples` 클래스에 있다.

Terminal+ 탭을 클릭하여 터미널 창을 활성화한 후 Project 드롭다운에서 **Ch07**을 선택하고, **+** 버튼을 클릭하여 터미널 창을 새로 열면 셸 프롬프트가 나타난다. 다음과 같이 명령을 입력하여 실행시키자.

```
$ ./mvnw clean package
```

이렇게 하면 탐색기 창에 나타난 8개의 모듈(`tacocloud-ui`는 앵귤러 코드이고 나머지는 자바 스프링 코드)을 메이븐이 차례대로 빌드하여 하나의 jar 파일로 생성한다(그림 7.3).

```
[INFO] --- maven-jar-plugin:3.0.2:jar (default-jar) @ tacocloud-web ---
[INFO] Building jar: C:\Spring5-In-Action\ch07\tacocloud-web\target\tacocloud-web-0.0.7-SNAPSHOT.jar
[INFO] ------------------------------------------------------------------------
[INFO] Reactor Summary:
[INFO]
[INFO] taco-cloud-parent ................................. SUCCESS [  0.276 s]
[INFO] tacocloud-domain .................................. SUCCESS [  7.912 s]
[INFO] tacocloud-data .................................... SUCCESS [  8.772 s]
[INFO] tacocloud-security ................................ SUCCESS [  4.244 s]
[INFO] tacocloud-api ..................................... SUCCESS [  7.842 s]
[INFO] tacocloud-ui ...................................... SUCCESS [10:58 min]
[INFO] taco-cloud ........................................ SUCCESS [01:11 min]
[INFO] tacocloud-restclient .............................. SUCCESS [  1.525 s]
[INFO] tacocloud-web ..................................... SUCCESS [  7.490 s]
[INFO] ------------------------------------------------------------------------
[INFO] BUILD SUCCESS
[INFO] ------------------------------------------------------------------------
[INFO] Total time: 12:48 min
[INFO] Finished at: 2020-02-02T00:28:25+09:00
[INFO] Final Memory: 65M/511M
[INFO] ------------------------------------------------------------------------

/c/Spring5-In-Action/ch07
$ ▌
```

그림 7.3 빌드 성공 메시지

만일 그림 7.4와 같이 빌드 실패 메시지가 나타나고 빌드가 중단되면 `./mvnw clean package` 명령을 다시 실행하면 된다.

```
[INFO] ------------------------------------------------------------------------
[INFO] BUILD FAILURE
[INFO] ------------------------------------------------------------------------
```

그림 7.4 빌드 실패 메시지

빌드에 성공하여 그림 7.3과 같은 메시지가 나타나면 터미널 창에서 다음과 같이 타코 클라우드 애플리케이션을 실행하자.

```
$ java -jar tacos/target/taco-cloud-0.0.7-SNAPSHOT.jar
```

그리고 내장된 톰캣 서버가 자동으로 시작되어 타코 클라우드 애플리케이션이 시작되었는지 터미널 창에서 확인한다.

톰캣 서버는 로컬 호스트의 8080 포트를 리스닝하므로 각자 웹 브라우저에서 http://localhost:8080에 접속하면 타코 클라우드 홈페이지가 나타나며, 이 페이지의 모든 기능은 이전 장까지 했던 내용 그대로다.

이미 얘기했듯이, 타코 클라우드 애플리케이션은 8개의 모듈로 구성되어 있고 하나의 jar 파일로 패키징되었다. 그러나 이번 장에서 새로 추가된 tacocloud-restclient 모듈은 다른 모듈과 독립적으로 실행될 수 있는 REST 클라이언트 애플리케이션이다.

현재의 터미널 창은 톰캣 서버를 콘솔로 사용하므로 **+** 아이콘을 클릭하여 새로운 창을 열자. 그리고 셸 프롬프트가 나타나면 다음과 같이 터미널 창에서 REST 클라이언트 애플리케이션을 실행하자.

```
$ java -jar tacocloud-restclient/target/tacocloud-restclient-0.0.7-SNAPSHOT.jar
```

그러면 tacocloud-restclient 모듈의 `RestExamples` 클래스에 정의된 빈(bean)들이 차례대로 수행되면서 로그 메시지가 터미널 창에 나타날 것이다(이 빈들이 사용하는 REST 클라이언트 메서드들은 tacocloud-restclient 모듈의 `TacoCloudClient` 클래스에 있으며, 이 메서드들은 tacocloud-api 모듈에서 제공하는 API를 사용한다).

```
------------------------------------- GET -------------------------------------
```

으로 표시된 로그 메시지 이후에 나타나는 메시지는 fetchIngredients()에서 출력한 것이며, 특정 식자재 및 모든 식자재 내역을 로그 메시지로 보여준다.

```
------------------------------------- PUT -------------------------------------
```

이후에 나타나는 메시지는 putAnIngredient()에서 출력한 것이며, 특정 식자재를 변경하고 변경 전후의 해당 식자재 내역을 보여준다.

```
------------------------------------ POST -------------------------------------
```

이후에 나타나는 메시지는 addAnIngredient()에서 출력한 것이며, 새로운 식자재를 추가하고 이 내역을 보여준다.

```
----------------------------------- DELETE ------------------------------------
```

이후에 나타나는 메시지는 deleteAnIngredient()에서 출력한 것이며, 특정 식자재를 삭제한다.

```
------------------------ GET INGREDIENTS WITH TRAVERSON -----------------------
```

이후에 나타나는 메시지들은 traversonGetIngredients()에서 출력한 것이며, Traverson으로 REST API를 사용하여 모든 식자재 내역을 로그 메시지로 보여준다.

```
---------------------- ALL INGREDIENTS AFTER SAVING PICO ----------------------
```

이후에 나타나는 메시지들은 traversonSaveIngredient()에서 출력한 것이며, Traverson으로 REST API를 사용하여 새로운 식자재를 추가하고 모든 식자재 내역을 보여준다.

```
------------------------ GET RECENT TACOS WITH TRAVERSON ----------------------
```

이후에 나타나는 메시지들은 traversonRecentTacos()에서 출력한 것이며, Traverson으로 REST API를 사용하여 최근 생성된 식자재 내역을 보여준다.

이처럼 REST API를 사용하는 REST 클라이언트를 작성하면 HTML 형태가 아닌 JSON 형식의 데이터를 받아서 우리가 원하는 대로 처리할 수 있다.

요약

- 클라이언트는 RestTemplate을 사용해서 REST API에 대한 HTTP 요청을 할 수 있다.
- Traverson을 사용하면 클라이언트가 응답에 포함된 하이퍼링크를 사용해서 원하는 API로 이동할 수 있다.

CHAPTER

8

비동기 메시지 전송하기

이 장에서 배우는 내용

- 비동기 메시지 전송
- JMS, RabbitMQ, 카프카(Kafka)를 사용해서 메시지 전송하기
- 브로커에서 메시지 가져오기
- 메시지 리스닝하기

금요일 오후 4시 55분이다. 고대하던 휴가 시작 시간이 몇 분 남지 않았다. 공항으로 달려가서 비행기를 탈 수 있을 정도의 시간만 있다. 그러나 상사와 동료는 내가 휴가 간 것을 다음 주 월요일에 알 수 있으므로, 짐을 챙겨서 공항으로 가기 전에 내가 해오던 일의 상태를 그들에게 알려주어야 한다. 하지만 일부 동료는 이미 주말을 보내러 갔고 상사는 회의하느라 바쁘다. 그렇다면 무엇을 해야 할까?

나의 상태를 알려주면서 비행기도 탈 수 있는 가장 좋은 방법은 상사와 동료에게 내 일의 진도를 상세히 알려주면서 휴가지에서 엽서를 보낼 것을 약속하는 이메일을 전송하는 것이다. 그들이 어디에 있는지, 또는 언제 그들이 이메일을 읽을지는 알 수 없다. 그러나 결국 그들이 책상에 돌아와서 내가 보낸 이메일을 읽을 것은 분명하다. 따라서 그동안에 나는 공항으로 달려가면 된다.

이전 장에서는 REST를 사용한 **동기화**synchronous 통신을 알아보았다. 그러나 이것만이 개발자가 사용할 수 있는 애플리케이션 간의 통신 형태는 아니다. **비동기**asynchronous 메시징은 애

플리케이션 간에 응답을 기다리지 않고 간접적으로 메시지를 전송하는 방법이다. 따라서 통신하는 애플리케이션 간의 결합도를 낮추고 확장성을 높여준다.

이번 장에서는 비동기 메시징을 사용해서 타코 클라우드 웹사이트로부터 타코 클라우드 주방(타코를 조리하는)의 별도 애플리케이션으로 주문 데이터를 전송할 것이다. 이 경우 스프링이 제공하는 다음의 비동기 메시징을 고려할 수 있다. 바로 JMSJava Message Service, RabbitMQ, AMQPAdvanced Message Queueing Protocol, 아파치 카프카Apache Kafka다. 그리고 기본적인 메시지 전송과 수신에 추가하여, 스프링의 메시지 기반 POJOPlain Old Java Object 지원에 관해 알아볼 것이다. 이것은 EJB의 MDBmessage-driven bean와 유사하게 메시지를 수신하는 방법이다.

8.1 JMS로 메시지 전송하기

JMS는 두 개 이상의 클라이언트 간에 메시지 통신을 위한 공통 API를 정의하는 자바 표준이다. JMS는 2001년에 처음 소개되었으며, 자바로 비동기 메시징을 처리하는 가장 좋은 방법으로 오랫동안 사용되고 있다. JMS가 나오기 전에는 클라이언트 간에 메시지 통신을 중개하는 메시지 브로커broker들이 나름의 API를 갖고 있어서 애플리케이션의 메시징 코드가 브로커 간에 호환될 수 없었다. 그러나 JMS를 사용하면 이것을 준수하는 모든 구현 코드가 공통 인터페이스를 통해 함께 작동할 수 있다.

스프링은 `JmsTemplate`이라는 템플릿 기반의 클래스를 통해 JMS를 지원한다. `JmsTemplate`을 사용하면 프로듀서producer가 큐와 토픽에 메시지를 전송하고 컨슈머consumer는 그 메시지들을 받을 수 있다. 또한, 스프링은 메시지 기반의 POJO도 지원한다. POJO는 큐나 토픽에 도착하는 메시지에 반응하여 비동기 방식으로 메시지를 수신하는 간단한 자바 객체다.

지금부터는 `JmsTemplate`과 메시지 기반 POJO를 포함하는 스프링의 JMS 지원에 관해 알아볼 것이다. 그러나 메시지를 전송하고 수신할 수 있으려면 프로듀서와 컨슈머 간에 메시지를 전달해 주는 메시지 브로커가 먼저 준비되어야 한다. 따라서 우선 스프링에서 메시지 브로커를 설정하는 것부터 시작한다.

8.1.1 JMS 설정하기

JMS를 사용할 수 있으려면 JMS 클라이언트를 우리 프로젝트의 빌드에 추가해야 한다. 이때 스프링 부트를 사용하면 가장 쉽다. 스타터 의존성만 빌드에 추가하면 되기 때문이다. 하지만 우선 아파치 ActiveMQ 또는 더 최신의 아파치 ActiveMQ Artemis(아르테미스) 중 어느 브로커를 사용할지 결정해야 한다.

만일 ActiveMQ를 사용할 것이라면 우리 프로젝트의 pom.xml 파일에 다음의 의존성을 추가해야 한다.

```
<dependency>
  <groupId>org.springframework.boot</groupId>
  <artifactId>spring-boot-starter-activemq</artifactId>
</dependency>
```

그렇지 않고 ActiveMQ Artemis를 사용한다면 스타터 의존성을 다음과 같이 지정해야 한다.

```
<dependency>
  <groupId>org.springframework.boot</groupId>
  <artifactId>spring-boot-starter-artemis</artifactId>
</dependency>
```

Artemis는 ActiveMQ를 새롭게 다시 구현한 차세대 브로커다. 따라서 타코 클라우드에서는 Artemis를 사용할 것이다. 그러나 어떤 브로커를 선택하든 메시지를 송수신하는 코드 작성 방법에는 영향을 주지 않으며, 브로커에 대한 연결을 생성하기 위해 스프링을 구성하는 방법만 다르다.

기본적으로 스프링은 Artemis 브로커가 `localhost`의 61616 포트를 리스닝하는 것으로 간주한다. 애플리케이션 개발 시에는 이렇게 해도 문제없다. 그러나 실무 환경으로 애플리케이션을 이양할 때는 해당 브로커를 어떻게 사용하는지 스프링에게 알려주는 몇 가지 속성을 설정해야 한다. 표 8.1은 이때 가장 유용한 속성을 보여준다.

표 8.1 Artemis 브로커의 위치와 인증 정보를 구성하는 속성

속성	설명
`spring.artemis.host`	브로커의 호스트
`spring.artemis.port`	브로커의 포트
`spring.artemis.user`	브로커를 사용하기 위한 사용자(선택 속성)
`spring.artemis.password`	브로커를 사용하기 위한 사용자 암호(선택 속성)

예를 들어, 실무 환경의 설정에 사용할 수 있는 application.yml 파일의 다음 항목을 생각해 보자.

```
spring:
  artemis:
    host: artemis.tacocloud.com
    port: 61617
    user: tacoweb
    password: l3tm31n
```

이것은 artemis.tacocloud.com의 61617 포트를 리스닝하는 브로커에 대한 연결을 생성하기 위해 스프링을 설정한다. 또한, 이 브로커와 상호작용할 애플리케이션의 인증 정보도 같이 설정한다. 인증 정보는 선택적이지만, 실무 환경에서는 설정하는 것이 좋다.

만일 Artemis 대신 ActiveMQ를 사용한다면 표 8.2에 있는 ActiveMQ에 특화된 속성을 사용해야 한다.

표 8.2 **ActiveMQ 브로커의 위치와 인증 정보를 구성하는 속성**

속성	설명
spring.activemq.broker-url	브로커의 URL
spring.activemq.user	브로커를 사용하기 위한 사용자(선택 속성)
spring.activemq.password	브로커를 사용하기 위한 사용자 암호(선택 속성)
spring.activemq.in-memory	인메모리 브로커로 시작할 것인지의 여부(기본값은 true)

브로커의 호스트 이름과 포트를 별개의 속성으로 설정하는 대신, ActiveMQ의 브로커 주소는 spring.activemq.broker-url 속성 하나로 지정한다. 그리고 다음의 YAML에 지정된 것처럼 URL은 tcp://URL의 형태로 지정해야 한다.

```
spring:
  activemq:
    broker-url: tcp://activemq.tacocloud.com
    user: tacoweb
    password: l3tm31n
```

Artemis나 ActiveMQ 중 어느 것을 선택하든 브로커가 로컬에서 실행되는 개발 환경에서는 앞의 속성들을 구성할 필요가 없다.

그러나 ActiveMQ를 사용할 때는 스프링이 인메모리 브로커로 시작하지 않도록 spring.activemq.in-memory 속성을 false로 설정해야 한다. 왜냐하면 인메모리 브로커가 유용한 것처럼 보일 수 있지만, 같은 애플리케이션에서 메시지를 쓰고 읽을 때만 유용하므로 사용에 제약이 따르기 때문이다.

스프링에 내장된 브로커를 사용하는 대신 Artemis(또는 ActiveMQ) 브로커를 따로 설치하고 시작시킬 수도 있다. 이때 필요한 자세한 내용은 다음 문서를 참고하기 바란다.

- **Artemis:** https://activemq.apache.org/artemis/docs/latest/using-server.html
- **ActiveMQ:** http://activemq.apache.org/getting-started.html#GettingStarted-PreInstallationRequirements

이제는 JMS 스타터가 우리 빌드에 포함되었으며, 한 애플리케이션에서 다른 애플리케이션으로 메시지를 전달하기 위해 브로커가 대기 중이므로 메시지 전송을 시작할 준비가 되었다.

8.1.2 JmsTemplate을 사용해서 메시지 전송하기

JMS 스타터 의존성(Artemis 또는 ActiveMQ)이 우리 빌드에 지정되면, 메시지를 송수신하기 위해 주입 및 사용할 수 있는 JmsTemplate을 스프링 부트가 자동-구성한다.

JmsTemplate은 스프링 JMS 통합 지원의 핵심이다. 스프링의 다른 템플릿 기반 컴포넌트와 마찬가지로, JmsTemplate은 JMS로 작업하는 데 필요한 코드를 줄여준다. 만일 JmsTemplate이 없다면 메시지 브로커와의 연결 및 세션을 생성하는 코드는 물론이고, 메시지를 전송하는 도중 발생할 수 있는 예외를 처리하는 수많은 코드도 우리가 작성해야 한다. JmsTemplate은 실제로 우리가 원하는 일, 즉 '메시지 전송'에만 집중할 수 있게 해준다.

JmsTemplate은 다음을 비롯해서 메시지 전송에 유용한 여러 메서드를 갖고 있다.

```
// 원시 메시지를 전송한다.

void send(MessageCreator messageCreator) throws JmsException;
void send(Destination destination, MessageCreator messageCreator)
                                                throws JmsException;
void send(String destinationName, MessageCreator messageCreator)
                                                throws JmsException;

// 객체로부터 변환된 메시지를 전송한다.
void convertAndSend(Object message) throws JmsException;
void convertAndSend(Destination destination, Object message)
```

```
                                              throws JmsException;
void convertAndSend(String destinationName, Object message)
                                              throws JmsException;

// 객체로부터 변환되고 전송에 앞서 후처리(post-processing)되는 메시지를 전송한다.
void convertAndSend(Object message,
            MessagePostProcessor postProcessor) throws JmsException;
void convertAndSend(Destination destination, Object message,
            MessagePostProcessor postProcessor) throws JmsException;
void convertAndSend(String destinationName, Object message,
            MessagePostProcessor postProcessor) throws JmsException;
```

이것을 보면 알 수 있듯이, 실제로는 send()와 convertAndSend()의 두 개 메서드만 있으며, 각 메서드는 서로 다른 매개변수를 지원하기 위해 오버로딩되어 있다. 다음 내용을 보면 이 메서드들이 하는 일을 이해하는 데 도움이 될 것이다.

- 제일 앞의 send() 메서드 3개는 Message 객체를 생성하기 위해 MessageCreator를 필요로 한다.
- 중간의 convertAndSend() 메서드 3개는 Object 타입 객체를 인자로 받아 내부적으로 Message 타입으로 변환한다.
- 제일 끝의 convertAndSend() 메서드 3개는 Object 타입 객체를 Message 타입으로 변환한다. 그러나 메시지가 전송되기 전에 Message의 커스터마이징을 할 수 있도록 MessagePostProcessor도 인자로 받는다.

게다가 이들 3개의 메서드 부류 각각은 3개의 오버로딩된 메서드로 구성되며, 이 메서드들은 JMS 메시지의 도착지destination, 즉 메시지를 쓰는 곳(큐 또는 토픽)을 지정하는 방법이 다르다.

- 첫 번째 메서드는 도착지 매개변수가 없으며, 해당 메시지를 기본 도착지로 전송한다.
- 두 번째 메서드는 해당 메시지의 도착지를 나타내는 Destination 객체를 인자로 받는다.
- 세 번째 메서드는 해당 메시지의 도착지를 나타내는 문자열(String 타입)을 인자로 받는다.

지금부터는 이 메서드들의 사용 예를 살펴본다. 우선 가장 기본적인 형태의 send() 메서드를 사용하는 JmsOrderMessagingService 클래스를 보면 리스트 8.1과 같다.

리스트 8.1 send()를 사용해서 주문 데이터 전송하기

```
package tacos.messaging;

import javax.jms.JMSException;
import javax.jms.Message;
import javax.jms.Session;

import org.springframework.beans.factory.annotation.Autowired;
import org.springframework.jms.core.JmsTemplate;
import org.springframework.jms.core.MessageCreator;
import org.springframework.stereotype.Service;

@Service
public class JmsOrderMessagingService implements OrderMessagingService {
  private JmsTemplate jms;

  @Autowired
  public JmsOrderMessagingService(JmsTemplate jms) {
    this.jms = jms;
  }

  @Override
  public void sendOrder(Order order) {
    jms.send(new MessageCreator() {
        @Override
        public Message createMessage(Session session)
                                      throws JMSException {
          return session.createObjectMessage(order);
        }
      }
    );
  }
}
```

sendOrder() 메서드에서는 MessageCreator 인터페이스를 구현한 익명의 내부 클래스를 인자로 전달하여 jms.send()를 호출한다. 그리고 익명의 내부 클래스는 createMessage()를 오버라이딩하여 전달된 Order 객체로부터 새로운 메시지를 생성한다.

여러분은 어떨지 모르겠지만, 필자의 생각으로는 리스트 8.1의 코드가 간단하면서도 까다롭게 보인다. 익명의 내부 클래스를 선언하는 형태가 코드를 알아보기 어렵게 하기 때문이다. 이보다 람다lambda를 사용하면 sendOrder() 메서드 코드를 조금 더 깔끔하게 작성할 수 있다(MessageCreator는 함수형 인터페이스functional interface이므로 람다로 나타낼 수 있다).

```
@Override
public void sendOrder(Order order) {
  jms.send(session -> session.createObjectMessage(order));
}
```

그러나 jms.send()는 메시지의 도착지를 지정하지 않으므로 이 코드가 제대로 실행되게 하려면 기본 도착지(큐 또는 토픽) 이름을 spring.jms.template.default-destination 속성에 지정해야 한다. 예를 들어, 다음과 같이 application.yml 파일에 이 속성을 지정할 수 있다.

```
spring:
  jms:
    template:
      default-destination: tacocloud.order.queue
```

대부분의 경우에는 이처럼 기본 도착지를 사용하는 것이 가장 쉬운 방법이다. 도착지 이름을 한 번만 지정하면 코드에서는 메시지가 전송되는 곳을 매번 신경 쓰지 않고 전송하는 것에만 집중할 수 있기 때문이다. 그러나 기본 도착지가 아닌 다른 곳에 메시지를 전송해야 한다면 send() 메서드의 매개변수로 도착지를 지정해야 한다.

이렇게 하는 한 가지 방법은 send()의 첫 번째 매개변수로 Destination 객체를 전달하는 것이다. 이 경우 Destination 빈을 선언하고 메시지 전송을 수행하는 빈에 주입하면 된다. 예를 들어, 다음 빈에서는 타코 클라우드의 주문 큐(주문 데이터(메시지)를 저장하는)를 Destination 빈으로 선언한다.

```
@Bean
public Destination orderQueue() {
  return new ActiveMQQueue("tacocloud.order.queue");
}
```

여기서 사용된 ActiveMQQueue는 Artemis의 클래스다(org.apache.activemq.artemis.jms.client 패키지에 있다). Artemis가 아닌 ActiveMQ에도 같은 이름의 ActiveMQQueue 클래스가 있다(org.apache.activemq.command 패키지에 있다).

이 Destination 빈이 JmsOrderMessagingService에 주입되면 send()를 호출할 때 이 빈을 사용하여 메시지 도착지를 지정할 수 있다.

```
private Destination orderQueue;

@Autowired
public JmsOrderMessagingService(JmsTemplate jms,
                                Destination orderQueue) {
  this.jms = jms;
```

```
  this.orderQueue = orderQueue;
}

...

@Override
public void sendOrder(Order order) {
  jms.send(
      orderQueue,
      session -> session.createObjectMessage(order));
}
```

이와 같이 Destination 객체를 사용해서 메시지 도착지를 지정하면 도착지 이름만 지정하는 것보다 더 다양하게 도착지를 구성할 수 있다. 그러나 실제로는 도착지 이름 외에 다른 것을 지정하는 일이 거의 없을 것이므로, 다음과 같이 send()의 첫 번째 인자로 Destination 객체 대신 도착지 이름만 지정하는 것이 더 쉽다.

```
@Override
public void sendOrder(Order order) {
  jms.send(
      "tacocloud.order.queue",
      session -> session.createObjectMessage(order));
}
```

send() 메서드의 사용은 그리 어렵지 않지만(특히 MessageCreator를 람다로 나타내면), Message 객체를 생성하는 MessageCreator를 두 번째 인자로 전달해야 하므로 코드가 조금 복잡해진다. 따라서 전송할 메시지 객체(그리고 선택적으로 도착지)만 지정할 수 있다면 더 간단할 것이다. 이때 convertAndSend()를 사용할 수 있다.

메시지 변환하고 전송하기

JmsTemplates의 convertAndSend() 메서드는 MessageCreator를 제공하지 않아도 되므로 메시지 전송이 간단하다. 즉, 전송될 객체를 convertAndSend()의 인자로 직접 전달하면 해당 객체가 Message 객체로 변환되어 전송된다.

예를 들어, 다음의 다시 구현한 sendOrder()에서는 convertAndSend()를 사용해서 주문 객체(Order)를 지정된 도착지로 전송한다.

```
@Override
public void sendOrder(Order order) {
  jms.convertAndSend("tacocloud.order.queue", order);
}
```

send() 메서드처럼 convertAndSend()는 Destination 객체나 문자열 값으로 지정한 도착지를 인자로 받는다. 또는 도착지를 생략하여 기본 도착지로 메시지를 전송할 수도 있다.

어떤 형태의 convertAndSend()를 사용하든 인자로 전달되는 Order 객체는 Message 객체로 변환된 후 전송된다. 이렇게 Message 객체로 변환하는 번거로운 일은 MessageConverter를 구현하여 처리할 수 있다.

메시지 변환기 구현하기

MessageConverter는 스프링에 정의된 인터페이스이며, 두 개의 메서드만 정의되어 있다.

```
public interface MessageConverter {
  Message toMessage(Object object, Session session)
                 throws JMSException, MessageConversionException;
  Object fromMessage(Message message)
}
```

이 인터페이스는 간단해서 구현하기 쉽지만, 우리가 구현하지 않아도 된다. 표 8.3에 있듯이, 이미 스프링이 편리하게 구현해 주었기 때문이다.

표 8.3 공통적인 변환 작업을 해주는 스프링 메시지 변환기(모두 org.springframework.jms.support.converter 패키지에 있음)

메시지 변환기	하는 일
MappingJackson2MessageConverter	Jackson 2 JSON 라이브러리를 사용해서 메시지를 JSON으로 상호 변환한다.
MarshallingMessageConverter	JAXB를 사용해서 메시지를 XML로 상호 변환한다.
MessagingMessageConverter	수신된 메시지의 MessageConverter를 사용해서 해당 메시지를 Message 객체로 상호 변환한다. 또는 JMS 헤더와 연관된 JmsHeaderMapper를 표준 메시지 헤더로 상호 변환한다.
SimpleMessageConverter	문자열을 TextMessage로, byte 배열을 BytesMessage로, Map을 MapMessage로, Serializable 객체를 ObjectMessage로 상호 변환한다.

기본적으로는 SimpleMessageConverter가 사용되며, 이 경우 전송될 객체가 Serializable 인터페이스를 구현하는 것이어야 한다. 이 메시지 변환기를 사용하는 것이 좋지만, Serializable 인터페이스를 구현해야 한다는 제약을 피하기 위해 MappingJackson2MessageConverter와 같은 다른 메시지 변환기를 사용할 수도 있다.

다른 메시지 변환기를 적용할 때는 해당 변환기의 인스턴스를 빈으로 선언만 하면 된다. 예를 들면, 다음과 같다.

```
@Bean
public MappingJackson2MessageConverter messageConverter() {
  MappingJackson2MessageConverter messageConverter =
                        new MappingJackson2MessageConverter();
  messageConverter.setTypeIdPropertyName("_typeId");
  return messageConverter;
}
```

이 경우 MappingJackson2MessageConverter의 setTypeIdPropertyName() 메서드를 호출한 후 이 메시지 변환기 인스턴스를 반환한다는 것에 유의하자. 수신된 메시지의 변환 타입을 메시지 수신자가 알아야 하기 때문에 이 부분이 매우 중요하다. 여기에는 변환되는 타입의 클래스 이름(패키지 전체 경로가 포함된)이 포함된다. 그러나 이것은 유연성이 다소 떨어진다. 메시지 수신자도 똑같은 클래스(패키지 전체 경로까지 동일한)와 타입을 가져야 하기 때문이다.

따라서 유연성을 높이기 위해 메시지 변환기의 setTypeIdMappings()를 호출하여 실제 타입에 임의의 타입 이름을 매핑시킬 수 있다. 예를 들어, 다음 코드에서는 Order 클래스를 order라는 타입 ID로 매핑하도록 메시지 변환기 빈을 변경한다.

```
@Bean
public MappingJackson2MessageConverter messageConverter() {
  MappingJackson2MessageConverter messageConverter =
                        new MappingJackson2MessageConverter();
  messageConverter.setTypeIdPropertyName("_typeId");

  Map<String, Class<?>> typeIdMappings = new HashMap<String, Class<?>>();
  typeIdMappings.put("order", Order.class);
  messageConverter.setTypeIdMappings(typeIdMappings);

  return messageConverter;
}
```

이 경우 해당 메시지의 _typeId 속성에 전송되는 클래스 이름(패키지 전체 경로가 포함된) 대신 order 값이 전송된다. 해당 메시지를 수신하는 애플리케이션에는 이와 유사한 메시지 변환기가 구성되어 있을 것이므로 order를 자신이 알고 있는 주문 데이터로 매핑하면 된다. 따라서 주문 데이터가 다른 패키지에 다른 클래스 이름으로 구현될 수 있다.

후처리 메시지

수익성이 좋은 웹 비즈니스에 추가하여, 타코 클라우드에 소수의 오프라인 타코 음식점 체인을 개설하기로 했다고 가정하자. 각 음식점은 웹 비즈니스의 주문 이행 센터fulfillment center, 즉, 웹에서 온라인 주문을 받아 타코를 조리하고 포장, 배달하는 음식점이 될 수도 있으므로 주문 소스(웹 또는 가게) 정보를 주방으로 전송하는 방법이 필요하다. 그리고 주방 직원은 오프라인 가게 주문과 다른 주문 절차를 사용하게 될 것이다.

이 경우 온라인 주문을 나타내는 WEB 또는 오프라인 가게 주문을 나타내는 STORE를 값으로 갖는 새로운 source 속성을 Order 객체에 추가하는 것이 좋을 것이다. 그러나 웹사이트의 Order 클래스와 주방 애플리케이션의 Order 클래스 모두를 변경해야 하며, 이 정보는 타코를 준비할 때만 필요하다.

따라서 이때는 주문 소스 정보를 전달하기 위해 커스텀 헤더를 메시지에 추가하는 것이 가장 쉬운 방법이다. 만일 send() 메서드를 사용해서 타코 주문을 전송한다면 Message 객체의 setStringProperty()를 호출하면 된다.

```
jms.send("tacocloud.order.queue",
    session -> {
        Message message = session.createObjectMessage(order);
        message.setStringProperty("X_ORDER_SOURCE", "WEB");
    });
```

그러나 send()가 아닌 convertAndSend()를 사용하면 Message 객체가 내부적으로 생성되므로 우리가 접근할 수 없다.

하지만 다행스럽게도 내부적으로 생성된 Message 객체를 전송 전에 변경할 수 있는 방법이 있다. 즉, convertAndSend()의 마지막 인자로 MessagePostProcessor를 전달하면 Message 객체가 생성된 후 이 객체에 우리가 필요한 처리를 할 수 있다. 다음 코드에서는 여전히 convertAndSend()를 사용한다. 그러나 MessagePostProcessor를 사용해서 메시지가 전송되기 전에 X_ORDER_SOURCE 헤더를 추가한다.

```
jms.convertAndSend("tacocloud.order.queue", order, new MessagePostProcessor() {
  @Override
  public Message postProcessMessage(Message message) throws JMSException {
    message.setStringProperty("X_ORDER_SOURCE", "WEB");
    return message;
  }
});
```

여기서 MessagePostProcessor는 함수형 인터페이스다. 따라서 다음과 같이 익명의 내부 클래스를 람다로 교체하여 간결하게 만들 수 있다.

```
jms.convertAndSend("tacocloud.order.queue", order,
    message -> {
      message.setStringProperty("X_ORDER_SOURCE", "WEB");
      return message;
    });
```

여기서 구현된 MessagePostProcessor는 이 코드의 convertAndSend()에서만 사용될 수 있다. 그러나 여러 개의 다른 convertAndSend() 호출에서 동일한 MessagePostProcessor를 사용할 수 있다. 이 경우 다음과 같이 람다보다 메서드 참조를 사용하면 불필요한 코드 중복을 막을 수 있어서 더 좋다.

```
@GetMapping("/convertAndSend/order")
public String convertAndSendOrder() {
  Order order = buildOrder();
  jms.convertAndSend("tacocloud.order.queue", order,
      this::addOrderSource);
  return "Convert and sent order";
}

private Message addOrderSource(Message message) throws JMSException {
  message.setStringProperty("X_ORDER_SOURCE", "WEB");
  return message;
}
```

지금까지 메시지를 전송하는 몇 가지 방법을 알아보았다. 그러나 메시지를 수신할 수 없다면 전송해 봐야 아무 의미가 없을 것이다. 이제는 스프링과 JMS를 사용해서 메시지를 수신하는 방법을 알아보자.

8.1.3 JMS 메시지 수신하기

메시지를 수신하는 방식에는 두 가지가 있다. 우리 코드에서 메시지를 요청하고 도착할 때까지 기다리는 **풀 모델**pull model과 메시지가 수신 가능하게 되면 우리 코드로 자동 전달하는 **푸시 모델**push model이다.

JmsTemplate은 메시지를 수신하는 여러 개의 메서드를 제공하지만, 모든 메서드가 풀 모델을 사용한다. 따라서 이 메서드 중 하나를 호출하여 메시지를 요청하면 스레드에서 메시지를 수신할 수 있을 때까지 기다린다(바로 수신될 수도 있고 또는 약간 시간이 걸릴 수도 있다).

이와는 달리 푸시 모델을 사용할 수도 있으며, 이때는 언제든 메시지가 수신 가능할 때 자동 호출되는 메시지 리스너를 정의한다.

두 가지 방식 모두 용도에 맞게 사용할 수 있다. 그러나 스레드의 실행을 막지 않으므로 일반적으로는 푸시 모델이 좋은 선택이다. 단, 많은 메시지가 너무 빨리 도착한다면 리스너에 과부하가 걸리는 경우가 생길 수 있다.

지금부터는 메시지를 수신하는 두 가지 방법 모두를 알아본다. 우선 JmsTemplate에서 제공하는 풀 모델부터 시작할 것이다.

JmsTemplate을 사용해서 메시지 수신하기

다음의 메서드를 포함해서 JmsTemplate은 브로커로부터 메시지를 가져오는 여러 개의 메서드를 제공한다.

```
Message receive() throws JmsException;
Message receive(Destination destination) throws JmsException;
Message receive(String destinationName) throws JmsException;

Object receiveAndConvert() throws JmsException;
Object receiveAndConvert(Destination destination) throws JmsException;
Object receiveAndConvert(String destinationName) throws JmsException;
```

이것을 보면 알 수 있듯이, 이 메서드들은 메시지를 전송하는 JmsTemplate의 send()와 convertAndSend() 메서드에 대응한다. receive() 메서드는 원시(변환되지 않은) 메시지를 수신하는 반면, receiveAndConvert() 메서드는 메시지를 도메인 타입으로 변환하기 위해 구성된 메시지 변환기를 사용한다. 그리고 각 메서드에는 도착지 이름을 갖는 Destination 객체나 문자열을 지정하거나 기본 도착지를 사용할 수 있다.

실제 사용하는 방법을 알기 위해 tacocloud.order.queue 도착지로부터 Order 객체를 가져오는 코드를 작성해 보자. 리스트 8.2의 코드에서는 OrderReceiver 인터페이스를 구현하는 JmsOrderReceiver 클래스를 보여준다. 이것은 JmsTemplate.receive()를 사용해서 주문 데이터를 수신하는 서비스 컴포넌트다.

리스트 8.2 **큐에서 주문 데이터 가져오기**

```
package tacos.kitchen.messaging.jms;

import javax.jms.Message;
import org.springframework.beans.factory.annotation.Autowired;
```

```
import org.springframework.jms.core.JmsTemplate;
import org.springframework.jms.support.converter.MessageConverter;
import org.springframework.stereotype.Component;

@Component
public class JmsOrderReceiver implements OrderReceiver {
  private JmsTemplate jms;
  private MessageConverter converter;

  @Autowired
  public JmsOrderReceiver(JmsTemplate jms, MessageConverter converter) {
    this.jms = jms;
    this.converter = converter;
  }

  public Order receiveOrder() {
    Message message = jms.receive("tacocloud.order.queue");
    return (Order) converter.fromMessage(message);
  }
}
```

여기서는 주문 데이터를 가져올 도착지를 문자열(String 타입)로 지정하였다. receive() 메서드는 변환되지 않은 메시지를 반환한다. 그러나 여기서 필요한 것은 메시지 내부의 Order 객체다. 따라서 주입된 메시지 변환기를 사용하여 receive() 메서드가 반환한 수신 메시지를 Order 객체로 변환한다. 수신 메시지의 타입 ID 속성은 해당 메시지를 Order 객체로 변환하라고 알려준다. 그러나 변환된 객체의 타입은 Object이므로 Order로 캐스팅한 후 반환해야 한다.

메시지의 속성과 헤더를 살펴봐야 할 때는 이처럼 원시 Message 객체를 메시지로 수신하는 것이 유용할 수 있다. 그러나 메시지의 그런 메타데이터는 필요 없고 페이로드payload(메시지에 적재된 순수한 데이터로 예를 들어, Order 객체)만 필요할 때가 있다. 이 경우 두 단계의 절차로 페이로드를 도메인 타입으로 변환하며, 메시지 변환기가 해당 컴포넌트에 주입되어야 한다. 메시지의 페이로드만 필요할 때는 receiveAndConvert()를 사용하는 것이 더 간단하다. 리스트 8.3에서는 receive() 대신 receiveAndConvert()를 사용하도록 변경된 JmsOrderReceiver 클래스를 보여준다.

리스트 8.3 **변환된 Order 객체 수신하기**

```
package tacos.kitchen.messaging.jms;

import org.springframework.beans.factory.annotation.Autowired;
import org.springframework.jms.core.JmsTemplate;
import org.springframework.stereotype.Component;
```

```
@Component
public class JmsOrderReceiver implements OrderReceiver {
  private JmsTemplate jms;

  @Autowired
  public JmsOrderReceiver(JmsTemplate jms) {
    this.jms = jms;
  }

  public Order receiveOrder() {
    return (Order) jms.receiveAndConvert("tacocloud.order.queue");
  }
}
```

변경된 JmsOrderReceiver에서는 receieveOrder() 메서드의 코드가 단 한 줄이다. 그리고 더 이상 MessageConverter를 주입할 필요가 없다. 모든 메시지 변환은 내부적으로 receiveAndConvert()에서 수행되기 때문이다.

타코 클라우드 주방 애플리케이션에서 receiveOrder()를 어떻게 사용할 수 있을지 잠시 생각해 보자. 타코 클라우드 주방들 중 하나에서 일하는 음식 조리사는 타코를 만들 준비가 되었다는 것을 나타내기 위해 버튼을 누르거나 다른 액션을 취할 수 있다.

그러면 receiveOrder()가 호출되어 receive()나 receiveAndConvert()가 수행될 것이며, 주문 메시지가 수신될 때까지는 아무 일도 생기지 않는다. 그리고 주문 메시지가 수신되면 receiveOrder()로부터 반환되고 이 정보는 조리사가 일을 하도록 주문 명세를 보여주는 데 사용된다. 이런 방식이라면 지금까지 알아본 풀 모델이 당연한 선택으로 보인다.

다음은 JMS 리스너를 선언하여 어떻게 푸시 모델이 처리되는지 알아보자.

메시지 리스너 선언하기

receive()나 receiveAndConvert()를 호출해야 하는 풀 모델과 달리, 메시지 리스너는 메시지가 도착할 때까지 대기하는 수동적 컴포넌트다.

JMS 메시지에 반응하는 메시지 리스너를 생성하려면 컴포넌트의 메서드에 @JmsListener를 지정해야 한다. 리스트 8.4에서는 능동적으로 메시지를 요청하는 대신 수동적으로 리스닝하는 새로운 OrderListener 컴포넌트를 보여준다.

리스트 8.4 **주문 데이터를 리스닝하는 OrderListener 컴포넌트**

```
package tacos.kitchen.messaging.jms.listener;

import org.springframework.beans.factory.annotation.Autowired;
import org.springframework.jms.annotation.JmsListener;
import org.springframework.stereotype.Component;

@Component
public class OrderListener {
  private KitchenUI ui;

  @Autowired
  public OrderListener(KitchenUI ui) {
    this.ui = ui;
  }

  @JmsListener(destination = "tacocloud.order.queue")
  public void receiveOrder(Order order) {
    ui.displayOrder(order);
  }
}
```

receiveOrder() 메서드에는 tacocloud.order.queue 도착지의 메시지를 '리스닝'하기 위해 @JmsListener 애노테이션이 지정되었다. 이 메서드는 JmsTemplate을 사용하지 않으며, 우리 애플리케이션 코드에서도 호출되지 않는다. 대신에 스프링의 프레임워크 코드가 특정 도착지에 메시지가 도착하는 것을 기다리다가 도착하면 해당 메시지에 적재된 Order 객체가 인자로 전달되면서 receiveOrder() 메서드가 자동 호출된다.

여러 면에서 @JmsListener 애노테이션은 @GetMapping이나 @PostMapping 같은 스프링 MVC의 요청 매핑 애노테이션과 유사하다. 스프링 MVC에서 요청 매핑 애노테이션이 지정된 메서드들은 특정 경로에 대한 요청에 반응한다. 이와 유사하게 @JmsListener가 지정된 메서드들은 지정된 도착지에 들어오는 메시지에 반응한다.

메시지 리스너는 중단 없이 다수의 메시지를 빠르게 처리할 수 있어서 좋은 선택이 될 때가 있다. 그러나 타코 클라우드 애플리케이션의 경우는 최상의 선택이 아닐 것이다. 주방의 음식 조리사가 주문이 들어오는 만큼 빠르게 타코를 준비할 수 없어서 심각한 병목 현상이 생길 수 있기 때문이다. 주방 직원에게 과부하가 걸리지 않도록 주방의 사용자 인터페이스는 도착하는 주문을 버퍼링해야 한다.

그렇다고 해서 메시지 리스너가 나쁘다는 것은 아니다. 오히려 메시지가 빠르게 처리될 수 있을 때는 딱 맞는다. 그러나 메시지 처리기가 자신의 시간에 맞춰 더 많은 메시지를 요청할 수 있어야 한다면 JmsTemplate이 제공하는 풀 모델이 더 적합할 것이다.

JMS는 표준 자바 명세에 정의되어 있고 여러 브로커에서 지원되므로 자바의 메시징에 많이 사용된다. 그러나 JMS는 몇 가지 단점이 있으며, 그중에서 가장 중요한 것은 JMS가 자바 명세이므로 자바 애플리케이션에서만 사용할 수 있다는 것이다. RabbitMQ와 카프카 같은 더 새로운 메시징 시스템은 이런 단점을 해결하여 다른 언어와 JVM 외의 다른 플랫폼에서 사용할 수 있다. 이제 JMS는 접어두고 RabbitMQ를 사용한 타코 주문 메시징을 어떻게 구현할 수 있는지 알아보자.

8.2 RabbitMQ와 AMQP 사용하기

AMQP의 가장 중요한 구현이라 할 수 있는 RabbitMQ는 JMS보다 더 진보된 메시지 라우팅 전략을 제공한다. JMS 메시지가 수신자가 가져갈 메시지 도착지의 이름을 주소로 사용하는 반면, AMQP 메시지는 수신자가 리스닝하는 큐와 분리된 거래소exchange 이름과 라우팅 키를 주소로 사용한다. 거래소와 큐 간의 관계는 그림 8.1과 같다.

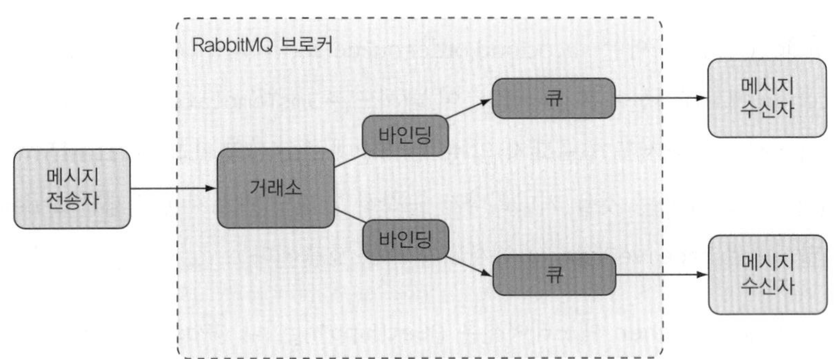

그림 8.1 RabbitMQ 거래소로 전송되는 메시지는 라우팅 키와 바인딩을 기반으로 하나 이상의 큐로 전달된다

메시지가 RabbitMQ 브로커에 도착하면 주소로 지정된 거래소에 들어간다. 거래소는 하나 이상의 큐에 메시지를 전달할 책임이 있다. 이때 거래소 타입, 거래소와 큐 간의 바인딩, 메시지의 라우팅 키 값을 기반으로 처리한다.

다음을 포함해서 여러 종류의 거래소가 있다.

- **기본**Default: 브로커가 자동으로 생성하는 특별한 거래소. 해당 메시지의 라우팅 키와 이름이 같은 큐로 메시지를 전달한다. 모든 큐는 자동으로 기본 거래소와 연결된다.
- **디렉트**Direct: 바인딩 키가 해당 메시지의 라우팅 키와 같은 큐에 메시지를 전달한다.

- **토픽**Topic: 바인딩 키(와일드카드를 포함하는)가 해당 메시지의 라우팅 키와 일치하는 하나 이상의 큐에 메시지를 전달한다.
- **팬아웃**Fanout: 바인딩 키나 라우팅 키에 상관없이 모든 연결된 큐에 메시지를 전달한다.
- **헤더**Header: 토픽 거래소와 유사하며, 라우팅 키 대신 메시지 헤더 값을 기반으로 한다는 것만 다르다.
- **데드 레터**Dead letter: 전달 불가능한 즉, 정의된 어떤 거래소-큐 바인딩과도 일치하지 않는 모든 메시지를 보관하는 잡동사니 거래소다.

거래소의 가장 간단한 형태는 기본 거래소와 팬아웃 거래소이며, 이것들은 JMS의 큐 및 토픽과 거의 일치한다. 그러나 다른 거래소들을 사용하면 더 유연한 라우팅 스킴을 정의할 수 있다.

메시지는 라우팅 키를 갖고 거래소로 전달되고 큐에서 읽혀져 소비된다는 것을 이해하는 것이 가장 중요하다. 메시지는 바인딩 정의를 기반으로 거래소로부터 큐로 전달된다.

스프링 애플리케이션에서 메시지를 전송하고 수신하는 방법은 사용하는 거래소 타입과 무관하며, 거래소와 큐의 바인딩을 정의하는 방법과도 관계가 없다. 따라서 여기서는 RabbitMQ를 사용해서 메시지를 전송 및 수신하는 코드를 작성하는 방법에 초점을 둘 것이다.[16]

8.2.1 RabbitMQ를 스프링에 추가하기

스프링을 사용해서 RabbitMQ 메시지를 전송 및 수신하려면, 앞에서 추가했던 Artemis나 ActiveMQ 스타터 대신에 스프링 부트의 AMQP 스타터 의존성을 빌드에 추가해야 한다.

```
<dependency>
  <groupId>org.springframework.boot</groupId>
  <artifactId>spring-boot-starter-amqp</artifactId>
</dependency>
```

이처럼 AMQP 스타터를 빌드에 추가하면 다른 지원 컴포넌트는 물론이고 AMQP 연결 팩토리와 `RabbitTemplate` 빈을 생성하는 자동-구성이 수행된다. 따라서 스프링을 사용해서 RabbitMQ 브로커로부터 메시지를 전송 및 수신할 수 있다. 그러나 우선 표 8.4에 있는 속성들을 알아 둘 필요가 있다.

---

16 큐를 거래소로 바인딩하는 가장 좋은 방법은 **《RabbitMQ in Action》**(Alvaro Videla, Jason J.W. Williams, Manning, 2012)을 참고하자.

표 8.4 **RabbitMQ 브로커의 위치와 인증 정보를 구성하는 속성**

속성	설명
spring.rabbitmq.addresses	쉼표로 구분된 리스트 형태의 RabbitMQ 브로커 주소
spring.rabbitmq.host	브로커의 호스트(기본값은 localhost)
spring.rabbitmq.port	브로커의 포트(기본값은 5672)
spring.rabbitmq.username	브로커를 사용하기 위한 사용자 이름(선택 속성임)
spring.rabbitmq.password	브로커를 사용하기 위한 사용자 암호(선택 속성임)

개발 목적이라면 RabbitMQ 브로커가 로컬 컴퓨터에서 실행되고 5672 포트를 리스닝할 것이며, 인증 정보가 필요 없을 것이다. 따라서 이 속성들은 개발 시에는 많이 사용하지 않는다. 그러나 애플리케이션을 실무 환경으로 이양할 때는 유용하다.

예를 들어, 실무 환경으로 이양할 때 RabbitMQ 브로커가 rabbit.tacocloud.com이라는 서버에서 실행되고 5673 포트를 리스닝하며, 인증 정보가 필요하다고 해보자. 이 경우 application.yml 파일에는 다음과 같이 해당 속성들이 설정될 것이다. 여기서는 prod 프로파일이 활성화되어 있다.

```
spring:
  profiles: prod
  rabbitmq:
    host: rabbit.tacocloud.com
    port: 5673
    username: tacoweb
    password: l3tm31n
```

이제는 RabbitMQ가 애플리케이션에 구성되었으므로 RabbitTemplate을 사용한 메시지 전송을 시작할 때가 되었다.

8.2.2 RabbitTemplate을 사용해서 메시지 전송하기

RabbitMQ 메시징을 위한 스프링 지원의 핵심은 RabbitTemplate이다. RabbitTemplate은 JmsTemplate과 유사한 메서드들을 제공한다. 그러나 RabbitMQ 특유의 작동 방법에 따른 미세한 차이가 있다.

RabbitTemplate을 사용한 메시지 전송의 경우에 send()와 convertAndSend() 메서드는 같은 이름의 JmsTemplate 메서드와 유사하다. 그러나 지정된 큐나 토픽에만 메시지를 전송했던 JmsTemplate 메서드와 달리 RabbitTemplate 메서드는 거래소와 라우팅 키의 형태로 메시지를 전송한다. RabbitTemplate을 사용한 메시지 전송에 가장 유용한 메서드를 보면 다음과 같다.[17]

```
// 원시 메시지를 전송한다.
void send(Message message) throws AmqpException;
void send(String routingKey, Message message) throws AmqpException;
void send(String exchange, String routingKey, Message message)
                        throws AmqpException;

// 객체로부터 변환된 메시지를 전송한다.
void convertAndSend(Object message) throws AmqpException;
void convertAndSend(String routingKey, Object message)
                        throws AmqpException;
void convertAndSend(String exchange, String routingKey,
                    Object message) throws AmqpException;

// 객체로부터 변환되고 후처리(post-processing)되는 메시지를 전송한다.
void convertAndSend(Object message, MessagePostProcessor mPP)
                        throws AmqpException;
void convertAndSend(String routingKey, Object message,
                    MessagePostProcessor messagePostProcessor)
                    throws AmqpException;
void convertAndSend(String exchange, String routingKey,
                    Object message,
                    MessagePostProcessor messagePostProcessor)
                    throws AmqpException;
```

보면 알 수 있듯이, 이 메서드들은 JmsTemplate의 대응되는 메서드와 유사한 패턴을 따른다. 제일 앞의 send() 메서드 3개는 모두 원시 Message 객체를 전송한다. 그 다음 3개의 convertAndSend() 메서드는 전송에 앞서 내부적으로 로 메시지로 변환될 객체를 인자로 받는다. 마지막 3개의 convertAndSend() 메서드는 바로 앞의 3개와 거의 같지만, 브로커에게 전송되기 전에 Message 객체를 조작하는 데 사용될 수 있는 MessagePostProcessor 인자를 받는다.

이 메서드들은 도착지 이름(또는 Destination 객체) 대신, 거래소와 라우팅 키를 지정하는 문자열 값을 인자로 받는다는 점에서 JmsTemplate의 대응되는 메서드들과 다르다. 거래소를 인자로 받지 않는 메서드들은 기본 거래소로 메시지를 전송한다. 마찬가지로 라우팅 키를 인자로 받지 않는 메서드들은 기본 라우팅 키로 전송되는 메시지를 갖는다.

17 이 메서드들은 RabbitTemplate에서 구현한 AmqpTemplate 인터페이스에 정의되어 있다.

RabbitTemplate을 사용해서 타코 주문 데이터를 전송해 보자. 리스트 8.5에 있듯이, 첫 번째 방법은 send() 메서드를 사용하는 것이다. 그러나 Order 객체를 Message 객체로 변환한 후 send()를 호출해야 한다. 만일 메시지 변환기로 사용할 수 있는 getMessageConverter() 메서드가 RabbitTemplate에 없었다면 변환 작업이 번거로웠을 것이다.

리스트 8.5 **RabbitTemplate.send()로 메시지 전송하기**

```
package tacos.messaging;

import org.springframework.amqp.core.Message;
import org.springframework.amqp.core.MessageProperties;
import org.springframework.amqp.rabbit.core.RabbitTemplate;
import org.springframework.amqp.support.converter.MessageConverter;
import org.springframework.beans.factory.annotation.Autowired;
import org.springframework.stereotype.Service;
import tacos.Order;

@Service
public class RabbitOrderMessagingService
       implements OrderMessagingService {
  private RabbitTemplate rabbit;

  @Autowired
  public RabbitOrderMessagingService(RabbitTemplate rabbit) {
    this.rabbit = rabbit;
  }

  public void sendOrder(Order order) {
    MessageConverter converter = rabbit.getMessageConverter();
    MessageProperties props = new MessageProperties();
    Message message = converter.toMessage(order, props);
    rabbit.send("tacocloud.order", message);
  }
}
```

이처럼 MessageConverter가 있으면 Order 객체를 Message 객체로 변환하기 쉽다. 메시지 속성은 MessageProperties를 사용해서 제공해야 한다. 그러나 메시지 속성을 설정할 필요가 없다면 MessageProperties의 기본 인스턴스면 족하다. 그리고 모든 준비가 완료되면 send()를 호출할 수 있다. 이때 메시지와 함께 거래소 및 라우팅 키를 인자로 전달한다(두 인자 모두 선택적이다). 이 예에서는 메시지와 함께 라우팅 키인 tacocloud.order만 인자로 전달하므로 기본 거래소가 사용된다.

기본 거래소 이름은 빈 문자열인 ""이며, 이것은 RabbitMQ 브로커가 자동으로 생성하는 기본 거래소와 일치한다. 이와 동일하게 기본 라우팅 키도 ""이다(이 경우 거래소와 바인딩에 따라 전달됨). 이런 기본값은 spring.rabbitmq.template.exchange와 spring.rabbitmq.template.routing-key 속성을 설정하여 변경할 수 있다.

```
spring:
  rabbitmq:
    template:
      exchange: tacocloud.orders
      routing-key: kitchens.central
```

이 경우 거래소를 지정하지 않은 모든 메시지는 이름이 tacocloud.orders인 거래소로 자동 전송된다. 만일 send()나 convertAndSend()를 호출할 때 라우팅 키도 지정되지 않으면 해당 메시지는 kitchens.central을 라우팅 키로 갖는다.

메시지 변환기로 Message 객체를 생성하는 것은 매우 쉽다. 그러나 모든 변환 작업을 RabbitTemplate이 처리하도록 convertAndSend()를 사용하면 훨씬 더 쉽다.

```
public void sendOrder(Order order) {
  rabbit.convertAndSend("tacocloud.order", order);
}
```

메시지 변환기 구성하기

기본적으로 메시지 변환은 SimpleMessageConverter로 수행되며, 이것은 String과 같은 간단한 타입과 Serializable 객체를 Message 객체로 변환할 수 있다. 그러나 스프링은 다음을 포함해서 RabbitTemplate에 사용할 수 있는 여러 개의 메시지 변환기를 제공한다.

- Jackson2JsonMessageConverter: Jackson2JSONProcessor를 사용해서 객체를 JSON으로 상호 변환한다.
- MarshallingMessageConverter: 스프링 Marshaller와 Unmarshaller를 사용해서 변환한다.
- SerializerMessageConverter: 스프링의 Serializer와 Deserializer를 사용해서 String과 객체를 변환한다.
- SimpleMessageConverter: String, byte 배열, Serializable 타입을 변환한다.
- ContentTypeDelegatingMessageConverter: contentType 헤더를 기반으로 다른 메시지 변환기에 변환을 위임한다.

메시지 변환기를 변경해야 할 때는 MessageConverter 타입의 빈을 구성하면 된다. 예를 들어, JSON 기반 메시지 변환의 경우는 다음과 같이 Jackson2JsonMessageConverter를 구성하면 된다.

```
@Bean
public MessageConverter messageConverter() {
  return new Jackson2JsonMessageConverter();
}
```

이렇게 하면 스프링 부트 자동-구성에서 이 빈을 찾아서 기본 메시지 변환기 대신 이 빈을 RabbitTemplate으로 주입한다.

메시지 속성 설정하기

JMS에서처럼 전송하는 메시지의 일부 헤더를 설정해야 할 경우가 있다. 예를 들어, 타코 웹사이트를 통해 제출된 모든 주문의 X_ORDER_SOURCE 속성을 설정해야 한다고 하자. 이때는 Message 객체를 생성할 때 메시지 변환기에 제공하는 MessageProperties 인스턴스를 통해 헤더를 설정할 수 있다.

다음과 같이 헤더를 설정하는 한 줄의 코드만 리스트 8.5의 sendOrder() 메서드에 추가하면 된다.

```
public void sendOrder(Order order) {
  MessageConverter converter = rabbit.getMessageConverter();
  MessageProperties props = new MessageProperties();
  props.setHeader("X_ORDER_SOURCE", "WEB");
  Message message = converter.toMessage(order, props);
  rabbit.send("tacocloud.order", message);
}
```

그러나 convertAndSend()를 사용할 때는 MessageProperties 객체를 직접 사용할 수 없으므로 다음과 같이 MessagePostProcessor에서 해야 한다.

```
@Override
public void sendOrder(Order order) {
  rabbit.convertAndSend("tacocloud.order.queue", order,
      new MessagePostProcessor() {
        @Override
        public Message postProcessMessage(Message message)
            throws AmqpException {
```

```
            MessageProperties props = message.getMessageProperties();
            props.setHeader("X_ORDER_SOURCE", "WEB");
            return message;
        }
    });
}
```

여기서는 MessagePostProcessor를 구현한 익명의 내부 클래스 인스턴스를 convertAndSend()의 인자로 전달한다. postProcessMessage() 메서드에서는 Message 객체의 MessageProperties를 가져온 후 setHeader()를 호출하여 X_ORDER_SOURCE 헤더를 설정할 수 있다.

이제는 RabbitTemplate을 사용해서 메시지를 전송하는 방법을 알게 되었다. 지금부터는 RabbitMQ 큐로부터 메시지를 수신하는 코드를 살펴본다.

8.2.3 RabbitMQ로부터 메시지 수신하기

RabbitTemplate을 사용한 메시지 전송은 JmsTemplate을 사용한 메시지 전송과 크게 다르지 않다는 것을 알았을 것이다. RabbitMQ 큐로부터의 메시지 수신도 JMS로부터의 메시지 수신과 크게 다르지 않다.

JMS에서처럼 RabbitMQ의 경우도 다음 두 가지를 선택할 수 있다.

- RabbitTemplate을 사용해서 큐로부터 메시지를 가져온다.
- @RabbitListener가 지정된 메서드로 메시지가 푸시push된다.

우선, 큐로부터 메시지를 가져오는 풀pull 모델 기반의 RabbitTemplate.receive() 메서드부터 알아보자.

RabbitTemplate을 사용해서 메시지 수신하기

RabbitTemplate은 큐로부터 메시지를 가져오는 여러 메서드를 제공하며, 가장 유용한 것을 보면 다음과 같다.

```
// 메시지를 수신한다.
Message receive() throws AmqpException;
Message receive(String queueName) throws AmqpException;
Message receive(long timeoutMillis) throws AmqpException;
Message receive(String queueName, long timeoutMillis) throws AmqpException;

// 메시지로부터 변환된 객체를 수신한다.
```

```
Object receiveAndConvert() throws AmqpException;
Object receiveAndConvert(String queueName) throws AmqpException;
Object receiveAndConvert(long timeoutMillis) throws AmqpException;
Object receiveAndConvert(String queueName, long timeoutMillis) throws
    AmqpException;

// 메시지로부터 변환된 타입-안전(type-safe) 객체를 수신한다.
<T> T receiveAndConvert(ParameterizedTypeReference<T> type) throws
      AmqpException;
<T> T receiveAndConvert(String queueName, ParameterizedTypeReference<T> type)
      throws AmqpException;
<T> T receiveAndConvert(long timeoutMillis, ParameterizedTypeReference<T>
      type) throws AmqpException;
<T> T receiveAndConvert(String queueName, long timeoutMillis,
      ParameterizedTypeReference<T> type)
      throws AmqpException;
```

이 메서드들은 앞에서 설명했던 send() 및 convertAndSend() 메서드들과 대칭된다. 즉, send()가 원시 Message 객체를 전송하는 데 사용된 반면, receive()는 큐로부터 원시 Message 객체를 수신한다. 마찬가지로 receiveAndConvert()는 메시지를 수신한 후 메시지 변환기를 사용하여 수신 메시지를 도메인 객체로 변환하고 반환한다.

그러나 메서드 시그니처signature 특히 매개변수에서 분명한 차이가 있다. 우선, 수신 메서드의 어느 것도 거래소나 라우팅 키를 매개변수로 갖지 않는다. 왜냐하면 거래소와 라우팅 키는 메시지를 큐로 전달하는 데 사용되지만, 일단 메시지가 큐에 들어가면 다음 메시지 도착지는 큐로부터 메시지를 소비하는(수신하고 사용하는) 컨슈머consumer이기 때문이다. 따라서 메시지를 소비하는 애플리케이션은 거래소 및 라우팅 키를 신경 쓸 필요가 없고 큐만 알면 된다.

또한, 대부분의 수신 메서드는 메시지의 수신 타임아웃을 나타내기 위해 long 타입의 매개변수를 갖는다. 수신 타임아웃의 기본값은 0밀리초(1/1,000초)다. 즉, 호출된 즉시 receive()가 결과를 반환하며, 만일 수신할 수 있는 메시지가 없으면 null 값이 반환된다. 이것이 JmsTemplate의 receive() 메서드와의 현격한 차이점이다. 타임아웃 값을 인자로 전달하면 메시지가 도착하거나 타임아웃에 걸릴 때까지 receive()와 receiveAndConvert() 메서드가 대기하게 된다. 그러나 0이 아닌 타임아웃 값을 지정했더라도 null 값이 반환되는 경우를 대비하여 처리하는 코드를 준비해야 한다.

그러면 수신 메서드의 실제 사용 예를 보자. 리스트 8.6에서는 RabbitTemplate을 사용해서 주문 데이터를 수신하는 OrderReceiver를 Rabbit 기반으로 새로 구현한 코드를 보여준다.

리스트 8.6 **RabbitTemplate을 사용해서 RabbitMQ로부터 주문 데이터 가져오기**

```
package tacos.kitchen.messaging.rabbit;

import org.springframework.amqp.core.Message;
import org.springframework.amqp.rabbit.core.RabbitTemplate;
import org.springframework.amqp.support.converter.MessageConverter;
import org.springframework.beans.factory.annotation.Autowired;
import org.springframework.stereotype.Component;

@Component
public class RabbitOrderReceiver {
  private RabbitTemplate rabbit;
  private MessageConverter converter;

  @Autowired
  public RabbitOrderReceiver(RabbitTemplate rabbit) {
    this.rabbit = rabbit;
    this.converter = rabbit.getMessageConverter();
  }

  public Order receiveOrder() {
    Message message = rabbit.receive("tacocloud.orders");
    return message != null
           ? (Order) converter.fromMessage(message)
           : null;
  }
}
```

여기서는 receiveOrder() 메서드에서 모든 것을 처리한다. 즉, 주입된 RabbitTemplate의 receive() 메서드를 호출하여 tacocloud.orders 큐로부터 주문 데이터를 가져온다. 이때 타임아웃 값을 인자로 전달하지 않았으므로 곧바로 Message 객체 또는 null 값이 반환된다. 그리고 만일 Message 객체가 반환되면 RabbitTemplate의 MessageConverter를 사용하여 Message 객체를 Order 객체로 변환한다. 이와는 달리 receive()가 null을 반환하면 receiveOrder() 메서드에서도 null 값을 반환한다.

애플리케이션 사용 환경에 따라서는 약간의 지연을 용인할 수 있을 것이다. 예를 들어, 타코 클라우드 주방 애플리케이션의 경우는 주문 데이터가 바로 수신되지 않더라도 잠시 기다릴 수 있다. 만일 30초 동안 기다리기로 결정했다면, 다음과 같이 receive() 메서드의 인자로 30,000밀리초를 전달하여 receiveOrder() 메서드를 변경하면 된다.

```
public Order receiveOrder() {
  Message message = rabbit.receive("tacocloud.order.queue", 30000);
  return message != null
```

```
            ? (Order) converter.fromMessage(message)
            : null;
}
```

여러분이 필자와 같다면, 이처럼 하드코딩된 숫자를 보는 것이 불편하게 생각될 것이다. 이때 스프링 부트 구성 속성으로 타임아웃을 구성할 수 있게 @ConfigurationProperties 애노테이션이 지정된 클래스를 생성하는 것이 좋겠다는 생각을 할 수 있을 것이다. 그러나 스프링 부트는 이미 그런 구성 속성을 제공하고 있다. 따라서 구성을 통해 타임아웃을 설정하고자 한다면, receive() 호출 코드의 타임아웃 값을 제거하고 다음과 같이 구성 파일의 spring.rabbitmq.template.receive-timeout 속성에 타임아웃 값을 설정하면 된다.

```
spring:
  rabbitmq:
    template:
      receive-timeout: 30000
```

receiveOrder() 메서드를 다시 보면 RabbitTemplate의 메시지 변환기를 사용해서 수신 Message 객체를 Order 객체로 변환하는 것을 알 수 있다. 그러나 RabbitTemplate이 메시지 변환기를 갖고 있음에도 자동으로 변환해 줄 수 없는 이유가 무엇일까? receiveAndConvert() 메서드가 있는 이유가 바로 그 때문이다. receiveAndConvert()를 사용하면 다음과 같이 receiveOrder()를 다시 작성할 수 있다.

```
public Order receiveOrder() {
  return (Order) rabbit.receiveAndConvert("tacocloud.order.queue");
}
```

이 코드가 훨씬 더 간단하다. 단지 Object 타입을 Order 타입으로 캐스팅하는 것만 고려하면 된다. 그러나 캐스팅 대신 다른 방법이 있다. 즉, ParameterizedTypeReference를 receiveAndConvert()의 인자로 전달하여 직접 Order 객체를 수신하게 하는 것이다.

```
public Order receiveOrder() {
  return rabbit.receiveAndConvert("tacocloud.order.queue",
                new ParameterizedTypeReference<Order>() {});
}
```

이 방법이 캐스팅보다 더 좋은지는 논란의 여지가 있을 수 있지만, 타입-안전 측면에서는 캐스팅보다 좋다. 단, receiveAndConvert()에 ParameterizedTypeReference를 사용하려면 메시지 변환기가 SmartMessageConverter 인터페이스를 구현한 클래스(예를 들어, Jackson2JsonMessageConverter)이어야 한다.

JmsTemplate이 제공하는 풀 모델은 많은 사용 환경에 적합하다. 그러나 메시지를 리스닝하다가 도착할 때 자동 호출되는 푸시 모델의 코드가 더 좋을 때도 있다. 지금부터는 RabbitMQ 메시지에 응답하는 메시지 기반의 빈을 작성하는 방법을 살펴본다.

리스너를 사용해서 RabbitMQ 메시지 처리하기

메시지 기반의 RabbitMQ 빈을 위해 스프링은 RabbitListener를 제공한다. 이것은 리스트 8.4의 JmsListener에 대응하는 RabbitMQ의 리스너다. 메시지가 큐에 도착할 때 메서드가 자동 호출되도록 지정하기 위해서는 @RabbitListener 애노테이션을 RabbitMQ 빈의 메서드에 지정해야 한다.

예를 들어, 리스트 8.7에서는 RabbitTemplate 대신 RabbitListener를 사용하여 주문 메시지를 수신하는 코드를 보여준다.

리스트 8.7 RabbitMQ 메시지 리스너로 메서드를 선언하기

```
package tacos.kitchen.messaging.rabbit.listener;

import org.springframework.amqp.rabbit.annotation.RabbitListener;
import org.springframework.beans.factory.annotation.Autowired;
import org.springframework.stereotype.Component;

@Component
public class OrderListener {
  private KitchenUI ui;

  @Autowired
  public OrderListener(KitchenUI ui) {
    this.ui = ui;
  }

  @RabbitListener(queues = "tacocloud.order.queue")
  public void receiveOrder(Order order) {
    ui.displayOrder(order);
  }
}
```

이것은 리스트 8.4의 JmsListener 코드와 동일하다. 단지 리스너 애노테이션을 @JmsListener에서 @RabbitListener로 변경했을 뿐이다. 사용하는 메시지 브로커와 리스너가 다르더라도 리스너 애노테이션만 변경하면(JMS 브로커에는 @JmsListener, RabbitMQ 브로커에는

`@RabbitListener`) 이처럼 거의 동일한 코드를 사용할 수 있다는 것은 참 좋은 일이다(코드 설명도 다시 할 필요가 없을 것이다).

실제로 `@RabbitListener`는 `@JmsListener`와 거의 동일하게 작동한다. 따라서 서로 다른 메시지 브로커인 RabbitMQ, Artemis, ActiveMQ를 사용하는 코드를 작성할 때 완전히 다른 프로그래밍 모델을 배울 필요가 없다. `RabbitTemplate`이나 `JmsTemplate`을 사용하는 코드를 작성할 때도 마찬가지다.

이제는 끝으로 아파치 카프카Apache Kafka 메시징 시스템을 어떻게 스프링에서 지원하는지 알아본다.

8.3 카프카 사용하기

아파치 카프카는 가장 새로운 메시징 시스템이며, ActiveMQ, Artemis, RabbitMQ와 유사한 메시지 브로커다. 그러나 카프카는 특유의 아키텍처를 갖고 있다.

카프카는 높은 확장성을 제공하는 클러스터cluster로 실행되도록 설계되었다. 그리고 클러스터의 모든 카프카 인스턴스에 걸쳐 토픽topic을 파티션partition으로 분할하여 메시지를 관리한다. RabbitMQ가 거래소와 큐를 사용해서 메시지를 처리하는 반면, 카프카는 토픽만 사용한다.

카프카의 토픽은 클러스터의 모든 브로커에 걸쳐 복제된다replicated. 클러스터의 각 노드는 하나 이상의 토픽에 대한 리더leader로 동작하며, 토픽 데이터를 관리하고 클러스터의 다른 노드로 데이터를 복제한다.

그림 8.2 카프카 클러스터는 여러 개의 브로커로 구성되며, 각 브로커는 토픽의 파티션의 리더로 동작한다

각 토픽은 여러 개의 파티션으로 분할될 수 있다. 이 경우 클러스터의 각 노드는 한 토픽의 하나 이상의 파티션(토픽 전체가 아닌)의 리더가 된다.

카프카는 특유의 아키텍처를 갖고 있으므로 **《Kafka in Action》**(Dylan Scott, Manning, 2017)을 읽어 보기 바란다. 여기서는 스프링을 사용해서 카프카로부터 메시지를 전송 및 수신하는 방법에 초점을 둘 것이다.

8.3.1 카프카 사용을 위해 스프링 설정하기

카프카를 사용해서 메시지를 처리하려면 이에 적합한 의존성을 빌드에 추가해야 한다. 그러나 JMS나 RabbitMQ와 달리 카프카는 스프링 부트 스타터가 없다. 하지만 염려하지 말자. 의존성만 추가하면 되기 때문이다.

```
<dependency>
  <groupId>org.springframework.kafka</groupId>
  <artifactId>spring-kafka</artifactId>
</dependency>
```

이처럼 의존성을 추가하면 스프링 부트가 카프카 사용을 위한 자동-구성을 해준다(스프링 애플리케이션에서 사용할 KafkaTemplate을 준비함). 따라서 우리는 KafkaTemplate을 주입하고 메시지를 전송, 수신하면 된다.

그러나 메시지를 전송 및 수신하기에 앞서, 카프카를 사용할 때 편리한 몇 가지 속성을 알아야 한다. 특히 KafkaTemplate은 기본적으로 localhost에서 실행되면서 9092 포트를 리스닝하는 카프카 브로커를 사용한다. 애플리케이션을 개발할 때는 로컬의 카프카 브로커를 사용하면 좋다. 그러나 실무 환경으로 이양할 때는 다른 호스트와 포트로 구성해야 한다.

spring.kafka.bootstrap-servers 속성에는 카프카 클러스터로의 초기 연결에 사용되는 하나 이상의 카프카 서버들의 위치를 설정한다. 예를 들어, 클러스터의 카프카 서버 중 하나가 kafka.tacocloud.com에서 실행되고 9092 포트를 리스닝한다면, 이 서버의 위치를 다음과 같이 YAML 파일에 구성할 수 있다.

```
spring:
  kafka:
    bootstrap-servers:
    - kafka.tacocloud.com:9092
```

여기서 spring.kafka.bootstrap-servers는 복수형이며, 서버 리스트를 받으므로 클러스터의 여러 서버를 지정할 수 있다.

```
spring:
  kafka:
    bootstrap-servers:
    - kafka.tacocloud.com:9092
    - kafka.tacocloud.com:9093
    - kafka.tacocloud.com:9094
```

이제는 우리 프로젝트에 카프카 설정이 되었으므로 메시지를 전송, 수신할 준비가 되었다. 우선, KafkaTemplate을 사용해서 Order 객체를 카프카로 전송하는 것부터 시작한다.

8.3.2 KafkaTemplate을 사용해서 메시지 전송하기

여러 면에서 KafkaTemplate의 메서드들은 JMS나 RabbitMQ의 대응되는 메서드들과 유사하지만 매우 다른 부분도 있다. 다음의 메시지 전송 메서드를 알아보면 분명해질 것이다.

```
ListenableFuture<SendResult<K, V>> send(String topic, V data);
ListenableFuture<SendResult<K, V>> send(String topic, K key, V data);
ListenableFuture<SendResult<K, V>> send(String topic,
                                  Integer partition, K key, V data);
ListenableFuture<SendResult<K, V>> send(String topic,
                  Integer partition, Long timestamp, K key, V data);
ListenableFuture<SendResult<K, V>> send(ProducerRecord<K, V> record);
ListenableFuture<SendResult<K, V>> send(Message<?> message);
ListenableFuture<SendResult<K, V>> sendDefault(V data);
ListenableFuture<SendResult<K, V>> sendDefault(K key, V data);
ListenableFuture<SendResult<K, V>> sendDefault(Integer partition,
                                              K key, V data);
ListenableFuture<SendResult<K, V>> sendDefault(Integer partition,
                                     Long timestamp, K key, V data);
```

제일 먼저 알아 둘 것은 convertAndSend() 메서드가 없다는 것이다. 왜냐하면 KafkaTemplate은 제네릭generic 타입을 사용하고, 메시지를 전송할 때 직접 도메인 타입을 처리할 수 있기 때문이다. 따라서 모든 send() 메서드가 convertAndSend()의 기능을 갖고 있다고 생각할 수 있다.

또한, send()와 sendDefault()에는 JMS나 Rabbit에 사용했던 것과 많이 다른 매개변수들이 있다. 카프카에서 메시지를 전송할 때는 메시지가 전송되는 방법을 알려주는 다음 매개변수를 지정할 수 있다.

- 메시지가 전송될 토픽(send()에 필요함)
- 토픽 데이터를 쓰는 파티션(선택적임)
- 레코드 전송 키(선택적임)
- 타임스탬프(선택적이며, 기본값은 System.currentTimeMillis())
- 페이로드payload(메시지에 적재된 순수한 데이터(예를 들어, Order 객체)이며 필수임)

토픽과 페이로드는 가장 중요한 매개변수들이다. 파티션과 키는 send()와 sendDefault()에 매개변수로 제공되는 추가 정보일 뿐 KafkaTemplate을 사용하는 방법에는 거의 영향을 주지 않는다. 여기서는 지정된 토픽에 메시지 페이로드를 전송하는 데 초점을 둘 것이다.

바로 앞에서 보았듯이, send() 메서드에는 ProducerRecord를 전송하는 것도 있다. ProducerRecord는 모든 선행 매개변수들을 하나의 객체에 담은 타입이다. 또한, Message 객체를 전송하는 send() 메서드도 있지만, 이 경우는 우리 도메인 객체를 Message 객체로 변환해야 한다. 대개의 경우에 ProducerRecord나 Message 객체를 생성 및 전송하는 것보다는 다른 send() 메서드 중 하나를 사용하는 게 더 쉽다.

KafkaTemplate과 이것의 send() 메서드를 사용해서 주문 데이터를 전송하기 위해 카프카 기반으로 새로 구현한 OrderMessagingService는 리스트 8.8과 같다.

리스트 8.8 **KafkaTemplate을 사용해서 주문 데이터 전송하기**

```
package tacos.messaging;

import org.springframework.beans.factory.annotation.Autowired;
import org.springframework.kafka.core.KafkaTemplate;
import org.springframework.stereotype.Service;

@Service
public class KafkaOrderMessagingService
                                  implements OrderMessagingService {
  private KafkaTemplate<String, Order> kafkaTemplate;

  @Autowired
  public KafkaOrderMessagingService(
          KafkaTemplate<String, Order> kafkaTemplate) {
    this.kafkaTemplate = kafkaTemplate;
  }

  @Override
  public void sendOrder(Order order) {
    kafkaTemplate.send("tacocloud.orders.topic", order);
  }
}
```

여기서 sendOrder() 메서드는 주입된 KafkaTemplate의 send() 메서드를 사용해서 tacocloud.orders.topic이라는 이름의 토픽으로 Order 객체를 전송한다. 'Kafka'라는 단어가 코드의 이곳저곳에 포함된 것 외에는 JMS와 Rabbit에 사용했던 코드와 크게 다르지 않다.

만일 기본 토픽을 설정한다면 sendOrder() 메서드를 약간 더 간단하게 만들 수 있다. 이때는 우선 spring.kafka.template.default-topic 속성에 tacocloud.orders.topic을 기본 토픽으로 설정한다.

```
spring:
  kafka:
    template:
      default-topic: tacocloud.orders.topic
```

그다음에 sendOrder() 메서드에서 send() 대신 sendDefault()를 호출하면 된다. 이때는 토픽 이름을 인자로 전달하지 않는다.

```
@Override
public void sendOrder(Order order) {
  kafkaTemplate.sendDefault(order);
}
```

이제는 메시지 전송 코드가 작성되었다. 다음은 카프카로부터 메시지를 수신하는 코드를 작성해 보자.

8.3.3 카프카 리스너 작성하기

send()와 sendDefault() 특유의 메서드 시그니처 외에도 KafkaTemplate은 메시지를 수신하는 메서드를 일체 제공하지 않는다는 점에서 JmsTemplate이나 RabbitTemplate과 다르다. 따라서 스프링을 사용해서 카프카 토픽의 메시지를 가져오는 유일한 방법은 메시지 리스너를 작성하는 것이다.

카프카의 경우 메시지 리스너는 @KafkaListener 애노테이션이 지정된 메서드에 정의된다. @KafkaListener는 @JmsListener나 @RabbitListener와 거의 유사하며, 동일한 방법으로 사용된다. 리스트 8.9에서는 카프카에 사용하는 리스너 기반의 주문 수신 코드를 보여준다.

리스트 8.9 **@KafkaListener를 사용해서 주문 데이터 수신하기**

```
package tacos.kitchen.messaging.kafka.listener;

import org.springframework.beans.factory.annotation.Autowired;
import org.springframework.kafka.annotation.KafkaListener;
import org.springframework.stereotype.Component;
import tacos.Order;
import tacos.kitchen.KitchenUI;

@Component
public class OrderListener {

  private KitchenUI ui;

  @Autowired
  public OrderListener(KitchenUI ui) {
    this.ui = ui;
  }

  @KafkaListener(topics="tacocloud.orders.topic")
  public void handle(Order order) {
    ui.displayOrder(order);
  }
}
```

tacocloud.orders.topic이라는 이름의 토픽에 메시지가 도착할 때 자동 호출되어야 한다는 것을 나타내기 위해 handle() 메서드에는 @KafkaListener 애노테이션이 지정되었다. 그리고 리스트 8.9에 있듯이, 페이로드인 Order 객체만 handle()의 인자로 받는다. 그러나 메시지의 추가적인 메타데이터가 필요하다면 ConsumerRecord나 Message 객체도 인자로 받을 수 있다.

예를 들어, 다음의 handle() 메서드에서는 수신된 메시지의 파티션과 타임스탬프를 로깅하기 위해 ConsumerRecord를 인자로 받는다.

```
@KafkaListener(topics="tacocloud.orders.topic")
public void handle(Order order, ConsumerRecord<Order> record) {
  log.info("Received from partition {} with timestamp {}",
      record.partition(), record.timestamp());
  ui.displayOrder(order);
}
```

이와 유사하게 ConsumerRecord 대신 Message 객체를 요청하여 같은 일을 처리할 수 있다.

```
@KafkaListener(topics="tacocloud.orders.topic")
public void handle(Order order, Message<Order> message) {
MessageHeaders headers = message.getHeaders();
```

```
    log.info("Received from partition {} with timestamp {}",
        headers.get(KafkaHeaders.RECEIVED_PARTITION_ID)
        headers.get(KafkaHeaders.RECEIVED_TIMESTAMP));
    ui.displayOrder(order);
}
```

메시지 페이로드는 ConsumerRecord.value()나 Message.getPayload()를 사용해도 받을 수 있다는 것을 알아 두자. 이것은 handle()의 매개변수로 직접 Order 객체를 요청하는 대신 ConsumerRecord나 Message 객체를 통해 Order 객체를 요청할 수 있음을 의미한다.

이번 장에서는 JMS, RabbitMQ, 카프카를 사용해서 비동기 메시지 전송과 수신하는 방법을 알아보았다. 지금부터는 이 기능이 추가된 타코 클라우드 애플리케이션을 빌드하고 실행해 볼 것이다.

8.4 비동기 메시지 전송과 수신 기능이 추가된 타코 클라우드 애플리케이션 빌드 및 실행하기

우선, STS가 실행 중이라면 STS를 종료하자. 그리고 각자 STS 작업 영역 디렉터리에 생성한 .metadata 서브 디렉터리를 삭제하자(이전의 다른 프로젝트를 열고 사용할 때 남아 있던 정보로 인한 오류 발생 가능성을 방지하기 위함이다).

그리고 이 책의 다운로드 코드(다운로드하는 방법은 이 책의 맨 앞에 있는 '이 책에 대하여'를 참고)에서 Ch08 서브 디렉터리를 각자 STS 작업 영역 디렉터리 아래에 복사하자. 여기서는 C:\Spring5-In-Action을 STS 작업 영역으로 지정하였고 8장의 모든 코드가 있는 Ch08 서브 디렉터리를 이 아래에 복사한 것으로 간주한다.

STS를 실행하고 그림 6.12와 6.13에서 설명한 대로 앵귤러 퍼스펙티브로 전환한다.

STS 메뉴의 **File ⇨ Open Projects from File System…**을 선택하면 그림 8.3의 대화상자가 나타난다.

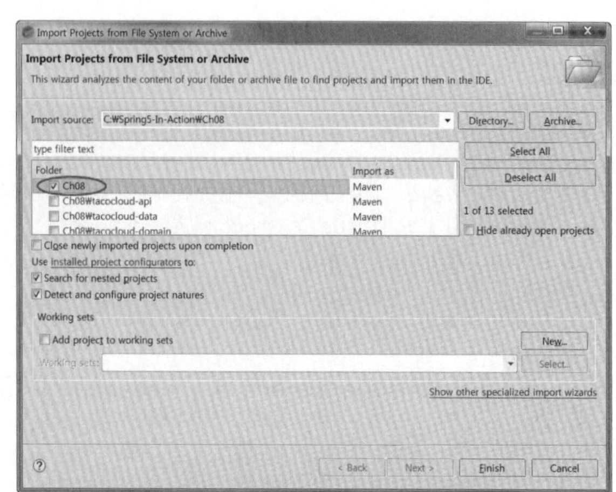

그림 8.3 프로젝트 열기 대화상자

Directory… 버튼을 클릭하여 나타나는 대화상자에서 **Ch08 서브 디렉터리**를 선택하면 잠시 후에 STS가 그림 8.3처럼 이 디렉터리의 모든 프로젝트 폴더를 찾아 보여준다. 이 폴더 중에서 Ch08 메이븐 폴더만 체크된 상태로 두고 나머지 폴더는 체크를 해제한다. 그다음에 **Finish** 버튼을 클릭하면 STS가 모든 프로젝트를 열고 그림 8.4와 같이 패키지 탐색기 창에 보여준다(**각 항목 왼쪽의 화살표**를 클릭하면 항목을 확장 또는 축소해서 볼 수 있다).

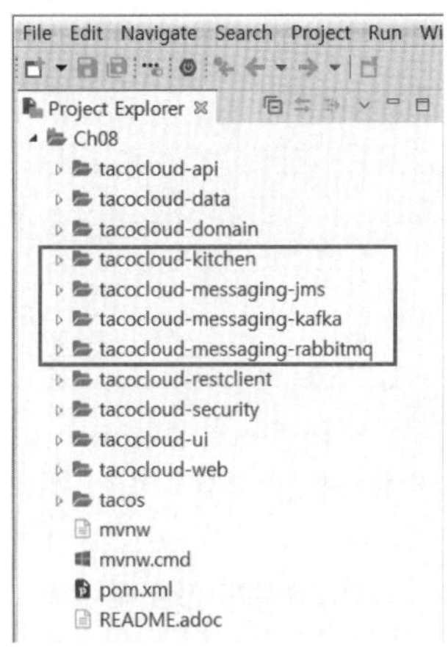

그림 8.4 **Ch08의 모든 프로젝트가 열린 패키지 탐색기 창**

여기에는 하나의 메이븐 프로젝트로 구성된 타코 클라우드의 모듈들이 나타나 있다. 그리고 직사각형으로 표시된 4개의 모듈이 새로 추가된 것이며, 이번 장에서 설명한 모든 코드를 포함한다. 앵귤러 모듈인 'tacocloud-ui'를 제외한 나머지 모든 모듈의 예제 코드는 각 모듈의 src/main/java/tacos 아래에 있다.

- tacocloud-kitchen: 타코 클라우드 주방 모듈
- tacocloud-messaging-jms: JMS를 사용해서 비동기 주문 메시지를 전송하는 타코 클라우드 메시징 모듈
- tacocloud-messaging-kafka: 카프카를 사용해서 비동기 주문 메시지를 전송하는 타코 클라우드 메시징 모듈
- tacocloud-messaging-rabbitmq: RabbitMQ를 사용해서 비동기 주문 메시지를 전송하는 타코 클라우드 메시징 모듈

Terminal+ 탭을 클릭하여 터미널 창을 활성화한 후 Project 드롭다운에서 **Ch08**을 선택하고, **+** 버튼을 클릭하여 터미널 창을 새로 열면 셸 프롬프트가 나타난다. 다음과 같이 명령을 입력하여 실행시키자.

```
$ ./mvnw clean package
```

이렇게 하면 탐색기 창에 나타난 12개의 모듈(tacocloud-ui는 앵귤러 코드이고 나머지는 자바 스프링 코드)을 메이븐이 차례대로 빌드하여 하나의 jar 파일로 생성해 준다(그림 8.5).

```
[INFO] --- maven-jar-plugin:3.0.2:jar (default-jar) @ tacocloud-web ---
[INFO] Building jar: C:\Spring5-In-Action\Ch08\tacocloud-web\target\tacocloud-web-0.0.8-SNAPSHOT.jar
[INFO] ------------------------------------------------------------------------
[INFO] Reactor Summary:
[INFO]
[INFO] taco-cloud-parent .................................. SUCCESS [  0.287 s]
[INFO] tacocloud-domain ................................... SUCCESS [  4.568 s]
[INFO] tacocloud-data ..................................... SUCCESS [  1.095 s]
[INFO] tacocloud-security ................................. SUCCESS [  1.245 s]
[INFO] tacocloud-messaging-kafka .......................... SUCCESS [  1.055 s]
[INFO] tacocloud-api ...................................... SUCCESS [  2.183 s]
[INFO] tacocloud-ui ....................................... SUCCESS [07:31 min]
[INFO] taco-cloud ......................................... SUCCESS [01:00 min]
[INFO] tacocloud-kitchen .................................. SUCCESS [  3.269 s]
[INFO] tacocloud-messaging-jms ............................ SUCCESS [  0.960 s]
[INFO] tacocloud-messaging-rabbitmq ....................... SUCCESS [  0.821 s]
[INFO] tacocloud-restclient ............................... SUCCESS [  1.575 s]
[INFO] tacocloud-web ...................................... SUCCESS [  6.333 s]
[INFO] ------------------------------------------------------------------------
[INFO] BUILD SUCCESS
[INFO] ------------------------------------------------------------------------
[INFO] Total time: 08:56 min
[INFO] Finished at: 2020-02-02T10:13:06+09:00
[INFO] Final Memory: 79M/566M
[INFO] ------------------------------------------------------------------------
```

그림 8.5 **빌드 성공 메시지**

만일 그림 8.6과 같이 빌드 실패 메시지가 나타나고 빌드가 중단되면 `./mvnw clean package` 명령을 다시 실행하면 된다.

```
[INFO] ------------------------------------------------------------------------
[INFO] BUILD FAILURE
[INFO] ------------------------------------------------------------------------
```

그림 8.6 **빌드 실패 메시지**

빌드에 성공하여 그림 8.5와 같은 메시지가 나타나면 터미널 창에서 다음과 같이 타코 클라우드 애플리케이션을 실행하자.

```
$ java -jar tacos/target/taco-cloud-0.0.8-SNAPSHOT.jar
```

그리고 내장된 톰캣 서버가 자동으로 시작되어 타코 클라우드 애플리케이션이 시작되었는지 터미널 창에서 확인한다.

톰캣 서버는 로컬 호스트의 8080 포트를 리스닝하므로 각자 웹 브라우저에서 http://localhost:8080에 접속하면 타코 클라우드 홈페이지가 나타나며, 이 페이지의 모든 기능은 이전 장까지 했던 내용 그대로다.

이미 얘기했듯이, 타코 클라우드 애플리케이션은 12개의 모듈로 구성되어 있고 하나의 jar 파일로 패키징되었다.

현재의 터미널 창은 톰캣 서버의 콘솔로 사용하므로 + 아이콘을 클릭하여 새로운 창을 열자. 그리고 셸 프롬프트가 나타나면 다음과 같이 터미널 창에서 타코 클라우드 주방 애플리케이션을 추가로 실행하자.

```
$ java -jar tacocloud-kitchen/target/tacocloud-kitchen-0.0.8-SNAPSHOT.jar
```

```
2020-02-02 11:01:36.432  INFO 4000 --- [           main] o.s.j.e.a.AnnotationMBeanExporter        : Located managed bean 'rabbitConnectionFactory': regis
h JMX server as MBean [org.springframework.amqp.rabbit.connection:name=rabbitConnectionFactory,type=CachingConnectionFactory]
2020-02-02 11:01:37.473  INFO 4000 --- [           main] o.s.c.support.DefaultLifecycleProcessor  : Starting beans in phase 2147483547
2020-02-02 11:01:37.474  INFO 4000 --- [           main] o.s.c.support.DefaultLifecycleProcessor  : Starting beans in phase 2147483647
2020-02-02 11:01:37.852  INFO 4000 --- [           main] o.s.b.w.embedded.tomcat.TomcatWebServer  : Tomcat started on port(s): 8081 (http) with context p
2020-02-02 11:01:37.857  INFO 4000 --- [           main] tacos.kitchen.TacoKitchenApplication     : Started TacoKitchenApplication in 54.178 seconds (JVM
or 54.838)
```

그림 8.7 타코 클라우드 주방 애플리케이션의 톰캣 서버 시작

그림 8.7에서 볼 수 있듯이, 타코 클라우드 주방 애플리케이션의 톰캣 서버는 로컬 호스트의 8081 포트를 리스닝한다(타코 클라우드 메인 애플리케이션의 톰캣 서버는 로컬 호스트의 8080 포트로 실행 중이다).

각자 웹 브라우저에서 http://localhost:8080에 접속하면 타코 클라우드 홈페이지가 나타난다(그림 8.8).

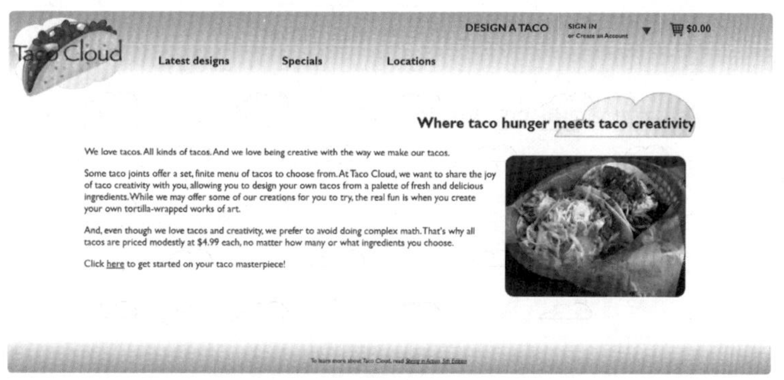

그림 8.8 타코 클라우드 홈페이지

제일 위의 **DESIGN A TACO**를 클릭하면 타코를 디자인(생성)하는 페이지가 나타난다(여기서는 화면을 캡처하느라 페이지 크기를 줄여서 각 뷰의 배치가 다르게 보일 수 있으나 내용은 동일하다).

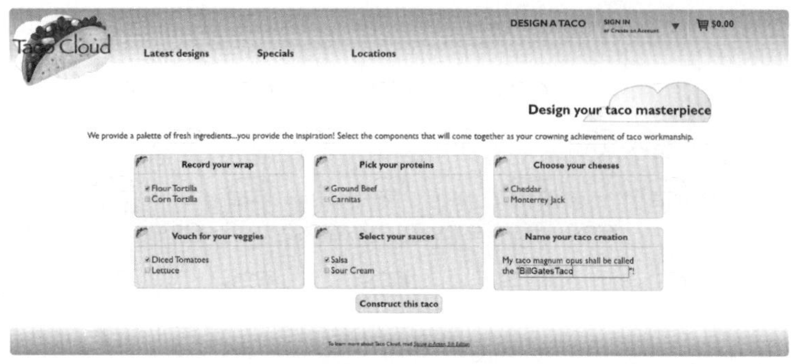

그림 8.9 **타코 디자인 페이지**

원하는 식자재를 선택하고 오른쪽 밑의 필드에 **타코 이름**(5자 이상)을 입력한 후 **Construct this taco** 버튼을 클릭하면 그림 8.10의 주문 페이지가 나타난다.

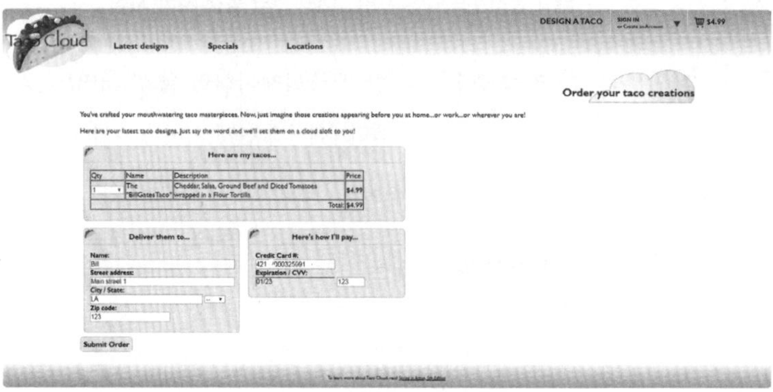

그림 8.10 **타코 주문 페이지**

그림 8.10처럼 **배달과 지불에 관한 모든 필드**를 입력(신용카드 번호는 적합한 것을 입력해야 함)하고 **Submit Order** 버튼을 클릭하면 잠시 후에 주문되었다는 페이지가 나타난다(각자 사용 중인 PC에 따라 약간 더 시간이 걸리는 경우가 생길 수 있으니 그림 8.11 페이지가 나타날 때까지 기다리자).

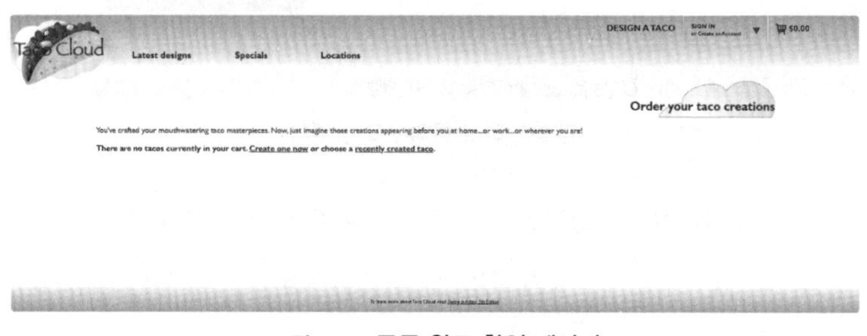

그림 8.11 **주문 완료 확인 페이지**

그리고 왼쪽 위의 **Latest design**을 클릭하면 방금 주문한 타코가 그림 8.12의 제일 왼쪽에 나타난 것을 볼 수 있다. 현재는 스프링에 기본값으로 설정된 artemis 브로커와 `JmsTemplate`을 사용하여 주문 데이터가 JMS 메시지로 처리되었다. 그러나 카프카를 사용하려면 별도로 다운로드하고 설치 및 실행해야 한다. (현재는 tacocloud-kitchen/pom.xml에 카프카 의존성이 지정되어 있지만, 카프카가 실행되지 않아 터미널 창에 카프카 브로커를 사용할 수 없다는 메시지가 계속 나타날 것이다.)

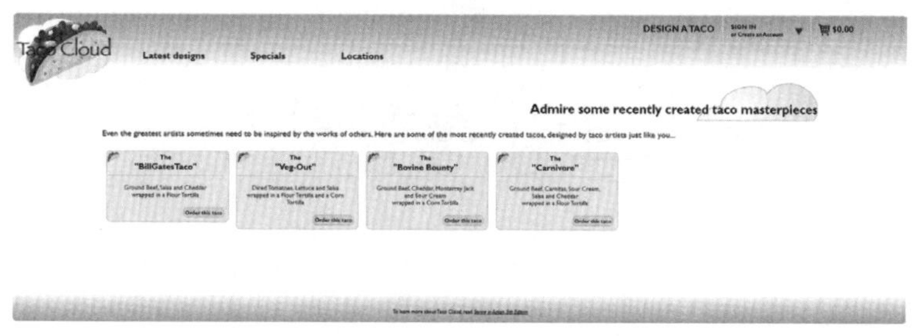

그림 8.12 최근 주문한 타코 내역

요약

- 애플리케이션 간 비동기 메시지 큐를 이용한 통신 방식은 간접 계층을 제공하므로 애플리케이션 간의 결합도는 낮추면서 확장성은 높인다.
- 스프링은 JMS, RabbitMQ 또는 아파치 카프카를 사용해서 비동기 메시징을 지원한다.
- 스프링 애플리케이션은 템플릿 기반의 클라이언트인 `JmsTemplate`, `RabbitTemplate` 또는 `KafkaTemplate`을 사용해서 메시지 브로커를 통한 메시지 전송을 할 수 있다.
- 메시지 수신 애플리케이션은 같은 템플릿 기반의 클라이언트들을 사용해서 풀 모델 형태의 메시지 소비(가져오기)를 할 수 있다.
- 메시지 리스너 애노테이션인 `@JmsListener`, `@RabbitListener` 또는 `@KafkaListener`를 빈 메서드에 지정하면 푸시 모델의 형태로 컨슈머에게 메시지가 전송될 수 있다.

CHAPTER

9

스프링 통합하기

이 장에서 배우는 내용

- 실시간으로 데이터 처리하기
- 통합 플로우 정의하기
- 스프링 통합의 자바 DSL 정의 사용하기
- 이메일과 파일 시스템 및 다른 외부 시스템과 통합하기

여행을 할 때 접하는 가장 불만스러운 것 중 하나는 장시간 비행임에도 기내의 인터넷 연결이 부실하거나 아예 안 된다는 것이다. 이 책의 집필을 비롯해서 필자는 비행 시간 중에 일을 끝내는 것을 좋아한다. 그러나 네트워크 연결이 안 되면 라이브러리를 다운로드하거나 JavaDoc을 검색할 수 없게 되므로 많은 일을 할 수 없다. 따라서 이럴 때 참고할 책을 가져가곤 한다.

우리가 일의 능률 향상을 위해 인터넷에 연결해야 하듯이, 많은 애플리케이션이 외부 시스템과 연결하여 작업을 수행해야 한다. 애플리케이션은 이메일 수신이나 발신, 외부 API와의 상호작용, 데이터베이스에 쓰는 데이터 처리 등이 필요할 수 있다. 그리고 이런 외부 시스템에서 데이터를 읽거나 쓸 때 애플리케이션에서 필요한 형태로 변경하기 위해 어떻게 하든 데이터 처리가 필요할 수 있다.

이번 장에서는 스프링 통합Spring Integration으로 통합 패턴을 사용하는 방법을 배울 것이다. 스프링 통합은 《Enterprise Integration Patterns》(Gregor Hohpe, Bobby Woolf, Addison-Wesley,

2003)에서 보여준 대부분의 통합 패턴을 사용할 수 있게 구현한 것이다. 각 통합 패턴은 하나의 컴포넌트로 구현되며, 이것을 통해서 파이프라인으로 메시지가 데이터를 운반한다. 스프링 구성을 사용하면 데이터가 이동하는 파이프라인으로 이런 컴포넌트들을 조립할 수 있다. 우선, 스프링 통합 사용 시의 기능과 특성을 보여주는 간단한 통합 플로우integration flow를 정의하는 것부터 시작해 보자.

9.1 간단한 통합 플로우 선언하기

애플리케이션은 통합 플로우를 통해서 외부 리소스나 애플리케이션 자체에 데이터를 수신 또는 전송할 수 있으며, 스프링 통합은 이런 통합 플로우를 생성할 수 있게 해준다. 애플리케이션이 통합할 수 있는 그런 리소스 중 하나가 파일 시스템이다. 이에 따라 스프링 통합의 많은 컴포넌트 중에 파일을 읽거나 쓰는 채널 어댑터channel adapter가 있다.

스프링 통합을 시작하기 위해 여기서는 파일 시스템에 데이터를 쓰는 통합 플로우를 생성할 것이다. 그러기 위해서는 우선 다음과 같이 스프링 통합 의존성을 프로젝트 빌드에 추가해야 한다. 모듈 리퍼지터리가 메이븐Maven일 때는 다음과 같이 지정한다.

```
<dependency>
  <groupId>org.springframework.boot</groupId>
  <artifactId>spring-boot-starter-integration</artifactId>
</dependency>

<dependency>
  <groupId>org.springframework.integration</groupId>
  <artifactId>spring-integration-file</artifactId>
</dependency>
```

첫 번째 의존성은 스프링 통합의 스프링 부트 스타터다. 통합하려는 플로우와 무관하게 이 의존성은 스프링 통합 플로우의 개발 시에 반드시 추가해야 한다. 모든 스프링 부트 스타터 의존성이 그렇듯이, 이 의존성도 Initializr 폼의 체크 상자에서 선택할 수 있다.

두 번째 의존성은 스프링 통합의 파일 엔드포인트endpoint 모듈이다. 이 모듈은 외부 시스템 통합에 사용되는 24개 이상의 엔드포인트 모듈 중 하나다. 엔드포인트 모듈에 관한 내용은 9.2.9에서 자세히 알아볼 것이다. 일단 지금은 파일 시스템으로부터 통합 플로우로 파일을 읽거나, 통합 플로우로부터 파일 시스템으로 데이터를 쓸 수 있는 기능을 제공하는 것이 파일 엔드포인트 모듈이라는 것만 알아 두자.

그다음은 파일에 데이터를 쓸 수 있도록 애플리케이션에서 통합 플로우로 데이터를 전송하는 게이트웨이gateway를 생성해야 한다. 이때 리스트 9.1과 같이 게이트웨이 인터페이스를 생성한다.

리스트 9.1 메서드 호출을 메시지로 변환하는 메시지 게이트웨이 인터페이스

```
package sia5;

import org.springframework.integration.annotation.MessagingGateway;
import org.springframework.integration.file.FileHeaders;
import org.springframework.messaging.handler.annotation.Header;

@MessagingGateway(defaultRequestChannel="textInChannel")  ← 메시지 게이트웨이를 선언한다.
public interface FileWriterGateway {

  void writeToFile(
      @Header(FileHeaders.FILENAME) String filename,  ← 파일에 쓴다.
      String data);
}
```

FileWriterGateway는 간단한 자바 인터페이스이긴 하지만 알아볼 것이 많다. 우선, FileWriterGateway에는 @MessagingGateway가 지정되었다. 이 애노테이션은 FileWriter Gateway 인터페이스의 구현체(클래스)를 런타임 시에 생성하라고 스프링 통합에 알려준다. 이것은 리퍼지터리의 구현체를 스프링 데이터가 자동 생성하는 것과 유사하다. 이외의 다른 코드에서는 파일에 데이터를 써야 할 때 FileWriterGateway 인터페이스를 사용할 것이다.

@MessagingGateway의 defaultRequestChannel 속성은 해당 인터페이스의 메서드 호출로 생성된 메시지가 이 속성에 지정된 메시지 채널로 전송된다는 것을 나타낸다. 여기서는 writeToFile()의 호출로 생긴 메시지가 textInChannel이라는 이름의 채널로 전송된다.

writeToFile() 메서드는 두 개의 String 타입 매개변수를 갖는다. 파일 이름과 파일에 쓰는 텍스트를 포함하는 데이터다. 여기서 filename 매개변수에는 @Header가 지정되었다. @Header 애노테이션은 filename에 전달되는 값이 메시지 페이로드payload가 아닌 메시지 헤더에 있다는 것을 나타낸다(FileHeaders.FILENAME 상수의 실제 값은 file_name이다). 반면에 data 매개변수 값은 메시지 페이로드로 전달된다(메시지는 메시지 헤더와 같은 메타데이터와 실제 데이터인 페이로드로 구성된다).

이제는 메시지 게이트웨이가 생성되었으므로 통합 플로우를 구성해야 한다. 스프링 통합 스타터 의존성을 빌드에 추가했으므로 스프링 통합의 자동-구성이 수행될 수 있다. 그러나 애플리케이션의 요구를 충족하는 플로우를 정의하는 구성은 우리가 추가로 작성해야 한다. 통합 플로우는 다음 세 가지 구성 방법으로 정의할 수 있다.

- XML 구성
- 자바 구성
- DSL을 사용한 자바 구성

지금부터는 스프링 통합의 세 가지 구성 방법 모두를 알아볼 것이다. 우선, 이전부터 사용해 온 XML 구성부터 시작해 보자.

9.1.1 XML을 사용해서 통합 플로우 정의하기

이 책에서 XML 구성의 사용은 가급적 피하려 했지만, 스프링 통합에서는 오랫동안 XML로 통합 플로우를 정의했으므로 최소한 하나의 예는 알아볼 필요가 있다고 생각한다. 리스트 9.2에서는 XML로 통합 플로우를 구성하는 방법을 보여준다.

리스트 9.2 **스프링 XML 구성을 사용해서 통합 플로우 정의하기**

```
<?xml version="1.0" encoding="UTF-8"?>
<beans xmlns="http://www.springframework.org/schema/beans"
  xmlns:xsi="http://www.w3.org/2001/XMLSchema-instance"
  xmlns:int="http://www.springframework.org/schema/integration"
  xmlns:int-file="http://www.springframework.org/schema/integration/file"
  xsi:schemaLocation="http://www.springframework.org/schema/beans
    http://www.springframework.org/schema/beans/spring-beans.xsd
    http://www.springframework.org/schema/integration
    http://www.springframework.org/schema/integration/spring-integration.xsd
    http://www.springframework.org/schema/integration/file
    http://www.springframework.org/schema/integration/file/
     springintegration-file.xsd">

<int:channel id="textInChannel" />   ← textInChannel을 선언한다.

<int:transformer id="upperCase"
    input-channel="textInChannel"
    output-channel="fileWriterChannel"
    expression="payload.toUpperCase()" />   ← 텍스트를 변환한다.

<int:channel id="fileWriterChannel" />   ← fileWriterChannel을 선언한다.

<int-file:outbound-channel-adapter id="writer"
  channel="fileWriterChannel"
  directory="/tmp/sia5/files"
  mode="APPEND"
  append-new-line="true" />   ← 텍스트를 파일에 쓴다.
</beans>
```

리스트 9.2의 XML 구성에서 주목할 내용은 다음과 같다.

- textInChannel이라는 이름의 채널을 구성하였다. 이것은 FileWriterGateway의 요청 채널(리스트 9.1)로 설정된 것과 같은 채널이다. FileWriterGateway의 writeToFile() 메서드가 호출되면 결과 메시지가 textInChannel로 전달된다.
- textInChannel로부터 메시지를 받는 변환기int:transformer를 구성하였다. 이 변환기는 SpELSpring Expression Language 표현식을 사용해서 메시지 페이로드에 대해 toUpperCase()를 호출하여 대문자로 변환한다. 그리고 변환된 결과는 fileWriter Channel로 전달된다.
- fileWriterChannel이라는 이름의 채널을 구성하였다. 이 채널은 변환기와 아웃바운드 채널 어댑터outbound channel adapter를 연결하는 전달자의 역할을 수행한다.
- 끝으로, int-file 네임스페이스를 사용하여 아웃바운드 채널 어댑터를 구성하였다. 이 XML 네임스페이스는 파일에 데이터를 쓰기 위해 스프링 통합의 파일 모듈에서 제공한다. 리스트 9.2에 구성했듯이, 아웃바운드 채널 어댑터는 fileWriterChannel로부터 메시지를 받은 후 해당 메시지 페이로드를 directory 속성에 지정된 디렉터리의 파일에 쓴다. 이때 파일 이름은 해당 메시지의 file_name 헤더에 지정된 것을 사용한다. 만일 해당 파일이 이미 있으면 기존 데이터에 덮어쓰지 않고 줄을 바꾸어 제일 끝에 추가한다.

그림 9.1은 그래픽 요소를 사용해서 리스트 9.2의 통합 플로우를 나타낸 것이다.

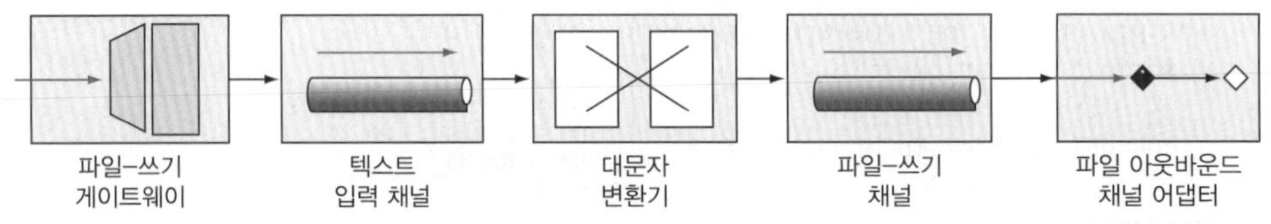

그림 9.1 파일-쓰기 통합 플로우

스프링 부트 애플리케이션에서 XML 구성을 사용하고자 한다면 XML을 리소스로 import해야 한다. 이때 우리 애플리케이션의 자바 구성 클래스 중 하나에 스프링의 @ImportResource 애노테이션을 지정하는 것이 가장 쉬운 방법이다. 예를 들면, 다음과 같다.

```
@Configuration
@ImportResource("classpath:/filewriter-config.xml")
public class FileWriterIntegrationConfig { ... }
```

스프링 통합에서 XML 기반의 구성을 사용해도 좋지만, 많은 개발자들이 XML 사용을 꺼린다(이미 얘기했듯이, 이 책에서도 XML 구성은 피할 것이다). XML 구성은 이쯤 해두고 지금부터는 스프링 통합의 자바 구성 방법을 알아보도록 하자.

9.1.2 Java로 통합 플로우 구성하기

현재는 대부분의 스프링 애플리케이션이 XML 구성을 피하고 자바 구성을 사용한다. 실제로 스프링 부트 애플리케이션에서 자바 구성은 스프링의 자동-구성을 자연스럽게 보완해 주는 방법이다. 따라서 스프링 부트 애플리케이션에 통합 플로우를 추가할 때는 XML보다는 자바로 플로우를 정의하는 것이 좋다.

자바 구성을 사용해서 통합 플로우를 작성하는 방법의 예로 리스트 9.3을 살펴보자. 이것은 리스트 9.2의 XML 구성과 동일한 파일 작성 통합 플로우를 정의하지만, 자바로 작성한 것이다.

리스트 9.3 **자바 구성을 사용해서 통합 플로우 정의하기**

```
package sia5;

import java.io.File;
import org.springframework.context.annotation.Bean;
import org.springframework.context.annotation.Configuration;
import org.springframework.integration.annotation.ServiceActivator;
import org.springframework.integration.annotation.Transformer;
import org.springframework.integration.file.FileWritingMessageHandler;
import org.springframework.integration.file.support.FileExistsMode;
import org.springframework.integration.transformer.GenericTransformer;

@Configuration
public class FileWriterIntegrationConfig {

  @Bean
  @Transformer(inputChannel="textInChannel",   ← 변환기 빈을 선언한다.
               outputChannel="fileWriterChannel")
  public GenericTransformer<String, String> upperCaseTransformer() {
    return text -> text.toUpperCase();
  }

  @Bean
  @ServiceActivator(inputChannel="fileWriterChannel")
  public FileWritingMessageHandler fileWriter() {   ← 파일-쓰기 빈을 선언한다.
    FileWritingMessageHandler handler =
        new FileWritingMessageHandler(new File("/tmp/sia5/files"));
    handler.setExpectReply(false);
    handler.setFileExistsMode(FileExistsMode.APPEND);
```

```
    handler.setAppendNewLine(true);
    return handler;
  }
}
```

이 자바 구성에서는 두 개의 빈을 정의한다. 변환기와 파일-쓰기 메시지 핸들러다. 변환기 빈인 GenericTransformer는 함수형 인터페이스이므로 메시지 텍스트에 toUpperCase()를 호출하는 람다lambda로 구현할 수 있다. GenericTransformer에는 @Transformer가 지정되었다. 이 애노테이션은 GenericTransformer가 textInChannel의 메시지를 받아서 fileWriterChannel로 쓰는 통합 플로우 변환기라는 것을 지정한다.

파일-쓰기 빈에는 @ServiceActivator가 지정되었다. 이 애노테이션은 fileWriterChannel로부터 메시지를 받아서 FileWritingMessageHandler의 인스턴스로 정의된 서비스에 넘겨줌을 나타낸다. FileWritingMessageHandler는 메시지 핸들러이며, 메시지 페이로드를 지정된 디렉터리의 파일에 쓴다. 이때 파일 이름은 해당 메시지의 file_name 헤더에 지정된 것을 사용한다. 그리고 XML 구성과 동일하게 해당 파일이 이미 있으면 기존 데이터에 덮어 쓰지 않고 줄을 바꾸어 제일 끝에 추가한다.

FileWritingMessageHandler 빈의 구성에서 한 가지 특이한 것은 setExpectReply(false)를 호출한다는 것이다. 이 메서드는 서비스에서 응답 채널(플로우의 업스트림 컴포넌트로 값이 반환될 수 있는 채널)을 사용하지 않음을 나타낸다. 만일 setExpectReply(false)를 호출하지 않으면, 통합 플로우가 정상적으로 작동하더라도 응답 채널이 구성되지 않았다는 로그 메시지들이 나타난다.

리스트 9.3의 자바 구성에서는 채널들을 별도로 선언하지 않았다는 것에 주목하자. textInChannel과 fileWriterChannel이라는 이름의 빈이 없으면 이 채널들은 자동으로 생성되기 때문이다. 그러나 각 채널의 구성 방법을 더 제어하고 싶으면 다음과 같이 별도의 빈으로 구성할 수 있다.

```
@Bean
public MessageChannel textInChannel() {
  return new DirectChannel();
}
...
@Bean
public MessageChannel fileWriterChannel() {
  return new DirectChannel();
}
```

XML 구성에 비해 확실히 자바 구성 방법이 알기 쉬우며, 이 책에서 지향하는 자바 중심의 구성 방향과도 일치한다. 그러나 스프링 통합의 자바 DSLDomain Specific Language 구성 방법을 사용하면 코드를 훨씬 더 간소화할 수 있다.

9.1.3 스프링 통합의 DSL 구성 사용하기

파일-쓰기 통합 플로우를 정의하는 방법을 하나 더 알아보자. 이번에도 여전히 자바를 사용해서 정의하지만, 스프링 통합의 자바 DSL을 사용할 것이다. 이때는 통합 플로우의 각 컴포넌트를 별도의 빈으로 선언하지 않고 전체 플로우를 하나의 빈으로 선언한다.

리스트 9.4 **스프링 통합의 자바 DSL 구성을 사용해서 통합 플로우 정의하기**

```
package sia5;

import java.io.File;
import org.springframework.context.annotation.Bean;
import org.springframework.context.annotation.Configuration;
import org.springframework.integration.dsl.IntegrationFlow;
import org.springframework.integration.dsl.IntegrationFlows;
import org.springframework.integration.dsl.channel.MessageChannels;
import org.springframework.integration.file.dsl.Files;
import org.springframework.integration.file.support.FileExistsMode;

@Configuration
public class FileWriterIntegrationConfig {

  @Bean
  public IntegrationFlow fileWriterFlow() {
    return IntegrationFlows
        .from(MessageChannels.direct("textInChannel")) ←── 인바운드 채널
        .<String, String>transform(t -> t.toUpperCase())←── 변환기를 선언한다.
        .handle(Files ←── 파일에 쓰는 것을 처리한다.
            .outboundAdapter(new File("/tmp/sia5/files"))
            .fileExistsMode(FileExistsMode.APPEND)
            .appendNewLine(true))
        .get();
  }
}
```

이 구성은 전체 플로우를 하나의 빈 메서드에 담고 있어서 코드를 최대한 간결하게 작성할 수 있다. `IntegrationFlows` 클래스는 플로우를 선언할 수 있는 빌더 API를 시작시킨다.

리스트 9.4에서는 `textInChannel`이라는 이름의 채널로부터 메시지를 수신하면서 시작한다. 그다음에 메시지 페이로드를 대문자로 바꾸는 변환기가 실행된다. 그리고 변환된 메시지는 스프링 통합의 파일 모듈에 제공되는 `Files` 타입으로부터 생성된 아웃바운드 채널 어

댑터에서 처리된다. 끝으로, get()을 호출하여 return 문에서 반환되는 IntegrationFlow 인스턴스를 가져온다. 요컨대, 리스트 9.4에서는 하나의 빈 메서드가 XML이나 자바 구성 예와 동일한 통합 플로우를 정의한다.

자바 구성 예와 마찬가지로, 여기서도 채널 빈을 따로 선언할 필요가 없다. 별도로 선언되지 않은 textInChannel을 참조하더라도 같은 이름의 채널 빈이 없어서 스프링 통합이 자동 생성해 주기 때문이다. 그러나 원한다면 해당 채널 빈을 별도로 선언할 수 있다.

변환기를 아웃바운드 채널 어댑터와 연결하는 채널의 경우에 이 채널을 별도로 구성할 필요가 있다면, 다음과 같이 플로우 정의에서 channel() 메서드를 호출하여 해당 체널을 이름으로 참조할 수 있다.

```
@Bean
public IntegrationFlow fileWriterFlow() {
  return IntegrationFlows
      .from(MessageChannels.direct("textInChannel"))
      .<String, String>transform(t -> t.toUpperCase())
      .channel(MessageChannels.direct("fileWriterChannel"))
      .handle(Files
          .outboundAdapter(new File("/tmp/sia5/files"))
          .fileExistsMode(FileExistsMode.APPEND)
          .appendNewLine(true))
      .get();
}
```

스프링 통합의 자바 DSL을 사용할 때 한 가지 유념할 것이 있다. 즉, 코드의 가독성을 높이기 위해 들여쓰기를 잘 해야 한다는 것이다. 따라서 리스트 9.4의 예에서는 관련 코드의 블록을 알기 쉽도록 들여쓰기하였다. 또한, 통합 플로우의 코드가 더 길고 복잡할 경우에는 해당 플로우의 일부분을 별도 메서드나 서브 플로우로 추출하는 것을 고려할 수 있다.

이제는 세 가지의 서로 다른 구성 방법을 사용해서 정의된 간단한 플로우를 알게 되었다. 지금부터는 스프링 통합의 큰 그림을 알아본다.

9.2 스프링 통합의 컴포넌트 살펴보기

스프링 통합은 다수의 통합 시나리오를 갖는 많은 영역을 포함한다. 따라서 그 모든 것을 하나의 챕터에 포함시키려고 하는 것은 마치 코끼리를 봉투에 맞춰 넣으려고 하는 것과 같다.

여기서는 스프링 통합의 모든 것을 다루는 대신, 스프링 통합이라는 코끼리의 사진을 보여주고 어떻게 동작하는지 알려줄 것이다. 그 다음에 타코 클라우드 애플리케이션에 기능을 추가하는 통합 플로우를 하나 더 생성한다.

통합 플로우는 하나 이상의 컴포넌트로 구성되며, 그 내역은 다음과 같다. 더 이상의 코드를 작성하기에 앞서 각 컴포넌트가 통합 플로우에서 맡은 역할을 간단히 알아본다.

- **채널**Channel: 한 요소로부터 다른 요소로 메시지를 전달한다.
- **필터**Filter: 조건에 맞는 메시지가 플로우를 통과하게 해준다.
- **변환기**Transformer: 메시지 값을 변경하거나 메시지 페이로드의 타입을 다른 타입으로 변환한다.
- **라우터**Router: 여러 채널 중 하나로 메시지를 전달하며, 대개 메시지 헤더를 기반으로 한다.
- **분배기**Splitter: 들어오는 메시지를 두 개 이상의 메시지로 분할하며, 분할된 각 메시지는 다른 채널로 전송된다.
- **집적기**Aggregator: 분배기와 상반된 것으로 별개의 채널로부터 전달되는 다수의 메시지를 하나의 메시지로 결합한다.
- **서비스 액티베이터**Service activator: 메시지를 처리하도록 자바 메서드에 메시지를 넘겨준 후 메서드의 반환값을 출력 채널로 전송한다.
- **채널 어댑터**Channel adapter: 외부 시스템에 채널을 연결한다. 외부 시스템으로부터 입력을 받거나 쓸 수 있다.
- **게이트웨이**Gateway: 인터페이스를 통해 통합 플로우로 데이터를 전달한다.

파일-쓰기 통합 플로우를 정의할 때 이 컴포넌트들 중 몇 개의 사용 예를 이미 알아보았다. 이때 정의했던 `FileWriterGateway` 인터페이스는 애플리케이션이 제출했던 텍스트 데이터를 파일에 쓰기 위한 게이트웨이다. 또한, 지정된 텍스트를 대문자로 변환하는 변환기도 정의하였다. 그다음에 텍스트를 파일에 쓰는 작업을 수행했던 서비스 게이트웨이를 선언하였다. 이렇게 정의했던 파일-쓰기 통합 플로우는 서로 다른 컴포넌트들을 상호 연결하는 두 개의 채널인 `textInChannel`과 `fileWriterChannel`을 갖는다. 지금부터는 통합 플로우 컴포넌트에 관해 알아본다.

9.2.1 메시지 채널

메시지 채널은 통합 파이프라인을 통해서 메시지가 이동하는 수단이다(그림 9.2). 즉, 채널은 스프링 통합의 다른 부분을 연결하는 통로다.

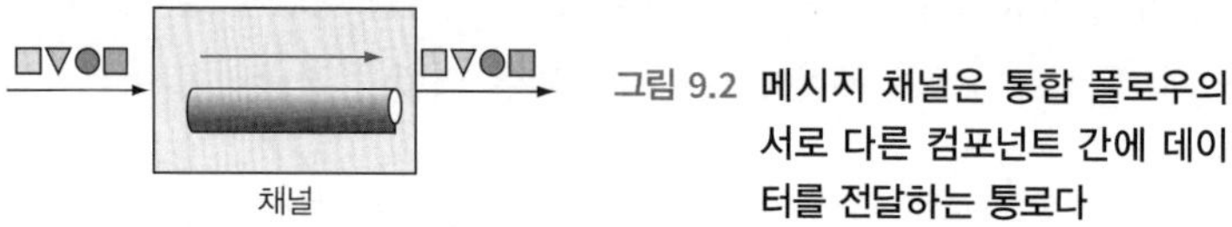

그림 9.2 **메시지 채널은 통합 플로우의 서로 다른 컴포넌트 간에 데이터를 전달하는 통로다**

스프링 통합은 다음을 포함해서 여러 채널 구현체(클래스)를 제공한다.

- `PublishSubscribeChannel`: 이것으로 전송되는 메시지는 하나 이상의 컨슈머(메시지를 소비하는(읽는) 컴포넌트나 애플리케이션)로 전달된다. 컨슈머가 여럿일 때는 모든 컨슈머가 해당 메시지를 수신한다.
- `QueueChannel`: 이것으로 전송되는 메시지는 FIFOfirst in first out, 선입선출 방식으로 컨슈머가 가져갈 때까지 큐에 저장된다. 컨슈머가 여럿일 때는 그중 하나의 컨슈머만 해당 메시지를 수신한다.
- `PriorityChannel`: `QueueChannel`과 유사하지만, FIFO 방식 대신 메시지의 `priority` 헤더를 기반으로 컨슈머가 메시지를 가져간다.
- `RendezvousChannel`: `QueueChannel`과 유사하지만, 컨슈머가 메시지를 수신할 때까지 메시지 전송자가 채널을 차단한다는 것이 다르다(전송자와 컨슈머를 동기화한다).
- `DirectChannel`: `PublishSubscribeChannel`과 유사하지만, 전송자와 동일한 스레드로 실행되는 컨슈머를 호출하여 단일 컨슈머에게 메시지를 전송한다. 이 채널은 트랜잭션을 지원한다.
- `ExecutorChannel`: `DirectChannel`과 유사하지만, `TaskExecutor`를 통해서 메시지가 전송된다(전송자와 다른 스레드에서 처리된다). 이 채널 타입은 트랜잭션을 지원하지 않는다.
- `FluxMessageChannel`: 프로젝트 리액터Project Reactor의 플럭스Flux를 기반으로 하는 리액티브 스트림즈 퍼블리셔Reactive Streams Publisher 채널이다(리액티브 스트림즈, 리액터, 플럭스는 10장에서 알아볼 것이다).

자바 구성과 자바 DSL 구성 모두에서 입력 채널은 자동으로 생성되며, 기본적으로 `DirectChannel`이 사용된다. 그러나 다른 채널 구현체를 사용하고 싶다면 해당 채널을 별도의 빈으로 선언하고 통합 플로우에서 참조해야 한다. 예를 들어, `PublishSubscribeChannel`을 선언하려면 다음과 같이 @Bean이 지정된 메서드를 선언한다.

```
@Bean
public MessageChannel orderChannel() {
  return new PublishSubscribeChannel();
}
```

그다음에 통합 플로우 정의에서 이 채널을 이름으로 참조한다. 예를 들어, 이 채널을 서비스 액티베이터에서 소비(사용)한다면 @ServiceActivator 애노테이션의 inputChannel 속성에서 이 채널 이름으로 참조하면 된다.

```
@ServiceActivator(inputChannel="orderChannel")
```

또는 자바 DSL 구성을 사용할 때는 channel() 메서드의 호출에서 참조한다.

```
@Bean
public IntegrationFlow orderFlow() {
  return IntegrationFlows
      ...
      .channel("orderChannel")
      ...
      .get();
}
```

QueueChannel을 사용할 때는 컨슈머가 이 채널을 폴링polling(도착한 메시지가 있는지 지속적으로 확인함)하도록 구성하는 것이 중요하다. 예를 들어, 다음과 같이 QueueChannel 빈을 선언했다고 해보자.

```
@Bean
public MessageChannel orderChannel() {
  return new QueueChannel();
}
```

이것을 입력 채널로 사용할 때 컨슈머는 도착한 메시지 여부를 폴링해야 한다. 컨슈머가 서비스 액티베이터인 경우는 다음과 같이 @ServiceActivator 애노테이션을 지정할 수 있다.

```
@ServiceActivator(inputChannel="orderChannel",
                  poller=@Poller(fixedRate="1000"))
```

이 서비스 액티베이터는 orderChannel이라는 이름의 채널로부터 매 1초(또는 1,000밀리초) 당 1번씩 읽을 메시지가 있는지 확인한다.

9.2.2 필터

필터는 통합 파이프라인의 중간에 위치할 수 있으며, 플로우의 전 단계로부터 다음 단계로의 메시지 전달을 허용 또는 불허한다(그림 9.3).

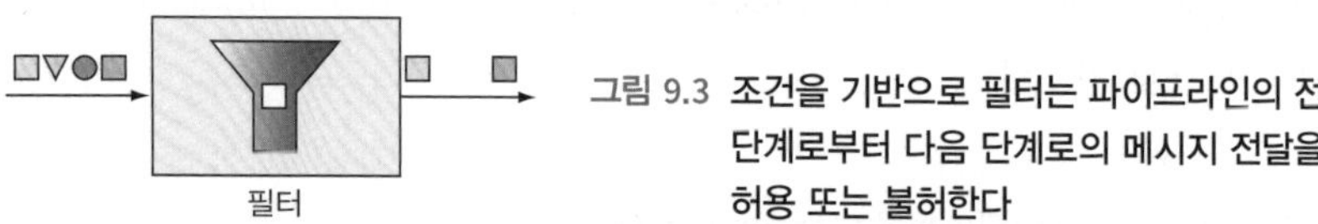

그림 9.3 조건을 기반으로 필터는 파이프라인의 전 단계로부터 다음 단계로의 메시지 전달을 허용 또는 불허한다

예를 들어, 정수 값을 갖는 메시지가 numberChannel이라는 이름의 채널로 입력되고, 짝수인 경우만 evenNumberChannel이라는 이름의 채널로 전달된다고 해보자. 이 경우 다음과 같이 @Filter 애노테이션이 지정된 필터를 선언할 수 있다.

```
@Filter(inputChannel="numberChannel",
        outputChannel="evenNumberChannel")
public boolean evenNumberFilter(Integer number) {
  return number % 2 == 0;
}
```

또는 자바 DSL 구성을 사용해서 통합 플로우를 정의한다면 다음과 같이 filter() 메서드를 호출할 수 있다.

```
@Bean
public IntegrationFlow evenNumberFlow(AtomicInteger integerSource) {
  return IntegrationFlows
      ...
      .<Integer>filter((p) -> p % 2 == 0)
      ...
      .get();
}
```

여기서는 람다를 사용해서 필터를 구현했지만, 실제로는 filter() 메서드가 GenericSelector를 인자로 받는다. 이것은 우리의 필요에 따라 GenericSelector를 구현하여 다양한 조건으로 필터링할 수 있다는 것을 의미한다.

9.2.3 변환기

변환기는 메시지 값의 변경이나 타입을 변환하는 일을 수행한다(그림 9.4). 변환 작업은 숫자 값의 연산이나 문자열(String 타입) 값 조작과 같은 간단한 것이 될 수 있다. 또는 ISBN을 나타내는 문자열을 사용해서 검색한 후 해당 책의 자세한 내용을 반환하는 것과 같은 복잡한 변환 작업도 가능하다.

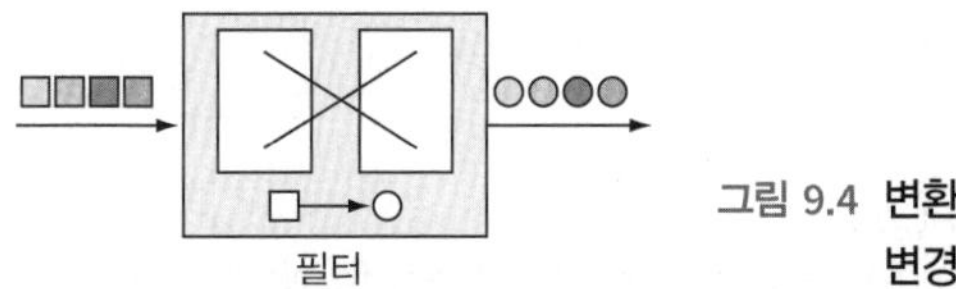

그림 9.4 **변환기는 통합 플로우를 거쳐가는 메시지를 변경한다**

예를 들어, 정수 값을 포함하는 메시지가 numberChannel이라는 이름의 채널로 입력되고, 이 숫자를 로마 숫자를 포함하는 문자열로 변환한다고 해보자. 이 경우 다음과 같이 @Transformer 애노테이션을 지정하여 GenericTransformer 타입의 빈을 선언할 수 있다.

```
@Bean
@Transformer(inputChannel="numberChannel",
            outputChannel="romanNumberChannel")
public GenericTransformer<Integer, String> romanNumTransformer() {
  return RomanNumbers::toRoman;
}
```

@Transformer 애노테이션은 이 빈을 변환기 빈으로 지정한다. 즉, numberChannel이라는 이름의 채널로부터 Integer 값을 수신하고 static 메서드인 toRoman()을 사용해서 변환을 수행한다(toRoman() 메서드는 RomanNumbers 클래스에 정의되어 있고, 여기서는 메서드 참조를 사용해서 참조된다). 그리고 변환 결과는 romanNumberChannel이라는 이름의 채널로 전송된다.

자바 DSL 구성에서는 toRoman() 메서드의 메서드 참조를 인자로 전달하여 transform()을 호출하므로 더 쉽다.

```
@Bean
public IntegrationFlow transformerFlow() {
  return IntegrationFlows
      ...
      .transform(RomanNumbers::toRoman)
      ...
      .get();
}
```

자바 구성과 자바 DSL 구성 모두의 변환기 코드 예에서 메서드 참조를 사용했다. 그러나 변환기는 람다로 지정할 수도 있다. 또는 변환기가 별도의 자바 클래스로 만들만큼 복잡하다면, 빈으로 플로우 구성에 주입하고 이 빈의 참조를 `transform()` 메서드의 인자로 전달할 수 있다.

```
@Bean
public RomanNumberTransformer romanNumberTransformer() {
  return new RomanNumberTransformer();
}
@Bean
public IntegrationFlow transformerFlow(
                    RomanNumberTransformer romanNumberTransformer) {
  return IntegrationFlows
      ...
      .transform(romanNumberTransformer)
      ...
      .get();
}
```

여기서는 `RomanNumberTransformer` 타입의 빈을 선언한다. 이 빈은 스프링 통합의 `Transformer`나 `GenericTransformer` 인터페이스를 구현한 것이다. 이 빈은 `transformerFlow()` 메서드로 주입되고 통합 플로우를 정의할 때 `transform()` 메서드의 인자로 전달된다.

9.2.4 라우터

라우터는 전달 조건을 기반으로 통합 플로우 내부를 분기(서로 다른 채널로 메시지를 전달)한다(그림 9.5).

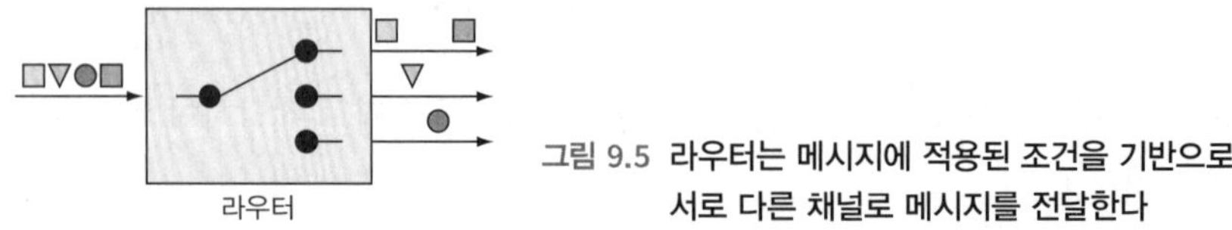

그림 9.5 라우터는 메시지에 적용된 조건을 기반으로 서로 다른 채널로 메시지를 전달한다

예를 들어, 정수값을 전달하는 `numberChannel`이라는 이름의 채널이 있다고 하자. 그리고 모든 짝수 메시지는 `evenChannel`이라는 이름의 채널로 전달하고, 홀수 메시지는 `oddChannel`이라는 이름의 채널로 전달한다고 가정해 보자. 이 라우터를 통합 플로우에 생성할 때는 `@Router`가 지정된 `AbstractMessageRouter` 타입의 빈을 선언하면 된다.

```
@Bean
@Router(inputChannel="numberChannel")
public AbstractMessageRouter evenOddRouter() {
  return new AbstractMessageRouter() {
    @Override
    protected Collection<MessageChannel>
              determineTargetChannels(Message<?> message) {
      Integer number = (Integer) message.getPayload();
      if (number % 2 == 0) {
        return Collections.singleton(evenChannel());
      }
      return Collections.singleton(oddChannel());
    }
  };
}

@Bean
public MessageChannel evenChannel() {
  return new DirectChannel();
}

@Bean
public MessageChannel oddChannel() {
  return new DirectChannel();
}
```

여기서 선언한 AbstractMessageRouter 빈은 numberChannel이라는 이름의 입력 채널로부터 메시지를 받는다. 그리고 이 빈을 구현한 익명의 내부 클래스에서는 메시지 페이로드를 검사하여 짝수일 때는 evenChannel이라는 이름의 채널을 반환한다. 그리고 짝수가 아닐 때는 입력 채널 페이로드의 숫자가 홀수일 것이므로 이때는 oddChannel이라는 이름의 채널이 반환된다(evenChannel과 oddChannel은 라우터 빈인 AbstractMessageRouter 다음에 선언되어 있다).

자바 DSL 구성에서는 다음과 같이 플로우 정의에서 route() 메서드를 호출하여 라우터를 선언한다.

```
@Bean
public IntegrationFlow numberRoutingFlow(AtomicInteger source) {
  return IntegrationFlows
    ...
      .<Integer, String>route(n -> n%2==0 ? "EVEN":"ODD", mapping -> mapping
        .subFlowMapping("EVEN",
            sf -> sf.<Integer, Integer>transform(n -> n * 10)
                     .handle((i,h) -> { ... })
            )
        .subFlowMapping("ODD", sf -> sf
            .transform(RomanNumbers::toRoman)
```

```
            .handle((i,h) -> { ... })
            )
        )
      .get();
}
```

AbstractMessageRouter를 따로 선언하고 이것을 route()의 인자로 전달하는 것도 가능하지만, 여기서는 메시지 페이로드가 홀수나 짝수 중 어느 것인지 결정하기 위해 AbstractMessageRouter 대신 람다를 사용하였다. 그리고 짝수일 때는 'EVEN'이 반환되고 홀수일 때는 'ODD'가 반환되며, 이 값들은 메시지를 처리하는 하위 플로우를 결정하는 데 사용된다.

9.2.5 분배기

때로는 통합 플로우에서 하나의 메시지를 여러 개로 분할하여 독립적으로 처리하는 것이 유용할 수 있다. 그림 9.6의 분배기가 그런 메시지를 분할하고 처리해 준다.

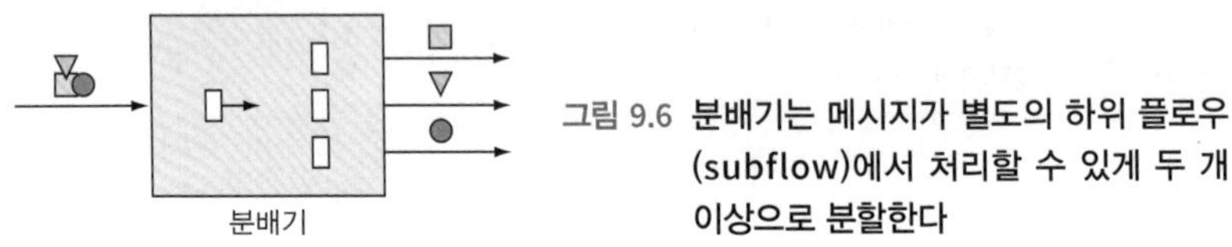

그림 9.6 **분배기는 메시지가 별도의 하위 플로우(subflow)에서 처리할 수 있게 두 개 이상으로 분할한다**

분배기는 여러 상황에서 유용하다. 특히, 분배기를 사용할 수 있는 중요한 두 가지 경우가 있다.

- **메시지 페이로드가 같은 타입의 컬렉션 항목들을 포함하며, 각 메시지 페이로드 별로 처리하고자 할 때다.** 예를 들어, 여러 가지 종류의 제품이 있으며, 제품 리스트를 전달하는 메시지는 각각 한 종류 제품의 페이로드를 갖는 다수의 메시지로 분할될 수 있다.
- **연관된 정보를 함께 전달하는 하나의 메시지 페이로드는 두 개 이상의 서로 다른 타입 메시지로 분할될 수 있다.** 예를 들어, 주문 메시지는 배달 정보, 대금 청구 정보, 주문 항목 정보를 전달할 수 있으며, 각 정보는 서로 다른 하위 플로우에서 처리될 수 있다. 이 경우는 일반적으로 분배기 다음에 페이로드 타입 별로 메시지를 전달하는 라우터가 연결된다. 적합한 하위 플로우에서 데이터가 처리되도록 하기 위해서다.

하나의 메시지 페이로드를 두 개 이상의 서로 다른 타입 메시지로 분할할 때는 수신 페이로드의 각 부분을 추출하여 컬렉션의 요소들로 반환하는 POJOPlain Old Java Object를 정의하면 된다.

예를 들어, 주문 데이터를 전달하는 메시지는 대금 청구 정보와 주문 항목 리스트의 두 가지 메시지로 분할할 수 있다. 다음의 OrderSplitter가 이런 일을 처리한다.

```
public class OrderSplitter {
  public Collection<Object> splitOrderIntoParts(PurchaseOrder po) {
    ArrayList<Object> parts = new ArrayList<>();
    parts.add(po.getBillingInfo());
    parts.add(po.getLineItems());
    return parts;
  }
}
```

그 다음에 @Splitter 애노테이션을 지정하여 통합 플로우의 일부로 OrderSplitter 빈을 선언할 수 있다.

```
@Bean
@Splitter(inputChannel="poChannel",
          outputChannel="splitOrderChannel")
public OrderSplitter orderSplitter() {
  return new OrderSplitter();
}
```

여기서는 주문 메시지가 poChannel이라는 이름의 채널로 도착하며, OrderSplitter에 의해 분할된다. 그 다음에 컬렉션으로 반환되는 각 항목은 splitOrderChannel이라는 이름의 채널에 별도의 메시지로 전달한다. 플로우의 이 지점에서 PayloadTypeRouter를 선언하여 대금 청구 정보와 주문 항목 정보를 각 정보에 적합한 하위 플로우로 전달할 수 있다.

```
@Bean
@Router(inputChannel="splitOrderChannel")
public MessageRouter splitOrderRouter() {
  PayloadTypeRouter router = new PayloadTypeRouter();
  router.setChannelMapping(
      BillingInfo.class.getName(), "billingInfoChannel");
  router.setChannelMapping(
      List.class.getName(), "lineItemsChannel");
  return router;
}
```

이름이 암시하듯이, PayloadTypeRouter는 각 페이로드 타입을 기반으로 서로 다른 채널에 메시지를 전달한다. 즉, BillingInfo 타입의 페이로드는 billingInfoChannel로 전달되어 처리되며, java.util.List 컬렉션에 저장된 주문 항목line item들은 List 타입으로

lineItemsChannel에 전달된다.

여기서는 하나의 플로우가 두 개의 하위 플로우로 분할된다. BillingInfo 객체가 전달되는 플로우와 List<LineItem>이 전달되는 플로우다. 그러나 List<LineItem>을 처리하는 대신 각 LineItem을 별도로 처리하고 싶다면 어떻게 해야 할까? 이때는 List<LineItem>을 다수의 메시지로 분할하기 위해 @Splitter 애노테이션을 지정한 메서드(빈이 아님)를 작성하고 이 메서드에서는 처리된 LineItem이 저장된 컬렉션을 반환하면 된다. 예를 들면, 다음과 같다.

```
@Splitter(inputChannel="lineItemsChannel", outputChannel="lineItemChannel")
public List<LineItem> lineItemSplitter(List<LineItem> lineItems) {
  return lineItems;
}
```

이 경우 List<LineItem> 페이로드를 갖는 메시지가 lineItemsChannel에 도착하면 이 메시지는 lineItemSplitter() 메서드 인자로 전달된다. 그리고 이 메서드는 분할된 LineItem들이 저장된 컬렉션을 반환하는데, 여기서는 이미 LineItem들이 저장된 컬렉션을 갖고 있으므로 이것을 바로 반환한다. 이에 따라 이 컬렉션에 저장된 각 LineItem은 lineItemChannel로 전달된다.

자바 DSL을 사용해서 이와 동일한 분배기/라우터 구성을 선언할 때는 다음과 같이 split()과 route() 메서드를 호출하면 된다.

```
return IntegrationFlows
  ...
    .split(orderSplitter())
    .<Object, String> route(
        p -> {
          if (p.getClass().isAssignableFrom(BillingInfo.class)) {
            return "BILLING_INFO";
          } else {
            return "LINE_ITEMS";
          }
        }, mapping -> mapping
          .subFlowMapping("BILLING_INFO",
              sf -> sf.<BillingInfo> handle((billingInfo, h) -> {
                ...
              }))
          .subFlowMapping("LINE_ITEMS",
              sf -> sf.split()
                      .<LineItem> handle((lineItem, h) -> {
                ...
              }))
```

```
        )
        .get();
```

이처럼 DSL 방식의 플로우 정의를 사용하면 코드가 간결하다. 여기서는 자바 구성 예와 동일한 OrderSplitter를 사용해서 주문 메시지를 분할한다. 그리고 주문 메시지가 분할된 후에는 타입에 따라 두 개의 별도 하위 플로우로 전달된다.

9.2.6 서비스 액티베이터

서비스 액티베이터는 입력 채널로부터 메시지를 수신하고 이 메시지를 MessageHandler 인터페이스를 구현한 클래스(빈)에 전달한다(그림 9.7).

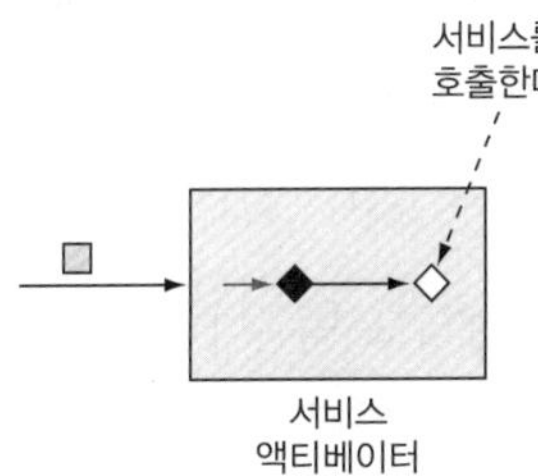

그림 9.7 **서비스 액티베이터는 메시지를 받는 즉시 MessageHandler를 통해 서비스를 호출한다**

스프링 통합은 MessageHandler를 구현한 여러 클래스를 제공한다(심지어는 PayloadTypeRouter도 MessageHandler를 구현한 클래스다). 그러나 서비스 액티베이터의 기능을 수행하기 위해 커스텀 클래스를 제공해야 할 때가 있다. 예를 들어, 다음 코드에서는 서비스 액티베이터로 구성된 MessageHandler 빈을 선언하는 방법을 보여준다.

```
@Bean
@ServiceActivator(inputChannel="someChannel")
public MessageHandler sysoutHandler() {
  return message -> {
    System.out.println("Message payload: " + message.getPayload());
  };
}
```

someChannel이라는 이름의 채널로부터 받은 메시지를 처리하는 서비스 액티베이터로 지정하기 위해 이 빈은 @ServiceActivator 애노테이션이 지정되었다. 여기서 MessageHandler 자체는 람다를 사용해서 구현했으며, 메시지를 받으면 이것의 페이로드를 표준 출력 스트림으로 내보낸다.

또는 받은 메시지의 데이터를 처리한 후 새로운 페이로드를 반환하는 서비스 액티베이터를 선언할 수도 있다. 이 경우 이 빈은 MessageHandler가 아닌 GenericHandler를 구현한 것이어야 한다.

```
@Bean
@ServiceActivator(inputChannel="orderChannel",
                  outputChannel="completeChannel")
public GenericHandler<Order> orderHandler(
                              OrderRepository orderRepo) {
  return (payload, headers) -> {
    return orderRepo.save(payload);
  };
}
```

이 서비스 액티베이터는 Order 타입의 메시지 페이로드를 처리하는 GenericHandler를 구현하며, 주문 메시지가 도착하면 리퍼지터리를 통해 저장한다. 그리고 저장된 Order 객체가 반환되면 completeChannel이라는 이름의 출력 채널로 전달된다.

GenericHandler는 메시지 페이로드는 물론이고 메시지 헤더도 받는다는 것을 알아 두자(이 예에서는 메시지 헤더를 사용하지 않았다). 그리고 원한다면 자바 DSL 구성으로도 서비스 액티베이터를 사용할 수 있다. 이때는 플로우 정의에서 handle() 메서드의 인자로 MessageHandler나 GenericHandler를 전달하면 된다.

```
public IntegrationFlow someFlow() {
  return IntegrationFlows
    ...
      .handle(msg -> {
        System.out.println("Message payload: " + msg.getPayload());
       })
      .get();
}
```

여기서는 handle() 메서드의 인자로 전달되는 MessageHandler로 람다를 사용하였다. 그러나 메서드 참조 또는 MessageHandler 인터페이스를 구현하는 클래스 인스턴스까지도 handle() 메서드의 인자로 제공할 수 있다. 단, 람다나 메서드 참조의 경우는 메시지를 매개변수로 받는다는 것을 알아 두자.

만일 서비스 액티베이터를 플로우의 제일 끝에 두지 않는다면 MessageHandler의 경우와 유사하게 handle() 메서드에서 GenericHandler를 인자로 받을 수도 있다. 앞에 나왔던 주문 메시지 저장 서비스의 자바 DSL 플로우 구성은 다음과 같다.

```
public IntegrationFlow orderFlow(OrderRepository orderRepo) {
  return IntegrationFlows
    ...
      .<Order>handle((payload, headers) -> {
          return orderRepo.save(payload);
      })
    ...
      .get();
}
```

GenericHandler를 사용할 때는 람다나 메서드 참조에서 메시지 페이로드와 헤더를 매개변수로 받는다. 또한, GenericHandler를 플로우의 제일 끝에 사용한다면 null을 반환해야 한다. 그렇지 않으면 지정된 출력 채널이 없다는 에러가 발생할 것이다.

9.2.7 게이트웨이

게이트웨이는 애플리케이션이 통합 플로우로 데이터를 제출submit하고 선택적으로 플로우의 처리 결과인 응답을 받을 수 있는 수단이다. 스프링 통합에 구현된 게이트웨이는 애플리케이션이 통합 플로우로 메시지를 전송하기 위해 호출할 수 있는 인터페이스로 구체화되어 있다(그림 9.8).

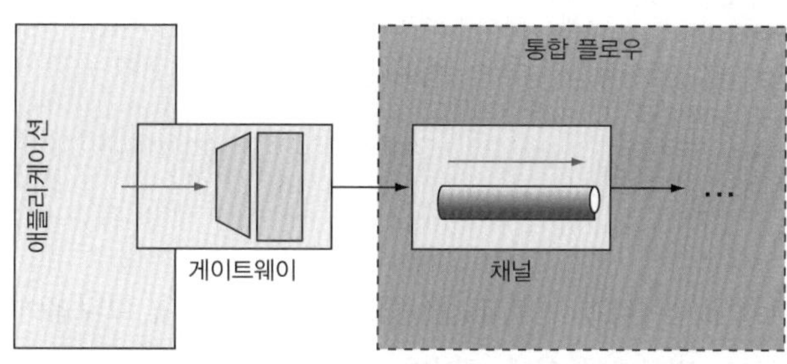

그림 9.8 서비스 게이트웨이는 애플리케이션이 통합 플로우로 메시지를 전송할 수 있는 인터페이스다

FileWriterGateway를 사용한 메시지 게이트웨이의 예는 이미 알아보았다(리스트 9.1). FileWriterGateway는 단방향 게이트웨이이며, 파일에 쓰기 위해 문자열을 인자로 받고 void를 반환하는 메서드를 갖고 있다. 양방향 게이트웨이의 작성도 어렵지 않으며, 이때는 게이트웨이 인터페이스를 작성할 때 통합 플로우로 전송할 값을 메서드에서 반환해야 한다.

예를 들어, 문자열을 받아서 모두 대문자로 변환하는 간단한 통합 플로우의 앞 쪽에 있는 게이트웨이를 생각해 보자. 이 게이트웨이 인터페이스는 다음과 같다.

```java
package com.example.demo;

import org.springframework.integration.annotation.MessagingGateway;
import org.springframework.stereotype.Component;

@Component
@MessagingGateway(defaultRequestChannel="inChannel",
                  defaultReplyChannel="outChannel")
public interface UpperCaseGateway {
  String uppercase(String in);
}
```

놀라운 사실은 이 인터페이스를 구현할 필요가 없다는 것이다. 지정된 채널을 통해 데이터를 전송하고 수신하는 구현체를 스프링 통합이 런타임 시에 자동으로 제공하기 때문이다.

uppercase()가 호출되면 지정된 문자열이 통합 플로우의 inChannel로 전달된다. 그리고 플로우가 어떻게 정의되고 무슨 일을 하는 지와 상관없이, 데이터가 outChannel로 도착하면 uppercase() 메서드로부터 반환된다.

이러한 대문자 변환 통합 플로우는 문자열을 대문자로 변환하기 위해 한 단계만으로 구성된 간단한 통합 플로우다. 이것을 자바 DSL 구성으로 나타내면 다음과 같다.

```java
@Bean
public IntegrationFlow uppercaseFlow() {
  return IntegrationFlows
    .from("inChannel")
    .<String, String> transform(s -> s.toUpperCase())
    .channel("outChannel")
    .get();
}
```

여기서는 inChannel로 데이터가 입력되면서 플로우가 시작된다. 그다음에 대문자로 변환하기 위해 람다로 정의된 변환기에 의해 메시지 페이로드가 변환된다. 그리고 결과 메시지는 outChannel로 전달된다. 이것은 UpperCaseGateway 인터페이스의 응답 채널로 선언했던 채널이다.

9.2.8 채널 어댑터

채널 어댑터는 통합 플로우의 입구와 출구를 나타낸다. 데이터는 인바운드inbound 채널 어댑터를 통해 통합 플로우로 들어오고, 아웃바운드outbound 채널 어댑터를 통해 통합 플로우에서 나간다(그림 9.9).

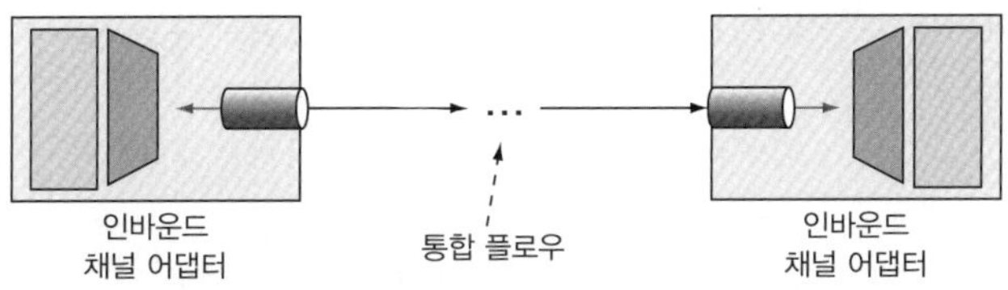

그림 9.9 채널 어댑터는 통합 플로우의 입구와 출구다

인바운드 채널 어댑터는 플로우에 지정된 데이터 소스에 따라 여러 가지 형태를 갖는다. 예를 들어, 증가되는 숫자를 AtomicInteger로부터 플로우로 넣는 인바운드 채널 어댑터를 선언할 수 있다. 자바 구성을 사용해서 작성하면 다음과 같다.

```
@Bean
@InboundChannelAdapter(
    poller=@Poller(fixedRate="1000"), channel="numberChannel")
public MessageSource<Integer> numberSource(AtomicInteger source) {
  return () -> {
    return new GenericMessage<>(source.getAndIncrement());
  };
}
```

이 @Bean 메서드는 @InboundChannelAdapter 애노테이션이 지정되었으므로 인바운드 채널 어댑터 빈으로 선언된다. 이 빈은 주입된 AtomicInteger로부터 numberChannel이라는 이름의 채널로 매초(또는 1,000 밀리초)마다 한번씩 숫자를 전달한다.

자바 구성에서는 @InboundChannelAdapter가 인바운드 채널 어댑터를 지정하지만, 자바 DSL의 경우는 from() 메서드가 인바운드 채널 어댑터의 일을 수행한다. 자바 구성의 것과 유사한 인바운드 채널 어댑터를 자바 DSL로 정의하면 다음과 같다.

```
@Bean
public IntegrationFlow someFlow(AtomicInteger integerSource) {
  return IntegrationFlows
      .from(integerSource, "getAndIncrement",
          c -> c.poller(Pollers.fixedRate(1000)))
      ...
      .get();
}
```

종종 채널 어댑터는 스프링 통합의 여러 엔드포인트 모듈 중 하나에서 제공된다. 예를 들어, 지정된 디렉터리를 모니터링하여 해당 디렉터리에 저장하는 파일을 file-channel이라는 이름의 채널에 메시지로 전달하는 인바운드 채널 어댑터가 필요하다고 해보자. 이 경우 스프링 통합 파일 엔드포인트 모듈의 FileReadingMessageSource를 사용하는 다음의 자바 구성으로 구현할 수 있다.

```
@Bean
@InboundChannelAdapter(channel="file-channel",
                       poller=@Poller(fixedDelay="1000"))
public MessageSource<File> fileReadingMessageSource() {
  FileReadingMessageSource sourceReader = new FileReadingMessageSource();
  sourceReader.setDirectory(new File(INPUT_DIR));
  sourceReader.setFilter(new SimplePatternFileListFilter(FILE_PATTERN));
  return sourceReader;
}
```

이것과 동일한 파일-읽기 인바운드 채널 어댑터를 자바 DSL로 작성할 때는 Files 클래스의 inboundAdapter() 메서드를 사용할 수 있다. 아웃바운드 채널 어댑터는 통합 플로우의 끝단이며, 최종 메시지를 애플리케이션이나 다른 시스템에 넘겨준다.

```
@Bean
public IntegrationFlow fileReaderFlow() {
  return IntegrationFlows
      .from(Files.inboundAdapter(new File(INPUT_DIR))
          .patternFilter(FILE_PATTERN))
      .get();
}
```

메시지 핸들러로 구현되는 서비스 액티베이터는 아웃바운드 채널 어댑터로 자주 사용된다. 특히, 데이터가 애플리케이션 자체에 전달될 필요가 있을 때다. 서비스 액티베이터는 이미 알아보았으므로 다시 얘기할 필요가 없을 것이다.

그러나 몇몇 경우에 스프링 통합 엔드포인트 모듈이 유용한 메시지 핸들러를 제공한다는 것은 알아 둘 필요가 있다. 이런 아웃바운드 채널 어댑터의 예는 리스트 9.3의 FileWritingMessageHandler에서 알아보았다. 지금부터는 어떤 스프링 통합 엔드포인트 모듈을 사용할 수 있는지 살펴본다.

9.2.9 엔드포인트 모듈

스프링 통합은 우리 나름의 채널 어댑터를 생성할 수 있게 해준다. 그러나 표 9.1에 있는 것을 포함해서 다양한 외부 시스템과의 통합을 위해 채널 어댑터가 포함된 24개 이상의 엔드포인트 모듈(인바운드와 아웃바운드 모두)을 스프링 통합이 제공한다.

표 9.1 스프링 통합은 외부 시스템과의 통합을 위한 24개 이상의 엔드포인트 모듈 제공

모듈	의존성 ID(Group ID: org.springframework.integration)
AMQP	spring-integration-amqp
스프링 애플리케이션 이벤트	spring-integration-event
RSS와 Atom	spring-integration-feed
파일 시스템	spring-integration-file
FTP/FTPS	spring-integration-ftp
GemFire	spring-integration-gemfire
HTTP	spring-integration-http
JDBC	spring-integration-jdbc
JPA	spring-integration-jpa
JMS	spring-integration-jms
이메일	spring-integration-mail
MongoDB	spring-integration-mongodb
MQTT	spring-integration-mqtt
Redis	spring-integration-redis
RMI	spring-integration-rmi
SFTP	spring-integration-sftp
STOMP	spring-integration-stomp
스트림	spring-integration-stream
Syslog	spring-integration-syslog
TCP/UDP	spring-integration-ip
Twitter	spring-integration-twitter
웹 서비스	spring-integration-ws
WebFlux	spring-integration-webflux
WebSocket	spring-integration-websocket
XMPP	spring-integration-xmpp
ZooKeeper	spring-integration-zookeeper

표 9.1에서 알 수 있듯이, 스프링 통합은 여러 가지 통합 요구를 충족시키기 위해 광범위한 컴포넌트들을 제공한다. 대부분의 애플리케이션은 스프링 통합이 제공하는 것의 일부조차도 필요하지 않겠지만, 알아 두는 것이 좋다.

이 중에서 파일 시스템 모듈을 사용해서 파일 시스템에 파일을 쓰는 예는 이미 알아보았다.

잠시 후에는 이메일 모듈을 사용해서 이메일을 읽는 것에 관해 알아볼 것이다.

각 엔드포인트 모듈은 채널 어댑터를 제공하며, 채널 어댑터는 자바 구성을 사용해 빈으로 선언되거나, 자바 DSL 구성을 사용해 `static` 메서드로 참조할 수 있다. 지금부터는 이메일 엔드포인트 모듈을 타코 클라우드 애플리케이션에서 어떻게 사용할 수 있는지 알아본다.

9.3 이메일 통합 플로우 생성하기

타코 클라우드에서는 고객들이 이메일로 타코 디자인을 제출하거나 주문할 수 있다. 그리고 이메일로 타코 주문을 전송하기 위해 방문하는 모든 사람들에게 전단지를 전송하고 신문에 광고를 낼 것이다. 이것은 엄청난 성공이다! 그러나 그러기에는 아직 이르다. 너무 많은 이메일이 쏟아져 들어와 이메일만 읽으면서 주문 시스템에 주문 명세를 제출하는 임시 직원을 고용해야 한다.

여기서는 타코 클라우드 받은 편지함inbox의 타코 주문 이메일을 지속적으로 확인하여 이메일의 주문 명세를 파싱한 후 해당 주문 데이터의 처리를 위해 타코 클라우드에 제출하는 통합 플로우를 구현할 것이다. 요컨대, 우리가 필요한 통합 플로우에서는 우선 이메일 엔드포인트 모듈의 인바운드 채널 어댑터를 사용해서 타코 클라우드 받은 편지함의 이메일을 통합 플로우로 가져오는 것이다.

그리고 통합 플로우의 다음 단계에서는 이메일을 `Order` 객체로 파싱하며, 이 객체는 타코 클라우드의 REST API(모든 주문이 동일하게 처리되는)에 제출하기 위해 다른 핸들러에게 전달된다. 그러면 우선, 타코 클라우드 이메일을 처리하는 방법의 세부 사항을 캡처하기 위해 간단한 구성 속성을 정의한다.

```
@Data
@ConfigurationProperties(prefix="tacocloud.email")
@Component
public class EmailProperties {

  private String username;
  private String password;
  private String host;
  private String mailbox;
  private long pollRate = 30000;

  public String getImapUrl() {
  return String.format("imaps://%s:%s@%s/%s",
```

```
      this.username, this.password, this.host, this.mailbox);
  }
}
```

이 코드를 보면 알 수 있듯이, `EmailProperties`는 IMAP URL에 사용되는 속성들을 갖는다. 통합 플로우에서는 이 URL을 사용해서 타코 클라우드 이메일 서버에 연결하고 이메일을 확인한다. 여기에 있는 속성들은 이메일 사용자 이름과 비밀번호, IMAP 서버의 호스트 이름, 확인할 편지함, 편지함을 지속적으로 확인하는 주기(기본적으로 매 30초마다)다.

`EmailProperties` 클래스에는 `tacocloud.email`로 설정된 `prefix` 속성을 갖는 `@ConfigurationProperties` 애노테이션이 지정되었다. 따라서 이메일을 읽는 데 필요한 명세를 다음과 같이 application.yml 파일에 구성할 수 있다.

```
tacocloud:
  email:
    host: imap.tacocloud.com
    mailbox: INBOX
    username: taco-in-flow
    password: 1L0v3T4c0s
    poll-rate: 10000
```

이제는 `EmailProperties`를 사용해서 통합 플로우를 구성할 것이다. 우리가 생성할 플로우는 그림 9.10과 같다.

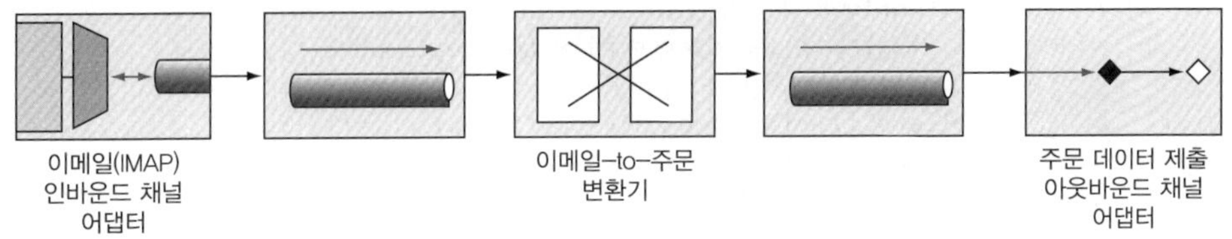

그림 9.10 이메일로 타코 주문을 받기 위한 통합 플로우

이 플로우를 정의할 때 다음 두 가지 중 하나를 선택할 수 있다.

- **플로우를 타코 클라우드 애플리케이션 자체에 정의한다:** 이 경우 타코 주문 데이터를 생성하기 위해 정의했던 리퍼지터리(인터페이스 구현 클래스와 메서드)들을 플로우의 끝에서 서비스 액티베이터가 호출할 것이다.
- **플로우를 별도의 애플리케이션으로 정의한다:** 이 경우 서비스 액티베이터가 타코 클라우드 API에 POST 요청을 전송하여 타코 주문 데이터를 제출할 것이다.

서비스 액티베이터가 구현되는 방법 외에는 어느 것을 선택하든 플로우 자체와는 무관하다. 그러나 메인 타코 클라우드 애플리케이션에 이미 정의된 것(도메인 타입)과 약간 다른 타코, 주문, 식자재를 나타내는 타입들이 필요하므로 기존 도메인 타입과의 혼선을 피하기 위해 별도 애플리케이션에 통합 플로우를 정의하여 진행할 것이다.

그리고 XML 구성, 자바 구성, 자바 DSL 구성 중 어느 것을 사용해서 플로우를 정의할지도 선택해야 한다. 여기서는 자바 DSL 구성을 사용하겠지만, 원한다면 다른 구성을 사용해도 좋다. 지금부터는 타코 주문 이메일 플로우의 자바 DSL 구성을 살펴본다(리스트 9.5).

리스트 9.5 이메일을 받아 주문으로 제출하기 위해 통합 플로우 정의하기

```
package tacos.email;

import org.springframework.context.annotation.Bean;
import org.springframework.context.annotation.Configuration;
import org.springframework.integration.dsl.IntegrationFlow;
import org.springframework.integration.dsl.IntegrationFlows;
import org.springframework.integration.dsl.Pollers;

@Configuration
public class TacoOrderEmailIntegrationConfig {

  @Bean
  public IntegrationFlow tacoOrderEmailFlow(
      EmailProperties emailProps,
      EmailToOrderTransformer emailToOrderTransformer,
      OrderSubmitMessageHandler orderSubmitHandler) {

    return IntegrationFlows
        .from(Mail.imapInboundAdapter(emailProps.getImapUrl()),
            e -> e.poller(
                Pollers.fixedDelay(emailProps.getPollRate())))
        .transform(emailToOrderTransformer)
        .handle(orderSubmitHandler)
        .get();
  }

}
```

`tacoOrderEmailFlow()` 메서드에 정의된 타코 주문 이메일 플로우는 3개의 서로 다른 컴포넌트로 구성된다.

- **IMAP 이메일 인바운드 채널 어댑터:** 이 채널 어댑터는 `EmailProperties`의 `getImapUrl()` 메서드로부터 생성된 IMP URL로 생성되며, `EmailProperties`의 `pollRate` 속성에

설정된 지연 시간이 될 때마다 이메일을 확인한다. 받은 이메일은 변환기에 연결하는 채널로 전달된다.

- **이메일을 Order 객체로 변환하는 변환기:** 이 변환기는 `tacoOrderEmailFlow()` 메서드로 주입되는 `EmailToOrderTransformer`에 구현된다. 변환된 주문 데이터(`Order` 객체)는 다른 채널을 통해 최종 컴포넌트로 전달된다.
- **핸들러(아웃바운드 채널 어댑터로 작동):** 핸들러는 `Order` 객체를 받아서 타코 클라우드의 REST API로 제출한다.

`Mail.imapInboundAdapter()` 호출을 가능하게 하려면 `Email` 엔드포인트 모듈의 의존성을 프로젝트 빌드에 추가해야 한다. 모듈 리퍼지터리가 메이븐Maven일 때는 다음과 같이 지정한다.

```
<dependency>
  <groupId>org.springframework.integration</groupId>
  <artifactId>spring-integration-file</artifactId>
</dependency>
```

`AbstractMailMessageTransformer`의 서브 클래스인 `EmailToOrderTransformer` 클래스는 스프링 통합의 `Transformer` 인터페이스를 구현한 것이다(리스트 9.6). `AbstractMailMessageTransformer`가 이미 `Transformer` 인터페이스를 구현하고 있기 때문이다.

리스트 9.6 통합 변환기를 사용해서 입력 이메일을 타코 주문(Order 객체)으로 변환하기

```
@Component
public class EmailToOrderTransformer
    extends AbstractMailMessageTransformer<Order> {

  @Override
  protected AbstractIntegrationMessageBuilder<Order>
                doTransform(Message mailMessage) throws Exception {
    Order tacoOrder = processPayload(mailMessage);
    return MessageBuilder.withPayload(tacoOrder);
  }

  ...

}
```

`AbstractMailMessageTransformer`는 페이로드가 이메일인 메시지를 처리하는 데 편리한 베이스 클래스다. 입력 메시지로부터 이메일 정보를 `Message` 객체(`doTransform()` 메서드의 인자로 전달)로 추출하는 일을 지원한다.

doTransform() 메서드에서는 Message 객체를 private 메서드인 processPayload()의 인자로 전달하여 이메일을 Order 객체로 파싱한다. 이 Order 객체는 메인 타코 클라우드 애플리케이션에 사용되는 Order 객체와 유사하긴 하지만, 다음과 같이 같지는 않고 약간 더 간단하다.

```
package tacos.email;

import java.util.ArrayList;
import java.util.List;
import lombok.Data;

@Data
public class Order {
  private final String email;
  private List<Taco> tacos = new ArrayList<>();

  public void addTaco(Taco taco) {
    this.tacos.add(taco);
  }
}
```

이 Order 클래스는 고객의 배달 정보와 대금 청구 정보를 갖지 않고 입력 이메일에서 얻는 고객의 이메일 정보만 갖는다.

이메일을 Order 객체로 파싱하는 것은 간단한 작업이 아니다. 실제로 수십 줄의 코드가 필요하며, 이 코드들은 스프링 통합이나 변환기 구현과는 관계가 없다. 따라서 공간을 절약하기 위해 processPayload() 메서드의 자세한 내용은 생략한다.

EmailToOrderTransformer가 마지막으로 하는 일은 Order 객체를 포함하는 페이로드를 갖는 MessageBuilder를 반환하는 것이다. 그리고 MessageBuilder에 의해 생성된 메시지는 통합 플로우의 마지막 컴포넌트인 메시지 핸들러(타코 클라우드의 API로 해당 주문을 POST하는)로 전달된다. 리스트 9.7의 OrderSubmitMessageHandler는 스프링 통합의 GenericHandler를 구현하여 Order 페이로드를 갖는 메시지를 처리한다.

리스트 9.7 메시지 핸들러를 통해서 타코 클라우드 API에 주문을 POST하기

```
package tacos.email;

import java.util.Map;
import org.springframework.integration.handler.GenericHandler;
import org.springframework.stereotype.Component;
import org.springframework.web.client.RestTemplate;
```

```java
@Component
public class OrderSubmitMessageHandler
                                  implements GenericHandler<Order> {
  private RestTemplate rest;
  private ApiProperties apiProps;

  public OrderSubmitMessageHandler(
          ApiProperties apiProps, RestTemplate rest) {
    this.apiProps = apiProps;
    this.rest = rest;
  }

  @Override
  public Object handle(Order order, Map<String, Object> headers) {
    rest.postForObject(apiProps.getUrl(), order, String.class);
    return null;
  }
}
```

GenericHandler 인터페이스의 요구사항을 충족하기 위해 OrderSubmitMessageHandler는 handle() 메서드를 오버라이딩한다. 이 메서드는 입력된 Order 객체를 받으며, 주입된 RestTemplate을 사용해서 주문(Order 객체)을 제출한다(주입된 ApiProperties 객체에 캡처된 URL로 POST 요청을 한다). 끝으로, 이 핸들러가 플로우의 제일 끝이라는 것을 나타내기 위해 handle() 메서드가 null을 반환한다.

ApiProperties는 URL의 하드코딩을 피하기 위해 postForObject() 호출에 사용되었으며, 이것은 다음과 같은 구성 속성 파일이다.

```java
@Data
@ConfigurationProperties(prefix="tacocloud.api")
@Component
public class ApiProperties {
  private String url;
}
```

그리고 application.yml에는 타코 클라우드 API의 URL을 다음과 같이 구성할 수 있다.

```yaml
tacocloud:
  api:
    url: http://api.tacocloud.com
```

RestTemplate이 OrderSubmitMessageHandler에 주입되어 프로젝트에서 사용될 수 있게

하려면 스프링 부트 웹 스타터를 프로젝트에 추가해야 한다. 모듈 리퍼지터리가 메이븐일 때는 다음과 같이 지정한다.

```
<dependency>
  <groupId>org.springframework.boot</groupId>
  <artifactId>spring-boot-starter-web</artifactId>
</dependency>
```

이렇게 하면 RestTemplate을 classpath에서 사용할 수 있으며, 또한 스프링 MVC의 자동-구성도 수행된다. 독립 실행형standalone의 스프링 통합 플로우의 경우는 애플리케이션에서 스프링 MVC 또는 자동-구성이 제공하는 내장된 톰캣Tomcat 조차도 필요 없다. 따라서 다음과 같이 application.yml에서 스프링 MVC 자동-구성을 비활성화해야 한다.

```
spring:
  main:
    web-application-type: none
```

spring.main.web-application-type 속성은 servlet, reactive, none 중 하나로 설정할 수 있다. 스프링 MVC가 classpath에 있을 때는 이 속성 값을 자동-구성이 servlet으로 설정한다. 그러나 여기서는 스프링 MVC와 톰캣이 자동-구성되지 않도록 none으로 변경하였다(이 내용은 11장에서 더 자세히 알아볼 것이다).

이번 장에서는 스프링 통합 플로우를 작성하고 사용하는 방법을 알아보았다. 지금부터는 이메일 통합 플로우가 추가된 타코 클라우드 애플리케이션을 빌드하고 실행해 볼 것이다.

9.4 타코 클라우드 애플리케이션 빌드 및 실행하기

우선, STS가 실행 중이라면 STS를 종료하자. 그리고 각자 STS 작업 영역 디렉터리에 생성한 .metadata 서브 디렉터리를 삭제하자(이전의 다른 프로젝트를 열고 사용할 때 남아 있던 정보로 인한 오류 발생 가능성을 방지하기 위함이다).

그리고 이 책의 다운로드 코드(다운로드하는 방법은 이 책 맨 앞에 있는 '이 책에 대하여'를 참고)에서 Ch09 서브 디렉터리를 각자 STS 작업 영역 디렉터리 아래에 복사하자. 여기서는 C:\Spring5-In-Action을 STS 작업 영역으로 지정하였고 9장의 모든 코드가 있는 Ch09 서브 디렉터리를 이 아래에 복사한 것으로 간주한다.

STS를 실행하고 그림 6.12와 6.13에 설명한 대로 앵귤러 퍼스펙티브로 전환한다.

STS 메뉴의 **File ⇨ Open Projects from File System…**을 선택하면 그림 9.11의 대화상자가 나타난다.

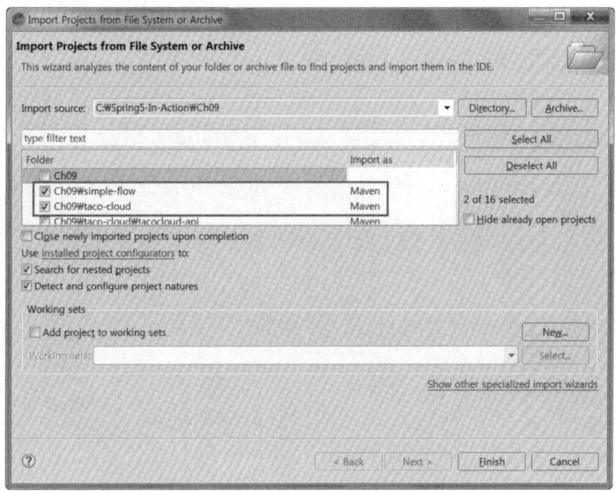

그림 9.11 **프로젝트 열기 대화상자**

Directory… 버튼을 클릭하여 나타나는 대화상자에서 **Ch09 서브 디렉터리**를 선택하면 잠시 후에 STS가 그림 9.11처럼 이 디렉터리의 모든 프로젝트 폴더를 찾아 보여준다. 이 폴더 중에서 Ch09\simple-flow와 Ch09\taco-cloud 메이븐 폴더만 체크된 상태로 두고 나머지 폴더는 체크를 해제한다. 그 다음에 **Finish** 버튼을 클릭하면 STS가 모든 프로젝트를 열고 그림 9.12와 같이 패키지 탐색기 창에 보여준다(**각 항목 왼쪽의 화살표**를 클릭하면 항목을 확장 또는 축소해서 볼 수 있다).

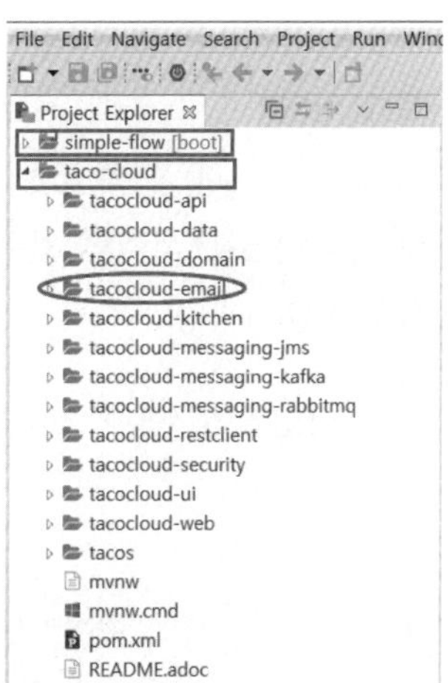

그림 9.12 **Ch09의 모든 프로젝트가 열린 패키지 탐색기 창**

여기에는 두 개의 프로젝트가 있다. simple-flow는 타코 클라우드와 관계없는 스프링 부트 프로젝트이며, 9.1에서 알아본 파일 통합 플로우 코드를 포함하고 있다. 그리고 taco-cloud에는 하나의 메이븐 프로젝트로 구성된 타코 클라우드의 모듈들이 포함되어 있다. 그리고 타원으로 표시된 'tacocloud-email' 모듈이 새로 추가된 것이며, 9.3에서 알아본 이메일 통합 코드를 포함한다. 앵귤러 모듈인 'tacocloud-ui'를 제외한 나머지 모든 모듈의 예제 코드는 각 모듈의 src/main/java/tacos 아래에 있다.

우선, simple-flow를 따로 빌드하고 실행해 보자. **Terminal+** 탭을 클릭하여 터미널 창을 활성화한 후, 터미널 창의 Project 드롭다운에서 **simple-flow**를 선택하고 **+** 버튼을 클릭하여 터미널 창을 새로 열면 셸 프롬프트가 나타난다. 다음과 같이 명령을 입력하여 실행시키자.

```
$ ./mvnw clean package
```

이렇게 하면 simple-flow 프로젝트가 빌드되어 simple-flow\target 아래에 simple-flow-0.0.9-SNAPSHOT.jar 파일로 생성된다.

simple-flow 애플리케이션에서는 스프링의 프로파일(profile)을 사용하여 원하는 빈을 등록하고 사용한다. 패키지 탐색기 창에서 simple-flow/src/main/java/sia5/FileWriterIntegration Config.java를 열어 보면 4개의 빈에 서로 다른 프로파일(xmlconfig, javaconfig, javadsl)이 `@Profile` 애노테이션으로 지정되어 있으며, 각 빈은 이번 장에서 알아본 서로 다른 방식으로 파일 통합 플로우에 데이터를 쓴다. 이 데이터는 FileWriterGateway의 `writeToFile()` 메서드에서 파일에 저장한다. 그리고 애플리케이션이 시작되면서 실행되는 SimpleFlowApplication의 `writeData()` 빈에서 `writeToFile()`을 호출하여 simple.txt라는 이름의 파일에 쓴다(이 파일은 /tmp/sia5/files 디렉터리 아래에 저장된다. 예를 들어, 윈도우 시스템의 경우는 C:\tmp\sia5\files).

따라서 simple-flow 애플리케이션을 실행하려면 우선 원하는 프로파일을 설정해야 한다. 프로파일의 설정은 여러 방법(환경 변수나 YAML 파일 또는 JVM 옵션 등)이 있지만, 여기서는 JVM 옵션을 사용해서 실행해 본다(운영체제의 환경 변수를 사용할 때는 `export SPRING_PROFILES_ACTIVE=xmlconfig`와 같이 하면 된다).

우선, 다음과 같이 프로파일을 xmlconfig로 설정하여 simple-flow 애플리케이션을 실행해 보자.

```
$ java -Dspring.profiles.active=xmlconfig -jar target/simple-flow-0.0.9-SNAPSHOT.jar
```

simple-flow 애플리케이션의 실행이 끝난 후 조금 앞 쪽에 있는 로그 메시지의 오른쪽을 보면 Channel 'application.textInChannel' has 1 subscriber(s)와 Channel 'application.fileWriterChannel' has 1 subscriber(s) 및 started fileWriterGateway로 나타난 메시지가 있을 것이다. 이것은 채널을 통해 한 개의 데이터를 파일 통합 플로우에 쓴 후 다시 파일 게이트웨이를 통해 파일에 썼다는 것을 나타낸다. 이 시점에서 /tmp/sia5/files/simple.txt 파일을 열어 보면 'HELLO, SPRING INTEGRATION! (XMLCONFIG)'가 저장된 것을 알 수 있다(파일이 없으면 새로 생성되며, 있을 때는 기존 데이터의 끝에 데이터가 추가된다).

그리고 프로파일을 javaconfig로 설정하여 simple-flow 애플리케이션을 실행해 보자.

```
$ java -Dspring.profiles.active=javaconfig -jar target/simple-flow-0.0.9-SNAPSHOT.jar
```

계속해서 프로파일을 javadsl로 설정하고 simple-flow 애플리케이션을 실행해 보자.

```
$ java -Dspring.profiles.active=javadsl -jar target/simple-flow-0.0.9-SNAPSHOT.jar
```

최종적으로 /tmp/sia5/files/simple.txt 파일에 쓴 데이터는 다음과 같다.

```
HELLO, SPRING INTEGRATION! (XMLCONFIG)
HELLO, SPRING INTEGRATION! (JAVACONFIG)
HELLO, SPRING INTEGRATION! (JAVADSL)
```

이 결과를 보면 알 수 있듯이, 파일 통합 플로우에 데이터를 쓰는 방식은 달라도 실제 파일에는 문제없이 저장될 수 있다.

taco-cloud를 빌드하고 실행할 때는 이메일 통합 모듈(tacocloud-email)을 사용하기 위해 주문 메일을 수신하는 IMAP 메일 서버를 설치하는 것이 좋다(각자 사용 중인 이메일 서버와 계정을 사용하면 타코 클라우드 주문 메일이 아닌 다른 메일 데이터도 가져오게 되므로 문제가 생길 수 있다). 또한, tacocloud-email/src/main/resources/application.yml 파일에 지정된 이메일 호스트(tacocloud.email.host), 사용자 이름(tacocloud.email.username)과 비밀번호(tacocloud.email.password)를 해당 메일 서버 및 계정에 맞게 변경해야 한다.

그리고 taco-cloud를 빌드할 때는 7장처럼 `./mvnw clean package`를 실행하여 하나의 jar 파일로 빌드한다. 그다음에 java -jar tacos/target/taco-cloud-0.0.9-SNAPSHOT.jar를 실행하여 타코 클라우드 애플리케이션을 시작한다.

또한, java -jar tacocloud-email/target/tacocloud-email-0.0.9-SNAPSHOT.jar를 실행하여 타코 이메일 통합 애플리케이션을 시작한다. 여기까지 되었으면 tacocloud-email/src/main/resources/application.yml 파일에 지정된 이메일 계정으로 주문 메일을 보내 보자.

주문 메일로 보내는 데이터의 형식은 tacocloud-email/src/main/java/tacos/email/EmailToOrderTransformer.java의 `parseEmailToOrder()` 메서드를 보면 알 수 있다. 즉, 타코 이름 바로 다음에 콜론(:)을 붙이며, 이 다음에는 하나 이상의 식자재 이름들을 쉼표(,)로 구분하여 추가하면 된다(예를 들어, MyTaco:FLOUR TORTILLA,GROUND BEEF). 만일 식자재 이름이 틀린 경우는 해당 식자재만 무시된다. 사용 가능한 식자재 이름은 EmailToOrderTransformer.java의 제일 끝에 배열로 정의되어 있다.

요약

- 스프링 통합은 플로우를 정의할 수 있게 해준다. 데이터는 애플리케이션으로 들어오거나 나갈 때 플로우를 통해 처리할 수 있다.
- 통합 플로우는 XML, Java, Java DSL을 사용해서 정의할 수 있다.
- 메시지 게이트웨이와 채널 어댑터는 통합 플로우의 입구나 출구의 역할을 한다.
- 메시지는 플로우 내부에서 변환, 분할, 집적, 전달될 수 있으며, 서비스 액티베이터에 의해 처리될 수 있다.
- 메시지 채널은 통합 플로우의 컴포넌트들을 연결한다.

PART

3

리액티브 스프링

3부에서는 스프링의 리액티브 프로그래밍(reactive programming) 지원에 관해 살펴볼 것이다. 10장에서는 프로젝트 리액터(Project Reactor)를 사용한 리액티브 프로그래밍의 핵심을 알아본다(프로젝트 리액터는 스프링 5의 리액티브 기능을 뒷받침하는 리액티브 프로그래밍 라이브러리다). 그다음에 리액터의 가장 유용한 리액티브 작업을 살펴볼 것이다. 11장에서는 다시 REST API 개발로 돌아가서 스프링 WebFlux를 소개한다. 이것은 웹 개발의 새로운 리액티브 모델을 제공하면서 스프링 MVC의 많은 것을 가져온 새로운 웹 프레임워크다. 12장에서는 카산드라(Cassandra)와 몽고(Mongo) 데이터베이스에 데이터를 읽거나 쓰기 위해 스프링 데이터로 리액티브 데이터 퍼시스턴스를 작성하는 방법을 알아본다.

PART 3

Reactive Spring

CHAPTER

10

리액터 개요

이 장에서 배우는 내용

- 리액티브 프로그래밍 이해하기
- 프로젝트 리액터
- 리액티브 데이터 오퍼레이션

신문이나 잡지를 구독해본 적이 있는가? 인터넷으로 인해 기존 출판물의 구독자가 줄어든 것은 분명하다. 그러나 종이에 인쇄된 신문 구독이 그 날의 소식을 알 수 있는 가장 좋은 방법 중 하나였던 시절이 있었다. 이때는 아침을 먹으면서 또는 출근 길에 읽기 위해 최신 소식을 담은 신문의 배달을 매일 아침에 기다리곤 했다.

구독료를 지불하고 며칠이 지났지만 신문이 배달되지 않는다고 가정해 보자. 며칠이 더 지난 후에 신문사 영업소에 전화해서 신문을 받지 못한 이유를 묻는다. 이때 "1년치 구독료를 내셨군요. 아직 1년이 끝나지 않았습니다. 1년 동안의 신문이 모두 준비되면 한꺼번에 받으실 겁니다"라는 황당한 답변을 듣는다면 얼마나 놀라울지 상상해 보자.

다행히도 이런 식으로 신문 구독이 처리되지는 않는다. 신문에 실린 기사가 최신일 때 독자가 읽을 수 있도록 신문은 출간 후 가능한 빨리 배달된다. 또한, 독자가 가장 최근 기사를 읽는 동안 신문 기자는 다음 판에 실을 새로운 기사를 작성한다. 그리고 신문사는 다음 판의 출간을 서두른다. 이 모든 것은 병행으로 진행된다.

애플리케이션 코드를 개발할 때는 명령형imperative과 리액티브reactive, 반응형의 두 가지 형태로 코드를 작성할 수 있다.

- **명령형** 코드는 앞에서 상상했던 황당하며 실제가 아닌 신문 구독과 매우 유사하다. 이것은 순차적으로 연속되는 작업이며, 각 작업은 한 번에 하나씩 그리고 이전 작업 다음에 실행된다. 데이터는 모아서 처리되고 이전 작업이 데이터 처리를 끝낸 후에 다음 작업으로 넘어갈 수 있다.
- **리액티브** 코드는 실제 신문 구독과 매우 비슷하다. 데이터 처리를 위해 일련의 작업들이 정의되지만, 이 작업들은 병렬로 실행될 수 있다. 그리고 각 작업은 부분 집합의 데이터를 처리할 수 있으며, 처리가 끝난 데이터를 다음 작업에 넘겨주고 다른 부분 집합의 데이터로 계속 작업할 수 있다.

이번 장에서는 잠시 타코 클라우드 애플리케이션을 접어 두고 프로젝트 리액터를 살펴볼 것이다. 리액터는 스프링 프로젝트의 일부분인 리액티브 프로그래밍 라이브러리다. 그리고 리액터는 스프링 5에서 리액티브 프로그래밍을 지원하는 데 필요한 기반이므로 먼저 리액터를 파악한 다음에 스프링으로 리액티브 컨트롤러와 리퍼지터리를 빌드하는 것이 중요하다. 그렇지만 일단 리액터의 사용을 시작하기에 앞서 리액티브 프로그래밍의 핵심을 간단하게 알아보자.

10.1 리액티브 프로그래밍 이해하기

리액티브 프로그래밍은 명령형 프로그래밍의 대안이 되는 패러다임이다. 명령형 프로그래밍의 한계를 해결할 수 있기 때문이다. 이런 한계를 이해하면 리액티브 모델의 장점을 더 확실하게 이해할 수 있다.[18]

여러분이 필자와 같은 개발자라면 명령형 프로그래밍을 먼저 경험했을 것이다. 실제로 현재 우리가 작성하는 대부분(또는 모든)의 코드는 여전히 명령형일 가능성이 높다. 명령형 프로그래밍은 학생들이 학교에서 프로그래밍을 배우기 쉬우며, 기업에 필요한 대부분의 코드를 구성할 만큼 강력하다.

18 리액티브 프로그래밍이 만능은 아니다. 따라서 명령형 프로그래밍은 해롭고 리액티브 프로그래밍은 구세주라고 생각해서는 안 된다. 개발자인 여러분이 배우는 여타의 것과 마찬가지로 리액티브 프로그래밍은 상황에 따라 꼭 맞을 수도 있고 그렇지 않을 수도 있다. 실제 용도가 중요하다.

명령형 프로그래밍의 발상은 간단하다. 즉, 한 번에 하나씩 만나는 순서대로 실행되는 명령어들로 코드를 작성하면 된다. 그리고 프로그램에서는 하나의 작업이 완전히 끝나기를 기다렸다가 그다음 작업을 수행한다. 각 단계마다 처리되는 데이터는 전체를 처리할 수 있도록 사용할 수 있어야 한다.

그러나 작업이 수행되는 동안 특히 이 작업이 원격지 서버로부터 데이터베이스에 데이터를 쓰거나 가져오는 것과 같은 것이라면 이 작업이 완료될 때까지 아무 것도 할 수 없다. 따라서 이 작업을 수행하는 스레드는 차단된다. 이렇게 차단되는 스레드는 낭비다.

자바를 비롯해서 대부분의 프로그래밍 언어는 동시 프로그래밍concurrent programming을 지원한다. 자바에서는 스레드가 어떤 작업을 계속 수행하는 동안 이 스레드에서 다른 스레드를 시작시키고 작업을 수행하게 하는 것은 매우 쉽다. 그러나 스레드를 생성하는 것은 쉬울지라도 생성된 스레드는 어떤 이유로든 결국 차단된다. 게다가 다중 스레드로 동시성을 관리하는 것은 쉽지 않다. 스레드가 많을수록 더 복잡해지기 때문이다.

이에 반해 리액티브 프로그래밍은 본질적으로 함수적이면서 선언적이다. 즉, 순차적으로 수행되는 작업 단계를 나타낸 것이 아니라 데이터가 흘러가는 파이프라인pipeline이나 스트림stream을 포함한다. 그리고 이런 리액티브 스트림은 데이터 전체를 사용할 수 있을 때까지 기다리지 않고 사용 가능한 데이터가 있을 때마다 처리되므로 사실상 입력되는 데이터는 무한할 수 있다(예를 들어, 끊임없이 변동되는 어떤 지역의 실시간 온도 데이터).

실세계에 비유한다면 명령형 프로그래밍은 물풍선이고 리액티브 프로그래밍은 정원용 호스로 생각할 수 있다. 둘 다 무더운 여름날에 낌새를 못 채는 친구를 깜짝 놀라게 하고 물세례를 하는 데 사용할 수 있다. 그러나 실행 방식은 다르다.

- 물풍선은 한 번에 모든 물을 담았다가 충격이 가해지는 순간에 의도한 목표를 물로 흠뻑 적신다. 그러나 물풍선은 한정된 용량을 가지므로 더 많은 사람들에게(또는 동일인에게 더 넓은 범위로) 물세례를 퍼부으려면 물풍선의 수량을 늘려서 용량을 확장하는 수밖에 없다.
- 정원용 호스는 수도꼭지로부터 분무기 노즐로 흐르는 물줄기로 물을 전달한다. 특정 시점에서 정원용 호스의 용량은 한정될 수 있다. 그러나 물을 계속 트는 동안에는 무한정이다. 수도꼭지로부터 호스로 물이 흐르기만 한다면 호스를 거쳐 분무기 노즐로 계속 살포될 것이다. 정원용 호스는 쉽게 확장될 수 있어서 가능한 많은 친구들에게 물세례를 줄 수 있다.

본질적으로 물풍선(또는 명령형 프로그래밍)은 잘못한 부분이 없다. 그러나 정원용 호스를 잡고 있는 사람은 확장성과 성능 관점에서 유리하다.

10.1.1 리액티브 스트림 정의하기

리액티브 스트림은 넷플릭스Netflix, 라이트벤드Lightbend, 피보탈Pivotal의 엔지니어들에 의해 2013년 말에 시작되었다. 리액티브 스트림은 차단되지 않는 백 프레셔backpressure를 갖는 비동기 스트림 처리의 표준을 제공하는 것이 목적이다.

리액티브 프로그래밍의 비동기 특성은 이미 얘기하였다. 즉, 동시에 여러 작업을 수행하여 더 큰 확장성을 얻게 해준다. 백 프레셔는 데이터를 소비하는(읽는) 컨슈머가 처리할 수 있는 만큼으로 전달 데이터를 제한함으로써 지나치게 빠른 데이터 소스로부터의 데이터 전달 폭주를 피할 수 있는 수단이다.

자바 스트림 vs. 리액티브 스트림

자바 스트림과 리액티브 스트림은 많은 유사성이 있다. 우선, 둘 다 Streams라는 단어가 이름에 포함된다. 또한, 데이터로 작업하기 위한 API를 제공한다. 실제로 나중에 리액터를 살펴볼 때 알게 되겠지만, 다수의 똑같은 오퍼레이션을 공유한다.

그러나 자바 스트림은 대개 동기화되어 있고 한정된 데이터로 작업을 수행한다.

리액티브 스트림은 무한 데이터셋을 비롯해서 어떤 크기의 데이터셋이건 비동기 처리를 지원한다. 그리고 실시간으로 데이터를 처리하며, 백 프레셔를 사용해서 데이터 전달 폭주를 막는다.

리액티브 스트림은 4개의 인터페이스인 Publisher(발행자), Subscriber(구독자), Subscription(구독), Processor(프로세서)로 요약할 수 있다. Publisher는 하나의 Subscription당 하나의 Subscriber에 발행(전송)하는 데이터를 생성한다. Publisher 인터페이스에는 Subscriber가 Publisher를 구독 신청할 수 있는 subscribe() 메서드 한 개가 선언되어 있다.

```
public interface Publisher<T> {
  void subscribe(Subscriber<? super T> subscriber);
}
```

그리고 Subscriber가 구독 신청되면 Publisher로부터 이벤트를 수신할 수 있다. 이 이벤트들은 Subscriber 인터페이스의 메서드를 통해 전송된다.

```
public interface Subscriber<T> {
  void onSubscribe(Subscription sub);
  void onNext(T item);
  void onError(Throwable ex);
  void onComplete();
}
```

Subscriber가 수신할 첫 번째 이벤트는 onSubscribe()의 호출을 통해 이루어진다. Publisher가 onSubscribe()를 호출할 때 이 메서드의 인자로 Subscription 객체를 Subscriber에 전달한다. Subscriber는 Subscription 객체를 통해서 구독을 관리할 수 있다.

```
public interface Subscription {
  void request(long n);
  void cancel();
}
```

Subscriber는 request()를 호출하여 전송되는 데이터를 요청하거나, 또는 더 이상 데이터를 수신하지 않고 구독을 취소한다는 것을 나타내기 위해 cancel()을 호출할 수 있다. request()를 호출할 때 Subscriber는 받고자 하는 데이터 항목 수를 나타내는 long 타입의 값을 인자로 전달한다. 바로 이것이 백 프레셔이며, Subscriber가 처리할 수 있는 것보다 더 많은 데이터를 Publisher가 전송하는 것을 막아준다. 요청된 수의 데이터를 Publisher가 전송한 후에 Subscriber는 다시 request()를 호출하여 더 많은 요청을 할 수 있다.

Subscriber의 데이터 요청이 완료되면 데이터가 스트림을 통해 전달되기 시작한다. 이때 onNext() 메서드가 호출되어 Publisher가 전송하는 데이터가 Subscriber에게 전달되며, 만일 에러가 생길 때는 onError()가 호출된다. 그리고 Publisher에서 전송할 데이터가 없고 더 이상의 데이터를 생성하지 않는다면 Publisher가 onComplete()를 호출하여 작업이 끝났다고 Subscriber에게 알려준다.

Processor 인터페이스는 다음과 같이 Subscriber 인터페이스와 Publisher 인터페이스를 결합한 것이다.

```
public interface Processor<T, R>
        extends Subscriber<T>, Publisher<R> {}
```

Subscriber 역할로 Processor는 데이터를 수신하고 처리한다. 그다음에 역할을 바꾸어 Publisher 역할로 처리 결과를 자신의 Subscriber들에게 발행한다.

보면 알 수 있듯이, 리액티브 스트림은 꽤 직관적이라서 데이터 처리 파이프라인을 개발하는 방법을 쉽게 알 수 있다. 즉, Publisher로부터 시작해서 0 또는 그 이상의 Processor를 통해 데이터를 끌어온 다음 최종 결과를 Subscriber에 전달한다.

그러나 리액티브 스트림 인터페이스는 스트림을 구성하는 기능이 없다. 이에 따라 프로젝트 리액터에서는 리액티브 스트림을 구성하는 API를 제공하여 리액티브 스트림 인터페이스를 구현하였다. 이후의 다른 장에서 알게 되겠지만, 리액터는 스프링 5의 리액티브 프로그래밍 모델의 기반이다. 이번 장의 나머지에서는 프로젝트 리액터를 살펴볼 것이다.

10.2 리액터 시작하기

리액티브 프로그래밍은 명령형 프로그래밍과 매우 다른 방식으로 접근해야 한다. 즉, 일련의 작업 단계를 기술하는 것이 아니라 데이터가 전달될 파이프라인을 구성하는 것이다. 그리고 이 파이프라인을 통해 데이터가 전달되는 동안 어떤 형태로든 변경 또는 사용될 수 있다.

예를 들어, 사람의 이름을 가져와서 모두 대문자로 변경한 후 이것으로 인사말 메시지를 만들어 출력한다고 해보자. 명령형 프로그래밍 모델에서는 다음과 같은 코드를 작성할 수 있다.

```
String name = "Craig";
String capitalName = name.toUpperCase();
String greeting = "Hello, " + capitalName + "!";
System.out.println(greeting);
```

이 경우는 각 줄의 코드가 같은 스레드에서 한 단계씩 차례대로 실행된다. 그리고 각 단계가 완료될 때까지 다음 단계로 이동하지 못하게 실행 중인 스레드를 막는다.

이와는 다르게 리액티브 코드에서는 다음과 같이 할 수 있다.

```
Mono.just("Craig")
    .map(n -> n.toUpperCase())
    .map(cn -> "Hello, " + cn + "!")
    .subscribe(System.out::println);
```

여기 있는 just(), map(), subscribe() 오퍼레이션은 잠시 후에 알아볼 것이므로 개의치 말자. 일단 지금은 다음을 이해하는 것이 중요하다. 즉, 이 예의 리액티브 코드가 단계별로 실행되는 것처럼 보이겠지만, 실제로는 데이터가 전달되는 파이프라인을 구성하는 것이다. 그리고 파이프라인의 각 단계에서는 어떻게 하든 데이터가 변경된다. 또한, 각 오퍼레이션은 같은 스레드로 실행되거나 다른 스레드로 실행될 수 있다.

이 예의 Mono는 리액터의 두 가지 핵심 타입 중 하나이며, 다른 하나로는 Flux가 있다. 두 개 모두 리액티브 스트림의 Publisher 인터페이스를 구현한 것이다. Flux는 0, 1 또는 다수의(무한일 수 있는) 데이터를 갖는 파이프라인을 나타낸다. 반면에 Mono는 하나의 데이터 항목만 갖는 데이터셋에 최적화된 리액티브 타입이다.

> **리액터 vs. RxJava(ReactiveX)**
>
> RxJava나 ReactiveX를 잘 알고 있다면 Mono, Flux가 Observable, Single과 매우 비슷하다고 생각할 것이다. 실제로 이것들은 개념적으로 거의 같으며, 여러 동일한 오퍼레이션을 제공한다.
>
> 이 책에서는 리액터에 초점을 두지만, 리액터와 RxJava 간의 타입 변환이 가능하다는 것을 알아 두면 좋을 것이다. 그리고 이후의 다른 장에서 알게 되겠지만, 스프링은 RxJava 타입도 사용할 수 있다.

앞의 예에는 세 개의 Mono가 있으며, just() 오퍼레이션은 첫 번째 것을 생성한다. 그리고 첫 번째 Mono가 값을 방출하면 이 값이 첫 번째 map() 오퍼레이션에 전달되어 대문자로 변경되고 다른 Mono를 생성하는 데 사용된다. 이렇게 생성된 두 번째 Mono가 데이터를 방출하면 이 데이터가 두 번째 map() 오퍼레이션에 전달되어 문자열 결합이 수행되며, 이 결과는 세 번째 Mono를 생성하는 데 사용된다. 그리고 끝으로 subscribe() 호출에서는 세 번째 Mono를 구독하여 데이터를 수신하고 출력한다.

10.2.1 리액티브 플로우의 다이어그램

리액티브 플로우는 마블 다이어그램marble diagram으로 나타내곤 한다. 마블 다이어그램의 제일 위에는 Flux나 Mono를 통해 전달되는 데이터의 타임라인을 나타내고, 중앙에는 오퍼레이션을, 제일 밑에는 결과로 생성되는 Flux나 Mono의 타임라인을 나타낸다. 그림 10.1에서는 Flux의 마블 다이어그램 템플릿을 보여준다. 이 그림을 보면 알 수 있듯이, 원래의 Flux를 통해 데이터가 지나가는 동안 오퍼레이션을 통해 처리되어 새로운 Flux가 생성된다.

그림 10.2에서는 Mono의 마블 다이어그램 템플릿을 보여준다. 보면 알 수 있듯이, Mono는 0 또는 하나의 데이터 항목과 에러를 갖는다는 것이 Flux와 다르다.

10.3에서는 Flux와 Mono에서 지원되는 오퍼레이션들을 알아보고, 어떻게 작동되는지 마블

다이어그램을 사용해서 보여줄 것이다.

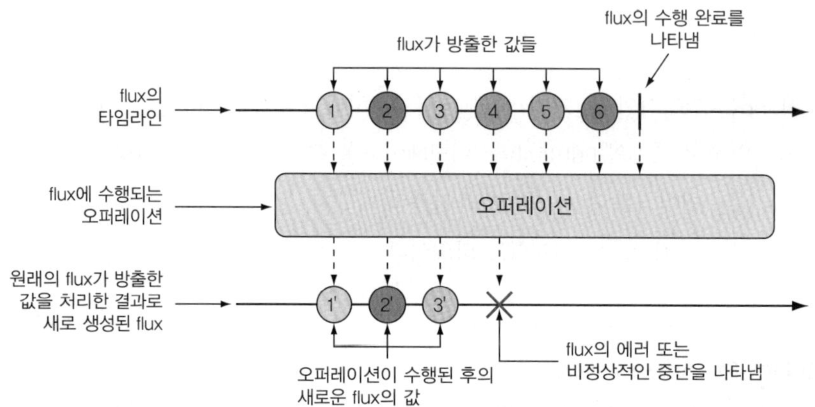

그림 10.1 **Flux의 기본적인 플로우를 보여주는 마블 다이어그램**

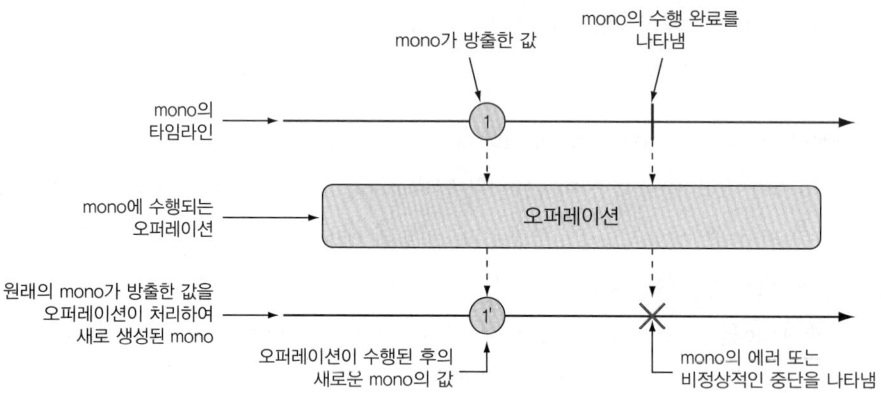

그림 10.2 **Mono의 기본적인 플로우를 보여주는 마블 다이어그램**

10.2.2 리액터 의존성 추가하기

리액터를 시작시키려면 다음 의존성을 프로젝트 빌드에 추가해야 한다.

```
<dependency>
  <groupId>io.projectreactor</groupId>
  <artifactId>reactor-core</artifactId>
</dependency>
```

리액터는 또한 테스트를 지원해 주는 모듈도 제공한다. 만일 리액터 코드의 여러 테스트를 작성하고자 한다면 다음 의존성도 빌드에 추가하자.

```
<dependency>
  <groupId>io.projectreactor</groupId>
  <artifactId>reactor-test</artifactId>
  <scope>test</scope>
</dependency>
```

여기서는 이런 의존성을 스프링 부트 프로젝트에 추가하는 것으로 간주하였다. 스프링 부트는 의존성 관리를 자동으로 해주므로 해당 의존성에 `<version>` 요소를 지정할 필요가 없다. 그러나 스프링 부트가 아닌 프로젝트에 리액터를 사용하는 경우에는 리액터의 명세Bill Of Materials, BOM를 빌드에 설정해야 한다. 예를 들어, 다음 의존성 관리 항목에서는 리액터의 버전(여기서는 Bismuth 릴리즈)을 빌드에 추가한다.

```
<dependencyManagement>
    <dependencies>
      <dependency>
          <groupId>io.projectreactor</groupId>
          <artifactId>reactor-bom</artifactId>
           <version>Bismuth-RELEASE</version>
           <type>pom</type>
           <scope>import</scope>
      </dependency>
    </dependencies>
</dependencyManagement>
```

이제는 리액터가 우리 프로젝트 빌드에 포함되었으므로 `Mono`와 `Flux`를 사용해서 리액티브 파이프라인의 생성을 시작할 수 있다. 이번 장의 나머지 부분에서는 `Mono`와 `Flux`가 제공하는 여러 오퍼레이션을 자세히 알아볼 것이다.

10.3 리액티브 오퍼레이션 적용하기

`Flux`와 `Mono`는 리액터가 제공하는 가장 핵심적인 구성 요소(리액티브 타입)다. 그리고 `Flux`와 `Mono`가 제공하는 오퍼레이션들은 두 타입을 함께 결합하여 데이터가 전달될 수 있는 파이프라인을 생성한다. `Flux`와 `Mono`에는 500개 이상의 오퍼레이션이 있으며, 각 오퍼레이션은 다음과 같이 분류될 수 있다.

- 생성creation 오퍼레이션
- 조합combination 오퍼레이션

- 변환transformation 오퍼레이션
- 로직logic 오퍼레이션

500개 이상의 오퍼레이션 모두를 살펴보면 좋겠지만, 분량이 많아서 그렇게 하기는 어렵다. 따라서 여기서는 가장 유용한 몇 가지 오퍼레이션을 선정하였다. 우선, 생성 오퍼레이션부터 시작해 보자.[19]

10.3.1 리액티브 타입 생성하기

스프링에서 리액티브 타입을 사용할 때는 리퍼지터리나 서비스로부터 Flux나 Mono가 제공되므로 우리의 리액티브 타입을 생성할 필요가 없다. 그러나 데이터를 발행(방출)하는 새로운 리액티브 발행자publisher를 생성해야 할 때가 있다.

리액터는 Flux나 Mono를 생성하는 오퍼레이션을 제공한다. 여기서는 가장 유용한 몇 가지 생성 오퍼레이션을 알아본다.

객체로부터 생성하기

Flux나 Mono로 생성하려는 하나 이상의 객체(우리가 필요한 데이터를 갖는)가 있다면 Flux나 Mono의 just() 메서드(static 메서드임)를 사용하여 리액티브 타입을 생성할 수 있다. 예를 들어, 다음의 테스트 메서드는 다섯 개의 String 객체로부터 Flux를 생성한다.

```
@Test
public void createAFlux_just() {
  Flux<String> fruitFlux = Flux
      .just("Apple", "Orange", "Grape", "Banana", "Strawberry");
}
```

이 경우 Flux는 생성되지만, 구독자subscriber가 없다. 구독자가 없이는 데이터가 전달되지 않을 것이다. 정원용 호스에 비유해서 생각한다면 호스를 수도꼭지에 끼운 것이다. 그러나 수도 꼭지를 틀어야 물이 흐를 것이다. 리액티브 타입을 구독한다는 것은 데이터가 흘러갈 수 있게 하는 것이다.

19 Mono의 예는 어디에 있을까? Mono와 Flux는 많은 동일한 오퍼레이션을 공유한다. 따라서 한 번은 Mono, 또 다시 Flux, 이런 식으로 같은 오퍼레이션을 두 번 보여줄 필요는 없다. 게다가 Mono 오퍼레이션이 유용하기는 하지만, 같은 오퍼레이션을 Flux로 살펴보는 것에 비해 관심도가 덜하다. 따라서 여기에 있는 대부분의 예에서는 Flux를 사용할 것이다.

구독자를 추가할 때는 Flux의 subscribe() 메서드를 호출하면 된다.

```
fruitFlux.subscribe(
  f -> System.out.println("Here's some fruit: " + f)
);
```

여기서 subscribe()에 지정된 람다는 실제로는 java.util.Consumer이며, 이것은 리액티브 스트림의 Subscriber 객체를 생성하기 위해 사용된다. subscribe()를 호출하는 즉시 데이터가 전달되기 시작한다. 이 예에는 중간에 다른 오퍼레이션이 없으므로 데이터는 곧바로 Flux로부터 Subscriber로 전달된다.

이처럼 Flux나 Mono의 항목들을 콘솔로 출력하면 리액티브 타입이 실제 작동하는 것을 파악하는 데 좋다. 그러나 리액터의 StepVerifier를 사용하는 것이 Flux나 Mono를 테스트하는 더 좋은 방법이다. Flux나 Mono가 지정되면 StepVerifier는 해당 리액티브 타입을 구독한 다음에 스트림을 통해 전달되는 데이터에 대해 어서션assertion을 적용한다. 그리고 해당 스트림이 기대한 대로 완전하게 작동하는지 검사한다.

예를 들어, 조금 전에 예로 든 fruitFlux를 통해 구독 데이터를 검사하기 위해 다음과 같이 테스트를 작성할 수 있다.

```
StepVerifier.create(fruitFlux)
    .expectNext("Apple")
    .expectNext("Orange")
    .expectNext("Grape")
    .expectNext("Banana")
    .expectNext("Strawberry")
    .verifyComplete();
```

이 경우 StepVerifier가 fruitFlux를 구독한 후 각 데이터 항목이 기대한 과일fruit 이름과 일치하는지 어서션을 적용한다. 그리고 마지막으로 fruitFlux가 완전한지 검사한다.

이번 장의 나머지 예에서는 리액터의 가장 유용한 오퍼레이션들을 파악하기 위해 StepVerifier를 사용해서 테스트를 작성할 것이다. 이렇게 하면 코드가 제대로 작동하는지 검사할 수 있고, 또한 어떻게 작동하는지 이해하는 데 도움이 되기 때문이다.

컬렉션으로부터 생성하기

Flux는 또한 배열, Iterable 객체, 자바 Stream 객체로부터 생성될 수도 있다(그림 10.3).

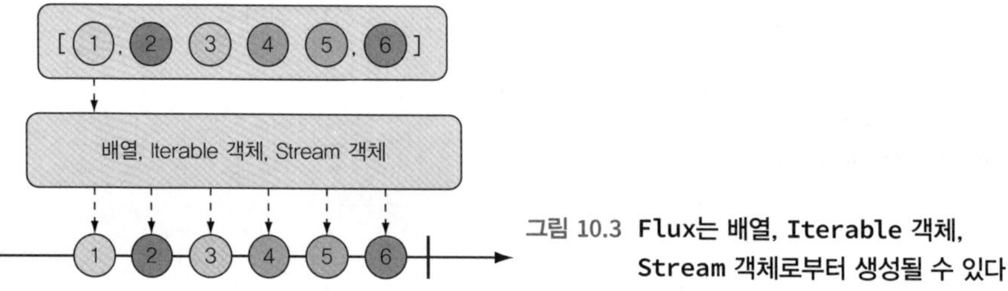

그림 10.3 **Flux는 배열, Iterable 객체, Stream 객체로부터 생성될 수 있다**

배열로부터 Flux를 생성하려면 static 메서드인 fromArray()를 호출하며, 이때 소스 배열을 인자로 전달한다.

```
@Test
public void createAFlux_fromArray() {
  String[] fruits = new String[] {
      "Apple", "Orange", "Grape", "Banana", "Strawberry" };

  Flux<String> fruitFlux = Flux.fromArray(fruits);

  StepVerifier.create(fruitFlux)
      .expectNext("Apple")
      .expectNext("Orange")
      .expectNext("Grape")
      .expectNext("Banana")
      .expectNext("Strawberry")
      .verifyComplete();
}
```

조금 전에 객체 리스트로부터 Flux를 생성할 때 사용된 것과 같은 과일 이름을 소스 배열이 포함하고 있으므로 이 Flux에서 방출된 데이터는 이전 예와 같은 값을 갖는다. 따라서 이전과 동일한 StepVerifier를 사용해서 이 Flux를 검사할 수 있다.

java.util.List, java.util.Set 또는 java.lang.Iterable의 다른 구현 컬렉션으로부터 Flux를 생성해야 한다면 해당 컬렉션을 인자로 전달하여 static 메서드인 fromIterable()을 호출하면 된다.

```
@Test
public void createAFlux_fromIterable() {
  List<String> fruitList = new ArrayList<>();
  fruitList.add("Apple");
  fruitList.add("Orange");
  fruitList.add("Grape");
  fruitList.add("Banana");
  fruitList.add("Strawberry");
```

```
  Flux<String> fruitFlux = Flux.fromIterable(fruitList);

  // ... 검사하는 코드
}
```

또는 Flux를 생성하는 소스로 자바 Stream 객체를 사용해야 한다면 static 메서드인 fromStream()을 호출하면 된다.

```
@Test
public void createAFlux_fromStream() {
  Stream<String> fruitStream =
      Stream.of("Apple", "Orange", "Grape", "Banana", "Strawberry");

  Flux<String> fruitFlux = Flux.fromStream(fruitStream);

  // ... 검사하는 코드
}
```

다시 말하지만 이전과 동일한 StepVerifier를 사용해서 이 Flux의 데이터를 검사할 수 있다.

Flux 데이터 생성하기

때로는 데이터 없이 매번 새 값으로 증가하는 숫자를 방출하는 카운터 역할의 Flux만 필요한 경우가 있다. 이와 같은 카운터 Flux를 생성할 때는 static 메서드인 range()를 사용할 수 있다(그림 10.4).

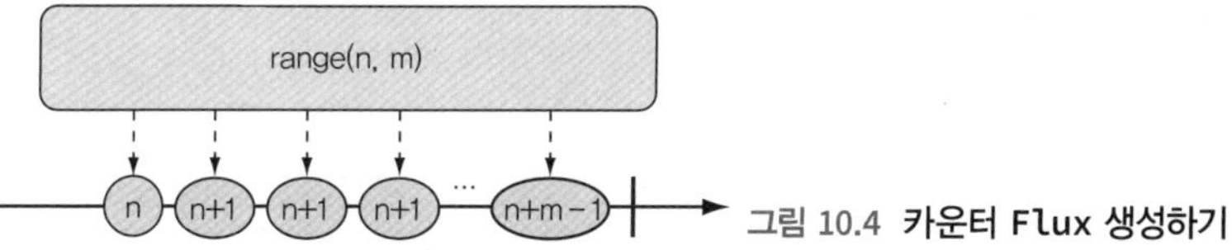

그림 10.4 **카운터 Flux 생성하기**

다음의 테스트 메서드에서는 일정 범위의 값을 포함하는 카운터 Flux를 생성하는 방법을 보여준다.

```
@Test
public void createAFlux_range() {
  Flux<Integer> intervalFlux =
      Flux.range(1, 5);

  StepVerifier.create(intervalFlux)
```

```
        .expectNext(1)
        .expectNext(2)
        .expectNext(3)
        .expectNext(4)
        .expectNext(5)
        .verifyComplete();
}
```

이 예에서는 1부터 5까지의 값을 포함하는 카운터 Flux가 생성된다. 그리고 1부터 5까지의 정수 값으로 된 다섯 개 항목을 이 Flux가 발행하는지 StepVerifier로 검사한다.

range()와 유사한 또 다른 Flux 생성 메서드로 interval()이 있다. range() 메서드처럼 interval()도 증가값을 방출하는 Flux를 생성한다. 그러나 시작 값과 종료 값 대신 값이 방출되는 시간 간격이나 주기를 지정한다. 그림 10.5에서는 interval() 생성 메서드의 마블 다이어그램을 보여준다.

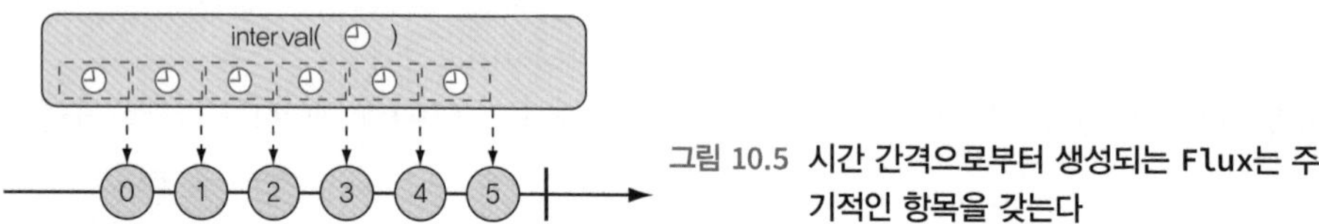

그림 10.5 시간 간격으로부터 생성되는 Flux는 주기적인 항목을 갖는다

예를 들어, 매초마다 값을 방출하는 Flux를 생성하려면 다음과 같이 static 메서드인 interval()을 사용하면 된다.

```
@Test
public void createAFlux_interval() {
  Flux<Long> intervalFlux =
      Flux.interval(Duration.ofSeconds(1))
          .take(5);

  StepVerifier.create(intervalFlux)
      .expectNext(0L)
      .expectNext(1L)
      .expectNext(2L)
      .expectNext(3L)
      .expectNext(4L)
      .verifyComplete();
}
```

이런 Flux가 방출하는 값은 0부터 시작하여 값이 증가한다는 것에 유의하자. 또한, interval()에는 최대값이 지정되지 않으므로 무한정 실행된다. 따라서 이 경우 take() 오퍼레이션을 사용해서 첫 번째 5개의 항목으로 결과를 제한할 수 있다. take() 오퍼레이션은 나중에 알아본다.

10.3.2 리액티브 타입 조합하기

두 개의 리액티브 타입을 결합해야 하거나 하나의 Flux를 두 개 이상의 리액티브 타입으로 분할해야 하는 경우가 있을 수 있다. 여기서는 리액터의 Flux나 Mono를 결합하거나 분할하는 오퍼레이션을 알아본다.

리액티브 타입 결합하기

두 개의 Flux 스트림이 있는데 이것을 하나의 결과 Flux로 생성해야 한다고 해보자. 이처럼 하나의 Flux를 다른 것과 결합하려면 mergeWith() 오퍼레이션을 사용하면 된다(그림 10.6).

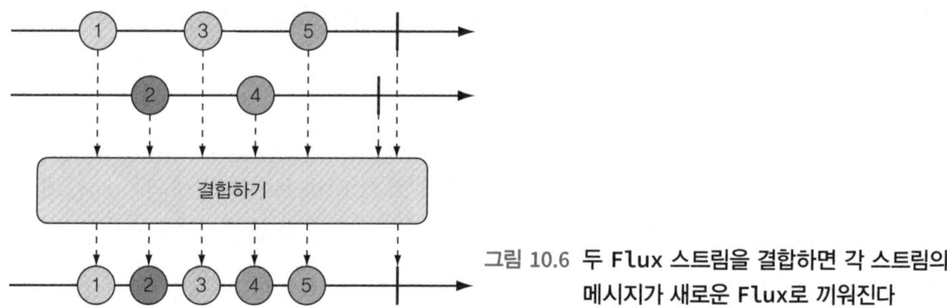

그림 10.6 **두 Flux 스트림을 결합하면 각 스트림의 메시지가 새로운 Flux로 끼워진다**

예를 들어, TV나 영화의 캐릭터 이름을 값으로 갖는 Flux가 하나 있고, 이 캐릭터들이 즐겨 먹는 식품 이름을 값으로 갖는 또 다른 Flux가 있다고 해보자. 다음의 테스트 코드에서는 mergeWith() 메서드를 사용해서 두 Flux의 객체들을 어떻게 결합하는지 보여준다.

```
@Test
public void mergeFluxes() {

  Flux<String> characterFlux = Flux
      .just("Garfield", "Kojak", "Barbossa")
      .delayElements(Duration.ofMillis(500));
  Flux<String> foodFlux = Flux
      .just("Lasagna", "Lollipops", "Apples")
      .delaySubscription(Duration.ofMillis(250))
      .delayElements(Duration.ofMillis(500));

  Flux<String> mergedFlux = characterFlux.mergeWith(foodFlux);

  StepVerifier.create(mergedFlux)
```

```
        .expectNext("Garfield")
        .expectNext("Lasagna")
        .expectNext("Kojak")
        .expectNext("Lollipops")
        .expectNext("Barbossa")
        .expectNext("Apples")
        .verifyComplete();
}
```

일반적으로 Flux는 가능한 빨리 데이터를 방출한다. 따라서 생성되는 Flux 스트림 두 개 모두에 delayElements() 오퍼레이션을 사용해서 조금 느리게 방출되도록(500밀리초마다) 하였다. 또한, foodFlux가 characterFlux 다음에 스트리밍을 시작하도록 foodFlux에 delaySubscription() 오퍼레이션을 적용하여 250밀리초가 지난 후에 구독 및 데이터를 방출하도록 하였다.

두 Flux 객체가 결합되면 하나의 Flux(mergedFlux)가 새로 생성된다. 그리고 mergedFlux를 StepVerifier가 구독할 때는 데이터의 흐름이 시작되면서 두 개의 소스 Flux 스트림을 번갈아 구독하게 된다.

mergedFlux로부터 방출되는 항목의 순서는 두 개의 소스 Flux로부터 방출되는 시간에 맞춰 결정된다. 여기서는 두 Flux 객체 모두 일정한 속도로 방출되게 설정되었으므로 두 Flux의 값은 번갈아 mergedFlux에 끼워진다. 즉, characterFlux 값, foodFlux 값, 다시 characterFlux 값, 이런 식이다. 만일 어느 한 쪽 Flux의 지연 시간이 변경된다면 한 Flux의 값이 두 번씩 방출되는 것을 볼 수도 있다.

mergeWith()는 소스 Flux들의 값이 완벽하게 번갈아 방출되게 보장할 수 없으므로 필요하다면 zip() 오퍼레이션을 대신 사용할 수 있다. 이 오퍼레이션은 각 Flux 소스로부터 한 항목씩 번갈아 가져와 새로운 Flux를 생성한다(그림 10.7).

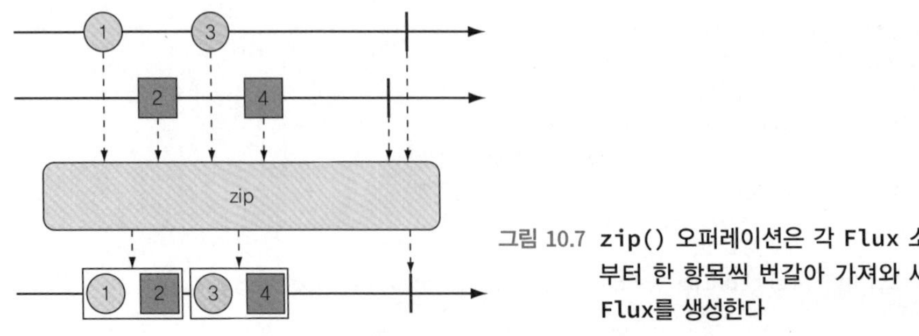

그림 10.7 **zip() 오퍼레이션은 각 Flux 소스로부터 한 항목씩 번갈아 가져와 새로운 Flux를 생성한다**

zip() 오퍼레이션이 실제 작동하는 것을 알아보기 위해 다음의 테스트 메서드를 살펴보자. 이전과 마찬가지로 소스 Flux는 캐릭터 이름 Flux와 식품 이름 Flux다.

```
@Test
public void zipFluxes() {
  Flux<String> characterFlux = Flux
      .just("Garfield", "Kojak", "Barbossa");
  Flux<String> foodFlux = Flux
      .just("Lasagna", "Lollipops", "Apples");

Flux<Tuple2<String, String>> zippedFlux =
      Flux.zip(characterFlux, foodFlux);

StepVerifier.create(zippedFlux)
      .expectNextMatches(p ->
          p.getT1().equals("Garfield") &&
          p.getT2().equals("Lasagna"))
      .expectNextMatches(p ->
          p.getT1().equals("Kojak") &&
          p.getT2().equals("Lollipops"))
      .expectNextMatches(p ->
          p.getT1().equals("Barbossa") &&
          p.getT2().equals("Apples"))
      .verifyComplete();
}
```

mergeWith()와 다르게 zip() 오퍼레이션은 정적인 생성 오퍼레이션이다. 따라서 여기서 생성되는 Flux는 캐릭터와 이 캐릭터가 좋아하는 식품을 완벽하게 조합한다. zippedFlux로부터 방출되는 각 항목은 Tuple2(두 개의 다른 객체를 전달하는 컨테이너 객체)이며, 각 소스 Flux가 순서대로 방출하는 항목을 포함한다.

만일 Tuple2가 아닌 다른 타입을 사용하고 싶다면 우리가 원하는 객체를 생성하는 함수를 zip()에 제공하면 된다(그림 10.8).

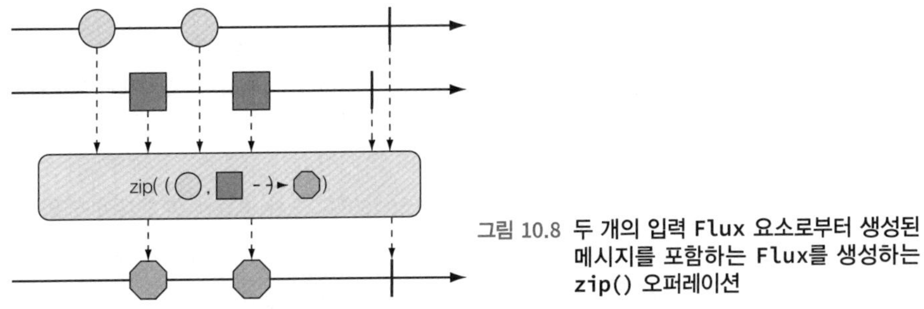

그림 10.8 **두 개의 입력 Flux 요소로부터 생성된 메시지를 포함하는 Flux를 생성하는 zip() 오퍼레이션**

예를 들어, 다음 테스트 메서드는 캐릭터 이름 Flux와 식품 이름 Flux를 zip()하여 String 객체의 Flux를 생성하는 방법을 보여준다.

```
@Test
public void zipFluxesToObject() {
  Flux<String> characterFlux = Flux
      .just("Garfield", "Kojak", "Barbossa");
  Flux<String> foodFlux = Flux
      .just("Lasagna", "Lollipops", "Apples");

  Flux<String> zippedFlux =
      Flux.zip(characterFlux, foodFlux, (c, f) -> c + " eats " + f);

  StepVerifier.create(zippedFlux)
      .expectNext("Garfield eats Lasagna")
      .expectNext("Kojak eats Lollipops")
      .expectNext("Barbossa eats Apples")
      .verifyComplete();
}
```

zip()에 전달되는 함수(여기서는 람다)에서는 두 Flux의 항목을 문자열로 결합하며, 이 문자열이 결과 zippedFlux의 항목이 된다.

먼저 값을 방출하는 리액티브 타입 선택하기

두 개의 Flux 객체가 있는데, 이것을 결합하는 대신 먼저 값을 방출하는 소스 Flux의 값을 발행하는 새로운 Flux를 생성하고 싶다고 해보자. 그림 10.9가 보여주듯이 first() 오퍼레이션은 두 Flux 객체 중 먼저 값을 방출하는 Flux의 값을 선택해서 이 값을 발행한다.

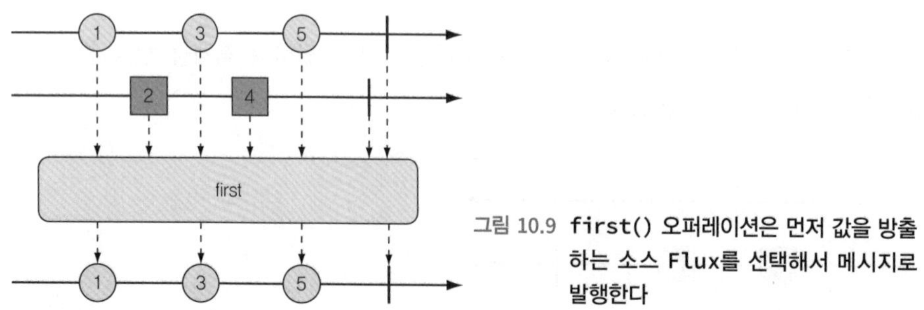

그림 10.9 **first() 오퍼레이션은 먼저 값을 방출하는 소스 Flux를 선택해서 메시지로 발행한다**

다음의 테스트 메서드에서는 빠른 Flux와 느린 Flux(100밀리초가 경과한 후 구독이 신청되고 항목을 발행하므로 느리다고 한 것이다)를 생성한다. 그리고 first()를 사용하여 새로운 Flux를 생성한다. 이 Flux는 먼저 값을 방출하는 소스 Flux의 값만 발행한다.

```
@Test
public void firstFlux() {
  Flux<String> slowFlux = Flux.just("tortoise", "snail", "sloth")
      .delaySubscription(Duration.ofMillis(100));
  Flux<String> fastFlux = Flux.just("hare", "cheetah", "squirrel");

  Flux<String> firstFlux = Flux.first(slowFlux, fastFlux);

  StepVerifier.create(firstFlux)
      .expectNext("hare")
      .expectNext("cheetah")
      .expectNext("squirrel")
      .verifyComplete();
}
```

이 경우 느린 Flux(slowFlux)는 100밀리초가 경과한 후에 구독 신청과 발행을 시작하므로 새로 생성되는 Flux(firstFlux)는 느린 Flux를 무시하고 빠른 Flux(fastFlux)의 값만 발행하게 된다.

10.3.3 리액티브 스트림의 변환과 필터링

데이터가 스트림을 통해 흐르는 동안 일부 값을 필터링하거나(걸러내거나) 다른 값으로 변경해야 할 경우가 있다. 여기서는 리액티브 스트림을 통해 전달되는 데이터를 변환하거나 필터링하는 오퍼레이션을 알아본다.

리액티브 타입으로부터 데이터 필터링하기

Flux로부터 데이터가 전달될 때 이것을 필터링하는 가장 기본적인 방법은 맨 앞부터 원하는 개수의 항목을 무시하는 것이다. 이때 skip() 오퍼레이션을 사용한다(그림 10.10).

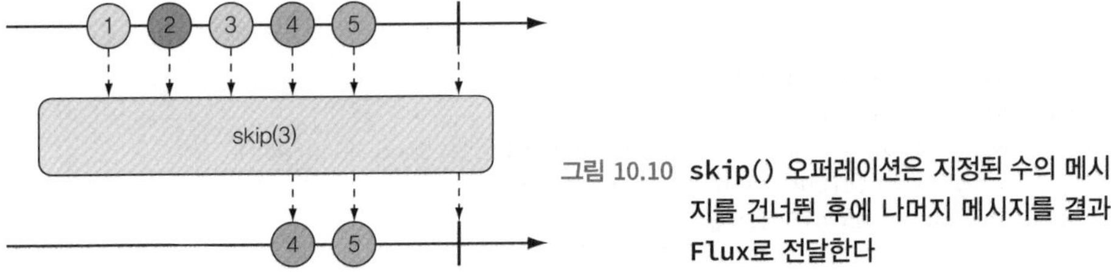

그림 10.10 **skip() 오퍼레이션은 지정된 수의 메시지를 건너뛴 후에 나머지 메시지를 결과 Flux로 전달한다**

다수의 항목을 갖는 소스 Flux가 지정되었을 때 skip() 오퍼레이션은 소스 Flux의 항목에서 지정된 수만큼 건너뛴 후 나머지 항목을 방출하는 새로운 Flux를 생성한다. 다음의 테스트 메서드에서는 skip()의 사용법을 보여준다.

```
@Test
public void skipAFew() {
  Flux<String> skipFlux = Flux.just(
      "one", "two", "skip a few", "ninety nine", "one hundred")
      .skip(3);

  StepVerifier.create(skipFlux)
      .expectNext("ninety nine", "one hundred")
      .verifyComplete();
}
```

여기서는 다섯 개의 항목을 갖는 Flux가 있다. 이 Flux에 대해 skip(3)를 호출하면 처음 세 개의 항목을 건너뛰고 마지막 두 항목만 발행하는 새로운 Flux(skipFlux)를 생성한다.

그러나 특정 수의 항목을 건너뛰는 대신, 일정 시간이 경과할 때까지 처음의 여러 항목을 건너뛰어야 하는 경우가 있다. 이런 형태의 skip() 오퍼레이션은 지정된 시간이 경과할 때까지 기다렸다가 소스 Flux의 항목을 방출하는 Flux를 생성한다(그림 10.11).

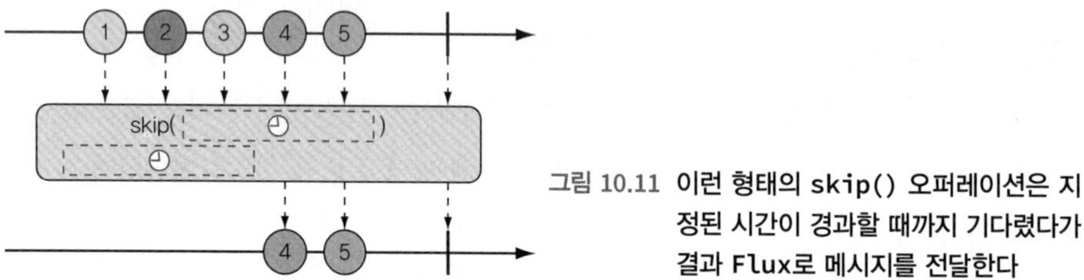

그림 10.11 이런 형태의 skip() 오퍼레이션은 지정된 시간이 경과할 때까지 기다렸다가 결과 Flux로 메시지를 전달한다

다음의 테스트 메서드에서는 skip()을 사용해서 4초 동안 기다렸다가 값을 방출하는 결과 Flux를 생성한다. 여기서는 항목 간에 1초 동안 지연되는(delayElements()를 사용함) Flux로부터 결과 Flux(skipFlux)가 생성되었으므로 마지막 두 개의 항목만이 방출된다.

```
@Test
public void skipAFewSeconds() {
  Flux<String> skipFlux = Flux.just(
      "one", "two", "skip a few", "ninety nine", "one hundred")
      .delayElements(Duration.ofSeconds(1))
      .skip(Duration.ofSeconds(4));

  StepVerifier.create(skipFlux)
      .expectNext("ninety nine", "one hundred")
      .verifyComplete();
}
```

skip() 오퍼레이션의 반대 기능이 필요할 때는 take()를 고려할 수 있다. skip()이 처음의 여러 개 항목을 건너뛰는 반면, take()는 처음부터 지정된 수의 항목만을 방출한다(그림 10.12).

```
@Test
public void take() {
  Flux<String> nationalParkFlux = Flux.just(
          "Yellowstone", "Yosemite", "Grand Canyon",
          "Zion", "Grand Teton")
      .take(3);

  StepVerifier.create(nationalParkFlux)
      .expectNext("Yellowstone", "Yosemite", "Grand Canyon")
      .verifyComplete();
}
```

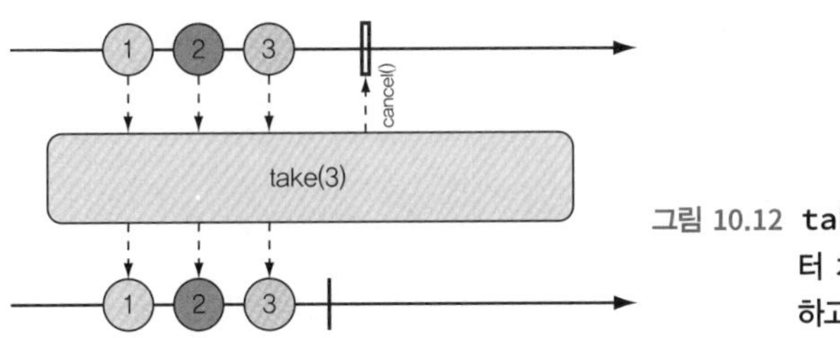

그림 10.12 **take() 오퍼레이션은 입력 Flux로부터 처음부터 지정된 수의 메시지만 전달하고 구독을 취소시킨다**

skip()처럼 take()도 항목 수가 아닌 경과 시간을 기준으로 하는 다른 형태를 갖는다. 이 경우 소스 Flux로부터 전달되는 항목이 일정 시간이 경과될 동안만 방출된다(그림 10.13).

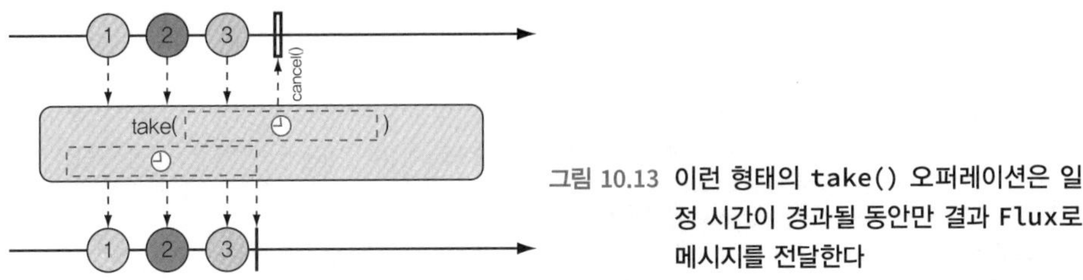

그림 10.13 **이런 형태의 take() 오퍼레이션은 일정 시간이 경과될 동안만 결과 Flux로 메시지를 전달한다**

다음의 테스트 메서드에서는 이런 형태의 take()를 사용해서 처음 3.5초 동안만 항목을 방출한다.

```
@Test
public void take() {
  Flux<String> nationalParkFlux = Flux.just(
          "Yellowstone", "Yosemite", "Grand Canyon",
```

```
            "Zion", "Grand Teton")
        .delayElements(Duration.ofSeconds(1))
        .take(Duration.ofMillis(3500));

    StepVerifier.create(nationalParkFlux)
        .expectNext("Yellowstone", "Yosemite", "Grand Canyon")
        .verifyComplete();
}
```

skip()과 take() 오퍼레이션은 카운트나 경과 시간을 필터 조건으로 하는 일종의 필터 오퍼레이션이라고 생각할 수 있다. 그러나 Flux 값의 더 범용적인 필터링을 할 때는 filter() 오퍼레이션이 매우 유용하다.

Flux를 통해 항목을 전달할 것인가의 여부를 결정하는 조건식(Predicate)이 지정되면 filter() 오퍼레이션에서 우리가 원하는 조건을 기반으로 선택적인 발행을 할 수 있다(그림 10.14).

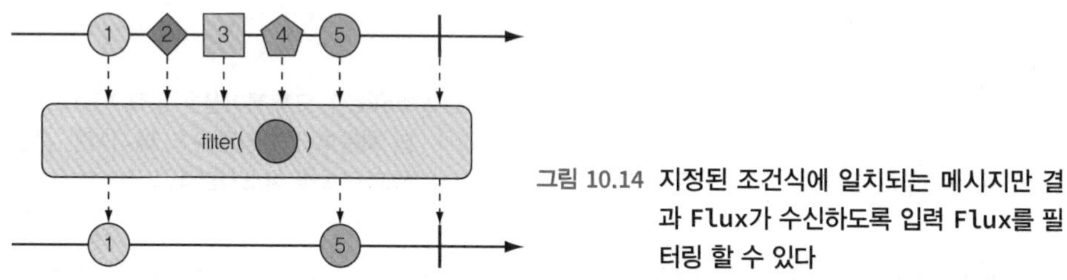

그림 10.14 **지정된 조건식에 일치되는 메시지만 결과 Flux가 수신하도록 입력 Flux를 필터링 할 수 있다**

filter()가 실제 어떻게 작동하는지 알아보기 위해 다음 테스트 메서드를 살펴보자.

```
@Test
public void filter() {
    Flux<String> nationalParkFlux = Flux.just(
            "Yellowstone", "Yosemite", "Grand Canyon",
            "Zion", "Grand Teton")
        .filter(np -> !np.contains(" "));
    StepVerifier.create(nationalParkFlux)
        .expectNext("Yellowstone", "Yosemite", "Zion")
        .verifyComplete();
}
```

여기서 filter()에는 람다로 조건식이 지정되었으며, 이 람다에서는 공백space이 없는 문자열 값만 받는다. 따라서 "Grand Canyon"과 "Grand Teton"은 결과 Flux에서 제외된다.

경우에 따라서는 이미 발행되어 수신된 항목을 필터링으로 걸러낼 필요가 있을 것이다. 이때

distinct() 오퍼레이션을 사용하면 발행된 적이 없는(중복되지 않는) 소스 Flux의 항목만 발행하는 결과 Flux를 생성한다(그림 10.15).

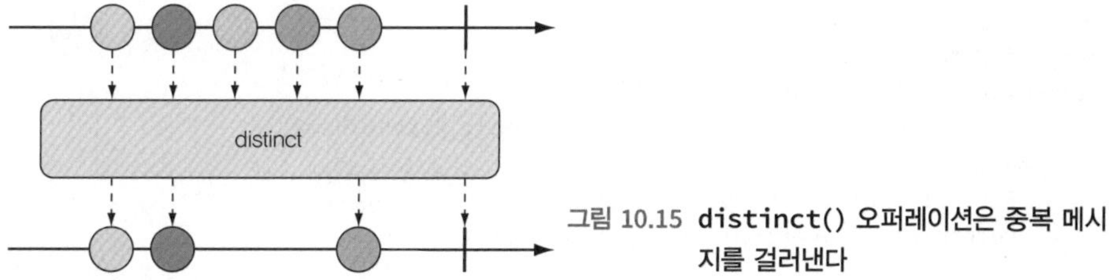

그림 10.15 **distinct() 오퍼레이션은 중복 메시지를 걸러낸다**

다음 테스트에서는 고유한 문자열 값들만 결과 Flux로부터 방출된다.

```
@Test
public void distinct() {
  Flux<String> animalFlux = Flux.just(
      "dog", "cat", "bird", "dog", "bird", "anteater")
      .distinct();

  StepVerifier.create(animalFlux)
      .expectNext("dog", "cat", "bird", "anteater")
      .verifyComplete();
}
```

"dog"과 "bird"는 소스 Flux에서 각각 두 번 발행되었지만, 결과 Flux에는 하나씩만 포함된다.

리액티브 데이터 매핑하기

Flux나 Mono에 가장 많이 사용하는 오퍼레이션 중 하나는 발행된 항목을 다른 형태나 타입으로 매핑(변환)하는 것이다. 리액터의 타입은 이런 목적의 map()과 flatMap() 오퍼레이션을 제공한다.

map() 오퍼레이션은 변환(각 객체에 지정된 함수에 의해 처리되는)을 수행하는 Flux를 생성한다(그림 10.16).

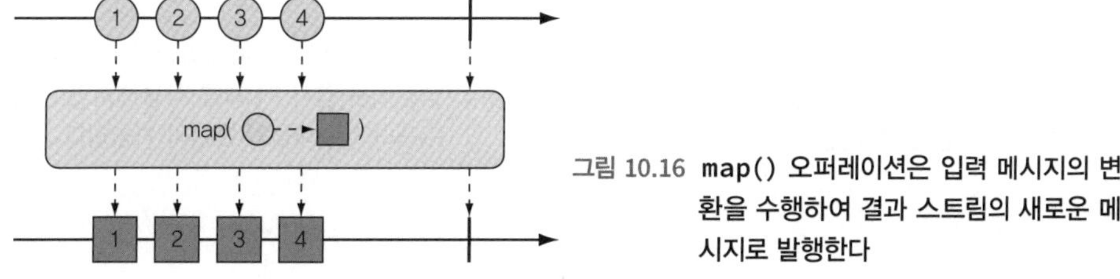

그림 10.16 **map() 오퍼레이션은 입력 메시지의 변환을 수행하여 결과 스트림의 새로운 메시지로 발행한다**

다음 테스트 메서드에서는 농구 선수 이름을 나타내는 문자열 값을 전달하는 소스 Flux가 Player 객체를 발행하는 새로운 Flux로 변환된다.

```
@Test
public void map() {
  Flux<Player> playerFlux = Flux
      .just("Michael Jordan", "Scottie Pippen", "Steve Kerr")
      .map(n -> {
        String[] split = n.split("\\s");
        return new Player(split[0], split[1]);
      });

  StepVerifier.create(playerFlux)
      .expectNext(new Player("Michael", "Jordan"))
      .expectNext(new Player("Scottie", "Pippen"))
      .expectNext(new Player("Steve", "Kerr"))
      .verifyComplete();
}
```

map()에 지정된 함수(여기서는 람다로 지정됨)에서는 공백을 기준으로 입력 문자열을 분리하여 배열에 넣고 이 배열을 사용해서 Player 객체를 생성한다. 여기서 just()로 생성된 Flux는 String 객체를 발행하지만, map()의 결과로 생성된 Flux는 Player 객체를 발행한다.

map()에서 알아 둘 중요한 것은, 각 항목이 소스 Flux로부터 발행될 때 동기적으로(각 항목을 순차적 처리) 매핑이 수행된다는 것이다. 따라서 비동기적으로 (각 항목을 병행 처리) 매핑을 수행하고 싶다면 flatMap() 오퍼레이션을 사용해야 한다.

그러나 flatMap() 오퍼레이션을 능숙하게 사용하려면 잘 이해하고 연습도 많이 해야 한다. map()에서는 한 객체를 다른 객체로 매핑하는 정도였지만, 그림 10.17에서 볼 수 있듯이 flatMap()에서는 각 객체를 새로운 Mono나 Flux로 매핑하며, 해당 Mono나 Flux들의 결과는 하나의 새로운 Flux가 된다. flatMap()을 subscribeOn()과 함께 사용하면 리액터 타입의 변환을 비동기적으로 수행할 수 있다.

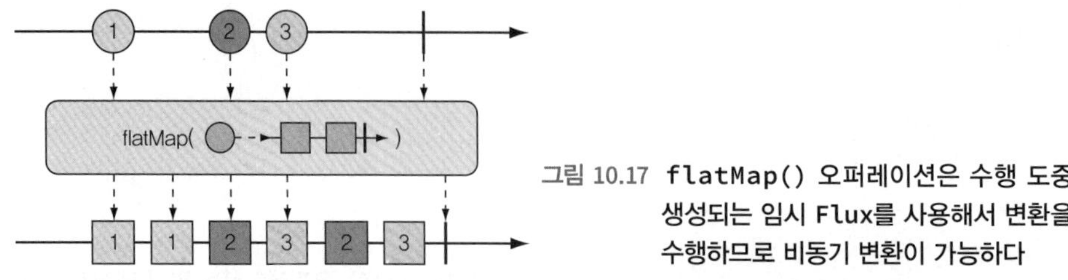

그림 10.17 **flatMap() 오퍼레이션은 수행 도중 생성되는 임시 Flux를 사용해서 변환을 수행하므로 비동기 변환이 가능하다**

다음의 테스트 메서드를 보자.

```
@Test
public void flatMap() {
  Flux<Player> playerFlux = Flux
    .just("Michael Jordan", "Scottie Pippen", "Steve Kerr")
    .flatMap(n -> Mono.just(n)
        .map(p -> {
            String[] split = p.split("\\s");
            return new Player(split[0], split[1]);
          })
        .subscribeOn(Schedulers.parallel())
    );

  List<Player> playerList = Arrays.asList(
      new Player("Michael", "Jordan"),
      new Player("Scottie", "Pippen"),
      new Player("Steve", "Kerr"));

  StepVerifier.create(playerFlux)
      .expectNextMatches(p -> playerList.contains(p))
      .expectNextMatches(p -> playerList.contains(p))
      .expectNextMatches(p -> playerList.contains(p))
      .verifyComplete();
}
```

여기서는 String 타입의 입력 문자열을 String 타입의 Mono로 변환하는 람다가 flatMap()에 지정되었다. 그다음에 map() 오퍼레이션이 해당 Mono에 적용되어 String 객체를 Player 객체로 변환한다.

만일 여기서 멈춘다면 결과 Flux는 Player 객체를 전달할 것이며, Player 객체는 바로 전의 map() 예와 동일한 순서로(동기적으로) 생성된다. 그러나 마지막에 subscribeOn()을 호출하였다. 이것은 각 구독이 병렬 스레드로 수행되어야 한다는 것을 나타낸다. 따라서 다수의 입력 객체(String 타입)들의 map() 오퍼레이션이 비동기적으로 병행 수행될 수 있다.

subscribeOn()의 이름은 subscribe()와 유사하지만, 두 오퍼레이션은 매우 다르다. subscribe()는 이름이 동사형이면서 리액티브 플로우를 구독 요청하고 실제로 구독하는 반면, subscribeOn()은 이름이 더 서술적이면서 구독이 동시적으로 처리되어야 한다는 것을 지정한다. 리액터는 어떤 특정 동시성 모델도 강요하지 않으며, 우리가 사용하기 원하는 동시성 모델을 subscribeOn()의 인자로 지정할 수 있다. 이때 Schedulers의 static 메서드 중 하나를 사용한다. 이 예에서는 고정된 크기의 스레드 풀(CPU 코어의 개수가 크기가 됨)의 작업 스레드로 실행되는 parallel()을 사용하였다. 그러나 Schedulers는 표 10.1의 몇 가지 동시성 모델을 지원한다.

표 10.1 Schedulers의 동시성 모델

Schedulers 메서드	개요
.immediate()	현재 스레드에서 구독을 실행한다.
.single()	단일의 재사용 가능한 스레드에서 구독을 실행한다. 모든 호출자에 대해 동일한 스레드를 재사용한다.
.newSingle()	매 호출마다 전용 스레드에서 구독을 실행한다.
.elastic()	무한하고 신축성 있는 풀에서 가져온 작업 스레드에서 구독을 실행한다. 필요 시 새로운 작업 스레드가 생성되며, 유휴 스레드는 제거된다(기본적으로 60초 후에).
.parallel()	고정된 크기의 풀에서 가져온 작업 스레드에서 구독을 실행하며, CPU 코어의 개수가 크기가 된다.

flatMap()이나 subscribeOn()을 사용할 때의 장점은 다수의 병행 스레드에 작업을 분할하여 스트림의 처리량을 증가시킬 수 있다는 것이다. 그러나 작업이 병행으로 수행되므로 어떤 작업이 먼저 끝날지 보장이 안 되어 결과 Flux에서 방출되는 항목의 순서를 알 방법이 없다. 따라서 방출되는 각 항목이 우리가 기대하는 Player 객체 리스트에 존재하는지, 그리고 3개의 항목이 있는지만 StepVerifier가 검사할 수 있다(그림 10.17의 예제 코드 참조).

리액티브 스트림의 데이터 버퍼링하기

Flux를 통해 전달되는 데이터를 처리하는 동안 데이터 스트림을 작은 덩어리로 분할하면 도움이 될 수 있다. 이때 buffer() 오퍼레이션을 사용할 수 있다(그림 10.18).

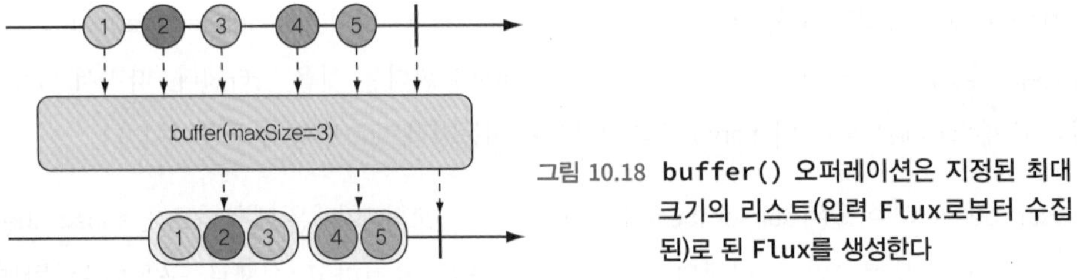

그림 10.18 **buffer() 오퍼레이션은 지정된 최대 크기의 리스트(입력 Flux로부터 수집된)로 된 Flux를 생성한다**

문자열 값(과일의 이름)을 갖는 Flux가 지정되었을 때 이 Flux로부터 List 컬렉션들을 포함하는 새로운 Flux를 생성할 수 있다. 이때 각 List는 지정된 수 이내의 요소들을 갖는다.

```
@Test
public void buffer() {
```

```
    Flux<String> fruitFlux = Flux.just(
        "apple", "orange", "banana", "kiwi", "strawberry");

    Flux<List<String>> bufferedFlux = fruitFlux.buffer(3);

    StepVerifier
        .create(bufferedFlux)
        .expectNext(Arrays.asList("apple", "orange", "banana"))
        .expectNext(Arrays.asList("kiwi", "strawberry"))
        .verifyComplete();
}
```

이 경우 String 요소의 Flux는 List 컬렉션(각각 세 개 이내의 항목들을 포함하는)을 포함하는 새로운 Flux로 버퍼링한다. 따라서 5개의 String 값을 방출하는 원래의 Flux는 두 개의 컬렉션(세 개의 과일을 포함하는 것과 두 개의 과일을 포함하는 것)을 방출하는 Flux로 변환된다.

이처럼 리액티브 Flux로부터 리액티브가 아닌 List 컬렉션으로 버퍼링되는 값은 비생산적인 것처럼 보인다. 그러나 buffer()를 flatMap()과 같이 사용하면 각 List 컬렉션을 병행으로 처리할 수 있다.

```
Flux.just("apple", "orange", "banana", "kiwi", "strawberry")
    .buffer(3)
    .flatMap(x ->
      Flux.fromIterable(x)
        .map(y -> y.toUpperCase())
        .subscribeOn(Schedulers.parallel())
        .log()
    ).subscribe();
```

여기서는 5개의 값으로 된 Flux를 새로운 Flux로 버퍼링하지만, 이 Flux는 여전히 List 컬렉션을 포함한다. 그러나 그다음에 List 컬렉션의 Flux에 flatMap()을 적용한다. 이 경우 flatMap()에서는 각 List 버퍼를 가져와서 해당 List의 요소로부터 새로운 Flux를 생성하고 map() 오퍼레이션을 적용한다. 따라서 버퍼링된 각 List는 별도의 스레드에서 병행으로 계속 처리될 수 있다.

정말 이렇게 실행되는지 확인하기 위해 각 하위 Flux에 log() 오퍼레이션을 포함시켰다. log() 오퍼레이션은 모든 리액티브 스트림 이벤트를 로깅하므로 실제 어떻게 되는지 파악할 수 있다. 결과적으로 다음 항목들이 로그에 수록되었다(내용을 간략하게 하기 위해 시간 부분은 삭제하였다).

```
[main] INFO reactor.Flux.SubscribeOn.1 -
             onSubscribe(FluxSubscribeOn.SubscribeOnSubscriber)
[main] INFO reactor.Flux.SubscribeOn.1 - request(32)
[main] INFO reactor.Flux.SubscribeOn.2 -
             onSubscribe(FluxSubscribeOn.SubscribeOnSubscriber)
[main] INFO reactor.Flux.SubscribeOn.2 - request(32)
[parallel-1] INFO reactor.Flux.SubscribeOn.1 - onNext(APPLE)
[parallel-2] INFO reactor.Flux.SubscribeOn.2 - onNext(KIWI)
[parallel-1] INFO reactor.Flux.SubscribeOn.1 - onNext(ORANGE)
[parallel-2] INFO reactor.Flux.SubscribeOn.2 - onNext(STRAWBERRY)
[parallel-1] INFO reactor.Flux.SubscribeOn.1 - onNext(BANANA)
[parallel-1] INFO reactor.Flux.SubscribeOn.1 - onComplete()
[parallel-2] INFO reactor.Flux.SubscribeOn.2 - onComplete()
```

로그 항목이 분명하게 보여주듯이, 첫 번째 버퍼의 과일(apple, orange, banana)들은 parallel-1 스레드에서 처리되었다. 그리고 그동안에 두 번째 버퍼의 과일(kiwi, strawberry)들은 parallel-2 스레드가 처리하였다. 이것으로 볼 때 두 개의 버퍼가 서로 다른 스레드에서 병행 처리되었음을 알 수 있다.

만일 어떤 이유로든 Flux가 방출하는 모든 항목을 List로 모을 필요가 있다면 인자를 전달하지 않고 buffer()를 호출하면 된다.

```
Flux<List<String>> bufferedFlux = fruitFlux.buffer();
```

이 경우 소스 Flux가 발행한 모든 항목을 포함하는 List를 방출하는 새로운 Flux가 생성된다. collectList() 오퍼레이션을 사용해도 같은 결과를 얻을 수 있다(그림 10.19).

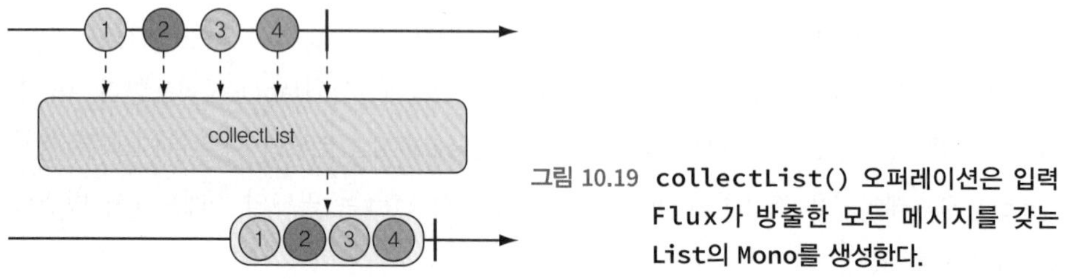

그림 10.19 collectList() 오퍼레이션은 입력 Flux가 방출한 모든 메시지를 갖는 List의 Mono를 생성한다.

collectList()는 List를 발행하는 Flux 대신 Mono를 생성한다. 다음의 테스트 메서드에서는 collectList()의 사용법을 보여준다.

```
@Test
public void collectList() {
  Flux<String> fruitFlux = Flux.just(
```

```
        "apple", "orange", "banana", "kiwi", "strawberry");

    Mono<List<String>> fruitListMono = fruitFlux.collectList();

    StepVerifier
        .create(fruitListMono)
        .expectNext(Arrays.asList(
            "apple", "orange", "banana", "kiwi", "strawberry"))
        .verifyComplete();
}
```

Flux가 방출하는 항목들을 모으는 훨씬 더 흥미로운 방법으로 collectMap()이 있다. 그림 10.20에서 볼 수 있듯이, collectMap() 오퍼레이션은 Map을 포함하는 Mono를 생성한다. 이때 해당 Map에는 지정된 함수로 산출된 키를 갖는 항목이 저장된다.

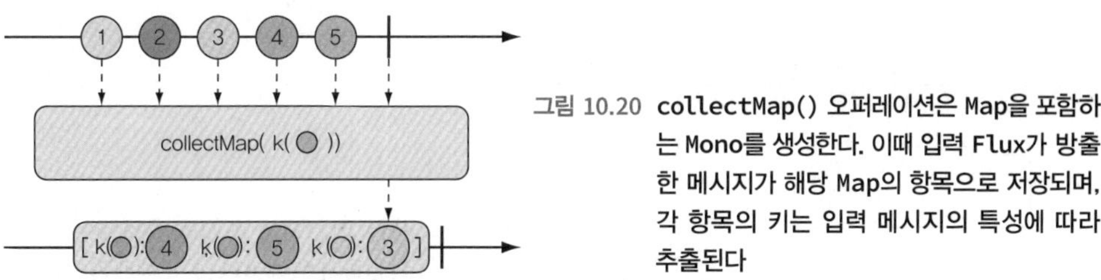

그림 10.20 **collectMap() 오퍼레이션은 Map을 포함하는 Mono를 생성한다. 이때 입력 Flux가 방출한 메시지가 해당 Map의 항목으로 저장되며, 각 항목의 키는 입력 메시지의 특성에 따라 추출된다**

collectMap()이 실제 어떻게 작동하는지 알아보기 위해 다음 테스트 메서드를 살펴보자.

```
@Test
public void collectMap() {
    Flux<String> animalFlux = Flux.just(
        "aardvark", "elephant", "koala", "eagle", "kangaroo");

    Mono<Map<Character, String>> animalMapMono =
        animalFlux.collectMap(a -> a.charAt(0));

    StepVerifier
        .create(animalMapMono)
        .expectNextMatches(map -> {
          return
              map.size() == 3 &&
              map.get('a').equals("aardvark") &&
              map.get('e').equals("eagle") &&
              map.get('k').equals("kangaroo");
        })
        .verifyComplete();
}
```

여기서 소스 Flux(animalFlux)는 소수의 동물 이름을 방출한다. 그리고 이 Flux로부터 collectMap()을 사용해서 Map을 방출하는 새로운 Mono(animalMapMono)를 생성한다. 이 때 Map의 키는 동물 이름의 첫 번째 문자로 결정되며, 키의 항목 값은 동물 이름 자체가 된다. 두 동물 이름이 같은 문자로 시작하는 경우(**elephant**와 **eagle**, **koala**와 **kangaroo**)는 Map의 키가 같아진다. 따라서 스트림의 동물 이름이 Map에 저장될 때 앞에 있는 항목 값이 나중에 나온 항목 값으로 변경된다. 즉, Map에서 키가 'e'인 항목의 값은 'elephant'였다가 변경되어 'eagle'이 되고, 키가 'k'인 항목의 값은 'koala'였다가 변경되어 'kangaroo'가 된다.

10.3.4 리액티브 타입에 로직 오퍼레이션 수행하기

Mono나 Flux가 발행한 항목이 어떤 조건과 일치하는지만 알아야 할 경우가 있다. 이때는 all()이나 any() 오퍼레이션이 그런 로직을 수행한다(그림 10.21과 10.22).

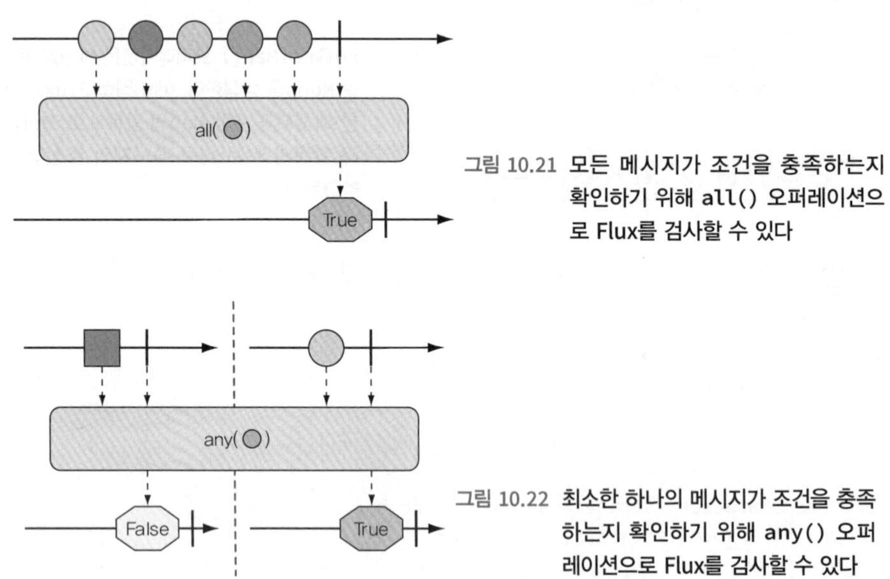

그림 10.21 모든 메시지가 조건을 충족하는지 확인하기 위해 all() 오퍼레이션으로 Flux를 검사할 수 있다

그림 10.22 최소한 하나의 메시지가 조건을 충족하는지 확인하기 위해 any() 오퍼레이션으로 Flux를 검사할 수 있다

Flux가 발행하는 모든 문자열이 문자 a나 k를 포함하는지 알고 싶다고 하자. 다음 테스트에서는 all()을 사용해서 이런 조건을 검사하는 방법을 보여준다.

```
@Test
public void all() {
  Flux<String> animalFlux = Flux.just(
      "aardvark", "elephant", "koala", "eagle", "kangaroo");
```

```
  Mono<Boolean> hasAMono = animalFlux.all(a -> a.contains("a"));
  StepVerifier.create(hasAMono)
    .expectNext(true)
    .verifyComplete();

  Mono<Boolean> hasKMono = animalFlux.all(a -> a.contains("k"));
  StepVerifier.create(hasKMono)
    .expectNext(false)
    .verifyComplete();
}
```

첫 번째 StepVerifier에서는 문자 a를 검사한다. all 오퍼레이션이 소스 Flux(animalFlux)에 적용되었고 결과는 Boolean 타입의 Mono(hasAMono)로 생성된다. 여기서는 모든 동물 이름에 문자 a가 포함되어 있으므로 결과 Mono(hasAMono)로부터 true가 방출된다. 그러나 두 번째 StepVerifier에서는 결과 Mono(hasKMono)가 false를 방출한다. 문자 k는 모든 동물 이름에 포함되지 않았기 때문이다.

이처럼 '모 아니면 도'와 같은 검사를 수행하지 않고 최소한 하나의 항목이 일치하는지 검사할 경우가 있다. 이때는 any() 오퍼레이션을 사용한다. 다음 테스트에서는 any()를 사용해서 문자 t와 z를 검사한다.

```
@Test
public void any() {
  Flux<String> animalFlux = Flux.just(
      "aardvark", "elephant", "koala", "eagle", "kangaroo");

  Mono<Boolean> hasTMono = animalFlux.any(a -> a.contains("t"));

  StepVerifier.create(hasTMono)
    .expectNext(true)
    .verifyComplete();

  Mono<Boolean> hasZMono = animalFlux.any(a -> a.contains("z"));
  StepVerifier.create(hasZMono)
    .expectNext(false)
    .verifyComplete();
}
```

첫 번째 StepVerifier에서는 결과 Mono(hasTMono)가 true를 방출한다는 것을 알 수 있다. 최소한 하나의 동물 이름(여기서는 **elephant**)에 문자 t가 포함되어 있기 때문이다. 그러나 두 번째 StepVerifier에서는 결과 Mono(hasZMono)가 false를 방출한다. 문자 z를 포함하는 동물 이름이 하나도 없기 때문이다.

이번 장에서는 리액터의 핵심 리액티브 타입인 `Flux`와 `Mono`로 수행할 수 있는 각종 오퍼레이션을 알아보았다. 지금부터는 이런 오퍼레이션들의 테스트 코드를 포함하는 프로젝트를 빌드하고 실행해 볼 것이다.

10.4 리액티브 오퍼레이션 테스트 프로젝트 빌드 및 실행하기

우선, STS가 실행 중이라면 STS를 종료하자. 그리고 각자 STS 작업 영역 디렉터리에 생성한 .metadata 서브 디렉터리를 삭제하자(이전의 다른 프로젝트를 열고 사용할 때 남아 있던 정보로 인한 오류 발생 가능성을 방지하기 위함이다).

그리고 이 책의 다운로드 코드(다운로드하는 방법은 이 책 맨 앞에 있는 '이 책에 대하여'를 참고)에서 Ch10 서브 디렉터리를 각자 STS 작업 영역 디렉터리 아래에 복사하자. 여기서는 C:\Spring5-In-Action을 STS 작업 영역으로 지정하였고, 10장의 테스트 코드가 있는 Ch10 서브 디렉터리를 이 아래에 복사한 것으로 간주한다.

STS를 실행하고 오른쪽 제일 위에 **자바 퍼스펙티브**( )가 선택되어 있는지 확인한다(자바 퍼스펙티브는 STS의 기본 퍼스펙티브다).

STS 메뉴의 **File ⇨ Open Projects from File System…**을 선택하면 그림 10.23의 대화상자가 나타난다.

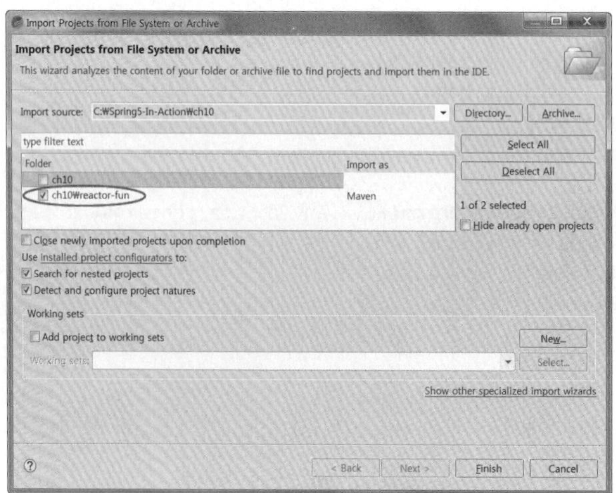

그림 10.23 프로젝트 열기 대화상자

Directory… 버튼을 클릭하여 나타나는 대화상자에서 **Ch10 서브 디렉터리**를 선택하면 잠시 후에 STS가 그림 10.23처럼 이 디렉터리의 모든 프로젝트 폴더를 찾아 보여준다. 여기서는 reactor-fun 프로젝트 폴더만 체크된 상태로 두고 나머지 폴더는 체크를 해제한다. 그다음에 **Finish** 버튼을 클릭하면 STS가 reactor-fun 프로젝트를 열고 그림 10.24와 같이 패키지 탐색기 창에 보여준다(**각 항목 왼쪽의 화살표**를 클릭하면 항목을 확장 또는 축소해서 볼 수 있다).

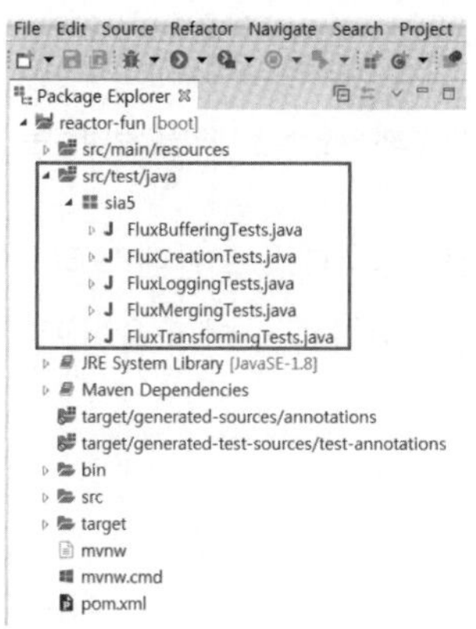

그림 10.24 reactor-fun 프로젝트가 열린 패키지 탐색기 창

reactor-fun 프로젝트는 리액티브 타입의 각종 오퍼레이션들을 테스트하는 클래스들을 포함한다. 그림 10.24에 있듯이 이 클래스들은 reactor-fun/src/test/java/sia5 아래에 있다.

reactor-fun 프로젝트를 빌드하고 실행해 보자. 패키지 탐색기의 **reactor-fun [boot]**에서 오른쪽 마우스 버튼을 클릭(또는 제일 위 왼쪽의 **Run** 툴바(▶ ▾)를 클릭)한 후 **Run As ⇨ JUnit Test**를 선택한다. 그러면 그림 10.24에 있는 5개의 테스트 클래스가 실행되고 그 결과가 패키지 탐색기 창의 탭으로 나타난다(그림 10.25).

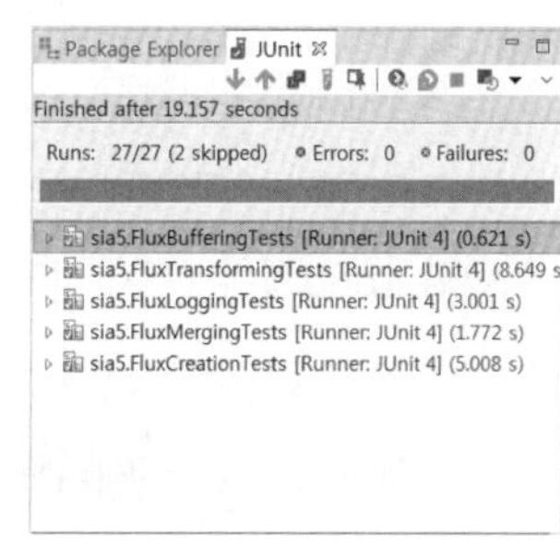

그림 10.25 JUnit 테스트 결과

그리고 **각 테스트 항목의 왼쪽 화살표**를 클릭하여 확장하면 어떤 오퍼레이션을 테스트했고 실행 시간은 얼마나 걸렸는지 보여준다. 예를 들어, sia5.FluxBufferingTests를 확장하면 그림 10.26과 같다.

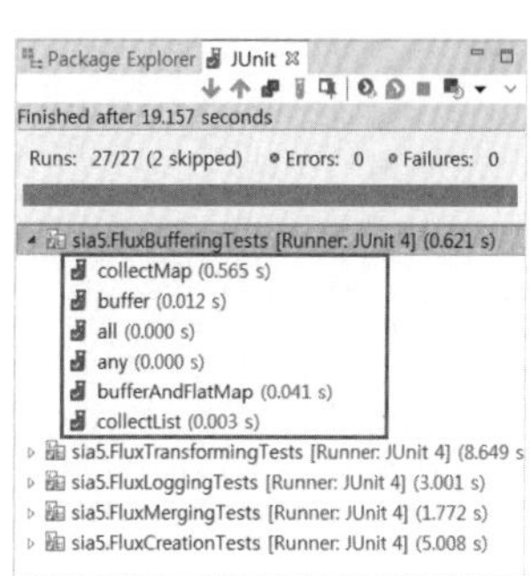

그림 10.26 sia5.FluxBufferingTests의 테스트 오퍼레이션 내역

또한, 이 오퍼레이션들이 어떻게 수행되었는지를 나타내는

로그 메시지를 콘솔에 보여준다(그림 10.27).

```
Problems  Javadoc  Declaration  Console
<terminated> reactor-fun [JUnit] C:₩Program Files₩Java₩jre1.8.0_202₩bin₩javaw.exe (2020. 4. 3. 오전 11:17:19 – 오전 11:17:40)
11:17:22.378 [main] INFO reactor.Flux.SubscribeOn.2 - onSubscribe(FluxSubscribeOn.SubscribeOnSubscriber)
11:17:22.379 [main] INFO reactor.Flux.SubscribeOn.2 - request(32)
11:17:22.438 [parallel-2] INFO reactor.Flux.SubscribeOn.2 - onNext(KIWI)
11:17:22.439 [parallel-2] INFO reactor.Flux.SubscribeOn.2 - onNext(STRAWBERRY)
11:17:22.439 [parallel-2] INFO reactor.Flux.SubscribeOn.2 - onComplete()
11:17:22.442 [parallel-1] INFO reactor.Flux.SubscribeOn.1 - onNext(APPLE)
11:17:22.442 [parallel-1] INFO reactor.Flux.SubscribeOn.1 - onNext(ORANGE)
11:17:22.442 [parallel-1] INFO reactor.Flux.SubscribeOn.1 - onNext(BANANA)
11:17:22.442 [parallel-1] INFO reactor.Flux.SubscribeOn.1 - onComplete()
11:17:31.030 [parallel-2] INFO reactor.Mono.MapFuseable.4 - | onSubscribe([Fuseable] FluxMapFuseable.MapFuseableSubscriber)
11:17:31.031 [parallel-2] INFO reactor.Mono.MapFuseable.4 - | request(32)
11:17:31.031 [parallel-1] INFO reactor.Mono.MapFuseable.3 - | onSubscribe([Fuseable] FluxMapFuseable.MapFuseableSubscriber)
11:17:31.031 [parallel-2] INFO reactor.Mono.MapFuseable.4 - | onNext(YELLOW)
11:17:31.031 [parallel-1] INFO reactor.Mono.MapFuseable.3 - | request(32)
11:17:31.031 [parallel-1] INFO reactor.Mono.MapFuseable.3 - | onNext(WHITE)
11:17:31.031 [parallel-2] INFO reactor.Mono.MapFuseable.4 - | onComplete()
```

그림 10.27 오퍼레이션 수행 내역을 보여주는 로그 메시지

이와 같은 실행 결과와 각 오퍼레이션의 테스트 클래스 코드를 같이 살펴보면 리액티브 타입의 오퍼레이션이 어떻게 실행되는지 파악하는 데 도움이 될 수 있다.

요약

- 리액티브 프로그래밍에서는 데이터가 흘러가는 파이프라인을 생성한다.
- 리액티브 스트림은 `Publisher`, `Subscriber`, `Subscription`, `Transformer`의 네 가지 타입을 정의한다.
- 프로젝트 리액터는 리액티브 스트림을 구현하며, 수많은 오퍼레이션을 제공하는 `Flux`와 `Mono`의 두 가지 타입으로 스트림을 정의한다.
- 스프링 5는 리액터를 사용해서 리액티브 컨트롤러, 리퍼지터리, REST 클라이언트를 생성하고 다른 리액티브 프레임워크를 지원한다.

CHAPTER

11

리액티브 API 개발하기

이 장에서 배우는 내용

- 스프링 WebFlux 사용하기
- 리액티브 컨트롤러와 클라이언트 작성하고 테스트하기
- REST API 소비하기
- 리액티브 웹 애플리케이션의 보안

이제는 리액티브 프로그래밍과 프로젝트 리액터의 핵심을 알았으므로(10장 참고), 이런 기법을 스프링 애플리케이션에 적용할 준비가 되었다. 이번 장에서는 6장에서 작성했던 컨트롤러에 스프링 5의 리액티브 프로그래밍 모델을 사용할 것이다.

더 구체적으로 말해서, 스프링 5의 새로운 리액티브 웹 프레임워크인 스프링 WebFlux를 살펴볼 것이다. 곧 알게 되겠지만, 스프링 WebFlux는 스프링 MVC와 매우 유사하며, 적용하기 쉽다. 그리고 스프링의 REST API 생성에 관해 우리가 이미 알고 있는 것의 많은 부분을 활용할 수 있다.

11.1 스프링 WebFlux 사용하기

매 연결마다 하나의 스레드를 사용하는 스프링 MVC 같은 전형적인 서블릿Servlet 기반의 웹 프레임워크는 스레드 블로킹blocking, 차단과 다중 스레드로 수행된다. 즉, 요청이 처리될 때 스레드 풀에서 작업 스레드를 가져와서 해당 요청을 처리하며, 작업 스레드가 종료될 때까지 요청 스레드는 블로킹된다.

따라서 블로킹 웹 프레임워크는 요청량의 증가에 따른 확장이 사실상 어렵다. 게다가 처리가 느린 작업 스레드로 인해 훨씬 더 심각한 상황이 발생한다. 해당 작업 스레드가 풀로 반환되어 또 다른 요청 처리를 준비하는 데 더 많은 시간이 걸리기 때문이다. 상황에 따라서는 이런 방식이 완벽히 받아들일 만하다. 실제로 이것은 대부분의 웹 애플리케이션 개발에 10년 넘게 사용된 방법이다. 그러나 시대가 바뀌고 있다.

이런 웹 애플리케이션의 클라이언트는 가끔 웹사이트를 보는 사람들로부터 빈번하게 콘텐츠를 소비하고 HTTP API와 연동하는 애플리케이션을 사용하는 사람들로 변모하고 있다. 그리고 오늘날은 (인간이 관여하지도 않는 인공지능의) **사물인터넷**IoT, Internet of Things이 자동차, 제트 엔진, 그리고 웹 API를 사용해서 끊임없이 데이터를 교환하는 다른 비전통적인 클라이언트를 등장시킨다. 이처럼 웹 애플리케이션을 사용하는 클라이언트의 수가 증가함에 따라 그 어느 때보다도 확장성이 더욱 중요해졌다.

이에 반해서 비동기 웹 프레임워크는 더 적은 수의 스레드(일반적으로 CPU 코어당 하나)로 더 높은 확장성을 성취한다. **이벤트 루핑**event looping(그림 11.1)이라는 기법을 적용한 이런 프레임워크는 한 스레드당 많은 요청을 처리할 수 있어서 한 연결당 소요 비용이 더 경제적이다.

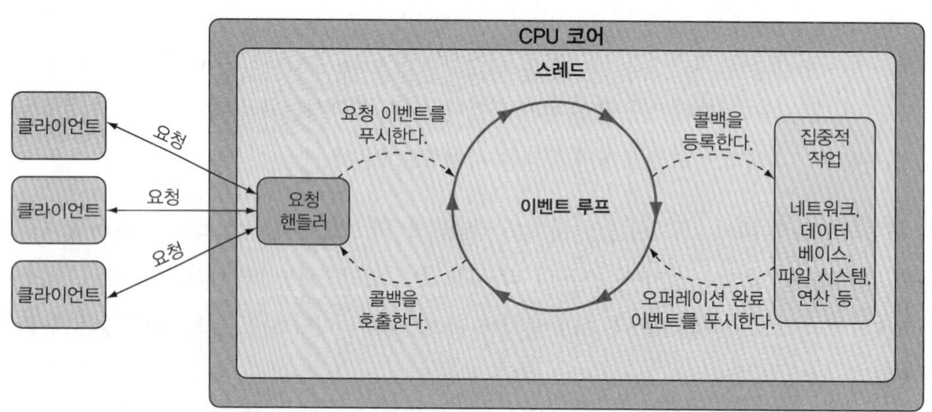

그림 11.1 비동기 웹 프레임워크는 이벤트 루핑을 적용하여 더 적은 수의 스레드로 더 많은 요청을 처리한다

데이터베이스나 네트워크 작업과 같은 집중적인 작업의 콜백과 요청을 비롯해서, 이벤트 루프에서는 모든 것이 이벤트로 처리된다. 비용이 드는 작업이 필요할 때 이벤트 루프는 해당 작업의 콜백callback을 등록하여 병행으로 수행되게 하고 다른 이벤트 처리로 넘어간다.

그리고 작업이 완료될 때 이것 역시 요청과 동일하게 이벤트로 처리된다. 결과적으로 비동기 웹 프레임워크는 소수의 스레드로 많은 요청을 처리할 수 있어서 스레드 관리 부담이 줄어들고 확장이 용이하다.

스프링 5에서는 블로킹이 없는 비동기 웹 프레임워크가 소개되었으며, 이 프레임워크는 프로젝트 리액터를 기반으로 웹 애플리케이션과 API의 더 큰 확장성 요구를 해소한다. 지금부터는 스프링의 리액티브 웹 프레임워크인 스프링 WebFlux를 살펴본다.

11.1.1 스프링 WebFlux 개요

스프링 개발팀이 리액티브 프로그래밍 모델을 웹 계층에 추가하는 방법을 고심하고 있을 때 스프링 MVC에 많은 작업을 하지 않고는 어렵다는 것을 알게 되었다. 이 작업에는 리액티브하게 요청을 처리해야 하는지의 여부를 결정하는 분기 코드가 포함되어 있었다. 그리고 이 작업의 결과는 하나로 패키징된 두 개의 웹 프레임워크가 되었으며, 리액티브와 그렇지 않은 것을 분리하는 `if` 문들이 포함되어 있었다.

즉, 리액티브 프로그래밍 모델을 스프링 MVC에 억지로 집어넣는 대신에 가능한 많은 것을 스프링 MVC로부터 가져와서 별도의 리액티브 웹 프레임워크를 만들기로 결정한 것이다. 스프링 WebFlux가 바로 그 산물이다. 그림 11.2에서는 스프링 5에 정의된 완전한 웹 개발 스택을 보여준다.

그림 11.2 **스프링 5는 WebFlux라는 새로운 웹 프레임워크로 리액티브 웹 애플리케이션을 지원한다. WebFlux는 스프링 MVC의 많은 핵심 컴포넌트를 공유한다**

그림 11.2의 왼쪽은 스프링 프레임워크 2.5 버전에 소개되었던 스프링 MVC 스택이다. 스프링 MVC(이 책의 2장부터 6장까지 참고)는 실행 시에 톰캣Tomcat과 같은 서블릿 컨테이너가 필요한 자바 서블릿 API의 상위 계층에 위치한다.

이에 반해서 오른쪽의 스프링 WebFlux는 서블릿 API와 연계되지 않는다. 따라서 서블릿 API가 제공하는 것과 동일한 기능의 리액티브 버전인 리액티브 HTTP API의 상위 계층에 위치한다. 그리고 스프링 WebFlux는 서블릿 API에 연결되지 않으므로 실행하기 위해 서블릿 컨테이너를 필요로 하지 않는다. 대신에 블로킹이 없는 어떤 웹 컨테이너에서도 실행될 수 있으며, 이에는 Netty, Undertow, 톰캣, Jetty 또는 다른 서블릿 3.1 이상의 컨테이너가 포함된다.

그림 11.2에서 가장 주목할 만한 것은 제일 위의 왼쪽 네모에 있다. 이것은 스프링 MVC와 스프링 WebFlux 간의 공통적인 컴포넌트들을 나타내며, 주로 컨트롤러를 정의하는 데 사용되는 애노테이션들이다. 스프링 MVC와 스프링 WebFlux는 같은 애노테이션을 공유하므로 여러 면에서 스프링 WebFlux는 스프링 MVC와 분간하기 어려울 정도다.

제일 위의 오른쪽 네모는 애노테이션을 사용하는 대신 함수형 프로그래밍 패러다임으로 컨트롤러를 정의하는 대안 프로그래밍 모델을 나타낸다. 스프링의 함수형 웹 프로그래밍 모델은 11.2에서 알아볼 것이다.

스프링 MVC와 스프링 WebFlux 간의 가장 중요한 차이는 빌드에 추가하는 의존성이다. 스프링 WebFlux를 사용할 때는 표준 웹 스타터(예를 들어, `spring-boot-starter-web`) 대신 스프링 부트 WebFlux 스타터 의존성을 추가해야 한다. 프로젝트의 pom.xml 파일에는 다음과 같이 지정된다.[20]

```
<dependency>
  <groupId>org.springframework.boot</groupId>
  <artifactId>spring-boot-starter-webflux</artifactId>
</dependency>
```

또한, 스프링 MVC 대신 WebFlux를 사용할 때는 기본적인 내장 서버가 톰캣 대신 Netty가 된다. Netty는 몇 안되는 비동기적인 이벤트 중심의 서버 중 하나이며, 스프링 WebFlux와 같은 리액티브 웹 프레임워크에 잘 맞는다.

다른 스타터 의존성을 사용하는 것 외에도 스프링 WebFlux의 컨트롤러 메서드는 대개 도메인 타입이나 컬렉션 대신 `Mono`나 `Flux` 같은 리액티브 타입을 인자로 받거나 반환한다. 또한,

20 대부분의 스프링 부트 스타터 의존성과 마찬가지로 이 스타터도 Initializr의 리액티브 웹 체크 상자를 선택하여 프로젝트에 추가할 수 있다.

스프링 WebFlux 컨트롤러는 `Observable`, `Single`, `Completable`과 같은 RxJava 타입도 처리할 수 있다.

리액티브 스프링 MVC?

스프링 WebFlux 컨트롤러가 `Mono`나 `Flux` 같은 리액티브 타입을 반환하지만, 그렇다고 해서 스프링 MVC가 리액티브 타입을 전혀 사용하지 못하는 것은 아니다. 스프링 MVC의 컨트롤러 메서드도 `Mono`나 `Flux`를 반환할 수 있다.

단지 차이점은 그런 타입들이 사용되는 방법에 있다. 즉, 스프링 WebFlux는 요청이 이벤트 루프로 처리되는 진정한 리액티브 웹 프레임워크인 반면, 스프링 MVC는 다중 스레드에 의존하여 다수의 요청을 처리하는 서블릿 기반 웹 프레임워크다.

지금부터는 스프링 WebFlux를 사용해서 타코 클라우드의 API 컨트롤러 중 일부를 다시 작성할 것이다.

11.1.2 리액티브 컨트롤러 작성하기

6장에서는 타코 클라우드의 REST API 컨트롤러들을 생성했다. 이 컨트롤러들은 요청 처리 메서드들을 갖고 있으며, 이 메서드들은 도메인 타입(예를 들어, `Order`나 `Taco`) 또는 도메인 타입의 컬렉션으로 입력과 출력을 처리한다. 예를 들어, 6장에서 작성했던 다음의 `DesignTacoController` 코드를 다시 살펴보자.

```
@RestController
@RequestMapping(path="/design",
                produces="application/json")
@CrossOrigin(origins="*")
public class DesignTacoController {

  ...

  @GetMapping("/recent")
  public Iterable<Taco> recentTacos() {
    PageRequest page = PageRequest.of(
            0, 12, Sort.by("createdAt").descending());
    return tacoRepo.findAll(page).getContent();
  }

  ...

}
```

여기서 recentTacos() 컨트롤러 메서드는 /design/recent의 HTTP GET 요청을 처리하여 최근 생성된 타코들의 리스트를 반환한다. 더 자세히 말해서 Taco 객체를 저장한 Iterable 타입을 반환한다. 왜냐하면 해당 리퍼지터리의 findAll() 메서드가 반환하는 Page 객체의 getContent() 메서드로부터 Taco 객체를 저장한 Iterable 타입이 반환되기 때문이다.

이 코드는 잘 작동한다. 그러나 Iterable은 리액티브 타입이 아니다. 따라서 Iterable에는 어떤 리액티브 오퍼레이션도 적용할 수 없으며, 또한 프레임워크가 Iterable 타입을 리액티브 타입으로 사용하여 여러 스레드에 걸쳐 작업을 분할하게 할 수도 없다. 여기서 우리가 하려는 것은 리액티브 타입인 Flux<Taco> 타입을 recentTacos()가 반환하게 하는 것이다.

그러나 Iterable 타입을 Flux 타입으로 변환하기 위해 recentTacos()를 다시 작성하는 것은 간단하지만 고려할 것이 있다. 그리고 이렇게 하는 김에 recentTacos()의 페이징 코드도 Flux의 take() 호출로 교체할 수 있다.

```
@GetMapping("/recent")
public Flux<Taco> recentTacos() {
  return Flux.fromIterable(tacoRepo.findAll()).take(12);
}
```

이처럼 Flux.fromIterable()을 사용하면 Iterable<Taco>가 Flux<Taco>로 변환된다. 그리고 이제는 Flux로 작업하므로 반환되는 Flux를 12개의 Taco 객체로 제한하기 위해 take() 오퍼레이션을 사용할 수 있다. 이 경우 코드가 더 간단해지는 것은 물론이고, 평범한 Iterable 객체가 아닌 리액티브 Flux 객체도 처리할 수 있다.

지금 작성한 리액티브 코드는 잘 되었다. 그러나 타입을 변환할 필요가 없도록 아예 해당 리퍼지터리에서 Flux 타입을 반환한다면 더 좋을 것이다. 만일 이렇게 된다면 recentTacos() 메서드를 다음과 같이 변경할 수 있다.

```
@GetMapping("/recent")
public Flux<Taco> recentTacos() {
  return tacoRepo.findAll().take(12);
}
```

이 코드가 훨씬 더 좋아 보인다! 이상적으로는 리액티브 컨트롤러가 리액티브 엔드-to-엔드 스택의 제일 끝에 위치하며, 이 스택에는 컨트롤러, 리퍼지터리, 데이터베이스, 그리고 여타 서비스가 포함된다. 그림 11.3에서는 이런 엔드-to-엔드 리액티브 스택을 보여준다.

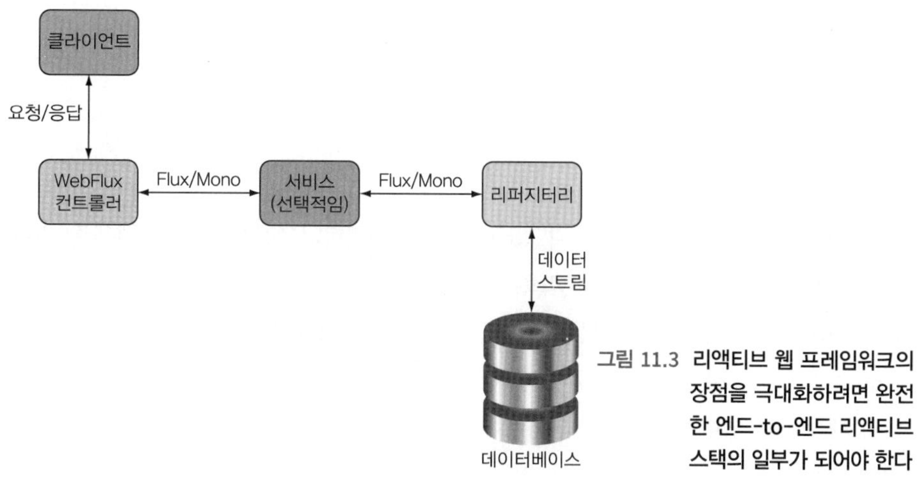

그림 11.3 리액티브 웹 프레임워크의 장점을 극대화하려면 완전한 엔드-to-엔드 리액티브 스택의 일부가 되어야 한다

이런 엔드-to-엔드 스택에서는 Iterable 대신 Flux를 반환하도록 리퍼지터리가 작성되어야 한다. 리액티브 리퍼지터리의 작성에 관해서는 다음 장에서 알아볼 것이므로 일단 여기서는 리액티브 TacoRepository가 다음과 같이 작성될 수 있다는 것만 알아 두자.

```
public interface TacoRepository
        extends ReactiveCrudRepository<Taco, Long> {
}
```

Iterable 대신 Flux를 사용하는 것 외에, 이 시점에서 리액티브 WebFlux 컨트롤러에 관해 알아 둘 것 중 가장 중요한 것이 있다. 리액티브 WebFlux 컨트롤러를 정의하기 위한 프로그래밍 모델은 리액티브가 아닌 스프링 MVC 컨트롤러와 크게 다르지 않다는 것이다. 두 가지 모두 @RestController와 @RequestMapping 애노테이션이 클래스에 지정되며, 메서드 수준의 @GetMapping 애노테이션이 지정된 요청 처리 메서드들을 갖는다(반환 타입만 다르다).

이외에 중요한 것으로는, 리퍼지터리로부터 Flux<Taco>와 같은 리액티브 타입을 받을 때 subscribe()를 호출할 필요가 없다는 것이다. 프레임워크가 호출해 주기 때문이다.

단일 값 반환하기

또 다른 예로 이전에 작성되었던 DesignTacoController의 tacoById() 메서드를 생각해 보자.

```
@GetMapping("/{id}")
public Taco tacoById(@PathVariable("id") Long id) {
  Optional<Taco> optTaco = tacoRepo.findById(id);
```

```
  if (optTaco.isPresent()) {
    return optTaco.get();
  }
  return null;
}
```

여기서는 이 메서드가 /design/{id}의 GET 요청을 처리하고 하나의 Taco 객체를 반환한다. 이때 해당 리퍼지터리의 findById() 메서드가 Optional 타입을 반환하므로 위의 코드에서 보듯이 이 타입을 처리하는 코드도 추가로 작성해야 했다. 그러나 findById()가 Optional<Taco> 대신 Mono<Taco>를 반환한다고 해보자. 이때는 다음과 같이 tacoById()를 다시 작성할 수 있다.

```
@GetMapping("/{id}")
public Mono<Taco> tacoById(@PathVariable("id") Long id) {
  return tacoRepo.findById(id);
}
```

보다시피 이 코드가 더 간단하다. 그러나 이보다 중요한 것은 도메인 객체인 Taco 대신 Mono<Taco> 리액티브 타입 객체를 반환하므로 스프링 WebFlux가 리액티브 방식으로 응답을 처리할 수 있다는 것이다. 이에 따라 많은 요청에 대한 응답 처리 시에 우리 API의 확장성이 더 좋아진다.

RxJava 타입 사용하기

스프링 WebFlux를 사용할 때 Flux나 Mono와 같은 리액티브 타입이 자연스러운 선택이지만, Observable이나 Single과 같은 RxJava 타입을 사용할 수도 있다는 것도 알아 두자. 예를 들어, DesignTacoController와 백엔드 리퍼지터리 사이에 RxJava 타입으로 처리하는 서비스가 있다고 해보자. 이 경우 recentTacos() 메서드는 다음과 같이 작성할 수 있다.

```
@GetMapping("/recent")
public Observable<Taco> recentTacos() {
  return tacoService.getRecentTacos();
}
```

이와 유사하게 Mono가 아닌 RxJava의 Single 타입을 처리하기 위해 다음과 같이 tacoById() 메서드를 작성할 수 있다.

```java
@GetMapping("/{id}")
public Single<Taco> tacoById(@PathVariable("id") Long id) {
  return tacoService.lookupTaco(id);
}
```

이와 더불어 스프링 WebFlux 컨트롤러의 메서드는 리액터의 Mono<Void> 타입과 동일한 RxJava의 Completable 타입을 반환할 수도 있다. WebFlux는 또한 Observable이나 리액터 Flux 타입의 대안으로 Flowable 타입을 반환할 수도 있다.

리액티브하게 입력 처리하기

지금까지는 컨트롤러 메서드가 반환하는 리액티브 타입만 알아보았다. 그러나 스프링 WebFlux를 사용할 때 요청을 처리하는 핸들러 메서드의 입력으로도 Mono나 Flux를 받을 수 있다. 예를 들어, 원래 구현했던 DesignTacoController의 postTaco() 메서드를 생각해 보자.

```java
@PostMapping(consumes="application/json")
@ResponseStatus(HttpStatus.CREATED)
public Taco postTaco(@RequestBody Taco taco) {
  return tacoRepo.save(taco);
}
```

여기서는 postTaco()가 간단한 Taco 객체를 반환하는 것은 물론이고, 요청 몸체의 콘텐츠와 결합된 Taco 객체를 입력으로 받는다. 이것은 요청 페이로드(payload, 요청의 헤더와 같은 메타데이터가 아닌 실제 데이터)가 완전하게 분석되어 Taco 객체를 생성하는 데 사용될 수 있어야 postTaco()가 호출될 수 있다는 것을 의미한다. 또한, 리퍼지터리의 save() 메서드의 블로킹되는 호출이 끝나고 복귀되어야 postTaco()가 끝나고 복귀할 수 있다는 것을 의미한다. 간략히 말해, 요청은 두 번 블로킹된다. postTaco()로 진입할 때와 postTaco()의 내부에서다. 그러나 postTaco()에 조금만 리액티브 코드를 적용하면 완전하게 블로킹되지 않는 요청 처리 메서드로 만들 수 있다.

```java
@PostMapping(consumes="application/json")
@ResponseStatus(HttpStatus.CREATED)
public Mono<Taco> postTaco(@RequestBody Mono<Taco> tacoMono) {
  return tacoRepo.saveAll(tacoMono).next();
}
```

여기서 postTaco()는 Mono<Taco>를 인자로 받아 리퍼지터리의 saveAll() 메서드를 호출한다. 다음 장에서 알게 되겠지만, saveAll() 메서드는 Mono나 Flux를 포함해서 리액티브 스트림의 Publisher 인터페이스를 구현한 어떤 타입도 인자로 받을 수 있다. saveAll() 메서드는 Flux<Taco>를 반환한다. 그러나 postTaco()의 인자로 전달된 Mono를 saveAll()에서 인자로 받았으므로 saveAll()이 반환하는 Flux가 하나의 Taco 객체만 포함한다는 것을 우리는 알고 있다. 따라서 next()를 호출하여 Mono<Taco>로 받을 수 있으며, 이것을 postTaco()가 반환한다(Flux는 0, 1, 또는 다수의(무한일 수 있는) 데이터를 갖는 파이프라인을 나타낸다. 반면에 Mono는 하나의 데이터 항목만 갖는 데이터셋에 최적화된 리액티브 타입이다. 10장 참고)

saveAll() 메서드는 Mono<Taco>를 입력(인자)으로 받으므로 요칭 몸체로부터 Taco 객체가 분석되는 것을 기다리지 않고 즉시 호출된다. 그리고 리퍼지터리 또한 리액티브이므로 Mono를 받아 즉시 Flux<Taco>를 반환한다. 이 Flux<Taco>를 next() 호출에서 Mono<Taco>로 반환한다.

스프링 WebFlux는 스프링 MVC의 환상적인 대안이며, 스프링 MVC와 동일한 개발 모델을 사용해서 리액티브 웹 애플리케이션을 작성할 수 있는 선택의 기회를 제공한다. 그러나 스프링 5는 또 다른 묘책을 갖고 있다. 지금부터는 스프링 5의 새로운 함수형 프로그래밍 방식을 사용해서 리액티브 API를 생성하는 방법을 살펴본다.

11.2 함수형 요청 핸들러 정의하기

스프링 MVC의 애노테이션 기반 프로그래밍 모델은 스프링 2.5부터 있었고 지금도 널리 사용되고 있다. 그러나 몇 가지 단점이 있다.

우선, 어떤 애노테이션 기반 프로그래밍이건 애노테이션이 '무엇what'을 하는지와 '어떻게how' 해야 하는지를 정의하는 데 괴리가 있다. 애노테이션 자체는 '무엇'을 정의하며, '어떻게'는 프레임워크 코드의 어딘가에 정의되어 있다. 이로 인해 프로그래밍 모델을 커스터마이징하거나 확장할 때 복잡해진다. 이런 변경을 하려면 애노테이션 외부에 있는 코드로 작업해야 하기 때문이다. 게다가 이런 코드의 디버깅은 까다롭다. 애노테이션에 중단점breakpoint을 설정할 수 없기 때문이다.

또한, 다른 언어나 프레임워크를 사용했지만 스프링이 처음인 개발자들은 애노테이션 기반의 스프링 MVC(그리고 WebFlux)가 그들이 이미 알고 있던 것과 매우 다르다는 것을 발견할 수 있다. 따라서 WebFlux의 대안으로 스프링 5에는 리액티브 API를 정의하기 위한 새로운 함수형 프로그래밍 모델이 소개되었다.

이런 새로운 프로그래밍 모델은 프레임워크보다는 라이브러리 형태로 사용되므로 애노테이션을 사용하지 않고 요청을 핸들러 코드에 연관시킨다. 스프링의 함수형 프로그래밍 모델을 사용한 API의 작성에는 다음 네 가지 기본 타입이 수반된다.

- `RequestPredicate`: 처리될 요청의 종류를 선언한다.
- `RouterFunction`: 일치하는 요청이 어떻게 핸들러에게 전달되어야 하는지를 선언한다.
- `ServerRequest`: HTTP 요청을 나타내며, 헤더와 몸체 정보를 사용할 수 있다.
- `ServerResponse`: HTTP 응답을 나타내며, 헤더와 몸체 정보를 포함한다.

이 타입 모두를 같이 사용하는 다음의 간단한 예를 살펴보자.

```
package demo;

import static org.springframework.web.
                 reactive.function.server.RequestPredicates.GET;
import static org.springframework.web.
                 reactive.function.server.RouterFunctions.route;
import static org.springframework.web.
                 reactive.function.server.ServerResponse.ok;
import static reactor.core.publisher.Mono.just;

import org.springframework.context.annotation.Bean;
import org.springframework.context.annotation.Configuration;
import org.springframework.web.reactive.function.server.RouterFunction;

@Configuration
public class RouterFunctionConfig {

  @Bean
  public RouterFunction<?> helloRouterFunction() {
    return route(GET("/hello"),
        request -> ok().body(just("Hello World!"), String.class));
  }
}
```

여기서 첫 번째로 주목할 것은, 몇 가지 도우미 클래스helper class를 static import한다는 것이다. 이 클래스들은 함수형 타입을 생성하는 데 사용할 수 있다. 또한, `Mono` 타입도 static import하여 나머지 코드를 읽고 이해하기 쉽게 하였다.

@Configuration이 지정된 RouterFunctionConfig 클래스에는 RouterFunction<?> 타입의 @Bean 메서드가 하나 있다. 이미 얘기했듯이, RouterFunction은 요청을 나타내는 RequestPredicate 객체가 어떤 요청 처리 함수와 연관되는지를 선언한다.

RouterFunction의 route() 메서드는 두 개의 인자를 받는다. 하나는 RequestPredicate 객체이고, 다른 하나는 일치하는 요청을 처리하는 함수다. 여기서는 /hello 경로의 HTTP GET 요청과 일치하는 RequestPredicate을 RequestPredicates의 GET() 메서드가 선언된다.

두 번째 인자로 전달된 핸들러 함수는 메서드 참조가 될 수도 있지만, 여기서는 람다로 작성하였다. 그리고 명시적으로 선언되지 않았지만, 요청 처리 람다에서는 ServerRequest를 인자로 받으며, ServerResponse의 ok() 메서드와 이 메서드에서 반환된 BodyBuilder의 body()를 사용해서 ServerResponse를 반환한다. 그리고 실행이 완료되면 HTTP 200 (OK) 상태 코드를 갖는 응답과 'Hello World!'를 갖는 몸체 페이로드가 생성된다.

이 코드에서 helloRouterFunction() 메서드는 한 종류의 요청만 처리하는 RouterFunction을 반환 타입으로 선언한다. 그러나 다른 종류의 요청을 처리해야 하더라도 또 다른 @Bean 메서드를 작성할 필요가 없다. 대신에 andRoute()를 호출하여 또 다른 RequestPredicate 객체가 어떤 요청 처리 함수와 연관되는지만 선언하면 된다. 예를 들어, /bye의 GET 요청을 처리하는 또 다른 핸들러를 다음과 같이 추가할 수 있다.

```
@Bean
public RouterFunction<?> helloRouterFunction() {
  return route(GET("/hello"),
      request -> ok().body(just("Hello World!"), String.class))
      .andRoute(GET("/bye"),
      request -> ok().body(just("See ya!"), String.class));
}
```

'Hello World!' 예를 통한 개략적인 이해는 이 정도로 하고 지금부터는 스프링의 함수형 웹 프로그래밍 모델을 사용해서 요청을 처리하는 방법을 본격적으로 알아보기로 하자.

함수형 웹 프로그래밍 모델이 실제 애플리케이션에서 어떻게 사용될 수 있는지 보여주기 위해 다음의 구성 클래스는 DesignTacoController와 동일한 기능을 함수형 방식으로 다시 작성한 것이다.

```
@Configuration
public class RouterFunctionConfig {

  @Autowired
  private TacoRepository tacoRepo;

  @Bean

  public RouterFunction<?> routerFunction() {
    return route(GET("/design/taco"), this::recents)
        .andRoute(POST("/design"), this::postTaco);
  }

  public Mono<ServerResponse> recents(ServerRequest request) {
    return ServerResponse.ok()
         .body(tacoRepo.findAll().take(12), Taco.class);
  }
  public Mono<ServerResponse> postTaco(ServerRequest request) {
    Mono<Taco> taco = request.bodyToMono(Taco.class);
    Mono<Taco> savedTaco = tacoRepo.save(taco);
    return ServerResponse
        .created(URI.create(
            "http://localhost:8080/design/taco/" +
            savedTaco.getId()))
        .body(savedTaco, Taco.class);
  }
}
```

여기서 routerFunction() 메서드는 'Hello World!' 예와 같이 RouterFunction<?> 빈을 선언한다. 그러나 이것은 요청을 처리하는 타입과 방법이 다르다. 이 경우 RouterFunction은 /design/taco의 GET 요청과 /design의 POST 요청을 처리하기 위해 생성된다.

여기서 특히 눈에 띄는 것은 람다가 아닌 메서드 참조로 경로가 처리된다는 것이다. RouterFunction의 내부 기능이 간단할 때는 람다가 아주 좋다. 그러나 여러 경우에서 해당 기능을 별도의 메서드(또는 별도 클래스의 메서드)로 추출하고 메서드 참조를 사용하는 것이 코드 파악에 더 좋다.

따라서 여기서는 /design/taco의 GET 요청이 recents() 메서드에서 처리되도록 하였다. 그리고 이 메서드에서는 주입된 TacoRepository를 사용해서 12개까지의 Mono<Taco>를 가져온다. 또한, /design의 POST 요청은 postTaco() 메서드에서 처리되며, 이 메서드에서는 인자로 전달된 ServerRequest로부터 하나의 Mono<Taco>를 추출한다. 그다음에 TacoRepository를 사용해서 리퍼지터리에 저장한 후 save() 메서드로부터 반환되는 Mono<Taco>를 응답에 포함시켜 반환한다.

11.3 리액티브 컨트롤러 테스트하기

리액티브 컨트롤러의 테스트에서도 스프링 5는 우리를 저버리지 않고 `WebTestClient`를 소개하였다. 이것은 스프링 WebFlux를 사용하는 리액티브 컨트롤러의 테스트를 쉽게 작성하게 해주는 새로운 테스트 유틸리티다. `WebTestClient`를 사용해서 테스트를 작성하는 방법을 알기 위해 11.1.2에서 작성했던 `DesignTacoController`의 `recentTacos()` 메서드 테스트를 `WebTestClient`로 작성해 보자.

11.3.1 GET 요청 테스트하기

`recentTacos()` 메서드에 관한 어서션은 다음과 같이 처리하고자 한다. 즉, /design/recent 경로의 HTTP GET 요청이 생기면 12개까지의 타코를 포함하는 JSON 페이로드가 응답에 포함되어야 한다. 이 경우 리스트 11.1의 테스트 클래스가 좋은 시작점이 된다.

리스트 11.1 **WebTestClient를 사용해서 DesignTacoController 테스트하기**

```
package tacos;

import static org.mockito.Mockito.*;
import java.util.ArrayList;
import java.util.List;
import org.junit.Test;
import org.mockito.Mockito;
import org.springframework.http.MediaType;
import org.springframework.test.web.reactive.server.WebTestClient;
import reactor.core.publisher.Flux;
import tacos.Ingredient.Type;
import tacos.data.TacoRepository;
import tacos.web.api.DesignTacoController;

public class DesignTacoControllerTest {

  @Test
  public void shouldReturnRecentTacos() {
    Taco[] tacos = {
        testTaco(1L), testTaco(2L), ◀── 테스트 데이터를 생성한다.
        testTaco(3L), testTaco(4L),
        testTaco(5L), testTaco(6L),
        testTaco(7L), testTaco(8L),
        testTaco(9L), testTaco(10L),
        testTaco(11L), testTaco(12L),
        testTaco(13L), testTaco(14L),
        testTaco(15L), testTaco(16L)};
    Flux<Taco> tacoFlux = Flux.just(tacos);

    TacoRepository tacoRepo = Mockito.mock(TacoRepository.class);
```

```
    when(tacoRepo.findAll()).thenReturn(tacoFlux); ◀── 모의 TacoRepository

    WebTestClient testClient = WebTestClient.bindToController(
        new DesignTacoController(tacoRepo))
          .build(); ◀── WebTestClient를 생성한다.

    testClient.get().uri("/design/recent")
      .exchange() ◀── 가장 최근 타코들을 요청한다.
      .expectStatus().isOk() ◀── 우리가 기대한 응답인지 검사한다.
      .expectBody()
        .jsonPath("$").isArray()
        .jsonPath("$").isNotEmpty()
        .jsonPath("$[0].id").isEqualTo(tacos[0].getId().toString())
        .jsonPath("$[0].name").isEqualTo("Taco 1").jsonPath("$[1].id")
        .isEqualTo(tacos[1].getId().toString()).jsonPath("$[1].name")
        .isEqualTo("Taco 2").jsonPath("$[11].id")
        .isEqualTo(tacos[11].getId().toString())
    ...
      .jsonPath("$[11].name").isEqualTo("Taco 12").jsonPath("$[12]")
      .doesNotExist();
      .jsonPath("$[12]").doesNotExist();
  }

  ...

}
```

shouldReturnRecentTacos() 메서드에서는 제일 먼저 Flux<Taco> 타입의 테스트 데이터를 생성한다. 그리고 모의mock TacoRepository의 findAll() 메서드의 반환 값으로 이 Flux가 제공된다.

Flux가 발행하는 Taco 객체는 testTaco()라는 이름의 유틸리티 메서드에서 생성되며, 이 메서드에서는 인자로 받은 숫자로 ID와 이름을 갖는 Taco 객체를 생성한다. testTaco() 메서드는 다음과 같이 구현된다.

```
private Taco testTaco(Long number) {
    Taco taco = new Taco();
    taco.setId(UUID.randomUUID());
    taco.setName("Taco " + number);
    List<IngredientUDT> ingredients = new ArrayList<>();
    ingredients.add(
        new IngredientUDT("INGA", "Ingredient A", Type.WRAP));
    ingredients.add(
        new IngredientUDT("INGB", "Ingredient B", Type.PROTEIN));
    taco.setIngredients(ingredients);
    return taco;
}
```

간단하게 하기 위해 모든 테스트 타코는 동일한 두 개의 식자재ingredient 객체를 갖도록 하였다. 그러나 각 타코의 ID와 이름은 인자로 받은 숫자로 결정된다.

이렇게 테스트 데이터가 생성된 다음에 shouldReturnRecentTacos() 메서드에서는 모의 TacoRepository를 DesignTacoController의 생성자에 주입하여 이 클래스의 인스턴스를 생성한다. 그리고 이 인스턴스는 WebTestClient.bindToController()의 인자로 전달되어 WebTestClient 인스턴스가 생성된다.

이로써 모든 테스트 준비가 완료되었으므로 이제는 WebTestClient를 사용해서 /design/recent의 GET 요청을 제출하고 우리가 기대하는 응답이 오는지 검사할 준비가 되었다.

get().uri("/design/recent")의 호출은 제출submit 요청을 나타내며, 그다음에 exchange()를 호출하면 해당 요청을 제출한다. 그리고 이 요청은 WebTestClient와 연결된 컨트롤러인 DesignTacoController에 의해 처리된다.

마지막으로 요청 응답이 우리가 기대한 것인지 검사한다. 우선, expectStatus()를 호출하여 응답이 HTTP 200 (OK) 상태 코드를 갖는지 확인한다. 그다음에는 jsonPath()를 여러 번 호출하여 응답 몸체의 JSON이 기대한 값을 갖는지 검사한다. 제일 끝의 어서션 (.jsonPath("$[12]").doesNotExist();)에서는 인덱스 값이 12인 요소의 존재 여부를 검사한다. 왜냐하면 배열의 첫 번째 요소는 인덱스 값이 0부터 시작하므로 인덱스 값이 12인 요소는 응답의 JSON에 존재하면 안 되기 때문이다.

응답의 JSON 데이터가 많거나 중첩이 심해서 복잡할 경우에는 jsonPath()를 사용하기 번거로울 수 있다. 실제로 리스트 11.1에서는 공간을 절약하기 위해 jsonPath()의 많은 호출 코드가 생략되었다. 이런 경우를 위해 WebTestClient는 json() 메서드를 제공한다. json()은 JSON을 포함하는 String을 인자로 받아 이것을 응답의 것과 비교한다.

예를 들어, recent-tacos.json이라는 파일에 완벽한 응답 JSON을 생성하여 /tacos 경로의 classpath에 저장했다고 해보자. 이 경우 WebTestClient의 어서션을 다음과 같이 다시 작성할 수 있다.

```
ClassPathResource recentsResource =
    new ClassPathResource("/tacos/recent-tacos.json");
String recentsJson = StreamUtils.copyToString(
    recentsResource.getInputStream(), Charset.defaultCharset());

testClient.get().uri("/design/recent")
```

```
    .accept(MediaType.APPLICATION_JSON)
    .exchange()
    .expectStatus().isOk()
    .expectBody()
    .json(recentsJson);
```

json() 메서드는 String 타입의 인자를 받으므로 우선 classpath의 리소스를 String 타입으로 로드해야 한다. 이때 스프링에서 제공하는 StreamUtils의 copyToString() 메서드를 사용하면 쉽다. copyToString()이 반환하는 String 값은 우리가 요청 응답에 기대하는 전체 JSON을 포함한다. 따라서 이 String 값을 json() 메서드의 인자로 전달하여 컨트롤러가 올바른 응답을 생성하는지 확인할 수 있다.

WebTestClient는 리스트 형태로 여러 개의 값을 갖는 응답 몸체를 비교할 수 있는 expectBodyList() 메서드도 제공한다. 이 메서드는 리스트에 있는 요소의 타입을 나타내는 Class나 ParameterizedTypeReference를 인자로 받아 어서션을 수행할 ListBodySpec 객체를 반환한다. expectBodyList()를 사용하는 테스트 코드의 예를 보면 다음과 같다. 여기서는 리스트 11.1의 모의 TacoRepository를 생성하는 데 사용된 것과 동일한 데이터의 일부만 테스트한다.

```
testClient.get().uri("/design/recent")
    .accept(MediaType.APPLICATION_JSON)
    .exchange()
    .expectStatus().isOk()
    .expectBodyList(Taco.class)
    .contains(Arrays.copyOf(tacos, 12));
```

이 코드에서는 응답 몸체가 List(테스트 메서드의 맨 앞에서 생성했던 원래의 Taco 배열에 저장된 것과 동일한 12개 요소를 갖는)를 포함하는지 검사하는 어서션을 수행한다.

11.3.2 POST 요청 테스트하기

WebTestClient는 GET 요청 외에도 더 많은 컨트롤러에 테스트할 수 있으며, 모든 종류의 HTTP 메서드를 테스트하는 데도 사용할 수 있다. 여기에는 GET, POST, PUT, PATCH, DELETE, HEAD 요청이 포함된다. 표 11.1에서는 HTTP 메서드와 WebTestClient 메서드 간의 연관성을 보여준다.

표 11.1 WebTestClient는 스프링 WebFlux 컨트롤러에 대해 어떤 종류의 요청도 테스트 가능

HTTP 메서드	WebTestClient 메서드
GET	.get()
POST	.post()
PUT	.put()
PATCH	.patch()
DELETE	.delete()
HEAD	.head()

스프링 WebFlux 컨트롤러에 대한 또 다른 HTTP 메서드를 테스트하는 예로 다음의 DesignTacoController 테스트를 살펴보자. 여기서는 /design의 POST 요청을 제출하여 타코 클라우드 API의 타코 생성 엔드포인트를 테스트한다.

```
@Test
public void shouldSaveATaco() {
  TacoRepository tacoRepo = Mockito.mock(
              TacoRepository.class); ◀── 테스트 데이터를 설정한다.
  Mono<Taco> unsavedTacoMono = Mono.just(testTaco(null));
  Taco savedTaco = testTaco(null);
  savedTaco.setId(1L);
  Mono<Taco> savedTacoMono = Mono.just(savedTaco);

  when(tacoRepo.save(any())).thenReturn(savedTacoMono); ◀── 모의 TacoRepository

  WebTestClient testClient = WebTestClient.bindToController( ◀── WebTestClient를 생성한다.
      new DesignTacoController(tacoRepo)).build();

  testClient.post() ◀── 타코를 POST한다.
      .uri("/design")
      .contentType(MediaType.APPLICATION_JSON)
      .body(unsavedTacoMono, Taco.class)
      .exchange()
      .expectStatus().isCreated() ◀── 응답을 검사한다.
      .expectBody(Taco.class)
      .isEqualTo(savedTaco);
}
```

리스트 11.1의 테스트 메서드처럼 shouldSaveATaco()는 모의 TacoRepository에 테스트 데이터를 설정하는 것부터 시작한 후 컨트롤러와 연관되는 WebTestClient를 생성한다. 그다음에 WebTestClient를 사용해서 /design의 POST 요청을 제출한다. 이때 이 요청에는 application/json 타입의 몸체와 페이로드(JSON으로 직렬화된 형태의 Taco를 갖는 저장되지 않은

Mono)가 포함된다. 그다음에 exchange()를 실행한 후 응답이 HTTP 201 (CREATED) 상태 코드를 갖는지, 그리고 저장된 Taco 객체와 동일한 페이로드를 응답 몸체가 갖는지 어서션으로 검사한다.

11.3.3 실행 중인 서버로 테스트하기

지금까지 작성했던 테스트는 모의 스프링 WebFlux 프레임워크를 사용했으므로 실제 서버가 필요 없었다. 그러나 Netty나 톰캣과 같은 서버 환경에서 리퍼지터리나 다른 의존성 모듈을 사용해서 WebFlux 컨트롤러를 테스트할 필요가 있을 수 있다. 다시 말해서, 통합 테스트를 작성할 수 있다.

WebTestClient의 통합 테스트를 작성하기 위해서는 다른 스프링 부트 통합 테스트처럼 @RunWith와 @SpringBootTest 애노테이션을 테스트 클래스에 지정하는 것부터 시작해야 한다.

```
@RunWith(SpringRunner.class)
@SpringBootTest(webEnvironment=WebEnvironment.RANDOM_PORT)
public class DesignTacoControllerWebTest {

  @Autowired
  private WebTestClient testClient;
}
```

webEnvironment 속성을 WebEnvironment.RANDOM_PORT로 설정하면 무작위로 선택된 포트[21]로 실행 서버가 리스닝하도록 스프링에 요청한다.

여기서는 또한 @Autowired를 지정하여 WebTestClient를 테스트 클래스로 자동 연결하였다. 따라서 테스트 메서드에서 WebTestClient 인스턴스를 더 이상 생성할 필요가 없는 것은 물론이고, 요청할 때 완전한 URL을 지정할 필요도 없다. 왜냐하면 테스트 서버가 어떤 포트에서 실행 중인지 알 수 있게 WebTestClient가 설정되기 때문이다. 이제는 자동 연결되는 WebTestClient를 사용하는 통합 테스트를 하도록 shouldReturnRecentTacos()를 다시 작성할 수 있다.

---

21 webEnvironment를 WebEnvironment.DEFINED_PORT로 설정하고 특정 포트를 속성에 지정할 수도 있었지만, 이것은 권장할 만한 것이 아니다. 이렇게 하면 동시적으로 실행되는 서버의 포트가 크래시되는 위험이 발생한다.

```
@Test
public void shouldReturnRecentTacos() throws IOException {
  testClient.get().uri("/design/recent")
    .accept(MediaType.APPLICATION_JSON).exchange()
    .expectStatus().isOk()
    .expectBody()
        .jsonPath("$[?(@.id == 'TACO1')].name")
            .isEqualTo("Carnivore")
        .jsonPath("$[?(@.id == 'TACO2')].name")
            .isEqualTo("Bovine Bounty")
        .jsonPath("$[?(@.id == 'TACO3')].name")
            .isEqualTo("Veg-Out");
}
```

보면 알 수 있듯이, 새 버전의 shouldReturnRecentTacos()는 코드가 훨씬 적다. 그리고 더 이상 WebTestClient 인스턴스를 생성할 필요가 없다. 자동 연결되는 인스턴스를 사용하기 때문이다. 또한, 스프링이 DesignTacoController의 인스턴스를 생성하고 실제 TacoRepository를 주입하기 때문에 더 이상 모의 TacoRepository도 필요 없다. 여기서는 JSONPath 표현식을 사용해서 데이터베이스로부터 가져온 값을 검사한다.

테스트하는 동안 WebFlux 컨트롤러가 노출하는 API를 사용해야 할 때도 WebTestClient가 유용하다. 그러나 애플리케이션 자체에서 다른 API를 사용할 때는 어떨까? 지금부터는 스프링 리액티브 웹의 클라이언트 측면에 관심을 돌려서, Mono나 Flux 같은 리액티브 타입을 사용하는 REST 클라이언트를 WebClient가 어떻게 제공하는지 알아본다.

11.4 REST API를 리액티브하게 사용하기

7장에서는 RestTemplate을 사용해서 타코 클라우드 API의 클라이언트 요청을 하였다. 스프링 3.0 버전에 소개되었던 RestTemplate은 이제 구세대가 되었다. 그 당시에는 많은 애플리케이션이 무수한 요청에 RestTemplate을 사용했다.

그러나 RestTemplate이 제공하는 모든 메서드는 리액티브가 아닌 도메인 타입이나 컬렉션을 처리한다. 따라서 리액티브 방식으로 응답 데이터를 사용하고자 한다면, 이것을 Flux나 Mono 타입으로 래핑해야 한다. 그리고 이미 Flux나 Mono 타입이 있으면서 POST나 PUT 요청으로 전송하고 싶다면, 요청을 하기 전에 Flux나 Mono 데이터를 리액티브가 아닌 타입으로 추출해야 한다.

따라서 RestTemplate을 리액티브 타입으로 사용하는 방법이 있다면 좋았을 것이다. 걱정하지 말자. 스프링 5가 RestTemplate의 리액티브 대안으로 WebClient를 제공하니까 말이다. WebClient는 외부 API로 요청을 할 때 리액티브 타입의 전송과 수신 모두를 한다.

WebClient의 사용은 RestTemplate을 사용하는 것과 많이 다르다. 다수의 메서드로 서로 다른 종류의 요청을 처리하는 대신 WebClient는 요청을 나타내고 전송하게 해주는 빌더 방식의 인터페이스를 사용한다. WebClient를 사용하는 일반적인 패턴은 다음과 같다.

- WebClient의 인스턴스를 생성한다(또는 WebClient 빈을 주입한다).
- 요청을 전송할 HTTP 메서드를 지정한다.
- 요청에 필요한 URI와 헤더를 지정한다.
- 요청을 제출한다.
- 응답을 소비(사용)한다.

실제 WebClient의 몇 가지 사용 예를 살펴보자. 우선 WebClient를 사용해서 HTTP GET 요청을 전송하는 방법부터 시작한다.

11.4.1 리소스 얻기(GET)

WebClient의 사용 예로 타코 클라우드 API로부터 식자재를 나타내는 특정 Ingredient 객체를 이것의 ID를 사용해서 가져와야 한다고 해보자. RestTemplate의 경우는 getForObject() 메서드를 사용할 수 있다. 그러나 WebClient를 사용할 때는 요청을 생성하고 응답을 받은 다음에 Ingredient 객체를 발행하는 Mono를 추출한다.

```
Mono<Ingredient> ingredient = WebClient.create()
    .get()
    .uri("http://localhost:8080/ingredients/{id}", ingredientId)
    .retrieve()
    .bodyToMono(Ingredient.class);

ingredient.subscribe(i -> { ... })
```

이 예에서는 create() 메서드로 새로운 WebClient 인스턴스를 생성한다. 그다음에 get()과 uri()를 사용해서 http://localhost:8080/ingredients/{id}에 대한 GET 요청을 정의한다. 여기서 {id} 플레이스 홀더는 ingredientId의 값으로 교체될 것이다. retrieve() 메서드는 해당 요청을 실행한다. 마지막으로 bodyToMono() 호출에서는 응답 몸체의 페이로드를 Mono <Ingredient>로 추출한다. 따라서 이 코드 다음에는 계속해서 Mono의 다른 오퍼레이션들을 연쇄 호출할 수 있다.

bodyToMono()로부터 반환되는 Mono에 추가로 오퍼레이션을 적용하려면 해당 요청이 전송되기 전에 구독을 해야 한다. 따라서 이 예의 제일 끝에서는 subscribe() 메서드를 호출한다.

컬렉션에 저장된 값들을 반환하는 요청을 하는 것도 매우 쉽다. 예를 들어, 다음 코드에서는 모든 식자재를 가져온다.

```
Flux<Ingredient> ingredients = WebClient.create()
    .get()
    .uri("http://localhost:8080/ingredients")
    .retrieve()
    .bodyToFlux(Ingredient.class);

ingredients.subscribe(i -> { ... })
```

대체로 다수의 항목을 가져오는 것은 단일 항목을 요청하는 것과 동일하다. 단지 큰 차이점이라면, bodyToMono()를 사용해서 응답 몸체를 Mono로 추출하는 대신 bodyToFlux()를 사용해서 Flux로 추출하는 것이다.

bodyToMono()와 마찬가지로 bodyToFlux()로부터 반환된 Flux는 아직 구독되지 않았다. 따라서 추가적인 오퍼레이션(filter, map 등)을 이 Flux에 적용한 후 데이터가 이 Flux를 통해 전달되도록 할 수 있다. 그리고 결과 Flux를 구독하지 않으면 이 요청은 결코 전송되지 않을 것이므로 subscribe() 메서드를 호출하는 코드가 제일 끝에 추가된다.

기본 URI로 요청하기

기본 URI는 서로 다른 많은 요청에서 사용할 수 있다. 이 경우 기본 URI를 갖는 WebClient 빈을 생성하고 어디든지 필요한 곳에서 주입하는 것이 유용할 것이다. 이 빈은 다음과 같이 선언할 수 있다.

```
@Bean
public WebClient webClient() {
  return WebClient.create("http://localhost:8080");
}
```

그다음에 어디서든 이 기본 URI를 사용하는 요청을 하면 이 WebClient 빈이 주입되어 다음과 같이 사용할 수 있다.

```
@Autowired
WebClient webClient;
public Mono<Ingredient> getIngredientById(String ingredientId) {
  Mono<Ingredient> ingredient = webClient
    .get()
    .uri("/ingredients/{id}", ingredientId)
    .retrieve()
    .bodyToMono(Ingredient.class);
  ingredient.subscribe(i -> { ... })
}
```

WebClient는 바로 앞의 선언 코드에서 이미 생성되었으므로 get()을 호출하여 작업을 수행할 수 있다. 그리고 uri() 메서드의 인자로 전달되는 URI에는 기본 URI에 대한 상대 경로만 지정하면 된다.

오래 실행되는 요청 타임아웃시키기

네트워크는 항상 신뢰할 수 없거나 기대한 것만큼 빠르지 않을 수도 있다. 또한, 원격 서버의 요청 처리가 느릴 수도 있다. 이상적으로는 원격 서비스에 대한 요청이 적정한 시간 내에 반환될 것이다. 그러나 그렇지 않은데 너무 오래 걸리는 응답을 클라이언트가 불평 없이 기다려준다면 그나마 다행일 것이다.

느려 터진 네트워크나 서비스 때문에 클라이언트의 요청이 지체되는 것을 방지하기 위해 Flux나 Mono의 timeout() 메서드를 사용해서 데이터를 기다리는 시간을 제한할 수 있다. 예를 들어, 식자재 데이터를 가져올 때 어떻게 timeout()을 사용할 수 있는지 알아보자.

```
Flux<Ingredient> ingredients = WebClient.create()
    .get()
    .uri("http://localhost:8080/ingredients")
    .retrieve()
    .bodyToFlux(Ingredient.class);

ingredients
  .timeout(Duration.ofSeconds(1))
  .subscribe(
      i -> { ... },
      e -> {
        // handle timeout error
      })
```

여기서는 Flux를 구독하기 전에 경과 시간을 1초로 지정하여 timeout()을 호출하였다. 따라서 해당 요청이 1초 미만으로 수행될 수 있다면 아무 문제가 없다. 그러나 1초보다 더 오래 걸리면 타임아웃이 되어 subscribe()의 두 번째 인자로 지정된 에러 핸들러가 호출된다(여기서는 subscribe()의 인자를 모두 람다로 전달한다).

11.4.2 리소스 전송하기

WebClient로 데이터를 전송하는 것은 데이터 수신과 그리 다르지 않다. 예를 들어, Mono<Ingredient>를 갖고 있고, Ingredient 객체(/ingredients를 상대 경로로 갖는 URI의 Mono가 발행하는)를 포함하는 POST 요청을 전송하고 싶다고 하자.

이 경우 get() 대신 post() 메서드를 사용하고, body()를 호출하여 Mono를 사용해서 해당 요청 몸체에 넣는다는 것만 지정하면 된다.

```
Mono<Ingredient> ingredientMono = ...;
Mono<Ingredient> result = webClient
  .post()
  .uri("/ingredients")
  .body(ingredientMono, Ingredient.class)
  .retrieve()
  .bodyToMono(Ingredient.class);

result.subscribe(i -> { ... })
```

만일 전송할 Mono나 Flux가 없는 대신 도메인 객체가 있다면 syncBody()를 사용할 수 있다. 예를 들어, Mono<Ingredient> 대신 Ingredient 객체를 요청 몸체에 포함시켜 전송하고 싶다고 하자. 이때는 다음과 같이 syncBody()를 사용하면 된다.

```
Ingedient ingredient = ...;

Mono<Ingredient> result = webClient
  .post()
  .uri("/ingredients")
  .syncBody(ingredient)
  .retrieve()
  .bodyToMono(Ingredient.class);
result.subscribe(i -> { ... })
```

만일 POST 요청 대신 PUT 요청으로 Ingredient 객체를 변경하고 싶다면 post() 대신 put()을 호출하고 이에 맞춰 URI 경로를 조정하면 된다.

```
Mono<Void> result = webClient
   .put()
   .uri("/ingredients/{id}", ingredient.getId())
   .syncBody(ingredient)
   .retrieve()
   .bodyToMono(Void.class)
   .subscribe();
```

일반적으로 PUT 요청은 비어 있는 응답 페이로드를 갖는다. 따라서 Void 타입의 Mono를 반환하도록 bodyToMono()에 요구해야 한다(Void.class를 인자로 전달).

11.4.3 리소스 삭제하기

WebClient는 또한 delete() 메서드를 통해 리소스의 삭제를 허용한다. 예를 들어, 다음 코드에서는 지정된 ID의 식자재를 삭제한다.

```
Mono<Void> result = webClient
     .delete()
     .uri("/ingredients/{id}", ingredientId)
     .retrieve()
     .bodyToMono(Void.class)
     .subscribe();
```

PUT 요청처럼 DELETE 요청도 응답 페이로드를 갖지 않는다. 다시 말하지만, 요청을 전송하려면 bodyToMono()에서 Mono<Void>를 반환하고 subscribe()로 구독해야 한다.

11.4.4 에러 처리하기

지금까지는 모든 WebClient 사용의 예를 해피 엔딩으로 간주하였다. 즉, 400번 대나 500번 대의 상태 코드를 갖는 응답이 없었다는 의미다. 어떤 상태 코드가 반환되더라도 WebClient는 그것을 로깅하며, 그렇지 않으면 아무 조치 없이 무시한다.

에러를 처리해야 할 때는 onStatus() 메서드를 호출하며, 이때 처리해야 할 HTTP 상태 코드를 지정할 수 있다. onStatus()는 두 개의 함수를 인자로 받는다. 처리해야 할 HTTP 상태와 일치시키는 데 사용되는 조건 함수와 Mono<Throwable>을 반환하는 함수다.

커스텀 에러 핸들러를 어떻게 사용할 수 있는지 알아보기 위해 지정된 ID의 식자재를 가져오는 다음의 WebClient 사용 코드를 생각해 보자.

```
Mono<Ingredient> ingredientMono = webClient
    .get()
    .uri("http://localhost:8080/ingredients/{id}", ingredientId)
    .retrieve()
    .bodyToMono(Ingredient.class);
```

이 코드에서는 ingredientId의 값이 기존의 식자재 리소스와 일치하고 결과 Mono가 구독되었다면(여기서는 subscribe() 호출 코드가 생략되어 있다) Ingredient 객체를 발행할 것이다. 그러나 일치하는 식자재가 없다면 어떻게 될까?

에러가 생길 수 있는 Mono나 Flux를 구독할 때는 subscribe() 메서드를 호출할 때 데이터 컨슈머는 물론 에러 컨슈머도 등록하는 것이 중요하다.

```
ingredientMono.subscribe(
    ingredient -> {
      // 식자재 데이터를 처리한다.
      ...
    },
    error -> {
      // 에러를 처리한다.
      ...
    });
```

이 경우 지정된 ID와 일치하는 식자재 리소스를 찾으면 subscribe()의 첫 번째 인자로 전달된 람다(데이터 컨슈머)가 일치된 Ingredient 객체를 받아 실행된다. 그러나 만일 못 찾으면 요청 응답이 HTTP 404 (NOT FOUND) 상태 코드를 갖게 되고, 두 번째 인자로 전달된 람다(에러 컨슈머)가 실행되어 기본적으로 WebClientResponseException을 발생시킨다.

그러나 WebClientResponseException은 구체적인 예외를 나타내는 것이 아니므로 Mono에 무엇이 잘못되었는지 정확히 알 수 없다. WebClientResponseException이라는 이름에서 암시하듯, WebClient의 요청 응답에 에러가 생겼다는 것만 알 수 있을 뿐이다. 따라서 무엇이 잘못되었는지 자세히 알 수 있는 예외를 에러 컨슈머에 지정할 필요가 있다. 그리고 이 예외는 WebClient의 것이 아닌 우리 도메인에 관련된 것이면 좋을 것이다.

이때 커스텀 에러 핸들러를 추가하면 HTTP 상태 코드를 우리가 선택한 Throwable로 변환하는 실행 코드를 제공할 수 있다. 예를 들어, 식자재 리소스의 요청에 실패했을 때 UnknownIngredientException 에러를 포함하는 Mono로 생성하고 싶다고 하자. 이때는 다음과 같이 retrieve() 호출 다음에 onStatus()를 호출하면 된다.

```java
Mono<Ingredient> ingredientMono = webClient
    .get()
    .uri("http://localhost:8080/ingredients/{id}", ingredientId)
    .retrieve()
    .onStatus(HttpStatus::is4xxClientError,
            response -> Mono.just(new UnknownIngredientException()))
    .bodyToMono(Ingredient.class);
```

onStatus()의 첫 번째 인자는 HttpStatus를 지정하는 조건식이며, 우리가 처리를 원하는 HTTP 상태 코드라면 true를 반환한다. 그리고 상태 코드가 일치하면 두 번째 인자의 함수로 응답이 반환되고 이 함수에서는 Throwable 타입의 Mono를 반환한다.

이 코드의 경우에 HTTP 상태 코드가 400 수준의 상태 코드(예를 들어, 클라이언트 에러)이면 UnknownIngredientException을 포함하는 Mono가 반환된다. 따라서 ingredientMono 실행이 실패한다.

이 코드에서 HttpStatus::is4xxClientError는 HttpStatus의 is4xxClientError 메서드를 참조하는 메서드 참조다. 이처럼 메서드 참조로 HttpStatus의 다른 메서드를 사용할 수 있다. 또는 boolean 값을 반환하는 우리 함수를 람다나 메서드 참조로 제공할 수도 있다.

예를 들어, 다음과 같이 HTTP 404 (NOT FOUND) 상태 코드를 검사하도록 onStatus() 호출을 변경할 수 있다.

```java
Mono<Ingredient> ingredientMono = webClient
    .get()
    .uri("http://localhost:8080/ingredients/{id}", ingredientId)
    .retrieve()
    .onStatus(status -> status == HttpStatus.NOT_FOUND,
            response -> Mono.just(new UnknownIngredientException()))
    .bodyToMono(Ingredient.class);
```

응답으로 반환될 수 있는 다양한 HTTP 상태 코드를 처리할 필요가 있을 때는 onStatus() 호출을 여러 번 할 수 있다는 것을 알아두자.

11.4.5 요청 교환하기

지금까지 WebClient를 사용할 때는 retrieve() 메서드를 사용해서 요청의 전송을 나타냈다. 이때 retrieve() 메서드는 ResponseSpec 타입의 객체를 반환하였으며, 이 객체를 통해서 onStatus(), bodyToFlux(), bodyToMono()와 같은 메서드를 호출하여 응답을 처리할 수 있었다. 간단한 상황에서는 ResponseSpec을 사용하는 것이 좋다. 그러나 이 경우 몇 가지 면에서 제한된다. 예를 들어, 응답의 헤더나 쿠키 값을 사용할 필요가 있을 때는 ResponseSpec으로 처리할 수 없다.

ResponseSpec이 기대에 미치지 못할 때는 retrieve() 대신 exchange()를 호출할 수 있다. exchange() 메서드는 ClientResponse 타입의 Mono를 반환한다. ClientResponse 타입은 리액티브 오퍼레이션을 적용할 수 있고, 응답의 모든 부분(페이로드, 헤더, 쿠키 등)에서 데이터를 사용할 수 있다.

exchange()가 retrieve()와 무엇이 다른지 살펴보기에 앞서, 이 두 메서드가 얼마나 유사한지 먼저 알아보자. 다음 코드에서는 WebClient와 exchange()를 사용해서 특정 ID를 갖는 하나의 식자재를 가져온다.

```
Mono<Ingredient> ingredientMono = webClient
    .get()
    .uri("http://localhost:8080/ingredients/{id}", ingredientId)
    .exchange()
    .flatMap(cr -> cr.bodyToMono(Ingredient.class));
```

이 코드는 retrieve()를 사용한 다음 코드와 거의 같다.

```
Mono<Ingredient> ingredientMono = webClient
    .get()
    .uri("http://localhost:8080/ingredients/{id}", ingredientId)
    .retrieve()
    .bodyToMono(Ingredient.class);
```

두 코드의 차이점은 다음과 같다. exchange() 예에서는 ResponseSpec 객체의 bodyToMono()를 사용해서 Mono<Ingredient>를 가져오는 대신, 매핑 함수 중 하나인 flatMap()을 사용해서 ClientResponse를 Mono<Ingredient>와 연관시킬 수 있는 Mono<ClientResponse>를 가져온다.

이제는 exchange()의 다른 점을 알아보자. 요청의 응답에 true 값(해당 식자재가 사용 가능하지 않다는 것을 나타냄)을 갖는 X_UNAVAILABLE이라는 이름의 헤더가 포함될 수 있다고 하자. 그리고 X_UNAVAILABLE 헤더가 존재한다면 결과 Mono는 빈 것(아무 것도 반환하지 않는)이어야 한다고 가정해 보자. 이 경우 다음과 같이 또 다른 flatMap() 호출을 추가하면 된다.

```
Mono<Ingredient> ingredientMono = webClient
    .get()
    .uri("http://localhost:8080/ingredients/{id}", ingredientId)
    .exchange()
    .flatMap(cr -> {
      if (cr.headers().header("X_UNAVAILABLE").contains("true")) {
        return Mono.empty();
      }
      return Mono.just(cr);
    })
    .flatMap(cr -> cr.bodyToMono(Ingredient.class));
```

새로 추가된 flatMap() 호출에서는 true 값을 갖는 X_UNAVAILABLE 헤더를 찾으면서 지정된 ClientRequest 객체의 헤더를 검사한다. 그리고 찾으면 비어 있는 Mono를 반환하며, 못 찾으면 ClientResponse를 포함하는 새로운 Mono를 반환한다. 어떤 경우이든 반환되는 Mono는 그 다음의 flatMap()이 처리할 Mono가 된다.

11.5 리액티브 웹 API 보안

이제까지 스프링 시큐리티(훨씬 전에 Acegi Security라고 알려졌던)의 웹 보안 모델은 서블릿 필터를 중심으로 만들어졌다. 만일 요청자가 올바른 권한을 갖고 있는지 확인하기 위해 서블릿 기반 웹 프레임워크의 요청 바운드를(클라이언트의 요청을 서블릿이 받기 전에) 가로채야 한다면 서블릿 필터가 확실한 선택이다. 그러나 스프링 WebFlux에서는 이런 방법이 곤란하다.

스프링 WebFlux로 웹 애플리케이션을 작성할 때는 서블릿이 개입된다는 보장이 없다. 실제로 리액티브 웹 애플리케이션은 Netty나 일부 다른 non-서블릿(서블릿으로 실행하지 않는) 서버에 구축될 가능성이 많다. 그렇다면 서블릿 필터 기반의 스프링 시큐리티는 스프링 WebFlux 애플리케이션의 보안에 사용될 수 없는 것일까?

스프링 WebFlux 애플리케이션의 보안에 서블릿 필터를 사용할 수 없는 것은 사실이다. 그러나 5.0.0 버전부터 스프링 시큐리티는 서블릿 기반의 스프링 MVC와 리액티브 스프링 WebFlux 애플리케이션 모두의 보안에 사용될 수 있다. 스프링의 WebFilter가 이 일을 해준다. WebFilter는 서블릿 API에 의존하지 않는 스프링 특유의 서블릿 필터 같은 것이다.

하지만 더 놀랄 만한 것은 리액티브 스프링 시큐리티의 구성 모델이 4장에서 알아본 스프링 시큐리티와 크게 다르지 않다는 것이다. 실제로 스프링 MVC와 다른 의존성을 갖는 스프링 WebFlux와는 다르게, 스프링 시큐리티는 스프링 MVC와 동일한 스프링 부트 보안 스타터를 사용한다. 따라서 스프링 MVC 웹 애플리케이션이나 스프링 WebFlux 애플리케이션 중 어디에 스프링 시큐리티를 사용하든 상관없다. 보안 스타터의 의존성을 다시 보면 다음과 같다.

```
<dependency>
  <groupId>org.springframework.boot</groupId>
  <artifactId>spring-boot-starter-security</artifactId>
</dependency>
```

그렇지만 스프링 시큐리티의 리액티브 구성 모델과 리액티브가 아닌 구성 모델 간에는 사소한 차이가 있다. 어떤 차이가 있는지 비교를 통해 간략하게 알아보자.

11.5.1 리액티브 웹 보안 구성하기

스프링 MVC 웹 애플리케이션의 보안을 구성할 때는 `WebSecurityConfigurerAdapter`의 서브 클래스로 새로운 구성 클래스를 생성하며, 이 클래스에는 `@EnableWebSecurity` 애노테이션을 지정한다. 그리고 이 구성 클래스에서는 `configuration()` 메서드를 오버라이딩하여 요청 경로에 필요한 권한 등과 같은 웹 보안 명세를 지정한다. 4장에서 이미 알아보았던 간단한 스프링 시큐리티 구성 클래스의 예를 다시 보면 다음과 같다. 이것은 리액티브가 아닌 스프링 MVC 애플리케이션의 보안을 구성한다.

```
@Configuration
@EnableWebSecurity
public class SecurityConfig extends WebSecurityConfigurerAdapter {

  @Override
  protected void configure(HttpSecurity http) throws Exception {
    http
      .authorizeRequests()
        .antMatchers("/design", "/orders").hasAuthority("USER")
        .antMatchers("/**").permitAll();
  }

}
```

다음은 이것과 동일한 구성을 리액티브 스프링 WebFlux 애플리케이션에서는 어떻게 하는지 알아보자. 리스트 11.2에서는 리액티브 보안 구성 클래스를 보여준다.

리스트 11.2 **스프링 WebFlux 애플리케이션의 스프링 시큐리티 구성하기**

```
@Configuration
@EnableWebFluxSecurity
public class SecurityConfig {

  @Bean
  public SecurityWebFilterChain securityWebFilterChain(
                      ServerHttpSecurity http) {
    return http
        .authorizeExchange()
        .pathMatchers("/design", "/orders").hasAuthority("USER")
        .anyExchange().permitAll()
        .and()
        .build();
  }

}
```

보면 알 수 있듯이, 같은 것이 있는가 하면 다른 것도 있다. 이 구성 클래스에는 우선, @EnableWebSecurity 대신 @EnableWebFluxSecurity가 지정되어 있다. 게다가 구성 클래스가 WebSecurityConfigurerAdapter의 서브 클래스도 아니며, 다른 베이스 클래스로부터 상속받지도 않는다. 따라서 configure() 메서드도 오버라이딩하지 않는다.

그리고 configure() 메서드를 대신해서 securityWebFilterChain() 메서드를 갖는 SecurityWebFilterChain 타입의 빈을 선언한다. securityWebFilterChain() 메서드 내부의 실행 코드는 앞의 구성에 있는 configure() 메서드와 크게 다르지 않지만, 일부 변경된 것이 있다.

우선, HttpSecurity 객체 대신 ServerHttpSecurity 객체를 사용하여 구성을 선언한다. 그리고 인자로 전달된 ServerHttpSecurity를 사용해서 authorizeExchange()를 호출할 수 있다. 이 메서드는 요청 수준의 보안을 선언하는 authorizeRequests()와 거의 같다.[22]

경로 일치 확인의 경우에 여전히 Ant 방식의 와일드카드 경로를 사용할 수 있지만, 메서드는 antMatchers() 대신 pathMatchers()를 사용한다. 그리고 모든 경로를 의미하는 Ant 방식의 /**를 더 이상 지정할 필요가 없다. anyExchange() 메서드가 /**를 반환하기 때문이다.

끝으로, 프레임워크 메서드를 오버라이딩하는 대신 SecurityWebFilterChain을 빈으로 선언하므로 반드시 build() 메서드를 호출하여 모든 보안 규칙을 SecurityWebFilterChain으로 조립하고 반환해야 한다.

22 ServerHttpSecurity는 스프링 시큐리티 5에 새로 추가되었으며, HttpSecurity의 리액티브 버전이다.

그런데 이런 차이점 외에 사용자 명세user details의 경우는 어떤 차이가 있을까?

11.5.2 리액티브 사용자 명세 서비스 구성하기

WebSecurityConfigurerAdapter의 서브 클래스로 구성 클래스를 작성할 때는 하나의 configure() 메서드를 오버라이딩하여 웹 보안 규칙을 선언하며, 또 다른 configure() 메서드를 오버라이딩하여 UserDetails 객체로 정의하는 인증 로직을 구성한다. 어떻게 하는지 다시 알아볼 겸 다음의 오버라이딩된 configure() 메서드를 보자. 이 메서드 내부에서는 주입된 UserRepository 객체를 UserDetailsService(익명의 내부 클래스로 구현됨)에서 사용하여 사용자 이름으로 사용자를 찾는다.

```
@Autowired
UserRepository userRepo;

@Override
protected void configure(AuthenticationManagerBuilder auth)
         throws Exception {
  auth
    .userDetailsService(new UserDetailsService() {
      @Override
      public UserDetails loadUserByUsername(String username)
                                 throws UsernameNotFoundException {
        User user = userRepo.findByUsername(username)
        if (user == null) {
          throw new UsernameNotFoundException(
                    username " + not found")
        }
        return user.toUserDetails();
      }
    });
}
```

이와 같은 리액티브가 아닌 구성에서는 UserDetailsService에서 필요한 loadUserByUsername() 메서드만 오버라이딩한다. 그리고 이 메서드 내부에서는 지정된 UserRepository를 사용해서 인자로 전달된 사용자 이름으로 사용자를 찾는다. 만일 해당 이름을 못 찾으면 UsernameNotFoundException을 발생시킨다. 그러나 찾으면 toUser Details()를 호출하여 UserDetails 객체를 반환한다.

그러나 리액티브 보안 구성에서는 configure() 메서드를 오버라이딩하지 않고 대신에

ReactiveUserDetailsService 빈을 선언한다. 이것은 UserDetailsService의 리액티브 버전이며, UserDetailsService처럼 하나의 메서드만 구현하면 된다. 특히 findByUsername() 메서드는 UserDetails 객체 대신 Mono<userDetails>를 반환한다.

다음 예에서는 인자로 전달된 UserRepository를 사용하기 위해 ReactiveUserDetails Service 빈이 선언되었다(이 UserRepository는 리액티브 스프링 데이터 리퍼지터리가 되어야 한다. 이 내용은 다음 장에서 추가로 알아볼 것이다).

```
@Service
public ReactiveUserDetailsService userDetailsService(
                                        UserRepository userRepo) {
  return new ReactiveUserDetailsService() {
    @Override
    public Mono<UserDetails> findByUsername(String username) {
      return userRepo.findByUsername(username)
                     .map(user -> {
                          return user.toUserDetails();
                     });
    }
  };
}
```

여기서 UserRepository(코드에서는 userRepo 매개변수로 참조됨)의 findByUsername() 메서드는 Mono<User>를 반환한다. 따라서 Mono 타입에 사용 가능한 오퍼레이션들(예를 들어, map())을 연쇄적으로 호출할 수 있다.

여기서는 map() 오퍼레이션의 인자로 람다를 전달하여 호출하며, 이 람다에서는 UserRepository.findByUsername()에서 반환된 Mono가 발행하는 User 객체의 toUserDetails() 메서드를 호출한다. 그리고 이 메서드는 User 객체를 UserDetails 객체로 변환한다. 따라서 map() 오퍼레이션에서 반환하는 타입은 Mono<UserDetails>가 된다. 이것이 Reactive UserDetails Service.findByUsername()에서 요구하는 반환 타입이다.

요약

- 스프링 WebFlux는 리액티브 웹 프레임워크를 제공한다. 이 프레임워크의 프로그래밍 모델은 스프링 MVC가 많이 반영되었다. 심지어는 애노테이션도 많은 것을 공유한다.
- 스프링 5는 또한 스프링 WebFlux의 대안으로 함수형 프로그래밍 모델을 제공한다.
- 리액티브 컨트롤러는 `WebTestClient`를 사용해서 테스트할 수 있다.
- 클라이언트 측에는 스프링 5가 스프링 `RestTemplate`의 리액티브 버전인 `WebClient`를 제공한다.
- 스프링 시큐리티 5는 리액티브 보안을 지원하며, 이것의 프로그래밍 모델은 리액티브가 아닌 스프링 MVC 애플리케이션의 것과 크게 다르지 않다.

CHAPTER

12 리액티브 데이터 퍼시스턴스

이 장에서 배우는 내용

- 스프링 데이터의 리액티브 리퍼지터리
- 카산드라와 몽고DB의 리액티브 리퍼지터리 작성하기
- 리액티브가 아닌 리퍼지터리를 리액티브 사용에 맞추어 조정하기
- 카산드라를 사용한 데이터 모델링

블로킹이 없는 리액티브 코드와 블로킹되는 명령형 코드에 관해 생각할 때 문득 러시아워 rush hour가 떠올랐다. **러시아워**는 이상하게 붙여진 이름이다. 모든 사람이 자신들의 목적지로 가려고 서두르는 것처럼 보인다. 그러나 교통 체증일 때는 꼼짝 못하고 차에 갇혀 있게 된다. 만일 이동 중인 모든 차가 머뭇거림 없이 같이 움직인다면 막히지 않고 목적지로 갈 수 있을 것이다.

필자가 차를 몰고 어딘가로 열심히 간다고 해서(이 경우 나는 블로킹된 것이 아니다) 차로 이동 중인 다른 누군가가 어떻게든 나를 블로킹하지 않을 것이라는 의미는 아니다. 때로는 앞에 접촉 사고를 내고 다른 사람들의 출퇴근 길을 완전히 블로킹하는(가로막는) 다른 운전자가 있을 수 있다. 따라서 집으로 가려는 나의 노력은 본질적으로 블로킹이 없는 것이지만, 사고 현장이 처리될 때까지 필자는 블로킹 상태가 된다.

이전 장에서는 스프링 WebFlux를 사용해서 리액티브하고 블로킹이 없는 컨트롤러를 생성하는 방법을 알아보았다. 이것은 웹 계층의 확장성을 향상시키는 데 도움을 준다. 그러나 이런

컨트롤러는 같이 작동되는 다른 컴포넌트도 블로킹이 없어야 진정한 블로킹 없는 컨트롤러가 될 수 있다. 만일 블로킹 되는 리퍼지터리repository에 의존하는 스프링 WebFlux 리액티브 컨트롤러를 작성한다면, 이 컨트롤러는 해당 리퍼지터리의 데이터 생성을 기다리느라 블로킹될 것이다.

따라서 컨트롤러로부터 데이터베이스에 이르기까지 데이터의 전체 플로우flow가 리액티브하고 블로킹되지 않는 것이 중요하다. 이번 장에서는 스프링 데이터를 사용해서 리액티브 리퍼지터리를 작성하는 방법을 배운다. 이 리퍼지터리는 3장에서 생성했던 것과 유사한 프로그래밍 모델을 따른다. 우선, 스프링 데이터의 리액티브 지원 개념부터 알아보자.

12.1 스프링 데이터의 리액티브 개념 이해하기

스프링 데이터 Kay 릴리즈 트레인부터 스프링 데이터는 리액티브 리퍼지터리의 지원을 제공하기 시작하였다. 여기에는 카산드라Cassandra, 몽고DBMongoDB, 카우치베이스Couchbase, 레디스Redis로 데이터를 저장할 때 리액티브 프로그래밍 모델을 지원하는 것이 포함된다.

스프링 데이터 이름의 유래는?

스프링 데이터 프로젝트는 진도에 따라 버전이 올라가지만, **릴리즈 트레인**(release train)으로 발표된다. 이때 릴리즈 트레인의 각 버전은 컴퓨터 공학에서 중요한 인물의 이름을 따서 명칭이 부여된다.

이 명칭들은 Babbage, Codd, Dijkstra, Evans, Fowler, Gosling, Hopper, Ingalls와 같이 알파벳 순으로 되어 있다. 이 책을 집필할 당시 가장 최신 릴리즈 트레인 버전은 스프링 데이터 Kay이며, 이것은 스몰토크(Smalltalk) 프로그래밍 언어의 설계자 중 한 사람인 Alan Kay의 이름을 따서 명명된 것이다.

그러나 관계형 데이터베이스나 JPA는 리액티브 리퍼지터리가 지원되지 않는다. 관계형 데이터베이스는 업계에서 가장 많이 사용되지만, 스프링 데이터 JPA로 리액티브 프로그래밍 모델을 지원하려면 관계형 데이터베이스와 JDBC 드라이버 역시 블로킹되지 않는 리액티브 모델을 지원해야 한다. 아쉽게도 최소한 지금은 관계형 데이터베이스를 리액티브하게 사용하기 위한 지원이 되지 않는다. 바라건대, 이런 상황은 가까운 미래에 해결될 것이다.

이번 장에서는 스프링 데이터를 사용하여 리액티브 모델을 지원하는 데이터베이스들의 리퍼지터리를 개발하는 데 초점을 둔다. 우선, 스프링 데이터의 리액티브 모델과 리액티브가 아닌 모델이 어떻게 다른지 알아보자.

12.1.1 스프링 데이터 리액티브 개요

스프링 데이터 리액티브의 핵심은 다음과 같이 요약할 수 있다. 즉, 리액티브 리퍼지터리는 도메인 타입이나 컬렉션 대신 Mono나 Flux를 인자로 받거나 반환하는 메서드를 갖는다는 것이다. 예를 들어, 데이터베이스로부터 식자재 타입으로 Ingredient 객체들을 가져오는 리퍼지터리 메서드는 다음과 같이 리퍼지터리 인터페이스에 선언될 수 있다.

```
Flux<Ingredient> findByType(Ingredient.Type type);
```

이 코드를 보면 알 수 있듯이, findByType() 메서드는 Flux<Ingredient>를 반환한다(리액티브가 아닌 버전의 findByType() 메서드는 List<Ingredient>나 Iterable<Ingredient>를 반환한다).

또한, Taco 객체를 저장하는 리액티브 리퍼지터리의 메서드 시그니처는 다음과 같다.

```
Flux<Taco> saveAll(Publisher<Taco> tacoPublisher);
```

이 경우 saveAll() 메서드는 Taco 타입을 포함하는 Publisher인 Mono<Taco>나 Flux <Taco>를 인자로 받으며, Flux<Taco>를 반환한다. 이것은 직접 도메인 타입을 처리하는 즉, Taco 객체를 인자로 받고, 저장된 Taco 객체를 반환하는 save() 메서드를 갖는 리액티브가 아닌 리퍼지터리와 다르다.

간단히 말해, 스프링 데이터의 리액티브 리퍼지터리는 스프링 데이터의 리액티브가 아닌 리퍼지터리(3장 참고)와 거의 동일한 프로그래밍 모델을 공유한다. 단, 리액티브 리퍼지터리는 도메인 타입이나 컬렉션 대신 Mono나 Flux를 인자로 받거나 반환하는 메서드를 갖는다는 것만 다르다.

12.1.2 리액티브와 리액티브가 아닌 타입 간의 변환

스프링 데이터로 리액티브 리퍼지터리를 작성하는 방법을 알아보기에 앞서 잠시 중요한 문제를 해결해 보자. 기존에 관계형 데이터베이스가 있지만, 스프링 데이터의 리액티브 프로그래밍 모델이 지원하는 4개의 데이터베이스 중 하나로 이전하는 것이 불가능할 것이다. 이 경우 리액티브 프로그래밍을 우리 애플리케이션에 전혀 적용할 수 없는 것일까?

리액티브 프로그래밍의 장점은 클라이언트부터 데이터베이스까지 리액티브 모델을 가질 때 완전하게 발휘된다. 그러나 데이터베이스가 리액티브가 아닌 경우에도 여전히 일부 장점을 살릴 수 있다. 심지어는 우리가 선택한 데이터베이스가 블로킹 없는 리액티브 쿼리를 지원하지 않더라도 블로킹 되는 방식으로 데이터를 가져와서 가능한 빨리 리액티브 타입으로 변환하여 상위 컴포넌트들이 리액티브의 장점을 활용하게 할 수 있다.

예를 들어, 관계형 데이터베이스와 스프링 데이터 JPA를 사용한다고 해보자. 이 경우 주문 데이터 리퍼지터리인 `OrderRepository`는 다음과 같은 시그니처의 메서드를 가질 수 있다.

```
List<Order> findByUser(User user);
```

이 메서드는 리액티브가 아닌 `List<Order>`를 반환하며, 이 `List`는 지정된 사용자(`User` 객체)의 모든 주문(`Order` 객체)을 포함한다. `findByUser()`가 호출되면 해당 쿼리가 실행되어 결과 데이터가 `List`에 저장된다. 그러나 이렇게 처리되는 동안 `findByUser()`는 블로킹된다. 왜냐하면 `List`가 리액티브 타입이 아니므로, 리액티브 타입인 `Flux`가 제공하는 어떤 오퍼레이션도 수행할 수 없기 때문이다. 게다가 컨트롤러가 `findByUser()`를 호출했다면 결과를 리액티브하게 사용할 수 없어 확장성을 향상시킬 수 없다(11장의 그림 11.1 참고).

이처럼 블로킹 방식의 JPA 리퍼지터리 메서드를 호출해서는 곤란하다. 그러나 이 경우 가능한 빨리 리액티브가 아닌 `List`를 `Flux`로 변환하여 결과를 처리할 수는 있다. 이때는 `Flux.fromIterable()`을 사용하면 된다.

```
List<Order> orders = repo.findByUser(someUser);
Flux<Order> orderFlux = Flux.fromIterable(orders);
```

마찬가지로 특정 ID의 주문 데이터를 가져올 때는 다음과 같이 `Mono`로 변환하면 된다.

```
Order order repo.findById(Long id);
Mono<Order> orderMono = Mono.just(order);
```

이처럼 `Mono.just()` 메서드와 `Flux`의 `fromIterable()`, `fromArray()`, `fromStream()` 메서드를 사용하면 리퍼지터리의 리액티브가 아닌 블로킹 코드를 격리시키고 애플리케이션의 어디서든 리액티브 타입으로 처리하게 할 수 있다.

또 다른 경우는 어떨까? `Mono`나 `Flux`를 사용하면서 리액티브가 아닌 JPA 리퍼지터리에 `save()`를 호출해서 저장해야 한다면? 다행하게도 `Mono`나 `Flux` 모두 자신들이 발행하는 데이터를 도메인 타입이나 Iterable 타입으로 추출하는 오퍼레이션을 갖고 있다.

예를 들어, WebFlux 컨트롤러가 Mono<Taco>를 받은 후 이것을 스프링 데이터 JPA 리퍼지터리의 save() 메서드를 사용해서 저장한다고 해보자. 이때도 아무 문제없다. Mono의 block() 메서드를 호출해서 Taco 객체로 추출하면 된다.

```
Taco taco = tacoMono.block();
tacoRepo.save(taco);
```

이름이 암시하듯이 block() 메서드는 추출작업을 수행하기 위해 블로킹 오퍼레이션을 실행한다.

Flux의 데이터를 추출할 때는 toIterable()을 사용할 수 있다. WebFlux 컨트롤러가 Flux<Taco>를 받은 후 이것을 스프링 데이터 JPA 리퍼지터리의 save() 메서드를 사용해서 저장한다고 하자. 이때는 다음과 같이 하면 된다.

```
Iterable<Taco> tacos = tacoFlux.toIterable();
tacoRepo.saveAll(tacos);
```

Mono.block()과 마찬가지로 Flux.toIterable()은 Flux가 발행하는 모든 객체를 모아서 Iterable 타입으로 추출해 준다. 그러나 Mono.block()이나 Flux.toIterable()은 추출 작업을 할 때 블로킹이 되므로 리액티브 프로그래밍 모델을 벗어난다. 따라서 이런 식의 Mono나 Flux 사용은 가급적 적게 하는 것이 좋다.

이처럼 블로킹되는 추출 오퍼레이션을 피하는 더 리액티브한 방법이 있다. 즉, Mono나 Flux를 구독하면서 발행되는 요소 각각에 대해 원하는 오퍼레이션을 수행하는 것이다. 예를 들어, Flux<Taco>가 발행하는 Taco 객체를 리액티브가 아닌 리퍼지터리에 저장할 때는 다음과 같이 할 수 있다.

```
tacoFlux.subscribe(taco -> {
  tacoRepo.save(taco);
});
```

여기서 리퍼지터리의 save() 메서드는 여전히 리액티브가 아닌 블로킹 오퍼레이션이다. 그러나 Flux나 Mono가 발행하는 데이터를 소비하고 처리하는 리액티브 방식의 subscribe()를 사용하므로 블로킹 방식의 일괄처리보다는 더 바람직하다.

지금부터는 스프링 데이터의 리액티브 지원 기능을 사용하여 타코 클라우드 애플리케이션의 리액티브 리퍼지터리 생성을 시작할 것이다.

12.1.3 리액티브 리퍼지터리 개발하기

3장에서 알아보았듯이 스프링 데이터의 가장 놀라운 기능 중 하나는 리퍼지터리 인터페이스를 선언하면 이것을 스프링 데이터가 런타임 시에 자동으로 구현해 준다는 것이다. 또한, 3장에서는 스프링 데이터 JPA에 주로 초점을 두었다. 그러나 동일한 프로그래밍 모델을 카산드라나 몽고DB 같은 관계형이 아닌 데이터베이스에 적용할 수 있다.

리액티브가 아닌 리퍼지터리 지원 위에 구축된 스프링 데이터 카산드라와 스프링 데이터 몽고DB는 리액티브 모델도 지원한다. 따라서 데이터 퍼시스턴스를 제공하는 백엔드로 이 데이터베이스들을 사용하면, 스프링 애플리케이션이 웹 계층부터 데이터베이스까지에 걸쳐 진정한 엔드-to-엔드 리액티브 플로우를 제공할 수 있다. 지금부터는 리액티브 스프링 데이터 리퍼지터리를 사용해서 카산드라에 데이터를 저장하고 사용하는 방법을 살펴본다.

12.2 리액티브 카산드라 리퍼지터리 사용하기

카산드라는 분산처리, 고성능, 상시 가용, 궁극적인 일관성을 갖는 NoSQL 데이터베이스다.

간단히 말해서 카산드라는 데이터를 테이블에 저장된 행row으로 처리하며, 각 행은 일 대 다 관계의 많은 분산 노드에 걸쳐 분할된다. 즉, 한 노드가 모든 데이터를 갖지는 않지만, 특정 행은 다수의 노드에 걸쳐 복제될 수 있으므로 단일 장애점single point of failure(한 노드에 문제가 생기면 전체가 사용 불가능)을 없애준다.

스프링 데이터 카산드라는 카산드라 데이터베이스의 자동화된 리퍼지터리 지원을 제공하는데 이것은 관계형 데이터베이스의 스프링 데이터 JPA가 제공하는 것과 유사하면서도 다르다. 또한, 스프링 데이터 카산드라는 애플리케이션의 도메인 타입을 데이터베이스 구조에 매핑하는 애노테이션을 제공한다.

카산드라를 더 살펴보기 전에 알아둘 중요한 것이 있다. 즉, 카산드라는 오라클Oracle이나 SQL Server와 같은 관계형 데이터베이스와 유사한 많은 개념들을 공유하지만, 카산드라는 관계형 데이터베이스가 아니며, 여러 면에서 매우 다르다는 것이다. 여기서는 스프링 데이터의 사용에 관련된 카산드라의 특성을 설명할 것이다. 카산드라의 더 자세한 내용은 https://cassandra.apache.org/doc/latest/를 참고하자.

우선, 타코 클라우드 프로젝트에 스프링 데이터 카산드라를 활성화하는 것부터 시작하자.

12.2.1 스프링 데이터 카산드라 활성화하기

스프링 데이터 카산드라의 리액티브 리퍼지터리 지원을 사용하려면 리액티브 스프링 데이터 카산드라의 스프링 부트 스타터 의존성을 추가해야 한다. 이때 선택할 수 있는 스프링 데이터 카산드라 스타터 의존성은 두 개가 있다.

우선, 카산드라의 리액티브가 아닌 리퍼지터리를 작성한다면 다음 의존성을 빌드에 추가한다.

```
<dependency>
  <groupId>org.springframework.boot</groupId>
  <artifactId>spring-boot-starter-data-cassandra</artifactId>
</dependency>
```

이 의존성은 스프링 Initializr 화면에서 의존성을 지정할 때 NoSQL의 'Spring Data for Apache Cassandra' 체크박스를 선택해도 빌드에 추가된다.

그러나 이번 장에서는 리액티브 리퍼지터리를 작성할 것이므로 카산드라의 리액티브 리퍼지터리를 활성화하는 다음의 스타터 의존성을 추가해야 한다.

```
<dependency>
  <groupId>org.springframework.boot</groupId>
  <artifactId>spring-boot-starter-data-cassandra-reactive</artifactId>
</dependency>
```

이 의존성도 스프링 Initializr 화면에서 의존성을 지정할 때 NoSQL의 'Spring Data Reactive for Apache Cassandra' 체크박스를 선택하면 빌드에 추가된다.

이 의존성은 스프링 데이터 JPA 스타터 의존성 대신 필요하다는 것을 알아 두자. 즉, JPA를 사용한 관계형 데이터베이스에 타코 클라우드 데이터를 저장하는 대신, 스프링 데이터를 사용해서 카산드라 데이터베이스에 저장한다. 따라서 스프링 데이터 JPA 스타터 의존성과 모든 관계형 데이터베이스 의존성(예를 들어, JDBC 드라이버 의존성이나 H2 의존성)을 빌드에서 삭제해야 한다.

이처럼 스프링 데이터 리액티브 카산드라 스타터 의존성을 추가하면 스프링 데이터 카산드라 라이브러리와 리액터 등의 의존성(모듈)이 프로젝트에 추가된다. 그리고 이런 라이브러리들이 classpath에 지정되므로 런타임 시에 리액티브 카산드라 라이브러리들을 생성하는 자동-구성이 수행된다. 즉, 별도의 구성 없이 리액티브 카산드라 리퍼지터리를 작성할 수 있다는 의미다.

단, 일부 구성은 제공해야 하는데, 최소한 리퍼지터리가 운용되는 키 공간key space의 이름을 구성해야 하며, 이렇게 하기 위해 해당 키 공간을 생성해야 한다.[23]

키 공간을 자동으로 생성하도록 스프링 데이터 카산드라를 구성할 수 있지만, 우리가 직접 생성(또는 기존 키 공간을 사용하게)하는 것이 훨씬 쉽다. 이때 카산드라 CQLCassandra Query Language 셸에서 다음과 같이 create keyspace 명령을 사용하면 타코 클라우드 애플리케이션의 키 공간을 생성할 수 있다.

```
cqlsh> create keyspace tacocloud
   ... with replication={'class':'SimpleStrategy', 'replication_factor':1}
   ... and durable_writes=true;
```

여기서는 단순 복제replication 및 durable_writes가 true로 설정된 tacocloud라는 키 공간을 생성한다. replication_factor가 1일 때는 각 행의 데이터를 여러 벌 복제하지 않고 한 벌만 유지함을 나타낸다. 복제를 처리하는(어떤 노드에 복제할 것인지 결정하는) 방법은 복제 전략이 결정하며, 여기서는 SimpleStrategy를 지정하였다. SimpleStrategy 복제 전략은 단일 데이터 센터 사용 시에(또는 데모용 코드에) 좋다. 그러나 카산드라 클러스터cluster가 다수의 데이터 센터에 확산되어 있을 때는 NetworkTopologyStrategy를 고려할 수 있다. 복제 전략이나 다른 방법의 키 공간 생성에 관한 자세한 내용은 카산드라 문서를 참고하기 바란다(http://cassandra.apache.org/doc/latest/).

키 공간을 생성했으므로 이제는 spring.data.cassandra.keyspace-name 속성을 구성해서 스프링 데이터 카산드라가 해당 키 공간을 사용하도록 알려주어야 한다.

```
spring:
  data:
    cassandra:
      keyspace-name: tacocloud
      schema-action: recreate-drop-unused
```

23 카산드라에서 키 공간은 카산드라 노드의 테이블들을 모아 놓은 것이다. 이것은 관계형 데이터베이스에서 테이블, 뷰, 제약조건을 모아 놓는 스키마(schema)와 유사하다.

여기서는 키 공간 외에 spring.data.cassandra.schema-action을 recreate-drop-unused로 설정하였다. 이 설정은 개발 목적에 매우 유용하다. 왜냐하면, 애플리케이션이 매번 시작할 때마다 모든 테이블과 사용자 정의 타입이 삭제되고 재생성되기 때문이다. 기본값은 none이며, 이것은 스키마에 대해 아무 조치를 취하지 않는다. 따라서 애플리케이션이 시작하더라도 모든 테이블을 삭제하지 않는 실무 설정에 유용하다.

로컬에서 카산드라 데이터베이스를 사용할 때 필요한 속성은 앞의 두 개면 충분하다. 그러나 카산드라 클러스터를 구성하는 방법에 따라 다른 속성을 추가로 설정해야 할 경우도 있다.

기본적으로 스프링 데이터 카산드라는 카산드라가 로컬로 실행되면서 9092 포트를 리스닝하는 것으로 간주한다. 그러나 이것을 실무 설정에 하듯이 변경하고 싶을 때는 다음과 같이 spring.data.cassandra.contact-points와 spring.data.cassandra.port 속성을 설정하면 된다.

```
spring:
  data:
    cassandra:
      keyspace-name: tacocloud
      contact-points:
      - casshost-1.tacocloud.com
      - casshost-2.tacocloud.com
      - casshost-3.tacocloud.com
      port: 9043
```

spring.data.cassandra.contact-points 속성은 카산드라 노드가 실행 중인 호스트를 나타낸다. 기본적으로는 localhost로 설정되지만, 이 예처럼 호스트 이름의 목록을 설정할 수 있다. 이 경우 각 노드의 호스트 연결을 시도하여 카산드라 클러스터에 단일 장애점이 생기지 않게 해주며, contact-points에 지정된 호스트 중 하나를 통해 애플리케이션이 클러스터에 연결될 수 있게 해준다.

카산드라 클러스터의 사용자 이름과 비밀번호를 지정해야 할 수도 있다. 이때는 spring.data.cassandra.username과 spring.data.cassandra.password 속성을 설정하면 된다.

```
spring:
  data:
    cassandra:
      ...
      username: tacocloud
      password: s3cr3tP455w0rd
```

이제는 프로젝트에 스프링 데이터 카산드라가 활성화되고 구성되었으므로 우리의 도메인 타입을 카산드라의 테이블로 매핑하고 리퍼지터리를 작성할 준비가 거의 다 되었다. 그러나 잠시 카산드라 데이터 모델링의 몇 가지 기본 사항을 알아보자.

12.2.2 카산드라 데이터 모델링 이해하기

이미 얘기했듯이, 카산드라는 관계형 데이터베이스와 많이 다르다. 따라서 우리의 도메인 타입을 카산드라의 테이블로 매핑하기 전에 알아 둘 중요한 것이 있다. 즉, 카산드라 데이터 모델링은 관계형 데이터베이스에 저장하기 위해 데이터를 모델링하는 것과 다르다.

카산드라 데이터 모델링에 관해 알아 둘 몇 가지 가장 중요한 사항은 다음과 같다.

카산드라 테이블은 얼마든지 많은 열column을 가질 수 있다. 그러나 모든 행이 같은 열을 갖지 않고, 행마다 서로 다른 열을 가질 수 있다.

카산드라 데이터베이스는 다수의 파티션에 걸쳐 분할된다. 테이블의 어떤 행도 하나 이상의 파티션에서 관리될 수 있다. 그러나 각 파티션은 모든 행을 갖지 않고, 서로 다른 행을 가질 수 있다.

카산드라 테이블은 두 종류의 키를 갖는다. 파티션 키와 클러스터링 키다. 각 행이 유지 관리되는 파티션을 결정하기 위해 해시 오퍼레이션이 각 행의 파티션 키에 수행된다. 클러스터링 키는 각 행이 파티션 내부에서 유지 관리되는 순서(쿼리의 결과에 나타나는 순서가 아님)를 결정한다.

카산드라는 읽기 오퍼레이션에 최적화되어 있다. 따라서 테이블이 비정규화되고 데이터가 다수의 테이블에 걸쳐 중복되는 경우가 흔하다. 예를 들어, 고객 정보는 고객 테이블에 저장되지만, 각 고객의 주문 정보를 포함하는 테이블에도 중복 저장될 수 있다.

이 내용을 보면 알 수 있듯이, JPA 애노테이션을 단순히 카산드라 애노테이션으로 변경한다고 해서 타코 도메인 타입을 카산드라에 적용할 수 있는 것은 아니다. 데이터를 어떻게 모델링할 것인지 다시 생각해야 한다.

12.2.3 카산드라 퍼시스턴스의 도메인 타입 매핑

3장에서는 도메인 타입들(`Taco`, `Ingredient`, `Order` 등)을 JPA 명세가 제공하는 애노테이션들로 나타냈다. 그리고 이 애노테이션들은 도메인 타입을 관계형 데이터베이스에 저장하는 엔터티로 매핑하였다. 그러나 카산드라 퍼시스턴스(데이터 저장과 유지)에는 이 애노테이션들을 사용할 수 없다. 대신에 스프링 데이터 카산드라는 유사한 목적의 매핑 애노테이션들을 제공한다.

우선, 카산드라로 가장 간단하게 매핑할 수 있는 Ingredient 클래스부터 시작해 보자. 카산드라에서 사용할 수 있는 새로운 Ingredient 클래스는 다음과 같다.

```
package tacos;

import org.springframework.data.cassandra.core.mapping.PrimaryKey;
import org.springframework.data.cassandra.core.mapping.Table;
import lombok.AccessLevel;
import lombok.Data;
import lombok.NoArgsConstructor;
import lombok.RequiredArgsConstructor;

@Data
@RequiredArgsConstructor
@NoArgsConstructor(access=AccessLevel.PRIVATE, force=true)
@Table("ingredients")
public class Ingredient {

  @PrimaryKey
  private final String id;
  private final String name;
  private final Type type;

  public static enum Type {
    WRAP, PROTEIN, VEGGIES, CHEESE, SAUCE
  }
}
```

여기서는 JPA 퍼시스턴스에서 클래스에 지정했던 @Entity 대신 @Table을 지정하였다. @Table은 식재료 데이터가 ingredients 테이블에 저장 및 유지되어야 한다는 것을 나타낸다. 그리고 id 속성에 지정했던 @Id 대신 @PrimaryKey 애노테이션을 지정하였다. 이렇게 보면 몇 가지 애노테이션만 변경하면 되는 것처럼 보인다.

그러나 이런 Ingredient 매핑에 현혹되지 말자. Ingredient 클래스는 가장 간단한 도메인 타입이기 때문이다. Taco 클래스를 카산드라에 저장, 유지하기 위해 tacos 테이블로 매핑할 때는 할 일이 더 많다.

리스트 12.1 Taco 클래스를 카산드라 tacos 테이블로 매핑하기

```
package tacos;

import java.util.Date;
import java.util.List;
import java.util.UUID;
import javax.validation.constraints.NotNull;
```

```
import javax.validation.constraints.Size;
import org.springframework.data.cassandra.core.cql.Ordering;
import org.springframework.data.cassandra.core.cql.PrimaryKeyType;
import org.springframework.data.cassandra.core.mapping.Column;
import org.springframework.data.cassandra.core.mapping.PrimaryKeyColumn;
import org.springframework.data.cassandra.core.mapping.Table;
import org.springframework.data.rest.core.annotation.RestResource;
import com.datastax.driver.core.utils.UUIDs;
import lombok.Data;

@Data
@RestResource(rel="tacos", path="tacos")
@Table("tacos")          ◀── tacos 테이블에 저장, 유지한다.
public class Taco {

  @PrimaryKeyColumn(type=PrimaryKeyType.PARTITIONED)     ◀── 파티션 키를 정의한다.
  private UUID id = UUIDs.timeBased();

  @NotNull
  @Size(min=5, message="Name must be at least 5 characters long")
  private String name;

  @PrimaryKeyColumn(type=PrimaryKeyType.CLUSTERED,     ◀── 클러스터링 키를 정의한다.
                    ordering=Ordering.DESCENDING)
  private Date createdAt = new Date();

  @Size(min=1, message="You must choose at least 1 ingredient")
  @Column("ingredients")          ◀── List를 ingredients 열에 매핑한다.
  private List<IngredientUDT> ingredients;
}
```

이 코드를 보면 알 수 있듯이, Taco 클래스의 테이블 매핑에는 더 많은 것이 수반된다. 우선, 타코 데이터를 저장하는 테이블의 이름을 tacos로 지정하기 위해 Ingredient와 마찬가지로 @Table 애노테이션이 사용되었다. 그러나 Ingredient의 경우와 유사한 것은 이것뿐이다.

id 속성은 여전히 기본 키primary key다. 그러나 여기서는 이것이 두 개의 기본 키 열 중 하나다. 더 자세하게 말해서, id 속성은 PrimaryKeyType.PARTITIONED 타입으로 @PrimaryKeyColumn에 지정되어 있다. 이것은 타코 데이터의 각 행이 저장되는 카산드라 파티션을 결정하기 위해 사용되는 파티션 키가 id 속성이라는 것을 나타낸다.

또한, id 속성의 타입은 Long 대신 UUID이며, 이것은 자동 생성되는 ID 값을 저장하는 속성에 흔히 사용하는 타입이다. 그리고 UUID는 새로운 Taco 객체가 생성될 때 시간 기반의 UUID 값으로 초기화된다(그러나 데이터베이스로부터 기존 Taco 객체를 읽을 때 무시할 수 있다).

조금 아래로 내려가보면 또 다른 기본 키 열로 지정된 createdAt 속성이 있다. 그러나 여기서는 @PrimaryKeyColumn의 type 속성이 PrimaryKeyType.CLUSTERED로 설정되어 있다. 이것은 createdAt 속성이 클러스터링 키라는 것을 나타낸다. 이미 얘기했던 대로, 클러스터링 키는 **파티션 내부**에서 행의 순서를 결정하기 위해 사용되며, 여기서는 내림차순descending order으로 설정되었다. 따라서 지정된 파티션 내부의 더 새로운 행이 tacos 테이블에 먼저 나타난다.

제일 끝에 정의된 ingredients 속성(여기서는 열 이름도 ingredients다)은 Ingredient 객체를 저장하는 List 대신 IngredientUDT 객체를 저장하는 List로 정의되었다. 다시 말하지만, 카산드라 테이블은 비정규화되어서 다른 테이블과 중복되는 데이터를 포함할 수 있다. 따라서 모든 사용 가능한 식재료 데이터를 갖는 테이블은 ingredients이지만, 각 타코에 선택된 식재료는 여기 있는 tacos 테이블의 ingredients 열에 중복 저장될 수 있다. 그리고 ingredients 테이블의 하나 이상의 행을 참조하는 대신, ingredients 속성은 선택된 각 식재료의 전체 데이터를 포함한다.

그런데 왜 새로운 IngredientUDT 클래스를 사용해야 할까? Ingredient 클래스를 재사용할 수 없을까? 간단히 말해, ingredients 열처럼 데이터의 컬렉션을 포함하는 열은 네이티브 타입(정수, 문자열 등)의 컬렉션이거나 사용자 정의 타입User Defined Type, UDT의 컬렉션이어야 하기 때문이다.

카산드라에서 사용자 정의 타입은 단순한 네이티브 타입보다 더 다채로운 테이블 열을 선언할 수 있게 해준다. 그리고 비정규화된 관계형 데이터베이스 외부 키처럼 사용된다. 단, 다른 테이블의 한 행에 대한 참조만 갖는 외부 키와는 대조적으로, 사용자 정의 타입의 열은 다른 테이블의 한 행으로부터 복사될 수 있는 데이터를 실제로 갖는다. 즉, tacos 테이블의 ingredients 열은 식재료 자체를 정의하는 클래스 인스턴스의 컬렉션을 포함한다.

Ingredient 클래스는 사용자 정의 타입으로 사용할 수 없다. 왜냐하면 @Table 애노테이션이 이미 Ingredient 클래스를 카산드라에 저장하는 엔터티(도메인 타입)로 매핑했기 때문이다. 따라서 taco 테이블의 ingredients 열에 식재료 데이터가 어떻게 저장되는지 정의하기 위해 새로운 클래스를 생성해야 한다. 다음의 IngredientUDT가 바로 그런 클래스다.

```
package tacos;

import org.springframework.data.cassandra.core.mapping.UserDefinedType;
import lombok.AccessLevel;
```

```
import lombok.Data;
import lombok.NoArgsConstructor;
import lombok.RequiredArgsConstructor;

@Data
@RequiredArgsConstructor
@NoArgsConstructor(access=AccessLevel.PRIVATE, force=true)
@UserDefinedType("ingredient")
public class IngredientUDT {

  private final String name;
  private final Ingredient.Type type;
}
```

IngredientUDT는 Ingredient 클래스와 매우 유사하지만, 엔터티에 매핑하는 데 필요한 요구사항은 훨씬 더 간단하다. 우선, 이 클래스에는 카산드라의 사용자 정의 타입인 것을 알 수 있도록 @UserDefinedType이 지정되었다. 이 애노테이션이 지정되지 않으면 몇 가지 속성을 갖는 평범한 클래스가 된다.

또한, IngredientUDT 클래스는 id 속성을 포함하지 않는다. 소스 클래스인 Ingredient의 id 속성을 가질 필요가 없기 때문이다(사용자 정의 타입은 우리가 원하는 어떤 속성도 가질 수 있지만, 테이블 정의와 똑같지 않아도 된다).

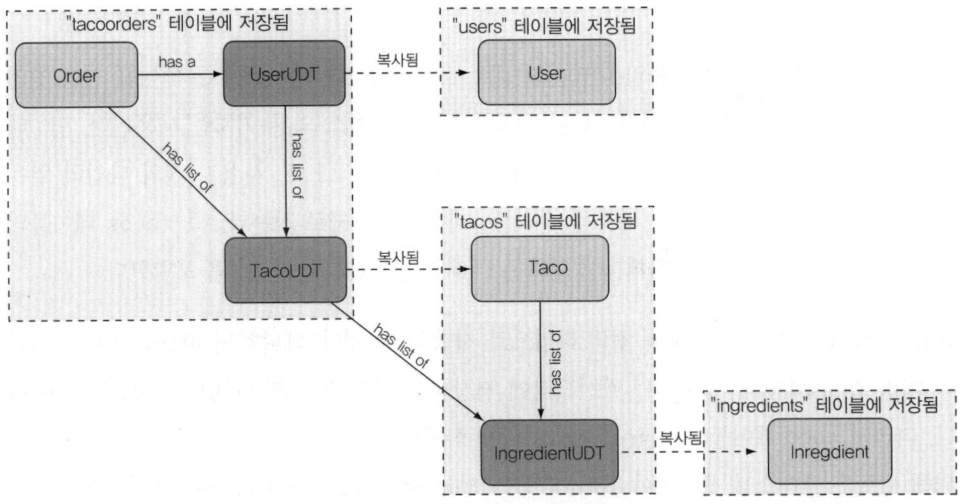

그림 12.1 외부 키와 조인을 사용하는 대신 카산드라 테이블은 비정규화되며, 관련된 테이블로부터 복사된 데이터를 포함하는 사용자 정의 타입을 갖는다. 여기서 Order, User, Taco, Ingredient는 엔터티(도메인 타입)다

그림 12.1에서는 사용자 정의 타입이 포함된 타코 클라우드 데이터베이스 전체의 데이터 모

델을 보여준다.

여기서 IngredientUDT는 Ingredient 객체로부터 복사된 데이터를 갖는다. 그리고 리스트 12.1의 Taco 객체가 tacos 테이블에 저장될 때는 IngredientUDT의 List가 ingredients 열에 저장된다.

tacos 테이블의 행을 쿼리해 보면 사용자 정의 타입이 어떻게 사용되는지 이해하는 데 도움이 될 것이다. 카산드라에 같이 제공되는 CQL과 cqlsh를 사용해서 쿼리하면 다음과 같다.

```
cqlsh:tacocloud> select id, name, createdAt, ingredients from tacos;
id        | name       | createdat | ingredients
----------+------------+-----------+----------------------------------------
827390...| Carnivore | 2018-04...| [{name: 'Flour Tortilla', type: 'WRAP'},
                                     {name: 'Carnitas', type: 'PROTEIN'},
                                     {name: 'Sour Cream', type: 'SAUCE'},
                                     {name: 'Salsa', type: 'SAUCE'},
                                     {name: 'Cheddar', type: 'CHEESE'}]
(1 rows)
```

이것을 보면 알 수 있듯이, id, name, createdat 열은 단순 값을 가지며, 관계형 데이터베이스의 경우와 그리 다르지 않다. 그러나 ingredients 열은 조금 다르다. 이 열은 ingredient의 사용자 정의 타입인 IngredientUDT의 컬렉션을 포함하도록 정의되어 있으므로, 이 열의 값은 JSON 객체로 채워진 JSON 배열이 된다.

그림 12.1에는 IngredientUDT 외에 다른 두 개의 사용자 정의 타입(UserUDT와 TacoUDT)이 있으며, 이것들은 Order 클래스에서 사용된다. 우선, 리스트 12.2와 같이 Order 클래스를 변경하여 tacoorders 테이블로 매핑한 후 나머지 사용자 정의 타입도 추가로 정의할 것이다.

리스트 12.2 Order 클래스를 카산드라 tacoorders 테이블로 매핑하기

```
@Data
@Table("tacoorders")          ← tacoorders 테이블로 매핑한다.
public class Order implements Serializable {

  private static final long serialVersionUID = 1L;

  @PrimaryKey    ← 기본 키를 선언한다.
  private UUID id = UUIDs.timeBased();

  private Date placedAt = new Date();

  @Column("user")        ← user 열에 사용자 정의 타입을 매핑한다.
  private UserUDT user;      ← 여백을 줄이기 위해 배달 관련 속성과 신용카드 관련 속성은 생략하였다.
```

```
  @Column("tacos")                                    tacos 열에 사용자
  private List<TacoUDT> tacos = new ArrayList<>();    정의 타입을 매핑한다.

  public void addDesign(TacoUTD design) {
    this.tacos.add(design);
  }
}
```

리스트 12.2의 코드에서 Order의 배달 관련 속성과 신용카드 관련 속성은 카산드라 데이터 모델링에 특별하게 관련되지 않으므로 생략하였다. 여기서는 우선, @Table을 사용해서 Order를 tacoorders 테이블로 매핑한다. 그리고 id 속성에는 @PrimaryKey 애노테이션만 지정되었다. 이 경우 파티션 키와 클러스터링 키 모두로 이 속성이 사용된다는 것을 나타내며, 행의 순서는 기본값으로 설정된다.

tacos 속성은 List<Taco> 대신 List<TacoUDT>로 정의되었고 tacos 열에 저장된다. Order와 Taco/TacoUDT 간의 관계는 리스트 12.1의 Taco와 Ingredient/IngredientUDT 간의 관계와 유사하다. 즉, 관계형 데이터베이스처럼 다른 테이블의 행들을 외부 키를 통해 조인하는 것이 아니고, 주문된 모든 타코의 데이터를 tacoorders 테이블에 포함시킨다. 빠른 데이터 검색에 테이블을 최적화하기 위함이다.

이와 유사하게 user 속성은 UserUDT로 정의되었고 user 열에 저장된다. 즉, 주문한 사용자 데이터를 tacoorders 테이블이 포함한다.

다음의 TacoUDT 클래스는 IngredientUDT 클래스와 매우 유사하지만, 또 다른 사용자 정의 타입을 저장하는 컬렉션을 포함한다는 점이 다르다.

```
@Data
@UserDefinedType("taco")
public class TacoUDT {
  private final String name;
  private final List<IngredientUDT> ingredients;
}
```

UserUDT 클래스는 세 개의 속성을 갖는다.

```
@UserDefinedType("user")
@Data
public class UserUDT {
  private final String username;
```

```
    private final String fullname;
    private final String phoneNumber;
}
```

3장에서 생성했던 도메인 클래스를 그대로 재사용하거나, JPA 애노테이션을 카산드라 애노테이션으로 변경하는 정도로만 카산드라 데이터베이스를 생성할 수 있었다면 더 좋았을 것이다. 그러나 지금까지 했던 것처럼 데이터 모델링을 다시 고려해야 한다. 아무튼 이제는 우리 도메인 객체를 카산드라 데이터베이스에 매핑했으므로 리퍼지터리를 작성할 준비가 되었다.

12.2.4 리액티브 카산드라 리퍼지터리 작성하기

3장에서 보았듯이, 스프링 데이터로 리액티브가 아닌 리퍼지터리를 작성할 때는 스프링 데이터의 기본 리퍼지터리 인터페이스 중 하나를 확장하는 인터페이스만 선언하면 된다. 그리고 선택적이지만 커스텀 쿼리의 쿼리 메서드들을 추가로 선언할 수 있다. 리액티브 리퍼지터리를 작성하는 것도 이와 크게 다르지 않다. 가장 큰 차이점은 다른 종류의 기본 리퍼지터리 인터페이스를 확장하는 것과 도메인 타입이나 컬렉션 대신 Mono나 Flux 같은 리액티브 타입을 메서드에서 처리하는 것이다.

리액티브 카산드라 리퍼지터리를 작성할 때는 두 개의 기본 인터페이스인 ReactiveCassandraRepository나 ReactiveCrudRepository를 선택할 수 있다. 둘 중 어떤 것을 선택하는 가는 어떻게 리퍼지터리를 사용하느냐에 달려있다. ReactiveCassandraRepository는 ReactiveCrudRepository를 확장하여 새 객체가 저장될 때 사용되는 insert() 메서드의 몇 가지 변형 버전을 제공하며, 이외에는 ReactiveCrudRepository와 동일한 메서드를 제공한다. 만일 많은 데이터를 추가한다면 ReactiveCassandraRepository를 선택할 수 있으며, 그렇지 않을 때는 ReactiveCrudRepository를 선택하는 것이 좋다.

카산드라 리퍼지터리는 반드시 리액티브해야 할까?

이번 장에서는 스프링 데이터로 리액티브 리퍼지터리를 작성하는 것에 관한 내용을 다루고 있지만, 리액티브가 아닌 카산드라 리퍼지터리도 작성할 수 있는지 알고 싶을 것이다. 물론 가능하며, 이때는 ReactiveCrudRepository나 ReactiveCassandraRepository 대신 리액티브가 아닌 CrudRepository나 CassandraRepository 인터페이스를 우리 리퍼지터리 인터페이스에서 확장하면 된다. 그다음에 Flux나 Mono 대신, 카산드라 애노테이션이 지정된 도메인 타입이나 이 도메인 타입이 저장된 컬렉션을 우리 리퍼지터리 메서드에서 반환하면 된다.

또한, 리액티브가 아닌 카산드라 리퍼지터리를 사용하기 위해 스타터 의존성을 springboot starter-data-cassandra-reactive 대신 spring-boot-starter-data-cassandra로 변경하면 된다.

타코 클라우드 애플리케이션에 이미 작성된 리퍼지터리 인터페이스를 변경할 때 가장 먼저 해야 할 일은 CrudRepository 대신 ReactiveCrudRepository나 ReactiveCassandraRepository를 확장하여 해당 리퍼지터리를 리액티브하게 만드는 것이다. 예를 들어, IngredientRepository를 생각해 보자. 이 인터페이스는 초기에만 식재료 데이터를 데이터베이스에 추가하는데 사용되며(타코를 만들 때 넣는 식재료들은 거의 변동되지 않는다), 이외에는 새로운 종류의 식재료를 거의 추가하지 않는다. 따라서 IngredientRepository는 ReactiveCrudRepository를 확장하면 된다.

```
public interface IngredientRepository
     extends ReactiveCrudRepository<Ingredient, String> {
}
```

IngredientRepository에는 어떤 커스텀 쿼리 메서드도 정의하지 않았다. 따라서 IngredientRepository를 리액티브 리퍼지터리로 만드는 데 추가로 할 일은 없다. 그러나 이제는 ReactiveCrudRepository를 확장하므로 IngredientRepository의 메서드들은 Flux나 Mono 타입을 처리한다. 예를 들어, 이제는 findAll() 메서드에서 Iterable <Ingredient> 대신 Flux<Ingredient>를 반환한다. 따라서 어디에서 이 메서드가 사용되든 올바르게 사용되도록 해야 한다. 예를 들어, IngredientController의 allIngredients() 메서드는 Flux<Ingredient>를 반환하도록 다음과 같이 변경해야 한다.

```
@GetMapping
public Flux<Ingredient> allIngredients() {
  return repo.findAll();
}
```

TacoRepository 인터페이스의 변경은 약간 더 복잡하다. 즉, PagingAndSortingRepository 대신 ReactiveCassandraRepository를 확장해야 한다. 그리고 제네릭 타입 매개변수로 Long 타입의 ID 속성을 갖는 Taco 객체 대신, ID를 UUID 속성으로 갖는 Taco 객체를 사용해야 한다.

```
public interface TacoRepository
        extends ReactiveCrudRepository<Taco, UUID> {
}
```

새롭게 변경된 TacoRepository는 이것의 findAll() 메서드로부터 Flux<Ingredient>를 반

환한다. 따라서 PagingAndSortingRepository 인터페이스의 확장이나 결과 페이지의 처리에 관해 더 이상 신경 쓰지 않아도 된다. 대신에 DesignTacoController의 recentTacos() 메서드에서는 자신이 반환하는 Flux에 take()를 호출하여 결과의 한 페이지에 채울 Taco 객체의 수를 제한해야 한다(DesignTacoController와 이것의 recentTacos() 메서드는 11장의 11.1.2에서 이미 변경했으므로 필요하다면 참고하자).

OrderRepository의 변경도 간단하다. CrudRepository 대신 ReactiveCassandraRepository를 확장하면 된다.

```
public interface OrderRepository
        extends ReactiveCassandraRepository<Order, UUID> {
}
```

마지막으로 UserRepository를 살펴보자. UserRepository는 커스텀 쿼리 메서드인 findByUsername()을 갖고 있다. 리액티브 카산드라 리퍼지터리로 변경된 User Repository 인터페이스는 다음과 같다.

```
public interface UserRepository
        extends ReactiveCassandraRepository<User, UUID> {

  @AllowFiltering
  Mono<User> findByUsername(String username);
}
```

IngredientRepository 외의 다른 리퍼지터리 인터페이스와 마찬가지로 UserRepository도 ReactiveCassandraRepository를 확장한다. 여기까지는 특별한 것이 없다. 그러나 이 인터페이스의 findByUsername() 메서드는 추가로 고려할 것이 있다.

우선, UserRepository는 이제 리액티브 리퍼지터리이므로 findByUsername()에서 User 객체를 반환하면 안 된다. 따라서 Mono<User>를 반환하도록 변경하였다. 일반적으로 리액티브 리퍼지터리에 작성하는 커스텀 쿼리 메서드에서는 Mono(하나의 값만 반환되는 경우)나 Flux(여러 개의 값이 반환되는 경우)를 반환한다.

또한, 카산드라의 특성상 관계형 데이터베이스에서 SQL로 하듯이 테이블을 단순하게 where 절로 쿼리할 수 없다. 카산드라는 데이터 읽기에 최적화된다. 그러나 where 절을 사용한 필터링 결과는 빠른 쿼리와는 달리 너무 느리게 처리될 수 있다. 그렇지만 결과가 하나 이상의 열로 필터링되는 테이블 쿼리에는 매우 유용하므로 where 절을 사용할 필요가 있다. 이때

@AllowFiltering 애노테이션을 사용하면 된다.

@AllowFiltering을 지정하지 않은 findByUsername()의 경우 내부적으로 다음과 같이 쿼리가 수행될 것이라고 예상할 수 있다.

```
select * from users where username='검색할 사용자 이름';
```

그러나 다시 말하지만, 이처럼 단순한 where 절은 카산드라에서 허용되지 않는다. 따라서 @AllowFiltering 애노테이션을 findByUsername()에 지정하여 다음과 같은 쿼리가 내부적으로 수행되게 할 수 있다.

```
select * from users where username='검색할 사용자 이름' allow filtering;
```

쿼리 끝의 allow filtering 절은 '쿼리 성능에 잠재적인 영향을 준다는 것을 알고 있지만, 어쨌든 수행해야 한다'는 것을 카산드라에 알려준다. 이 경우 카산드라는 where 절을 허용하고 결과 데이터를 필터링한다.

카산드라에는 많은 기능이 있다. 그리고 스프링 데이터와 리액터를 카산드라와 같이 사용하면 그런 기능들을 스프링 애플리케이션에 한껏 적용할 수 있다. 지금부터는 리액티브 리퍼지터리 지원이 가능한 또 다른 데이터베이스인 몽고DB를 알아본다.

12.3 리액티브 몽고DB 리퍼지터리 작성하기

몽고DB는 잘 알려진 NoSQL 데이터베이스 중 하나다. 카산드라가 테이블의 행으로 데이터를 저장하는 데이터베이스인 반면, 몽고DB는 문서형 데이터베이스document database다. 더 자세히 말해서, 몽고DB는 BSONBinary JSON 형식의 문서로 데이터를 저장하며, 다른 데이터베이스에서 데이터를 쿼리하는 것과 거의 유사한 방법으로 문서를 쿼리하거나 검색할 수 있다.

카산드라처럼 몽고DB도 관계형 데이터베이스는 아니다. 따라서 데이터를 모델링하는 방법은 물론이고, 몽고DB를 관리하는 방법도 다른 종류의 데이터베이스를 사용할 때와 다르다는 것을 염두에 두어야 한다.

그렇기는 하지만 몽고DB를 스프링 데이터로 사용하는 방법은 JPA나 카산드라를 스프링 데이터로 사용하는 방법과 크게 다르지 않다. 즉, 도메인 타입을 문서 구조로 매핑하는 애노테이션을 도메인 클래스에 지정한다. 그리고 JPA나 카산드라에서 알아보았던 것과 동일한 프로그래밍 모델을 따르는 리퍼지터리 인터페이스를 작성하면 된다. 그러나 이에 앞서 스프링 데이터 몽고DB를 프로젝트에 활성화해야 한다.

12.3.1 스프링 데이터 몽고DB 활성화하기

스프링 데이터 몽고DB를 사용하려면 스프링 데이터 몽고DB 스타터를 프로젝트 빌드에 추가해야 한다. 이때 두 개의 스타터를 선택할 수 있다.

리액티브가 아닌 몽고DB를 사용하고자 할 때는 다음 의존성을 빌드에 추가한다.

```
<dependency>
  <groupId>org.springframework.boot</groupId>
  <artifactId>
    spring-boot-starter-data-mongodb
  </artifactId>
</dependency>
```

이 의존성은 스프링 Initializr 화면에서 의존성을 지정할 때 NoSQL의 'Spring Data MongoDB' 체크박스를 선택해도 된다. 그러나 이번 장에서는 리액티브 리퍼지터리를 작성할 것이므로 리액티브 스프링 데이터 몽고DB 스타터 의존성을 추가해야 한다.

```
<dependency>
  <groupId>org.springframework.boot</groupId>
  <artifactId>
    spring-boot-starter-data-mongodb-reactive
  </artifactId>
</dependency>
```

이 의존성도 스프링 Initializr 화면에서 의존성을 지정할 때 NoSQL의 'Spring Data Reactive MongoDB' 체크박스를 선택하면 빌드에 추가된다. 이처럼 빌드에 의존성을 추가하면 스프링 데이터 리액티브 몽고DB 지원을 활성화하는 자동-구성이 수행된다. 따라서 3장의 JPA나 이번 장 앞의 카산드라에서 작성했던 것과 같은 리퍼지터리 인터페이스를 별도 구성 없이 작성할 수 있다.

기본적으로 스프링 데이터 몽고DB는 몽고DB가 로컬로 실행되면서 27017 포트를 리스닝하는 것으로 간주한다. 그러나 테스트와 개발에 편리하도록 내장된 몽고DB를 대신 사용할 수 있다. 이때는 다음과 같이 Flapdoodle 내장 몽고DB 의존성을 빌드에 추가하면 된다.

```xml
<dependency>
  <groupId>de.flapdoodle.embed</groupId>
  <artifactId>de.flapdoodle.embed.mongo</artifactId>
</dependency>
```

Flapdoodle 내장 데이터베이스는 인메모리in-memory(메모리에서 실행되는) 몽고DB 데이터베이스를 사용하는 것과 동일한 편의성(H2 관계형 데이터베이스의 편의성)을 제공한다. 별도의 데이터베이스 서버를 실행시킬 필요가 없기 때문이다. 그러나 애플리케이션을 다시 시작하면 모든 데이터가 없어지고 데이터베이스가 초기화된다.

내장 데이터베이스는 개발이나 테스트 목적에는 좋다. 그러나 애플리케이션을 실무로 이양할 때는 어디에 있는 몽고DB를 어떻게 사용할 것인지를 몽고DB에 알려주기 위해 다음과 같이 일부 속성을 설정해야 한다.

```yaml
data:
  mongodb:
    host: mongodb.tacocloud.com
    port: 27018
    username: tacocloud
    password: s3cr3tp455w0rd
```

이 속성 모두가 반드시 설정되어야 하는 것은 아니지만 알아 둘 필요가 있다. 각 속성의 내역은 다음과 같다.

- `spring.data.mongodb.host`: 몽고DB 서버가 실행 중인 호스트 이름이며, 기본값은 `localhost`다.
- `spring.data.mongodb.port`: 몽고DB 서버가 리스닝하는 포트이며, 기본값은 27017이다.
- `spring.data.mongodb.username`: 몽고DB 접근에 사용되는 사용자 이름
- `spring.data.mongodb.password`: 몽고DB 접근에 사용되는 비밀번호
- `spring.data.mongodb.database`: 데이터베이스 이름이며, 기본값은 test다.

이제는 스프링 데이터 몽고DB가 우리 프로젝트에 활성화되었으므로 몽고DB의 문서로 데이터를 저장하기 위해 도메인 객체에 애노테이션을 지정해야 한다.

12.3.2 도메인 타입을 문서로 매핑하기

스프링 데이터 몽고DB는 몽고DB에 저장되는 문서 구조로 도메인 타입을 매핑하는 데 유용한 애노테이션들을 제공한다. 이런 애노테이션들이 6개 있지만, 그 중 3개만이 대부분의 경우에 유용하다.

- `@Id`: 이것이 지정된 속성을 문서 ID로 지정한다.
- `@Document`: 이것이 지정된 도메인 타입을 몽고DB에 저장되는 문서로 선언한다.
- `@Field`: 몽고DB의 문서에 속성을 저장하기 위해 필드 이름(과 선택적으로 순서)을 지정한다.

이러한 세 개의 애노테이션 중에 `@Id`와 `@Document`만 반드시 필요하다. 그리고 `@Field`가 지정되지 않은 도메인 타입의 속성들은 필드 이름과 속성 이름을 같은 것으로 간주한다.

이 애노테이션들을 `Ingredient` 클래스에 적용한 코드는 다음과 같다.

```
package tacos;

import org.springframework.data.annotation.Id;
import org.springframework.data.mongodb.core.mapping.Document;
import lombok.AccessLevel;
import lombok.Data;
import lombok.NoArgsConstructor;
import lombok.RequiredArgsConstructor;

@Data
@RequiredArgsConstructor
@NoArgsConstructor(access=AccessLevel.PRIVATE, force=true)
@Document
public class Ingredient {

  @Id
  private final String id;
  private final String name;
  private final Type type;

  public static enum Type {
    WRAP, PROTEIN, VEGGIES, CHEESE, SAUCE
  }
}
```

여기서는 `Ingredient`가 몽고DB에 저장되거나 읽을 수 있는 문서 엔터티라는 것을 나타내기 위해 클래스 수준의 `@Document` 애노테이션을 지정하였다. 기본적으로 컬렉션(관계형 데이터베이스의 테이블과 유사함) 이름은 클래스 이름과 같고 첫 자만 소문자다. 여기서는 컬렉션

이름을 지정하지 않았으므로 Ingredient 객체는 ingredient라는 이름의 컬렉션에 저장된다. 그러나 다음과 같이 @Document의 collection 속성을 설정하여 변경할 수 있다.

```
@Data
@RequiredArgsConstructor
@NoArgsConstructor(access=AccessLevel.PRIVATE, force=true)
@Document(collection="ingredients")
public class Ingredient {
...
}
```

그리고 id 속성에는 @Id가 지정되었다. 이것은 저장된 문서의 ID로 id 속성을 지정한다. String과 Long 타입을 포함해서 Serializable 타입인 어떤 속성에도 @Id를 사용할 수 있다. 여기서는 id 속성이 String 타입으로 지정되었으므로(자바에서 String 클래스는 Serializable 인터페이스를 구현하고 있으므로 String 객체는 String 타입이면서 동시에 Serializable 타입도 된다) @Id를 사용하기 위해 다른 타입으로 변경할 필요는 없다.

지금까지는 아주 좋다. 그러나 이번 장 앞에서 알아보았듯이 Ingredient는 카산드라에 매핑하기 쉬운 도메인 타입이었지만, Taco와 같은 다른 도메인 타입은 그렇지 않았다. 하지만 몽고DB에서는 쉽게 매핑이 된다는 것을 곧 알게 될 것이다. 다음은 Taco의 몽고DB 매핑을 알아보자.

Taco의 경우에도 @Document를 지정해야 한다. 그리고 저장된 문서의 ID로 id 속성을 지정하기 위해 @Id를 사용한다. 몽고DB 애노테이션이 지정된 Taco 클래스는 다음과 같다.

```
@Data
@RestResource(rel="tacos", path="tacos")
@Document
public class Taco {

  @Id
  private String id;

  @NotNull
  @Size(min=5, message="Name must be at least 5 characters long")
  private String name;

  private Date createdAt = new Date();

  @Size(min=1, message="You must choose at least 1 ingredient")
  private List<Ingredient> ingredients;
}
```

믿기지 않지만 이제 다 되었다! 두 개의 서로 다른 기본 키 처리와 사용자 정의 타입 참조에 따른 어려움은 카산드라에만 국한된 것이었다. 몽고DB의 경우는 Taco 매핑이 훨씬 더 간단하다.

그렇지만 Taco와 관련해서 알아 둘 것이 있다. 우선, id 속성의 타입이 String으로 변경되었다(JPA 버전의 Long 타입이나 카산드라 버전의 UUID와 다르다). 이미 얘기했듯이, @Id는 어떤 Serializable 타입에도 적용될 수 있으므로 Serializable 인터페이스를 구현하는 또 다른 타입을 사용할 수도 있을 것이다. 그러나 ID로 String 타입의 속성을 사용하면 이 속성 값이 데이터베이스에 저장될 때 몽고DB가 자동으로 ID 값을 지정해 준다(null일 경우). 따라서 속성 값의 설정을 걱정할 필요가 없다.

그리고 ingredients 속성도 살펴보자. 이 속성의 타입은 3장의 JPA 버전처럼 List <Ingredient>다. 그러나 Ingredient 객체를 저장한 컬렉션인 List<Ingredient>는 JPA 버전과 다르게 별도의 몽고DB 컬렉션에 저장되지 않으며, 카산드라 버전과 매우 유사하게 비정규화된 상태로 타코 문서에 직접 저장한다. 그러나 카산드라와는 다르게 몽고DB에서는 사용자 정의 타입을 만들 필요 없이 어떤 타입도 사용할 수 있다. @Document가 지정된 또 다른 타입이나 단순한 POJO Plain Old Java Object 모두 가능하다.

Taco 매핑이 쉽다는 것이 정말 다행이다. 그러면 Order 도메인 클래스의 매핑도 쉬울까? 몽고DB 애노테이션이 지정된 다음의 Order 클래스를 살펴보자.

```
@Data
@Document
public class Order implements Serializable {

  private static final long serialVersionUID = 1L;

  @Id
  private String id;

  private Date placedAt = new Date();

  @Field("customer")
  private User user;

  // 간략하게 하기 위해 다른 속성들은 생략하였다.

  private List<Taco> tacos = new ArrayList<>();

  public void addDesign(Taco design) {
    this.tacos.add(design);
  }
}
```

여기서는 간략하게 하기 위해 배달 관련 필드와 신용카드 관련 필드를 생략하였다. 그러나 여기 있는 코드를 보면 알 수 있듯이, 다른 도메인 타입처럼 Order 역시 @Document와 @Id만 지정하면 된다. 그렇지만 user 속성에는 @Field를 지정하였다. customer 열을 문서에 저장한다는 것을 나타내기 위해서다.

User 도메인 클래스의 매핑도 쉽다. 다음을 살펴보자.

```
@Data
@NoArgsConstructor(access=AccessLevel.PRIVATE, force=true)
@RequiredArgsConstructor
@Document
public class User implements UserDetails {

  private static final long serialVersionUID = 1L;

  @Id
  private String id;

  private final String username;

  private final String password;
  private final String fullname;
  private final String street;
  private final String city;
  private final String state;
  private final String zip;
  private final String phoneNumber;

  // 코드를 간략하게 하기 위해 UserDetails 메서드는 생략하였다.
}
```

지금까지 알아본 것 외에 추가로 매핑이 필요한 특이한 경우가 있겠지만, 대부분의 경우에 @Document, @Id, 그리고 가끔 @Field 애노테이션을 같이 사용하면 몽고DB 매핑에 충분하다는 것을 알 수 있을 것이다. 타코 클라우드 도메인 타입의 경우도 마찬가지다.

이제는 리퍼지터리 인터페이스를 작성하는 것만 남았다.

12.3.3 리액티브 몽고DB 리퍼지터리 인터페이스 작성하기

스프링 데이터 몽고DB는 스프링 데이터 JPA 및 스프링 데이터 카산드라가 제공하는 것과 유사한 자동 리퍼지터리 지원을 제공한다. 몽고DB의 리액티브 리퍼지터리를 작성할 때는 ReactiveCrudRepository나 ReactiveMongoRepository를 선택할 수 있다. 둘 간의 차이점은 이렇다. ReactiveCrudRepository가 새로운 문서나 기존 문서의 save() 메서드에 의존하는 반면, ReactiveMongoRepository는 새로운 문서의 저장에 최적화된 소수의 특별한 insert() 메서드를 제공한다.

리액티브가 아닌 몽고DB 리퍼지터리는 어떨까?

이번 장은 스프링 데이터로 리액티브 리퍼지터리를 작성하는 데 초점을 둔다. 그러나 리액티브가 아닌 리퍼지터리를 사용하고 싶다면 ReactiveCrudRepository나 Reactive MongoRepository 대신 CrudRepository나 MongoRepository를 확장하는 리퍼지터리 인터페이스를 작성하면 된다. 그다음에 몽고 애노테이션이 지정된 도메인 타입이나 컬렉션을 리퍼지터리 메서드에서 반환하도록 하면 된다.

또한, springboot-starter-data-mongodb-reactive 의존성을 spring-bootstarter data-mongodb로 변경할 수도 있다.

우선, Ingredient 객체를 문서로 저장하는 리퍼지터리를 정의하는 것부터 시작할 것이다. 식재료를 저장한 문서는 초기에만 식재료 데이터를 데이터베이스에 추가할 때 생성되며(타코를 만들 때 넣는 식재료들은 거의 변동되지 않는다), 이외에는 거의 추가되지 않는다. 따라서 새로운 문서의 저장에 최적화된 ReactiveMongoRepository는 유용하지 않으므로 ReactiveCrud Repository를 확장하는 IngredientRepository를 작성하는 것이 좋다.

```
package tacos.data;

import org.springframework.data.repository.reactive.ReactiveCrudRepository;
import org.springframework.web.bind.annotation.CrossOrigin;
import tacos.Ingredient;

@CrossOrigin(origins="*")
public interface IngredientRepository
        extends ReactiveCrudRepository<Ingredient, String> {
}
```

그런데 이것은 12.2.4에서 작성했던 카산드라의 IngredientRepository 인터페이스와 똑같아 보인다. 그렇다. 변경되지 않은 똑같은 인터페이스다.

이것이 ReactiveCrudRepository 인터페이스를 확장할 때의 장점 중 하나다. 즉, 다양한 데이터베이스 타입에 걸쳐 동일하므로 몽고DB나 카산드라의 경우에도 똑같이 사용된다.

IngredientRepository는 리액티브 리퍼지터리이므로 이것의 메서드는 그냥 도메인 타입이나 컬렉션이 아닌 Flux나 Mono 타입으로 도메인 객체를 처리한다. 예를 들어, findAll() 메서드는 Iterable<Ingredient> 대신 Flux<Ingredient>를 반환하며, findById() 메서드는 Optional<Ingredient> 대신 Mono<Ingredient>를 반환한다. 따라서 이 리액티브 리퍼지터리는 엔드-to-엔드 리액티브 플로우의 일부가 될 수 있다.

다음은 몽고DB의 문서로 Taco 객체를 저장하는 리퍼지터리를 정의해 보자. 식재료 문서와는 다르게 타코 문서는 자주 생성할 것이다(타코 클라우드의 사용자들이 자신이 디자인한 타코를 수시로 저장하기 때문이다). 따라서 ReactiveMongoRepository의 최적화된 insert() 메서드가 유용할 수 있다. 새로운 TacoRepository 인터페이스는 다음과 같다.

```
package tacos.data;

import org.springframework.data.mongodb.repository.ReactiveMongoRepository;
import reactor.core.publisher.Flux;
import tacos.Taco;

public interface TacoRepository
         extends ReactiveMongoRepository<Taco, String> {


  Flux<Taco> findByOrderByCreatedAtDesc();
}
```

ReactiveCrudRepository에 비해 ReactiveMongoRepository를 사용할 때의 유일한 단점은 몽고DB에 매우 특화되어서 다른 데이터베이스에는 사용할 수 없다는 것이다. 따라서 이것을 감안하고 프로젝트에 사용할 가치가 있는지 결정해야 한다. 만일 언젠가 다른 데이터베이스로 전환하지 않을 것이라면 ReactiveMongoRepository를 선택하는 것이 데이터 추가의 최적화에 따른 이익을 얻을 수 있다.

TacoRepository에는 새로운 메서드가 있다. 이 메서드는 최근 생성된 타코들의 리스트를 보여주는 것을 지원하기 위한 것이다. 이 리퍼지터리의 JPA 버전에서는 PagingAndSortingRepository를 확장하여 이 기능을 구현하였다. 그러나 PagingAndSortingRepository는 리액티브 리퍼지터리에 적합하지 않다(특히 타코 리스트를 페이징 시에). 카산드라 버전에서는 테이블 정의의 클러스터링 키에 의해 어떻게 데이터를 정렬할지 결정한다. 따라서 최근 생성된 타코들을 가져오기 위해 리퍼지터리에서 특별히 할 것이 없다.

그러나 몽고DB의 경우는 최근 생성된 타코들을 리퍼지터리에서 가져올 수 있다. 이름이 특이하지만, findByOrderByCreatedAtDesc() 메서드는 커스텀 쿼리 메서드의 명명 규칙을 따른다. 즉, Taco 객체를 찾은 후 createdAt 속성의 값을 기준 내림차순(descending order)으로 결과를 정렬하라는 것을 의미한다(스프링 데이터가 자동으로 메서드 이름을 분석하여 수행할 쿼리를 결정하는 방법은 3장의 그림 3.2를 참고하자).

findByOrderByCreatedAtDesc()는 Flux<Taco>를 반환하므로 결과의 페이징(한 페이지당 반환할 개수만큼만 Taco 객체를 가져옴)을 신경 쓰지 않아도 된다. 대신에 take() 오퍼레이션을 적용하여 Flux에서 발행되는 처음 12개의 Taco 객체만 반환할 수 있다. 예를 들어, 최근 생성된 타코들을 보여주는 컨트롤러에서는 다음과 같이 findByOrderByCreatedAtDesc()를 호출할 수 있다.

```
Flux<Taco> recents = repo.findByOrderByCreatedAtDesc()
                         .take(12);
```

이 경우 결과로 생성되는 Flux는 12개의 Taco 항목만 갖는다. 다음은 OrderRepository 인터페이스를 알아보자.

```
package tacos.data;

import org.springframework.data.mongodb.repository.ReactiveMongoRepository;
import reactor.core.publisher.Flux;
import tacos.Order;

public interface OrderRepository
        extends ReactiveMongoRepository<Order, String> {
}
```

Order 문서는 자주 생성될 것이다. 따라서 OrderRepository는 insert() 메서드로 제공되는 최적화의 장점을 얻기 위해 ReactiveMongoRepository를 확장한다. 이외에는 그동안 정의했던 다른 리퍼지터리와 비교해서 특별한 것이 없다.

마지막으로, User 객체를 문서로 저장하는 리퍼지터리 인터페이스를 살펴보자.

```
package tacos.data;

import org.springframework.data.mongodb.repository.ReactiveMongoRepository;
import reactor.core.publisher.Mono;
import tacos.User;

public interface UserRepository
        extends ReactiveMongoRepository<User, String> {
```

```
    Mono<User> findByUsername(String username);
}
```

이것 역시 특별한 것이 없으며, 다른 리퍼지터리 인터페이스처럼 ReactiveMongoRepository를 확장한다(타코 클라우드의 새로운 사용자가 자주 추가되지 않는다면 ReactiveCrudRepository를 확장해도 될 것이다). 단지 여기서는 findByUsername() 메서드가 추가했다. 이것은 이 리퍼지터리의 인증을 지원하기 위해 4장에서 추가했던 메서드이며, 여기서는 User 객체 대신 Mono<User>를 반환하도록 변경되었다.

요약

- 스프링 데이터는 카산드라, 몽고DB, 카우치베이스, 레디스 데이터베이스의 리액티브 리퍼지터리를 지원한다.
- 스프링 데이터의 리액티브 리퍼지터리는 리액티브가 아닌 리퍼지터리와 동일한 프로그래밍 모델을 따른다. 단, Flux나 Mono와 같은 리액티브 타입을 사용한다.
- JPA 리퍼지터리와 같은 리액티브가 아닌 리퍼지터리는 Mono나 Flux를 사용하도록 조정할 수 있다. 그러나 데이터를 가져오거나 저장할 때 여전히 블로킹이 생긴다.
- 관계형이 아닌 데이터베이스를 사용하려면 해당 데이터베이스에서 데이터를 저장하는 방법에 맞게 데이터를 모델링하는 방법을 알아야 한다.

PART

4

클라우드 네이티브 스프링

4부에서는 스프링 클라우드와 마이크로서비스(microservice) 개발을 소개하면서 단일 애플리케이션을 마이크로서비스로 분리하여 개발하는 방법을 알아본다. 우선, 13장에서는 마이크로서비스의 개요를 알아본 후, 서비스 발견(discovery)에 관해 더 자세히 살펴볼 것이다. 이때 스프링 기반의 마이크로서비스를 등록하고 발견하기 위해 넷플릭스(Netflix)의 유레카(Eureka) 서비스 레지스트리(service registry)를 사용한다.

14장에서는 스프링 클라우드의 구성 서버(Config Server)를 사용해서 중앙 집중식 구성을 살펴본다. 구성 서버는 애플리케이션의 모든 서비스에 대한 중앙 집중식 구성을 제공한다. 15장에서는 Netflix의 Hystrix를 통하여 서비스를 보다 장애에 탄력적이도록 만드는 서킷 브레이커 패턴을 적용하는 방법을 알아본다.

PART 4

Cloud-native Spring

CHAPTER

13

서비스 탐구하기

이 장에서 배우는 내용

- 마이크로서비스 알아보기
- 서비스 레지스트리 생성하기
- 서비스 등록 및 발견하기

〈니모를 찾아서Finding Nemo〉란 애니메이션을 본 적이 있는가? 이 영화에서 말린(흰동가리 물고기)과 도리(블루탱 물고기)는 말린의 잃어버린 아들인 니모를 찾기 위해 호주 시드니로 바다 속 여행을 떠난다. 이 과정에서 이들은 문피쉬moonfish 떼를 만나게 된다. 문피쉬들은 여러 마리가 모여서 황새치나 문어와 같은 재미있는 모습을 만들며, 심지어는 말린의 모습을 만들어 놀리기도 한다. 그리고 시드니로 어떻게 가는지 도리가 물어볼 때 그들은 시드니 오페라하우스의 모양을 만들었다가 다시 동쪽 오스트레일리아 해류를 가리키는 화살표로 모양을 바꾼다.

이 영화는 문피쉬의 삶을 자세히 보여주는 것이 아니다. 그러나 각 문피쉬는 다른 문피쉬와 별개라는 것을 알 수 있게 해준다. 각 문피쉬는 자신만의 비늘, 지느러미, 아가미, 눈, 장기, 그리고 (내가 알기로는) 희망과 꿈을 갖는다. 그렇기는 하지만, 그들은 여전히 함께 모여 재미있는 모양을 만들고 말린과 도리가 호주로 가는 것을 도와준다.

13장은 다수의 문피쉬로 구성되는 애플리케이션을 개발하는 방법을 알려주는 첫 번째 장이다. 즉, 하나의 완전한 애플리케이션 기능을 제공하기 위해 함께 동작하는 작고 독립적인 애플리케이션인 **마이크로서비스**microservice를 개발하고 등록 및 사용하는 방법을 알게 될 것이다. 또한, 스프링 클라우드의 가장 유용한 컴포넌트인 유레카Eureka와 리본Ribbon도 알아볼 것이다. 우선, 마이크로서비스로 개발하는 것이 무슨 의미와 장점이 있는지 살펴보자.

13.1 마이크로서비스 이해하기

이때까지는 타코 클라우드 애플리케이션을 단일 애플리케이션 즉, 배포 가능한 하나의 JAR나 WAR 파일로 개발하였다. 그동안 단일 파일로 애플리케이션을 배포하는 것은 당연한 것으로 여겼고, 대부분의 애플리케이션이 그렇게 개발되어 왔다. 따라서 애플리케이션이 여러 개의 모듈로 나누어지더라도 결국에는 하나의 JAR나 WAR로 생성되었다.

이것은 작고 간단한 애플리케이션을 개발할 때 좋은 방법이다. 그러나 작은 애플리케이션이 점점 더 커지게 된다는 것이 문제다. 결국 새로운 기능이 필요할 때마다 더 많은 코드가 추가되어야 하므로 주체하기 어렵고 복잡한 단일 애플리케이션이 된다. 영화 〈그렘린Gremlins〉의 '모과이mogwai'처럼 계속해서 먹이를 주면 결국 우리에게 피해를 주는 괴물이 될 것이다.

단일 애플리케이션은 언뜻 보기엔 간단하다. 그러나 다음과 같은 문제가 따른다.

- **전체를 파악하기 어렵다:** 코드가 점점 더 많아질수록 애플리케이션에 있는 각 컴포넌트의 역할을 알기 어려워진다.
- **테스트가 더 어렵다:** 애플리케이션이 커지면서 통합과 테스트가 더 복잡해진다.
- **라이브러리 간의 충돌이 생기기 쉽다:** 애플리케이션의 한 기능에서 필요한 라이브러리 의존성이 다른 기능에서 필요한 라이브러리 의존성과 호환되지 않을 수 있다.
- **확장 시에 비효율적이다:** 시스템 확장을 목적으로 더 많은 서버에 애플리케이션을 배포해야 할 때는 애플리케이션의 일부가 아닌 전체를 배포해야 한다. 애플리케이션 기능의 일부만 확장하더라도 마찬가지다.
- **적용할 테크놀러지를 결정할 때도 애플리케이션 전체를 고려해야 한다:** 애플리케이션에 사용할 프로그래밍 언어, 런타임 플랫폼, 프레임워크, 라이브러리를 선택할 때 애플리케이션 전체를 고려하여 선택해야 한다.
- **프로덕션으로 이양하기 위해 많은 노력이 필요하다:** 애플리케이션을 한 덩어리로 배포하므로 프로덕션으로 이양하는 것이 더 쉬운 것처럼 보일 수 있다. 그러나 일반적으로 단일 애플리케이션은 크기와 복잡도 때문에 더 엄격한 개발 프로세스와 더욱 철두철미한 테스트가 필요하다. 고품질과 무결함을 보장하기 위해서다.

단일 애플리케이션의 문제를 해결하기 위해 지난 수년동안 마이크로서비스 아키텍처가 발전하였다. 간단히 말해서, 마이크로서비스 아키텍처는 개별적으로 개발되고 배포되는 소규모의 작은 애플리케이션들로 애플리케이션을 만드는 방법이다. 마이크로서비스는 상호 협력하여 더 큰 애플리케이션의 기능을 제공한다. 단일 애플리케이션 아키텍처와는 대조적으로 마이크로서비스 아키텍처는 다음과 같은 특성을 갖는다.

- **마이크로서비스는 쉽게 이해할 수 있다:** 다른 마이크로서비스와 협력할 때 각 마이크로서비스는 작으면서 한정된 처리를 수행한다. 따라서 마이크로서비스는 자신의 목적에만 집중하므로 더 이해하기 쉽다.
- **마이크로서비스는 테스트가 쉽다:** 크기가 작을수록 테스트가 쉬워지는 것은 분명한 사실이다. 마이크로서비스 테스트도 이와 마찬가지다.
- **마이크로서비스는 라이브러리 비호환성 문제가 생기지 않는다:** 각 마이크로서비스는 다른 마이크로서비스와 공유되지 않는 빌드 의존성을 가지므로 라이브러리 충돌 문제가 생기지 않는다.
- **마이크로서비스는 독자적으로 규모를 조정할 수 있다:** 만일 특정 마이크로서비스의 규모가 더 커야 한다면, 애플리케이션의 다른 마이크로서비스에 영향을 주지 않고 메모리 할당이나 인스턴스의 수를 더 크게 조정할 수 있다.
- **각 마이크로서비스에 적용할 테크놀러지를 다르게 선택할 수 있다:** 각 마이크로서비스에 사용할 프로그래밍 언어, 플랫폼, 프레임워크, 라이브러리를 서로 다르게 선택할 수 있다. 실제로 자바로 개발된 마이크로서비스가 C#으로 개발된 다른 마이크로서비스와 함께 동작하도록 할 수 있다.[24]
- **마이크로서비스는 언제든 프로덕션으로 이양할 수 있다:** 마이크로서비스 아키텍처 기반으로 개발된 애플리케이션이 여러 개의 마이크로서비스로 구성되었더라도 각 마이크로서비스를 따로 배포할 수 있다. 그리고 마이크로서비스는 작으면서 특정 목적에만 집중되어 있고 테스트하기 쉬우므로, 마이크로서비스를 프로덕션으로 이양하는 데 따른 노력이 거의 들지 않는다. 또한, 프로덕션으로 이양하는 데 필요한 시간도 수개월이나 수주 대신 수시간이나 수분이면 된다.

24 이 책에서는 자바와 스프링으로 작성된 마이크로서비스에 중점을 둘 것이다. 그러나 스프링 클라우드 서비스와 함께 동작하는 .NET 마이크로서비스를 작성하는 방법에 관심이 있다면 'Steeltoe(https://steeltoe.io/)'를 참고하기 바란다.

마이크로서비스가 일을 더 쉽게 해주는 것은 분명하다. 그러나 마이크로서비스 아키텍처는 그냥 되는 것이 아니다. 마이크로서비스 아키텍처는 분산 아키텍처이므로 네트워크 지연과 같은 문제들이 발생할 수 있다. 따라서 마이크로서비스 아키텍처를 고려할 때는 반드시 염두에 두어야 할 것이 있다. 마이크로서비스로의 원격 호출이 많이 추가될수록 애플리케이션의 실행은 더 느려질 수 있다.

또한, 우리 애플리케이션을 마이크로서비스 아키텍처로 개발하는 것이 타당한지도 고려해야 한다. 만일 애플리케이션이 상대적으로 작거나 간단하다면 일단 단일 애플리케이션으로 개발하는 것이 좋다. 그리고 점차 규모가 커질 때 마이크로서비스 아키텍처로 변경하는 것을 고려할 수 있다. 그러나 모든 어플리케이션이 마이크로서비스 아키텍처에 적합한 것은 아니다.

클라우드 네이티브 애플리케이션을 마이크로서비스 아키텍처로 개발할 때는 고려할 것이 많다. 13, 14, 15장에서는 마이크로서비스로 구성되는 애플리케이션을 개발하기 위해 스프링 클라우드에서 제공하는 테크놀러지에 중점을 둘 것이다. 만일 클라우드 네이티브 애플리케이션에 관한 설계와 개발 프로세스를 더 자세히 알고 싶다면 다음의 책을 읽어 볼 것을 권장한다. 《Cloud Native》(Cornelia Davis, Manning, 2019, www.manning.com/books/cloud-native)

마이크로서비스 아키텍처에서는 각 마이크로서비스가 자신과 같이 동작하는 다른 마이크로서비스를 어떻게 찾느냐가 중요하다. 바로 이것이 이 장에서 알아볼 주제다. 지금부터는 스프링 클라우드의 서비스 레지스트리를 설정하는 방법을 살펴본다.

13.2 서비스 레지스트리 설정하기

스프링 클라우드는 큰 프로젝트이며, 마이크로서비스 개발을 하는 데 필요한 여러 개의 부속 프로젝트로 구성된다. 이중 하나가 스프링 넷플릭스이며, 이것은 넷플릭스 오픈 소스로부터 다수의 컴포넌트를 제공한다. 이 컴포넌트 중에 넷플릭스 서비스 레지스트리인 유레카(Eureka)가 있다.

유레카란?

유레카는 뭔가를 발견하거나 알아낼 때 지르는 기쁨의 탄성을 말한다. 그래서 마이크로서비스가 서로를 찾을 때 사용되는 서비스 레지스트리service registry의 이름으로 적합해 보인다.

전설에 의하면, 그리스 물리학자인 아르키메데스가 목욕탕에서 부력을 발견했을 때 처음 질렀던 탄성이 '유레카'였다. 부력을 발견하자 그는 벌거벗은 채로 목욕탕에서 뛰쳐나와 거리를 달려가면서 "유레카!"라고 소리쳤던 것이다.

아르키메데스가 정말로 "유레카!"라고 소리쳤는지는 모르지만, 얘기 자체는 재미있다. 아무튼 우리는 벌거벗지 않고 유레카 서비스 레지스트리를 사용할 수 있다.

유레카는 마이크로서비스 애플리케이션에 있는 모든 서비스의 중앙 집중 레지스트리로 작동한다. 유레카 자체도 마이크로서비스로 생각할 수 있으며, 더 큰 애플리케이션에서 서로 다른 서비스들이 서로를 찾는 데 도움을 주는 것이 목적이다.

이러한 유레카의 역할 때문에 서비스를 등록하는 유레카 서비스 레지스트리를 가장 먼저 설정하는 것이 좋다. 유레카가 어떻게 동작하는지 알기 위해 그림 13.1을 살펴보자.

서비스 인스턴스가 시작될 때 해당 서비스는 자신의 이름을 유레카에 등록한다. 그림 13.1에서는 some-service가 서비스 이름이다. some-service의 인스턴스는 여러 개 생성될 수 있다. 그러나 이것들 모두 같은 이름으로 유레카에 등록된다.

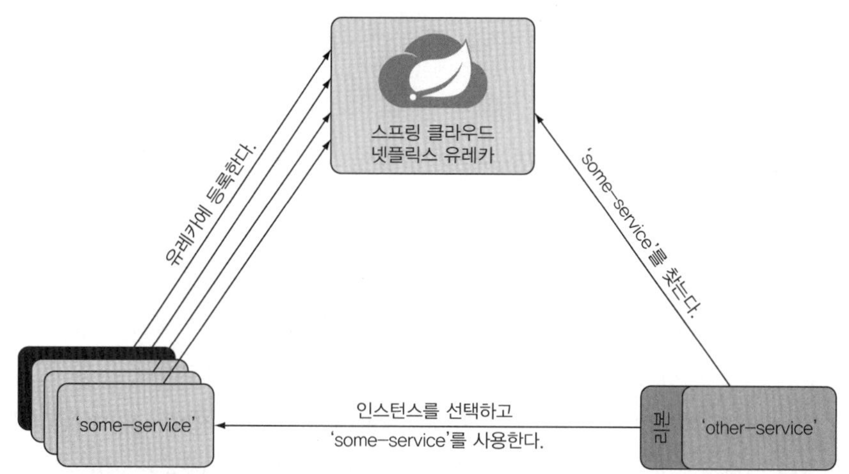

그림 13.1 **다른 서비스가 찾아서 사용할 수 있도록 각 서비스는 유레카 서비스 레지스트리에 자신을 등록한다**

어느 순간에는 다른 서비스(그림 13.1의 other-service라는 이름의 서비스)가 some-service를 사용해야 한다. 이때 some-service의 특정 호스트 이름과 포트 정보를 other-service 코드에 하드코딩하지 않는다. 대신에 other-service는 some-service라는 이름을 유레카에서 찾으면 된다. 그러면 유레카는 모든 some-service 인스턴스의 정보를 알려준다.

다음으로 other-service는 some-service의 어떤 인스턴스를 사용할지 결정해야 한다. 이때 특정 인스턴스를 매번 선택하는 것을 피하기 위해 클라이언트 측에서 동작하는 로드 밸런싱(load-balancing) 알고리즘을 적용하는 것이 가장 좋다. 바로 이때 사용될 수 있는 것이 또 다른 넷플릭스 프로젝트인 리본(Ribbon)이다.

some-service의 인스턴스를 찾고 선택하는 것은 other-service가 해야 할 일이지만, 이것을 리본에게 맡길 수 있다. 리본은 other-service를 대신하여 some-service 인스턴스를 선택하는 클라이언트 측의 로드 밸런서다. 그리고 other-service는 리본이 선택하는 인스턴스에 대해 필요한 요청을 하면 된다.

클라이언트 측의 로드 밸런서를 사용하는 이유

로드 밸런서로는 주로 단일의 중앙 집중화된 서비스가 서버 측에서 사용되었다. 그러나 이와는 반대로 리본은 각 클라이언트에서 실행되는 클라이언트 측의 로드 밸런서다.

클라이언트 측의 로드 밸런서인 리본은 중앙 집중화된 로드 밸런서에 비해 몇 가지 장점을 갖는다. 각 클라이언트에 하나의 로컬 로드 밸런서가 있으므로 클라이언트의 수에 비례하여 자연스럽게 로드 밸런서의 크기가 조정된다. 또한, 서버에 연결된 모든 서비스에 획일적으로 같은 구성을 사용하는 대신, 로드 밸런서는 각 클라이언트에 가장 적합한 로드 밸런싱 알고리즘을 사용하도록 구성할 수 있다.

이런 과정이 복잡하게 보일 수 있지만 걱정하지 않아도 된다. 곧 알게 되겠지만, 이런 일의 대부분은 자동으로 처리되기 때문이다. 그러나 서비스를 등록하고 사용하려면 우선 유레카 서버를 활성화해야 한다.

스프링 클라우드와 유레카를 시작하기 위해 우선 유레카 서버를 위한 새로운 프로젝트를 생성하자. 1장의 1.2.1에서 했던 것처럼, 각자 작업 영역을 지정하고 새로운 스프링 프로젝트를 생성하기 위해 STS 메뉴의 **File ⇨ New ⇨ Spring Starter Project**를 선택하자. 그리고 새 프로젝트 위저드 대화상자(1장의 그림 1.4 참고)에서 프로젝트 이름에 **service-registry**를 입력하고 패키지 이름에는 **tacos**를 입력한다(다른 필드는 각자 원하는 것을 입력). 그다음에 스프링 스타터 프로젝트 의존성 대화상자(1장의 그림 1.5 참고)에서 Spring Cloud Discovery 항목을 확장한 후 **Eureka Server**를 선택하고 **Finish**를 클릭하여 프로젝트를 생성한다. 스프링 Initializr가 생성해 준 프로젝트의 pom.xml 파일을 편집기 창에서 열고 뒷부분을 보면 리스트 13.1과 같이 유레카 서버 스타터 의존성이 추가되어 있을 것이다.

리스트 13.1 **유레카 서버 스타터 의존성**

```
<dependencies>
  ...
  <dependency>
    <groupId>org.springframework.cloud</groupId>
    <artifactId>spring-cloud-starter-netflix-eureka-server</artifactId>
  </dependency>

</dependencies>
...
```

그리고 그 아래의 <dependencyManagement>를 보면 spring-cloud.version 의존성이 리스트 13.2와 같이 지정되어 있을 것이다.

리스트 13.2 **스프링 클라우드 버전 의존성**

```
<dependencyManagement>
  <dependencies>
    <dependency>
      <groupId>org.springframework.cloud</groupId>
      <artifactId>spring-cloud-dependencies</artifactId>
      <version>${spring-cloud.version}</version>
      <type>pom</type>
      <scope>import</scope>
    </dependency>
  </dependencies>
</dependencyManagement>
...
```

또한, spring-cloud.version 속성의 값은 리스트 13.3과 같이 앞쪽의 〈properties〉에 자동 설정되어 있을 것이다.

리스트 13.3 **spring-cloud.version 속성**

```
<properties>
  ...
  <spring-cloud.version>Hoxton.SR3</spring-cloud.version>
</properties>
```

만일 다른 버전의 스프링 클라우드를 사용하고 싶을 때는 〈properties〉에 있는 spring-cloud.version 속성의 값만 원하는 것으로 변경하면 된다.

유레카 스타터 의존성이 지정되었으므로 이제는 유레카 서버를 활성화시키면 된다. 애플리케이션이 시작되는 부트스트랩 클래스인 ServiceRegistryApplication을 편집기 창에서 열고 @EnableEurekaServer 애노테이션을 추가하자(이 클래스는 src/main/java 아래의 tacos 패키지에 있다).

리스트 13.4 ServiceRegistryApplication 클래스 변경하기

```
...
import org.springframework.cloud.netflix.eureka.server.EnableEurekaServer;
...
@SpringBootApplication
@EnableEurekaServer
public class ServiceRegistryApplication {

  public static void main(String[] args) {
    SpringApplication.run(ServiceRegistryApplication.class, args);
  }
}
```

다 되었다! 애플리케이션을 시작시키면 8080 포트로 실행될 것이다(앞의 다른 장에서 했듯이 STS에서는 스프링 부트 대시보드를 사용하면 편리하다). 그리고 웹 브라우저에서 http://localhost:8080에 접속하면 유레카 웹 대시보드가 나타날 것이다(그림 13.2).

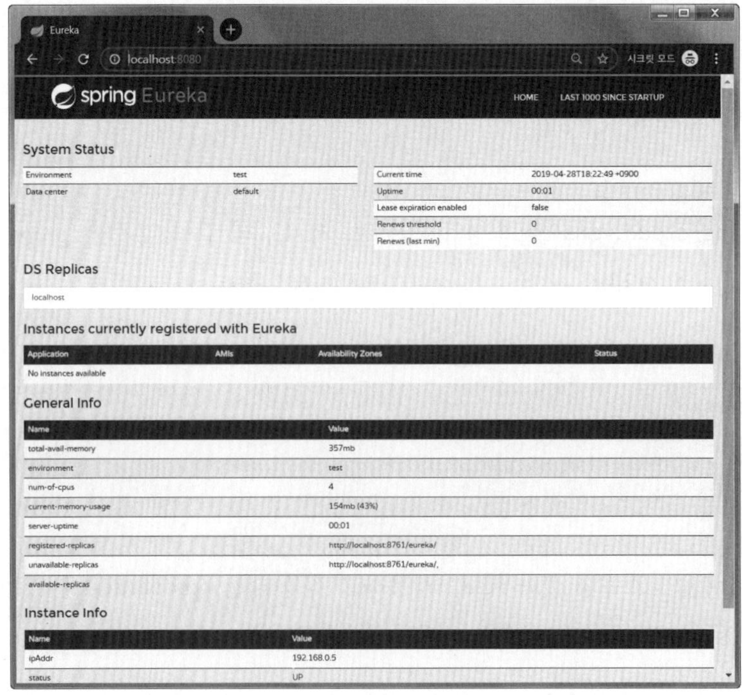

그림 13.2 **유레카 웹 대시보드**

유레카 대시보드는 여러 가지 유용한 정보를 제공하는데, 특히 어떤 서비스 인스턴스가 유레카에 등록되었는지 알려준다. 따라서 서비스를 등록할 때 기대한 대로 잘 되었는지 확인하기 위해 유레카 대시보드를 자주 보게 될 것이다. 현재는 아무 서비스도 등록되지 않았으므로 중앙의 Application에 'No instances available' 메시지가 나타난다.

우리가 직접 사용하지는 않겠지만, 유레카는 또한 REST API도 제공하므로 서비스가 자신을 등록하거나 다른 서비스를 발견하기 위해 사용할 수 있다. 예를 들어, 유레카 REST 엔드포인트endpoint로 접속하여 레지스트리의 모든 서비스 인스턴스 내역을 알 수 있다.

애플리케이션을 시작시키면 유레카가 30초 정도에 한 번씩 각종 예외 메시지를 콘솔에 출력하는 것을 볼 수 있다. 그러나 유레카는 기대한 대로 잘 동작하고 있으니 개의치 말자. 서비스 레지스트리를 아직 완전하게 구성하지 않았다는 것을 알려주기 위해 예외를 발생시키는 것이다. 지금부터는 그런 예외가 나타나지 않도록 몇 가지 구성 속성을 추가할 것이다.

13.2.1 유레카 구성하기

하나보다는 여러 개의 유레카 서버가 함께 동작하는 것이 안전하므로 유레카 서버들이 클러스터cluster로 구성되는 것이 좋다. 왜냐하면 여러 개의 유레카 서버가 있을 경우 그중 하나에 문제가 발생하더라도 단일 장애점single point of failure은 생기지 않기 때문이다. 따라서 기본적으로 유레카는 다른 유레카 서버로부터 서비스 레지스트리를 가져오거나 다른 유레카 서버의 서비스로 자신을 등록하기도 한다.

프로덕션(실무 환경) 설정에서는 유레카의 고가용성이 바람직하다. 그러나 개발 시에 두 개 이상의 유레카 서버를 실행하는 것은 불편하기도 하고 불필요하다. 개발 목적으로는 하나의 유레카 서버면 충분하기 때문이다. 그러나 유레카 서버를 올바르게 구성하지 않으면 30초마다 예외의 형태로 로그 메시지를 출력한다. 왜냐하면 유레카는 30초마다 다른 유레카 서버와 통신하면서 자신이 작동 중임을 알리고 레지스트리 정보를 공유하기 때문이다.

따라서 여기서 우리가 할 일은 유레카 서버가 혼자임을 알도록 구성하는 것이다. 이때는 application.yml에 리스트 13.5와 같이 몇 가지 구성 속성들을 설정해야 한다.

리스트 13.5 **application.yml에 단일 유레카 서버 구성하기**

```
server:
  port: 8761
eureka:
  instance:
```

```
    hostname: localhost
  client:
    fetchRegistry: false
    registerWithEureka: false
    serviceUrl:
      defaultZone: http://${eureka.instance.hostname}:${server.port}/eureka/
```

여기서는 server.port 속성을 8761로, eureka.instance.hostname 속성을 localhost로 설정하였다. 이것은 유레카가 실행되는 호스트 이름과 포트를 나타낸다. 이 속성은 생략 가능하므로 만일 지정하지 않으면 유레카가 환경 변수를 참고하여 결정한다. 그러나 속성 값을 확실하게 알려주기 위해 지정하는 것이 좋다.

eureka.client.fetchRegistry와 eureka.client.registerWithEureka는 유레카와 상호 작용하는 방법을 알려주기 위해 다른 마이크로서비스에 설정할 수 있는 속성들이다. 그러나 유레카 역시 마이크로서비스이므로 이 두 속성은 해당 유레카 서버가 다른 유레카 서버와 상호 작용하는 방법을 알려주기 위해 사용할 수 있다.

두 속성의 기본값은 true다. 즉, 해당 유레카 서버가 다른 유레카 서버로부터 레지스트리 정보를 가져오며, 다른 유레카 서버의 서비스로 자신을 등록해야 한다는 것을 나타낸다. 여기서는 개발 시를 고려하여 다른 유레카 서버들이 필요 없으므로 두 속성의 값을 false로 설정하였다. 그래야만 해당 유레카가 다른 유레카 서버들과 통신하려고 하지 않기 때문이다.

그리고 마지막으로 eureka.client.serviceUrl 속성을 설정하였다. 이 속성은 영역zone 이름과 이 영역에 해당하는 하나 이상의 유레카 서버 URL을 포함하며, 이 값은 Map에 저장된다. Map의 키인 defaultZone은 클라이언트(여기서는 유레카 자신)가 자신이 원하는 영역을 지정하지 않았을 때 사용된다. 여기서는 유레카가 하나만 있으므로 defaultZone에 해당하는 URL이 유레카 자신의 URL을 나타내며, 중괄호 안에 지정된 다른 속성(eureka.instance.hostname과 server.port)의 값으로 대체된다. 따라서 defaultZone은 http://localhost:8761/eureka/가 된다.

유레카의 서버 포트 지정하기

필수 사항은 아니지만, 기본 서버 포트를 변경하고 싶을 수 있다. 유레카가 기본 포트인 8080을 사용해도 되지만, 개발 시에는 로컬 컴퓨터에서 다수의 애플리케이션(마이크로서비스)이 실행될 수 있으므로 모든 애플리케이션이 8080 포트를 같이 사용할 수는 없다. 따라서 리스트 13.5의 설정에도 있듯이, 로컬 컴퓨터에서 개발할 때는 server.port 속성을 설정하는 것이 좋다. 예를 들면, 다음과 같다.

```
server:
  port: 8761
```

여기서는 유레카 클라이언트(13.3에서 알아본다)가 사용할 기본 포트를 8761로 설정하였다.

자체-보존 모드를 비활성화시키기

설정을 고려할 수 있는 다른 속성으로 eureka.server.enableSelfPreservation이 있다. 유레카 서버는 서비스 인스턴스(유레카 서버의 클라이언트)가 자신을 등록하고 등록 갱신 요청을 30초마다 전송하기를 기대한다(해당 서비스가 살아 있어서 사용할 수 있는지 확인하기 위함이다). 일반적으로 세 번의 갱신 기간(또는 90초) 동안 서비스 인스턴스로부터 등록 갱신 요청을 (유레카 서버가) 받지 못하면 해당 서비스 인스턴스의 등록을 취소하게 된다(따라서 레지스트리에서 삭제되어 해당 서비스 인스턴스를 사용할 수 없게 된다). 그리고 만일 이렇게 중단되는 서비스의 수가 임계값threshold을 초과하면 유레카 서버는 네트워크 문제가 생긴 것으로 간주하고 레지스트리에 등록된 나머지 서비스 데이터를 보존하기 위해 자체-보존self-preservation 모드가 된다. 따라서 추가적인 서비스 인스턴스의 등록 취소가 방지된다.

프로덕션 설정에서는 자체-보존 모드를 true로 설정하는 것이 좋다. 실제로 네트워크 문제가 생겨서 유레카로의 갱신 요청이 중단되었을 때 나머지 활성화된 서비스들의 등록 취소를 방지할 수 있기 때문이다. 그러나 유레카를 처음 시작했지만 아직 어떤 서비스도 등록되지 않았을 때는 오히려 문제가 될 수 있다. 이때는 eureka.server.enableSelfPreservation 속성을 false로 설정하여 자체-보존 모드를 비활성화시킬 수 있다.

```
eureka:
    ...
    serviceUrl:
     defaultZone: http://${eureka.instance.hostname}:${server.port}/eureka/
  server:
    enableSelfPreservation: false
```

네트워크 문제 외에도 여러 가지 이유로 유레카가 갱신 요청을 받을 수 없는 개발 환경에서는 이 속성을 false로 설정하는 것이 유용하다. 서비스 인스턴스들의 상태가 자주 변경될 수 있는 개발 환경에서 자체-보존 모드를 활성화하면 중단된 서비스의 등록이 계속 유지되어 다른 서비스가 해당 서비스를 사용하려고 할 때 문제를 발생시킬 수 있기 때문이다. 그러나 false로 설정하면 그림 13.3과 같이 빨간색의 메시지가 나타난다.

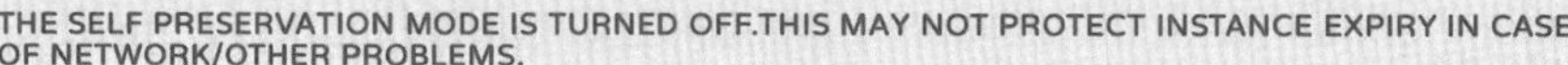

THE SELF PRESERVATION MODE IS TURNED OFF.THIS MAY NOT PROTECT INSTANCE EXPIRY IN CASE OF NETWORK/OTHER PROBLEMS.

그림 13.3 **자체-보존 모드가 비활성화될 때는 비활성화되었다는 것을 환기시키는 메시지가 나타난다**

그러나 개발 시에는 자체-보존 모드를 비활성화해도 좋지만, 프로덕션으로 이양할 때는 활성화해야 한다.

13.2.2 유레카 확장하기

개발 시에는 단일 유레카 인스턴스가 더 편리하지만, 애플리케이션을 프로덕션으로 이양할 때는 고가용성을 위해 최소한 두 개의 유레카 인스턴스를 가져야 한다.

프로덕션 환경의 스프링 클라우드 서비스

마이크로서비스를 프로덕션 환경으로 배포할 때는 고려할 것이 많다. 유레카의 고가용성과 보안은 개발 시에는 중요하지 않은 관점들이지만, 프로덕션에서는 매우 중요하기 때문이다. 만일 피보탈 클라우드 파운드리Pivotal Cloud Foundry나 피보탈 웹 서비스Pivotal Web Services의 고객이라면 해당 사항에 대한 기술 지원을 받을 수 있을 것이므로 우리가 걱정할 필요는 없다.

스프링 클라우드 서비스에서는 14장에서 알아볼 구성 서버Config Server와 15장에서 알아볼 서킷 브레이커 대시보드circuit breaker dashboard는 물론이고, 서비스 레지스트리인 유레카의 프로덕션 버전을 제공한다(https://docs.pivotal.io/spring-cloud-services/2-0/common/index.html 참고).

두 개 이상의 유레카 인스턴스를 구성하는 가장 쉽고 간단한 방법은 application.yml 파일에 스프링 프로파일을 지정하는 것이다. 그리고 그다음에 한 번에 하나씩 프로파일을 사용해서 유레카를 두 번 시작시키면 된다. 예를 들어, 리스트 13.6의 구성에서는 상호 연결된 두 개의 유레카 서버를 구성하는 방법을 보여준다.

리스트 13.6 **스프링 프로파일을 사용해서 두 개의 유레카 구성하기**

```
eureka:
  client:
    service-url:
      defaultZone: http://${other.eureka.host}:${other.eureka.port}/eureka

---
spring:
  profiles: eureka-1
  application:
    name: eureka-1
```

```
server:
  port: 8761

eureka:
  instance:
    hostname: eureka1.tacocloud.com

other:
  eureka:
    host: eureka2.tacocloud.com
    port: 8761

---
spring:
  profiles: eureka-2
  application:
    name: eureka-2

server:
  port: 8762

eureka:
  instance:
    hostname: eureka2.tacocloud.com

other:
  eureka:
    host: eureka1.tacocloud.com
    port: 8762
```

리스트 13.6의 제일 앞에 있는 기본 프로파일에는 eureka.client.serviceurl.defaultZone을 설정하였으며, 여기에 지정된 other.eureka.host와 other.eureka.port 변수의 값은 그 다음에 있는 각 프로파일 구성에서 설정된 값으로 대체된다.

기본 프로파일 다음에는 두 개의 프로파일인 eureka-1과 eureka-2가 구성되어 있으며, 각 프로파일에는 자신의 포트와 eureka.instance.hostname이 설정되어 있다. 그리고 각 프로파일에 설정된 다른 유레카 인스턴스를 참조하기 위해 other.eureka.host와 other.eureka.port 속성도 설정되어 있다. 이 속성들은 프레임워크와는 관계없으며, 기본 프로파일에 지정된 other.eureka.host와 other.eureka.port 변수의 값을 대체하기 위해 필요하다.

리스트 13.6에서는 eureka.client.fetchRegistry나 eureka.client.registerWithEureka를 설정하지 않았다는 것에 주목하자. 이 속성들을 설정하지 않으면 기본값인 true가 된다. 따라서 각 유레카 서버가 다른 유레카 서버에 자신을 등록하고 레지스트리의 등록 정보를 가져온다.

이제는 개발 또는 프로덕션 환경에서 유레카 서비스 레지스트리를 시작할 수 있게 되었다. 그러나 이 시점에서는 아무 서비스도 등록되어 있지 않으므로 활용할 수 없다. 따라서 지금부터는 마이크로서비스가 유레카 서비스 레지스트리에 자신을 등록하고 다른 서비스를 찾아서 호출하는 방법을 알아본다.

13.3 서비스 등록하고 찾기

서비스가 등록되지 않으면 유레카 서비스 레지스트리는 쓸모가 없다. 우리 서비스를 다른 서비스에서 찾아 사용하게 하려면, 유레카 서비스 레지스트리의 클라이언트로 활성화시켜야 한다. 즉, 애플리케이션(어떤 애플리케이션도 가능하지만 마이크로서비스일 것이다)을 서비스 레지스트리 클라이언트로 활성화하기 위해서는 리스트 13.7과 같이 해당 서비스 애플리케이션의 pom.xml 파일에 유레카 클라이언트 스타터 의존성을 추가해야 한다(여기서 설명하는 ingredient-service는 새로운 프로젝트로 생성한 후 작성해야 한다. 프로젝트 이름은 ingredient-service이며, 이 책에서 별도로 제공하는 다운로드 파일의 Ch13 서브 디렉터리 아래에 있는 ingredient-service 프로젝트 폴더를 참고한다).

리스트 13.7 **유레카 클라이언트 스타터 의존성 추가하기**

```
<dependency>
  <groupId>org.springframework.cloud</groupId>
  <artifactId>spring-cloud-starter-netflix-eureka-client</artifactId>
</dependency>
```

우리가 직접 pom.xml 파일에 추가해도 되지만, STS의 스프링 컨텍스트 메뉴를 사용하면 자동으로 추가해 주므로 더 쉽다. 즉, 패키지 탐색기의 **pom.xml** 파일에서 오른쪽 마우스 버튼을 클릭한 후 **Spring** ⇨ **Edit Starters**를 선택하면 1장(그림 1.5)에서 보았던 의존성 대화상자가 나타난다. 그리고 Spring Cloud Discovery 항목을 확장한 후 **Eureka Discovery Client**를 선택하고 **OK**를 클릭하면 된다.

그리고 리스트 13.2의 스프링 클라우드 의존성과 리스트 13.3의 `spring-cloud.version` 속성도 추가되어 있는지 확인하자.

리스트 13.7과 같이 유레카 클라이언트 스타터 의존성을 지정하면 유레카를 이용해서 서비스를 찾는 데 필요한 모든 것이 자동으로 추가된다. 예를 들어, 유레카의 클라이언트 라이브러리, 리본 로드 밸런서 등이다. 따라서 우리 애플리케이션을 유레카 서비스 레지스트리의 클라이언트로 활성화시킬 수 있다. 즉, 애플리케이션이 시작되면 8761 포트(개발 시에는 localhost의 포트)로 서비스하는 유레카 서버에 연결하고, UNKNOWN이라는 이름으로 유레카에 애플리케이션 자신을 등록한다.

13.3.1 유레카 클라이언트 속성 구성하기

서비스의 기본 이름인 UNKNOWN을 그대로 두면 유레카 서버에 등록되는 모든 서비스 이름이 같게 되므로 변경해야 한다. 이때 `spring.application.name` 속성을 설정하면 된다. 예를 들어, 타코 식자재ingredient를 처리하는 서비스의 경우에는 ingredient-service라는 이름으로 유레카 서버에 등록할 수 있다. 이 경우 application.yml에 다음과 같이 설정한다.

```
spring:
  application:
    name: ingredient-service
```

이렇게 하면 이 서비스를 사용하는 서비스에서는 ingredient-service라는 이름으로 이 서비스를 찾을 수 있다. 그리고 유레카 대시보드를 보면 그림 13.4와 같이 이 서비스가 나타난다(이 서비스의 인스턴스가 여러 개일 때는 같은 이름으로 나타난다).

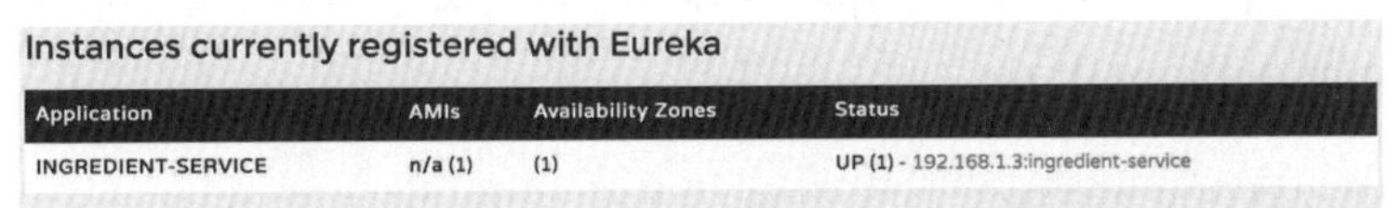

그림 13.4 유레카 대시보드에 나타난 ingredient-service

스프링 클라우드를 계속 사용하는 동안 `spring.application.name`이 우리가 설정하는 가장 중요한 속성 중 하나라는 것을 알게 될 것이다. 이 속성에 설정된 값이 유레카 서버에 등록되는 이름이기 때문이다. 다음 장에서는 애플리케이션에 특정된 구성을 관리하기 위해 이 속성으로 애플리케이션을 식별한다는 것을 알게 될 것이다. 스프링 클라우드 태스크Spring Cloud Task와 스프링 클라우드 슬루스Spring Cloud Sleuth 같은 다른 스프링 클라우드 프로젝트에서도 서비스를 식별하기 위해 `spring.application.name` 속성을 사용한다.

이전에 배웠듯이, 모든 스프링 MVC와 스프링 WebFlux 애플리케이션은 기본적으로 8080 포트를 리스닝한다. 그러나 서비스는 유레카를 통해서만 찾게 될 것이므로, 애플리케이션이 리스닝하는 포트는 상관 없다. 서비스가 리스닝하는 포트를 유레카가 알고 있기 때문이다. 따라서 localhost에서 실행될 때 생길 수 있는 서비스의 포트 충돌을 막기 위해 각 서비스 애플리케이션의 포트 번호를 0으로 설정할 수 있다.

```
server:
  port: 0
```

이처럼 포트를 0으로 설정하면 각 서비스 애플리케이션이 시작될 때 포트 번호가 무작위로 선택된다.

다음으로 유레카 서버의 위치를 생각해 보자. 기본적으로 유레카 클라이언트는 유레카 서버가 localhost의 8761 포트로 리스닝한다고 간주한다. 이것은 개발 시에는 좋다. 그러나 프로덕션에서는 적합하지 않으므로 유레카 서버의 위치를 지정해야 한다. 이때 다음과 같이 eureka.client.service-url 속성을 사용할 수 있다.

```
eureka:
  client:
    service-url:
      defaultZone: http://eureka1.tacocloud.com:8761/eureka/
```

이렇게 하면 eureka1.tacocloud.com의 8761 포트로 리스닝하는 유레카 서버에 등록되도록 클라이언트가 구성된다. 이 경우 해당 유레카 서버가 제대로 작동 중이라면 문제가 없다. 그러나 만일 어떤 이유로든 해당 유레카 서버가 중단된다면 클라이언트 서비스가 등록되지 않을 것이다. 따라서 이것을 방지하기 위해 두 개 이상의 유레카 서버를 사용하도록 클라이언트 서비스를 구성하는 것이 좋다.

```
eureka:
  client:
    service-url:
      defaultZone: http://eureka1.tacocloud.com:8761/eureka/,
                   http://eureka2.tacocloud.com:8762/eureka/
```

이렇게 하면 해당 서비스가 시작될 때 첫 번째 유레카 서버에 등록을 시도한다. 그러나 만일 어떤 이유로든 등록에 실패하면, 두 번째에 피어peer로 지정된 유레카 서버의 레지스트리에 등록을 시도하게 된다. 그리고 이후에 등록에 실패했던 유레카 서버가 다시 온라인 상태가 되면, 해당 서비스의 등록 정보가 포함된 피어 서버 레지스트리가 복제된다.

유레카 서버에 서비스를 등록하는 것은 전체 이야기의 절반에 불과하다. 일단 서비스가 등록되면 이 서비스를 다른 서비스가 찾아 사용할 수 있다. 지금부터는 유레카 서버에 등록된 서비스를 사용하는 방법을 알아본다.

13.3.2 서비스 사용하기

서비스를 사용하는 컨슈머consumer 코드에 해당 서비스 인스턴스의 URL을 하드코딩하는 것은 좋지 않다. 이 경우 사용되는 서비스의 특정 인스턴스와 해당 컨슈머가 밀접하게 결합되는 것은 물론이고, 사용되는 서비스의 호스트나 포트가 변경될 경우 해당 컨슈머의 실행 중단을 초래할 수 있기 때문이다.

유레카 서버에서 서비스를 찾을 때 컨슈머 애플리케이션이 할 일이 있다. 즉, 같은 서비스의 인스턴스가 여러 개일 때도 유레카 서버는 서비스 검색에 응답할 수 있다. 따라서 만일 컨슈머가 ingredient-service라는 서비스를 요청했는데 6개 정도의 서비스 인스턴스가 반환된다면 그중 어떻게 적합한 서비스를 선택할 수 있을까?

좋은 소식은, 이 경우 컨슈머 애플리케이션은 자신이 서비스 인스턴스를 선택하지 않아도 되며, 특정 서비스 인스턴스를 명시적으로 찾을 필요도 없다. 스프링 클라우드의 유레카 클라이언트 지원에 포함된 리본 클라이언트 로드 밸런서를 사용하여 서비스 인스턴스를 쉽게 찾아 선택하고 사용할 수 있기 때문이다. 유레카 서버에서 찾은 서비스를 선택 및 사용하는 방법에는 다음 두 가지가 있다.

- 로드 밸런싱된 `RestTemplate`
- Feign에서 생성된 클라이언트 인터페이스

이중 어떤 방법을 선택할지는 개인의 취향에 달려 있다. 지금부터는 두 가지 방법 모두를 알아볼 것이다. 우선 로드 밸런싱된 `RestTemplate`부터 알아보자(지금부터 알아 볼 서비스 사용 클라이언트는 새로운 프로젝트로 생성한 후 작성해야 한다. 프로젝트 이름은 ingredient-client이며, 이 책에서 별도로 제공하는 다운로드 파일의 Ch13 서브 디렉터리 아래에 있는 ingredient-client 프로젝트 폴더에 모든 코드가 있다. 그리고 이 프로젝트의 src/main/java/tacos/ingredientclient 아래에는 3개의 패키지가 있다. resttemplate 패키지에는 `RestTemplate` 관련 코드가 있고, webclient 패키지에는 WebClient 관련 코드가 있으며, feign 패키지에는 Feign 관련 코드가 있으니 참고하자).

RestTemplate 사용해서 서비스 사용하기

스프링의 `RestTemplate` 클라이언트는 7장에서 이미 알아보았지만, 어떻게 작동하는지 잠시 되짚어 보자. 일단 `RestTemplate`이 생성되거나 주입되면 HTTP 요청을 수행하여 원하는 응답을 받을 수 있다. 예를 들어, 식자재 ID로 특정 식자재를 가져오기 위해 HTTP GET 요청을 수행할 때는 다음의 `RestTemplate` 코드를 사용할 수 있다.

```
public Ingredient getIngredientById(String ingredientId) {
  return rest.getForObject("http://localhost:8080/ingredients/{id}",
                           Ingredient.class, ingredientId);
}
```

그러나 이 코드에는 한 가지 문제점이 있다. getForObject()의 인자로 전달되는 URL이 특정 호스트와 포트로 하드코딩되었다는 것이다. 이 문제점은 이어서 설명하는 방법으로 URL 값을 추출하여 해결할 수 있다.

일단 유레카 클라이언트로 애플리케이션을 활성화했다면 로드 밸런싱된 RestTemplate 빈을 선언할 수 있다. 이때는 기존대로 RestTemplate 빈을 선언하되, @Bean과 @LoadBalanced 애노테이션을 메서드에 같이 지정하면 된다.

```
@Bean
@LoadBalanced
public RestTemplate restTemplate() {
  return new RestTemplate();
}
```

@LoadBalanced 애노테이션은 다음 두 가지 목적을 갖는다. 첫 번째이면서 가장 중요한 것으로 현재의 RestTemplate이 리본을 통해서만 서비스를 찾는다는 것을 스프링 클라우드에 알려준다. 두 번째로 주입 식별자로 동작한다. 잠시 후에 얘기하겠지만, 주입 식별자는 서비스 이름이며, getForObject() 메서드의 HTTP 요청에서 호스트와 포트 대신 사용할 수 있다.

예를 들어, 식자재를 찾기 위해 로드 밸런싱된 RestTemplate을 사용하고 싶다고 해보자. 이때는 우선, 로드 밸런싱된 RestTemplate을 필요로 하는 빈에 주입해야 한다.

```
@Component
public class IngredientServiceClient {

  private RestTemplate rest;

  public IngredientServiceClient(@LoadBalanced RestTemplate rest) {
    this.rest = rest;
  }

  ...

}
```

그다음에 getIngredientById() 메서드에서 호스트와 포트 대신 해당 서비스의 등록된 이름을 사용하도록 변경한다.

```
public Ingredient getIngredientById(String ingredientId) {
  return rest.getForObject(
            "http://ingredient-service/ingredients/{id}",
            Ingredient.class, ingredientId);
}
```

7장에 나왔던 getIngredientById() 메서드와 다른 점은 getForObject()의 인자로 전달되는 URL에 특정 호스트 이름과 포트를 사용하지 않는다는 것이다. 즉, 호스트 이름과 포트 대신 서비스 이름인 ingredient-service가 사용되었다. 내부적으로는 ingredient-service라는 서비스 이름을 찾아 인스턴스를 선택하도록 RestTemplate이 리본에 요청한다. 그리고 선택된 서비스 인스턴스의 호스트와 포트 정보를 포함하도록 리본이 URL을 변경한 후 원래대로 RestTemplate이 사용된다.

지금까지 알아보았듯이, 로드 밸런싱된 RestTemplate을 사용하는 방법은 보통의 RestTemplate을 사용하는 방법과 별반 다르지 않다. 단지 차이점이라면 클라이언트 코드에서 호스트 이름과 포트 대신 서비스 이름으로 처리할 수 있다는 것뿐이다. 그러나 RestTemplate 대신 WebClient를 사용한다면? WebClient도 리본을 사용하여 서비스 이름으로 서비스를 사용할 수 있을까?

WebClient로 서비스 사용하기

11장에서는 RestTemplate과 유사하게 WebClient가 HTTP 클라이언트를 제공하는 방법을 알아보았다. 그러나 이때는 Flux와 Mono 같은 리액티브$_{\text{reactive}}$ 타입과 함께 동작한다. 만일 리액티브 프로그래밍에 관심이 많다면 RestTemplate 대신 WebClient를 사용할 수 있다. 이 경우 RestTemplate을 사용했던 것과 같은 방법으로 WebClient를 로드 밸런싱된 클라이언트로 사용할 수 있다. 이때 제일 먼저 할 일은 @LoadBalanced 애노테이션이 지정된 WebClient.Builder 빈 메서드를 선언하는 것이다.

```
@Bean
@LoadBalanced
public WebClient.Builder webClientBuilder() {
  return WebClient.builder();
}
```

그리고 WebClient.Builder 빈이 선언되었으므로 이제는 로드 밸런싱된 WebClientBuilder를 필요로 하는 어떤 빈에도 주입할 수 있다. 예를 들어, 다음과 같이 IngredientServiceClient의 생성자로 주입할 수 있다.

```
@Component
public class IngredientServiceClient {

  private WebClient.Builder wcBuilder;

  public IngredientServiceClient(
        @LoadBalanced WebClient.Builder wcBuilder) {
    this.wcBuilder = wcBuilder;
  }

  ...

}
```

그다음에 WebClient.Builder를 사용해서 WebClient를 빌드한 후 유레카에 등록된 서비스 이름ingredient-service을 사용해서 요청을 수행할 수 있다.

```
public Mono<Ingredient> getIngredientById(String ingredientId) {
  return wcBuilder.build()
    .get()
      .uri("http://ingredient-service/ingredients/{id}", ingredientId)
    .retrieve().bodyToMono(Ingredient.class);
}
```

이 경우 로드 밸런싱된 RestTemplate처럼 호스트나 포트를 지정할 필요가 없다. 즉, 해당 서비스 이름이 URL에서 추출되어 유레카에서 서비스를 찾는 데 사용된다. 그리고 리본이 해당 서비스의 인스턴스를 선택한 후 선택된 인스턴스의 호스트와 포트로 URL이 변경되어 요청이 수행된다.

RestTemplate이나 WebClient에 익숙하다면 지금까지 얘기했던 서비스 사용 방법이 알기 쉬울 것이다. 그러나 스프링 클라우드는 또 다른 좋은 방법을 갖고 있다. 지금부터는 Feign을 사용해서 인터페이스 기반의 서비스 클라이언트를 생성하는 방법을 알아본다.

Feign 클라이언트 인터페이스 정의하기

Feign은 REST 클라이언트 라이브러리이며, 인터페이스를 기반으로 하는 방법을 사용해서 REST 클라이언트를 정의한다. 간단히 말해서, 스프링 데이터가 리퍼지터리 인터페이스를 자동으로 구현하는 것과 유사한 방법을 사용한다.

Feign은 원래 넷플릭스 프로젝트였지만, 나중에 OpenFeign(https://github.com/OpenFeign)이라는 독립된 오픈 소스 프로젝트가 되었다.

Feign을 사용하려면 우선 프로젝트의 pom.xml에 다음 의존성을 추가해야 한다.

```
...
<dependency>
  <groupId>org.springframework.cloud</groupId>
  <artifactId>spring-cloud-starter-openfeign</artifactId>
</dependency>
...
```

스프링 스타터 프로젝트 의존성 대화상자(1장의 그림 1.5 참고)에서 Spring Cloud Routing 항목을 확장한 후 **OpenFeign**을 선택하고 **OK**를 클릭해도 자동으로 동일한 의존성이 추가된다.

그러나 의존성을 추가해도 자동-구성으로 Feign이 활성화되지는 않는다. 따라서 구성 클래스 중 하나에 `@EnableFeignClients` 애노테이션을 추가해야 한다.

```
@Configuration
@EnableFeignClients
public RestClientConfiguration {
}
```

이제는 Feign을 사용할 때가 되었다. 예를 들어, ingredient-service라는 이름으로 유레카에 등록된 서비스를 사용해서 식자재를 가져오는 클라이언트를 작성하고 싶다고 하자. 이때는 다음과 같이 인터페이스(여기서는 IngredientClient)만 정의하면 된다.

```
package tacos.ingredientclient.feign;

import org.springframework.cloud.openfeign.FeignClient;
import org.springframework.web.bind.annotation.GetMapping;
import org.springframework.web.bind.annotation.PathVariable;
import tacos.ingredientclient.Ingredient;

@FeignClient("ingredient-service")
public interface IngredientClient {
  @GetMapping("/ingredients/{id}")
  Ingredient getIngredient(@PathVariable("id") String id);
}
```

이것은 구현 코드가 없는 간단한 인터페이스다. 그러나 런타임 시에 Feign이 이 인터페이스를 찾으므로 아무 문제가 없다. 그리고 Feign이 자동으로 구현 클래스를 생성한 후 스프링 애플리케이션 컨텍스트에 빈으로 노출시킨다.

위 코드에는 몇 가지 애노테이션이 지정되어 있다. 우선, `IngredientClient` 인터페이스에 선언된 모든 메서드는 서비스(여기서는 ingredient-service)에 대한 요청을 나타내는 것이 `@FeignClient` 애노테이션이다. 내부적으로 ingredient-service는 리본을 통해 찾게 된다(이때 로드 밸런싱된 `RestTemplate`의 경우와 같은 방법이 사용된다).

그리고 `getIngredient()` 메서드에는 `@GetMapping`이 지정되었다. 이것은 스프링 MVC에서 사용했던 것과 같은 애노테이션이며, 여기서는 컨트롤러 대신 클라이언트에 지정되어 있다. 즉, `getIngredient()`를 호출하면 리본이 선택한 호스트와 포트의 /ingredients/{id} 경로로 HTTP GET 요청을 수행하는 것을 나타낸다. `@PathVariable` 애노테이션은 `@GetMapping`의 {id}를 `getIngredient()` 메서드 인자로 대체한다.

이제는 우리가 정의하고 Feign이 구현한 `IngredientClient` 인터페이스를 필요로 하는 곳에 주입하고 사용하는 것만 남았다. 예를 들어, 컨트롤러에서 사용하기 위해 다음과 같이 할 수 있다.

```
@Controller
@RequestMapping("/ingredients")
public class IngredientController {

  private IngredientClient client;

  @Autowired
  public IngredientController(IngredientClient client) {
    this.client = client;
  }

  @GetMapping("/{id}")
  public String ingredientDetailPage(@PathVariable("id") String id,
                                     Model model) {
    model.addAttribute("ingredient", client.getIngredient(id));
    return "ingredientDetail";
  }
}
```

로드 밸런싱된 `RestTemplate`, `WebClient` 또는 방금 알아본 Feign 클라이언트 인터페이스 중 어느 것이 가장 좋을지 결정하는 것은 어렵다. 그러나 어떤 것을 선택하든 우리의 REST

클라이언트가 특정 호스트 이름이나 포트를 하드코딩하지 않고 유레카에 등록된 서비스를 이름으로 사용하게 할 수 있다.

덧붙여서, Feign에는 자신의 애노테이션인 `@RequestLine`과 `@Param`이 있다. 이 애노테이션들은 스프링 MVC의 `@RequestMapping` 및 `@PathVariable`과 거의 유사하지만 용도는 약간 다르다. 아무튼 서비스 컨트롤러를 정의할 때 사용했던 것과 동일하면서도 우리가 익숙한 스프링 MVC 애노테이션을 클라이언트에 사용할 수 있다는 것은 좋은 일이다.

지금부터는 이번 장에서 알아본 코드를 포함하는 마이크로서비스, 서비스 레지스트리, 서비스 클라이언트 프로젝트들을 애플리케이션으로 빌드하고 실행해 볼 것이다.

13.4 마이크로서비스 관련 프로젝트의 빌드 및 실행하기

우선, STS가 실행 중이라면 STS를 종료하자. 그리고 각자 STS 작업 영역 디렉터리에 생성한 .metadata 서브 디렉터리를 삭제하자(이전의 다른 프로젝트를 열고 사용할 때 남아 있던 정보로 인한 오류 발생 가능성을 방지하기 위함이다).

그리고 이 책의 다운로드 코드(다운로드하는 방법은 이 책의 맨 앞에 있는 '이 책에 대하여'를 참고)에서 Ch13 서브 디렉터리를 각자 STS 작업 영역 디렉터리 아래에 복사하자. 여기서는 C:\Spring5-In-Action을 STS 작업 영역으로 지정하였고 13장의 모든 코드가 있는 Ch13 서브 디렉터리를 이 아래에 복사한 것으로 간주한다.

STS 메뉴의 **File ⇨ Open Projects from File System…**을 선택하면 그림 13.5의 대화상자가 나타난다.

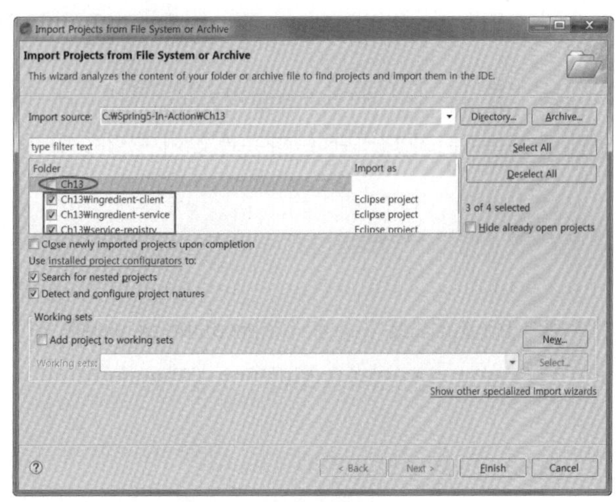

그림 13.5 **프로젝트 열기 대화상자**

Directory… 버튼을 클릭하여 나타나는 대화상자에서 **Ch13 서브 디렉터리**를 선택하면 잠시 후에 STS가 그림 13.5처럼 이 디렉터리의 모든 프로젝트 폴더를 찾아 보여준다. 여기서는 Ch13만 체크를 해제하고 나머지 세 개의 폴더는 선택된 상태로 둔다(이 프로젝트들은 메이븐이 아닌 이클립스 프로젝트다. 즉, 각 프로젝트가 따로 빌드되어 별도의 jar 파일로 생성된다는 의미다). 그다음에 **Finish** 버튼을 클릭하면 STS가 세 개의 프로젝트를 열고 그림 13.6과 같이 패키지 탐색기 창에 보여준다(**각 항목 왼쪽의 화살표**를 클릭하면 항목을 확장 또는 축소해서 볼 수 있다).

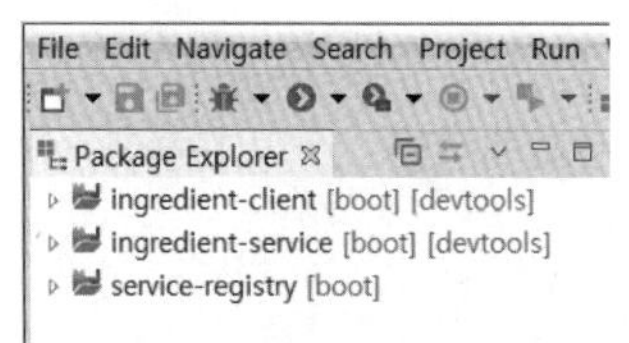

그림 13.6 **세 개의 프로젝트가 열린 패키지 탐색기 창**

여기서 ingredient-service는 식자재를 추가, 변경, 삭제, 조회하는 마이크로서비스 애플리케이션이다(타코 클라우드와 무관하게 식자재 데이터 리퍼지터리를 별도로 갖고 처리한다). 그리고 service-registry는 유레카 서버를 사용해서 마이크로서비스를 등록하고 찾아주는 서비스 레지스트리이며, ingredient-client는 ingredient-service를 사용하는 클라이언트 애플리케이션이다.

이 프로젝트들은 별도의 스프링 애플리케이션이므로 각각 따로 빌드하고 실행해야 한다.

그림 6.12와 6.13에 설명한 대로 앵귤러 퍼스펙티브로 전환한다. 그리고 터미널 창이 열려 있지 않다면 STS 메뉴의 **Window ⇨ Show View ⇨ Terminal+**를 선택하여 열자.

Project 드롭다운에서 **service-registry**를 선택하고 **+** 버튼을 클릭하여 새로운 터미널 창을 열면 셸 프롬프트가 나타난다. 다음과 같이 명령을 입력하여 실행한다.

```
$ ./mvnw clean package
```

계속해서 Project 드롭다운에서 **ingredient-service**를 선택하고 **+** 버튼을 클릭하여 새로운 터미널 창을 열고 같은 명령을 입력하여 실행한다.

```
$ ./mvnw clean package
```

마지막으로 Project 드롭다운에서 **ingredient-client**를 선택하고 **+** 버튼을 클릭하여 새로운 터미널 창을 열고 같은 명령을 입력하여 실행한다.

```
$ ./mvnw clean package
```

모든 프로젝트가 성공적으로 빌드되면(BUILD SUCCESS 메시지가 나타나야 한다) 세 개의 프로젝트가 각각 jar 파일로 생성된다(각 프로젝트 폴더의 target 폴더 아래에 있다).

(만일 빌드 에러가 생길 때는 다시 빌드하면 된다.)

이제는 각 애플리케이션을 차례대로 실행시켜야 한다.

Project 드롭다운에서 **service-registry**를 선택하고 다음과 같이 서비스 레지스트리 애플리케이션을 실행하자. 정상적으로 실행되면 'Tomcat started on port(s): 8761 (http) with context path ' '’라는 메시지와 'Started Eureka Server' 메시지가 끝 부분에 나올 것이다. 이로써 서비스 레지스트리로 사용하는 유레카 서버가 시작되어 8761 포트를 리스닝한다.

```
$ java -jar target/service-registry-0.0.13-SNAPSHOT.jar
```

계속해서 Project 드롭다운에서 **ingredient-service**를 선택하고 다음과 같이 마이크로서비스 애플리케이션을 실행하자. 정상적으로 실행되면 'Started IngredientServiceApplication in 20.868 seconds (JVM running for 21.558)'과 같은 메시지가 끝 부분에 나타날 것이다. 이 마이크로서비스 애플리케이션은 무작위로 선택된 포트를 리스닝한다. 유레카 서버를 통해서 찾아 사용되기 때문이다.

```
$ java -jar target/ingredient-service-0.0.13-SNAPSHOT.jar
```

마지막으로 Project 드롭다운에서 **ingredient-client**를 선택하고 다음과 같이 서비스 클라이언트 애플리케이션을 실행하자. 정상적으로 실행되면 'Started IngredientClientApplication in 10.703 seconds (JVM running for 11.423)'과 같은 메시지가 끝 부분에 나타날 것이다. 이 서비스 클라이언트 애플리케이션은 8080 포트를 리스닝한다.

```
$ java -jar target/ingredient-client-0.0.13-SNAPSHOT.jar
```

그리고 Project 드롭다운에서 **service-registry**를 선택하고 끝 부분의 메시지를 보면 'Registered instance INGREDIENT-SERVICE/192.168.0.6:ingredient-service:0 with status UP (replication=false)'라는 메시지가 있을 것이다. 이것은 앞에서 실행했던 ingredient-service의 인스턴스가 유레카 서버에 등록되었다는 것을 나타낸다. 또한, 더 아래의 메시지를 보면 'Registered instance INGREDIENT-CLIENT/192.168.0.6:ingredient-client with status UP (replication=false)'라는 메시지가 있을 것이다. 이것은 조금 전에 실행했던 ingredient-client 인스턴스도 유레카 서버에 등록되었다는 것을 나타낸다. 만일 이런 메시지가 아직 안 나타났다면 유레카 서버에 등록되는 데 시간이 걸려서 그런 것이므로 나올 때까지 조금 기다려야 한다.

이제는 서비스 클라이언트에서 서비스 레지스트리를 통해 마이크로서비스를 사용할 준비가 되었다. Project 드롭다운에서 선택한 터미널 창은 해당 애플리케이션의 서버 콘솔이 되므로 우리가 원하는 작업이 처리되었는지 해당 터미널 창에서 확인할 수 있으며, 해당 서버를 종료할 때는 **Ctrl+C**(윈도우 시스템의 경우) 키를 누르면 된다.

여기서 추가로 알아 둘 것이 있다. 서비스 클라이언트인 ingredient-client 애플리케이션에서는 스프링의 프로파일(profile)을 사용하여 원하는 빈(bean)을 등록하고 사용한다. 패키지 탐색기 창에서 ingredient-client의 src/main/java를 확장하면 그림 13.7과 같이 네 개의 패키지를 볼 수 있다.

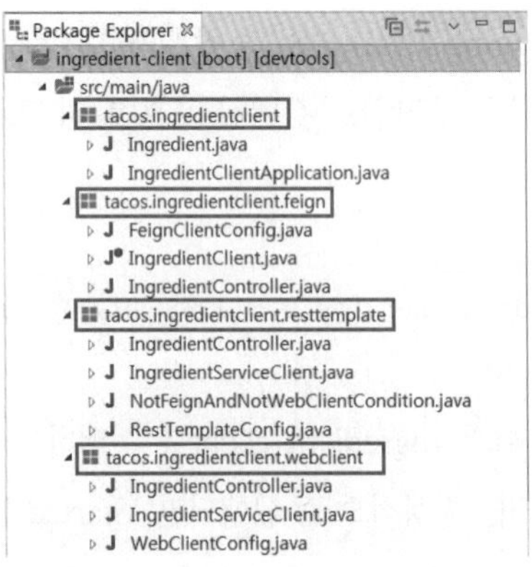

그림 13.7 ingredient-client의 패키지

tacos.ingredientclient는 메인 패키지이고 나머지 3개는 마이크로서비스를 사용하는 서로 다른 방법의 코드가 구현된 패키지들이다. 즉, tacos.ingredientclient.feign은 `Feign`, tacos.ingredientclient.resttemplate은 `RestTemplate`, tacos.ingredientclient.webclient는 `WebClient`다.

그리고 3개의 패키지에 있는 빈(bean)들 중에서 실행할 것을 선택하기 위해 스프링의 프로파일을 사용한다. tacos.ingredientclient.feign과 tacos.ingredientclient.webclient 패키지의 IngredientController.java를 열어 보면 각각 `@Profile("feign")`과 `@Profile("webclient")`가 컨트롤러 클래스에 지정되어 있다. 따라서 프로파일이 `feign`일 때는 tacos.ingredientclient.feign의 `IngredientController`가 실행되며, 프로파일이 `webclient`일 때는 tacos.ingredientclient. webclient의 `IngredientController`가 실행된다. 또한, tacos.ingredientclient.resttemplate 패키지의 IngredientController.java에는 `@Conditional(NotFeignAndNotWebClientCondition.class)`가 컨트롤러 클래스에 지정되어 있으므로 프로파일이 지정되지 않을 경우 기본적으로 tacos.ingredientclient.resttemplate의 `IngredientController`가 실행된다.

9장에서 얘기했듯이, 프로파일을 설정하는 방법(환경 변수나 YAML 파일 또는 JVM 옵션 등)은 여러 가지가 있다(운영체제의 환경 변수를 사용할 때는 `export SPRING_PROFILES_ACTIVE=feign`과 같이 하면 된다). 여기서는 JVM 옵션을 사용하는 경우를 알아본다.

앞에서와 같이 `java -jar target/ingredientclient-0.0.13-SNAPSHOT.jar`로 ingredient-client 애플리케이션을 실행하면 JVM 옵션으로 프로파일을 지정하지 않았으므로 tacos.ingredientclient.resttemplate의 `IngredientController`가 실행된다. 그러나 `feign`으로 마이크로서비스를 사용할 때는 다음과 같이 실행할 수 있다.

```
$ java -jar -Dspring.profiles.active=feign target/
ingredient-client-0.0.13-SNAPSHOT.jar
```

또는 `webclient`로 마이크로서비스를 사용할 때는 다음과 같이 실행한다.

```
$ java -jar -Dspring.profiles.active=webclient target/
ingredient-client-0.0.13-SNAPSHOT.jar
```

지금부터는 서비스 클라이언트(ingredient-client)에서 서비스 레지스트리(service-registry)를 통해 마이크로서비스(ingredient-service)를 사용할 것이다. 일단 Project 드롭다운에서 **ingredient-client**를 선택하여 서비스 클라이언트의 터미널 창으로 전환해 두자. 그리고 서비스 클라이언트를 사용하기 위해 각자 웹 브라우저에서 http://localhost:8080/ingredients에 접속하자. 이 엔드포인트는 모든 패키지의 `IngredientController`에 `@RequestMapping("/ingredients")`로 지정되어 있다.

그러면 타코를 만들 때 사용할 수 있는 식자재들의 내역을 보여주는 페이지가 나타난다(그림 13.8). 이때 마이크로서비스(ingredient-service)에 요청하여 모든 식자재 데이터를 받는다.

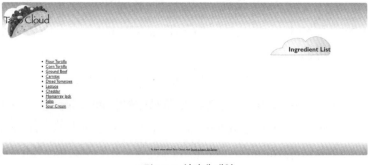

그림 13.8 식자재 내역

그리고 왼쪽의 특정 식자재를 클릭하면 해당 식자재의 상세 정보를 보여준다. 예를 들어, **Flour Tortilla**(밀가루 토르티아)를 선택하면 그림 13.9의 페이지가 나타난다. 이때도 역시 마이크로서비스(ingredient-service)에 요청하여 데이터를 받는다.

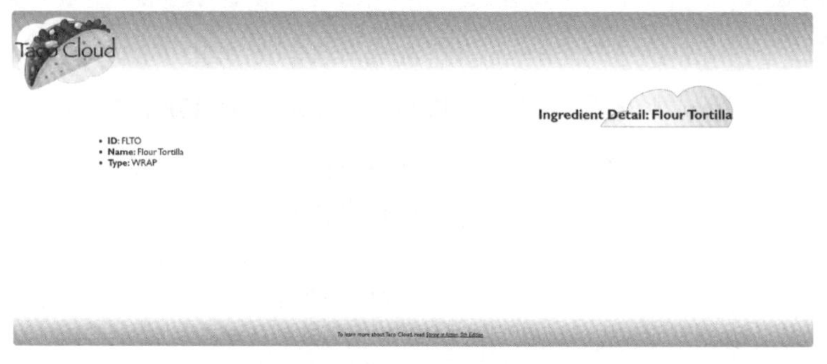

그림 13.9 Flour Tortilla 식자재의 상세 정보

이미 얘기했듯이, 서비스 클라이언트에서는 세 가지 방법으로 마이크로서비스를 사용할 수 있다. 지금까지는 `resttemplate`을 사용했지만, `webclient`나 `feign`으로도 할 수 있다. 이때는 Project 드롭다운에서 **ingredient-client**를 선택한 후 터미널 창의 아무 곳을 클릭하고 **Ctrl+C** (윈도우 시스템의 경우) 키를 누르면 현재의 서비스 클라이언트 서버가 종료된다. 그다음에 앞에서 설명한 대로 JVM 옵션으로 `webclient`나 `feign`을 지정하여 ingredient-client를 다시 실행한 후 테스트하면 된다.

요약

- 스프링 클라우드 넷플릭스는 자동-구성과 `@EnableEurekaServer` 애노테이션을 사용해서 넷플릭스 유레카 서비스 레지스트리를 쉽게 생성할 수 있다.
- 다른 서비스가 찾을 수 있도록 마이크로서비스는 이름을 사용해서 자신을 유레카 서버에 등록한다.
- 리본은 클라이언트 측의 로드 밸런서로 동작하면서 서비스 이름으로 서비스 인스턴스를 찾아 선택한다.
- 리본 로드 밸런싱으로 처리되는 `RestTemplate`, 또는 Feign에 의해 자동으로 구현되는 인터페이스를 사용해서 클라이언트 코드는 자신의 REST 클라이언트를 정의할 수 있다.
- 로드 밸런싱된 `RestTemplate`, `WebClient` 또는 Feign 클라이언트 인터페이스 중 어느 것을 사용하더라도 서비스의 위치(호스트 이름과 포트)가 클라이언트 코드에 하드코딩되지 않는다.

CHAPTER

14

클라우드 구성 관리

이 장에서 배우는 내용

- 스프링 클라우드 구성 서버 실행하기
- 구성 서버 클라이언트 생성하기
- 보안에 민감한 구성 정보 저장하기
- 구성을 자동으로 리프레시하기

집이나 차를 구입해 본 사람은 누구나 여러 장의 계약 서류를 접했을 것이다. 중요한 것을 구입할 때 서명하는 계약서는 서류가 없는 사회의 가능성을 무색하게 한다. 그리고 언제든 자동차 딜러나 부동산 중개상과 테이블에 마주 앉을 때는 서류에 손을 베여 상처가 날까 봐 계약 시작에 앞서 일회용 반창고를 달라고 해야 할 것 같다는 생각이 들기도 한다.

최근 몇 년 동안 필자가 서명해야 했던 용지 매수는 변함이 없었지만, 한번 작성했던 양식들의 각 필드는 이후에 계약할 때 다시 채울 필요가 없던 것으로 기억한다. 이전에 작성했던 양식에서 수집된 기본 내용으로 각 필드가 미리 채워져 인쇄되기 때문이다. 이것은 계약 절차를 더 빨리 진행할 수 있게 해주는 것은 물론이고, 같은 내용을 서로 다른 양식에 손으로 쓰다가 발생하는 오류를 줄여준다.

이와 유사하게 대다수 애플리케이션은 구성 양식의 필드에 비유되는 속성을 갖는다. 5장에서는 구성 속성을 설정하여 스프링 부트 애플리케이션을 구성할 수 있는 방법에 관해 알아보았다. 구성 속성들은 각 애플리케이션에 맞게 구성될 수 있으며, 이때는 배포되는 애플리케이션 패키지에 있는 application.properties나 application.yml 파일에 구성 속성을 지정하면 된다.

그러나 마이크로서비스로 애플리케이션을 구축할 때는 여러 마이크로서비스에 걸쳐 동일한 구성 속성이 적용되므로 문제가 될 수 있다.

이번 장에서는 스프링 클라우드의 구성 서버Config Server에 관해 알아볼 것이다. 구성 서버는 애플리케이션의 모든 마이크로서비스에 대해 중앙 집중식의 구성을 제공한다. 따라서 구성 서버를 사용하면 애플리케이션의 모든 구성을 한 곳에서 관리할 수 있다.

우선, 개별적으로 마이크로서비스를 구성할 때 어떤 문제가 있는지, 그리고 중앙 집중식의 구성이 어떻게 더 좋은지 간략하게 알아보자.

14.1 구성 공유하기

5장에서 이미 알아보았듯이, 몇 가지 속성 근원에 있는 속성들을 설정하여 스프링 애플리케이션을 구성할 수 있다. 만일 구성 속성이 런타임 환경을 변경하거나 런타임 환경에 고유한 것이어야 한다면, 자바 시스템 속성이나 운영체제의 환경 변수를 구성 속성으로 사용하는 것이 좋다. 그러나 값이 변경될 가능성이 거의 없고 애플리케이션에 특정되는 속성의 경우는 애플리케이션 패키지에 포함되어 배포되는 application.yml이나 application.properties 파일에 구성 속성을 지정하는 것이 좋은 선택이다.

이런 선택은 간단한 애플리케이션에는 문제가 없다. 그러나 자바 시스템 속성이나 운영체제의 환경 변수에 구성 속성을 설정하는 경우는 해당 속성의 변경으로 인해 애플리케이션이 다시 시작되어야 한다는 것을 감안해야 한다. 그리고 배포되는 JAR나 WAR 파일 내부에 구성 속성을 포함시키는 경우는 해당 속성을 변경하거나 원래 값으로 되돌릴 때 애플리케이션을 다시 빌드하여 배포해야 한다.

이런 제약을 용인할 수 있는 애플리케이션도 있다. 그러나 이외의 다른 애플리케이션은 그렇지 않다. 속성만 변경하기 위해 애플리케이션을 재배포하거나 재시작한다는 것은 매우 불편하며, 최악의 경우 애플리케이션에 결함이 생길 수도 있기 때문이다. 게다가 다수의 배포 인스턴스에서 속성을 관리해야 하는 마이크로서비스 기반 애플리케이션의 경우는 실행 중인 애플리케이션의 모든 서비스 인스턴스에 동일한 변경을 적용하는 것이 불합리하다.

또한, 데이터베이스 비밀번호와 같은 일부 속성들은 보안에 민감한 값을 갖는다. 이런 속성 값은 각 애플리케이션의 속성에 지정될 때 암호화될 수 있지만, 사용 전에 해당 속성 값을 복호화(암호 해독)하는 기능이 애플리케이션에 포함되어야 한다. 그렇지만 어떤 구성 속성들은 애플리케이션 개발자조차도 접근할 수 없도록 해야 하므로 이런 속성들을 운영체제의 환경 변수에 설정하는 것은 바람직하지 않다.

이에 반해서 중앙 집중식으로 구성을 관리할 때는 어떻게 되는지 생각해 보자.

- 구성이 더 이상 애플리케이션 코드에 패키징되어 배포되지 않는다. 따라서 애플리케이션을 다시 빌드하거나 배포하지 않고 구성을 변경하거나 원래 값으로 환원할 수 있다. 또한, 애플리케이션을 다시 시작하지 않아도 실행 중에 구성을 변경할 수 있다.
- 공통적인 구성을 공유하는 마이크로서비스가 자신의 속성 설정으로 유지·관리하지 않고도 동일한 속성들을 공유할 수 있다. 그리고 속성 변경이 필요하면 한 곳에서 한 번만 변경해도 모든 마이크로서비스에 적용할 수 있다.
- 보안에 민감한 구성 속성은 애플리케이션 코드와는 별도로 암호화하고 유지·관리할 수 있다. 그리고 복호화된 속성 값을 언제든지 애플리케이션에서 사용할 수 있으므로 복호화를 하는 코드가 애플리케이션에 없어도 된다.

스프링 클라우드 구성 서버는 애플리케이션의 모든 마이크로서비스가 구성에 의존할 수 있는 서버를 사용해서 중앙 집중식 구성을 제공한다. 따라서 모든 서비스에 공통된 구성은 물론이고, 특정 서비스에 국한된 구성도 한 곳에서 관리할 수 있다.

구성 서버를 사용하는 첫 번째 단계는 서버를 생성하고 실행하는 것이다.

14.2 구성 서버 실행하기

스프링 클라우드 구성 서버는 집중화된 구성 데이터 소스를 제공한다. 구성 서버는 유레카처럼 더 큰 애플리케이션의 마이크로서비스로 생각할 수 있으며, 같은 애플리케이션에 있는 다른 서비스들의 구성 데이터를 제공하는 역할을 수행한다.

구성 서버는 클라이언트가 되는 다른 서비스들이 구성 속성을 사용할 수 있도록 REST API를 제공한다. 그림 14.1에 있듯이, 구성 서버를 통해 제공되는 구성 데이터는 구성 서버의 외부(대개 Git 서버)에 저장된다.

그림 14.1에 GitHub(깃허브) 로고가 아닌 Git 로고로 나타나 있음에 주목하자. 왜냐하면 구성 데이터를 저장하기 위해 GitHub는 물론이고 GitLab, 마이크로소프트의 Team Foundation Server, Gogs와 같은 어떤 종류의 Git 구현 서버도 구성 서버의 백엔드로 사용될 수 있기 때문이다.[25]

Git과 같은 소스 코드 제어 시스템에 구성 속성을 저장함으로써 애플리케이션 소스 코드처럼 구성 속성의 버전, 분기 등을 관리할 수 있다. 그러나 구성 속성을 사용하는 애플리케이션과 별도로 구성 속성을 유지·관리하므로 애플리케이션과 독립적으로 버전을 관리할 수 있다.

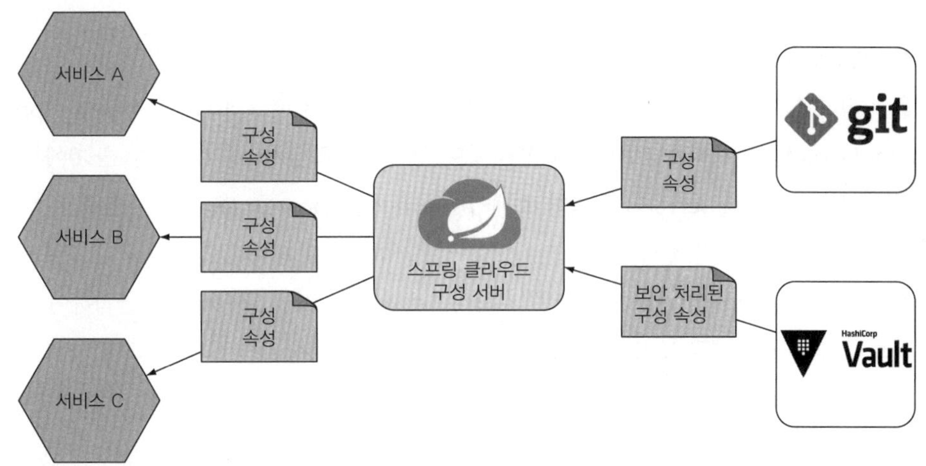

그림 14.1 스프링 클라우드 구성 서버는 Git이나 Vault(볼트)를 백엔드로 사용해서 구성 속성을 제공한다

그림 14.1에 있는 해시코프HashiCorp의 Vault는 보안 처리된 구성 속성을 유지·관리할 때 특히 유용하다. 스프링 구성 서버와 함께 Vault를 사용하는 것에 관한 내용은 14.5에서 더 자세히 알아볼 것이다.

14.2.1 구성 서버 활성화하기

더 큰 애플리케이션 시스템 내부의 또 다른 마이크로서비스인 구성 서버는 별개의 애플리케이션으로 개발되어 배포된다. 따라서 새로운 구성 서버 프로젝트를 생성해야 한다. 이때 스

25 구성 서버와 함께 사용하는 Git 서버에 따라 약간의 차이점은 있지만, 필자는 가볍고 설정이 쉬운 Git 서버인 Gogs(http://gogs.io)를 사용하며, Docker에서 Gogs를 실행한다. 이에 관한 자세한 내용은 https://github.com/gogits/gogs/tree/master/docker를 참고하도록 한다.

프링 Initializr를 사용하거나 이것의 클라이언트 중 하나(예를 들어, STS의 스프링 스타터 프로젝트 위저드)를 사용하는 것이 가장 쉬운 방법이다.

> **'구성(configuration)' 용어의 과도한 사용**
>
> 스프링 클라우드 구성 서버를 얘기할 때 '구성'이라는 용어가 많이 나타나지만, 이 용어가 항상 같은 것을 의미하는 것은 아니다. 이것은 구성 속성을 나타내지만, 구성 속성에는 스프링 클라우드 구성 서버 자체를 구성하기 위한 것이 있는가 하면, 구성 서버가 우리 애플리케이션에 제공하는 것도 있다. 그리고 스프링 클라우드 구성 서버에도 '구성'이란 용어가 이름에 포함되어 있어서 더 혼란스러울 수 있다. 따라서 '구성'이란 용어를 사용할 때는 어떤 의미의 구성인지 명확하게 하기 위해 최선을 다할 것이다.

우선, 새로운 구성 서버 프로젝트를 생성하자. 1장의 1.2.1에서 했던 것처럼, 각자 작업 영역을 지정하고 새로운 스프링 프로젝트를 생성하기 위해 STS 메뉴의 **File ⇨ New ⇨ Spring Starter Project**를 선택하자. 그리고 새 프로젝트 위저드 대화상자(1장의 그림 1.4 참고)에서 프로젝트 이름에 **config-server**를 입력하고 패키지 이름에는 **tacos**를 입력한다(다른 필드는 각자 원하는 것을 입력). 그다음에 스프링 스타터 프로젝트 의존성 대화상자(1장의 그림 1.5 참고)에서 Spring Cloud Config 항목을 확장한 후 **Config Server**를 선택하고 **Finish**를 클릭하여 프로젝트를 생성한다. 스프링 Initializr가 생성해 준 프로젝트의 pom.xml 파일을 편집기 창에서 열고 뒷부분을 보면 리스트 14.1과 같이 스프링 클라우드 구성 서버 스타터 의존성이 추가되어 있을 것이다.

리스트 14.1 스프링 클라우드 구성 서버 스타터 의존성

```
<dependencies>
  ...
  <dependency>
    <groupId>org.springframework.cloud</groupId>
    <artifactId>spring-cloud-config-server</artifactId>
  </dependency>

</dependencies>
...
```

그리고 그 아래의 `<dependencyManagement>`를 보면 `spring-cloud.version` 의존성이 리스트 14.2와 같이 지정되어 있을 것이다. 스프링 클라우드 구성 서버의 버전은 리스트 14.3의 스프링 클라우드 릴리즈 트레인(12장의 12.1 참고)에 의해 결정된다.

리스트 14.2 **스프링 클라우드 버전 의존성**

```
<dependencyManagement>
  <dependencies>
    <dependency>
      <groupId>org.springframework.cloud</groupId>
      <artifactId>spring-cloud-dependencies</artifactId>
      <version>${spring-cloud.version}</version>
      <type>pom</type>
      <scope>import</scope>
    </dependency>
  </dependencies>
</dependencyManagement>
...
```

또한, 스프링 클라우드 릴리즈 트레인 버전을 나타내는 spring-cloud.version 속성의 값은 다음과 같이 앞쪽의 <properties>에 자동 설정되어 있다.

리스트 14.3 **spring-cloud.version 속성**

```
<properties>
  ...
  <spring-cloud.version>Hoxton.SR3</spring-cloud.version>
</properties>
```

만일 다른 버전의 스프링 클라우드를 사용하고 싶을 때는 〈properties〉에 있는 spring-cloud.version 속성의 값만 원하는 것으로 변경하면 된다.

구성 서버의 스타터 의존성이 지정되었으므로 이제는 구성 서버를 활성화시키면 된다. 애플리케이션이 시작되는 부트스트랩 클래스인 ConfigServerApplication(이 클래스는 src/main/java 아래의 tacos 패키지에 있다)을 편집기 창에서 열고 @EnableConfigServer 애노테이션을 추가하자. 이름이 암시하듯, 이 애노테이션은 애플리케이션이 실행될 때 구성 서버를 활성화하여 자동-구성한다.

리스트 14.4 **ConfigServerApplication 클래스 변경하기**

```
...
import org.springframework.cloud.config.server.EnableConfigServer;
...
@SpringBootApplication
@EnableConfigServer
public class ConfigServerApplication {

  public static void main(String[] args) {
    SpringApplication.run(ConfigServerApplication.class, args);
```

```
    }
}
```

애플리케이션을 실행하고 구성 서버가 작동하는 것을 알아보기 전에 한 가지 더 할 것이 있다. 구성 서버가 처리할 구성 속성들이 있는 곳(구성 리퍼지터리)을 알려주어야 한다. 여기서는 Git 리퍼지터리인 github를 사용할 것이다. 따라서 application.yml 파일의 `spring.cloud.config.server.git.uri` 속성에 github 구성 리퍼지터리의 URL을 설정해야 한다(만일 application.yml 파일이 없으면 다음과 같이 생성한다. 탐색기 창의 /src/main/resources에서 오른쪽 마우스 버튼을 누른 후 New ⇨ File을 선택하면 파일 생성 대화상자가 나타난다. config-server/src/main/resources가 선택된 상태에서 파일 이름에 application.yml을 입력한 후 Finish를 클릭한다). 그리고 리스트 14.5의 속성 설정을 입력하고 저장하자.

리스트 14.5 `spring.cloud.config.server.git.uri` 속성 설정

```
spring:
  cloud:
    config:
      server:
        git:
          uri: https://github.com/habuma/tacocloud-config
```

(여기서 habuma는 tacocloud-config 리퍼지터리가 있는 필자의 GitHub 사용자 id이며, 이것을 그냥 사용해도 되지만 각자 원하는 깃허브 사용자 id에 tacocloud-config 리퍼지터리를 생성해도 된다. Git 리퍼지터리에 구성 속성을 추가하는 방법은 14.2.2에서 설명한다).

하지만 로컬에서 애플리케이션을 개발하는 경우에는 추가로 설정할 속성이 있다. 로컬에서 서비스를 테스트할 때는 다수의 서비스들이 실행되면서 localhost의 서로 다른 포트를 리스닝하게 된다. 그러나 스프링 부트 웹 애플리케이션인 구성 서버는 기본적으로 8080 포트를 리스닝한다. 따라서 다른 서비스와의 포트 충돌을 방지하기 위해 `server.port` 속성의 포트 번호를 고유한 값으로 설정해야 한다. 다음의 속성 설정을 application.yml 파일의 맨 앞에 추가하자.

```
server:
  port: 8888
```

여기서는 `server.port`를 8888로 설정하였다. 14.3에서 알게 되겠지만, 구성 서버의 클라이언트가 구성 서버로부터 구성 데이터를 가져올 때 사용하는 기본 포트 번호가 8888이기 때문이다. 이 번호는 우리가 원하는 것으로 지정해도 된다. 단, 구성 서버의 클라이언트 서비스에서도 같은 번호를 사용해야 한다.

조금 전까지 설정한 두 개의 속성은 구성 서버 자체의 구성에 필요한 속성이다. 구성 서버가 클라이언트에 제공하는 구성 속성은 Git이나 Vault의 리퍼지터리(여기서는 https://github.com/habuma/tacocloud-config)에서 가져온다는 것을 알아 두자.

이 시점에서 애플리케이션을 시작하면(STS의 경우 스프링 부트 대시보드의 프로젝트 목록에서 **config-server**가 선택된 상태에서 **시작(start)** 버튼(제일 왼쪽에 있는)을 클릭하면), 구성 서버가 실행되면서 8888 포트를 리스닝할 것이다. 그러나 각자 원하는 깃허브 사용자 id에 tacocloud-config 리퍼지터리를 생성했다면 아직 저장된 구성 속성이 없으므로 구성 서버는 아무 구성 속성도 제공하지 않을 것이다(https://github.com/habuma/tacocloud-config에는 필자가 미리 저장한 구성 속성이 있다).

지금은 구성 서버의 클라이언트가 작성되지 않았다. 그러나 다음과 같이 명령행에서 curl 명령을 사용하여 구성 서버의 클라이언트인 것처럼 실행해 볼 수 있다(curl은 사용 중인 운영체제와 무관하게 6장의 그림 6.17처럼 STS의 터미널 창에서 실행할 수 있다).

```
$ curl localhost:8888/application/default
```

또는 모든 운영체제의 웹 브라우저에서 http://localhost:8888/application/default/master에 접속하면 리스트 14.6의 결과가 응답할 것이다.

리스트 14.6 **구성 서버가 응답한 github.com/habuma/tacocloud-config의 구성 속성**

```
{
  "name":"application",
  "profiles":["default"],
  "label":"master",
  "version":"551620858a658c9f2696c7f543f1d7effbadaef4",
  "state":null,
  "propertySources":[
      {"name":"https://github.com/habuma/tacocloud-config/application.yml",
       "source":{"server.port":0,
       "eureka.client.service-url.defaultZone":"http://localhost:8761/eureka/",

       "spring.data.mongodb.password":"93912a660a7f3c04e811b5df9a3cf6e1
f63850cdcd4aa092cf5a3f7e1662fab7"}
       }
   ]
}
```

여기서는 구성 서버의 /application/default 경로에 대한 HTTP GET 요청을 수행한다. 그림 14.2에 있듯이, 이 경로는 세 부분으로 구성된다.

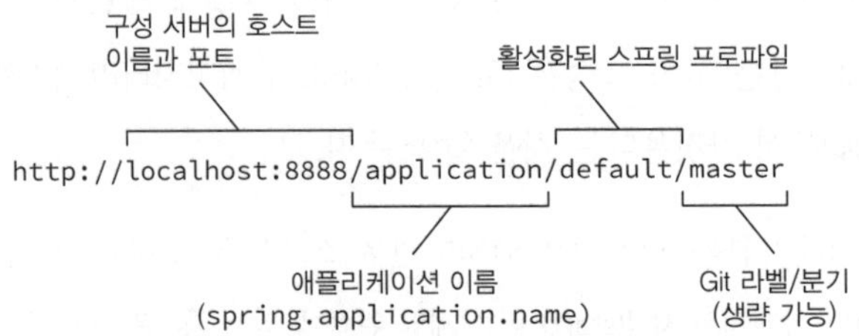

그림 14.2 구성 서버는 REST API를 통해서 구성 속성을 제공한다

경로의 첫 번째 부분인 'application'은 구성 서버에 요청하는 애플리케이션의 이름이다. 이 애플리케이션에 특정한 구성을 제공하기 위해 구성 서버가 애플리케이션 이름을 사용하는 방법은 14.4.1에서 알게 될 것이다.

요청 경로의 두 번째 부분은 요청하는 애플리케이션에 활성화된 스프링 프로파일의 이름이다. 활성화된 프로파일에 특정한 구성을 제공하기 위해 구성 서버가 요청 경로의 프로파일 이름을 사용하는 방법은 14.2.2에서 알아볼 것이다.

요청 경로의 세 번째 부분은 생략 가능하며, 구성 속성을 가져올 백엔드 Git 리퍼지터리의 라벨label이나 분기branch를 지정한다. 만일 지정하지 않으면 'master' 분기가 기본값이 된다.

요청 응답에는 구성 서버가 제공하는 것에 관한 몇 가지 기본 정보가 포함된다. 예를 들어, 구성 서버가 구성 정보를 가져오는 Git 커밋commit의 버전과 라벨 등이다. 그리고 구성 속성들은 propertySources 속성에 포함된다. 여기서는 github.com/habuma/tacocloud-config에 필자가 미리 추가했던 'name'과 'source' 등의 몇 가지 구성 속성이 포함되어 있다. 그러나 다른 Git 리퍼지터리를 사용할 때는 각자 추가해야 한다. 지금부터는 구성 서버가 가져올 구성 속성을 Git 리퍼지터리에 추가하는 방법을 알아보자.

14.2.2 Git 리퍼지터리에 구성 속성 저장하기

구성 서버가 가져올 속성을 준비하는 방법은 여러 가지가 있다. 가장 기본적이고 쉬운 방법은 Git 리퍼지터리의 루트 경로로 application.properties나 application.yml 파일을 커밋하는 것이다.

앞에서는 구성 서버를 통해 클라이언트가 가져올 속성을 저장하기 위해 GitHub를 Git 리퍼지터리로 사용하였다. 그러나 여기서는 localhost의 gogs(그림 14.1 앞의 설명 참고)를 Git 리퍼지터리로 사용한다고 가정한다. gogs의 포트 번호는 10080이며, 구성 속성은 localhost:10080/tacocloud/tacocloud-config에 저장(push)한다고 하자(gogs의 설치와 사용법은 여기서 설명하지 않는다).

gogs에 저장할 구성 속성을 리스트 14.7과 같이 application.yml에 설정했다고 가정하자(리스트 14.5의 application.yml에 설정된 것은 구성 서버 자체의 속성이며, 구성 서버가 클라이언트에 제공하는 구성 속성이 아니다).

리스트 14.7 application.yml에 설정된 구성 속성

```
server:
  port: 0

eureka:
  client:
    service-url:
      defaultZone: http://eureka1:8761/eureka/
```

여기에 설정된 구성 속성은 몇 개 없지만 중요하다. 우선, 포트 번호를 0으로 설정하였다. 따라서 이 구성 속성을 사용하는 애플리케이션(구성 서버의 클라이언트)의 모든 서비스는 무작위로 선택된 포트를 사용하며, 유레카Eureka의 클라이언트로 등록할 수 있다. 그러므로 14.3에서 구성 서버의 클라이언트로 서비스를 적용할 때 이 서비스의 유레카 구성을 삭제할 수 있다(또는 하지 않아도 된다).

리스트 14.7의 application.yml을 Git 리퍼지터리(localhost:10080/tacocloud/tacocloud-config)에 저장한 후 다음과 같이 curl 명령을 사용해서(또는 웹 브라우저에서 http://localhost:8888/someapp/someconfig에 접속) 구성 서버의 클라이언트로 실행한다면 구성 서버로부터 리스트 14.8의 응답을 받을 것이다.

```
$ curl localhost:8888/someapp/someconfig
```

리스트 14.8 구성 서버의 응답 결과

```
{
  "name": "someapp",
  "profiles": [
    "someconfig"
  ],
  "label": null,
  "version": "95df0cbc3bca106199bd804b27a1de7c3ef5c35e",
  "state": null,
  "propertySources": [
```

```
    {
      "name": "http://localhost:10080/tacocloud/tacocloud-config/application.yml",
      "source": {
        "server.port": 0,
        "eureka.client.service-url.defaultZone": "http://eureka1:8761/eureka/"
      }
    }
  ]
}
```

리스트 14.8을 보면 알 수 있듯이, `propertySources` 속성의 배열에는 두 개의 원천 속성이 포함된다. `name` 속성은 localhost의 Git 리퍼지터리를 참조하는 uri 값을 가지며, `source` 속성은 해당 Git 리퍼지터리에 저장했던 리스트 14.7의 구성 속성을 포함한다.

Git 하위 경로로 구성 속성 저장하기

필요하다면 Git 리퍼지터리의 루트 경로 대신 하위 경로subpath에 구성 속성을 저장할 수도 있다. 예를 들어, 앞의 Git 리퍼지터리의 'config'라는 서브 디렉터리에 구성 속성을 저장한다고 가정해 보자. 이때는 구성 서버 자체의 속성(리스트 14.5의 application.yml)으로 `spring.cloud.config.server.git.search-paths`를 추가하면 된다.

리스트 14.9 구성 속성이 저장된 Git 리퍼지터리의 하위 경로 설정

```
spring:
  cloud:
    config:
      server:
        git:
          uri: http://localhost:10080/tacocloud/tacocloud-config
          search-paths: config
```

`spring.cloud.config.server.git.search-paths` 속성은 복수형이다. 즉, 구성 서버가 가져오는 구성 속성을 여러 하위 경로에 저장할 수 있다는 의미다. 그리고 이때는 다음과 같이 쉼표(,)를 사용해서 각 경로를 구분한다.

```
spring:
  cloud:
    config:
      server:
        git:
          uri: http://localhost:10080/tacocloud/tacocloud-config
          search-paths: config, moreConfig
```

이 경우 구성 서버는 Git 리퍼지터리의 /config와 /moreConfig 경로 모두에서 구성 속성을 가져온다.

또한, 와일드카드 문자인 *를 사용하여 경로를 지정할 수도 있다.

```
spring:
  cloud:
    config:
      server:
        git:
          uri: http://localhost:10080/tacocloud/tacocloud-config
          search-paths: config,more*
```

이 경우 구성 서버는 Git 리퍼지터리의 /config는 물론이고 이름이 'more'로 시작하는 서브 디렉터리 모두에서 구성 속성을 가져온다.

Git 리퍼지터리의 분기나 라벨에 구성 속성 저장하고 제공하기

기본적으로 구성 서버는 Git 리퍼지터리의 master 분기에서 구성 속성을 가져온다. 그리고 그림 14.2에서 보았듯이, 클라이언트에서는 구성 서버에 대한 요청 경로의 세 번째 부분에 Git 리퍼지터리의 분기나 라벨을 지정할 수 있다. 이때 master 분기 대신 특정 라벨이나 분기를 구성 서버 자체의 속성으로 지정하면 유용하다.

이때 `spring.cloud.config.server.git.default-label` 속성을 지정하면 기본 라벨이나 분기가 변경된다.

예를 들어, 'sidework'라는 이름의 분기(또는 라벨)에 저장된 구성 속성을 구성 서버가 가져올 때는 다음과 같이 지정한다.

```
spring:
  cloud:
    config:
      server:
        git:
          uri: http://localhost:10080/tacocloud/tacocloud-config
          default-label: sidework
```

이 경우 구성 서버 클라이언트에서 특정 분기나 라벨을 지정하지 않고 구성 서버에 요청하면 'sidework' 분기의 구성 속성을 구성 서버가 가져온다.

Git 백엔드를 사용한 인증

구성 서버가 읽는 백엔드 Git 리퍼지터리는 사용자 이름과 비밀번호로 인증될 수 있다. 이때는 구성 서버 자체의 속성으로 Git 리퍼지터리의 사용자 이름과 비밀번호를 설정해야 한다.

Git 리퍼지터리의 사용자 이름은 spring.cloud.config.server.git.username 속성으로 설정하며, 비밀번호는 spring.cloud.config.server.git.password 속성으로 설정한다. 예를 들면, 다음과 같다.

```
spring:
  cloud:
    config:
      server:
        git:
          uri: http://localhost:10080/tacocloud/tacocloud-config
          username: tacocloud
          password: s3cr3tP455w0rd
```

여기서는 사용자 이름을 tacocloud로, 비밀번호는 s3cr3tP455w0rd로 설정했다.

구성 서버가 어떻게 동작하는지 알아볼 때 curl 명령을 구성 서버 클라이언트로 사용하면 유용하다. 그러나 우리가 작성하는 마이크로서비스에서는 구성 데이터(속성)를 가져오기 위해 curl을 사용하지는 않을 것이다. 지금부터는 구성 서버 클라이언트로 마이크로서비스를 활성화하는 방법을 알아본다.

14.3 공유되는 구성 데이터 사용하기

중앙 집중식 구성 서버를 제공하는 것에 추가하여, 스프링 클라우드 구성 서버는 클라이언트 라이브러리도 제공한다. 이 라이브러리가 스프링 부트 애플리케이션의 빌드에 포함되면 애플리케이션이 구성 서버의 클라이언트가 될 수 있다.

이때 다음 의존성을 프로젝트의 메이븐 빌드에 추가하면 된다.

```
<dependency>
  <groupId>org.springframework.cloud</groupId>
  <artifactId>spring-cloud-starter-config</artifactId>
</dependency>
```

이 의존성은 스프링 Initializr 화면에서 의존성을 지정할 때 Spring Cloud Config 항목을 확장한 후 **Config Client 체크박스**를 선택해도 빌드에 추가된다.

이처럼 의존성을 추가한 후 애플리케이션을 실행하면 자동-구성이 실행되어 구성 서버로부터 속성들을 가져오는 속성 소스property source(이름과 값이 한 쌍으로 된 속성들을 관리하는 메커니즘)를 등록한다. 기본적으로 자동-구성은 구성 서버가 localhost의 8888 포트에서 실행 중인 것으로 간주한다. 그러나 `spring.cloud.config.uri` 속성을 설정하면 구성 서버의 위치를 알려줄 수 있다.

```
spring:
  cloud:
    config:
      uri: http://config.tacocloud.com:8888
```

이 속성은 구성 서버의 클라이언트가 되는 애플리케이션 자체(예를 들어, 각 마이크로서비스에 패키징되어 배포되는 application.yml이나 application.properties 파일)에 설정되어야 한다.

그러나 중앙 집중식 구성 서버가 있을 때는 대부분의 모든 구성이 이 서버에서 제공된다. 따라서 각 마이크로서비스가 자신의 구성을 가질 필요가 없으며, 구성 서버의 위치를 지정하는 `spring.cloud.config.uri`와 구성 서버에 애플리케이션을 알려주는 `spring.application.name` 속성만 각 마이크로서비스에 설정하면 된다.

구성 서버와 서비스 레지스트리 중 어느 것을 먼저 찾아야 할까?

대개는 구성 서버로부터 유레카 서비스 레지스트리를 알아내도록 마이크로서비스를 설정할 것이다. 이것은 애플리케이션의 모든 마이크로서비스에서 서비스 레지스트리의 명세를 갖지 않게 하는 통상적인 방법이다.

또 다른 방법으로는 구성 서버를 유레카에 등록한 후 각 마이크로서비스가 구성 서버를 찾게 할 수도 있다. 만일 이 방법을 선호한다면, 구성 서버를 유레카 클라이언트로 구성하고 `spring.cloud.config.discovery.enabled` 속성을 `true`로 설정해야 한다. 이렇게 하면 구성 서버는 'configserver'라는 이름으로 자신을 유레카에 등록할 것이다.

이 방법의 단점은 각 마이크로서비스가 시작될 때 두 번의 호출을 해야 한다는 것이다. 즉, 구성 서버를 발견하기 위해 유레카에 호출하고, 그다음에 구성 데이터를 가져오기 위해 구성 서버에 호출해야 한다.

애플리케이션이 시작되면 구성 서버 클라이언트가 제공하는 속성 소스가 구성 서버에 속성 값을 요청한 후 받으면 애플리케이션의 환경에서 이 속성들을 사용할 수 있다. 게다가 이 속성들은 효과적으로 캐싱되므로 구성 서버의 실행이 중단되더라도 사용할 수 있다(속성이 변경될 때 리프레시하는 방법은 14.6에서 알아본다).

지금까지는 구성 서버가 제공하는 구성 데이터가 간단하면서 모든 애플리케이션이나 프로파일을 대상으로 하였다. 그러나 때로는 특정 애플리케이션에 고유한 구성을 하거나, 특정 활성 프로파일active profile을 갖는 애플리케이션이 실행 중일 때만 사용할 수 있는 구성을 해야 한다. 지금부터는 구성 서버를 사용해서 이렇게 할 수 있는 방법을 알아본다.

14.4 애플리케이션이나 프로파일에 특정된 속성 제공하기

이미 얘기했듯이, 구성 서버 클라이언트가 시작될 때는 애플리케이션의 이름과 활성 프로파일 모두를 포함하는 요청 경로를 사용해서 구성 서버에 속성을 요청한다(그림 14.2 참고). 그리고 구성 서버가 구성 속성을 제공할 때는 클라이언트가 요청한 값을 고려해서 애플리케이션과 프로파일에 특정된 구성 속성을 해당 클라이언트에 반환한다.

애플리케이션의 이름은 `spring.application.name` 속성을 설정하여 지정한다(유레카에서 애플리케이션을 식별하기 위해 사용하는 것과 동일함). 그리고 활성 프로파일은 `spring.profiles.active` 속성을 설정하여(환경 변수의 경우는 `SPRING_PROFILES_ACTIVE`) 지정할 수 있다(이처럼 애플리케이션과 프로파일에 특정된 구성 속성을 사용할 때 클라이언트 관점에서는 동일한 속성을 사용하므로 구성 서버를 사용하지 않았을 때와 크게 다르지 않다).

이런 속성 설정 외에 구성 서버 자체에 할 것은 별로 없다. 그러나 이런 속성들을 어떻게 Git 백엔드 리퍼지터리에 저장하는지가 중요하다.

14.4.1 애플리케이션에 특정된 속성 제공하기

이미 얘기했듯이, 한 애플리케이션의 모든 마이크로서비스들이 공통 구성 속성을 공유할 수 있다는 것이 구성 서버 사용의 장점 중 하나다. 그렇지만 하나의 마이크로서비스에만 공유하면서 모든 마이크로서비스가 공유할 필요 없는(또는 공유하면 안 되는) 속성들이 있을 때가 있다.

공유하는 구성과 더불어 구성 서버는 특정 애플리케이션을 대상으로 하는 구성 속성을 관리할 수 있다. 이 경우 해당 애플리케이션의 `spring.application.name` 속성 값과 동일하게 구성 파일의 이름을 지정하는 것이 좋은 방법이며, 구체적으로 어떻게 하는지 알아보자.

13장에서는 `spring.application.name` 속성을 사용해서 유레카에 등록하는 마이크로서비스의 이름을 지정하였다. 구성 서버에서 구성 클라이언트를 식별할 때도 같은 속성이 사용된다. 구성 서버가 해당 애플리케이션에 특정된 구성 데이터를 제공할 수 있게 하기 위함이다.

예를 들어, 4개의 마이크로서비스(ingredient-service, order-service, tacoservice, user-service)로 분할했던 타코 클라우드 애플리케이션에서는 이 서비스 이름을 각 서비스 애플리케이션의 `spring.application.name` 속성에 지정할 수 있다. 그 다음에 구성 서버의 Git 백엔드에 ingredient-service.yml, order-service.yml, taco-service.yml, user-service.yml이라는 이름의 YAML 구성 파일들을 생성하면 된다. 그림 14.3에는 Gogs 웹 애플리케이션(14.2.2 참고)에서 보여주는 구성 리퍼지터리의 파일들이 나타나 있다.

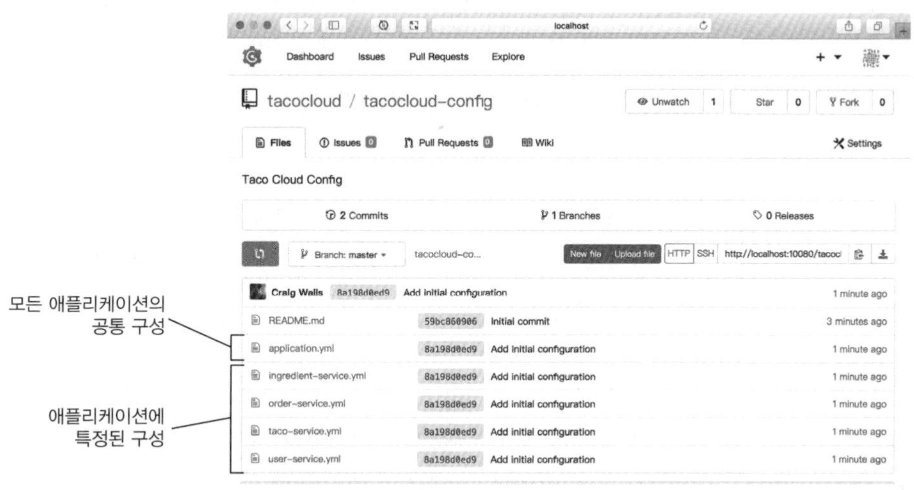

그림 14.3 애플리케이션에 특정한 구성 파일은 각 애플리케이션의 `spring.application.name` 속성의 값과 동일한 이름을 갖는다

애플리케이션 이름과 상관없이 모든 애플리케이션은 application.yml 파일의 구성 속성을 받는다. 그러나 각 서비스 애플리케이션의 `spring.application.name` 속성이 구성 서버에 요청할 때 전송된다(요청 경로의 첫 번째 부분으로). 그리고 이 속성 값과 일치하는 이름의 구성 파일이 있으면 이 파일에 저장된 속성들이 반환된다. 만일 application.yml의 공통 속성과 애플리케이션에 특정한 구성 파일의 속성이 중복될 때는 애플리케이션에 특정된 속성들이 우선한다.

14.4.2 프로파일로부터 속성 제공하기

구성 속성을 작성할 때 스프링 프로파일을 이용하는 방법과 지정된 프로파일이 활성화될 때만 특정 속성들이 적용될 수 있도록 하는 두 가지 방법을 5장에서 알아보았다. 스프링 클라우드 구성 서버는 각 스프링 부트 애플리케이션에 사용했던 것과 똑같은 방법으로 프로파일에 특정된 속성들을 지원한다. 그 내역은 다음과 같다.

- 프로파일에 특정된 .properties 파일이나 YAML 파일들을 제공한다. 예를 들면, application-production.yml이라는 이름의 구성 파일이 해당된다.
- 하나의 YAML 파일 내부에 여러 개의 프로파일 구성 그룹을 포함한다. 이 경우 3개의 하이픈(---)을 추가하고 그다음에 해당 프로파일의 이름을 나타내는 `spring.profiles` 속성을 지정한다.

예를 들어, 구성 서버를 통해서 애플리케이션의 모든 마이크로서비스들이 공유하는 유레카 구성을 생각해 보자. 이 경우 개발 환경에서는 하나의 유레카 개발 인스턴스만 참조해도 충분하다. 그러나 마이크로서비스들이 프로덕션에서 실행된다면 다수의 유레카 노드를 참조하도록 구성해야 할 것이다.

또한, 개발 환경의 구성에서는 `server.port` 속성을 0으로 설정했지만, 서비스들이 프로덕션으로 이양되면 8080 포트를 외부 포트로 전환하여 연결하는 별개의 컨테이너에서 각 서비스를 실행해야 한다. 모든 애플리케이션이 8080 포트를 리스닝하기 때문이다.

이때 프로파일을 사용하면 이런 구성을 선언할 수 있다. 즉, 구성 서버의 Git 백엔드에 저장했던 기본 application.yml 파일에 추가하여 application-production.yml이라는 이름의 또 다른 YAML 파일을 저장하면 된다. 이 파일의 예를 들면 다음과 같다.

```
server:
  port: 8080
eureka:
  client:
    service-url:
      defaultZone: http://eureka1:8761/eureka/,http://eureka2:8761/eureka/
```

그림 14.4에서는 백엔드 Git 리퍼지터리에 저장된 구성 파일들을 보여준다. 이 경우 애플리케이션이 구성 서버로부터 구성을 가져올 때 활성 프로파일을 `production`으로 알려주면(요청 경로의 두 번째 부분으로) application.yml과 application-production.yml 모두가 반환된다. 이때 application.yml의 공통 속성과 application-production.yml의 속성이 중복된 것이 있을

때는 application-production.yml의 속성들이 우선시된다.

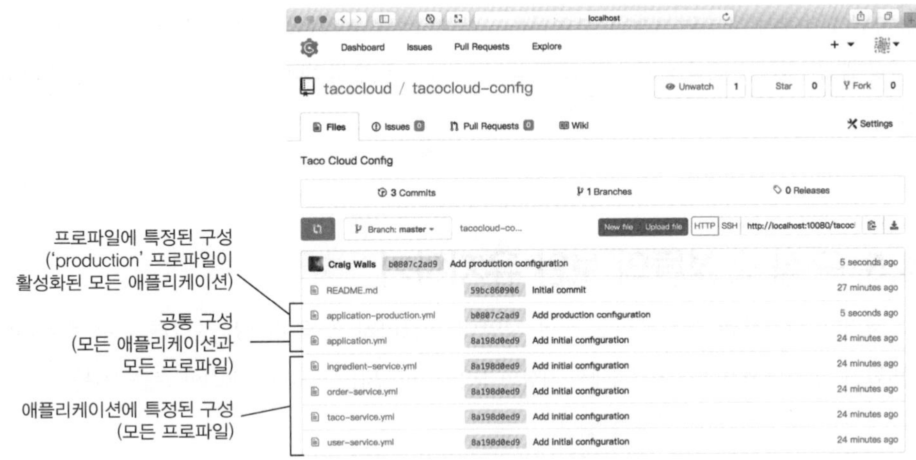

그림 14.4 **프로파일에 특정된 구성 파일의 이름은 활성 프로파일의 이름과 동일한 접미사를 갖는다**

또한, 같은 명명 규칙을 사용해서 프로파일과 애플리케이션 모두에 특정된 속성들을 지정할 수도 있다. 이때는 애플리케이션 이름과 하이픈(-) 및 프로파일 이름의 순서로 구성 파일의 이름을 지정하면 된다.

예를 들어, `production` 프로파일이 활성화될 때만 적용할 수 있는 ingredient-service라는 애플리케이션의 속성들을 설정해야 한다고 하자. 이 경우 구성 파일의 이름을 ingredient-service-production.yml로 주면 ingredient-service 애플리케이션과 `production` 프로파일 모두에 특정한 속성들을 포함할 수 있다(그림 14.5).

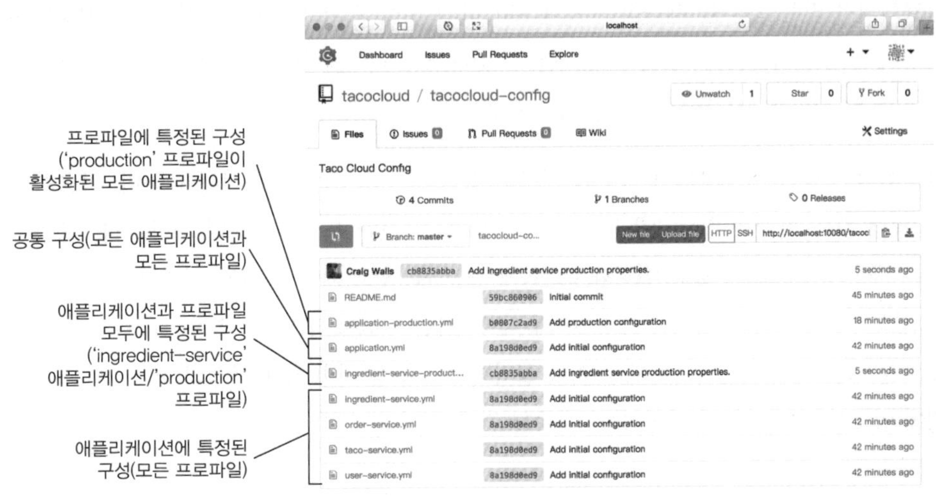

그림 14.5 **구성 파일이 애플리케이션과 프로파일 모두에 특정한 것이 될 수도 있다**

또한, 프로파일에 특정된 속성들의 동일한 명명 규칙을 사용해서 백엔드 Git 리퍼지터리에 있는 YAML 파일 대신 속성 파일(.properties)들을 사용할 수도 있다. 그러나 YAML 파일을 사용하면 5장에서 배웠던 3개의 하이픈(---)과 `spring.profiles`(프로파일의 이름을 나타냄)를 사용해서 기본 프로파일 속성들과 동일한 파일에 프로파일에 특정된 속성들을 포함할 수 있다.

14.5 구성 속성들의 보안 유지하기

구성 서버가 제공하는 대부분의 구성은 보안이 필요하지 않을 수 있다. 그러나 구성 서버에서 민감한 정보(백엔드 리퍼지터리에서 최상의 보안이 유지되는 비밀번호나 보안 토큰 등)를 포함하는 속성들을 제공해야 할 경우가 있다.

보안 구성 속성을 사용할 때 구성 서버는 다음 두 가지 옵션을 제공한다.

- Git 백엔드 리퍼지터리에 저장된 구성 파일에 암호화된 값 쓰기
- Git 백엔드 리퍼지터리에 추가(또는 대신)하여 구성 서버의 백엔드 저장소로 해시코프의 Vault 사용하기

구성 속성의 보안을 유지하기 위해 구성 서버로 이 옵션들을 어떻게 사용할 수 있는지 알아보자. 우선, 암호화된 속성들을 Git 백엔드에 쓰는 것부터 시작하기로 하자.

14.5.1 Git 백엔드의 속성들 암호화하기

암호화되지 않은 값들을 제공하는 것에 추가하여 구성 서버는 Git 리퍼지터리에 저장된 구성 파일에 쓰는 암호화된 값들도 제공할 수 있다. Git 리퍼지터리에 저장되는 암호화된 데이터를 사용하는 핵심은 **암호화 키**encryption key다.

암호화된 속성을 사용하려면 암호화 키를 사용해서 구성 서버를 구성해야 하며, 암호화 키는 속성 값을 클라이언트 애플리케이션에 제공하기 전에 복호화하는데 사용된다. 구성 서버는 대칭 키symmetric key(암호화와 복호화에 사용하는 암호 키가 같음)와 비대칭 키asymmetric key(암호화와 복호화에 사용하는 키가 다르며, 암호화에는 `public` 키를, 복호화에는 `private` 키를 사용함)를 모두 지원한다. 우선, 대칭 키를 설정하려면 구성 서버 자체 구성의 `encrypt.key` 속성에 암호화 키와 복호화 키와 같이 사용할 값을 설정하면 된다.

```
encrypt:
  key: s3cr3t
```

이 속성은 부트스트랩 구성(예를 들어, bootstrap.properties나 bootstrap.yml)에 설정되어야 한다. 그래야만 자동-구성이 구성 서버를 활성화시키기 전에 로드되어 사용할 수 있기 때문이다.

더 강력한 보안을 위해서는 구성 서버가 한 쌍의 비대칭 RSA 키나 키스토어keystore의 참조를 사용하도록 구성할 수 있다. 이때는 다음과 같이 keytool 명령행 도구를 사용하여 키를 생성할 수 있다.

```
keytool -genkeypair -alias tacokey -keyalg RSA \
-dname "CN=Web Server,OU=Unit,O=Organization,L=City,S=State,C=US" \
-keypass s3cr3t -keystore keystore.jks -storepass l3tm31n
```

결과로 생성되는 키스토어는 keystore.jks라는 이름의 파일로 저장되며, 파일 시스템의 키스토어 파일로 유지하거나 애플리케이션 자체에 둘 수 있다. 그리고 둘 중 어떤 경우든 해당 키스토어의 위치와 인증 정보를 구성 서버의 bootstrap.yml 파일에 구성해야 한다.[26]

예를 들어, 키스토어를 애플리케이션 자체(classpath의 루트)에 둔다고 하면 그다음에 구성 서버가 다음 속성들을 사용해서 해당 키스토어를 사용하도록 구성할 수 있다.

```
encrypt:
  key-store:
    alias: tacokey
    location: classpath:/keystore.jks
    password: l3tm31n
    secret: s3cr3t
```

이처럼 키나 키스토어가 준비된 후에는 데이터를 암호화해야 한다. 구성 서버는 /encrypt 엔드포인트를 제공한다. 따라서 암호화될 데이터를 갖는 POST 요청을 /encrypt 엔드포인트에 하면 된다. 예를 들어, 몽고DB 데이터베이스의 비밀번호를 암호화하고 싶다고 하자. curl을 사용할 때는 다음과 같이 해당 비밀번호를 암호화할 수 있다(진한 글씨로 표시된 줄).

```
$ curl localhost:8888/encrypt -d "s3cr3tP455w0rd"
93912a660a7f3c04e811b5df9a3cf6e1f63850cdcd4aa092cf5a3f7e1662fab7
```

26 구성 서버에서 암호화를 사용하려면 Java Cryptography Extensions Unlimited Strength Policy 파일을 설치해야 한다. 자세한 내용은 오라클의 자바 SE 웹 페이지(http://www.oracle.com/technetwork/java/javase/downloads/index.html)를 참고하도록 하자.

POST 요청이 제출된 후에는 암호화된 값을 응답으로 받는다(음영으로 표시된 줄). 그다음에 이 값을 복사하여 Git 리퍼지터리에 저장된 구성 파일에 붙여넣기하면 된다.

몽고DB의 비밀번호를 설정할 때는 Git 리퍼지터리에 저장된 application.yml 파일에 spring.data.mongodb.password 속성을 추가한다.

```
spring:
  data:
    mongodb:
      password: '{cipher}93912a660a7f3c04e811b5df9a3cf6e1f63850...'
```

spring.data.mongodb.password에 지정된 값이 작은 따옴표(')로 둘러싸여 있고 맨 앞에 {cipher}가 붙어 있다는 것에 유의하자. 이것은 해당 값이 암호화된 값이라는 것을 구성 서버에 알려주는 것이다.

이렇게 변경된 application.yml 파일을 Git 리퍼지터리에 커밋하고 푸시push, 쓰기하면 암호화된 속성들을 구성 서버가 제공할 준비가 된 것이다. 구성 서버의 클라이언트로 curl을 사용해서 실제로 잘 되는지 확인해 보자.

```
$ curl localhost:8888/application/default | jq
{
  "name": "app",
  "profiles": [
    "prof"
  ],
  "label": null,
  "version": "464adfd43485182e4e0af08c2aaaa64d2f78c4cf",
  "state": null,
  "propertySources": [
    {
      "name": "http://localhost:10080/tacocloud/tacocloudconfig/application.yml",
      "source": {
        "spring.data.mongodb.password": "s3cr3tP455w0rd"
      }
    }
  ]
}
```

이 결과를 보면 알 수 있듯이, 구성 서버는 spring.data.mongodb.password 속성의 값을 복호화된 형태로 제공한다. 기본적으로 구성 서버가 제공하는 암호화된 값은 백엔드 Git 리퍼지터리에 저장되어 있을 때만 암호화되어 있으며, 구성 서버에 의해 복호화된 후에 제공된다. 따라서 해당 구성을 사용하는 클라이언트 애플리케이션은 Git 리퍼지터리의 암호화된 속성들을 받기 위해 어떤 특별한 코드나 구성도 가질 필요 없다.

만일 구성 서버가 암호화된 속성의 값을 있는 그대로(복호화하지 않고) 제공하기 원한다면 `spring.cloud.config.server.encrypt.enabled` 속성을 `false`로 설정하면 된다.

```
spring:
  cloud:
    config:
      server:
        git:
          uri: http://localhost:10080/tacocloud/tacocloud-config
        encrypt:
          enabled: false
```

이 경우 구성 서버는 암호화된 속성 값을 비롯해서 모든 속성 값을 Git 리퍼지터리에 설정된 그대로 제공한다. 정말 그러한지 다시 한번 구성 서버의 클라이언트로 curl 명령을 실행해 보자.

```
$ curl localhost:8888/application/default | jq
{
  ...
  "propertySources": [
    {
      "name": "http://localhost:10080/tacocloud/tacocloudconfig/application.yml",
      "source": {
        "spring.data.mongodb.password": "{cipher}AQA4JeVhf2cRXW..."
      }
    }
  ]
}
```

당연한 얘기지만, 이때는 클라이언트에서 암호화된 속성 값을 받으므로 클라이언트가 복호화를 해야 한다.

지금까지 보았듯이, 암호화된 속성 값을 구성 서버가 제공하도록 Git 리퍼지터리에 저장할 수 있다. 그러나 암호화는 Git 리퍼지터리의 본래 기능이 아니므로 데이터를 암호화해서 저장하려면 별도의 노력이 필요하다. 게다가 보안이 필요한 속성은 누가 요청하든 구성 서버 API를 통해서 복호화되어 제공된다.

지금부터는 보안이 필요한 속성을 인가된 사람에게만 볼 수 있게 해당 속성을 제공하는 또 다른 구성 서버 백엔드를 알아본다.

14.5.2 Vault에 보안 속성 저장하기

해시코프의 Vault는 보안 관리 도구다. 이것은 Git 서버와 다르게 Vault가 보안 정보를 자체적으로 처리한다는 의미다. 따라서 보안에 민감한 구성 데이터의 경우에 구성 서버의 백엔드로 Vault가 훨씬 더 매력적인 선택이 된다.

Vault를 시작하기 위해 Vault 웹사이트(https://www.vaultproject.io/intro/getting-started/index.html)의 지침대로 `vault` 명령행 도구를 다운로드하고 설치하자. 여기서는 `vault` 명령을 사용해서 Vault 서버를 시작하고 보안 속성을 관리할 것이다.

Vault 서버 시작시키기

구성 서버로 보안 속성을 저장하고 제공하기에 앞서 우선 Vault 서버를 시작시켜야 한다. 여기서는 다음과 같이 개발 모드로 시작시킨다.

```
$ vault server -dev -dev-root-token-id=roottoken
$ export VAULT_ADDR='http://127.0.0.1:8200'
$ vault status
```

첫 번째 명령은 Vault 서버를 개발 모드로 시작시키며, 이것의 루트 토큰root token ID는 `roottoken`이다. 이름이 암시하듯, 개발 모드는 더 간단하지만, 아직 보안이 되지 않는 Vault 런타임이다. 따라서 프로덕션 설정에서 사용하면 안 된다. 그러나 개발 시에 Vault를 사용할 때는 매우 편리하다.[27]

Vault 서버를 사용하려면 토큰을 제공해야 한다. 특히 루트 토큰은 관리용 토큰이며, 더 많은 토큰을 생성할 수 있게 한다. 또한, 루트 토큰은 보안 정보를 읽거나 쓰는 데도 사용할 수 있다. 만일 개발 모드로 Vault 서버를 시작시킬 때 루트 토큰을 지정하지 않으면 Vault가 자동으로 하나를 생성하고 로그에 기록한다. 그러나 사용하기 쉽게 `roottoken`과 같이 기억하기 쉬운 값으로 루트 토큰을 설정하는 것이 좋다.

일단 개발 모드 서버가 시작되면 앞에서 지정한 대로 로컬 컴퓨터의 8200 포트를 리스닝한

27 Vault 서버는 모든 기능을 갖는 강력한 보안 관리 서버다. 여기서는 Vault 서버의 실행에 관한 모든 내용을 다루지 않고 개발 모드에서의 간단한 사용법만 알려줄 것이다. 프로덕션 설정에서 Vault 서버를 사용하는 데 필요한 더 자세한 내용은 https://www.vaultproject.io/docs/index.html의 문서를 읽어볼 것을 권한다.

다. 여기서 한 가지 중요한 것이 있다. vault 명령에서 Vault 서버의 위치를 알 수 있도록 VAULT_ADDR 환경 변수를 설정해야 한다(앞 코드의 두 번째 줄 참고).

마지막으로 vault status 명령에서는 이전의 두 명령이 제대로 수행되어 Vault 서버가 실행 중인지 검사한다. 이 명령이 실행되면 Vault 서버의 구성을 나타내는 속성들의 내역을 받을 것이다. 여기에는 sealed(데이터가 암호화되어 봉인된) 상태인지를 나타내는 속성이 포함된다(개발 모드에서는 sealed 상태가 되지 않는다).

Vault 0.10.0 이상 버전에는 구성 서버와 연계되도록 Vault를 사전 준비시키기 위해 수행해야 할 명령들이 있다(이중 일부는 구성 서버와 호환되지 않는다). 다음의 두 명령은 구성 서버와 호환되는 secret이라는 이름의 Vault 백엔드를 다시 생성한다.

```
$ vault secrets disable secret
$ vault secrets enable -path=secret kv
```

구버전의 Vault를 사용할 때는 이렇게 할 필요 없다.

보안 데이터를 VAULT에 쓰기

vault 명령은 보안 데이터를 Vault 서버에 쓰기 쉽게 해준다. 예를 들어, spring.data.mongodb.password 속성으로 몽고DB의 비밀번호를 Vault 서버에 저장하고 싶다고 하자. 이때는 다음과 같이 vault 명령을 사용하면 된다.

```
$ vault write secret/application spring.data.mongodb.password=s3cr3t
```

그림 14.6에서는 Vault 서버에 보안 데이터를 쓸 때 사용하는 vault write 명령의 각 부분을 상세히 보여준다.

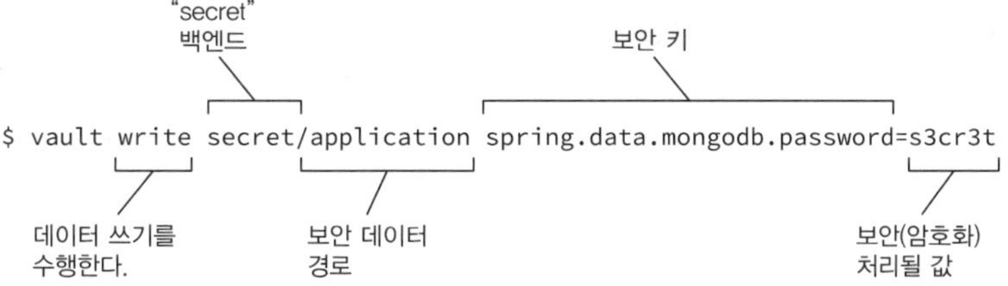

그림 14.6 vault 명령으로 보안 데이터를 Vault 서버에 쓰기

지금 여기서 가장 중요한 부분은 보안 데이터 경로, 보안 키, 보안 처리될 값이다. 파일 시스

템 경로와 매우 흡사한 보안 데이터 경로는 연관된 보안 데이터를 지정된 경로에 모아둘 수 있게 한다. 보안 데이터 경로 앞의 secret/는 Vault 백엔드 서버를 나타내며, 여기서는 이름이 'secret'이다.

보안 키와 보안 처리될 값은 Vault 서버에 쓰려는 실제 보안 데이터다. 이처럼 구성 서버가 제공하는 보안 데이터를 Vault 서버에 쓸 때 구성 속성과 동일한 보안 키를 사용하는 것이 중요하다.

저장된 구성 데이터는 vault read 명령을 사용해서 확인할 수 있다.

```
$ vault read secret/application
Key                              Value
---                              -----
refresh_interval                 768h
spring.data.mongodb.password     s3cr3t
```

지정된 경로에 보안 데이터를 쓸 때는 이전에 해당 경로에 썼던 데이터를 덮어쓰기한다는 것을 알아 두자. 예를 들어, 앞의 예와 같은 경로로 몽고DB의 사용자 이름을 Vault 서버에 쓴다고 하자. 이 경우 spring.data.mongodb.username 보안 속성만 쓰면 안 된다. 왜냐하면 이미 썼던 spring.data.mongodb.password 보안 속성이 없어지기 때문이다. 따라서 이때는 다음과 같이 두 속성 모두를 같이 써야 한다.

```
% vault write secret/application \
              spring.data.mongodb.password=s3cr3t \
              spring.data.mongodb.username=tacocloud
```

이제는 보안 속성을 Vault 서버에 저장했으므로, 구성 서버의 백엔드 속성 소스로 Vault 서버를 활성화하는 방법을 알아보자.

구성 서버에서 Vault 백엔드 활성화하기

구성 서버의 백엔드로 Vault 서버를 추가할 때 최소한으로 해야 할 것이 활성화 프로파일로 vault를 추가하는 것이다. 이때는 우선 다음과 같이 구성 서버의 application.yml 파일에 추가한다.

```
spring:
  profiles:
    active:
```

```
    - vault
    - git
```

여기서는 vault와 git 프로파일 모두 활성화되었다. 따라서 구성 서버가 Vault와 Git 모두의 구성을 제공할 수 있다. 이 경우 보안에 민감한 구성 속성은 Vault에만 쓰고 그렇지 않은 구성 속성은 Git 백엔드를 계속 사용하면 된다. 그러나 만일 모든 구성 속성을 Vault에 쓰고 Git 백엔드는 사용하고 싶지 않다면, spring.profiles.active에 vault만 설정하면 된다.

기본적으로 구성 서버는 Vault 서버가 localhost에서 실행되면서 8200 포트를 리스닝한다고 간주한다. 그러나 구성 서버의 구성에서 다음과 같이 변경할 수 있다.

```
spring:
  cloud:
    config:
      server:
        git:
          uri: http://localhost:10080/tacocloud/tacocloud-config
          order: 2
        vault:
          host: vault.tacocloud.com
          port: 8200
          scheme: https
          order: 1
```

spring.cloud.config.server.vault의 속성들은 구성 서버의 Vault에 대한 기본값을 변경할 수 있게 한다. 여기서는 Vault의 API를 https://vault.tacocloud.com:8200에서 사용할 수 있다는 것을 구성 서버에 알려준다.

그리고 Git 구성도 그대로 있으므로 Vault와 Git이 구성 속성 제공을 분담함을 나타낸다. order 속성은 Vault가 제공하는 구성 속성이 Git이 제공하는 구성 속성보다 우선한다는 것을 나타낸다.

구성 서버가 Vault 백엔드를 사용하도록 구성한 후에는 다음과 같이 curl을 클라이언트로 사용해서 확인할 수 있다.

```
[habuma:habuma]% curl localhost:8888/application/default | jq
{
  "timestamp": "2018-04-29T23:33:22.275+0000",
  "status": 400,
  "error": "Bad Request",
```

```
  "message": "Missing required header: X-Config-Token",
  "path": "/application/default"
}
```

앗! 그런데 뭔가 잘못되었다. 이것은 구성 서버가 Vault로부터 보안 구성 속성을 제공한다는 것을 나타낸다. 그러나 요청 시에 Vault 토큰이 포함되지 않아서 에러가 발생한 것이다.

Vault에 대한 모든 요청은 X-Vault-Token 헤더를 포함해야 한다. 이때 구성 서버 자체에 해당 토큰을 구성하는 대신, 구성 서버 클라이언트가 구성 서버에 대한 모든 요청의 X-Vault-Token 헤더에 토큰을 포함시켜야 한다. 그러면 구성 서버에서 X-Vault-Token 헤더로 토큰을 받은 후 이 토큰을 Vault로 전송하는 요청의 X-Vault-Token 헤더로 복사한다.

지금까지 보았듯이, 요청에 토큰이 누락되면 구성 서버가 속성 제공을 거부한다(심지어는 Git에 대한 요청일 때도 그렇다). 왜냐하면 Vault가 보안 속성을 알려주기에 앞서 토큰을 요구하기 때문이다. 이처럼 Vault를 Git과 함께 사용할 때는 부작용이 생길 수 있다. 즉, 토큰이 필요 없는 Git에 저장된 속성일지라도 Vault에 적합한 토큰이 요청에 포함되지 않으면 구성 서버가 거부하기 때문이다.

이번에는 X-Config-Token 헤더를 요청에 추가하고 다시 해보자.

```
$ curl localhost:8888/application/default
        -H"X-Config-Token: roottoken" | jq
```

여기에 지정된 토큰은 개발 모드로 Vault 서버를 시작시킬 때 지정했던 루트 토큰이다. 그러나 Vault 서버에 생성된 어떤 적합한 토큰(만료되지 않고 Vault 백엔드의 접근이 인가된)도 될 수 있다.

구성 서버 클라이언트에 Vault 토큰 설정하기

당연하지만 구성 서버로부터 속성을 가져올 때 각 마이크로서비스에서 curl을 사용하여 토큰을 지정할 수는 없을 것이다. 대신에 각 서비스 애플리케이션의 로컬 구성에 다음과 같이 추가하면 된다.

```
spring:
  cloud:
    config:
      token: roottoken
```

spring.cloud.config.token 속성은 지정된 토큰 값을 구성 서버에 대한 모든 요청에 포함하라고 구성 서버 클라이언트에 알려준다. 이 속성은 구성 서버의 Git이나 Vault 백엔드에 저장되지 않고 애플리케이션의 로컬 구성에 설정되어야 한다. 그래야만 구성 서버가 Vault에 전달하고 구성 속성을 제공할 수 있기 때문이다.

애플리케이션과 프로파일에 특정된 보안 속성 쓰기

application 경로에 저장되는 보안 속성은 구성 서버가 이름과 상관없이 모든 애플리케이션에 제공한다. 그러나 만일 지정된 애플리케이션에 특정된 보안 속성을 저장해야 한다면, 요청 경로의 application 부분을 해당 애플리케이션 이름으로 교체하면 된다. 예를 들어, 다음의 vault write 명령에서는 이름(spring.application.name 속성에 지정됨)이 ingredient-service인 애플리케이션에 특정된 보안 속성을 쓴다.

```
$ vault write secret/ingredient-service \
            spring.data.mongodb.password=s3cr3t
```

이와 유사하게, 프로파일을 지정하지 않으면 Vault에 저장된 보안 속성은 기본 프로파일의 일부로 제공된다. 즉, 클라이언트는 자신의 활성화 프로파일이 무엇이건 관계없이 해당 속성을 받는다. 그러나 다음과 같이 특정 프로파일에 관련된 보안 속성을 쓸 수 있다.

```
% vault write secret/application,production \
            spring.data.mongodb.password=s3cr3t \
            spring.data.mongodb.username=tacocloud
```

이 경우 활성 프로파일이 production인 애플리케이션에만 제공되는 보안 속성을 쓴다.

14.6 실시간으로 구성 속성 리프레시하기

일반적으로 구성 변경을 포함해서 애플리케이션을 유지·보수할 때는 애플리케이션을 다시 배포하거나 최소한 다시 시작해야 한다. 그러나 이것은 클라우드 기반의 애플리케이션에서는 용납할 수 없으므로 애플리케이션을 중단시키지 않고 실시간으로 구성 속성을 변경할 수 있어야 한다.

다행히도 스프링 클라우드 구성 서버는 실행 중인 애플리케이션을 중단시키지 않고 구성 속성을 리프레시refresh하는 기능을 제공한다. 즉, 백엔드 Git 리퍼지터리나 Vault 보안 서버에 변경 데이터가 푸시되면 애플리케이션의 각 마이크로서비스는 새로운 구성으로 즉시 리프레시된다. 이때 다음 중 한 가지 방법을 사용한다.

- **수동식:** 구성 서버 클라이언트는 /actuator/refresh의 특별한 액추에이터Actuator 엔드포인트를 활성화한다. 그리고 각 서비스에서 이 엔드포인트로 HTTP POST 요청을 하면 구성 클라이언트가 가장 최근의 구성을 백엔드로부터 가져온다.
- **자동식:** 리퍼지터리의 커밋 후크commit hook가 모든 서비스의 리프레시를 촉발할 수 있다. 이때는 구성 서버와 이것의 클라이언트 간의 통신을 위해 스프링 클라우드 버스Spring Cloud Bus라는 스프링 클라우드 프로젝트가 개입한다.

각 방법은 장점과 단점이 있다. 수동식 리프레시는 서비스가 리프레시되는 구성으로 업데이트 시점을 더 정확하게 제어할 수 있다. 그러나 마이크로서비스의 인스턴스에 대해 개별적인 HTTP 요청이 수행되어야 한다. 반면에 자동식 리프레시는 애플리케이션의 모든 마이크로서비스에 대해 즉시로 변경 구성을 적용한다. 그러나 이것은 구성 리퍼지터리에 커밋을 할 때 수행되므로 프로젝트에 따라서는 큰 부담이 될 수 있다.

지금부터는 각 방법을 자세히 알아본다.

14.6.1 구성 속성을 수동으로 리프레시하기

16장에서는 스프링 부트의 기본 요소 중 하나인 스프링 부트 액추에이터를 알아본다. 이것은 런타임 파악 및 로깅 수준과 같은 런타임 상태의 일부 제한적인 제어를 가능하게 한다. 그러나 지금은 스프링 클라우드 구성 서버 클라이언트로 구성된 애플리케이션에서만 사용할 수 있는 액추에이터의 특정 기능을 알아볼 것이다.

구성 서버의 클라이언트로 애플리케이션을 활성화하면, 구성 속성들을 리프레시하기 위해 자동-구성이 액추에이터 엔드포인트를 구성한다. 이 엔드포인트를 사용하려면 구성 클라이언트 의존성과 함께 액추에이터 스타터 의존성을 프로젝트의 빌드에 포함해야 한다.

```
<dependency>
  <groupId>org.springframework.boot</groupId>
  <artifactId>spring-boot-starter-actuator</artifactId>
</dependency>
```

이 의존성은 스프링 Initializr 화면에서 '액추에이터' 체크박스를 선택해도 빌드에 추가된다.

이제는 실행 중인 구성 클라이언트 애플리케이션에 액추에이터가 활성화되므로, /actuator/refresh에 대한 HTTP POST 요청을 제출하여 언제든 우리가 원할 때 백엔드 리퍼지터리로부터 구성 속성을 리프레시할 수 있다.

실제로 잘 되는지 알아보기 위해 @ConfigurationProperties 애노테이션이 지정된 GreetingProps라는 이름의 클래스가 있다고 하자.

```
@ConfigurationProperties(prefix="greeting")
@Component
public class GreetingProps {
  private String message;

  public String getMessage() {
    return message;
  }

  public void setMessage(String message) {
    this.message = message;
  }
}
```

여기에 추가하여 GreetingProps가 주입되고 GET 요청을 처리할 때 message 속성의 값을 반환하는 다음의 컨트롤러 클래스도 있다.

```
@RestController
public class GreetingController {

  private final GreetingProps props;

  public GreetingController(GreetingProps props) {
    this.props = props;
  }

  @GetMapping("/hello")
  public String message() {
    return props.getMessage();
  }

}
```

이 두 클래스를 갖는 애플리케이션의 이름을 hello-world라고 하자. 그리고 Git 리퍼지터리에는 다음 속성들이 정의된 application.yml 파일이 있다고 하자.

```
greeting:
  message: Hello World!
```

이제는 구성 서버와 간단한 구성 클라이언트 애플리케이션이 준비되었으므로 실행한 후에 curl을 사용해서 /hello에 대한 HTTP GET 요청을 하면 'Hello World!'라는 응답이 출력된다.

```
$ curl localhost:8080/hello
Hello World!
```

그다음에 hello-world 애플리케이션이나 구성 서버를 다시 시작시키지 않고 구성 서버 Git 리퍼지터리의 application.yml 파일에 있는 greeting.message 속성을 다음과 같이 변경한 후 Git 리퍼지터리에 푸시한다고 하자(git push 명령 사용).

```
greeting:
  message: Hiya folks!
```

Git 리퍼지터리의 greeting.message 속성 값이 변경되었는데도 바로 전과 같이 hello-world 애플리케이션에 GET 요청을 다시 하면 여전히 동일한 'Hello World!' 응답을 받을 것이다. hello-world 애플리케이션의 구성 서버에서는 Git 리퍼지터리의 greeting.message 속성이 변경된 것을 모르기 때문이다. 그러나 다음과 같이 hello-world 애플리케이션 서버의 액추에이터 리프레시 엔드포인트로 POST 요청을 하면 greeting.message 속성이 리프레시된다.

```
$ curl localhost:8080/actuator/refresh -X POST
```

그리고 다음의 응답을 반환한다.

```
["config.client.version","greeting.message"]
```

(리프레시할 속성이 없는 경우는 비어 있는 []만 응답에 나타난다.)

이 응답을 보면 변경된 속성 이름을 저장한 JSON 배열이 포함되어 있고 이 배열에는 greeting.message 속성이 포함된 것을 알 수 있다. 그리고 또한 config.client.version 속성도 포함되어 있다. 이 속성은 현재의 구성이 생성된 Git 커밋의 해시 값을 갖는다. 이제는 해당 구성이 새로운 Git 커밋을 기반으로 하므로 이 속성은 백엔드 구성 리퍼지터리에 변경이 생길 때마다 매번 변경된다.

방금 전의 POST 요청 응답에서는 greeting.message가 변경되었다는 것을 알려준다. 그러나 /hello 경로에 대한 요청을 다시 하면 실제로 그런지 더 확실하게 알 수 있다.

```
$ curl localhost:8080/hello
Hiya folks!
```

애플리케이션이나 구성 서버를 다시 시작시키지 않고 이제는 hello-world 애플리케이션에서 `greeting.message` 속성의 새로운 값을 제공한다.

/actuator/refresh 엔드포인트는 구성 속성의 변경이 생기는 시점을 완전하게 제어하기 원할 때 아주 좋다. 그러나 만일 우리의 애플리케이션이 다수의 마이크로서비스(그리고 각 서비스의 다수 인스턴스)로 구성된다면 그것들 모두의 구성을 리프레시하는 것은 매우 번거로운 일이 될 것이다. 지금부터는 구성 변경을 일시에 자동으로 적용하는 방법을 알아본다.

14.6.2 구성 속성을 자동으로 리프레시하기

한 애플리케이션의 모든 구성 서버 클라이언트들의 속성을 수동으로 리프레시하는 방법의 대안으로 구성 서버는 모든 클라이언트에게 자동으로 구성 변경을 알려줄 수 있다. 이때 또 다른 스프링 클라우드 프로젝트인 스프링 클라우드 버스를 사용한다. 그림 14.7에서는 이것이 어떻게 작동하는지 보여준다.

그림 14.7의 속성 리프레시 절차는 다음과 같이 요약할 수 있다.

- 웹훅webhook이 Git 리퍼지터리에 생성되어 Git 리퍼지터리에 대한 변경(예를 들어, 푸시된 것)이 생겼음을 구성 서버에 알려준다. 웹훅은 GitHub, GitLab, Bitbucket, Gogs를 비롯한 많은 리퍼지터리에서 지원된다.
- 구성 서버는 RabbitMQ나 카프카Kafka와 같은 메시지 브로커broker를 통하여 변경 관련 메시지를 전파함으로써 웹훅의 `POST` 요청에 반응한다.

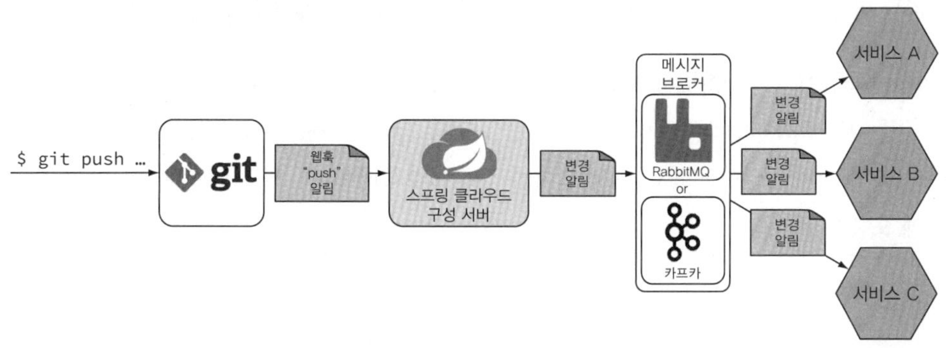

그림 14.7 스프링 클라우드 버스를 함께 사용하여 구성 서버는 각 애플리케이션에 변경 사항을 전파할 수 있다. 따라서 Git 리퍼지터리의 속성들이 변경될 때 각 애플리케이션의 속성들이 자동으로 리프레시될 수 있다

- 알림notification을 구독하는 구성 서버 클라이언트 애플리케이션은 구성 서버로부터 받은 새로운 속성 값으로 자신의 속성을 리프레시하여 알림 메시지에 반응한다.

따라서 모든 구성 서버 클라이언트 애플리케이션은 변경 속성이 백엔드 Git 리퍼지터리에 푸시되는 즉시 구성 서버로부터 받은 최신의 구성 속성 값을 갖는다.

구성 서버를 통해 속성의 자동 리프레시를 사용할 때는 몇 가지 고려할 사항이 있다.

- 구성 서버와 이것의 클라이언트 간의 메시지 처리에 사용할 수 있는 메시지 브로커가 있어야 하며, RabbitMQ나 카프카 중 하나를 선택할 수 있다.
- 구성 서버에 변경을 알려주기 위해 웹훅이 백엔드 Git 리퍼지터리에 생성되어야 한다.
- 구성 서버는 구성 서버 모니터 의존성(Git 리퍼지터리로부터의 웹훅 요청을 처리하는 엔드포인트를 제공함) 및 RabbitMQ나 카프카 스프링 클라우드 스트림 의존성(속성 변경 메시지를 브로커에게 전송하기 위해서)과 함께 활성화되어야 한다.
- 메시지 브로커가 기본 설정으로 로컬에서 실행되는 것이 아니라면, 브로커에 연결하기 위한 세부 정보를 구성 서버와 이것의 모든 클라이언트에 구성해야 한다.
- 각 구성 서버 클라이언트 애플리케이션에 스프링 클라우드 버스 의존성이 추가되어야 한다.

여기서는 메시지 브로커(RabbitMQ나 카프카)가 이미 실행 중이면서 속성 변경 메시지를 전달할 준비가 된 것으로 간주한다. 우선, 웹훅 변경 요청을 처리하기 위해 구성 서버에 변경을 적용하는 것부터 시작해 보자.

웹훅 생성하기

많은 종류의 Git 서버들이 Git 리퍼지터리의 푸시를 비롯한 변경을 애플리케이션에 알리기 위해 웹훅의 생성을 지원한다. 웹훅의 설정 명세는 Git 서버마다 다르므로 여기서 모두 설명하기는 어렵다. 여기서는 Gogs 리퍼지터리의 웹훅을 설정하는 방법을 보여줄 것이다.

Gogs는 로컬에서 실행하면서 로컬로 실행하는 애플리케이션에 대해 POST 요청을 쉽게 하는 웹훅을 가지므로(GitHub로는 어렵다) 선택한 것이다. 또한, Gogs로 웹훅을 설정하는 절차는 GitHub와 거의 동일하므로 Gogs의 절차를 설명하면 GitHub의 웹훅 설정에 필요한 과정 파악에 도움이 된다.

우선, 웹 브라우저에서 우리의 구성 리퍼지터리에 접속하고(localhost:10080/tacocloud/tacocloud-config) **Settings** 링크를 클릭하자(그림 14.8)(Settings 링크의 위치는 GitHub와 약간 다르지만, 유사한 형태로 되어 있다).

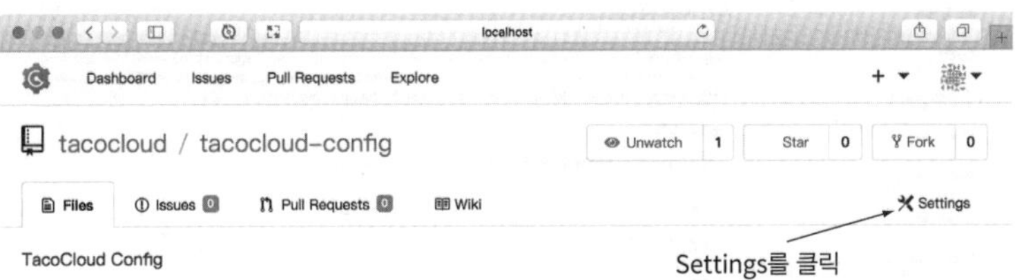

그림 14.8 Gogs나 GitHub의 Settings 버튼을 클릭하여 웹훅 생성 시작하기

그러면 리퍼지터리의 설정settings 페이지가 나타나며, 왼쪽에는 설정 관련 메뉴가 보일 것이다. 메뉴의 **Webhooks**를 클릭하면 오른쪽에 **Add Webhook** 버튼이 보일 것이다. Gogs의 경우 이 버튼을 클릭하면 그림 14.9와 같이 서로 다른 타입의 웹훅을 선택하는 드롭다운 리스트가 나타난다.[28]

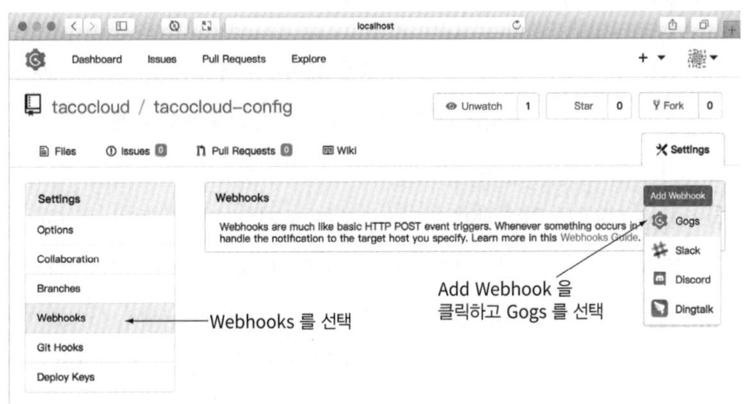

그림 14.9 Webhooks 메뉴의 Add Webhook 버튼과 웹훅 타입 선택 드롭다운 리스트

드롭다운 리스트에서 **Gogs**를 선택하면 그림 14.10과 같이 새로운 웹훅을 생성하는 폼이 나타난다.

28 GitHub에서는 웹훅 타입을 선택하는 드롭다운 리스트가 나타나지 않고 곧바로 웹훅 생성 폼으로 이동한다.

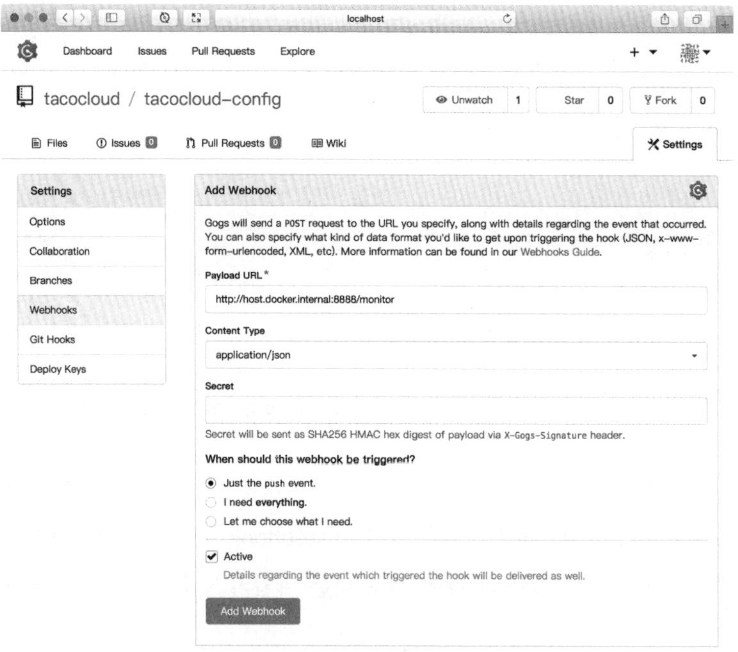

그림 14.10 웹훅을 생성하기 위해 구성 서버의 /monitor URL과 json 콘텐트 타입을 지정한다

이 폼에는 여러 필드가 있지만, 가장 중요한 것이 페이로드 URLPayload URL과 콘텐트 타입Content Type이다. 구성 서버는 /monitor 경로에 대한 웹훅의 POST 요청을 처리할 수 있어야 한다(이 내용은 잠시 후에 살펴본다). 따라서 페이로드 URL 필드에는 구성 서버의 /monitor 엔드포인트를 참조하는 URL을 입력해야 한다. 필자는 도커Docker 컨테이너로 Gogs를 실행 중이므로 그림 14.10의 페이로드 URL 필드에는 http://host.docker.internal:8888/monitor를 지정하였다. 여기서 host.docker.internal은 도커 컨테이너의 호스트 이름이며, Gogs 서버가 컨테이너의 경계를 지나서 호스트 컴퓨터에서 실행 중인 구성 서버를 알 수 있게 한다.[29]

여기서는 콘텐트 타입 필드를 `application/json`으로 지정하였다. 이것은 중요하다. 왜냐하면 구성 서버의 /monitor 엔드포인트가 콘텐트 타입의 다른 선택 항목인 application/x-www-formurlencoded를 지원하지 않기 때문이다.

만일 보안Secret 필드의 값이 설정되면 웹훅 POST 요청에 `X-Gogs-Signature`(GitHub의 경우는 `X-Hub-Signature`)라는 이름의 헤더가 포함된다. 이 헤더는 HMAC-SHA256 다이제스트(GitHub의 경우는 HMAC-SHA1)를 포함한다. 그러나 지금은 구성 서버의 /monitor 엔드포인

29 도커 컨테이너에서는 'localhost'가 도커 호스트가 아닌 컨테이너 자신을 의미한다.

트가 시그니처 헤더를 인식하지 못하므로 보안 필드에 아무런 값도 입력하지 않아도 된다.

끝으로, 구성 리퍼지터리에 대한 푸시 요청에서만 웹훅이 작동하도록 **Just the Push Event**라디오 버튼을 선택하고, 웹훅을 활성화하도록 **Active** 체크박스도 선택한다. 그리고 폼의 제일 끝에 있는 **Add Webhook** 버튼을 클릭하면 웹훅이 생성되며, 이후로 리퍼지터리에 푸시가 발생할 때마다 구성 서버에 POST 요청을 전송한다.

다음으로 이런 요청을 처리하도록 구성 서버의 /monitor 엔드포인트를 활성화해야 한다.

구성 서버에서 웹훅 처리하기

구성 서버의 /monitor 엔드포인트를 활성화하는 것은 간단하다. 스프링 클라우드 구성 모니터 의존성만 구성 서버의 프로젝트 빌드에 추가하면 된다. 메이븐 pom.xml 파일에 다음의 의존성을 추가한다.

```
<dependency>
  <groupId>org.springframework.cloud</groupId>
  <artifactId>spring-cloud-config-monitor</artifactId>
</dependency>
```

이처럼 의존성이 추가되면 자동-구성이 /monitor 엔드포인트를 활성화한다. 그러나 구성 서버가 변경 알림을 전파하는 수단도 가져야 하므로 스프링 클라우드 스트림 의존성도 추가해야 한다.

스프링 클라우드 스트림은 또 다른 스프링 클라우드 프로젝트 중 하나이며, RabbitMQ나 카프카를 통해 통신하는 서비스들을 생성할 수 있다. 이 서비스들은 스트림으로부터 처리할 데이터를 받으며, 하위 스트림 서비스가 처리하도록 스트림으로 데이터를 반환한다.

/monitor 엔드포인트는 스프링 클라우드 스트림을 사용해서 구성 서버 클라이언트에 알림 메시지를 전송한다.

만일 RabbitMQ를 사용하고 있다면, 스프링 클라우드 스트림 RabbitMQ 바인딩 의존성을 구성 서버의 빌드에 포함시켜야 한다.

```
<dependency>
  <groupId>org.springframework.cloud</groupId>
  <artifactId>spring-cloud-starter-stream-rabbit</artifactId>
</dependency>
```

이와는 달리 카프카를 사용한다면, 다음의 스프링 클라우드 스트림 카프카 의존성을 추가해야 한다.

```
<dependency>
  <groupId>org.springframework.cloud</groupId>
  <artifactId>spring-cloud-starter-stream-kafka</artifactId>
</dependency>
```

이처럼 필요한 의존성이 추가되면 구성 서버가 속성의 자동 리프레시에 참여할 준비가 된 것이다. 실제로 RabbitMQ나 카프카 메시지 브로커가 기본 설정으로 로컬에서 실행되면 구성 서버가 실행되는 데 아무 문제가 없다. 그러나 메시지 브로커가 `localhost`가 아닌 다른 곳에서 기본 포트가 아닌 다른 포트로 실행 중이거나 해당 브로커에 접근하기 위한 인증 정보를 변경했다면, 구성 서버 자체의 구성에 있는 몇 가지 속성을 설정해야 한다.

RabbitMQ 바인딩의 경우는 application.yml의 다음 속성이 기본값을 변경하기 위해 사용될 수 있다.

```
spring:
  rabbitmq:
    host: rabbit.tacocloud.com
    port: 5672
    username: tacocloud
    password: s3cr3t
```

여기서는 모든 속성을 설정했지만, RabbitMQ 브로커의 기본값과 다른 속성들만 설정하면 된다. 카프카의 경우도 이와 유사한 속성들을 사용할 수 있다.

```
spring:
  kafka:
    bootstrap-servers:
    - kafka.tacocloud.com:9092
    - kafka.tacocloud.com:9093
    - kafka.tacocloud.com:9094
```

이 속성들에 관한 자세한 내용은 카프카를 사용한 메시징을 살펴보았던 8장에서 알 수 있다. 속성의 자동 리프레시를 위해 RabbitMQ와 카프카 브로커를 구성하는 것은 스프링에서 이 브로커들을 사용할 때와 거의 동일하다.

Gogs 알림 추출기 생성하기

서로 다른 종류의 Git 서버마다 웹훅의 POST 요청을 처리하는 방법이 다르다. 따라서 웹훅의 POST 요청을 처리할 때 서로 다른 데이터 형식을 /monitor 엔드포인트가 알 수 있어야 한다. 내부적으로 /monitor 엔드포인트는 일련의 컴포넌트들로 구성되어 있다. 그리고 이 컴포넌트들은 POST 요청을 조사하고, 어떤 종류의 Git 서버로부터 온 요청인지 판단한 후, 각 클라이언트에 전송될 알림 타입으로 요청 데이터를 변환한다.

기본적으로 구성 서버에는 GitHub, GitLab, Bitbucket 등의 Git 서버 지원 기능이 포함되어 있다. 따라서 이것들 중 하나를 사용한다면 특별히 필요한 게 없다. 그러나 이 책을 집필하는 시점에 Gogs는 아직 공식적으로 지원되지 않았다.[30] 따라서 만일 Gogs를 Git 서버로 사용한다면 Gogs에만 특정된 알림 추출기notification extractor 클래스를 프로젝트 빌드에 포함시켜야 한다.

리스트 14.1에서는 Gogs를 통합하기 위해 타코 클라우드에 사용했던 알림 추출기 클래스를 보여준다.

리스트 14.1 Gogs 알림 추출기 구현 클래스

```
package tacos.gogs;

import java.util.Collection;
import java.util.HashSet;
import java.util.Map;
import java.util.Set;
import org.springframework.cloud.config.monitor.PropertyPathNotification;
import org.springframework.cloud.config.monitor.PropertyPathNotificationExtractor;
import org.springframework.core.Ordered;
import org.springframework.core.annotation.Order;
import org.springframework.stereotype.Component;
import org.springframework.util.MultiValueMap;

@Component
@Order(Ordered.LOWEST_PRECEDENCE - 300)
public class GogsPropertyPathNotificationExtractor
    implements PropertyPathNotificationExtractor {

  @Override
  public PropertyPathNotification extract(
      MultiValueMap<String, String> headers,
```

30 Gogs 지원을 추가하기 위해 구성 서버 프로젝트에 pull 요청을 제출하였다. 따라서 이것이 구성 서버에 통합되면 여기서 설명하는 Gogs 알림 추출기는 더 이상 필요 없게 될 것이다. 이 pull 요청의 진행 상태는 https://github.com/spring-cloud/spring-cloud-config/pull/1140을 참고하자.

```
      Map<String, Object> request) {
    if ("push".equals(headers.getFirst("X-Gogs-Event"))) {
      if (request.get("commits") instanceof Collection) {
        Set<String> paths = new HashSet<>();
        @SuppressWarnings("unchecked")
        Collection<Map<String, Object>> commits =
            (Collection<Map<String, Object>>) request
            .get("commits");
        for (Map<String, Object> commit : commits) {
          addAllPaths(paths, commit, "added");
          addAllPaths(paths, commit, "removed");
          addAllPaths(paths, commit, "modified");
        }
        if (!paths.isEmpty()) {
          return new PropertyPathNotification(
              paths.toArray(new String[0]));
        }
      }
    }
    return null;
  }

  private void addAllPaths(Set<String> paths,
                           Map<String, Object> commit,
                           String name) {
    @SuppressWarnings("unchecked")
    Collection<String> files =
            (Collection<String>) commit.get(name);
    if (files != null) {
      paths.addAll(files);
    }
  }
}
```

여기서는 GogsPropertyPathNotificationExtractor의 작동 방법에 관한 자세한 내용은 중요하지 않다. 또한, 향후에 스프링 클라우드 구성 서버에 Gogs 지원이 기본적으로 추가되면 필요 없게 될 것이다. 따라서 여기서는 추가 설명을 하지 않으며, Gogs를 사용할 때 참고하기 위한 목적으로만 보여주었다.

구성 서버 클라이언트에 속성의 자동 리프레시 활성화하기

구성 서버 클라이언트에 속성의 자동 리프레시를 활성화하는 것은 구성 서버 자체에 하는 것보다 훨씬 쉽다. 하나의 의존성만 추가하면 되기 때문이다.

```
<dependency>
  <groupId>org.springframework.cloud</groupId>
  <artifactId>spring-cloud-starter-bus-amqp</artifactId>
</dependency>
```

이것은 AMQP(예를 들어, RabbitMQ) 스프링 클라우드 버스 스타터를 빌드에 추가한다. 만일 카프카를 사용 중이라면 다음의 의존성을 추가해야 한다.

```
<dependency>
  <groupId>org.springframework.cloud</groupId>
  <artifactId>spring-cloud-starter-bus-kafka</artifactId>
</dependency>
```

적합한 스프링 클라우드 버스 스타터가 추가되었으므로 애플리케이션이 시작될 때 자동-구성이 수행되어 로컬에서 실행되는 RabbitMQ 브로커나 카프카 클러스터에 자동으로 바인딩된다. 만일 RabbitMQ나 카프카가 로컬이 아닌 다른 곳에서 실행 중이라면 구성 서버 자체에 했던 것처럼 각 클라이언트 애플리케이션에 그것에 관한 정보를 구성해야 한다.

이제는 구성 서버와 클라이언트가 모두 자동 리프레시되도록 구성했으므로 애플리케이션을 실행하고 application.yml의 원하는 속성을 변경해 보자. 그다음에 application.yml을 Git 리퍼지터리에 푸시하면 그 즉시 클라이언트 애플리케이션에 변경이 적용되는 것을 볼 수 있다.

지금부터는 이번 장에서 알아본 코드를 포함하는 구성 서버와 구성 클라이언트 프로젝트를 애플리케이션으로 빌드하고 실행해 볼 것이다.

14.7 구성 서버와 구성 클라이언트 프로젝트의 빌드 및 실행하기

우선, STS가 실행 중이라면 STS를 종료하자. 그리고 각자 STS 작업 영역 디렉터리에 생성한 .metadata 서브 디렉터리를 삭제하자(이전의 다른 프로젝트를 열고 사용할 때 남아 있던 정보로 인한 오류 발생 가능성을 방지하기 위함이다).

그리고 이 책의 다운로드 코드(다운로드하는 방법은 이 책의 맨 앞에 있는 '이 책에 대하여'를 참고)에서 Ch14 서브 디렉터리를 각자 STS 작업 영역 디렉터리 아래에 복사하자. 여기서는 C:\Spring5-In-Action을 STS 작업 영역으로 지정하였고 14장의 모든 코드가 있는 Ch14 서브 디렉터리를 이 아래에 복사한 것으로 간주한다.

STS 메뉴의 **File ⇨ Open Projects from File System...**을 선택하면 그림 14.11의 대화상자가 나타난다.

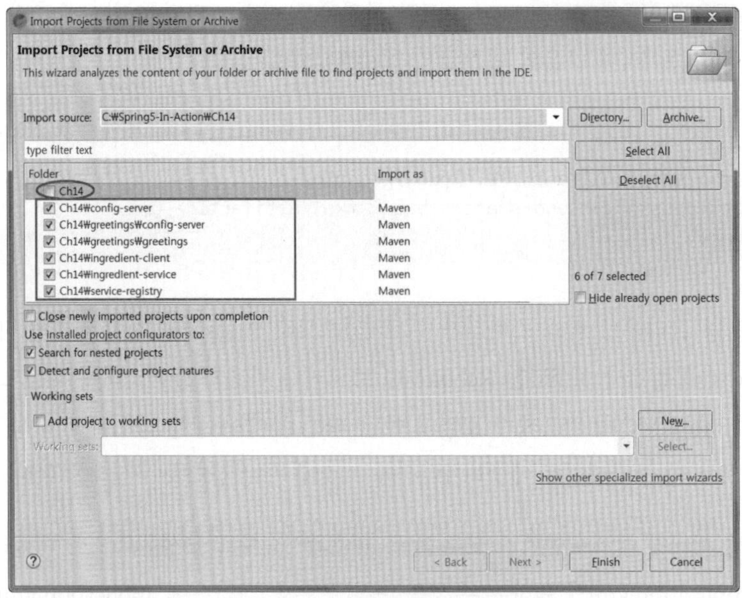

그림 14.11 **프로젝트 열기 대화상자**

Directory… 버튼을 클릭하여 나타나는 대화상자에서 **Ch14 서브 디렉터리**를 선택하면 잠시 후에 STS가 그림 14.11처럼 이 디렉터리의 모든 프로젝트 폴더를 찾아 보여준다. 여기서는 Ch14만 체크를 해제하고 나머지 여섯 개의 폴더는 선택된 상태로 둔다. 그 다음에 **Finish** 버튼을 클릭하면 STS가 여섯 개의 프로젝트를 열고 그림 14.12와 같이 패키지 탐색기 창에 보여준다(**각 항목 왼쪽의 화살표**를 클릭하면 항목을 확장 또는 축소해서 볼 수 있다).

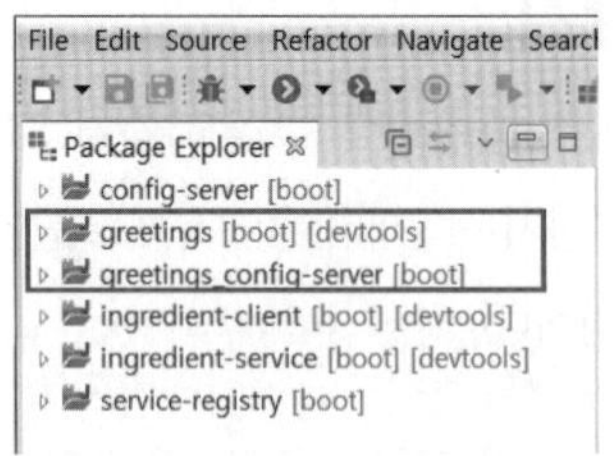

그림 14.12 **여섯 개의 프로젝트가 열린 패키지 탐색기 창**

여기서 직사각형으로 표시된 greetings와 greetings_config-server는 14.6.1에서 스프링 부트 액추에이터 엔드포인트를 사용해서 구성 속성을 수동식으로 리프레시하는 코드를 포함하는 애플리케이션 프로젝트들이다(greetings는 구성 클라이언트, greetings_config-server는 구성 서버다). 그리고 ingredient-client, ingredient-service, service-registry는 13장에서 작성했던 것과 동일한 마이크로서비스 클라이언트, 마이크로서비스, 서비스 레지스트리 애플리케이션 프로젝트들이며, config-server는 이 애플리케이션들이 공유하는 구성 속성을 제공하는 구성 서버 애플리케이션 프로젝트다. 이 애플리케이션들을 빌드하고 실행하는 방법은 13장에서 이미 알아보았으므로 여기서는 추가로 설명하지 않는다.

지금부터는 greetings와 greetings_config-server를 빌드하고 실행해 볼 것이다.

그림 6.12와 6.13에 설명한 대로 앵귤러 퍼스펙티브로 전환한다. 그리고 터미널 창이 열려 있지 않다면 STS 메뉴의 **Window ⇨ Show View ⇨ Terminal+**를 선택하여 열자.

Project 드롭다운에서 **greetings_config-server**를 선택하고, **+** 버튼을 클릭하여 새로운 터미널 창을 열면 셸 프롬프트가 나타난다. 다음과 같이 명령을 입력하여 실행한다.

```
$ ./mvnw clean package
```

계속해서 Project 드롭다운에서 **greetings**를 선택하고, **+** 버튼을 클릭하여 새로운 터미널 창을 열고 동일한 명령을 입력하여 실행한다.

```
$ ./mvnw clean package
```

모든 프로젝트가 성공적으로 빌드되면(BUILD SUCCESS 메시지가 나타나야 함) 두 개의 프로젝트가 각각 jar 파일로 생성된다(각 프로젝트 폴더의 target 폴더 아래에 있다).

(만일 빌드 에러가 생길 때는 다시 빌드하면 된다.)

이제는 각 애플리케이션을 차례대로 실행시켜야 한다.

우선 구성 서버를 먼저 시작해야 하므로 Project 드롭다운에서 **greetings_config-server**를 선택하고 다음과 같이 greetings의 구성 서버를 실행하자(이 경우는 jar 파일의 이름이 greetings_config-server가 아닌 config-server로 시작한다). 정상적으로 실행되면 'Tomcat started on port(s): 8888 (http) with context path ' ''라는 메시지와 'Started ConfigServerApplication in 9.052 seconds (JVM running for 9.626)' 메시지가 끝 부분에 나올 것이다. 이로써 구성 서버가 시작되어 8888 포트를 리스닝한다.

```
$ java -jar target/config-server-0.0.14-SNAPSHOT.jar
```

그다음에 Project 드롭다운에서 **greetings**를 선택하고 다음과 같이 구성 서버의 클라이언트 애플리케이션을 실행하자. 정상적으로 실행되면 'Tomcat started on port(s): 8080 (http) with context path ''라는 메시지와 'Started GreetingsApplication in 15.912 seconds (JVM running for 16.526)' 메시지가 끝 부분에 나올 것이다. 이 구성 서버의 클라이언트 애플리케이션은 8080 포트를 리스닝한다.

```
$ java -jar target/greetings-0.0.14-SNAPSHOT.jar
```

Project 드롭다운에 **greetings**가 선택된 상태에서 **+** 버튼을 클릭하여 새로운 터미널 창을 연다. 그리고 다음과 같이 curl 명령을 입력하여 greetings 애플리케이션에 `GET` 요청을 한다.

```
$ curl localhost:8080/hello
```

그러면 greeting 속성의 값으로 'Hello World!'가 응답할 것이다.

그다음에 구성 서버가 사용하는 Git 리퍼지터리의 application.yml 파일에 있는 `greeting.message` 속성 값을 Hello World!가 아닌 다른 값으로 변경한 후 Git 리퍼지터리에 푸시한다(`git push` 명령 사용).

(여기서는 greetings 구성 서버인 greetings_config-server의 git 리퍼지터리가 https://github.com/habuma/greeting-config로 지정되어 있다. 패키지 탐색기 창에서 greetings_config-server/src/main/resources/application.yml을 열면 볼 수 있다. 그러나 git 리퍼지터리를 각자 사용하는 것으로 변경하고 테스트하기 바란다.)

그러나 14.6.1에서 설명했듯이, Git 리퍼지터리의 `greeting.message` 속성 값이 변경되었는데도 바로 전과 같이 greetings 애플리케이션에 `GET` 요청을 다시 하면 여전히 동일한 'Hello World!' 응답을 받을 것이다. greetings 애플리케이션의 구성 서버에서는 Git 리퍼지터리의 `greeting.message` 속성 값이 변경된 것을 모르기 때문이다. 그러나 다음과 같이 greetings 애플리케이션 서버의 액추에이터 리프레시 엔드포인트로 `POST` 요청을 하면 `greeting.message` 속성이 리프레시된다.

```
$ curl localhost:8080/actuator/refresh -X POST
```

그리고 다음의 응답을 반환한다.

```
["config.client.version","greeting.message"]
```

(리프레시할 속성이 없는 경우는 비어 있는 []만 응답에 나타난다.)

이제 /hello 경로에 대한 GET 요청을 다시 하면 greetings 애플리케이션의 greeting.message 속성 값이 변경된 것을 알 수 있다.

그리고 이렇게 하면 애플리케이션이나 구성 서버를 다시 시작하지 않고 greetings 애플리케이션의 greeting.message 속성이 새로 변경된 값을 가질 수 있다.

요약

- 스프링 클라우드 구성 서버는 중앙 집중화된 구성 데이터 소스를 마이크로서비스 기반의 더 큰 애플리케이션을 구성하는 모든 마이크로서비스에 제공한다.
- 구성 서버가 제공하는 속성들은 백엔드 Git이나 Vault 리퍼지터리에서 유지·관리된다.
- 모든 구성 서버 클라이언트에 제공되는 전역적인 속성들에 추가하여 구성 서버는 프로파일에 특정된 속성과 애플리케이션에 특정된 속성도 제공할 수 있다.
- 보안에 민감한 속성들은 백엔드 Git 리퍼지터리에 암호화하여 저장하거나 Vault 백엔드의 보안 속성으로 저장하여 보안을 유지할 수 있다.
- 구성 서버 클라이언트는 새로운 속성으로 리프레시할 수 있다. 이때 액추에이터 엔드포인트를 통해 수동으로 리프레시하거나, 스프링 클라우드 버스와 Git 웹훅을 사용해서 자동으로 리프레시할 수 있다.

CHAPTER

15

실패와 지연 처리하기

이 장에서 배우는 내용

- 서킷 브레이커 패턴 개요
- Hystrix로 실패와 지연 처리하기
- 서킷 브레이커 모니터링
- 서킷 브레이커 메트릭 종합하기

15.1 서킷 브레이커 이해하기

《Release It!》(Michael Nygard, Pragmatic Bookshelf, 2018)에서 처음 소개된 서킷 브레이커circuit breaker 패턴은 우리가 작성한 코드가 실행에 실패하는 경우에 안전하게 처리되도록 해준다. 이 강력한 패턴은 마이크로서비스의 컨텍스트에서 훨씬 더 중요하다. 한 마이크로서비스의 실패가 다른 마이크로서비스의 연쇄적인 실패로 확산되는 것을 방지해야 하기 때문이다.

서킷 브레이커 패턴의 발상은 비교적 간단하며, 이름을 가져온 실세계의 전기 회로 차단기와 꽤 유사하다. 전기 회로 차단기가 설치되고 스위치가 닫힌 위치closed position에 있으면 회로를 통해 전기가 집에 흐르면서 전구, 텔레비전, 컴퓨터 등에 전원이 공급된다. 그러나 전류 급증 현상 등의 회선 장애가 발생하면 각종 전자 기기에 손상을 주거나 화재를 일으키기 전에 회로 차단기가 개방되어 전기의 흐름을 차단한다.

이와 유사하게 소프트웨어 서킷 브레이커는 메서드의 호출을 허용하며, 서킷은 닫힘 상태closed state에서 시작된다. 그리고 어떤 이유로든 메서드의 실행이 실패하면(메서드 실행 횟수나 시간 등의 정의된 한곗값을 초과하면), 서킷 브레이커가 개방되고 실패한 메서드에 대해 더 이상 호출이 수행되지 않는다. 그러나 소프트웨어 서킷 브레이커는 전기 회로 차단기와 다르게 폴백fallback을 제공하여 자체적으로 실패를 처리한다. 그림 15.1에서는 소프트웨어 서킷 브레이커의 처리 흐름을 보여준다.

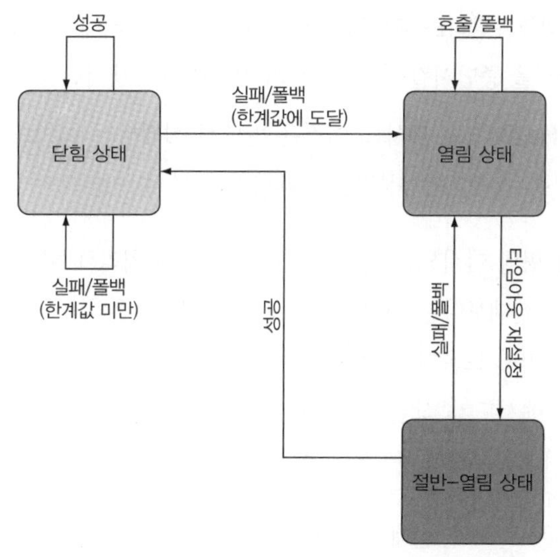

그림 15.1 서킷 브레이커 패턴은 폴백을 사용하여 실패를 처리한다

그림 15.1을 보면 알 수 있듯이, 서킷 브레이커로 보호되는 메서드가 실행에 성공하면Success, 서킷은 닫힘 상태가 유지되고 이후에도 해당 메서드가 실행된다. 그러나 서킷 브레이커로 보호되는 메서드가 실행에 실패하면, 서킷은 열림 상태가 되고 이후에는 실패한 메서드 대신 폴백 메서드가 호출된다. 그러다가 때때로(예를 들어, 지정된 시간 간격에 맞춰) 서킷이 절반-열림 상태로 바뀌면서 실패했던 메서드의 호출을 서킷 브레이커가 다시 시도한다. 그러나 여전히 실패하면 서킷은 다시 열림 상태가 되고, 이후에는 다시 폴백 메서드가 호출된다. 하지만 성공하면 문제가 해결된 것으로 간주하여 서킷은 닫힘 상태가 된다.

서킷 브레이커를 더 강력한 형태의 try/catch라고 생각하면 이해하는 데 도움이 될 수 있다. 즉, 닫힘 상태는 try 블록과 유사한 반면, 폴백 메서드는 catch 블록과 유사하다. 그러나 try/catch와 다르게, 서킷 브레이커는 원래 호출하려던 메서드(서킷 브레이커로 보호되는 메서드)가 너무 자주 실패하면(정의된 한계값을 초과하면) 폴백 메서드를 호출한다.

서킷 브레이커는 메서드에 적용된다. 따라서 하나의 마이크로서비스에 많은 서킷 브레이커가 있을 수 있다. 그러므로 우리 코드의 어디에 서킷 브레이커를 선언할지 결정할 때는 실패의 대상이 되는 메서드를 식별하는 것이 중요하다. 대개는 다음 유형의 메서드들이 서킷 브레이커를 선언할(달리 말해, 서킷 브레이커로 실패를 보호할) 후보들이다.

- **REST를 호출하는 메서드:** 사용할 수 없거나 HTTP 500 응답을 반환하는 원격 서비스로 인해 실패할 수 있는 메서드다.
- **데이터베이스 쿼리를 수행하는 메서드:** 어떤 이유로든 데이터베이스가 무반응 상태가 되거나, 애플리케이션을 중단시킬 수 있는 스키마의 변경이 생기면 실패할 수 있는 메서드다.
- **느리게 실행될 가능성이 있는 메서드:** 이것은 반드시 실패하는 메서드가 아니다. 그러나 너무 오랫동안 실행된다면 비정상적인 상태를 고려할 수 있다.

첫 번째와 두 번째 유형의 메서드는 서킷 브레이커의 실패 처리로 해결할 수 있다. 그러나 마지막 유형의 메서드는 실패보다는 지연latency이 문제되는 경우다. 이 경우에도 서킷 브레이커의 또 다른 장점을 살려서 도움을 줄 수 있다. 지연은 마이크로서비스 관점에서도 매우 중요하다. 지나치게 느린 메서드가 상위 서비스에 연쇄적인 지연을 유발하여 마이크로서비스의 성능을 저하하지 않게 하는 것이 중요하기 때문이다.

서킷 브레이커 패턴은 코드의 실패와 지연을 처리하는 강력한 수단이다. 그렇다면 어떻게 우리 코드에 서킷 브레이커를 적용할 수 있을까? 다행히도 Netflix 오픈 소스 프로젝트가 Hystrix 라이브러리를 사용하여 그에 대한 답을 제공한다.

Netflix Hystrix는 서킷 브레이커 패턴을 자바로 구현한 라이브러리다. 간단히 말해서, Hystrix 서킷 브레이커는 대상 메서드가 실패할 때 폴백 메서드를 호출하는 어스펙트aspect로 구현된다. 그리고 서킷 브레이커 패턴을 제대로 구현하기 위해 어스펙트는 대상 메서드가 얼마나 자주 실패하는지도 추적한다. 그 다음에 실패율이 한계값을 초과하면 모든 대상 메서드 호출을 폴백 메서드 호출로 전달한다.

Hystrix 이름의 유래

자신들의 서킷 브레이커 구현에 대한 이름을 지을 때 Netflix의 개발자들은 회복력, 방어력, 장애 허용 능력 등의 의미를 담은 이름을 원했으며, 결국 **Hystrix**로 정했다. 이것은 호저(고슴도치)라고 알려진 동물 종류이며, 긴 가시가 있어서 자신을 방어할 능력을 가진 것이 특징이다. 또한, Hystrix FAQ(https://github.com/Netflix/Hystrix/wiki/FAQ-:-General)에도 있듯이, Hystrix는 두

음절의 멋진 이름이다. 그리고 15.3.1에서 Hystrix 대시보드를 살펴볼 때 프로젝트 로고로 고슴도치가 있는 것을 볼 수 있다.

스프링 클라우드 Netflix는 스프링과 스프링 부트 개발자에게 친숙하며, 간단한 프로그래밍 모델을 제공하는 Hystrix의 지원을 포함한다. 잠시 후에 알아보겠지만, 서킷 브레이커를 메서드에 선언할 때는 `@HystrixCommand` 애노테이션만 메서드에 지정하고 폴백 메서드를 제공하면 된다. 지금부터는 타코 클라우드 코드에 서킷 브레이커를 선언하여 Hystrix로 실패를 처리하는 방법을 알아본다.

15.2 서킷 브레이커 선언하기

서킷 브레이커를 선언하기에 앞서, 스프링 클라우드 Netflix Hystrix 스타터를 각 서비스의 빌드에 추가해야 한다. 메이븐 pom.xml 파일에 있는 `<dependencies>` 블록 아래에 다음을 추가하면 된다.

```
<dependency>
  <groupId>org.springframework.cloud</groupId>
  <artifactId>spring-cloud-starter-netflix-hystrix</artifactId>
</dependency>
```

또한, 스프링 클라우드 버전도 지정해야 한다. 이 값은 pom.xml 파일의 앞쪽에 있는 `<properties>` 블록에 `spring-cloud.version` 속성 값으로 지정한다. 이 속성은 pom.xml 파일의 뒤쪽에 있는 `<dependency Management>` 블록에서 참조한다.[31]

```
<properties>
  ...
  <spring-cloud.version>Hoxton.SR3</spring-cloud.version>
</properties>

...

<dependencyManagement>
  <dependencies>
    <dependency>
      <groupId>org.springframework.cloud</groupId>
```

31 Hystrix 스타터 의존성은 Initializr에서 Hystrix 체크박스를 선택해도 프로젝트 빌드에 추가되며, 의존성 관리 블록(`<dependency Management>`)도 자동으로 생성된다.

```
      <artifactId>spring-cloud-dependencies</artifactId>
      <version>${spring-cloud.version}</version>
      <type>pom</type>
      <scope>import</scope>
    </dependency>
  </dependencies>
</dependencyManagement>
```

Hystrix 스타터 의존성이 추가되었으므로 다음은 Hystrix를 활성화해야 한다. 이때는 각 애플리케이션의 메인 구성 클래스에 @EnableHystrix 애노테이션을 지정하면 된다. 예를 들어, 식자재 서비스에 Hystrix를 활성화할 때는 다음과 같이 IngredientServiceApplication에 지정한다.

```
@SpringBootApplication
@EnableHystrix
public class IngredientServiceApplication {
    ...
}
```

이제는 Hystrix가 애플리케이션에 활성화되었다. 그러나 아직 어떤 메서드에도 서킷 브레이커가 선언되지 않았다. 바로 이때 @HystrixCommand 애노테이션이 필요하다.

어떤 메서드이건 @HystrixCommand가 지정되면 서킷 브레이커가 적용된다. 예를 들어, 다음 메서드를 생각해 보자. 이 메서드는 RestTemplate을 사용해서 식자재 서비스로부터 Ingredient 객체들이 저장된 컬렉션을 가져온다.

```
public Iterable<Ingredient> getAllIngredients() {
  ParameterizedTypeReference<List<Ingredient>> stringList =
      new ParameterizedTypeReference<List<Ingredient>>() {};
  return rest.exchange(
      "http://ingredient-service/ingredients", HttpMethod.GET,
      HttpEntity.EMPTY, stringList).getBody();
}
```

여기서는 exchange()의 호출이 문제를 유발할 수 있는 잠재적 원인이다. exchange() 메서드 내부를 보자. 만일 유레카에 ingredient-service로 등록된 서비스가 없거나 해당 요청이 어떤 이유로든 실패한다면 RestClientException(unchecked 예외)이 발생한다. 이 경우 exchange() 메서드에서는 try/catch 블록으로 예외를 처리하지 않으므로 exchange()를 호출한 호출자(메서드)에서 RestClientException 예외를 처리해야 한다. 그러나 해당 호출자에서도 이 예외를 처리하지 않는다면 호출 스택의 그다음 상위 호출자로 계속 예외가 전달될 것이다. 그러다가 어떤 호출자도 예외를 처리하지 않는다면 결국 최상위 호출자(마이크로서비스나 클라이언트)에서 에러로 처리될 것이다.

이처럼 처리가 되지 않은 unchecked 예외는 어떤 애플리케이션에서도 골칫거리이며, 특히 마이크로서비스의 경우가 그렇다. 장애가 생기면 마이크로서비스는 베가스 규칙Vegas Rule을 적용해야 한다. 즉, 마이크로서비스에서 생긴 에러는 다른 곳에 전파하지 않고 마이크로서비스에 남긴다는 얘기다. getAllIngredients() 메서드에 서킷 브레이커를 선언하면 이런 규칙을 충족시킨다.

서킷 브레이커를 선언할 때는 @HystrixCommand를 메서드에 지정하고 폴백 메서드를 제공하면 된다. 우선, @HystrixCommand를 getAllIngredients() 메서드에 추가한다.

```
@HystrixCommand(fallbackMethod="getDefaultIngredients")
public Iterable<Ingredient> getAllIngredients() {
  ...
}
```

이제는 서킷 브레이커가 실패로부터 보호해 주므로 getAllIngredients() 메서드에는 안전 장치가 된 것이다. 따라서 어떤 이유로든 unchecked 예외가 발생하여 getAllIngredients()로부터 벗어나면 서킷 브레이커가 해당 예외를 잡아서 폴백 메서드인 get Default Ingredients()를 호출해 준다.

폴백 메서드는 우리가 원하는 어떤 것도 할 수 있지만, 원래 의도했던 메서드가 실행이 불가능할 때에 대비하는 의도로 사용한다. 단, 폴백 메서드는 원래의 메서드와 시그니처가 같아야 한다(메서드 이름만 다르다).

따라서 getDefaultIngredients() 메서드에는 매개변수가 없고 List<Ingredient>를 반환해야 한다. 이에 맞게 구현된 getDefaultIngredients()는 다음과 같다.

```
private Iterable<Ingredient> getDefaultIngredients() {
  List<Ingredient> ingredients = new ArrayList<>();
  ingredients.add(new Ingredient(
        "FLTO", "Flour Tortilla", Ingredient.Type.WRAP));
  ingredients.add(new Ingredient(
        "GRBF", "Ground Beef", Ingredient.Type.PROTEIN));
  ingredients.add(new Ingredient(
        "CHED", "Shredded Cheddar", Ingredient.Type.CHEESE));
```

```
    return ingredients;
}
```

이제는 어떤 이유로든 getAllIngredients()가 실행에 실패하면 서킷 브레이커가 getDefaultIngredients()를 호출해 주며, getAllIngredients()의 호출자는 기본 식자재 세 개가 저장된 List를 받는다.

그런데 폴백 메서드 자신도 서킷 브레이커를 가질 수 있는지 궁금할 것이다. 여기서 작성했던 getDefaultIngredients() 메서드는 실행에 실패할 일이 없다. 그러나 getDefaultIngredients()를 다르게 구현한다면 이 메서드가 잠재적인 장애점이 될 수도 있다. 이 경우 getDefaultIngredients()에 @HystrixCommand를 지정하여 또 다른 폴백 메서드를 제공할 수 있다. 그리고 필요하다면 이런 식으로 많은 폴백 메서드를 연쇄적으로 지정할 수 있다(이 경우 연관된 모든 폴백 메서드 호출이 폴백 스택에 저장된다). 단, 한 가지 제약이 있다. 폴백 스택의 제일 밑에는 실행에 실패하지 않아서 서킷 브레이커가 필요 없는 메서드가 있어야 한다.

15.2.1 지연 시간 줄이기

또한, 서킷 브레이커는 메서드의 실행이 끝나고 복귀하는 시간이 너무 오래 걸릴 경우 타임아웃을 사용하여 지연 시간을 줄일 수도 있다. 기본적으로 @HystrixCommand가 지정된 모든 메서드는 1초 후에 타임아웃되고 이 메서드의 폴백 메서드가 호출된다. 즉, 어떤 이유로든 식자재 서비스의 응답이 느려지게 되어 getAllIngredients()에 대한 호출이 1초 후에 타임아웃되면, getDefaultIngredients()가 대신 호출된다는 의미다.

1초의 타임아웃은 합리적인 기본값이며, 대부분의 경우에 적합하다. 그러나 Hystrix 명령 속성을 지정하여 타임아웃을 변경할 수 있다. 이때 @HystrixCommand 애노테이션의 commandProperties 속성을 통해 Hystrix 명령 속성을 설정할 수 있다. commandProperties 속성은 설정될 속성의 이름과 값을 지정하는 하나 이상의 @HystrixProperty 애노테이션을 저장한 배열이다.[32]

서킷 브레이커의 타임아웃을 변경하려면 Hystrix 명령 속성인 execution.isolation.thread.timeoutInMilliseconds를 설정해야 한다. 예를 들어, getAllIngredients() 메

32 여러분이 나와 같다면, 애노테이션을 사용해서 다른 애노테이션의 속성을 설정한다는 것이 기이하다는 것에 동의할 것이다. 아무튼 여전히 그렇게 되어 있다.

서드의 타임아웃 시간을 0.5초로 줄일 때는 다음과 같이 타임아웃을 500으로 설정한다.

```
@HystrixCommand(
    fallbackMethod="getDefaultIngredients",
    commandProperties={
        @HystrixProperty(
            name="execution.isolation.thread.timeoutInMilliseconds",
            value="500")
    })
public Iterable<Ingredient> getAllIngredients() {
  ...
}
```

타임아웃으로 지정되는 값의 단위는 1/1,000초이며, 시간을 늘리려면 더 큰 값으로 설정하면 된다. 또는 타임아웃이 필요 없을 때는 명령 속성인 `execution.timeout.enabled`를 `false`로 설정하여 타임아웃을 없앨 수 있다.

```
@HystrixCommand(
    fallbackMethod="getDefaultIngredients",
    commandProperties={
        @HystrixProperty(
            name="execution.timeout.enabled",
            value="false")
    })
public Iterable<Ingredient> getAllIngredients() {
  ...
}
```

`execution.timeout.enabled` 속성이 `false`로 설정되면 지연 시간이 보호되지 않으므로, `getAllIngredients()` 메서드의 실행 시간이 1초, 10초, 또는 30분이 걸리더라도 타임아웃되지 않는다. 따라서 연쇄 지연 효과cascading latency effect가 발생할 수 있으므로 실행 타임아웃을 비활성화할 때는 조심해야 한다.

15.2.2 서킷 브레이커 한계값 관리하기

만일 서킷 브레이커로 보호되는 메서드가 10초 동안에 20번 이상 호출되고 이 중 50% 이상이 실패한다면, 기본적으로 이 서킷은 열림 상태가 된다. 또한, 이후의 모든 호출은 폴백 메서드에 의해 처리된다. 그리고 5초 후에 이 서킷은 절반-열림 상태가 되어 원래의 메서드 호출이 다시 시도된다.

Hystrix 명령 속성을 설정하면 실패와 재시도 한계값을 변경할 수 있다. 서킷 브레이커의 상태 변화를 초래하는 조건에 영향을 주는 명령 속성들은 다음과 같다.

- `circuitBreaker.requestVolumeThreshold`: 지정된 시간 내에 메서드가 호출되어야 하는 횟수
- `circuitBreaker.errorThresholdPercentage`: 지정된 시간 내에 실패한 메서드 호출의 비율(%)
- `metrics.rollingStats.timeInMilliseconds`: 요청 횟수와 에러 비율이 고려되는 시간
- `circuitBreaker.sleepWindowInMilliseconds`: 절반-열림 상태로 진입하여 실패한 메서드가 다시 시도되기 전에 열림 상태의 서킷이 유지되는 시간

만일 `metrics.rollingState.timeInMilliseconds`에 지정된 시간 이내에 `circuitBreaker.requestVolumeThreshold`와 `circuitBreaker.errorThresholdPercentage` 모두가 초과된다면, 서킷은 열림 상태로 진입한다. 그리고 `circuitBreaker.sleepWindowInMilliseconds`에 지정된 시간동안 열림 상태에 머무른다. 그다음에 절반-열림 상태가 되는 시점에 원래의 실패 메서드에 대한 호출이 다시 시도된다.

예를 들어, 실패 설정을 다음과 같이 조정하고 싶다고 하자. 즉, 20초 이내에 메서드가 30번 이상 호출되어 이중에서 25% 이상이 실패일 경우다. 이때는 다음과 같이 Hystrix 명령 속성을 설정해야 한다.

```
@HystrixCommand(
    fallbackMethod="getDefaultIngredients",
    commandProperties={
        @HystrixProperty(
            name="circuitBreaker.requestVolumeThreshold",
            value="30"),
        @HystrixProperty(
            name="circuitBreaker.errorThresholdPercentage",
            value="25"),
        @HystrixProperty(
            name="metrics.rollingStats.timeInMilliseconds",
            value="20000")
    })
public List<Ingredient> getAllIngredients() {
  // ...
}
```

또한, 서킷 브레이커가 절반-열림 상태가 되기 전에 1분까지 열림 상태에 머물러야 한다면, 다음과 같이 circuitBreaker.sleepWindowInMilliseconds 명령 속성을 설정할 수도 있다.

```
@HystrixCommand(
    fallbackMethod="getDefaultIngredients",
    commandProperties={
        ...
        @HystrixProperty(
            name="circuitBreaker.sleepWindowInMilliseconds",
            value="60000")
    })
```

메서드 실패와 지연을 처리하는 것 외에, Hystrix는 애플리케이션에 있는 각 서킷 브레이커의 메트릭도 스트림stream으로 발행한다. 지금부터는 활성화된 애플리케이션의 건강 상태를 Hystrix가 Hystrix 스트림을 통해서 모니터링하는 방법을 살펴본다.

15.3 실패 모니터링하기

서킷 브레이커로 보호되는 메서드가 매번 호출될 때마다 해당 호출에 관한 여러 데이터가 수집되어 Hystrix 스트림으로 발행된다. 그리고 이 Hystrix 스트림은 실행 중인 애플리케이션의 건강 상태를 실시간으로 모니터링하는 데 사용할 수 있다. 각 서킷 브레이커로부터 수집한 데이터 중에서 Hystrix 스트림은 다음을 포함한다.

- 메서드가 몇 번 호출되는지
- 성공적으로 몇 번 호출되는지
- 폴백 메서드가 몇 번 호출되는지
- 메서드가 몇 번 타임아웃되는지

이 Hystrix 스트림은 액추에이터 엔드포인트로 제공된다(액추에이터에 관한 자세한 내용은 16장에서 알아본다). 아무튼 모든 서비스들이 Hystrix 스트림을 활성화하려면 액추에이터 의존성을 빌드에 추가해야 한다. 메이븐 pom.xml 파일에 있는 <dependencies> 블록 아래에 다음을 추가하면 된다.

```
<dependency>
  <groupId>org.springframework.boot</groupId>
  <artifactId>spring-boot-starter-actuator</artifactId>
</dependency>
```

Hystrix 스트림 엔드포인트는 /actuator/hystrix.stream 경로로 노출되어 있다. 대부분의 액추에이터 엔드포인트는 기본적으로 비활성화되어 있다. 그러나 각 애플리케이션의 application.yml 파일에 다음 구성을 추가하면 Hystrix 스트림 엔드포인트를 활성화할 수 있다.

```
management:
  endpoints:
    web:
      exposure:
        include: hystrix.stream
```

그리고 스프링 구성 서버의 application.yml에 이와 동일한 구성 속성을 추가하면, 구성 서버의 모든 클라이언트 서비스가 이 구성 속성을 공유할 수 있다.

애플리케이션이 시작되면 Hystrix 스트림이 노출된다. 따라서 어떤 REST 클라이언트를 사용해도 Hystrix 스트림을 소비(사용)할 수 있다. 하지만 커스텀 Hystrix 스트림 클라이언트의 작성을 시작하기 전에 알아 둘 것이 있다. Hystrix 스트림의 각 항목은 온갖 JSON 데이터로 가득 차 있으므로 이 데이터를 해석하기 위해 클라이언트 측의 작업이 많이 필요하다. 물론 이런 코드를 작성하는 것이 불가능한 것은 아니지만, 이때는 Hystrix 대시보드의 사용을 고려할 수 있다.

15.3.1 Hystrix 대시보드 개요

Hystrix 대시보드를 사용하려면 우선 Hystrix 대시보드 스타터 의존성을 갖는 새로운 스프링 부트 애플리케이션 프로젝트를 생성해야 한다. 스프링 부트 Initializr를 사용해서 프로젝트를 생성할 때는 의존성을 지정하는 대화상자에서 Spring Cloud Circuit Breaker를 확장한 후 **Hystrix Dashboard 체크박스**를 선택하면 추가된다. 또는 프로젝트의 메이븐 pom.xml 파일에 있는 `<dependencies>` 블록 아래에 다음을 직접 추가해도 된다.

```
<dependency>
  <groupId>org.springframework.cloud</groupId>
  <artifactId>spring-cloud-starter-netflix-hystrix-dashboard</artifactId>
</dependency>
```

그다음에 Hystrix 대시보드를 활성화하기 위해 메인 구성 클래스에 `@EnableHystrixDashboard` 애노테이션을 지정해야 한다.

```
@SpringBootApplication
@EnableHystrixDashboard
public class HystrixDashboardApplication {
  public static void main(String[] args) {
    SpringApplication.run(HystrixDashboardApplication.class, args);
  }
}
```

개발 시에는 로컬 컴퓨터에서 유레카와 구성 서버는 물론 다른 모든 서비스들과 함께 Hystrix 대시보드를 실행할 것이다. 따라서 다른 서비스와의 포트 충돌을 막기 위해 Hystrix 대시보드의 포트 번호를 고유한 것으로 선택해야 한다. 대시보드 애플리케이션 프로젝트의 application.yml 파일에서 `server.port` 속성을 고유한 값으로 설정하자. 여기서는 다음과 같이 7979로 설정하였다.

```
server:
  port: 7979
```

이제는 Hystrix 대시보드를 시작할 준비가 되었다. 대시보드 프로젝트를 빌드하고 실행시키자. 그리고 웹 브라우저에서 http://localhost:7979/hystrix에 접속하면 그림 15.2와 같이 Hystrix 대시보드 홈페이지가 나타날 것이다.

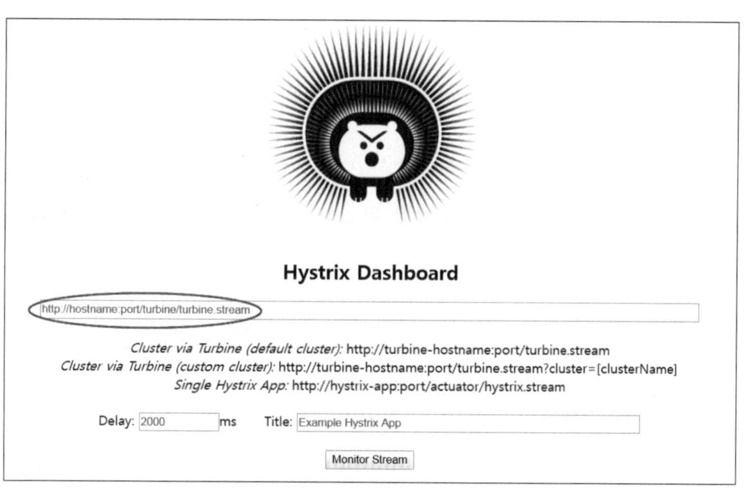

그림 15.2 Hystrix 대시보드 홈페이지

여기 보이는 로고는 Hystrix 프로젝트의 마스코트인 고슴도치다. Hystrix 스트림을 보기 위해 서비스 애플리케이션 Hystrix 스트림 중 하나의 URL을 타원으로 표시된 텍스트 상자에 입력한다. 예를 들어, 서킷 브레이커로 보호된 메서드를 갖는 식자재 서비스 클라이언트가 로컬에서 실행 중이면서 8080 포트를 리스닝한다면 **http://localhost:8080/actuator/hystrix.stream**을 텍스트 상자에 입력하면 된다.

또한, Hystrix 스트림 모니터에 보여주기 위해 Delay와 Title도 설정한다. Delay는 폴링 간격 시간을 나타내며, 기본값은 2초이다. 즉, `hystrix.stream` 엔드포인트로부터 2초에 한 번씩 Hystrix 스트림을 받는다는 의미다. Title은 모니터 페이지의 제목으로 나타난다.

Monitor Stream 버튼을 클릭하면 그림 15.3과 같은 Hystrix 스트림 모니터 페이지가 나타날 것이다.

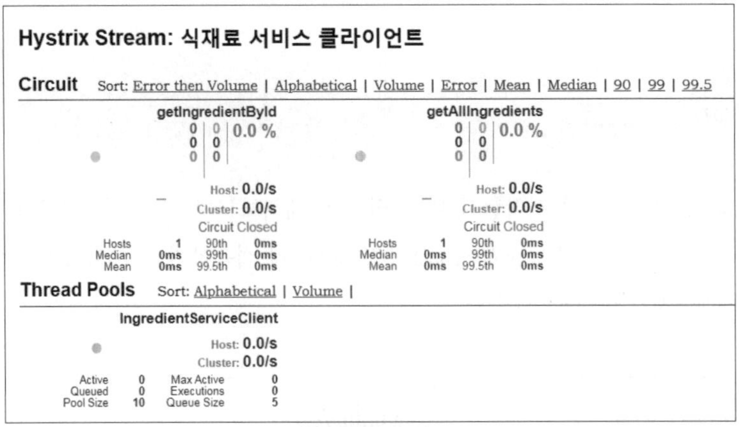

그림 15.3 **Hystrix 스트림 모니터 페이지에서는 애플리케이션에 있는 각 서킷 브레이커의 메트릭을 보여준다**

각 서킷 브레이커는 다른 유용한 메트릭 데이터와 함께 그래프로 볼 수 있다. 그림 15.3에서는 `getAllIngredients()`의 서킷 브레이커 하나를 보여준다. 이것이 지금까지 선언했던 유일한 서킷 브레이커이기 때문이다.

만일 각 서킷 브레이커를 나타내는 어떤 그래프도 볼 수 없고 **Loading**이라는 단어만 보인다면, 서킷 브레이커로 보호된 메서드의 호출이 아직 없어서 그럴 것이다. 이때는 서킷 브레이커로 보호된 메서드를 호출하는 서비스(여기서는 식자재 서비스)에 요청을 해야만 해당 메서드의 서킷 브레이커 메트릭이 대시보드에 나타난다. 그림 15.3의 오른쪽 위에 나타난 서킷 브레이커 모니터를 자세히 보면 그림 15.4와 같다(여기에는 식자재 서비스에 여러 번 요청하여 수집된 서킷 브레이커 정보가 있다).

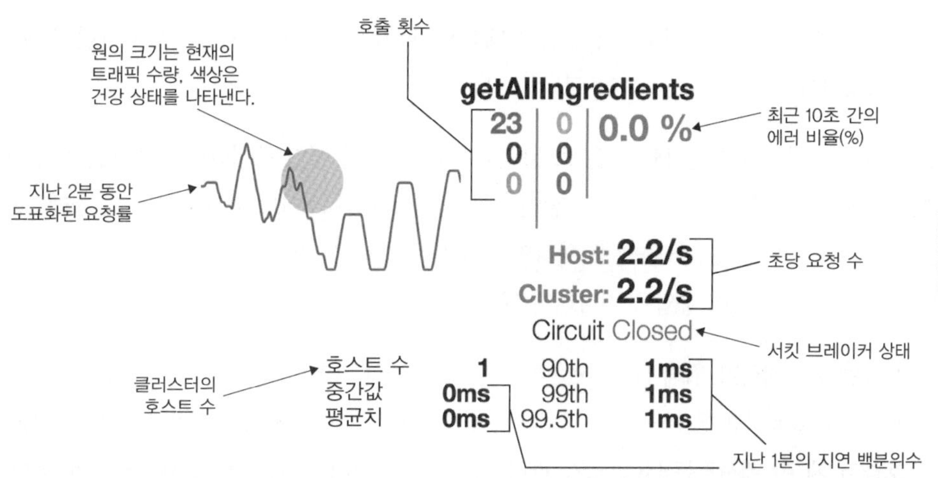

그림 15.4 각 서킷 브레이커 모니터는 해당 서킷 브레이커의 현재 상태에 관련된 유용한 정보를 제공한다

모니터에서 가장 주목할 만한 부분은 왼쪽 위 모서리의 그래프다. 선 그래프는 지정된 메서드의 지난 2분 동안의 트래픽을 나타내며, 메서드가 얼마나 바쁘게 실행되었는지 간략하게 보여준다.

그래프의 배경에는 크기와 색상이 수시로 변동되는 원이 있다. 원의 크기는 현재의 트래픽 수량을 나타내며, 트래픽 수량이 증가하면 원이 커진다. 원의 색상은 해당 서킷 브레이커의 건강 상태를 나타낸다. 초록색은 건강함을 나타내고, 노란색은 가끔 실패하는 서킷 브레이커를 나타내며, 빨간색은 실패한 서킷 브레이커를 나타낸다.

모니터의 오른쪽 위에서는 다양한 카운터를 세 열로 보여준다. 왼쪽 열의 위에서부터 첫 번째 번호는 현재 성공한 호출 횟수, 두 번째 번호는 숏-서킷short-circuited 요청 횟수, 그리고 마지막 번호는 잘못된 요청의 횟수를 나타낸다. 중간 열의 제일 위 번호는 타임아웃된 요청 횟수, 그 아래 번호는 스레드 풀이 거부한 횟수, 제일 아래의 번호는 실패한 요청 횟수를 나타낸다. 그리고 제일 오른쪽 열은 지난 10초간의 에러 비율(%)을 나타낸다.

카운터 아래에는 호스트와 클러스터의 초당 요청 수를 나타내는 두 개의 숫자가 있다. 다시 그 아래에는 해당 서킷 브레이커의 상태가 있다. 모니터의 제일 아래에는 지연 시간의 중간값과 평균치 및 백분위 수(90번째, 99번째, 99.5번째)를 보여준다.

15.3.2 Hystrix 스레드 풀 이해하기

어떤 메서드가 자신의 일을 수행하는 데 너무 오랜 시간이 걸리는 경우를 생각해 보자. 아마도 이 메서드가 다른 서비스에 HTTP 요청을 하고 있는데 해당 서비스의 응답이 느려서 그럴 것이다. 이 경우 해당 서비스가 응답할 때까지 Hystrix는 응답을 기다리면서 관련 스레드를 블로킹한다.

만일 그런 메서드가 호출자와 같은 스레드의 컨텍스트에서 실행 중이라면 호출자는 오래 실행되는 메서드로부터 벗어날 기회가 없다. 게다가 블로킹된 스레드가 제한된 수의 스레드(예를 들어, 톰캣의 요청 처리 스레드) 중 하나인데 문제가 계속 생긴다면, 사용 가능한 모든 스레드가 포화 상태가 되어 응답을 기다리게 된다.

이런 상황을 방지하기 위해 Hystrix는 각 의존성 모듈의 스레드 풀을 할당한다(예를 들어, 하나 이상의 Hystrix 명령 메서드를 갖는 각 스프링 빈을 위해). 그리고 Hystrix 명령 메서드 중 하나가 호출될 때 이 메서드는 Hystrix가 관리하는 스레드 풀의 스레드(호출 스레드와 분리된)에서 실행된다. 따라서 이 메서드가 너무 오래 걸린다면 호출 스레드는 해당 호출을 포기하고 벗어날 수 있으므로 잠재적인 스레드 포화를 Hystrix가 관리하는 스레드 풀에 고립시킬 수 있다.

앞에 나왔던 그림 15.3에서는 서킷 브레이커 모니터에 추가하여 Thread Pools라는 제목의 또 다른 모니터를 제일 아래에 보여주었다. 거기에는 Hystrix가 관리하는 각 스레드 풀의 모니터가 포함된다. 그림 15.5에서는 각 스레드 풀 모니터를 보여준다. 중앙의 헤더는 보여주는 데이터가 무엇인지를 나타낸다.

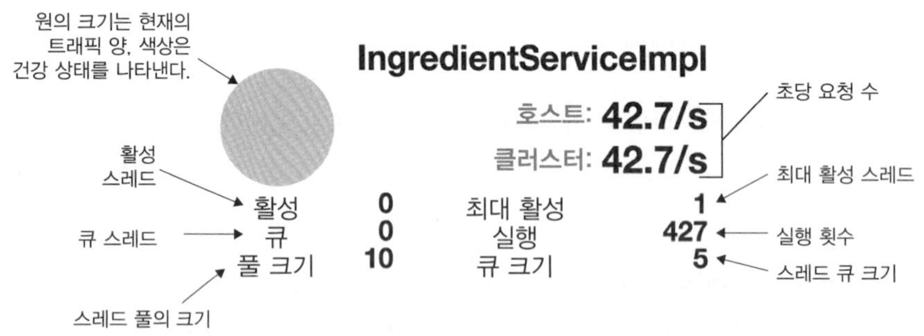

그림 15.5 스레드 풀 모니터는 Hystrix가 관리하는 각 스레드 풀에 관한 중요한 통계 데이터를 보여준다

서킷 브레이커 모니터와 흡사하게, 각 스레드 풀 모니터에는 왼쪽 위 모서리에 원이 있다. 이 원의 크기와 색상은 해당 스레드 풀이 현재 얼마나 활성적인지와 건강 상태를 나타낸다. 그러나 서킷 브레이커 모니터와 다르게, 스레드 풀 모니터는 지난 몇 분 동안의 스레드 풀 활동을 나타내는 선 그래프를 보여주지 않는다.

스레드 풀의 이름은 오른쪽 위 모서리(스레드 풀에 있는 스레드에 의해 처리되는 초당 요청 수를 보여주는 통계 위)에 나타난다. 스레드 풀 모니터의 왼쪽 아래 모서리는 다음 정보들을 보여준다.

- **활성 스레드 카운트:** 활성 스레드의 현재 개수
- **큐 스레드 카운트:** 현재 큐에 있는 스레드 개수. 기본적으로 큐가 비활성화되어 있으므로 이 값은 항상 0이다.
- **풀 크기:** 스레드 풀에 있는 스레드 개수

그리고 오른쪽 아래 모서리에는 스레드 풀에 관한 다음 정보들을 보여준다.

- **최대 활성 스레드 카운트:** 샘플링 시간 동안의 최대 활성 스레드 개수
- **실행 횟수:** Hystrix 명령의 실행을 처리하기 위해 스레드 풀의 스레드가 호출된 횟수
- **큐 크기:** 스레드 풀 큐의 크기. 스레드 큐는 기본적으로 비활성화되어 있으므로 이 값은 의미가 없다.

스레드 풀의 대안으로 **semaphore isolation**(세마포어 격리)의 사용을 고려해볼 만하다. 그러나 semaphore isolation은 Hystrix의 더 고급 활용이므로 이 책의 범위를 벗어난다. 더 자세한 정보는 Hystrix 문서를 참고하자.

이제는 Hystrix 대시보드의 사용법을 알게 되었다. 지금부터는 Hystrix 대시보드에서 보기 위해 서킷 브레이커의 여러 스트림을 하나의 스트림으로 종합하는 방법을 알아본다.

15.4 다수의 Hystrix 스트림 종합하기

Hystrix 대시보드는 한 번에 하나의 Hystrix 스트림만 모니터링할 수 있다. 애플리케이션에 있는 마이크로서비스의 인스턴스는 자신의 Hystrix 스트림만을 발행하므로 애플리케이션 전체의 건강 상태 정보를 얻는 것은 불가능하다.

그러나 다행히도 또다른 Netflix 프로젝트인 Turbine이 모든 마이크로서비스로부터 모든 Hystrix 스트림을 Hystrix 대시보드가 모니터링할 수 있는 하나의 스트림으로 종합하는 방법을 제공한다. 스프링 클라우드 Netflix는 다른 스프링 클라우드 서비스 생성과 유사한 방법을 사용해서 Turbine 서비스의 생성을 지원한다. Turbine 서비스를 생성하려면, 새로운 스프링 부트 프로젝트를 생성하고 Turbine 스타터 의존성을 빌드에 포함시키야 한다. 이때는 프로젝트의 메이븐 pom.xml 파일에 있는 `<dependencies>` 블록 아래에 다음을 추가하면 된다.[33]

33 스프링 부트 Initializr를 사용해서 프로젝트를 생성할 때는 Turbine 체크박스를 선택하면 된다.

```xml
<dependency>
  <groupId>org.springframework.cloud</groupId>
  <artifactId>spring-cloud-starter-netflix-turbine</artifactId>
</dependency>
```

프로젝트가 생성되었으면 Turbine을 활성화해야 한다. 이때는 애플리케이션의 메인 구성 클래스에 @EnableTurbine 애노테이션을 지정한다.

```java
@SpringBootApplication
@EnableTurbine
public class TurbineServerApplication {
  public static void main(String[] args) {
    SpringApplication.run(TurbineServerApplication.class, args);
  }
}
```

개발 시에는 로컬 컴퓨터에서 타코 클라우드 애플리케이션의 다른 서비스들과 함께 Turbine을 실행한다. 따라서 다른 서비스와의 포트 충돌을 막기 위해 Turbine의 포트 번호를 고유한 것으로 선택해야 한다. Turbine 애플리케이션 프로젝트의 application.yml 파일에서 server.port 속성을 고유한 값으로 설정하자. 여기서는 다음과 같이 8989로 설정하였다.

```yaml
server:
  port: 8989
```

이제는 다수의 마이크로서비스로부터 Hystrix 스트림이 소비되면 서킷 브레이커 메트릭들이 Turbine에 의해 하나의 Hystrix 스트림으로 종합될 것이다. Turbine은 유레카의 클라이언트로 작동하므로 Hystrix 스트림을 종합할 서비스들을 유레카에서 찾는다. 그러나 유레카에 등록된 모든 서비스의 Hystrix 스트림을 종합하지는 않는다. 따라서 Hystrix 스트림을 종합할 서비스들을 알 수 있게 Turbine을 구성해야 한다. 이때 turbine.app-config 속성을 설정한다.

turbine.app-config 속성에는 Hystrix 스트림을 종합하기 위해 유레카에서 찾을 서비스 이름들을 설정한다(쉼표를 구분자로 사용하여 여러 개를 지정할 수 있다). 타코 클라우드의 경우는 유레카에 등록된 4개 서비스의 Hystrix 스트림을 Turbin이 종합해야 하므로 ingredient-service, taco-service, order-service, user-service로 설정한다. 다음과 같이 Turbine 애플리케이션 프로젝트의 application.yml 파일에 turbine.app-config 속성을 설정하면 된다.

```
turbine:
  app-config: ingredient-service, taco-service, order-service, user-service
  cluster-name-expression: "'default'"
```

turbine.app-config 속성에 추가하여 turbine.cluster-nameexpression 속성도 'default'로 설정해야 한다. 이것은 이름이 default인 클러스터에 있는 모든 종합될 스트림을 Turbine이 수집해야 한다는 것을 나타낸다. 이 클러스터 이름을 설정하는 것은 중요하다. 만일 설정하지 않으면, 지정된 애플리케이션(마이크로서비스)들로부터 종합될 어떤 스트림 데이터도 Turbine 스트림에 포함되지 않기 때문이다.

Turbine 서버 애플리케이션을 빌드하고 실행한 후에 Hystrix 대시보드 홈페이지에서 **http://localhost:8989/turbine.stream**을 텍스트 상자에 입력하고(Delay와 Title은 각자 알아서 설정한다) **Monitor Stream** 버튼을 클릭하면 그림 15.6과 같은 Hystrix 스트림 모니터 페이지가 나타난다. 이제는 지정된 모든 애플리케이션의 모든 서킷 브레이커가 서킷 브레이커 대시보드에 나타날 것이다.

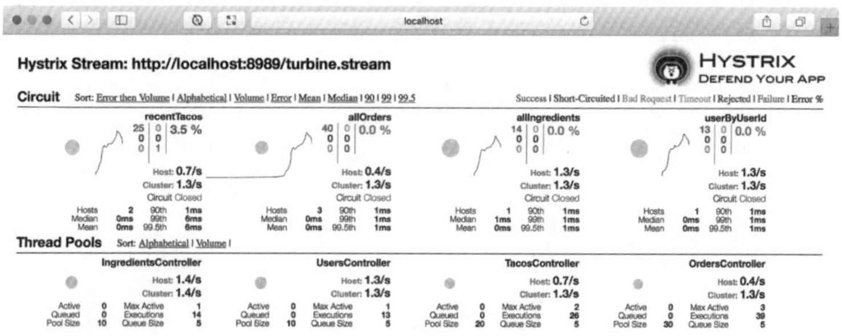

그림 15.6 집계된 Turbine 스트림을 지정하면 Hystrix 대시보드가 모든 서비스의 모든 서킷 브레이커를 보여준다

이제는 Hystrix 대시보드가 마이크로서비스에 있는 모든 서킷 브레이커의 건강 상태 정보를 보여준다. Turbine 덕분에 타코 클라우드 애플리케이션에 있는 서킷 브레이커들의 건강 상태를 한곳에서 모니터링할 수 있게 되었다.

지금부터는 이번 장에서 알아본 Hystrix 서킷 브레이커와 대시보드 및 Turbine을 사용한 식자재 클라이언트 서비스를 빌드하고 실행해 볼 것이다.

15.5 Hystrix와 Turbine을 사용한 식자재 클라이언트 서비스 빌드 및 실행하기

우선, STS가 실행 중이라면 STS를 종료하자. 그리고 각자 STS 작업 영역 디렉터리에 생성한 .metadata 서브 디렉터리를 삭제하자(이전의 다른 프로젝트를 열고 사용할 때 남아 있던 정보로 인한 오류 발생 가능성을 방지하기 위함이다).

그리고 이 책의 다운로드 코드(다운로드하는 방법은 이 책 맨 앞에 있는 '이 책에 대하여'를 참고)에서 Ch15 서브 디렉터리를 각자 STS 작업 영역 디렉터리 아래에 복사하자. 여기서는 C:\Spring5-In-Action을 STS 작업 영역으로 지정하였고 15장의 모든 코드가 있는 Ch15 서브 디렉터리를 이 아래에 복사한 것으로 간주한다.

STS 메뉴의 **File ⇨ Open Projects from File System...**을 선택하면 그림 15.7의 대화상자가 나타난다.

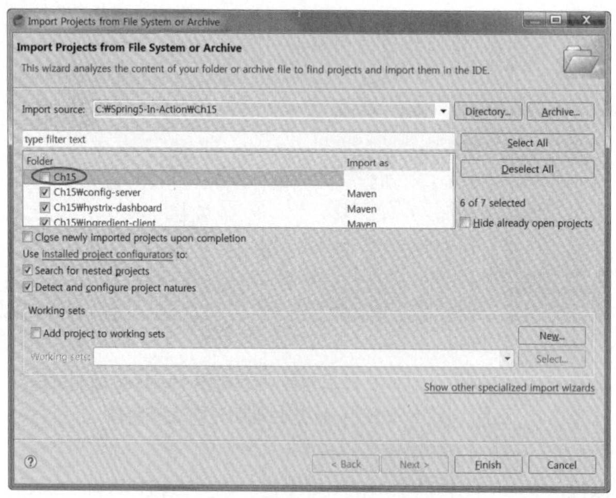

그림 15.7 **프로젝트 열기 대화상자**

Directory... 버튼을 클릭하여 나타나는 대화상자에서 **Ch15 서브 디렉터리**를 선택하면 잠시 후에 STS가 그림 15.7처럼 이 디렉터리의 모든 프로젝트 폴더를 찾아 보여준다. 여기서는 Ch15만 체크를 해제하고 나머지 여섯 개의 폴더는 선택된 상태로 둔다. 그 다음에 **Finish** 버튼을 클릭하면 STS가 여섯 개의 프로젝트를 열고 그림 15.8과 같이 패키지 탐색기 창에 보여준다(**각 항목 왼쪽의 화살표**를 클릭하면 항목을 확장 또는 축소해서 볼 수 있다).

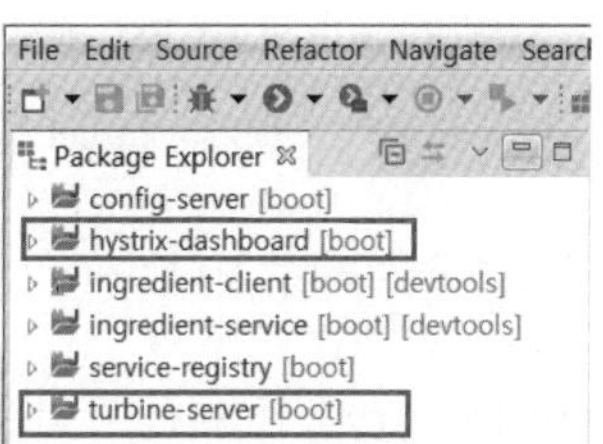

그림 15.8 **여섯 개의 프로젝트가 열린 패키지 탐색기 창**

여기서 hystrix-dashboard와 turbine-server는 이번 장에서 추가된 Hystrix 대시보드와 Turbine 서버이며, 나머지 4개의 프로젝트는 13장과 14장에서 추가했던 프로젝트들과 동일하다. 단, ingredient-client의 `resttemplate` 패키지에 있는 IngredientServiceClient 클래스의 `getIngredientById()` 메서드와 `getAllIngredients()` 메서드는 이번 장에서 설명한 대로 Hystrix 서킷 브레이커를 설정하기 위해 수정되었으며(`@HystrixCommand()`가 지정됨), 폴백 메서드인 `getDefaultIngredients()`와 `getDefaultIngredientDetails()`가 추가되었다.

(`IngredientServiceClient` 클래스는 ingredient-client/src/main/java/tacos/ingredientclient/resttemplate 아래에 있다.)

지금부터는 각 프로젝트를 빌드하고 실행해 볼 것이다.

그림 6.12와 6.13에 설명한 대로 앵귤러 퍼스펙티브로 전환한다. 그리고 터미널 창이 열려 있지 않다면 STS 메뉴의 **Window** ⇨ **Show View** ⇨ **Terminal+**를 선택하여 열자.

Project 드롭다운에서 **service-registry**를 선택하고, **+** 버튼을 클릭하여 새로운 터미널 창을 열면 셸 프롬프트가 나타난다. 다음과 같이 명령을 입력하여 실행시키자.

```
$ ./mvnw clean package
```

계속해서 Project 드롭다운에서 **config-server**를 선택하고 **+** 버튼을 클릭하여 새로운 터미널 창을 열고 동일한 명령을 입력하여 실행한다.

```
$ ./mvnw clean package
```

같은 방법으로 hystrix-dashboard, turbine-server, ingredient-service, ingredient-client를 차례대로 빌드한다. (만일 빌드 에러가 생길 때는 다시 빌드하면 된다.)

모든 프로젝트가 성공적으로 빌드되면(BUILD SUCCESS 메시지가 나타나야 한다) 여섯 개의 프로젝트가 각각 jar 파일로 생성된다(각 프로젝트 폴더의 target 폴더 아래에 있다).

이제는 각 애플리케이션을 차례대로 실행시켜야 한다.

우선 Project 드롭다운에서 **service-registry**를 선택하고 다음과 같이 서비스 레지스트리 애플리케이션을 실행하자. 정상적으로 실행되면 'Tomcat started on port(s): 8761 (http) with context path ' ''라는 메시지와 'Started Eureka Server' 메시지가 끝 부분에 나올 것이다. 이로써 서비스 레지스트리로 사용하는 유레카 서버가 시작되어 8761 포트를 리스닝한다.

```
$ java -jar target/service-registry-0.0.15-SNAPSHOT.jar
```

다음은 구성 서버를 시작해야 하므로 Project 드롭다운에서 **config-server**를 선택하고 다음과 같이 구성 서버를 실행하자. 정상적으로 실행되면 'Tomcat started on port(s): 8888 (http) with context path ' ''라는 메시지와 'Started ConfigServerApplication in 11.016 seconds (JVM running for 11.748)' 메시지가 끝 부분에 나올 것이다. 이로써 구성 서버가 시작되어 8888 포트를 리스닝한다.

```
$ java -jar target/config-server-0.0.15-SNAPSHOT.jar
```

계속해서 Hystrix 서비스를 시작해야 하므로 Project 드롭다운에서 **hystrix-dashboard**를 선택하고 다음과 같이 실행하자. 정상적으로 실행되면 'Tomcat started on port(s): 7979 (http) with context path ' ''라는 메시지와 'Started HystrixDashboardApplication in 7.617 seconds (JVM running for 8.336)' 메시지가 끝 부분에 나올 것이다. 이로써 Hystrix 서비스가 시작되어 7979 포트를 리스닝한다.

```
$ java -jar target/hystrix-dashboard-0.0.15-SNAPSHOT.jar
```

계속해서 Turbine 서버를 시작해야 하므로 Project 드롭다운에서 **turbine-server**를 선택하고 다음과 같이 실행하자. 정상적으로 실행되면 'Tomcat started on port(s): 8989 (http) with context path ' ''라는 메시지와 'Started TurbineServerApplication in 50.632 seconds (JVM running for 51.506)' 메시지가 끝 부분에 나올 것이다. 이로써 Turbine 서버가 시작되어 8989 포트를 리스닝한다.

```
$ java -jar target/turbine-server-0.0.15-SNAPSHOT.jar
```

계속해서 Project 드롭다운에서 **ingredient-service**를 선택하고 다음과 같이 마이크로서비스 애플리케이션을 실행하자. 정상적으로 실행되면 'Started IngredientServiceApplication in 82.996 seconds (JVM running for 83.736)'과 같은 메시지가 끝 부분에 나타날 것이다. 이 마이크로서비스 애플리케이션은 무작위로 선택된 포트를 리스닝한다. 유레카 서버를 통해서 찾아 사용되기 때문이다.

```
$ java -jar target/ingredient-service-0.0.15-SNAPSHOT.jar
```

마지막으로 Project 드롭다운에서 **ingredient-client**를 선택하고 다음과 같이 서비스 클라이언트 애플리케이션을 실행하자. 정상적으로 실행되면 'Started IngredientClientApplication in 179.202 seconds (JVM running for 180.998)'과 같은 메시지가 끝 부분에 나타날 것이다. 이 서비스 클라이언트 애플리케이션은 8080 포트를 리스닝한다.

```
$ java -jar target/ingredient-client-0.0.15-SNAPSHOT.jar
```

또한, 'DiscoveryClient_INGREDIENT-CLIENT/192.168.0.6:ingredient-client:8080: registering service...'라는 메시지도 끝 부분에 있을 것이다. 이것은 ingredient-client의 인스턴스가 유레카 서버에 등록되었다는 것을 나타낸다.

이제는 Hystrix 대시보드와 Turbine 서버를 사용할 준비가 되었다(여러 종류의 서버가 실행 중이므로 시스템이 조금 느려질 수 있다는 것을 감안하자). Project 드롭다운에서 선택한 터미널 창은 해당 애플리케이션의 서버 콘솔이 되므로 우리가 원하는 작업이 처리되었는지 해당 터미널 창에서 확인할 수 있으며, 해당 서버를 종료할 때는 **Ctrl+C**(윈도우 시스템의 경우) 키를 누르면 된다.

이미 얘기했듯이, ingredient-client/src/main/java/tacos/ingredientclient/resttemplate 아래에 있는 `IngredientServiceClient` 클래스의 `getIngredientById()` 메서드와 `getAllIngredients()` 메서드는 이번 장에서 설명한 대로 Hystrix 서킷 브레이커를 설정하기 위해 수정되었으며(`@HystrixCommand()`가 지정됨), 폴백 메서드인 `getDefaultIngredients()`와 `getDefaultIngredientDetails()`가 추가되었다. 따라서 특정 또는 모든 식자재의 조회와 관련된 애플리케이션의 건강 상태를 Hystrix 대시보드와 Turbine 서버를 사용해서 실

시간으로 모니터링할 수 있다.

우선, 웹 브라우저에서 http://localhost:7979/hystrix에 접속하면 그림 15.9와 같이 Hystrix 대시보드 홈페이지가 나타난다

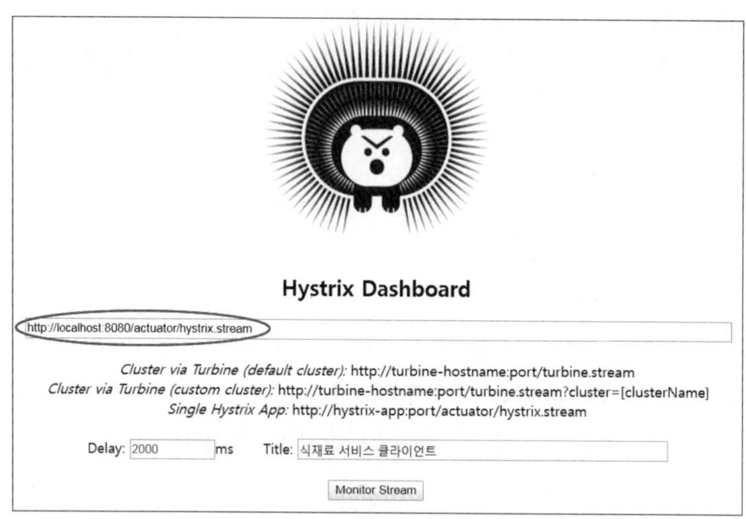

그림 15.9 Hystrix 대시보드 홈페이지

서킷 브레이커로 보호되는 메서드는 ingredient-client(식자재 서비스 클라이언트)의 `IngredientServiceClient` 클래스에 있다. 그리고 ingredient-client는 localhost의 8080 포트를 리스닝하므로 타원으로 표시된 텍스트 상자에 **http://localhost:8080/actuator/hystrix.stream**을 입력하고 Title 필드에는 **'식자재 서비스 클라이언트'**를 입력한다(그림 15.9).

Monitor Stream 버튼을 클릭하면 그림 15.10의 Hystrix 스트림 모니터 페이지가 나타난다.

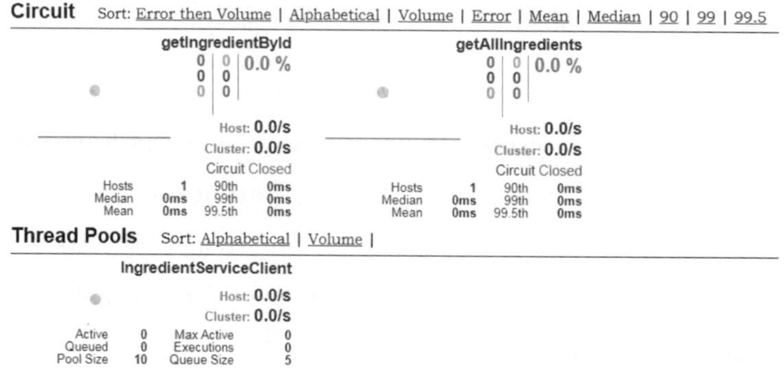

그림 15.10 Hystrix 스트림 모니터 페이지

그러나 서킷 브레이커가 설정된 `getIngredientById()` 메서드와 `getAllIngredients()` 메서드가 아직 한 번도 호출되지 않았으므로 호출 횟수는 0이다.

식자재 서비스 클라이언트를 사용하기 위해 웹 브라우저에서 새로운 창을 열고 http://localhost:8080/ingredients에 접속하면 그림 15.11의 식자재 내역을 보여주는 페이지가 나타난다.

그림 15.11 **식자재 내역 페이지**

새로고침 키(F5)를 여러 번 눌러서 서킷 브레이커가 설정된 `getAllIngredients()` 메서드가 여러 번 호출되게 한다. 그리고 가급적 빨리 웹 브라우저의 Hystrix 스트림 모니터 페이지(그림 15.10) 창으로 전환한다. 그러면 그림 15.12처럼 `getAllIngredients()` 메서드의 호출 횟수가 나타난다.

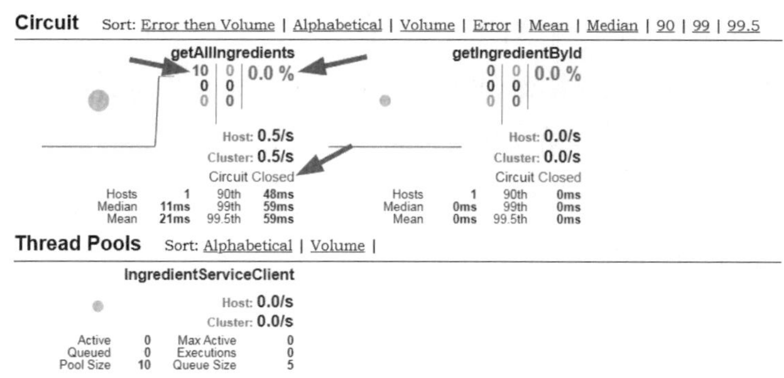

그림 15.12 **`getAllIngredients()` 메서드 호출 후의 Hystrix 스트림 모니터 페이지**

여기서는 `getAllIngredients()` 메서드의 호출 횟수가 10이고 에러율은 0%이며, 서킷 브레이커가 정상적인 닫힘 상태인 것을 보여준다.

그림 15.11의 페이지에서 왼쪽의 **식자재** 중 하나를 선택하여 식자재 상세 페이지로 이동한다. **새로고침** 키(F5)를 여러 번 눌러서 서킷 브레이커가 설정된 `getIngredientById()` 메서드가 여러 번 호출되게 한다. 그리고 가급적 빨리 웹 브라우저의 Hystrix 스트림 모니터 페이지(그림 15.10) 창으로 전환하면 이번에는 `getIngredientById()` 메서드의 호출 횟수가 나타날 것이다.

다음은 집계된 Turbine 스트림을 지정하여 모든 서킷 브레이커의 상태를 모니터링해 보자.

그림 15.9의 Hystrix 대시보드 홈페이지에서 타원으로 표시된 텍스트 상자에 **http:/localhost:8989/turbine.stream**을 입력하고 **'Monitor Stream'** 버튼을 클릭하면 그림 15.10의 Hystrix 스트림 모니터 페이지가 나타난다. 그다음에 그림 15.11처럼 식자재를 여러 번 조회하면 그림 15.12처럼 메서드 호출 횟수가 나타날 것이다. 여기서는 두 개의 메서드에만 서킷 브레이커가 지정되었으므로 나타나는 페이지는 동일하다.

요약

- 서킷 브레이커 패턴은 유연한 실패 처리를 할 수 있다.
- Hystrix는 매서드가 실행에 실패하거나 너무 느릴 때 폴백 처리를 활성화하는 서킷 브레이커 패턴을 구현한다.
- Hystrix가 제공하는 각 서킷 브레이커는 애플리케이션의 건강 상태를 모니터링할 목적으로 Hystrix 스트림의 메트릭을 발행한다.
- Hystrix 스트림은 Hystrix 대시보드가 소비할 수 있다. Hystrix 대시보드는 서킷 브레이커 메트릭을 보여주는 웹 애플리케이션이다.
- Turbine은 여러 애플리케이션의 Hystrix 스트림들을 하나의 Hystrix 스트림으로 종합하며, 종합된 Hystrix 스트림은 Hystrix 대시보드에서 볼 수 있다.

PART

5

스프링 배포

5부에서는 스프링 부트 애플리케이션의 모니터링과 관리 및 배포에 관련된 중요한 내용을 알아본다.

우선, 16장에서는 스프링 부트 액추에이터(Actuator)를 소개한다. 액추에이터는 실행 중인 스프링 애플리케이션의 내부 정보를 REST 엔드포인트와 JMX MBeans로 노출시키는 스프링 부트의 확장 모듈이다. 17장에서는 스프링 부트 Admin을 사용해서 브라우저 기반의 사용자 친화적인 관리 애플리케이션을 액추에이터의 상위 계층에 작성하는 방법을 알아본다. 이때 클라이언트 애플리케이션을 Admin 서버에 등록하는 방법과 Admin 서버의 보안을 처리하는 방법을 알게 될 것이다. 18장에서는 스프링 빈을 JMX MBeans로 노출시키고 사용하는 방법을 알아본다. 마지막으로 19장에서는 스프링 애플리케이션을 다양한 프로덕션 환경에 배포하는 방법을 알아본다. 자바 기반 애플리케이션을 배포해 본 경험이 있는 사람들은 별것 아닌 것처럼 보일 수 있겠지만, 스프링 부트 애플리케이션을 배포할 때는 추가로 알아둘 것이 있다.

PART 5

Deployed Spring

CHAPTER

16

스프링 부트 액추에이터 사용하기

이 장에서 배우는 내용

- 스프링 부트 프로젝트에 액추에이터 활성화하기
- 액추에이터 엔드포인트 살펴보기
- 액추에이터 커스터마이징
- 액추에이터 보안 처리하기

포장된 선물꾸러미 안에 무엇이 있는지 추측해본 적이 있는가? 선물꾸러미를 흔들어 보고, 무게를 달아보고, 크기를 재본다. 그러면 안에 든 선물에 관해 확신할 수도 있을 것이다. 그러나 열어 보기 전까지는 확실하게 알 수 있는 방법이 없다.

실행 중인 애플리케이션은 포장된 선물과 유사하다. 애플리케이션의 이곳저곳을 살펴보고 내부에서 무슨 일이 생기는지 추측할 수 있다. 그러나 어떻게 하면 확실하게 알 수 있을까? 만일 실행 중인 애플리케이션의 내부를 볼 수 있는 방법이 있다면 어떻게 작동하는지 알아보고, 건강 상태를 확인하고, 실행에 영향을 주는 오퍼레이션도 수행할 수 있을 것이다.

이번 장에서는 스프링 부트의 액추에이터Actuator를 살펴볼 것이다. 액추에이터는 스프링 부트 애플리케이션의 모니터링이나 메트릭metric과 같은 기능을 HTTP와 JMX 엔드포인트endpoint를 통해 제공한다. 이번 장에서는 HTTP 엔드포인트를 중점적으로 살펴보고 18장에서는 JMX 엔드포인트를 알아본다.

16.1 액추에이터 개요

기계 장치에서 액추에이터는 메커니즘을 제어하고 작동시키는 부품이다. 스프링 부트 애플리케이션에서는 스프링 부트 액추에이터가 그와 같은 역할을 수행한다. 즉, 실행 중인 애플리케이션의 내부를 볼 수 있게 하고, 어느 정도까지는 애플리케이션의 작동 방법을 제어할 수 있게 한다.

액추에이터가 노출하는 엔드포인트를 사용하면 실행 중인 스프링 부트 애플리케이션의 내부 상태에 관한 것을 알 수 있다. 예를 들면, 다음과 같다.

- 애플리케이션 환경에서 사용할 수 있는 구성 속성들
- 애플리케이션에 포함된 다양한 패키지의 로깅 레벨logging level
- 애플리케이션이 사용 중인 메모리
- 지정된 엔드포인트가 받은 요청 횟수
- 애플리케이션의 건강 상태 정보

스프링 부트 애플리케이션에 액추에이터를 활성화하려면 액추에이터의 스타터 의존성을 빌드에 추가해야 한다. 이때 프로젝트의 pom.xml 파일에 있는 <dependencies> 블록 아래에 다음을 추가하면 된다.

```
<dependency>
  <groupId>org.springframework.boot</groupId>
  <artifactId>spring-boot-starter-actuator</artifactId>
</dependency>
```

이처럼 액추에이터 스타터가 프로젝트 빌드의 일부가 되면 애플리케이션에서 여러 가지 액추에이터 엔드포인트를 사용할 수 있다(표 16.1).

표 16.1 실행 중인 스프링 부트 애플리케이션의 내부 상태를 볼 수 있는 액추에이터 엔드포인트

HTTP 메서드	경로	설명	기본적으로 활성화되는가?
GET	/auditevents	호출된 감사(audit) 이벤트 리포트를 생성한다.	No
GET	/beans	스프링 애플리케이션 컨텍스트의 모든 빈을 알려준다.	No
GET	/conditions	성공 또는 실패했던 자동-구성 조건의 내역을 생성한다.	No
GET	/configprops	모든 구성 속성들을 현재 값과 같이 알려준다.	No

표 16.1 실행 중인 스프링 부트 애플리케이션의 내부 상태를 볼 수 있는 액추에이터 엔드포인트 (계속)

HTTP 메서드	경로	설명	기본적으로 활성화되는가?
GET, POST, DELETE	/env	스프링 애플리케이션에 사용할 수 있는 모든 속성 근원과 이 근원들의 속성을 알려준다.	No
GET	/env/{toMatch}	특정 환경 속성의 값을 알려준다.	No
GET	/health	애플리케이션의 건강 상태 정보를 반환한다.	Yes
GET	/heapdump	힙(heap) 덤프를 다운로드한다.	No
GET	/httptrace	가장 최근의 100개 요청에 대한 추적 기록을 생성한다.	No
GET	/info	개발자가 정의한 애플리케이션에 관한 정보를 반환한다.	Yes
GET	/loggers	애플리케이션의 패키지 리스트(각 패키지의 로깅 레벨이 포함된)를 생성한다.	No
GET, POST	/loggers/{name}	지정된 로거의 로깅 레벨(구성된 로깅 레벨과 유효 로깅 레벨 모두)을 반환한다. 유효 로깅 레벨은 HTTP POST 요청으로 설정될 수 있다.	No
GET	/mappings	모든 HTTP 매핑과 이 매핑들을 처리하는 핸들러 메서드들의 내역을 제공한다.	No
GET	/metrics	모든 메트릭 리스트를 반환한다.	No
GET	/metrics/{name}	지정된 메트릭의 값을 반환한다.	No
GET	/scheduledtasks	스케쥴링된 모든 태스크의 내역을 제공한다.	No
GET	/threaddump	모든 애플리케이션 스레드의 내역을 반환한다.	No

표 16.1에서 /heapdump를 제외한 모든 액추에이터 엔드포인트는 HTTP 기반 엔드포인트에 추가하여 JMX MBeans로도 노출된다. JMX 엔드포인트는 18장에서 살펴볼 것이다.

16.1.1 액추에이터의 기본 경로 구성하기

기본적으로 표 16.1에 있는 모든 엔드포인트의 경로에는 /actuator가 앞에 붙는다. 예를 들어, 액추에이터로부터 애플리케이션의 건강 상태 정보를 가져오고 싶을 때는 /actuator/health의 GET 요청을 하면 된다.

액추에이터의 기본 경로(/actuator)는 `management.endpoint.web.base-path` 속성을 설정하여 변경할 수 있다. 예를 들어, 기본 경로를 /management로 변경하고 싶다면 다음과 같이 `management.endpoints.web.base-path` 속성을 application.yml 파일에 설정하면 된다(application.yml 파일은 애플리케이션 프로젝트의 /src/main/resources 아래에 있으며, 없으면 새로 생성한다).

```
management:
  endpoints:
    web:
      base-path: /management
```

이렇게 된 후에 애플리케이션의 건강 상태 정보를 얻을 때는 /management/health의 GET 요청을 해야 한다.

16.1.2 액추에이터 엔드포인트의 활성화와 비활성화

표 16.1을 보면 /health와 /info 엔드포인트만 기본적으로 활성화되는 것을 알 수 있다. 대부분의 액추에이터 엔드포인트는 민감한 정보를 제공하므로 보안 처리가 되어야 하기 때문이다. 물론 스프링 시큐리티를 사용해서 액추에이터를 보안 처리할 수 있다. 그러나 액추에이터 자체로는 보안 처리가 되어 있지 않으므로 대부분의 엔드포인트가 기본적으로 비활성화되어 있다.

엔드포인트의 노출 여부를 제어할 때는 `management.endpoints.web.exposure.include`와 `management.endpoints.web.exposure.exclude` 구성 속성을 사용할 수 있다. `management.endpoints.web.exposure.include` 속성을 사용하면 노출을 원하는 엔드포인트를 지정할 수 있다. 예를 들어, health, /info, /beans, /conditions 엔드포인트만 노출하고 싶다면 다음과 같이 지정하면 된다.

```
management:
  endpoints:
    web:
      exposure:
        include: health,info,beans,conditions
```

`management.endpoints.web.exposure.include` 속성은 와일드카드인 별표(*)도 허용한다. 이것은 모든 액추에이터 엔드포인트가 노출되어야 한다는 것을 나타낸다.

```
management:
  endpoints:
    web:
      exposure:
        include: '*'
```

만일 일부 엔드포인트를 제외한 모든 엔드포인트를 노출하고 싶다면, 와일드카드로 모든 엔드포인트를 포함시킨 후 일부만 제외하면 쉽게 할 수 있다. 예를 들어, /threaddump와 /heapdump 를 제외한 모든 액추에이터 엔드포인트를 노출한다면 다음과 같이 management.endpoints.web.exposure.include와 management.endpoints.web.exposure.exclude 속성을 설정하면 된다.

```
management:
  endpoints:
    web:
      exposure:
        include: '*'
        exclude: threaddump,heapdump
```

기본적으로 활성화되는 /health와 /info 외에 더 많은 다른 엔드포인트를 노출해야 한다면 다른 엔드포인트의 접근을 제한하기 위해 스프링 시큐리티를 구성하는 것이 좋다. 액추에이터 엔드포인트를 보안 처리하는 방법은 16.4에서 알아볼 것이다. 일단 지금은 액추에이터가 노출한 HTTP 엔드포인트를 소비(사용)하는 방법을 알아본다.

16.2 액추에이터 엔드포인트 소비하기

액추에이터는 실행 중인 애플리케이션의 흥미롭고 유용한 정보를 표 16.1의 HTTP 엔드포인트를 통해 제공한다. 그리고 HTTP 엔드포인트이므로 다른 REST API처럼 브라우저 기반의 자바스크립트 애플리케이션 또는 명령행에서 curl을 클라이언트로 사용하여 소비할 수 있다(curl은 사용 중인 운영체제와 무관하게 6장의 그림 6.17처럼 STS의 터미널 창에서 실행할 수 있다).

이번 장에서는 명령행에서 curl을 클라이언트로 사용하여 액추에이터 엔드포인트를 살펴볼 것이다. 그리고 17장에서는 액추에이터 엔드포인트의 상위 계층으로 사용자 친화적 웹 애플리케이션을 사용하는 스프링 부트 Admin을 알아볼 것이다.

액추에이터가 제공하는 엔드포인트에는 어떤 것들이 있는지 알아보기 위해 액추에이터의 기본 경로에 대해 GET 요청을 하면 각 엔드포인트의 HATEOAS 링크를 응답으로 받을 수 있다. 여기서는 curl을 사용해서 /actuator의 GET 요청을 하였다(응답의 뒷부분은 공간 절약을 위해 생략하였다).

```
$ curl localhost:8081/actuator
{
  "_links": {
```

```
    "self": {
      "href": "http://localhost:8081/actuator",
      "templated": false
    },
    "auditevents": {
      "href": "http://localhost:8081/actuator/auditevents",
      "templated": false
    },
    "beans": {
      "href": "http://localhost:8081/actuator/beans",
      "templated": false
    },
    "health": {
      "href": "http://localhost:8081/actuator/health",
      "templated": false
    },
    ...
  }
}
```

이처럼 액추에이터의 기본 경로로부터 반환된 링크들이 액추에이터가 제공하는 엔드포인트를 나타낸다. 지금부터는 액추에이터의 엔드포인트를 하나씩 살펴볼 것이다. 우선, 애플리케이션의 기본 정보를 제공하는 /health와 /info 엔드포인트부터 알아보자.

16.2.1 애플리케이션 기본 정보 가져오기

의사에게 처음 갈 때는 항상 두 가지의 매우 기본적인 질문을 받는다. 우리가 누구이며, 몸 상태가 어떤지다. 의사나 간호사에 따라 선택하는 단어가 다를 수 있지만, 자기들이 치료하는 사람에 관해, 그리고 방문한 이유를 조금이라도 알고자 하는 것이다.

액추에이터의 /info와 /health 엔드포인트가 응답해 주는 것이 바로 이와 동일한 기본적인 질문에 대한 것이다. /info 엔드포인트는 애플리케이션에 관해 알려주고, /health 엔드포인트는 애플리케이션의 건강 상태를 알려준다.

애플리케이션에 관한 정보 요구하기

실행 중인 스프링 부트 애플리케이션에 관한 정보를 알려면 /info 엔드포인트에 요구하면 된다. /info 엔드포인트가 기본으로 제공하는 정보는 그리 유용하지 않지만, curl을 사용해서 알아보면 다음과 같다.

```
$ curl localhost:8081/actuator/info
{}
```

괄호({}) 속의 응답을 보면 아무 것도 없다. 마치 깨끗한 캔버스처럼 우리가 제공한 정보가 없기 때문이다.

/info 엔드포인트가 반환하는 정보를 제공하는 방법은 몇 가지가 있다. 이중 이름이 `info.`으로 시작하는 하나 이상의 구성 속성을 생성하는 것이 가장 쉬운 방법이다. 예를 들어, /info 엔드포인트의 응답에 이메일과 전화번호를 포함하는 연락처 정보를 포함시키고 싶다고 하자. 이때는 application.yml 파일에 다음 속성을 구성하면 된다.

```
info:
  contact:
    email: support@tacocloud.com
    phone: 822-625-6831
```

`info.contact.email` 속성이나 `info.contact.phone` 속성 모두 스프링 부트나 애플리케이션 컨텍스트의 다른 빈bean에 특별한 의미를 주는 것은 아니다. 그러나 속성 이름이 `info.`으로 시작하므로 이제는 /info 엔드포인트가 다음과 같이 응답한다.

```
{
  "contact": {
    "email": "support@tacocloud.com",
    "phone": "822-625-6831"
  }
}
```

애플리케이션에 관한 유용한 정보를 /info 엔드포인트에 넣는 다른 방법은 16.3.1에서 알아볼 것이다.

애플리케이션의 건강 상태 살펴보기

/health 엔드포인트에 HTTP GET 요청을 하면 애플리케이션의 건강 상태 정보를 갖는 간단한 JSON 응답을 받는다. 예를 들어, curl을 사용해서 /health 엔드포인트의 응답을 받으면 다음과 같다.

```
$ curl localhost:8080/actuator/health
{"status":"UP"}
```

애플리케이션이 UP이라고 알려주는 것이 뭐가 유용한 것인지 의아할 수 있다. 만일 애플리케이션이 다운되었다면 뭐라고 알려줄까?

여기에 나타난 상태는 하나 이상의 건강 지표health indicator를 종합한 상태다. 건강 지표는 애플리케이션이 상호 작용하는 외부 시스템(예를 들어, 데이터베이스, 메시지 브로커, 유레카나 구성 서버와 같은 스프링 클라우드 컴포넌트)의 건강 상태를 나타낸다. 각 지표의 건강 상태는 다음 중 하나가 될 수 있다.

- `UP`: 외부 시스템이 작동 중(up)이고 접근 가능하다.
- `DOWN`: 외부 시스템이 작동하지 않거나(down) 접근할 수 없다.
- `UNKNOWN`: 외부 시스템의 상태가 분명하지 않다.
- `OUT_OF_SERVICE`: 외부 시스템에 접근할 수 있지만, 현재는 사용할 수 없다.

모든 건강 지표의 건강 상태는 다음 규칙에 따라 애플리케이션의 전체 건강 상태로 종합된다.

- 모든 건강 지표가 `UP`이면 애플리케이션의 건강 상태도 `UP`
- 하나 이상의 건강 지표가 `DOWN`이면 애플리케이션의 건강 상태도 `DOWN`
- 하나 이상의 건강 지표가 `OUT_OF_SERVICE`이면 애플리케이션의 건강 상태도 `OUT_OF_SERVICE`
- `UNKNOWN` 건강 상태는 무시되며, 애플리케이션의 종합 건강 상태에 고려되지 않는다.

기본적으로 /health 엔드포인트의 요청 응답으로는 종합된 건강 상태만 반환된다.

그러나 `management.endpoint.health.show-details` 속성을 application.yml 파일에 구성하여 모든 건강 지표를 자세하게 볼 수 있다. 예를 들면, 다음과 같다.

```
management:
  endpoint:
    health:
      show-details: always
```

`management.endpoint.health.show-details` 속성의 기본값은 `never`다. 그러나 모든 건강 지표의 상세 내역을 항상 볼 때는 `always`로 설정하면 된다. 또한, `when-authorized`로 설정하면 요청하는 클라이언트가 완벽하게 인가된 경우에 한해서 상세 내역을 보여준다.

조금 전에 `management.endpoint.health.show-details` 속성을 `always`로 설정했으므로 지금 다시 /health 엔드포인트의 GET 요청을 하면 모든 건강 지표의 상세 내역을 받는다. 예를 들어, 몽고 문서 데이터베이스를 사용하는 서비스의 경우 다음과 같은 응답이 반환될 수 있다.

```
{
  "status": "UP",
  "details": {
    "mongo": {
      "status": "UP",
      "details": {
        "version": "3.2.2"
      }
    },
    "diskSpace": {
      "status": "UP",
      "details": {
        "total": 499963170816,
        "free": 177284784128,
        "threshold": 10485760
      }
    }
  }
}
```

다른 외부 의존성과 무관하게 모든 애플리케이션은 diskSpace라는 이름의 파일 시스템 건강 지표를 갖는다. diskSpace 건강 지표는 파일 시스템의 건강 상태(UP이길 바라지만)를 나타내며, 빈 공간이 얼마나 남아있는지에 따라 결정된다. 만일 사용 가능한 디스크 공간이 한계치 밑으로 떨어지면 DOWN 상태로 알려준다.

방금 전의 예에는 몽고 데이터베이스의 상태를 알려주는 mongo 건강 지표도 있으며, 상세 명세에는 몽고 데이터베이스 버전이 포함되어 있다.

자동-구성autoconfiguration에서는 애플리케이션과 관련된 건강 지표만 /health 엔드포인트의 응답에 나타낸다. mongo와 diskSpace 건강 지표에 추가하여 스프링 부트는 다른 외부 데이터베이스와 시스템의 건강 지표들도 제공한다. 예를 들면, 다음과 같다.

- 카산드라(Cassandra)
- 구성 서버
- Couchbase
- 유레카
- Hystrix
- JDBC 데이터 소스
- Elasticsearch

- InfluxDB
- JMS 메시지 브로커
- LDAP
- 이메일 서버
- Neo4j
- Rabbit 메시지 브로커
- Redis
- Solr

또한, 서드파티 라이브러리들도 자신들의 건강 지표를 제공할 수 있다. 커스텀 건강 지표를 작성하는 방법은 16.3.2에서 알아볼 것이다.

이미 보았듯이, /health와 /info 엔드포인트는 실행 중인 애플리케이션에 관한 일반적인 정보를 제공한다. 이외에 애플리케이션 구성 정보를 제공하는 액추에이터 엔드포인트도 있다. 지금부터는 이 엔드포인트를 알아본다.

16.2.2 구성 상세 정보 보기

애플리케이션에 관한 일반 정보를 받는 것은 기본적으로 필요하지만, 이보다 더 유용한 정보를 알아야 할 필요가 있다. 예를 들면, 다음과 같다. 애플리케이션이 어떻게 구성되었는지, 애플리케이션 컨텍스트에 어떤 빈이 있는지, 어떤 자동-구성이 성공 또는 실패인지, 어떤 환경 속성들을 애플리케이션에 사용할 수 있는지, HTTP 요청이 어떻게 컨트롤러와 연결되는지, 하나 이상의 패키지나 클래스에 어떤 로깅 레벨이 설정되었는지 등이다.

이런 것들은 액추에이터의 /beans, /conditions, /env, /configprops, /mappings, /loggers 엔드포인트로 알 수 있다. 그리고 /env와 /loggers 같은 엔드포인트의 경우는 실행 중인 애플리케이션의 구성을 실시간으로 조정할 수도 있다. 우선 /beans 엔드포인트부터 알아보자.

빈(Bean) 연결 정보 얻기

스프링 애플리케이션 컨텍스트를 살펴보는 데 가장 중요한 엔드포인트가 /beans 엔드포인트다. 이 엔드포인트는 애플리케이션 컨텍스트의 모든 빈을 나타내는 JSON 문서(빈의 이름, 자바 타입, 주입되는 다른 빈 등)를 반환한다.

/beans 엔드포인트의 GET 요청에 대한 응답 결과는 양이 너무 많으므로 여기서는 다음 내용만 발췌해서 살펴본다.

```
{
  "contexts": {
    "application-1": {
      "beans": {
  ...
        "ingredientsController": {
          "aliases": [],
          "scope": "singleton",
          "type": "tacos.ingredients.IngredientsController",
          "resource": "file [/Users/habuma/Documents/Workspaces/
            TacoCloud/ingredient-service/target/classes/tacos/
            ingredients/IngredientsController.class]",
          "dependencies": [
            "ingredientRepository"
          ]
        },
  ...
      },
      "parentId": null
    }
  }
}
```

응답의 최상위 요소는 contexts이며, 이것은 애플리케이션에 있는 각 스프링 애플리케이션 컨텍스트의 하위 요소 하나를 포함한다. 그리고 각 스프링 애플리케이션 컨텍스트에는 beans 요소가 있으며, 이것은 해당 애플리케이션 컨텍스트에 있는 모든 빈의 상세 정보를 갖는다.

이 예에서는 이름이 ingredientsController인 빈을 보여준다. 이 빈은 앨리어스가 없고, 싱글톤이며, 타입이 tacos.ingredients.IngredientsController다. 그리고 resource 속성은 이 빈을 정의하는 클래스 파일에 대한 경로를 제공한다. 또한, dependencies 속성은 이 빈에 주입되는 다른 모든 빈을 나타내며, 여기서는 이름이 ingredientRepository인 빈이 ingredientsController 빈에 주입된다.

자동-구성 내역 알아보기

이미 알고 있듯이, 자동-구성은 스프링 부트가 제공하는 가장 강력한 기능 중 하나다. 그러나 때로는 왜 자동-구성이 되었는지 궁금할 것이다. 또는 자동-구성이 되었다고 생각했는데 되지 않아서 의문을 가질 수 있다. 이런 경우에 /conditions 엔드포인트의 GET 요청을 하여 자동-구성에서 무슨 일이 생겼는지 알아볼 수 있다.

/conditions 엔드포인트에서 반환된 자동-구성 내역은 세 부분으로 나뉜다. 긍정 일치positive matches(성공한 조건부 구성), 부정 일치negative matches(실패한 조건부 구성), 조건 없는 클래스unconditional classes다. 예를 들어, /conditions의 요청에 대한 응답의 일부를 보면 다음과 같다.

```
{
  "contexts": {
    "application-1": {
      "positiveMatches": {
  ...
        "MongoDataAutoConfiguration#mongoTemplate": [
          {
            "condition": "OnBeanCondition",
            "message": "@ConditionalOnMissingBean (types:
                org.springframework.data.mongodb.core.MongoTemplate;
                SearchStrategy: all) did not find any beans"
          }
        ],
  ...
      },
      "negativeMatches": {
  ...
        "DispatcherServletAutoConfiguration": {
          "notMatched": [
            {
              "condition": "OnClassCondition",
              "message": "@ConditionalOnClass did not find required
                  class 'org.springframework.web.servlet.
                                                 DispatcherServlet'"
            }
          ],
          "matched": []
        },
  ...
      },
      "unconditionalClasses": [
  ...
        "org.springframework.boot.autoconfigure.context.
                        ConfigurationPropertiesAutoConfiguration",
  ...
      ]
    }
  }
}
```

positiveMatches에서는 MongoTemplate 빈이 자동-구성되었음을 보여준다. 이 자동-구성에는 @ConditionalOnMissingBean 애노테이션이 포함되어 있다. 이 애노테이션은 해당 빈이 구성되지 않았다면 구성되게 한다. 여기서는 MongoTemplate 타입의 빈이 없으므로 자동-구성이 수행되어 하나를 구성한 것이다.

negativeMatches에서는 스프링 부트 자동-구성이 DispatcherServlet을 구성하려고 했지만, DispatcherServlet을 찾을 수 없어서 조건부 애노테이션인 @ConditionalOnClass가 실패하였다는 것을 보여준다.

마지막으로, unconditionalClasses 아래에 있는 ConfigurationPropertiesAutoConfiguration 빈은 조건 없이 구성되었다. 구성 속성들은 스프링 부트의 작동에 기본이 되는 것이므로 구성 속성에 관련된 모든 구성은 조건 없이 자동-구성되어야 하기 때문이다.

환경 속성과 구성 속성 살펴보기

애플리케이션의 빈들이 어떻게 연결되어 있는지 아는 것에 추가하여 어떤 환경 속성들이 사용 가능하고 어떤 구성 속성들이 각 빈에 주입되었는지 파악하는 것도 중요하다.

/env 엔드포인트에 GET 요청을 하면, 스프링 애플리케이션에 적용 중인 모든 속성 근원의 속성들을 포함하는 다소 긴 응답을 받는다. 여기에는 환경 변수, JVM 시스템 속성, application.properties와 application.yml 파일, 그리고 스프링 클라우드 구성 서버(애플리케이션이 구성 서버의 클라이언트일 때)의 속성까지도 포함된다.

리스트 16.1에서는 /env 엔드포인트로부터 받을 수 있는 응답의 일부를 보여준다. 이것을 보면 어떤 정보가 제공되는지 대략 알 수 있다.

리스트 16.1 /env 엔드포인트의 응답 예

```
$ curl localhost:8081/actuator/env | jq
{
  "activeProfiles": [
    "development"
  ],
  "propertySources": [
  ...
    {
      "name": "systemEnvironment",
      "properties": {
        "PATH": {
          "value": "/usr/bin:/bin:/usr/sbin:/sbin",
          "origin": "System Environment Property \"PATH\""
        },
  ...
        "HOME": {
          "value": "/Users/habuma",
```

```
          "origin": "System Environment Property \"HOME\""
        }
      }
    },
    {
      "name": "applicationConfig: [classpath:/application.yml]",
      "properties": {
        "spring.application.name": {
          "value": "ingredient-service",
          "origin": "class path resource [application.yml]:3:11"
        },
        "server.port": {
          "value": 8081,
          "origin": "class path resource [application.yml]:9:9"
        },
  ...
      }
    },
  ...
  ]
}
```

/env 엔드포인트의 전체 응답에는 더 많은 정보가 포함되어 있지만, 몇 가지 주목할 만한 요소들을 보면 리스트 16.1과 같다. 우선, 제일 위에는 activeProfiles라는 이름의 필드가 있으며, 여기서는 development를 나타낸다. 만일 이외에 다른 프로파일도 활성화되었다면 같이 나타났을 것이다.

그다음에 있는 propertySources 필드는 스프링 애플리케이션 환경의 모든 속성 근원들을 항목으로 포함하는 배열이다. 리스트 16.1에는 application.yml 파일을 참조하는 applicationConfig와 systemEnvironment 속성 근원만 나타나 있다.

그리고 각 속성 근원의 내부에는 해당 속성 근원이 제공하는 모든 속성들이 값과 함께 나타나 있다. application.yml 파일을 참조하는 applicationConfig 속성 근원의 경우에는 각 속성의 origin 필드에서 해당 속성이 설정된 위치(application.yml 파일 내부의 행과 열 번호)를 정확하게 알려준다.

/env 엔드포인트는 특정 속성을 가져오는 데도 사용할 수 있으며, 이때는 해당 속성의 이름을 /env 엔드포인트 경로의 두 번째 요소로 지정하면 된다. 예를 들어, server.port 속성을 찾을 때는 다음과 같이 /env/server.port의 GET 요청을 하면 된다.

```
$ curl localhost:8081/actuator/env/server.port | jq
{
```

```
  "property": {
    "source": "systemEnvironment", "value": "8081"
  },
  "activeProfiles": [ "development" ],
  "propertySources": [
    { "name": "server.ports" },
    { "name": "mongo.ports" },
    { "name": "systemProperties" },
    { "name": "systemEnvironment",
      "property": {
        "value": "8081",
        "origin": "System Environment Property \"SERVER_PORT\""
      }
    },
    { "name": "random" },
    { "name": "applicationConfig: [classpath:/application.yml]",
      "property": {
        "value": 0,
        "origin": "class path resource [application.yml]:9:9"
      }
    },
    { "name": "springCloudClientHostInfo" },
    { "name": "refresh" },
    { "name": "defaultProperties" },
    { "name": "Management Server" }
  ]
}
```

이것을 보면 알 수 있듯이, 모든 속성 근원이 여전히 나타나지만 지정된 속성을 설정하는 것들만 추가 정보를 포함한다. 여기서는 systemEnvironment 속성 근원과 application.yml 속성 근원 모두 server.port 속성의 값을 갖고 있다. 이때는 systemEnvironment 속성 근원이 이외의 다른 속성 근원보다 우선되므로 server.port 속성의 값은 8081이 된다.

/env 엔드포인트는 속성 값을 읽는 것은 물론 설정하는 데도 사용될 수 있다. 즉, name과 value 필드를 갖는 JSON 문서를 지정한 POST 요청을 /env 엔드포인트에 제출하면 실행 중인 애플리케이션의 속성을 설정할 수 있다. 예를 들어, tacocloud.discount.code 속성을 TACOS1234로 설정할 때는 다음과 같이 명령행에서 curl을 사용하여 POST 요청을 제출할 수 있다.

```
$ curl localhost:8081/actuator/env \
       -d'{"name":"tacocloud.discount.code","value":"TACOS1234"}' \
       -H "Content-type: application/json"
{"tacocloud.discount.code":"TACOS1234"}
```

이 경우 새로 설정된 속성과 이것의 값이 괄호({}) 안에 응답으로 반환된다. 또한, 향후에 이 속성이 필요 없을 때는 /env 엔드포인트에 DELETE 요청을 하여 이 엔드포인트를 통해 생성되었던 속성들을 삭제할 수 있다. 예를 들면, 다음과 같으며, 삭제된 속성은 괄호({}) 안의 응답으로 알려준다.

```
$ curl localhost:8081/actuator/env -X DELETE
{"tacocloud.discount.code":"TACOS1234"}
```

이처럼 액추에이터의 API를 통해서 속성을 설정하는 것은 유용하지만 알아둘 것이 있다. /env 엔드포인트에 POST 요청을 하여 속성을 설정하는 것은 이 요청을 받은 애플리케이션 인스턴스에만 적용되므로 일시적이며, 애플리케이션이 다시 시작되면 없어진다.

HTTP 요청-매핑 내역 보기

스프링 MVC(그리고 스프링 WebFlux)의 프로그래밍 모델은 HTTP 요청을 쉽게 처리한다. 요청-매핑을 해주는 애노테이션을 메서드에 지정만 하면 되기 때문이다(HTTP 요청과 이 요청을 처리하는 핸들러(메서드)를 연결하는 것을 요청-매핑이라 한다). 그러나 애플리케이션이 처리할 수 있는 모든 종류의 HTTP 요청, 그리고 이런 요청들을 어떤 종류의 컴포넌트가 처리하는지를 전체적으로 파악하는 것은 어려울 수 있다.

액추에이터의 /mappings 엔드포인트는 애플리케이션의 모든 HTTP 요청 핸들러(스프링 MVC 컨트롤러에 있거나 액추에이터 자신의 엔드포인트 중 하나에 있는 것) 내역을 제공한다. /mappings 엔드포인트에 GET 요청을 하면 리스트 16.2와 같은 응답을 받을 수 있다.

리스트 16.2 /mappings 엔드포인트가 제공하는 HTTP 매핑

```
$ curl localhost:8081/actuator/mappings | jq
{
  "contexts": {
    "application-1": {
      "mappings": {
        "dispatcherHandlers": {
          "webHandler": [
  ...
            {
              "predicate": "{[/ingredients],methods=[GET]}",
              "handler": "public
      reactor.core.publisher.Flux<tacos.ingredients.Ingredient>
      tacos.ingredients.IngredientsController.allIngredients()",
              "details": {
                "handlerMethod": {
```

```
                    "className": "tacos.ingredients.IngredientsController",
                    "name": "allIngredients",
                    "descriptor": "()Lreactor/core/publisher/Flux;"
                  },
                  "handlerFunction": null,
                  "requestMappingConditions": {
                    "consumes": [],
                    "headers": [],
                    "methods": [
                      "GET"
                    ],
                    "params": [],
                    "patterns": [
                      "/ingredients"
                    ],
                    "produces": []
                  }
                }
              },
  ...
            ]
          }
        },
        "parentId": "application-1"
      },
      "bootstrap": {
        "mappings": {
          "dispatcherHandlers": {}
        },
        "parentId": null
      }
    }
}
```

간결하게 하기 위해 이 응답은 하나의 요청 핸들러만 보여주도록 요약되었다. 여기서는 /ingredients의 GET 요청이 `IngredientsController`의 `allIngredients()` 메서드에서 처리됨을 보여준다.

로깅 레벨 관리하기

어떤 애플리케이션이든 로깅logging은 중요한 기능이다. 로깅은 감사는 물론 디버깅의 수단을 제공할 수 있다.

로깅 레벨의 설정은 균형을 잡는 작업이 될 수 있다. 만일 로깅 레벨을 너무 장황한 것으로 설정하면 로그에 너무 많은 메시지가 나타나서 유용한 정보를 찾기 어려울 수 있다. 반면에 로깅 레벨을 너무 느슨한 것으로 설정하면 애플리케이션이 처리하는 것을 이해하는 데 로그가 도움이 되지 않을 수 있다.

일반적으로 로깅 레벨은 패키지 단위로 적용된다. 실행 중인 애플리케이션에 어떤 로깅 레벨이 설정되었는지 궁금하다면 /loggers 엔드포인트에 GET 요청을 할 수 있다. 다음은 /loggers 엔드포인트의 JSON 응답을 발췌한 것이다.

```
{
  "levels": [ "OFF", "ERROR", "WARN", "INFO", "DEBUG", "TRACE" ],
  "loggers": {
    "ROOT": {
      "configuredLevel": "INFO", "effectiveLevel": "INFO"
    },
  ...
    "org.springframework.web": {
      "configuredLevel": null, "effectiveLevel": "INFO"
    },
  ...
    "tacos": {
      "configuredLevel": null, "effectiveLevel": "INFO"
    },
    "tacos.ingredients": {
      "configuredLevel": null, "effectiveLevel": "INFO"
    },
    "tacos.ingredients.IngredientServiceApplication": {
      "configuredLevel": null, "effectiveLevel": "INFO"
    }
  }
}
```

이것을 보면 알 수 있듯이, 응답의 맨 앞에는 모든 로깅 레벨의 내역이 나타난다. 그다음에 `loggers` 요소에는 애플리케이션의 각 패키지에 대한 로깅 레벨의 상세 내역이 포함된다. `configuredLevel` 속성은 명시적으로 구성된 로깅 레벨(또는 명시적으로 구성되지 않았다면 `null`)을 보여준다. `effectiveLevel` 속성은 부모 패키지나 루트 로거로부터 상속받을 수 있는 유효 로깅 레벨을 제공한다.

앞의 응답 내역은 루트 로거와 4개의 패키지에 대한 로깅 레벨만 발췌한 것이지만, 전체 응답에는 애플리케이션에서 사용 중인 라이브러리들의 패키지를 비롯해서 애플리케이션에 있는 모든 패키지의 로깅 레벨 항목을 포함한다. 만일 특정 패키지의 로깅 레벨을 알고 싶다면 해당 패키지의 이름을 /loggers 엔드포인트 경로의 두 번째 요소로 지정하면 된다.

예를 들어, `tacos.ingredients` 패키지에 설정된 로깅 레벨을 알고 싶을 때는 /loggers/tacos/ingredients의 GET 요청을 하면 다음의 응답이 반환된다.

```
{
  "configuredLevel": null,
  "effectiveLevel": "INFO"
}
```

애플리케이션 패키지의 로깅 레벨을 반환하는 것 외에도 /loggers 엔드포인트는 POST 요청을 통해 configured 로깅 레벨을 변경할 수 있게 해준다. 예를 들어, `tacos.ingredients` 패키지의 로깅 레벨을 `DEBUG`로 설정하고 싶다면 다음과 같이 하면 된다.

```
$ curl localhost:8081/actuator/loggers/tacos/ingredients \
       -d'{"configuredLevel":"DEBUG"}' \
       -H"Content-type: application/json"
```

이제는 로깅 레벨이 변경되었으므로 /loggers/tacos/ingredients에 GET 요청을 하여 변경되었는지 확인할 수 있다.

```
{
  "configuredLevel": "DEBUG",
  "effectiveLevel": "DEBUG"
}
```

더 앞의 응답에서는 `configuredLevel`이 `null`이었고 `effectiveLevel`은 INFO였다. 그러나 지금은 둘 다 `DEBUG`가 되었다. 이처럼 `configuredLevel`을 변경하면 `effectiveLevel`도 같이 변경된다는 것에 유의하자.

16.2.3 애플리케이션 활동 지켜보기

애플리케이션이 처리하는 HTTP 요청이나 애플리케이션에 있는 모든 스레드의 작동을 포함해서 실행 중인 애플리케이션의 활동activity을 지켜보는 것은 유용하다. 이것을 위해 액추에이터는 /httptrace, /threaddump, /heapdump 엔드포인트를 제공한다.

/heapdump 엔드포인트는 상세하게 나타내기 가장 어려운 액추에이터 엔드포인트일 것이다. 간략히 말해서, 이 엔드포인트는 메모리나 스레드 문제를 찾는 데 사용할 수 있는 gzip 압축 형태의 HPROF 힙 덤프 파일을 다운로드한다. 힙 덤프의 사용법은 이 책의 범위를 벗어나므로 생략한다.

HTTP 요청 추적하기

/httptrace 엔드포인트는 애플리케이션이 처리한 가장 최근의 100개 요청을 알려주며, 다음 내용이 포함된다. HTTP 요청 메서드와 경로, 요청이 처리된 시점을 나타내는 타임스탬프, 요청과 응답 모두의 헤더들, 요청 처리 소요 시간 등이다.

다음의 JSON에서는 /httptrace 엔드포인트의 응답에 포함된 하나의 항목을 보여준다.

```
{
  "traces": [
    {
      "timestamp": "2018-06-03T23:41:24.494Z",
      "principal": null,
      "session": null,
      "request": {
        "method": "GET",
        "uri": "http://localhost:8081/ingredients",
        "headers": {
          "Host": ["localhost:8081"],
          "User-Agent": ["curl/7.54.0"],
          "Accept": ["*/*"]
        },
        "remoteAddress": null
      },
      "response": {
        "status": 200,
        "headers": {
          "Content-Type": ["application/json;charset=UTF-8"]
        }
      },
      "timeTaken": 4
    },
    ...
  ]
}
```

디버깅 목적에는 이 정보가 유용할 수 있다. 그러나 이런 데이터는 지속적으로 추적될 때 훨씬 더 유용하다. 17장에서는 스프링 부트 Admin에서 이런 HTTP 추적 정보를 실시간으로 캡처하여 그래프로 보여주는 방법을 알아본다.

스레드 모니터링

HTTP 요청 추적에 추가하여 실행 중인 애플리케이션에서 무슨 일이 생기는지 결정하는 데 스레드의 활동이 유용할 수 있다. /threaddump 엔드포인트는 현재 실행 중인 스레드에 관한 스냅샷을 제공한다. /threaddump 엔드포인트의 응답 예시를 보면 다음과 같다.

```
{
  "threadName": "reactor-http-nio-8",
  "threadId": 338,
  "blockedTime": -1,
  "blockedCount": 0,
  "waitedTime": -1,
  "waitedCount": 0,
  "lockName": null,
  "lockOwnerId": -1,
  "lockOwnerName": null,
  "inNative": true,
  "suspended": false,
  "threadState": "RUNNABLE",
  "stackTrace": [
    {
      "methodName": "kevent0",
      "fileName": "KQueueArrayWrapper.java",
      "lineNumber": -2,
      "className": "sun.nio.ch.KQueueArrayWrapper",
      "nativeMethod": true
    },
    {
      "methodName": "poll",
      "fileName": "KQueueArrayWrapper.java",
      "lineNumber": 198,
      "className": "sun.nio.ch.KQueueArrayWrapper",
      "nativeMethod": false
    },
  ...
  ],
  "lockedMonitors": [
    {
      "className": "io.netty.channel.nio.SelectedSelectionKeySet",
      "identityHashCode": 1039768944,
      "lockedStackDepth": 3,
      "lockedStackFrame": {
        "methodName": "lockAndDoSelect",
        "fileName": "SelectorImpl.java",
        "lineNumber": 86,
        "className": "sun.nio.ch.SelectorImpl",
        "nativeMethod": false
      }
    },
  ...
  ],
  "lockedSynchronizers": [],
  "lockInfo": null
}
```

완전한 스레드 덤프 응답은 실행 중인 애플리케이션의 모든 스레드를 포함한다. 공간을 절약하기 위해 여기에 있는 스레드 덤프는 한 스레드의 요약된 항목을 보여준다. 이것을 보면 알 수 있듯이, 스레드 덤프에는 스레드의 블로킹과 록킹 상태의 관련 상세 정보와 스택 기록 등이 포함된다.

/threaddump 엔드포인트는 요청 시점의 스레드 활동에 대한 스냅샷만 제공하므로, 스레드의 지속적인 모든 활동을 알기 어렵다. 17장에서는 스프링 부트 Admin에서 실시간 뷰로 /threaddump 엔드포인트를 모니터링하는 방법을 알아본다.

16.2.4 런타임 메트릭 활용하기

/metrics 엔드포인트는 실행 중인 애플리케이션에서 생성되는 온갖 종류의 메트릭metric을 제공할 수 있으며, 여기에는 메모리, 프로세스, 가비지 컬렉션garbage collection, HTTP 요청 관련 메트릭 등이 포함된다. 액추에이터에서 기본으로 제공하는 메트릭의 종류는 굉장히 많다. /metrics 엔드포인트에 GET 요청을 할 때 반환되는 메트릭의 예를 보면 다음과 같다.

```
$ curl localhost:8081/actuator/metrics | jq
{
  "names": [
    "jvm.memory.max",
    "process.files.max",
    "jvm.gc.memory.promoted",
    "http.server.requests",
    "system.load.average.1m",
    "jvm.memory.used",
    "jvm.gc.max.data.size",
    "jvm.memory.committed",
    "system.cpu.count",
    "logback.events",
    "jvm.buffer.memory.used",
    "jvm.threads.daemon",
    "system.cpu.usage",
    "jvm.gc.memory.allocated",
    "jvm.threads.live",
    "jvm.threads.peak",
    "process.uptime",
    "process.cpu.usage",
    "jvm.classes.loaded",
    "jvm.gc.pause",
    "jvm.classes.unloaded",
    "jvm.gc.live.data.size",
    "process.files.open",
    "jvm.buffer.count",
    "jvm.buffer.total.capacity",
    "process.start.time"
  ]
}
```

메트릭은 그 종류가 너무 많아서 이번 장에서 모두 알아보는 것은 불가능하다. 대신에 /metrics 엔드포인트를 소비하는 방법의 예로 `http.server.requests` 메트릭에만 초점을 둘 것이다.

단순히 /metrics를 요청하는 대신에 /metrics/{메트릭 종류}에 GET 요청을 하면 해당 종류의 메트릭에 관한 더 상세한 정보를 받을 수 있다. `http.server.requests`의 경우는 /metrics/http.server.requests에 GET 요청을 하여 다음과 같은 데이터를 받을 수 있다.

```
$ curl localhost:8081/actuator/metrics/http.server.requests
{
  "name": "http.server.requests",
  "measurements": [
    { "statistic": "COUNT", "value": 2103 },
    { "statistic": "TOTAL_TIME", "value": 18.086334315 },
    { "statistic": "MAX", "value": 0.028926313 }
  ],
  "availableTags": [
    { "tag": "exception",
      "values": [ "ResponseStatusException",
                  "IllegalArgumentException", "none" ] },
    { "tag": "method", "values": [ "GET" ] },
    { "tag": "uri",
      "values": [
        "/actuator/metrics/{requiredMetricName}",
        "/actuator/health", "/actuator/info", "/ingredients",
        "/actuator/metrics", "/**" ] },
    { "tag": "status", "values": [ "404", "500", "200" ] }
  ]
}
```

이 응답에서 가장 중요한 부분은 `measurements`이며, 이것은 요청된 메트릭 종류에 속하는 모든 메트릭을 포함한다. 여기서는 2,103개의 HTTP 요청이 있었다고 알려준다. 그리고 이 요청들을 처리하는 데 소요된 전체 시간은 18.086334315초이며, 요청 처리에 소요된 최대 시간은 0.028926313초라는 것도 알려준다.

그러나 `measurements`에서는 2,103개의 요청이 있다는 것을 알 수 있지만, HTTP 200이나 HTTP 404 또는 HTTP 500 응답 상태를 초래한 요청이 각각 몇 개인지는 모른다. 이때는 `availableTags` 아래의 `status` 태그를 사용해서 해당 응답 상태를 초래한 모든 요청의 메트릭을 얻을 수 있다. 예를 들어, 요청이 실패한 HTTP 404 상태를 초래한 모든 요청은 다음과 같이 알 수 있다.

```
$ curl localhost:8081/actuator/metrics/http.server.requests? \
                                        tag=status:404
{
  "name": "http.server.requests",
  "measurements": [
    { "statistic": "COUNT", "value": 31 },
    { "statistic": "TOTAL_TIME", "value": 0.522061212 },
    { "statistic": "MAX", "value": 0 }
  ],
  "availableTags": [
    { "tag": "exception",
      "values": [ "ResponseStatusException", "none" ] },
    { "tag": "method", "values": [ "GET" ] },
    { "tag": "uri",
      "values": [
        "/actuator/metrics/{requiredMetricName}", "/**" ] }
  ]
}
```

이처럼 tag 요청 속성에 태그 이름과 값을 지정하면, HTTP 404 응답을 초래했던 요청들의 메트릭을 보게 된다. 여기서는 HTTP 404 응답을 초래한 요청 개수가 31개이며, 이 요청 모두를 처리하기 위해 0.522061212초가 소요되었음을 보여준다. 그리고 실패한 요청 타입은 GET이었으며, 경로는 /actuator/metrics/{requiredMetricsName}와 /**(와일드카드 경로) 두 가지였음을 알려준다.

그렇다면 HTTP 404 응답을 초래한 /** 경로의 요청이 몇 개인지 알고 싶으면 어떻게 하면 될까? 이때는 다음과 같이 uri 태그를 추가로 지정하면 된다.

```
% curl "localhost:8081/actuator/metrics/http.server.requests? \
                                    tag=status:404&tag=uri:/**"
{
  "name": "http.server.requests",
  "measurements": [
    { "statistic": "COUNT", "value": 30 },
    { "statistic": "TOTAL_TIME", "value": 0.519791548 },
    { "statistic": "MAX", "value": 0 }
  ],
  "availableTags": [
    { "tag": "exception", "values": [ "ResponseStatusException" ] },
    { "tag": "method", "values": [ "GET" ] }
  ]
}
```

이제는 HTTP 404 응답을 초래했던 경로(/**와 일치했던)의 요청이 30개였으며, 이 요청들의 처리 시간 합계가 0.519791548초였다는 것을 알 수 있다.

availableTags의 태그들은 여기에 나타난 요청들과 일치하는 것들만 제공된다. 여기서는 exception과 method 태그만 있으며, 두 태그 모두 하나의 값만 갖고 있다. 따라서 이 응답을 종합적으로 분석하면 다음과 같은 결론을 내릴 수 있다. 즉, 30개의 요청은 GET 요청이었으며, 이 요청들은 ResponseStatusException 때문에 HTTP 404 응답을 초래하여 실패했다는 것이다.

/metrics 엔드포인트의 처리는 까다로울 수 있다. 그러나 조금만 연습하면 우리가 찾고자 하는 데이터를 얻을 수 있다. 17장에서는 스프링 부트 Admin을 사용해서 /metrics 엔드포인트의 데이터 소비를 훨씬 쉽게 하는 방법을 알아볼 것이다.

액추에이터 엔드포인트가 제공하는 정보는 실행 중인 스프링 부트 애플리케이션의 내부 활동을 파악하는 데 유용하다. 그러나 다른 애플리케이션(UI가 되겠지만)에서 소비하는 REST 엔드포인트를 염두에 두고 만들었기 때문에 인간이 직접 사용하기에는 그리 적합하지 않다. 지금부터는 사용자 친화적인 웹 애플리케이션에서 액추에이터 정보를 보여주는 방법을 알아본다.

16.3 액추에이터 커스터마이징

액추에이터의 가장 큰 특징 중 하나는 애플리케이션의 특정 요구를 충족하기 위해 커스터마이징할 수 있다는 것이다. 즉 커스텀 엔드포인트를 생성할 수 있다.

지금부터는 액추에이터를 커스터마이징하는 방법을 알아본다. 우선, /info 엔드포인트에 정보를 추가하는 방법부터 살펴보자.

16.3.1 /info 엔드포인트에 정보 제공하기

16.2.1에서 보았듯이, /info 엔드포인트는 처음에 아무 정보도 제공하지 않는다. 그러나 info.으로 시작하는 속성을 생성하면 쉽게 커스텀 데이터를 추가할 수 있다.

하지만 이외에도 다른 방법이 있다. 스프링 부트는 InfoContributor라는 인터페이스를 제공하며, 이 인터페이스는 우리가 원하는 어떤 정보도 /info 엔드포인트 응답에 추가할 수 있게 한다(스프링 부트에서는 두 개의 InfoContributor 구현체(클래스)도 제공한다. 이 내용은 더 뒤에서 알아본다).

그렇다면 InfoContributor를 구현하여 /info 엔드포인트에 커스텀 정보를 추가하는 방법을 알아보자.

커스텀 정보 제공자 생성하기

타코 클라우드와 관련된 간단한 통계치를 /info 엔드포인트에 추가하고 싶다고 하자. 예를 들어, 생성된 타코의 개수에 관한 정보를 포함시킨다면 다음과 같이 할 수 있다. 우선, InfoContributor를 구현하는 클래스를 생성하여 TacoRepository에 주입한다. 그리고 TacoRepository가 제공하는 타코 개수를 /info 엔드포인트에 추가한다. 이런 일을 처리하는 InfoContributor 구현 클래스는 리스트 16.3과 같다.

리스트 16.3 InfoContributor의 커스텀 구현 클래스

```
package tacos.tacos;

import org.springframework.boot.actuate.info.InfoContributor;
import org.springframework.stereotype.Component;
import java.util.HashMap;
import java.util.Map;
import org.springframework.boot.actuate.info.Info.Builder;

@Component
public class TacoCountInfoContributor implements InfoContributor {
  private TacoRepository tacoRepo;

  public TacoCountInfoContributor(TacoRepository tacoRepo) {
    this.tacoRepo = tacoRepo;
  }

  @Override
  public void contribute(Builder builder) {
    long tacoCount = tacoRepo.count();
    Map<String, Object> tacoMap = new HashMap<String, Object>();
    tacoMap.put("count", tacoCount);
    builder.withDetail("taco-stats", tacoMap);
  }
}
```

TacoCountInfoContributor 클래스는 InfoContributor의 contribute() 메서드를 구현해야 한다. 이 메서드에서는 TacoRepository로부터 타코 개수를 알아낸 후 인자로 받은 Builder 객체의 withDetail()을 호출하여 타코 개수 정보를 /info 엔드포인트에 추가한다. 생성된 타코 개수는 TacoRepository의 count() 메서드를 호출하여 알 수 있으며, 이것을 Map에 저장한다. 그리고 이 Map과 이것의 라벨인 taco-stats를 withDetail() 메서드의 인자로 전달하여 /info 엔드포인트에 추가한다. 따라서 /info 엔드포인트에 GET 요청을 하면 생성된 타코 개수가 포함된 다음 응답을 반환한다.

```
{
  "taco-stats": {
    "count": 44
  }
}
```

이처럼 InfoContributor를 구현하면, /info 엔드포인트에 우리가 원하는 정보를 동적으로 추가할 수 있다. 이와는 달리, 더 앞에서 알아보았던 info.으로 시작하는 속성 생성 방법은 간단하지만, 정적인 속성 값만 추가할 수 있다.

빌드 정보를 /info 엔드포인트에 주입하기

스프링 부트에는 /info 엔드포인트 응답에 자동으로 정보를 추가해 주는 몇 가지 InfoContributor 구현체가 포함되어 있다. 이중에 BuildInfoContributor가 있는데 이것은 프로젝트 빌드 파일의 정보를 /info 엔드포인트 응답에 추가해 준다. 여기에는 프로젝트 버전, 빌드 타임스탬프, 빌드를 수행했던 호스트와 사용자 등의 기본 정보가 포함된다.

/info 엔드포인트 응답에 포함할 빌드 정보를 활성화하려면 다음과 같이 build-info goal을 스프링 부트 메이븐 플러그인 execution에 추가하면 된다.

```
<build>
  <plugins>
    <plugin>
      <groupId>org.springframework.boot</groupId>
      <artifactId>spring-boot-maven-plugin</artifactId>
      <executions>
        <execution>
          <goals>
            <goal>build-info</goal>
          </goals>
        </execution>
      </executions>
    </plugin>
  </plugins>
</build>
```

그래들을 사용해서 프로젝트를 빌드할 때는 다음을 build.gradle 파일에 추가하면 된다.

```
springBoot {
  buildInfo()
}
```

메이븐이나 그래들 중 어떤 방법을 사용하든 빌드가 끝나면 배포 가능한 JAR나 WAR 파일에 build-info.properties 파일이 생성된다. 그리고 애플리케이션이 실행될 때 이 파일을 BuildInfoContributor가 사용하여 빌드 정보를 /info 엔드포인트 응답에 추가하게 된다. 이 경우 /info 엔드포인트에 GET 요청을 하면 빌드 정보가 포함된 응답이 반환된다. 예를 들면, 다음과 같다.

```
{
  "build": {
    "version": "0.0.16-SNAPSHOT",
    "artifact": "ingredient-service",
    "name": "ingredient-service",
    "group": "sia5",
    "time": "2018-06-04T00:24:04.373Z"
  }
}
```

어떤 버전의 애플리케이션이 실행 중이고, 언제 빌드되었는지 정확하게 알고자 할 때 이 정보가 유용하다.

Git 커밋 정보 노출하기

Git 소스 코드 제어 시스템에 프로젝트를 유지·관리한다고 해보자. 이 경우 Git 커밋 정보를 /info 엔드포인트에 포함하고 싶을 수 있다. 이때는 메이븐 프로젝트의 pom.xml 파일에 다음의 플러그인을 추가해야 한다.

```
<build>
  <plugins>
  ...
    <plugin>
      <groupId>pl.project13.maven</groupId>
      <artifactId>git-commit-id-plugin</artifactId>
    </plugin>
  </plugins>
</build>
```

그래들의 경우도 문제없다. 이와 동일한 플러그인을 build.gradle 파일에 추가하면 된다.

```
plugins {
  id "com.gorylenko.gradle-git-properties" version "1.4.17"
}
```

두 가지 플러그인 모두 기본적으로 같은 일을 수행한다. 즉, 프로젝트의 모든 Git 메타데이터를 포함하는 git.properties라는 이름의 파일을 빌드 시점에 생성한다. 그리고 애플리케이션이 실행될 때 스프링 부트에 특별히 구현된 `InfoContributor`에서 해당 파일을 찾아서 /info 엔드포인트 응답의 일부로 파일 내용을 노출시킨다.

/info 엔드포인트 응답에 나타나는 Git 정보에는 Git 분기와 커밋 정보 등이 포함된다. 예를 들면, 다음과 같다.


```
{
  "git": {
    "commit": {
      "time": "2018-06-02T18:10:58Z",
      "id": "b5c104d"
    },
    "branch": "master"
  },
  ...
}
```


이 정보는 프로젝트가 빌드된 시점의 코드 상태를 간단하게 나타낸다. 그러나 `management.info.git.mode` 속성을 `full`로 설정하면 프로젝트가 빌드된 시점의 Git 커밋에 관한 굉장히 상세한 정보를 얻을 수 있다.

```
management:
  info:
    git:
      mode: full
```

이렇게 해서 /info 엔드포인트 응답으로 받은 Git 정보의 예시를 보면 리스트 16.4와 같다.

리스트 16.4 /info endpoint를 통해 노출된 Git 커밋 정보


```
{
  "git": {
    "build": {
      "host": "DarkSide.local",
      "version": "0.0.16-SNAPSHOT",
      "time": "2018-06-02T18:11:23Z",
```

```
      "user": {
        "name": "Craig Walls",
        "email": "craig@habuma.com"
      }
    },
    "branch": "master",
    "commit": {
      "message": {
        "short": "Add Spring Boot Admin and Actuator",
        "full": "Add Spring Boot Admin and Actuator"
      },
      "id": {
        "describe": "b5c104d-dirty",
        "abbrev": "b5c104d",
        "describe-short": "b5c104d-dirty",
        "full": "b5c104d1fcbe6c2b84965ea08a330595100fd44e"
      },
      "time": "2018-06-02T18:10:58Z",
      "user": {
        "email": "craig@habuma.com",
        "name": "Craig Walls"
      }
    },
    "closest": {
      "tag": {
        "name": "",
        "commit": {
          "count": ""
        }
      }
    },
    "dirty": "true",
    "remote": {
      "origin": {
        "url": "Unknown"
      }
    },
    "tags": ""
  },
  ...
}
```

여기서는 타임스탬프와 요약된 Git 커밋 해시에 추가하여, 코드를 커밋했던 사용자의 이름과 이메일은 물론 커밋 메시지와 이외의 다른 정보를 포함한다. 따라서 프로젝트 빌드에 사용되었던 코드가 어떤 것인지 정확하게 알 수 있다. 그리고 리스트 16.4의 `dirty` 필드를 보면 값이 `true`인 것을 알 수 있다. 이것은 프로젝트가 빌드되었을 당시에 빌드 디렉터리에 커밋되지 않은 일부 변경 사항이 있었음을 나타낸다.

16.3.2 커스텀 건강 지표 정의하기

스프링 부트에는 몇 가지 건강 지표가 포함되어 있으며, 이 건강 지표들은 스프링 애플리케이션에 통합할 수 있는 많은 외부 시스템의 건강 상태 정보를 제공한다. 그러나 때로는 스프링 부트에서 지원하지 않거나 건강 지표를 제공하지 않는 외부 시스템을 사용하는 경우가 생길 수 있다.

예를 들어, 우리 애플리케이션이 레거시 메인프레임 애플리케이션과 통합될 수 있으며, 이 경우 우리 애플리케이션의 건강 상태는 레거시 시스템의 건강 상태에 의해 영향을 받을 수 있다. 커스텀 건강 지표를 생성할 때는 `HealthIndicator` 인터페이스를 구현하는 빈만 생성하면 된다.

타코 클라우드 서비스들의 경우는 스프링 부트가 제공하는 건강 지표를 사용하면 충분하므로 커스텀 건강 지표가 따로 필요 없다. 그러나 커스텀 건강 지표를 개발하는 방법을 알아보기 위해 리스트 16.5의 코드를 살펴보자. 여기서는 시간에 따라 무작위로 건강 상태가 결정되는 `HealthIndicator`의 간단한 구현 예를 보여준다.

리스트 16.5 **HealthIndicator의 색다른 구현**

```
package tacos.tacos;

import java.util.Calendar;
import org.springframework.boot.actuate.health.Health;
import org.springframework.boot.actuate.health.HealthIndicator;
import org.springframework.stereotype.Component;

@Component
public class WackoHealthIndicator
       implements HealthIndicator {
  @Override
  public Health health() {
    int hour = Calendar.getInstance().get(Calendar.HOUR_OF_DAY);
    if (hour > 12) {
      return Health
          .outOfService()
          .withDetail("reason",
                 "I'm out of service after lunchtime")
          .withDetail("hour", hour)
          .build();
    }

    if (Math.random() < 0.1) {
      return Health
          .down()
          .withDetail("reason", "I break 10% of the time")
```

```
            .build();
    }

    return Health
        .up()
        .withDetail("reason", "All is good!")
        .build();
  }
}
```

여기서는 우선 현재 시간을 검사하여 오후이면 OUT_OF_SERVICE 건강 상태와 이 상태를 설명하는 메시지를 반환한다.

그리고 오전일지라도 10%의 확률로 DOWN 건강 상태를 반환한다. 왜냐하면 무작위 수를 사용해서 UP이나 DOWN 상태를 결정하기 때문이다. 즉, 무작위 수가 0.1보다 작으면 건강 상태가 DOWN이 되고 그렇지 않으면 UP이 된다.

당연하지만 리스트 16.5의 건강 지표는 실제 애플리케이션에 별로 유용하지 않을 것이다. 그러나 현재 시간이나 무작위 수를 사용하는 대신, 외부 시스템에 원격 호출을 한 후 받은 응답을 기준으로 건강 상태를 결정하는 것을 생각해 볼 수 있다. 이런 경우는 매우 유용한 건강 지표가 될 것이다.

16.3.3 커스텀 메트릭 등록하기

16.2.4에서는 /metrics 엔드포인트로부터 제공되는 다양한 메트릭 중에서 HTTP 요청에 적용되는 메트릭을 소비하는 방법을 알아보았다. 액추에이터가 제공하는 메트릭은 매우 유용하다. 그러나 /metrics 엔드포인트는 내장된 메트릭에만 국한되지 않는다.

궁극적으로 액추에이터 메트릭은 Micrometer(https://micrometer.io/)에 의해 구현된다. 이것은 벤더 중립적인 메트릭이며, 애플리케이션이 원하는 어떤 메트릭도 발행하여 서드파티 모니터링 시스템(예를 들어, Prometheus, Datadog, New Relic 등)에서 보여줄 수 있게 한다.

Micrometer로 메트릭을 발행하는 가장 기본적인 방법은 Micrometer의 MeterRegistry를 사용하는 것이다. 스프링 부트 애플리케이션에서 메트릭을 발행할 때는 어디든 필요한 곳(예를 들어, 애플리케이션의 메트릭을 캡처하는 카운터, 타이머, 게이지 등)에 MeterRegistry만 주입하면 된다.

커스텀 메트릭을 발행하는 예로 서로 다른 식자재(양상추, 갈아 놓은 쇠고기, 밀가루 토르티아 등)를 사용해서 생성된 타코의 개수를 세는 카운터를 유지하고 싶다고 하자. 리스트 16.6의

TacoMetrics 빈에서는 MeterRegistry를 사용해서 그런 정보를 수집하는 방법을 보여준다.

리스트 16.6 **TacoMetrics는 타코 식자재에 맞춘 메트릭 등록**

```
package tacos.tacos;

import java.util.List;
import org.springframework.data.rest.core.event.AbstractRepositoryEventListener;
import org.springframework.stereotype.Component;
import io.micrometer.core.instrument.MeterRegistry;

@Component
public class TacoMetrics extends AbstractRepositoryEventListener<Taco> {
  private MeterRegistry meterRegistry;
  public TacoMetrics(MeterRegistry meterRegistry) {
    this.meterRegistry = meterRegistry;
  }

  @Override
  protected void onAfterCreate(Taco taco) {
    List<Ingredient> ingredients = taco.getIngredients();
    for (Ingredient ingredient : ingredients) {
      meterRegistry.counter("tacocloud",
          "ingredient", ingredient.getId()).increment();
    }
  }
}
```

여기서는 MeterRegistry가 TacoMetrics의 생성자를 통해 주입된다. 또한, TacoMetrics는 리퍼지터리 이벤트를 가로챌 수 있는 스프링 데이터 클래스인 AbstractRepositoryEventListener의 서브 클래스이며, 새로운 Taco 객체가 저장될 때마다 호출되도록 onAfterCreate() 메서드를 오버라이딩한다.

그리고 onAfterCreate() 내부에서는 각 식자재에 대해 카운터가 선언되며, 이때 카운터의 태그 이름은 ingredient이고, 태그 값은 식자재 ID와 동일하다. 만일 해당 태그가 이미 존재하면 재사용된다. 그리고 각 식자재를 갖는 타코가 생성되면 해당 카운터 값이 증가한다.

TacoMetrics 클래스가 포함된 프로젝트가 빌드된 후 타코를 몇 개 생성하면 식자재별로 /metrics 엔드포인트를 조회할 수 있다. 우선, 다음과 같이 /metrics/tacocloud에 GET 요청을 하자.

```
$ curl localhost:8087/actuator/metrics/tacocloud
{
  "name": "tacocloud",
```

```
  "measurements": [ { "statistic": "COUNT", "value": 84 }
  ],
  "availableTags": [
    {
      "tag": "ingredient",
      "values": [ "FLTO", "CHED", "LETC", "GRBF",
                  "COTO", "JACK", "TMTO", "SLSA"]
    }
  ]
}
```

이 응답에서 measurements의 카운트 값인 84는 모든 식자재로 생성된 타코의 합계이므로 별로 의미가 없다. 따라서 특정 식자재가 포함된 타코의 개수를 알고 싶을 때는 GET 요청을 다르게 해야 한다. 예를 들어, 밀가루 토르티아(FLTO, flour tortillas)가 포함되어 생성된 타코의 개수를 알고 싶다고 하자. 이때는 다음과 같이 ingredient 태그의 값을 FLTO로 지정하면 된다.

```
$ curl localhost:8087/actuator/metrics/tacocloud?tag=ingredient:FLTO
{
  "name": "tacocloud",
  "measurements": [
    { "statistic": "COUNT", "value": 39 }
  ],
  "availableTags": []
}
```

이제는 밀가루 토르티아 식자재를 포함하는 타코가 39개인 것을 알 수 있다.

16.3.4 커스텀 엔드포인트 생성하기

액추에이터의 엔드포인트는 스프링 컨트롤러로 구현된 것에 불과하다고 생각할 수 있다. 그러나 18장에서 보겠지만, 엔드포인트는 HTTP 요청을 처리하는 것은 물론이고 JMX MBeans로도 노출되어 사용될 수 있다. 따라서 엔드포인트는 컨트롤러 클래스 이상의 것임이 분명하다.

실제로 액추에이터 엔드포인트는 컨트롤러와 매우 다르게 정의된다. @Controller나 @RestController 애노테이션으로 지정되는 클래스 대신, 액추에이터 엔드포인트는 @Endpoint로 지정되는 클래스로 정의된다.

게다가 @GetMapping, @PostMapping, @DeleteMapping과 같은 HTTP 애노테이션을 사

용하는 대신, 액추에이터 엔드포인트 오퍼레이션은 @ReadOperation, @WriteOperation, @DeleteOperation 애노테이션이 지정된 메서드로 정의된다. 또한, 이 애노테이션들은 어떤 특정한 통신 메커니즘도 수반하지 않으므로 액추에이터가 다양한 통신 메커니즘(HTTP와 JMX는 기본적으로 가능)으로 통신할 수 있게 한다.

커스텀 액추에이터 엔드포인트를 작성하는 방법을 알아보기 위해 리스트 16.7의 NotesEndpoint 클래스를 살펴보자.

리스트 16.7 **메모 처리 커스텀 엔드포인트**

```
package tacos.ingredients;

import java.util.ArrayList;
import java.util.Date;
import java.util.List;
import org.springframework.boot.actuate.endpoint.annotation.DeleteOperation;
import org.springframework.boot.actuate.endpoint.annotation.Endpoint;
import org.springframework.boot.actuate.endpoint.annotation.ReadOperation;
import org.springframework.boot.actuate.endpoint.annotation.WriteOperation;
import org.springframework.stereotype.Component;
import lombok.Getter;
import lombok.RequiredArgsConstructor;

@Component
@Endpoint(id="notes", enableByDefault=true)
public class NotesEndpoint {

  private List<Note> notes = new ArrayList<>();

  @ReadOperation
  public List<Note> notes() {
    return notes;
  }

  @WriteOperation
  public List<Note> addNote(String text) {
    notes.add(new Note(text));
    return notes;
  }

  @DeleteOperation
  public List<Note> deleteNote(int index) {
    if (index < notes.size()) {
      notes.remove(index);
    }
    return notes;
  }

  @RequiredArgsConstructor
```

```
  private class Note {
    @Getter
    private Date time = new Date();

    @Getter
    private final String text;
  }
}
```

이 엔드포인트는 간단한 메모 처리 엔드포인트다. 따라서 쓰기 오퍼레이션으로 메모를 제출하고, 읽기 오퍼레이션으로 메모 리스트를 읽을 수 있으며, 삭제 오퍼레이션으로 메모를 삭제할 수 있다. 이 엔드포인트는 실제 사용보다는 예로 든 것이므로 그리 유용한 것은 아니다. 그러나 내장된 액추에이터 엔드포인트가 매우 많은 것을 해주므로 커스텀 액추에이터 엔드포인트의 실용적인 예를 제시하기에는 어려움이 있다.

아무튼 NotesEndpoint 클래스에는 @Component가 지정되었으므로, 스프링의 컴포넌트 검색으로 시작되고 스프링 애플리케이션 컨텍스트의 빈으로 생성된다. 이 클래스에는 또한 @Endpoint가 지정되었다. 따라서 ID가 notes인 액추에이터 엔드포인트가 된다. 그리고 기본적으로 활성화되었으므로(enableByDefault=true), management.web.endpoints.web.exposure.include 구성 속성에 포함해 활성화하지 않아도 된다.

리스트 16.7의 코드를 보면 알 수 있듯이, NotesEndpoint는 다음과 같은 오퍼레이션들을 제공한다.

- notes() 메서드에는 @ReadOperation이 지정되었다. 따라서 이 메서드가 호출되면 사용 가능한 메모 List가 반환된다. HTTP에서는 /actuator/notes의 요청을 처리하여 메모의 JSON 리스트를 응답으로 반환한다.
- addNote() 메서드에는 @WriteOperation이 지정되었다. 따라서 이 메서드가 호출되면 인자로 전달된 텍스트로 새로운 메모를 생성하고 List에 추가한다. HTTP에서는 text 속성을 갖는 JSON 객체인 요청 몸체를 갖는 POST 요청을 처리하고 현재 상태의 메모 List를 응답으로 반환한다.
- deleteNote() 메서드에는 @DeleteOperation이 지정되었다. 따라서 이 메서드가 호출되면 인자로 전달된 인덱스의 메모를 삭제한다. HTTP에서 이 엔드포인트는 요청 매개변수로 인덱스가 지정된 DELETE 요청을 처리한다.

실제로 잘 되는지 알아보기 위해 NotesEndpoint 클래스가 포함된 프로젝트를 빌드한 후 curl을 사용해서 이 엔드포인트를 사용해 보자. 우선, 두 차례의 POST 요청을 통해 두 개의 메모를 추가한다.

```
$ curl localhost:8080/actuator/notes \
            -d'{"text":"Bring home milk"}' \
            -H"Content-type: application/json"
[{"time":"2018-06-08T13:50:45.085+0000","text":"Bring home milk"}]

$ curl localhost:8080/actuator/notes \
            -d'{"text":"Take dry cleaning"}' \
            -H"Content-type: application/json"
[{"time":"2018-06-08T13:50:45.085+0000","text":"Bring home milk"},
 {"time":"2018-06-08T13:50:48.021+0000","text":"Take dry cleaning"}]
```

이것을 보면 알 수 있듯이, 새로운 메모가 제출될 때마다 엔드포인트에서는 새로 추가된 메모 리스트를 응답한다. 그러나 나중에 메모 리스트를 볼 때는 간단하게 GET 요청을 하면 된다.

```
$ curl localhost:8080/actuator/notes
[{"time":"2018-06-08T13:50:45.085+0000","text":"Bring home milk"},
 {"time":"2018-06-08T13:50:48.021+0000","text":"Take dry cleaning"}]
```

만일 메모 중 하나를 삭제하고 싶을 때는 `index` 요청 매개변수를 갖는 DELETE 요청을 하면 된다.

```
$ curl localhost:8080/actuator/notes?index=1 -X DELETE
[{"time":"2018-06-08T13:50:45.085+0000","text":"Bring home milk"}]
```

여기서는 HTTP를 사용해서 엔드포인트와 상호 작용하는 방법만 알아보았다. 그러나 엔드포인트는 MBeans로 노출될 수도 있으므로 어떤 JMX 클라이언트에서도 이 엔드포인트를 사용할 수 있다. 그러나 만일 HTTP 엔드포인트로만 제한하고 싶다면 `@Endpoint` 대신 `@WebEndpoint`를 클래스에 지정하면 된다.

```
@Component
@WebEndpoint(id="notes", enableByDefault=true)
public class NotesEndpoint {
  ...
}
```

이와는 달리 MBeans 엔드포인트로만 제한하고 싶다면 `@JmxEndpoint`를 클래스에 지정하면 된다.

16.4 액추에이터 보안 처리하기

액추에이터가 제공하는 정보는 단지 호기심으로 보려는 것은 아닐 것이다. 더욱이 액추에이터는 환경 속성과 로깅 레벨을 변경할 수 있는 몇 가지 오퍼레이션을 제공하므로 유효한 접근 권한을 갖는 클라이언트만이 엔드포인트를 소비할 수 있도록 액추에이터를 보안 처리하는 것이 좋은 생각이다.

액추에이터 자체의 보안이 중요하지만, 보안은 액추에이터의 책임 범위를 벗어난다. 대신에 스프링 시큐리티를 사용해서 액추에이터의 보안을 처리해야 한다. 그리고 액추에이터 엔드포인트는 단지 애플리케이션의 경로이므로 액추에이터의 보안이라고 해서 특별한 것은 없다. 액추에이터 엔드포인트를 보안 처리할 때는 4장에서 알아보았던 스프링 시큐리티의 모든 것을 적용할 수 있다.

액추에이터 엔드포인트들은 공통의 기본 경로인 /actuator(또는 `management.endpoints.web.base-path` 속성이 설정된 경우는 이 속성의 값으로 지정된 경로) 아래에 모여 있으므로 모든 액추에이터 엔드포인트 전반에 걸쳐 인증 규칙을 적용하기 쉽다. 예를 들어, `ROLE_ADMIN` 권한을 갖는 사용자가 액추에이터 엔드포인트를 사용하게 하려면 `WebSecurityConfigurerAdapter` 클래스의 `configure()` 메서드를 다음과 같이 오버라이딩하면 된다.

```
@Override
protected void configure(HttpSecurity http) throws Exception {
  http
    .authorizeRequests()
      .antMatchers("/actuator/**").hasRole("ADMIN")
    .and()
    .httpBasic();
}
```

이 경우 액추에이터 엔드포인트를 사용하려면 `ROLE_ADMIN` 권한을 갖도록 인가한 사용자로부터 요청되어야 한다. 여기서는 또한 클라이언트 애플리케이션이 요청의 `Authorization` 헤더에 암호화된 인증 정보를 제출할 수 있도록 HTTP 기본 인증도 구성하였다.

이처럼 액추에이터 보안을 처리할 때 유일한 문제점은 엔드포인트의 경로가 /actuator/**로 하드코딩되었다는 것이다. 따라서 만일 `management.endpoints.web.base-path` 속성이 변경된다면 엔드포인트의 기본 경로가 바뀌므로 보안이 처리되지 않을 것이다. 이런 경우를 고려하여 스프링 부트는 `EndpointRequest` 클래스도 제공한다. 이것은 지정된 문자열 경로에 종속되지 않으면서 보다 더 쉽게 사용할 수 있는 요청 일치 클래스다. `EndpointRequest`

를 사용하면, /actuator/** 경로를 하드코딩 하지 않고 액추에이터 엔드포인트의 동일한 보안 요구에 적용할 수 있다.

```
@Override
protected void configure(HttpSecurity http) throws Exception {
  http
    .requestMatcher(EndpointRequest.toAnyEndpoint())
      .authorizeRequests()
        .anyRequest().hasRole("ADMIN")
    .and()
    .httpBasic();
}
```

EndpointRequest.toAnyEndpoint() 메서드는 어떤 액추에이터 엔드포인트와도 일치하는 요청 matcher(일치된 요청 경로들의 모음)를 반환한다. 그리고 요청 matcher로부터 일부 엔드포인트를 제외하고 싶다면 해당 엔드포인트의 이름을 인자로 전달하여 excluding() 메서드를 호출하면 된다. 예를 들어, /health와 /info 엔드포인트를 제외할 때는 다음과 같이 한다.

```
@Override
protected void configure(HttpSecurity http) throws Exception {
  http
    .requestMatcher(
        EndpointRequest.toAnyEndpoint()
                       .excluding("health", "info"))
    .authorizeRequests()
      .anyRequest().hasRole("ADMIN")
    .and()
    .httpBasic();
}
```

이와는 달리 일부 액추에이터 엔드포인트에만 보안을 적용하고 싶다면 toAnyEndpoint() 대신 to()를 호출하면 된다. 이때도 해당 엔드포인트 이름을 인자로 전달한다.

```
@Override
protected void configure(HttpSecurity http) throws Exception {
  http
    .requestMatcher(EndpointRequest.to(
            "beans", "threaddump", "loggers"))
    .authorizeRequests()
      .anyRequest().hasRole("ADMIN")
    .and()
    .httpBasic();
}
```

이 경우는 /beans, /threaddump, /loggers 엔드포인트에만 보안이 적용되고 이외의 다른 모든 액추에이터 엔드포인트는 보안 처리되지 않는다.

지금부터는 이번 장에서 알아본 액추에이터 엔드포인트와 보안을 사용한 타코 서비스를 빌드하고 실행해 볼 것이다.

16.5 액추에이터 엔드포인트와 보안을 사용한 타코 서비스 빌드 및 실행하기

우선, STS가 실행 중이라면 STS를 종료하자. 그리고 각자 STS 작업 영역 디렉터리에 생성한 .metadata 서브 디렉터리를 삭제하자(이전의 다른 프로젝트를 열고 사용할 때 남아 있던 정보로 인한 오류 발생 가능성을 방지하기 위함이다).

그리고 이 책의 다운로드 코드(다운로드하는 방법은 이 책의 맨 앞에 있는 '이 책에 대하여'를 참고)에서 Ch16 서브 디렉터리를 각자 STS 작업 영역 디렉터리 아래에 복사하자. 여기서는 C:\Spring5-In-Action을 STS 작업 영역으로 지정하였고 16장의 모든 코드가 있는 Ch16 서브 디렉터리를 이 아래에 복사한 것으로 간주한다.

STS 메뉴의 **File ⇨ Open Projects from File System…**을 선택하면 그림 16.1의 대화상자가 나타난다.

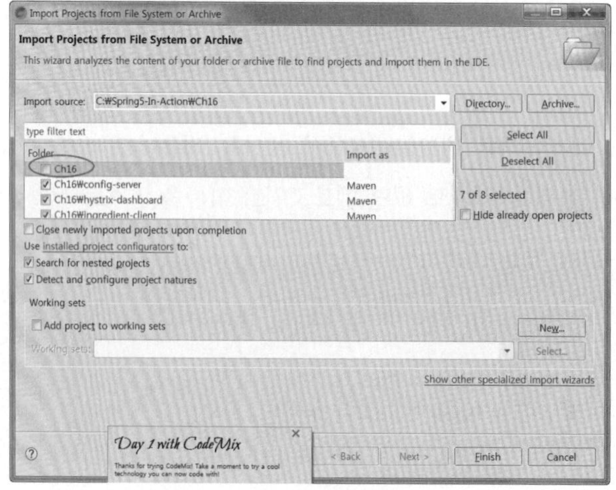

그림 16.1 프로젝트 열기 대화상자

Directory… 버튼을 클릭하여 나타나는 대화상자에서 **Ch16 서브 디렉터리**를 선택하면 잠시 후에 STS가 그림 16.1처럼 이 디렉터리의 모든 프로젝트 폴더를 찾아 보여준다. 여기서는 Ch16만 체크를 해제하고 나머지 7개의 폴더는 선택된 상태로 둔다. 그다음에 **Finish** 버튼을 클릭하면 STS가 여섯 개의 프로젝트를 열고 그림 16.2와 같이 패키지 탐색기 창에 보여준다(**각 항목 왼쪽의 화살표**를 클릭하면 항목을 확장 또는 축소해서 볼 수 있다).

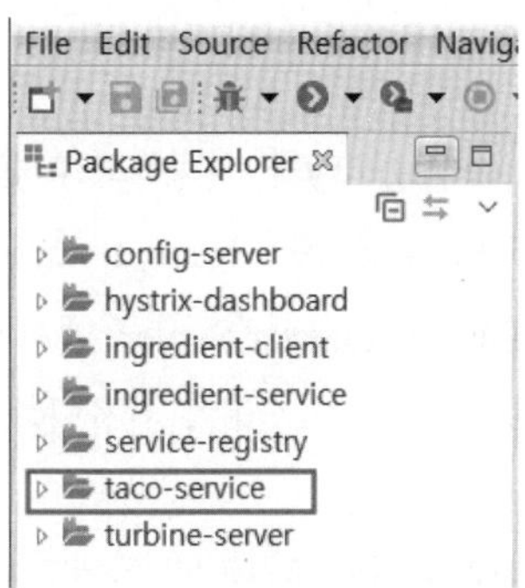

그림 16.2 **7개의 프로젝트가 열린 패키지 탐색기 창**

여기서 taco-service는 이번 장에서 추가된 것이며, 액추에이터 엔드포인트와 보안을 사용하는 타코 서비스다. 나머지 6개 프로젝트는 13장부터 15장까지 추가했던 프로젝트들과 동일하다.

지금부터는 각 프로젝트를 빌드하고 실행해 볼 것이다.

그림 6.12와 6.13에 설명한 대로 앵귤러 퍼스펙티브로 전환한다. 그리고 터미널 창이 열려 있지 않다면 STS 메뉴의 **Window ⇨ Show View ⇨ Terminal+**를 선택하여 열자.

Project 드롭다운에서 **service-registry**를 선택하고 **+** 버튼을 클릭하여 새로운 터미널 창을 열면 셸 프롬프트가 나타난다. 다음과 같이 명령을 입력하여 실행시키자.

```
$ ./mvnw clean package
```

계속해서 Project 드롭다운에서 **config-server**를 선택하고 **+** 버튼을 클릭하여 새로운 터미널 창을 열고 동일한 명령을 입력하여 실행시키자.

```
$ ./mvnw clean package
```

같은 방법으로 hystrix-dashboard, turbine-server, taco-service를 차례대로 빌드한다. (Hystrix 대시보드와 Turbine 서버를 사용하는 ingredient-client와 ingredient-service는 15장에서 이미 알아보았으므로 빌드 및 실행하지 않는다.)

모든 프로젝트가 성공적으로 빌드되면(BUILD SUCCESS 메시지가 나타나야 한다) 5개의 프로젝트가 각각 jar 파일로 생성된다(각 프로젝트 폴더의 target 폴더 아래에 있음).

이제는 각 애플리케이션을 차례대로 실행시켜야 한다.

우선 Project 드롭다운에서 **service-registry**를 선택하고 다음과 같이 서비스 레지스트리 애플리케이션을 실행하자. 정상적으로 실행되면 'Tomcat started on port(s): 8761 (http) with context path ' '' 라는 메시지와 'Started Eureka Server' 메시지가 끝 부분에 나올 것이다. 이로써 서비스 레지스트리로 사용하는 유레카 서버가 시작되어 8761 포트를 리스닝한다.

```
$ java -jar target/service-registry-0.0.16-SNAPSHOT.jar
```

다음은 구성 서버를 시작해야 하므로 Project 드롭다운에서 **config-server**를 선택하고 다음과 같이 구성 서버를 실행하자. 정상적으로 실행되면 'Tomcat started on port(s): 8888 (http) with context path ' '' 라는 메시지와 'Started ConfigServerApplication in 11.016 seconds (JVM running for 11.748)' 메시지가 끝 부분에 나올 것이다. 이로써 구성 서버가 시작되어 8888 포트를 리스닝한다.

```
$ java -jar target/config-server-0.0.16-SNAPSHOT.jar
```

계속해서 Hystrix 서비스를 시작해야 하므로 Project 드롭다운에서 **hystrix-dashboard**를 선택하고 다음과 같이 실행하자. 정상적으로 실행되면 'Tomcat started on port(s): 7979 (http) with context path ' '' 라는 메시지와 'Started HystrixDashboardApplication in 7.617 seconds (JVM running for 8.336)' 메시지가 끝 부분에 나올 것이다. 이로써 Hystrix 서비스가 시작되어 7979 포트를 리스닝한다.

```
$ java -jar target/hystrix-dashboard-0.0.16-SNAPSHOT.jar
```

계속해서 Turbine 서버를 시작해야 하므로 Project 드롭다운에서 **turbine-server**를 선택하고 다음과 같이 실행하자. 정상적으로 실행되면 'Tomcat started on port(s): 8989 (http) with context path ' ''라는 메시지와 'Started TurbineServerApplication in 50.632 seconds (JVM running for 51.506)' 메시지가 끝 부분에 나올 것이다. 이로써 Turbine 서버가 시작되어 8989 포트를 리스닝한다.

```
$ java -jar target/turbine-server-0.0.16-SNAPSHOT.jar
```

마지막으로 Project 드롭다운에서 **taco-service**를 선택하고 다음과 같이 서비스 클라이언트 애플리케이션을 실행하자. 정상적으로 실행되면 'Started TacoServiceApplication in 39.361 seconds (JVM running for 41.864)'와 같은 메시지가 끝 부분에 나타날 것이다. 이것은 이번 장에서 알아 본 액추에이터 엔드포인트와 보안을 사용하는 타코 서비스이며, 8081 포트를 리스닝한다.

```
$ java -jar target/taco-service-0.0.16-SNAPSHOT.jar
```

액추에이터 엔드포인트와 보안을 사용한 타코 서비스를 사용할 준비가 되었다. Project 드롭다운에서 선택한 터미널 창은 해당 애플리케이션의 서버 콘솔이 되므로 우리가 원하는 작업이 처리되었는지 해당 터미널 창에서 확인할 수 있으며, 해당 서버를 종료할 때는 **Ctrl+C**(윈도우 시스템의 경우) 키를 누르면 된다.

Project 드롭다운에서 **taco-service**가 선택된 상태에서 **+** 버튼을 클릭하여 새로운 터미널 창을 열고 다음과 같이 curl 명령을 입력하여 실행시키자.

```
$ curl localhost:8081/tacos -H"Content-type: application/json"
-d'{"name":"TEST TACO", "ingredients":[{"id":"FLTO","name":"Flour Tortilla"},
{"id":"LETC","name":"Lettuce"}, {"id":"GRBF", "name":"Ground Beef"}]}'
```

그러면 타코 서비스(taco-service)의 리퍼지터리에 타코가 하나 생성되고 다음 응답이 반환되어 출력될 것이다.

```
{
  "name" : "TEST TACO",
  "createdAt" : "2020-04-03T06:21:33.724+0000",
  "ingredients" : [ {
    "name" : "Flour Tortilla"
  }, {
    "name" : "Lettuce"
  }, {
```

```
      "name" : "Ground Beef"
    } ],
    "_links" : {
      "self" : {
        "href" : "http://localhost:8081/tacos/5e4bc18aabd4bd2d88801a9e"
      },
      "taco" : {
        "href" : "http://localhost:8081/tacos/5e4bc18aabd4bd2d88801a9e"
      }
    }
  }
```

계속해서 다음과 같이 curl 명령을 실행해 보자.

```
$ curl localhost:8081/actuator/info
```

그러면 다음과 같이 우리가 정의한 taco-service 애플리케이션의 기본 정보가 응답으로 반환되어 출력되며, 한 개의 타코가 있다는 것도 `"taco-stats":{"count":1}`로 알려준다(이 정보는 `TacoCountInfoContributor` 클래스에서 제공하며, 이 클래스는 taco-service/src/main/java/tacos/tacos에 있다).

```
{"contact":{"email":"support@tacocloud.com","phone":"822-625-6831"},
"taco-stats":{"count":1}}
```

타코 서비스의 /info와 /health 엔드포인트를 제외한 나머지 엔드포인트들은 사용자 인증을 한다. 여기서는 사용자 이름이 'admin'이고 비밀번호는 'password'이며, 암호화하지 않는다(taco-service/src/main/java/tacos/tacos에 있는 `ActuatorSecurityConfig` 클래스에 정의되어 있다).

따라서 타코 서비스의 /info와 /health 엔드포인트를 제외한 나머지 엔드포인트들을 curl에서 사용할 때는 사용자 이름과 비밀번호를 `-u` 옵션으로 지정해야 한다(만일 지정하지 않으면 인가되지 않은 접근을 나타내는 HTTP 401 에러가 반환된다). 예를 들어, 타코 서비스의 액추에이터 엔드포인트 내역을 보고자 할 때는 다음과 같이 실행한다.

```
$ curl localhost:8081/actuator/metrics -u admin:password
```

요약

- 스프링 부트 액추에이터는 HTTP와 JMX MBeans 모두의 엔드포인트를 제공한다. 엔드포인트는 스프링 부트 애플리케이션의 내부 활동을 볼 수 있게 한다.
- 대부분의 액추에이터 엔드포인트는 기본적으로 비활성화된다. 그러나 `management.endpoints.web.exposure.include` 속성과 `management.endpoints.web.exposure.exclude` 속성을 설정하여 선택적으로 노출시킬 수 있다.
- /loggers와 /env 같은 엔드포인트는 실행 중인 애플리케이션의 구성을 실시간으로 변경하는 쓰기 오퍼레이션을 허용한다.
- 애플리케이션의 빌드와 Git 커밋에 관한 상세 정보는 /info 엔드포인트에서 노출될 수 있다.
- 애플리케이션의 건강 상태는 외부에 통합된 애플리케이션의 건강 상태를 추적하는 커스텀 건강 지표에 의해 영향받을 수 있다.
- 커스텀 애플리케이션 메트릭은 Micrometer를 통해 등록할 수 있다. Micrometer는 벤더 중립적인 메트릭이며, 애플리케이션이 원하는 어떤 메트릭도 발행하여 서드파티 모니터링 시스템(예를 들어, Prometheus, Datadog, New Relic 등)에서 보일 수 있게 한다.
- 스프링 웹 애플리케이션의 다른 엔드포인트와 마찬가지로 액추에이터 엔드포인트는 스프링 시큐리티를 사용해서 보안을 처리할 수 있다.

CHAPTER

17

스프링 관리하기

이 장에서 배우는 내용

- 스프링 부트 Admin 설정하기
- 클라이언트 애플리케이션 등록하기
- 액추에이터 엔드포인트 소비(사용)하기
- Admin 서버의 보안

'백문이 불여일견'이라는 속담이 있듯이, 많은 애플리케이션 사용자에게는 사용자 친화적인 웹 애플리케이션이 천 개의 API 호출보다 좋을 것이다. 필자의 말을 오해하지는 말자. 필자는 명령행을 좋아하며, 명령행에서 curl과 HTTPie로 REST API를 사용하는 것을 좋아하는 열렬한 팬이다. 그러나 때로는 명령행에서 수동으로 명령을 입력하여 REST 엔드포인트를 호출한 후 결과를 살펴보는 것이 웹 브라우저에서 간단하게 링크를 클릭하고 결과를 읽는 것에 비해 비효율적일 수 있다.

이전 장에서는 스프링 부트 액추에이터Actuator가 노출시킨 모든 HTTP 엔드포인트를 살펴보았다. 이것은 JSON 응답을 반환하는 HTTP 엔드포인트이며, 사용될 수 있는 방법에 제한은 없다. 이번 장에서는 이런 엔드포인트를 더 쉽게 사용할 수 있도록 액추에이터의 상위 계층에 프런트엔드 사용자 인터페이스를 생성하고, 액추에이터로부터 직접 사용하기 어려운 실시간 데이터를 캡처하는 방법을 알아본다.

17.1 스프링 부트 Admin 사용하기

액추에이터 엔드포인트를 소비(사용)하면서 알기 쉬운 UIUser Interface(사용자 인터페이스)를 제공하는 웹 애플리케이션을 개발하는 것이 얼마나 힘든 것인지 묻는 질문을 여러 번 받았다. 액추에이터 엔드포인트는 단지 REST API이므로 어떤 것도 가능하다는 것이 필자의 답변이다. 그러나 독일에 기반을 둔 소프트웨어 컨설팅 회사인 'codecentric AG(https://www.codecentric.de/)'가 이미 그런 일을 하고 있는데 굳이 우리가 직접 액추에이터의 UI를 생성할 필요는 없을 것이다.

스프링 부트 Admin은 관리용 프런트엔드 웹 애플리케이션이며, 액추에이터 엔드포인트를 사람들이 더 많이 소비할 수 있게 한다. 액추에이터 엔드포인트는 두 개의 주요 구성 요소로 나뉜다. 스프링 부트 Admin과 이것의 클라이언트들이다. 그림 17.1에 있듯이, Admin 서버는 스프링 부트 클라이언트라는 하나 이상의 스프링 부트 애플리케이션으로부터 제공되는 액추에이터 데이터를 수집하고 보여준다.

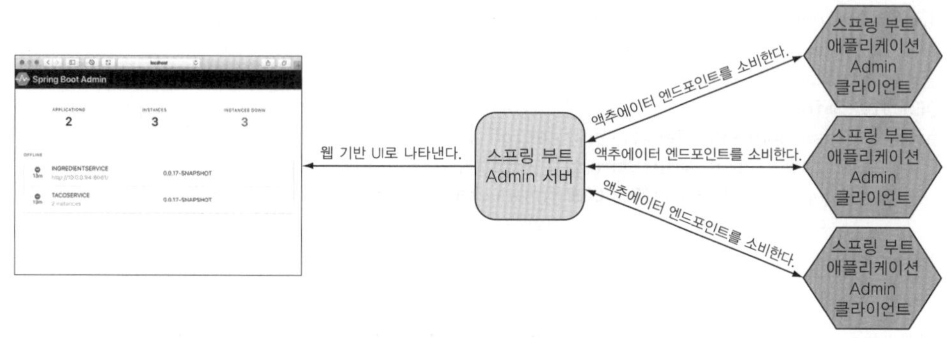

그림 17.1 스프링 부트 Admin 서버는 하나 이상의 스프링 부트 애플리케이션으로부터 요청을 받아 액추에이터 엔드포인트를 소비하고 해당 데이터를 웹 기반 UI로 나타낸다

타코 클라우드에서 스프링 부트 Admin 서버를 사용하려면 타코 클라우드를 구성하는 각 애플리케이션(마이크로서비스)을 스프링 부트 Admin 클라이언트로 등록해야 한다. 그러나 우선 스프링 부트 Admin 서버를 생성하고 이 서버가 각 클라이언트의 액추에이터 정보를 받도록 설정해야 한다.

17.1.1 Admin 서버 생성하기

Admin 서버를 활성화하려면 새로운 스프링 부트 애플리케이션을 생성하고 Admin 서버 의존성을 프로젝트의 빌드에 추가해야 한다. 일반적으로 Admin 서버는 독립 실행형standalone

애플리케이션으로 사용된다. 따라서 스프링 부트 Initializr를 사용하여 새로운 스프링 부트 프로젝트를 생성하면서 'Spring Boot Admin (Server)' 체크박스를 선택하는 것이 가장 쉽다. 이렇게 하면 프로젝트의 pom.xml 파일에 있는 <dependencies> 블록 아래에 다음의 의존성이 추가된다.

```
<dependency>
  <groupId>de.codecentric</groupId>
  <artifactId>spring-boot-admin-starter-server</artifactId>
</dependency>
```

그리고 다음과 같이 구성 클래스에 @EnableAdminServer 애노테이션을 지정하여 Admin 서버를 활성화해야 한다.

```
package tacos.bootadmin;

import org.springframework.boot.SpringApplication;
import org.springframework.boot.autoconfigure.SpringBootApplication;
import de.codecentric.boot.admin.server.config.EnableAdminServer;

@SpringBootApplication
@EnableAdminServer
public class BootAdminServerApplication {
  public static void main(String[] args) {
    SpringApplication.run(BootAdminServerApplication.class, args);
  }
}
```

마지막으로, Admin 서버가 로컬로 실행되는 유일한 애플리케이션이 아니므로 고유하면서도 접근이 쉬운 포트(0번 포트가 아닌)를 리스닝하도록 설정해야 한다. 여기서는 스프링 부트 Admin 서버의 포트로 9090을 선택하였다.[34]

```
server:
  port: 9090
```

이제는 우리의 Admin 서버가 준비되었다. 지금 이 서버를 실행시키고 웹 브라우저에서 http://localhost:9090에 접속하면 그림 17.2와 같은 화면을 보게 될 것이다.

34 마이크로서비스 기반의 스프링 부트 애플리케이션에 있는 다른 서비스 애플리케이션처럼 포트가 기반 플랫폼에서 결정될 수 있는 프로덕션 프로파일에는 server.port 속성이 다르게 설정될 수 있다.

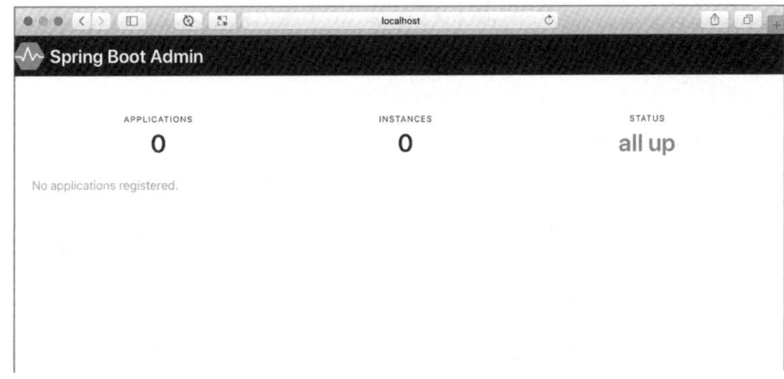

그림 17.2 스프링 부트 Admin UI에서 보여준 새로 생성된 서버이며, 아직은 등록된 클라이언트 애플리케이션이 없다

그림 17.2에 있듯이, 0개 애플리케이션의 0개 인스턴스라는 것을 스프링 부트 Admin에서 보여준다. 그러나 숫자 밑에 'No applications registered(등록된 애플리케이션이 없음)' 메시지를 보면 알 수 있으므로 0이라는 숫자는 큰 의미가 없다. Admin 서버가 유용하게 쓰이려면 클라이언트 애플리케이션을 등록해야 한다.

17.1.2 Admin 클라이언트 등록하기

Admin 서버는 다른 스프링 부트 애플리케이션의 액추에이터 데이터를 보여주는 별개의 애플리케이션이므로 다른 애플리케이션을 Admin 서버가 알 수 있도록 클라이언트로 등록해야 한다. 스프링 부트 Admin 클라이언트를 Admin 서버에 등록하는 방법은 다음 두 가지가 있다.

- 각 애플리케이션이 자신을 Admin 서버에 등록한다.
- Admin 서버가 유레카 서비스 레지스트리를 통해서 서비스를 찾는다.

지금부터는 이 두 가지 방법을 알아본다. 우선, 각 스프링 부트 애플리케이션이 자신을 Admin 서버에 등록할 수 있도록 해당 애플리케이션을 스프링 부트 Admin 클라이언트로 구성하는 방법부터 시작하자.

Admin 클라이언트 애플리케이션 구성하기

스프링 부트 애플리케이션이 자신을 Admin 서버의 클라이언트로 등록하려면 해당 애플리케이션의 빌드에 스프링 부트 Admin 클라이언트 스타터를 포함시켜야 한다. 이 경우 Initializr에서는 의존성을 지정하는 대화상자에서 Ops를 확장한 후, 'Spring Boot Admin (Client)' 체크박스를 선택하면 쉽게 의존성을 추가할 수 있다. 또는 프로젝트의 pom.xml 파일에 있는 <dependencies> 블록 아래에 다음을 직접 추가해도 된다.

```
<dependency>
  <groupId>de.codecentric</groupId>
  <artifactId>spring-boot-admin-starter-client</artifactId>
</dependency>
```

의존성을 추가하여 클라이언트 측의 라이브러리가 준비되었으므로 클라이언트가 자신을 등록할 수 있는 Admin 서버의 위치도 구성해야 한다. 이때는 `spring.boot.admin.client.url` 속성을 Admin 서버의 루트 URL로 설정하면 된다.

그리고 다음 내용을 각 클라이언트 애플리케이션의 application.yml 파일에 추가한다(application.yml 파일은 각 클라이언트 애플리케이션 프로젝트의 /src/main/resources 아래에 있으며, 없으면 새로 생성한다).

```
spring:
  application:
    name: ingredient-service
  boot:
    admin:
      client:
        url: http://localhost:9090
```

`spring.application.name` 속성도 설정되었다는 것에 주목하자(여기서는 식자재 서비스인 ingredient-service로 설정되었다). 이것은 스프링 클라우드 구성 서버와 유레카에 마이크로서비스 이름을 알려주기 위해 이미 사용되었던 속성이다. 여기서는 Admin 서버에 알려주기 위해 설정하였다. 그다음에 애플리케이션을 다시 시작하면 그림 17.3과 같이 ingredient-service가 Admin 서버에 나타난 것을 볼 수 있다(Admin 서버와 클라이언트 애플리케이션들을 빌드하고 실행하는 방법은 17.4에서 알아본다).

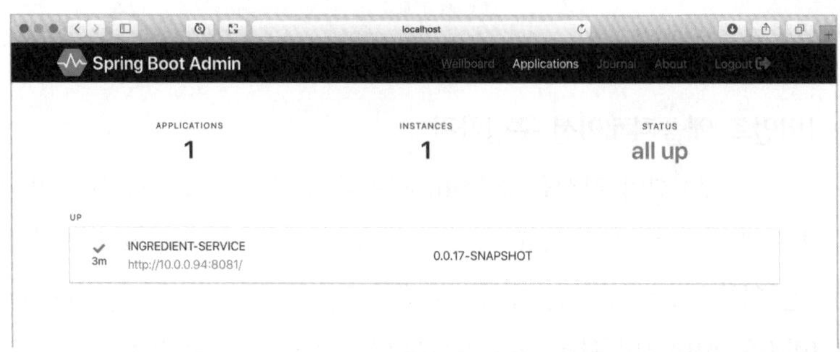

그림 17.3 **스프링 부트 Admin UI가 등록된 클라이언트 애플리케이션을 보여준다**

그림 17.3에 나타난 식자재 서비스에 관한 정보는 그리 많지 않다. 그러나 애플리케이션의 작동시간uptime과 빌드 버전(스프링 부트 메이븐 플러그인이 갖는 빌드 정보)을 보여준다. 그리고 Admin 서버의 해당 애플리케이션을 클릭하면 다른 상세한 런타임 정보들을 볼 수 있다. Admin 서버가 제공하는 정보는 17.2에서 자세히 알아볼 것이다.

식자재 서비스를 Admin 서버에 등록하는 데 사용한 것과 동일한 구성(application.yml 파일)이 Admin 서버의 모든 클라이언트 애플리케이션에 있어야 한다. 이 경우 각 애플리케이션에서는 `spring.application.name` 속성만 다른 값(해당 애플리케이션 이름)으로 설정하고, `spring.boot.admin.client.url` 속성은 스프링 클라우드 구성 서버가 제공하도록 하면 더 쉽다. 또는 유레카를 서비스 레지스트리로 사용 중이라면 Admin 서버가 자신의 서비스들을 찾게 하면 된다. 지금부터는 Admin 서버를 유레카 클라이언트로 구성하는 방법을 알아본다.

Admin 클라이언트 찾기

서비스들을 찾을 수 있게 Admin 서버를 활성화할 때는 Admin 서버 프로젝트의 빌드에 스프링 클라우드 Netflix 유레카 클라이언트 스타터만 추가하면 된다. 이때 Admin 서버 프로젝트의 pom.xml 파일에 있는 `<dependencies>` 블록 아래에 다음의 의존성을 추가하면 된다.[35]

```
<dependency>
  <groupId>org.springframework.cloud</groupId>
  <artifactId>spring-cloud-starter-netflix-eureka-client</artifactId>
</dependency>
```

이렇게 해서 Admin 서버가 유레카 클라이언트로 활성화되면 더 이상 추가로 해줄 것은 없다. 그리고 앞에서 얘기했던 모든 클라이언트의 application.yml 파일 구성을 하지 않아도 된다. 왜냐하면 유레카에 등록된 모든 애플리케이션을 Admin 서버가 자동으로 찾아서 그것들의 액추에이터 데이터를 보여 주기 때문이다. 예를 들어, 유레카에 등록된 타코 클라우드 서비스들이 있다면 그림 17.4와 같이 Admin 서버에도 나타날 것이다.

35 스프링 Initializr 화면의 **Eureka Discovery 체크박스**를 선택해도 이와 동일하게 의존성이 추가된다.

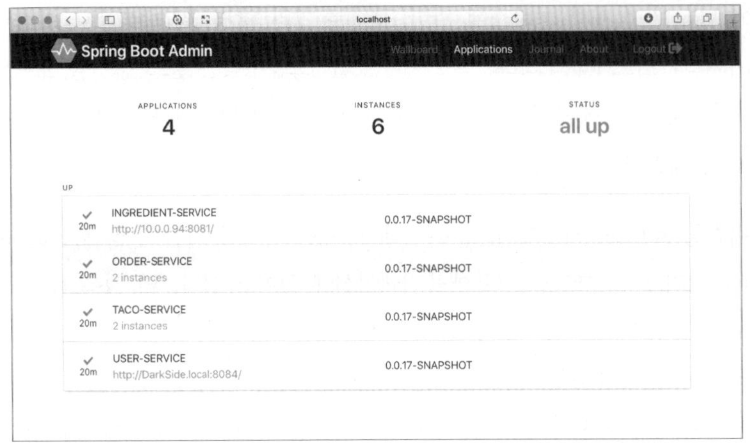

그림 17.4 **스프링 부트 Admin UI는 유레카에서 찾은 모든 서비스들을 보여줄 수 있다**

그림 17.4에서 볼 수 있듯이, 4개의 다른 애플리케이션과 6개의 서비스가 있다. 즉, 2개의 주문 서비스 인스턴스, 2개의 타코 서비스 인스턴스, 각각 1개의 식자재 서비스와 사용자 서비스 인스턴스다. 그리고 여기 있는 모든 애플리케이션이 Up 상태로 나타나 있다. 그러나 오프라인offline이 되는 서비스가 있으면(예를 들어, 식자재 서비스) 그림 17.5처럼 별도로 나타난다.

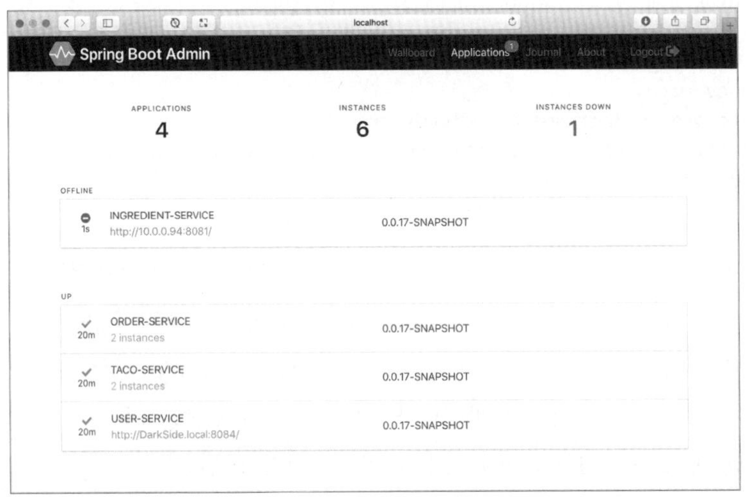

그림 17.5 **스프링 부트 Admin UI는 오프라인 서비스를 온라인 서비스와 구분해서 보여준다**

현재는 Admin 서버가 유레카 클라이언트이지만, 자신을 유레카 서비스로도 등록할 수 있다. 이때는 Admin 서버 프로젝트의 application.yml 파일에 있는 `eureka.client.register-with-eureka` 속성을 `false`로 설정하면 된다.

```
eureka:
  client:
    register-with-eureka: false
```

또한, 다른 유레카 클라이언트처럼 유레카 서버가 기본 호스트와 포트에서 리스닝하지 않을 때는 유레카 서버의 위치를 구성할 수도 있다. 다음의 YAML에서는 eureka1.tacocloud.com 호스트로 유레카 위치를 구성한다.

```
eureka:
  client:
    service-url:
      defaultZone: http://eureka1.tacocloud.com:8761/eureka/
```

이제는 타코 클라우드 서비스들이 Admin 서버에 등록되었으므로 Admin 서버가 무엇을 제공하는지 알아보자.

17.2 Admin 서버 살펴보기

모든 스프링 부트 애플리케이션이 Admin 서버 클라이언트로 등록되면 각 애플리케이션 내부에서 생기는 풍부한 정보를 Admin 서버가 볼 수 있다. 이러한 정보에는 다음 사항이 포함된다.

- 애플리케이션의 건강 상태 정보와 일반 정보
- Micrometer를 통해 발행되는 메트릭metric과 /metrics 엔드포인트(16장 참고)
- 환경 속성
- 패키지와 클래스의 로깅 레벨
- 스레드 추적 기록 정보
- HTTP 요청의 추적 기록
- 감사 로그audit log

사실상 액추에이터가 노출하는 거의 모든 것을 훨씬 더 인간 친화적인 형태로 Admin 서버에서 볼 수 있다. 여기에는 정보 추출과 파악에 도움을 주는 그래프와 필터가 포함된다. Admin 서버에 나타나는 정보의 양은 매우 많다. 지금부터는 그중에서 몇 가지 중요한 것을 알아본다.

17.2.1 애플리케이션의 건강 상태 정보와 일반 정보 보기

16장의 16.2.1에서 얘기했듯이, 액추에이터가 제공하는 가장 기본적인 정보 중에는 건강 상태 정보와 일반 정보가 있으며, 이 정보들은 /health와 /info 엔드포인트를 통해 제공된다. 그림 17.6과 같이 Admin 서버는 Details 탭에서 이 정보를 보여준다.

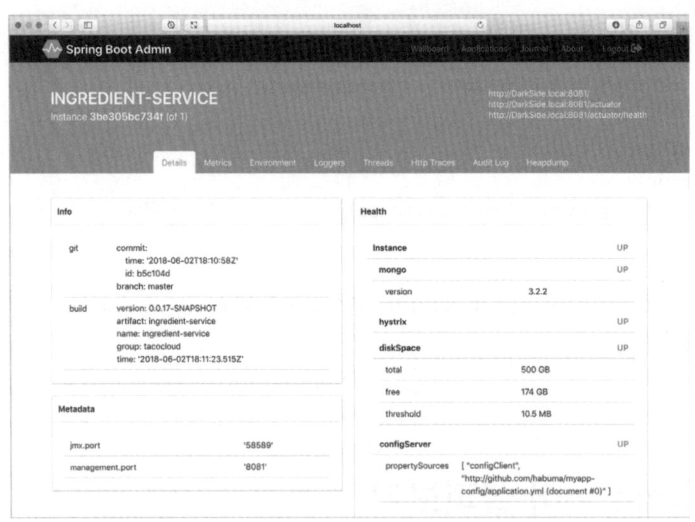

그림 17.6 스프링 부트 Admin UI의 Details 탭에서는 애플리케이션의 건강 상태 정보와 일반 정보를 보여준다

Details 탭의 화면을 스크롤하면 그림 17.7과 같이 JVM으로부터 받은 애플리케이션 정보의 유용한 통계를 볼 수 있으며, 여기에는 메모리와 스레드를 보여주는 그래프들과 프로세스 정보가 포함된다.

그림 17.7 Details 탭의 화면을 스크롤하면 JVM 내부 정보인 프로세스, 스레드, 메모리 통계를 추가로 볼 수 있다

각종 그래프 및 프로세스와 가비지 컬렉션의 메트릭에 보여지는 정보는 애플리케이션이 JVM 리소스를 어떻게 사용하는지 살펴보는 데 유용하다.

17.2.2 핵심 메트릭 살펴보기

/metrics 엔드포인트로부터 제공되는 정보는 애플리케이션에서 생성되는 메트릭이며, 모든 액추에이터 엔드포인트 중 가장 덜 인간 친화적인 형태일 것이다. 그러나 Admin 서버가 Metrics 탭의 UI를 사용해서 일반인이 알아보기 쉽게 한다.

처음에는 Metrics 탭에서 어떤 메트릭 정보도 보여주지 않는다. 그러나 계속 지켜볼 메트릭에 대해 하나 이상의 관찰점watch을 설정하면 이것에 관련된 정보를 보여준다.

그림 17.8에서는 http.server.requests 부류의 메트릭들에 대해 두 개의 관찰점을 설정하였다. 첫 번째 관찰점에서는 /ingredients 엔드포인트에 대해 HTTP GET 요청이 될 때마다 관련 메트릭들을 알려주며, 여기서는 반환된 상태 코드가 200 (OK)이다. 두 번째 관찰점에서는 HTTP 400(NOT FOUND) 응답을 발생시키는 요청이 있을 때마다 관련 메트릭들을 알려주게끔 설정하였다.

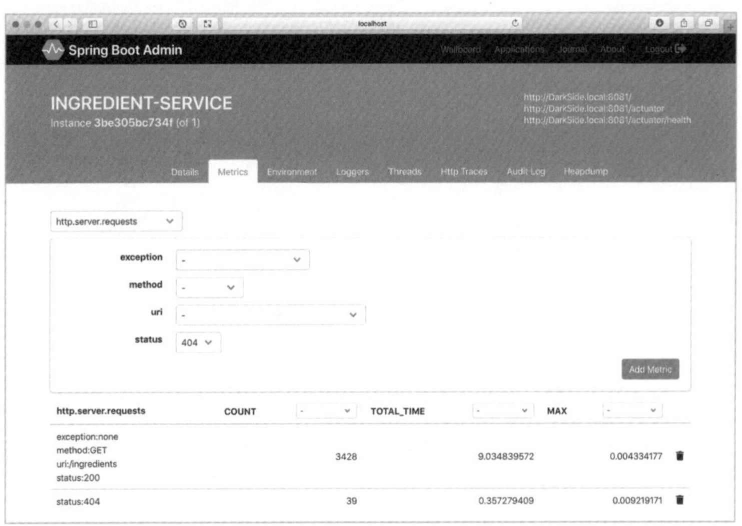

그림 17.8 **Metrics 탭에서는 애플리케이션의 /metrics 엔드포인트를 통해 전달되는 메트릭들에 대한 관찰점을 설정할 수 있다**

Admin 서버에서 보여주는 대부분의 정보가 그렇듯이, 이 메트릭들은 실시간 데이터를 보여준다는 것이 장점이다(이 데이터는 페이지를 새로 갱신하지 않아도 자동 업데이트된다).

17.2.3 환경 속성 살펴보기

액추에이터의 /env 엔드포인트는 스프링 부트 애플리케이션의 모든 속성 근원(JVM 시스템, 명령행 인자, 환경 변수 등)으로부터 해당 애플리케이션에 사용할 수 있는 모든 환경 속성을 반환한다. 이렇게 반환되는 JSON 응답이 알아보기 어려운 것은 아니다. 그러나 Admin 서버는 Environment 탭에서 훨씬 더 보기 좋은 형태로 응답을 보여준다(그림 17.9).

여기서는 수백 개의 속성이 나타날 수 있으므로, 보려는 속성 내역을 속성 이름이나 값으로 필터링할 수 있다. 그림 17.9에서는 속성의 이름이나 값에 **'spring'**을 포함하는 속성들을 필터링해서 보여준다. 또한, Admin 서버는 Environment Manager 아래의 폼을 사용하여 환경 속성 값을 설정하거나 변경할 수 있게 해준다.

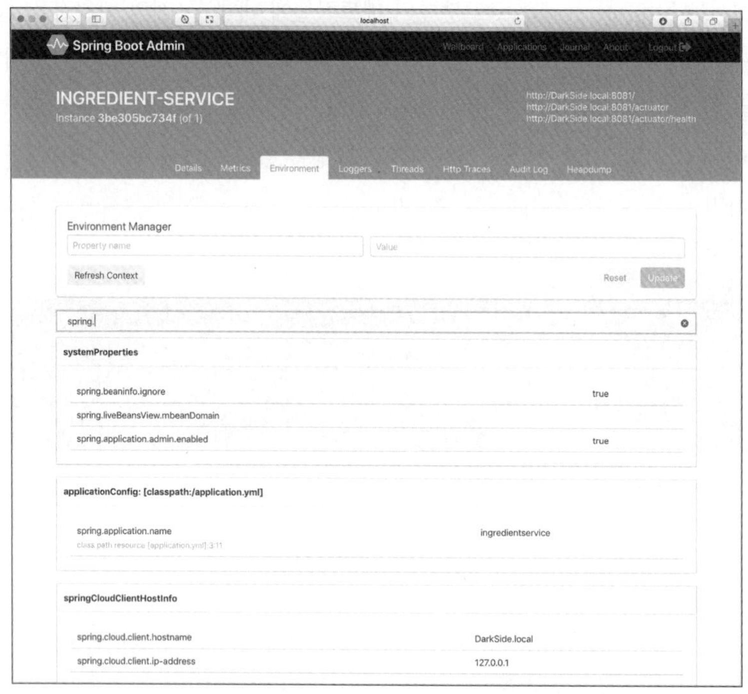

그림 17.9 **Environment 탭은 환경 속성을 보여주며, 속성 값을 변경하거나 필터링하는 옵션을 포함한다**

17.2.4 로깅 레벨을 보거나 설정하기

액추에이터의 /loggers 엔드포인트는 실행 중인 애플리케이션의 로깅 레벨을 파악하거나 변경하는 데 도움이 된다. Admin 서버의 Loggers 탭에는 애플리케이션의 로깅 레벨 관리 작업을 쉽게 할 수 있도록 사용이 쉬운 UI가 추가되어 있다. 그림 17.10에서는 org.springframework.boot라는 이름으로 필터링된 로거들의 로깅 레벨을 보여준다.

기본적으로 Admin 서버는 모든 패키지와 클래스의 로깅 레벨을 보여주지만, 이름이나 로깅 레벨로 필터링할 수 있다.

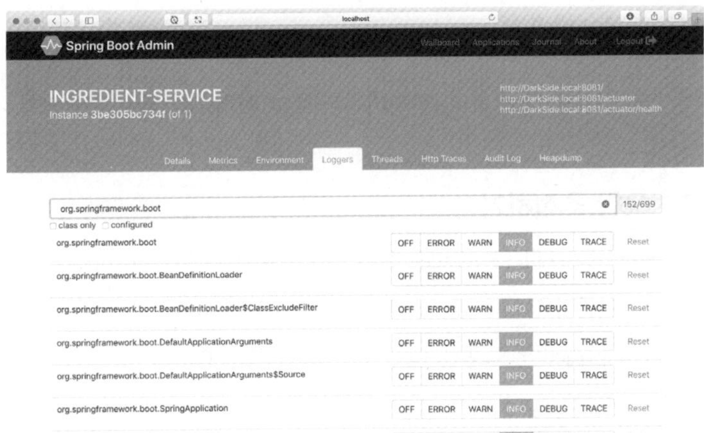

그림 17.10 Loggers 탭에서는 애플리케이션의 패키지와 클래스의 로깅 레벨을 보여주고 변경할 수 있다

17.2.5 스레드 모니터링

어떤 애플리케이션이든 많은 스레드가 동시에 실행될 수 있다. /threaddump 엔드포인트(16장의 16.2.3 참고)는 애플리케이션에서 실행 중인 스레드의 상태 스냅샷을 제공한다. 스프링 부트 Admin UI는 애플리케이션의 모든 스레드에 대해 실시간으로 감시한다(그림 17.11).

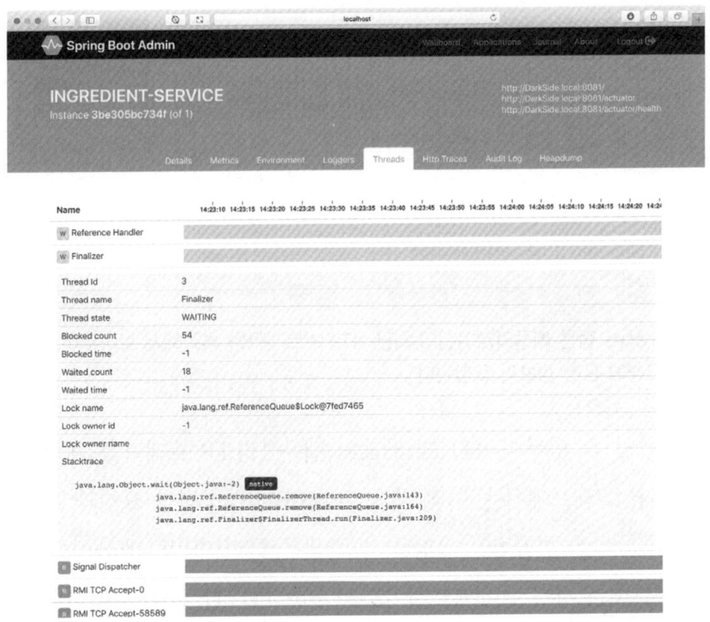

그림 17.11 Admin UI의 Threads 탭을 사용하면 애플리케이션의 스레드를 실시간으로 감시할 수 있다

적시에 스냅샷을 캡처하는 /threaddump 엔드포인트와 다르게, 각 스레드의 상태를 보여주는 Threads 탭의 막대 그래프는 지속적으로 변경된다. 이때 스레드가 실행 중이면 초록색으로, 대기 중이면 노란색이 되며, 중단되면 빨간색이 된다.

각 스레드에 관한 더 자세한 정보를 보려면 리스트에 있는 스레드 중 원하는 것을 클릭하면 된다. 그러면 해당 스레드에 관한 현재의 스택 기록과 함께 이력 데이터가 확장되어 나타난다.

17.2.6 HTTP 요청 추적하기

스프링 부트 Admin UI의 HTTP Traces 탭에서는 액추에이터의 /httptrace 엔드포인트로부터 받은 데이터를 보여준다(그림 17.12). 그러나 요청 시점에 100개의 가장 최근 HTTP 추적 기록을 반환하는 /httptrace 엔드포인트와 다르게, HTTP Traces 탭은 HTTP 요청들의 전체 이력 데이터를 보여준다. 그리고 이 탭에 머무는 동안 이력 데이터가 계속 변경된다. 만일 이 탭을 떠났다가 다시 돌아오면 처음에는 100개의 가장 최근 요청들만 보여주지만, 이후로는 추적이 계속된다.

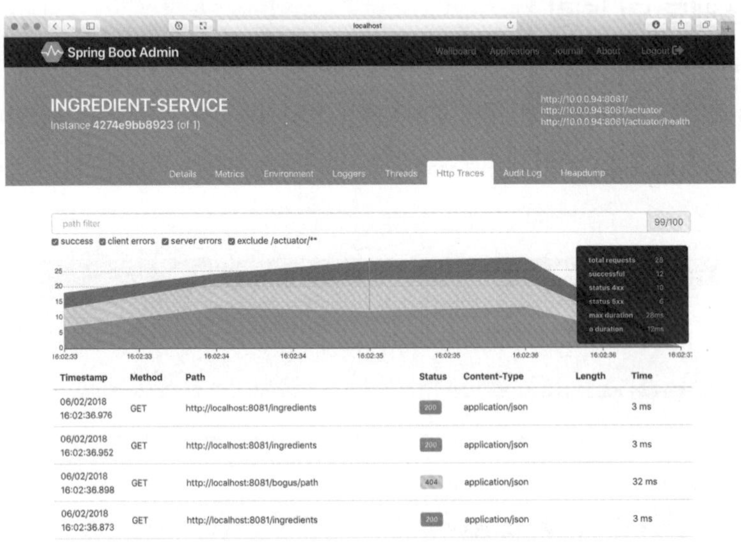

그림 17.12 **HTTP Traces 탭은 애플리케이션의 최근 HTTP 트래픽을 추적해서 보여주며, 여기에는 에러를 발생시킨 요청에 관한 정보가 포함된다**

그림 17.12를 보면 알 수 있듯이, HTTP Traces 탭은 HTTP 트래픽을 계속 추적하는 중첩 그래프를 포함한다. 그래프에서는 여러 색을 사용하여 성공적인 요청과 그렇지 않은 요청들을 나타낸다. 초록색은 성공적인 요청을, 노란색은 클라이언트 에러(예를 들어, 400 레벨의 HTTP 응답)를, 빨간색은 서버 에러(예를 들어, 500 수준의 HTTP 응답)를 나타낸다. 그리고 그래

프 위에 마우스 커서를 대면 그림 17.12의 오른쪽에 있는 것과 같은 검은 상자가 나타나서 해당 시점의 상세한 요청 횟수를 보여준다.

그래프 아래쪽에는 추적 이력 데이터가 나타나며, 애플리케이션에서 받은 각 요청을 한 행으로 보여준다. 그리고 원하는 행을 클릭하면 해당 행이 확장되면서 요청 헤더와 응답 헤더를 포함하는 해당 요청에 관한 추가 정보를 보여준다(그림 17.13).

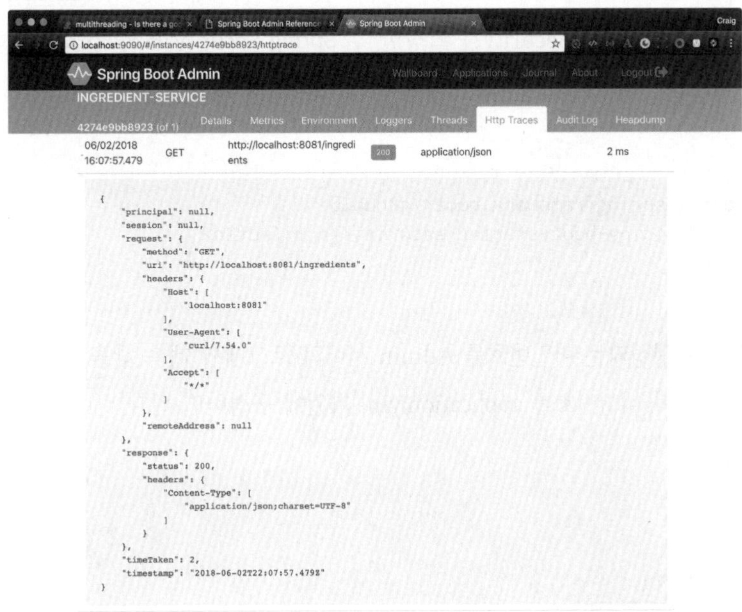

그림 17.13 **HTTP Traces 탭의 특정 요청 항목을 클릭하면 해당 요청에 관한 추가 정보를 보여준다**

17.3 Admin 서버의 보안

이전 장에서 얘기했듯이, 액추에이터의 엔드포인트에서 노출한 정보는 일반적인 사용을 위해 생성된 것이 아니다. 여기에는 애플리케이션 관리자만이 봐야 하는 애플리케이션 상세 내역을 노출하는 정보가 포함된다. 더욱이 일부 엔드포인트는 아무에게나 함부로 노출되면 안 되는 정보의 변경을 허용한다.

액추에이터에 보안이 중요하듯이, Admin 서버에도 보안은 중요하다. 게다가 만일 액추에이터 엔드포인트에서 인증을 요구한다면 Admin 서버가 해당 엔드포인트에 접근하기 위해 인증 정보를 알아야 한다. 지금부터는 Admin 서버에 보안을 추가하는 방법을 알아본다. 우선, 인증을 요구하는 것부터 시작한다.

17.3.1 Admin 서버에 로그인 활성화하기

Admin 서버는 기본적으로 보안이 되지 않으므로 보안을 추가하는 것이 좋다. Admin 서버는 스프링 부트 애플리케이션이므로 다른 스프링 부트 애플리케이션에 하듯이 스프링 시큐리티를 사용해서 처리할 수 있다. 그리고 스프링 시큐리티로 처리되는 다른 애플리케이션과 마찬가지로 우리 요구에 가장 적합한 보안 스킴을 결정하면 된다.

우선, 스프링 부트 보안 스타터를 Admin 서버의 빌드에 추가해야 한다. Initializr의 의존성을 지정하는 대화상자에서 Security를 확장한 후 **Spring Security 체크박스**를 선택하거나, 프로젝트의 pom.xml 파일에 있는 `<dependencies>` 블록 아래에 다음 의존성을 추가한다.

```
<dependency>
  <groupId>org.springframework.boot</groupId>
  <artifactId>spring-boot-starter-security</artifactId>
</dependency>
```

그리고 무작위로 생성되는 비밀번호를 Admin 서버의 로그에서 계속 찾을 필요가 없도록 간단한 관리자 이름과 비밀번호를 application.yml 파일에 구성하면 된다.

```
spring:
  security:
    user:
      name: admin
      password: 53cr3t
```

이제는 Admin 서버가 웹 브라우저에서 로드될 때 스프링 시큐리티의 기본 로그인 폼으로 사용자 이름과 비밀번호를 요구할 것이다. 이때는 조금 전에 구성했듯이, **admin**과 **53cr3t**를 입력하면 된다. 이것은 지극히 기본적인 보안 구성이므로 4장을 참고하여 더 좋은 보안 구성을 전략할 것을 권한다.

17.3.2 액추에이터로 인증하기

16장의 16.4에서는 HTTP 기본 인증으로 액추에이터 엔드포인트의 보안을 처리하는 방법을 설명하였다. 이렇게 하면 액추에이터 엔드포인트에 지정한 인증 정보(사용자 이름과 비밀번호)를 모르는 모든 사람의 접근을 막을 수 있다. 그러나 이 경우 액추에이터 엔드포인트가 인증 정보를 제공하지 않으면 Admin 서버도 액추에이터 엔드포인트를 소비할 수 없게 된다. 그렇다면 Admin 서버가 어떻게 인증 정보를 얻어야 할까?

Admin 서버의 클라이언트 애플리케이션은 자신을 직접 Admin 서버에 등록하거나, 유레카를 통해 발견되게 함으로써 자신의 인증 정보를 Admin 서버에 제공할 수 있다. 만일 Admin 서버의 클라이언트 애플리케이션이 직접 Admin 서버에 등록한다면 등록할 때 자신의 인증 정보를 Admin 서버에 전송할 수 있다. 이렇게 하려면 몇 가지 속성을 구성해야 한다.

Admin 서버가 애플리케이션의 액추에이터 엔드포인트에 접근하는 데 사용할 수 있는 인증 정보는 다음과 같이 각 클라이언트의 application.yml에 `spring.boot.admin.client.instance.metadata.user.name`과 `spring.boot.admin.client.instance.metadata.user.password` 속성을 지정한다.

```
spring:
  boot:
    admin:
      client:
        url: http://localhost:9090
        instance:
          metadata:
            user.name: ${spring.security.user.name}
            user.password: ${spring.security.user.password}
```

이처럼 인증 정보(사용자 이름과 비밀번호 속성)는 Admin 서버에 자신을 등록하는 각 클라이언트 애플리케이션에 반드시 설정되어야 한다. 그리고 지정된 값은 액추에이터 엔드포인트에 대한 HTTP 기본 인증 헤더에 필요한 인증 정보와 반드시 일치해야 한다. 이 예제에서는 액추에이터 엔드포인트에 접근하기 위해 구성된 인증 정보인 admin과 password로 설정되었다.

이와는 달리, Admin 서버가 유레카를 통해 클라이언트 애플리케이션을 발견하도록 한다면 `eureka.instance.metadata-map.user.name`과 `eureka.instance.metadata-map.user.password` 속성을 설정해야 한다.

```
eureka:
  instance:
    metadata-map:
      user.name: admin
      user.password: password
```

애플리케이션이 유레카에 등록할 때 인증 정보는 유레카 등록 레코드의 메타데이터에 포함된다. 그리고 Admin 서버가 애플리케이션을 발견하면 애플리케이션의 다른 상세 정보와 함께 인증 정보를 유레카로부터 가져온다.

지금부터는 이번 장에서 알아본 스프링 부트 Admin 서버 서비스를 빌드하고 실행해 볼 것이다.

17.4 Admin 서버 서비스 빌드 및 실행하기

우선, STS가 실행 중이라면 STS를 종료하자. 그리고 각자 STS 작업 영역 디렉터리에 생성한 .metadata 서브 디렉터리를 삭제하자(이전의 다른 프로젝트를 열고 사용할 때 남아 있던 정보로 인한 오류 발생 가능성을 방지하기 위함이다).

그리고 이 책의 다운로드 코드(다운로드하는 방법은 이 책 맨 앞에 있는 '이 책에 대하여'를 참고)에서 Ch17 서브 디렉터리를 각자 STS 작업 영역 디렉터리 아래에 복사하자. 여기서는 C:\Spring5-In-Action을 STS 작업 영역으로 지정하였고, 17장의 모든 코드가 있는 Ch17 서브 디렉터리를 이 아래에 복사한 것으로 간주한다.

STS 메뉴의 **File ⇨ Open Projects from File System…**을 선택하면 그림 17.14의 대화상자가 나타난다.

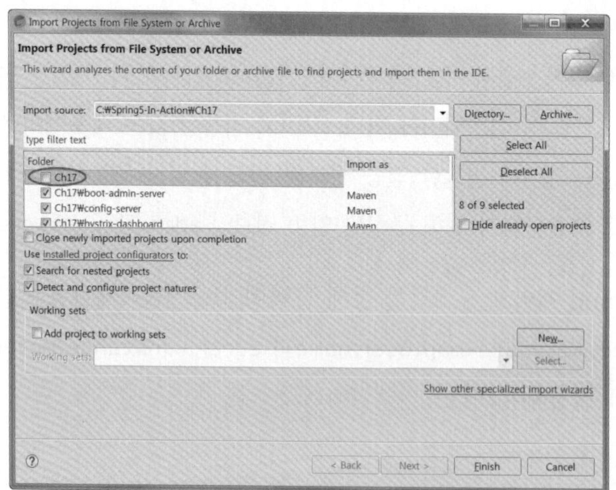

그림 17.14 프로젝트 열기 대화상자

Directory… 버튼을 클릭하여 나타나는 대화상자에서 **Ch17 서브 디렉터리**를 선택하면 잠시 후에 STS가 그림 17.14처럼 이 디렉터리의 모든 프로젝트 폴더를 찾아 보여준다. 여기서는 Ch17만 체크를 해제하고 나머지 8개의 폴더는 선택된 상태로 둔다. 그 다음에 **Finish** 버튼을 클릭하면 STS가 8개의 프로젝트를 열고 그림 17.15와 같이 패키지 탐색기 창에 보여준다(**각 항목 왼쪽의 화살표**를 클릭하면 항목을 확장 또는 축소해서 볼 수 있다).

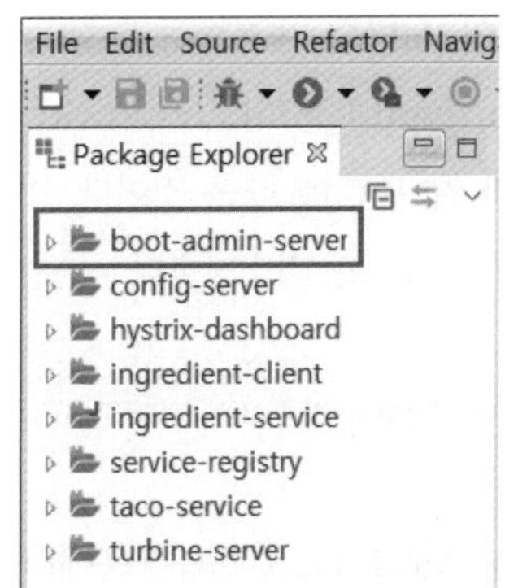

그림 17.15 **8개의 프로젝트가 열린 패키지 탐색기 창**

여기서 boot-admin-server는 이번 장에서 추가된 것이며, 스프링 부트 Admin 서버 서비스다. 나머지 7개 프로젝트는 13장부터 16장까지 추가했던 프로젝트들과 동일하다. 지금부터는 각 프로젝트를 빌드하고 Admin 서버 서비스를 실행해 볼 것이다.

그림 6.12와 6.13에 설명한 대로 앵귤러 퍼스펙티브로 전환한다. 그리고 터미널 창이 열려 있지 않다면 STS 메뉴의 **Window ⇨ Show View ⇨ Terminal+**를 선택하여 열자.

Project 드롭다운에서 **service-registry**를 선택하고 **+** 버튼을 클릭하여 새로운 터미널 창을 열면 셸 프롬프트가 나타난다. 다음과 같이 명령을 입력하여 실행시키자.

```
$ ./mvnw clean package
```

계속해서 Project 드롭다운에서 **config-server**를 선택하고 **+** 버튼을 클릭하여 새로운 터미널 창을 열고 동일한 명령을 입력하여 실행한다.

```
$ ./mvnw clean package
```

같은 방법으로 hystrix-dashboard, taco-service, ingredient-service, ingredient-client, boot-admin-server를 차례대로 빌드한다. (Turbine 서버(turbine-server)는 16장에서 이미 알아보았으므로 빌드 및 실행되지 않는다.)

모든 프로젝트가 성공적으로 빌드되면(BUILD SUCCESS 메시지가 나타나야 한다) 7개의 프로젝트가 각각 jar 파일로 생성된다(각 프로젝트 폴더의 target 폴더 아래에 있다).

이제는 각 애플리케이션을 차례대로 실행시켜야 한다. 우선 Project 드롭다운에서 serviceregistry를 선택하고 다음과 같이 서비스 레지스트리 애플리케이션을 실행하자. 정상적으로 실행되면 'Tomcat started on port(s): 8761 (http) with context path ' ''라는 메시지와 'Started Eureka Server' 메시지가 끝 부분에 나올 것이다. 이로써 서비스 레지스트리로 사용하는 유레카 서버가 시작되어 8761 포트를 리스닝한다.

```
$ java -jar target/service-registry-0.0.17-SNAPSHOT.jar
```

다음은 구성 서버를 시작해야 하므로 Project 드롭다운에서 **config-server**를 선택하고 다음과 같이 구성 서버를 실행하자. 정상적으로 실행되면 'Tomcat started on port(s): 8888 (http) with context path ' ''라는 메시지와 'Started ConfigServerApplication in 11.016 seconds (JVM running for 11.748)' 메시지가 끝 부분에 나올 것이다. 이로써 구성 서버가 시작되어 8888 포트를 리스닝한다.

```
$ java -jar target/config-server-0.0.17-SNAPSHOT.jar
```

계속해서 Hystrix 서비스를 시작해야 하므로 Project 드롭다운에서 **hystrix-dashboard**를 선택하고 다음과 같이 실행하자. 정상적으로 실행되면 'Tomcat started on port(s): 7979 (http) with context path ' ''라는 메시지와 'Started HystrixDashboardApplication in 7.617 seconds (JVM running for 8.336)' 메시지가 끝 부분에 나올 것이다. 이로써 Hystrix 서비스가 시작되어 7979 포트를 리스닝한다.

```
$ java -jar target/hystrix-dashboard-0.0.17-SNAPSHOT.jar
```

계속해서 Project 드롭다운에서 **taco-service**를 선택하고 다음과 같이 서비스 클라이언트 애플리케이션을 실행하자. 정상적으로 실행되면 'Started TacoServiceApplication in 39.361 seconds (JVM running for 41.864)'와 같은 메시지가 끝 부분에 나타날 것이다. 이것은 이번 장에서 알아본 액추에이터 엔드포인트와 보안을 사용하는 타코 서비스이며, 8081 포트를 리스닝한다.

```
$ java -jar target/taco-service-0.0.17-SNAPSHOT.jar
```

계속해서 Project 드롭다운에서 **ingredient-service**를 선택하고 다음과 같이 마이크로서비스 애플리케이션을 실행하자. 정상적으로 실행되면 'Started IngredientServiceApplication in

82.996 seconds (JVM running for 83.736)'과 같은 메시지가 끝 부분에 나타날 것이다. 이 마이크로서비스 애플리케이션은 무작위로 선택된 포트를 리스닝한다. 유레카 서버를 통해서 찾아 사용되기 때문이다.

```
$ java -jar target/ingredient-service-0.0.17-SNAPSHOT.jar
```

마지막으로 Project 드롭다운에서 **ingredient-client**를 선택하고 다음과 같이 서비스 클라이언트 애플리케이션을 실행하자. 정상적으로 실행되면 'Started IngredientClientApplication in 179.202 seconds (JVM running for 180.998)'과 같은 메시지가 끝 부분에 나타날 것이다. 이 서비스 클라이언트 애플리케이션은 8080 포트를 리스닝한다. (시간이 조금 더 걸릴 수 있으니 기다리자.)

```
$ java -jar target/ingredient-client-0.0.17-SNAPSHOT.jar
```

마지막으로 Admin 서버를 시작해야 하므로 Project 드롭다운에서 **boot-admin-server**를 선택하고 다음과 같이 실행하자. 정상적으로 실행되면 'Netty started on port(s): 9090'이라는 메시지와 'Started BootAdminServerApplication in 50.632 seconds (JVM running for 51.506)' 메시지가 끝 부분에 나올 것이다. 이로써 Admin 서버가 시작되어 9090 포트를 리스닝한다.

```
$ java -jar target/boot-admin-server-0.0.17-SNAPSHOT.jar
```

이제는 Admin 서버 서비스를 사용할 준비가 되었다. Project 드롭다운에서 선택한 터미널 창은 해당 애플리케이션의 서버 콘솔이 되므로 우리가 원하는 작업이 처리되었는지 해당 터미널 창에서 확인할 수 있으며, 해당 서버를 종료할 때는 **Ctrl+C**(윈도우 시스템의 경우) 키를 누르면 된다.

17.3.1에서 설명했듯이, 현재의 Admin 서버는 사용자 이름과 비밀번호로 로그인해야 사용할 수 있다. 이 정보는 boot-admin-server 프로젝트의 src/main/resources/application.yml 파일에 지정되어 있다.

웹 브라우저에서 http://localhost:9090에 접속하자. 그러면 로그인 대화상자가 나타날 것이다. 그림 17.16처럼 사용자 이름에는 **'admin'**, 비밀번호에는 **'53cr3t'**를 입력한 후, **'Sign in'**을 클릭한다.

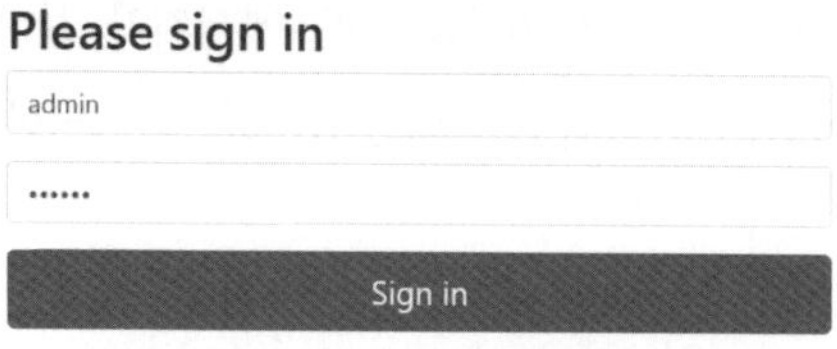

그림 17.16 로그인 대화상자

정상적으로 로그인이 되면 그림 17.17의 스프링 부트 Admin 서버 UI(사용자 인터페이스) 페이지가 나타난다.

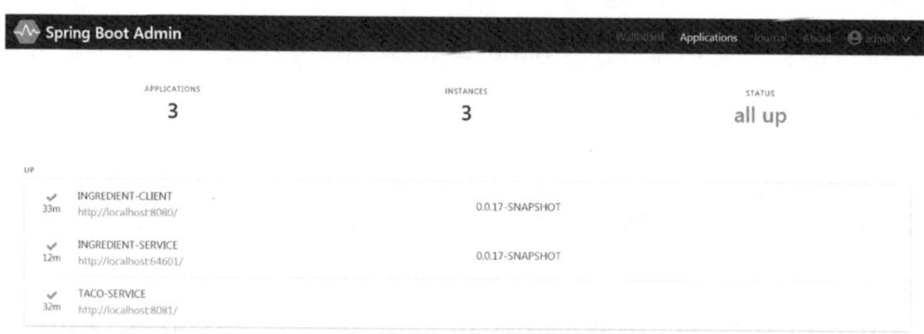

그림 17.17 스프링 부트 admin UI

여기서는 앞에서 실행했던 세 개의 서비스를 보여준다. 이 서비스들은 Admin 서버의 클라이언트로 등록되었으므로 나타난 것이다(17.1.2 참고).

제일 위의 오른쪽에 있는 **Wallboard**를 클릭하면 이 서비스들의 실행 중인 인스턴스를 보여주는 그림 17.18의 페이지가 나타난다.

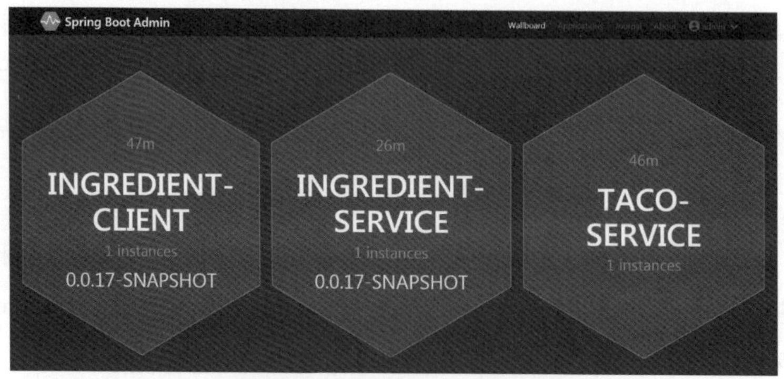

그림 17.18 현재 실행 중인 서비스 인스턴스를 보여주는 페이지

특정 서비스 인스턴스를 클릭하면 해당 서비스에 관한 모든 상세 내역을 볼 수 있다. 예를 들어, **TACO-SERVICE**를 클릭하면 그림 17.19의 페이지가 나타난다.

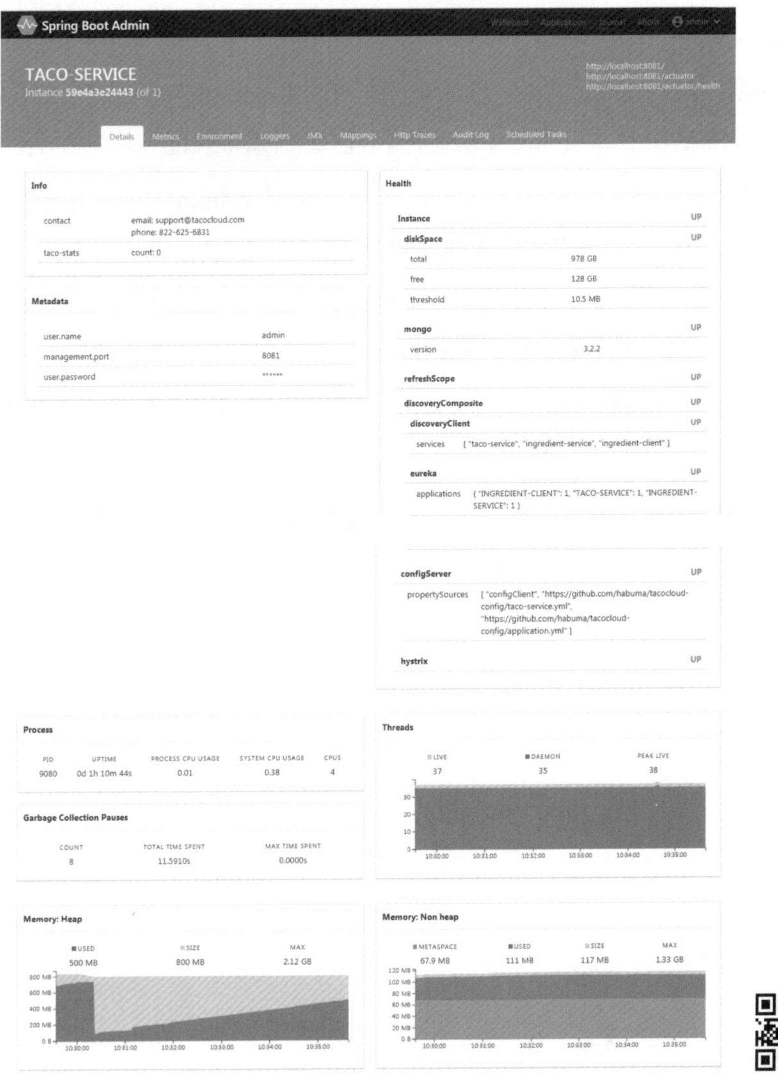

그림 17.19 TACO-SERVICE 인스턴스의 상세 정보를 보여주는 페이지

그리고 위에 있는 **Metrics**, **Environment** 등의 탭을 선택하면 이번 장에서 알아본 여러 가지 정보들을 볼 수 있다. 각자 해보자.

요약

- 스프링 부트 Admin 서버는 하나 이상의 스프링 부트 애플리케이션으로부터 액추에이터 엔드포인트를 소비하고 사용자 친화적인 웹 애플리케이션에서 데이터를 보여준다.
- 스프링 부트 애플리케이션은 자신을 클라이언트로 Admin 서버에 등록할 수 있다. 또는 Admin 서버가 유레카를 통해 클라이언트 애플리케이션을 찾게 할 수 있다.
- 애플리케이션 상태의 스냅샷을 캡처하는 액추에이터 엔드포인트와는 다르게, Admin 서버는 애플리케이션의 내부 작업에 관한 실시간 뷰를 보여줄 수 있다.
- Admin 서버는 액추에이터 엔드포인트의 결과를 쉽게 필터링해 주며, 경우에 따라서는 그래프로 데이터를 보여준다.
- Admin 서버는 스프링 부트 애플리케이션이므로 스프링 시큐리티를 통해 사용할 수 있는 어떤 방법으로도 보안을 처리할 수 있다.

CHAPTER

18

JMX로 스프링 모니터링하기

이 장에서 배우는 내용

- 액추에이터 엔드포인트 MBeans 사용하기
- 스프링 빈을 MBeans로 노출하기
- 알림 발행(전송)하기

15년 동안 JMXJava Management Extensions는 자바 애플리케이션을 모니터링하고 관리하는 표준 방법으로 사용되고 있다. MBeansmanaged beans로 알려진 컴포넌트를 노출함으로써 외부의 JMX 클라이언트는 오퍼레이션operation 호출, 속성 검사, MBeans의 이벤트 모니터링을 통해 애플리케이션을 관리할 수 있다.

JMX는 스프링 부트 애플리케이션에 기본적으로 자동 활성화된다. 이에 따라 모든 액추에이터Actuator 엔드포인트는 MBeans로 노출된다. 또한, 스프링 애플리케이션 컨텍스트의 어떤 다른 빈도 MBeans로 노출할 수 있게 했다. 이번 장에서는 액추에이터 엔드포인트가 어떻게 MBeans로 노출되는지 살펴보면서 스프링과 JMX를 알아본다.

18.1 액추에이터 MBeans 사용하기

16장의 표 16.1을 보면 /heapdump를 제외한 모든 액추에이터 엔드포인트가 MBeans로 노출되어 있다. 따라서 어떤 JMX 클라이언트(예를 들어, JConsole)를 사용해도 현재 실행 중인 스프링 부트 애플리케이션의 액추에이터 엔드포인트 MBeans와 연결할 수 있다. JConsole을 사용하면 그림 18.1과 같이 org.springframework.boot 도메인 아래에 나타난 액추에이터 엔드포인트 MBean들을 볼 수 있다(JConsole은 JDKJava Development Kit에 포함되어 있으며, JDK가 설치된 홈 디렉토리의 /bin 서브 디렉터리에 있는 jconsole을 실행하면 된다).

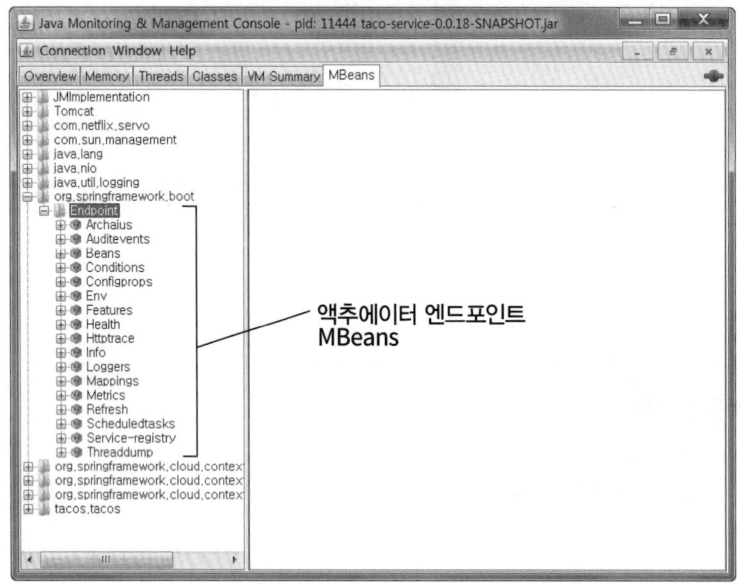

그림 18.1 액추에이터 엔드포인트는 JMX MBeans로 자동 노출된다

액추에이터 엔드포인트 MBeans는 HTTP의 경우처럼 명시적으로 포함시킬 필요 없이 기본으로 노출된다는 장점이 있다. 그러나 `management.endpoints.jmx.exposure.include`와 `management.endpoints.jmx.exposure.exclude`를 설정하여 MBeans로 노출되는 액추에이터 엔드포인트를 선택할 수 있다. 예를 들어, /health, /info, /bean, /conditions 엔드포인트만 액추에이터 엔드포인트 MBeans로 노출할 때는 다음과 같이 `management.endpoints.jmx.exposure.include`를 설정하면 된다.

```
management:
  endpoints:
    jmx:
      exposure:
        include: health,info,bean,conditions
```

또는 노출에서 제외할 때는 다음과 같이 `management.endpoints.jmx.exposure.exclude`를 설정한다.

```
management:
  endpoints:
    jmx:
      exposure:
        exclude: env,metrics
```

여기서는 `management.endpoints.jmx.exposure.exclude`를 사용해서 /env와 /metrics 엔드포인트를 노출에서 제외한다. 그리고 다른 모든 엔드포인트는 여전히 MBeans로 노출된다.

JConsole에서 액추에이터 MBeans 중 하나의 관리용 오퍼레이션managed operation을 호출할 때는 왼쪽 패널 트리의 해당 엔드포인트 MBeans를 확장한 후 Operations 아래의 원하는 오퍼레이션을 선택하면 된다.

예를 들어, `tacos.ingredients` 패키지의 로깅 레벨을 조사하고 싶다면 Loggers MBean을 확장하고 **loggerLevels 오퍼레이션**을 클릭한다(그림 18.2). 그리고 오른쪽 위의 Name 필드에 패키지 이름(**tacos.ingredients**)을 입력하고 **loggerLevels** 버튼을 클릭한다.

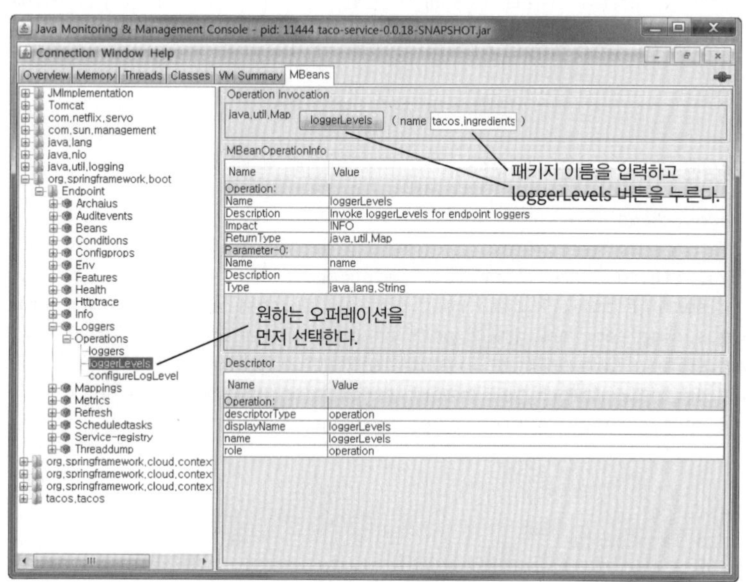

그림 18.2 **JConsole을 사용해서 스프링 부트 애플리케이션의 로깅 레벨 보기**

loggerLevels 버튼을 누르면 /loggers 엔드포인트 MBean의 응답을 보여주는 대화상자가 나타난다(그림 18.3).

지금까지 본 것처럼 JConsole의 사용자 인터페이스는 간단하며, 어떤 액추에이터 엔드포인트도 동일한 방법으로 살펴볼 수 있다.

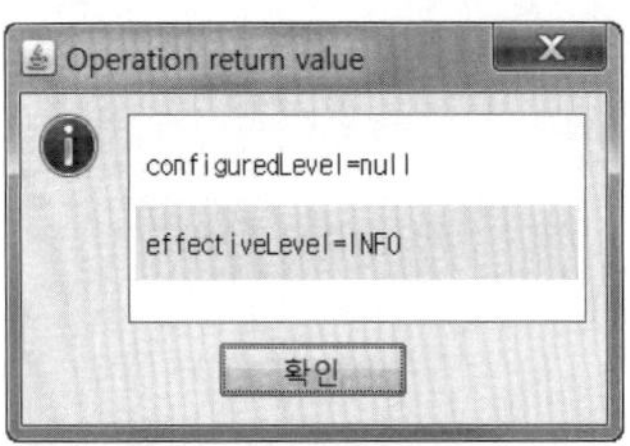

그림 18.3 JConsole이 보여주는 /loggers 엔드포인트 MBean의 로깅 레벨

만일 JConsole이 마음에 들지 않는다면 다른 JMX 클라이언트를 사용해도 된다.

18.2 우리의 MBeans 생성하기

스프링은 우리가 원하는 어떤 빈bean도 JMX MBeans로 쉽게 노출한다. 따라서 빈 클래스에 `@ManagedResource` 애노테이션을 지정하고 메서드에는 `@ManagedOperation`을, 속성에는 `@ManagedAttribute`만 지정하면 된다. 나머지는 스프링이 알아서 해주기 때문이다.

예를 들어, 타코 클라우드 시스템을 통해 주문된 타코의 수량을 추적하는 MBeans를 제공하고 싶다고 하자. 이 경우 생성된 타코의 수량을 유지하는 서비스 빈을 리스트 18.1과 같이 정의할 수 있다.

리스트 18.1 생성된 타코의 수량을 세는 MBean

```
package tacos.tacos;

import java.util.concurrent.atomic.AtomicLong;
import org.springframework.data.rest.core.event.AbstractRepositoryEventListener;
import org.springframework.jmx.export.annotation.ManagedAttribute;
import org.springframework.jmx.export.annotation.ManagedOperation;
import org.springframework.jmx.export.annotation.ManagedResource;
import org.springframework.stereotype.Service;

@Service
@ManagedResource
public class TacoCounter
       extends AbstractRepositoryEventListener<Taco> {
  private AtomicLong counter;

  public TacoCounter(TacoRepository tacoRepo) {
    long initialCount = tacoRepo.count();
    this.counter = new AtomicLong(initialCount);
  }

  @Override
  protected void onAfterCreate(Taco entity) {
```

```
    counter.incrementAndGet();
  }

  @ManagedAttribute
  public long getTacoCount() {
    return counter.get();
  }

  @ManagedOperation
  public long increment(long delta) {
    return counter.addAndGet(delta);
  }
}
```

여기서 TacoCounter 클래스에는 @Service 애노테이션이 지정되었으므로 스프링이 컴포넌트를 찾아주며, 이 클래스 인스턴스는 스프링 애플리케이션 컨텍스트의 빈으로 등록된다. 또한, 이 빈이 MBean도 된다는 것을 나타내는 @ManagedResource도 지정되었다. 그리고 getTacoCount() 메서드는 @ManagedAttribute가 지정되었으므로 MBeans 속성으로 노출되며, increment() 메서드는 @ManagedOperation이 지정되었으므로 MBeans 오퍼레이션으로 노출된다. 그림 18.4에서는 JConsole에서 TacoCounter MBeans가 어떻게 나타나는지 보여준다.

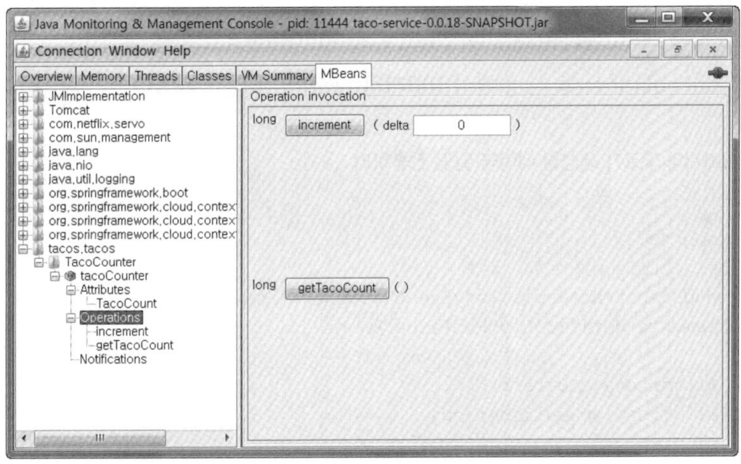

그림 18.4 **TacoCounter MBeans의 오퍼레이션과 속성**

TacoCounter에는 JMX와는 관련이 없지만 주목할 만한 기능이 있다. Abstract Repository EventListener의 서브 클래스이므로 Taco 객체가 TacoRepository를 통해 저장될 때 퍼시스턴스 관련 이벤트를 받을 수 있다. 즉, 새로운 Taco 객체가 생성되어 리퍼지터리에 저장될 때마다 onAfterCreate() 메서드가 호출되어 카운터를 1씩 증가시킨다. 그러나 AbstractRepositoryEventListener는 객체가 생성, 저장, 삭제되기 전과 후에 발생하는 이벤트 처리 메서드들도 제공한다.

기본적으로 MBeans 오퍼레이션과 속성은 풀pull 방식을 사용한다. 즉, MBeans 속성의 값이 변경되더라도 자동으로 알려주지 않으므로 JMX 클라이언트를 통해 봐야만 알 수 있다. 그러나 MBeans는 JMX 클라이언트에 알림을 푸시push할 수 있는 방법이 있다.

18.3 알림 전송하기

스프링의 NotificationPublisher를 사용하면 MBeans가 JMX 클라이언트에 알림을 푸시할 수 있다. NotificationPublisher는 하나의 sendNotification() 메서드를 갖는다. 이 메서드는 Notification 객체를 인자로 받아서 MBean을 구독하는 JMX 클라이언트에게 발행(전송)한다.

MBeans가 알림을 발행하려면 NotificationPublisherAware 인터페이스의 setNotificationPublisher() 메서드를 구현해야 한다. 예를 들어, 100개의 타코가 생성될 때마다 알림을 전송하고 싶다고 하자. 이때는 리스트 18.1의 TacoCounter 클래스를 리스트 18.2와 같이 변경하면 된다. 즉, NotificationPublisherAware 인터페이스를 구현하고, 주입된 NotificationPublisher를 사용해서 100개의 타코가 생성될 때마다 알림을 전송한다.

리스트 18.2 100개의 타코가 생성될 때마다 알림 전송하기

```
@Service
@ManagedResource
public class TacoCounter
       extends AbstractRepositoryEventListener<Taco>
       implements NotificationPublisherAware {

  private AtomicLong counter;
  private NotificationPublisher np;
  ...

  @Override
  public void setNotificationPublisher(NotificationPublisher np) {
    this.np = np;
  }
  ...

  @ManagedOperation
```

```
  public long increment(long delta) {
    long before = counter.get();
    long after = counter.addAndGet(delta);
    if ((after / 100) > (before / 100)) {
      Notification notification = new Notification(
          "taco.count", this,
           before, after + "th taco created!");
      np.sendNotification(notification);
    }

    return after;
  }
}
```

이 경우 JMX 클라이언트에서 알림을 받으려면 TacoCounter MBeans를 구독해야 한다(그림 18.4에서 왼쪽 패널의 제일 아래에 있는 **Notifications**를 선택한 후 오른쪽 패널 아래에 나타나는 **Subscribe** 버튼을 누른다). 그러면 100개의 타코가 생성될 때마다 해당 클라이언트는 알림을 받을 수 있다.

알림은 애플리케이션이 자신을 모니터링하는 클라이언트에게 능동적으로 데이터를 전송하여 알려주는 좋은 방법이다. 따라서 클라이언트가 지속적으로 반복해서 관리 속성을 조회하거나 관리 오퍼레이션을 호출할 필요가 없다.

지금부터는 이번 장에서 알아본 TacoCounter MBeans를 빌드하고 JConsole로 사용하는 방법을 알아볼 것이다.

18.4 TacoCounter MBeans 빌드 및 사용하기

우선, STS가 실행 중이라면 STS를 종료하자. 그리고 각자 STS 작업 영역 디렉터리에 생성한 .metadata 서브 디렉터리를 삭제하자(이전의 다른 프로젝트를 열고 사용할 때 남아 있던 정보로 인한 오류 발생 가능성을 방지하기 위함이다).

그리고 이 책의 다운로드 코드(다운로드하는 방법은 이 책 맨 앞에 있는 '이 책에 대하여'를 참고)에서 Ch18 서브 디렉터리를 각자 STS 작업 영역 디렉터리 아래에 복사하자. 여기서는 C:\Spring5-In-Action을 STS 작업 영역으로 지정하였고 18장의 모든 코드가 있는 Ch18 서브 디렉터리를 이 아래에 복사한 것으로 간주한다.

STS 메뉴의 **File ⇨ Open Projects from File System...**을 선택하면 그림 18.5의 대화상자가 나타난다.

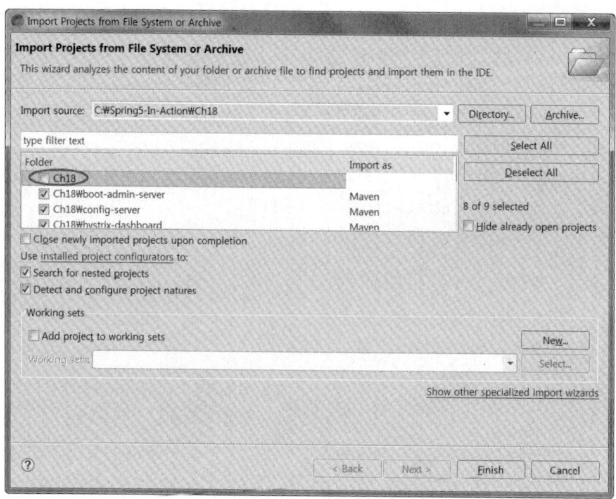

그림 18.5 **프로젝트 열기 대화상자**

Directory… 버튼을 클릭하여 나타나는 대화상자에서 **Ch18 서브 디렉터리**를 선택하면 잠시 후에 STS가 그림 18.6처럼 이 디렉터리의 모든 프로젝트 폴더를 찾아 보여준다. 여기서는 Ch18만 체크를 해제하고 나머지 8개의 폴더는 선택된 상태로 둔다. 그 다음에 **Finish** 버튼을 클릭하면 STS가 8개의 프로젝트를 열고 그림 18.6과 같이 패키지 탐색기 창에 보여준다(**각 항목 왼쪽의 화살표**를 클릭하면 항목을 확장 또는 축소해서 볼 수 있다).

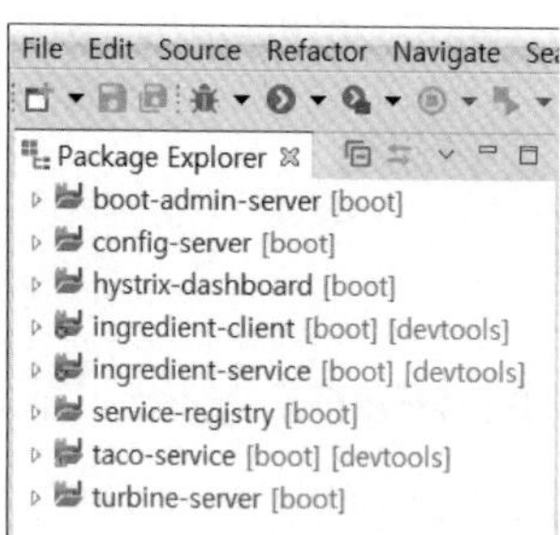

그림 18.6 **8개의 프로젝트가 열린 패키지 탐색기 창**

여기서 taco-service를 제외한 나머지 7개 프로젝트는 13장부터 16장까지 추가했던 프로젝트들과 동일하다.

그리고 taco-service 프로젝트의 tacos.tacos 패키지를 확장하면 그림 18.7과 같다.

그림 18.7 **taco-service 프로젝트**

이번 장에서는 `TacoCounter` 클래스만 추가되었으며, 나머지는 17장과 동일하다. 그러나 `TacoCounter` MBeans를 빌드하고 JConsole로 사용하기 위해서는 이것이 포함된 taco-service와 연관된 다른 프로젝트들도 빌드하고 서비스로 실행해야 한다.

그림 6.12와 6.13에 설명한 대로 앵귤러 퍼스펙티브로 전환한다. 그리고 터미널 창이 열려 있지 않다면 STS 메뉴의 **Window** ⇨ **Show View** ⇨ **Terminal+**를 선택하여 열자.

Project 드롭다운에서 **service-registry**를 선택하고 **+** 버튼을 클릭하여 새로운 터미널 창을 열면 셸 프롬프트가 나타난다. 다음과 같이 명령을 입력하여 실행하자.

```
$ ./mvnw clean package
```

계속해서 Project 드롭다운에서 **config-server**를 선택하고 **+** 버튼을 클릭하여 새로운 터미널 창을 열고 동일한 명령을 입력하여 실행하자.

```
$ ./mvnw clean package
```

같은 방법으로 hystrix-dashboard, taco-service를 차례대로 빌드한다. (turbine-server, ingredient-service, ingredient-client, boot-admin-server는 다른 장에서 이미 알아보았으므로 빌드 및 실행하지 않는다.)

모든 프로젝트가 성공적으로 빌드되면(BUILD SUCCESS 메시지가 나타나야 한다) 4개의 프로젝트가 각각 jar 파일로 생성된다(각 프로젝트 폴더의 target 폴더 아래에 있다).

이제는 각 애플리케이션을 차례대로 실행시켜야 한다.

우선 Project 드롭다운에서 **service-registry**를 선택하고 다음과 같이 서비스 레지스트리 애플리케이션을 실행하자. 정상적으로 실행되면 'Tomcat started on port(s): 8761 (http) with context path ' ''라는 메시지와 'Started Eureka Server' 메시지가 끝 부분에 나올 것이다. 이로써 서비스 레지스트리로 사용하는 유레카 서버가 시작되어 8761 포트를 리스닝한다.

```
$ java -jar target/service-registry-0.0.18-SNAPSHOT.jar
```

다음은 구성 서버를 시작해야 하므로 Project 드롭다운에서 **config-server**를 선택하고 다음과 같이 구성 서버를 실행하자. 정상적으로 실행되면 'Tomcat started on port(s): 8888 (http) with context path ' ''라는 메시지와 'Started ConfigServerApplication in 11.016 seconds (JVM running for 11.748)' 메시지가 끝 부분에 나올 것이다. 이로써 구성 서버가 시작되어 8888 포트를 리스닝한다.

```
$ java -jar target/config-server-0.0.18-SNAPSHOT.jar
```

계속해서 Hystrix 서비스를 시작해야 하므로 Project 드롭다운에서 **hystrix-dashboard**를 선택하고 다음과 같이 실행하자. 정상적으로 실행되면 'Tomcat started on port(s): 7979 (http) with context path ' ''라는 메시지와 'Started HystrixDashboardApplication in 7.617 seconds (JVM running for 8.336)' 메시지가 끝 부분에 나올 것이다. 이로써 Hystrix 서비스가 시작되어 7979 포트를 리스닝한다.

```
$ java -jar target/hystrix-dashboard-0.0.18-SNAPSHOT.jar
```

마지막으로 Project 드롭다운에서 **taco-service**를 선택하고 다음과 같이 서비스 클라이언트 애플리케이션을 실행하자. 정상적으로 실행되면 'Started TacoServiceApplication in 39.361 seconds (JVM running for 41.864)'와 같은 메시지가 끝 부분에 나타날 것이다. 이것은 이번 장에서 알아본 액추에이터 엔드포인트와 보안을 사용하는 타코 서비스이며, 8081 포트를 리스닝한다.

```
$ java -jar target/taco-service-0.0.18-SNAPSHOT.jar
```

이제는 taco-service에 포함된 TacoCounter MBeans를 JConsole로 사용할 준비가 되었다.

STS 터미널 창의 Project 드롭다운에서 **taco-service**가 선택된 상태에서 + 버튼을 클릭하여 새로운 터미널 창을 열고 다음과 같이 curl 명령을 입력하여 실행하자.

```
$ curl localhost:8081/tacos -H"Content-type: application/json" -d'{"name":"TEST
TACO-01", "ingredients":[{"id":"FLTO","name":"Flour Tortilla"},
{"id":"LETC","name":"Lettuce"}, {"id":"GRBF", "name":"Ground Beef"}]}'
```

그러면 타코 서비스(taco-service)의 리퍼지터리에 타코가 하나 생성되고 다음 응답이 반환되어 출력될 것이다.

```
{
  "name" : "TEST TACO-01",
  "createdAt" : "2020-04-03T09:55:45.955+0000",
  "ingredients" : [ {
    "name" : "Flour Tortilla"
  }, {
    "name" : "Lettuce"
  }, {
    "name" : "Ground Beef"
  } ],
  "_links" : {
    "self" : {
      "href" : "http://localhost:8081/tacos/5e4bc18aabd4bd2d88801a9e"
    },
    "taco" : {
      "href" : "http://localhost:8081/tacos/5e4bc18aabd4bd2d88801a9e"
    }
  }
}
```

그다음에 다음과 같이 JConsole을 실행하자(JDK가 설치된 디렉터리의 bin 서브 디렉터리가 path 환경 변수에 지정되어 있어야 한다).

```
$ jconsole
```

그러면 JConsole 창이 열리고 모니터링할 프로세스를 선택하는 대화상자가 나타난다(그림 18.8).

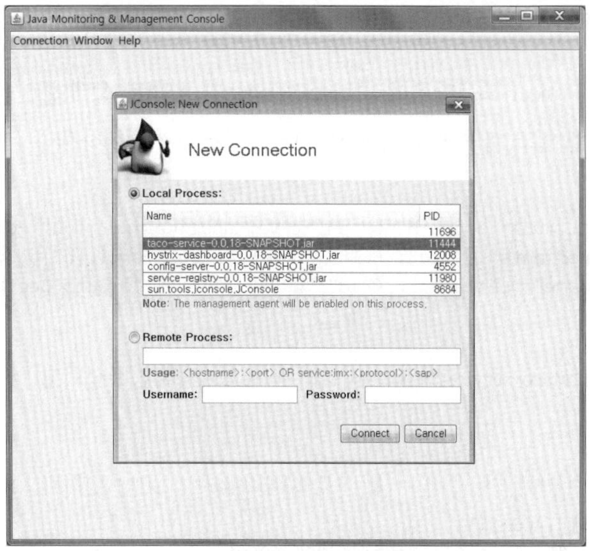

그림 18.8 JConsole

그림 18.8에서 **Local Process**를 선택하고 바로 아래의 **taco-service-0.0.18-SNAPSHOT.jar**를 클릭한 후 **Connect** 버튼을 누른다. 그러면 SSL을 사용하지 않고 연결할 것인지를 묻는 메시지가 나타난다(그림 18.9).

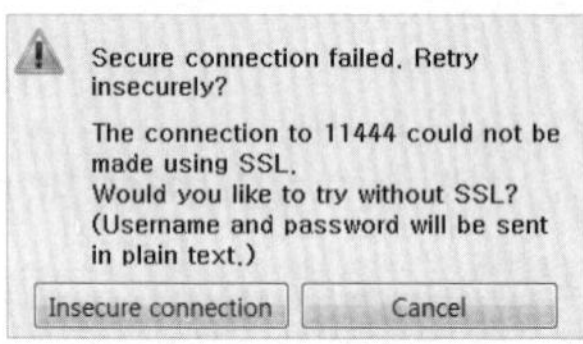

그림 18.9 SSL 경고 메시지

Insecure connection 버튼을 클릭하면 현재 선택된 프로세스의 메모리 사용 현황 및 스레드 사용 개수를 보여준다(그림 18.10).

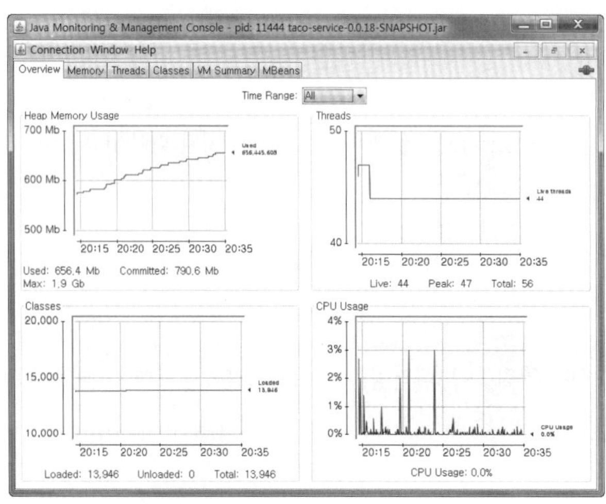

그림 18.10 현재 프로세스의 리소스 사용 현황

오른쪽 위의 **MBeans** 탭을 클릭하고 왼쪽 패널 밑의 tacos.tacos를 확장한다. 그리고 **taco Counter**를 선택하면 이 MBean의 속성과 오퍼레이션을 포함한 자세한 정보를 볼 수 있다(그림 18.11).

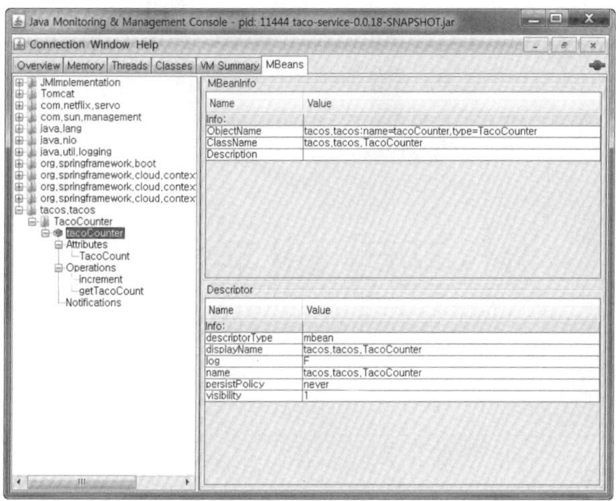

그림 18.11 **tacoCounter MBean의 실시간 정보 보기**

요약

- 대부분의 액추에이터 엔드포인트는 JMX 클라이언트로 모니터링할 수 있는 MBeans로 사용할 수 있다.
- 스프링은 스프링 애플리케이션 컨텍스트의 빈을 모니터링하기 위해 자동으로 JMX를 활성화한다.
- 스프링 빈에 `@ManagedResource` 애노테이션을 지정하면 MBeans로 노출될 수 있다. 그리고 해당 빈의 메서드에 `@ManagedOperation`을 지정하면 관리 오퍼레이션으로 노출될 수 있으며, 속성에 `@ManagedAttribute`를 지정하면 관리 속성으로 노출될 수 있다.
- 스프링 빈은 `NotificationPublisher`를 사용하여 JMX 클라이언트에게 알림을 전송할 수 있다.

CHAPTER

19

스프링 배포하기

이 장에서 배우는 내용

- 스프링 애플리케이션을 WAR나 JAR 파일로 빌드하기
- 스프링 애플리케이션을 클라우드 파운드리에 푸시하기
- 스프링 애플리케이션을 도커 컨테이너에 패키징하기

개발자로서 우리는 애플리케이션을 개발하면서 많은 노력을 들이고 창조성을 발휘하여 문제를 해결한다. 하지만 막상 애플리케이션의 배포를 하지 않는다면 어떨까? 우리가 작성하는 대부분의 애플리케이션은 액션 영화에서 볼 수 있는 맹렬한 속도의 자동차 추격이나 대폭발 같은 짜릿함을 포함하지 않는다. 그러나 개발과 배포를 하는 과정에서 느끼는 흥분과 기쁨이 있다. 물론 다른 사람들이 사용하면서 즐거움을 누릴 수 있게 우리가 작성하는 모든 코드가 실제 업무 환경에 배포되는 것은 아니다. 그러나 단 하나의 코드도 배포되지 않는다면 크게 허탈할 것이다.

지금까지는 애플리케이션을 개발하는 데 도움을 주는 스프링 부트 사용에 초점을 두었다. 그러나 개발된 애플리케이션을 배포하지 않는다면 아무 소용없는 일이다.

이번 장에서는 개발된 애플리케이션을 배포하는 방법을 알아본다. 자바 기반 애플리케이션을 배포해 본 경험이 있는 사람들은 별것 아닌 것처럼 보이겠지만, 스프링 부트 애플리케이션을 배포할 때는 추가로 알아 둘 것이 있다.

WAR 파일로 애플리케이션 서버에 배포하는 종전의 자바 웹 애플리케이션과 다르게 스프링 부트는 몇 가지 배포 옵션을 제공한다. 스프링 부트 애플리케이션을 배포하는 구체적인 방법을 살펴보기에 앞서, 어떤 배포 옵션이 있고 어떤 것을 선택하면 좋은지 알아보자.

19.1 배포 옵션

스프링 부트 애플리케이션은 다음 몇 가지 방법으로 빌드하고 실행할 수 있다.

- STS나 IntelliJ IDEA 등의 IDE에서 애플리케이션을 빌드하고 실행한다(이 방법은 이 책의 부록에서 설명한다).
- 메이븐 `springboot:run`이나 그래들 `bootRun` 태스크를 사용하여 명령행에서 애플리케이션을 빌드하고 실행한다.
- 메이븐이나 그래들을 사용해서 실행 가능한 JAR 파일(명령행에서 실행되거나 클라우드에 배포될 수 있음)을 생성한다.
- 메이븐이나 그래들을 사용해서 WAR 파일(자바 애플리케이션 서버에 배포될 수 있음)을 생성한다.

개발 시에는 이중 어떤 방법을 선택하더라도 애플리케이션을 실행할 수 있다. 그러나 프로덕션이나 개발이 아닌 다른 환경으로 애플리케이션을 배포할 때는 어떨까?

IDE나 메이븐 및 그래들을 사용한 애플리케이션 실행은 프로덕션 환경에는 고려할 수 없다. 그러나 실행 가능 JAR 파일이나 자바 WAR 파일은 프로덕션 환경에 애플리케이션을 배포하는 확실한 방법이다. 그렇다면 JAR 파일이나 자바 WAR 파일 중 어떤 것을 선택해야 할까? 이때는 자바 애플리케이션 서버와 클라우드 플랫폼 중 어디에 애플리케이션을 배포하는 가에 따라 선택하면 된다.

- **자바 애플리케이션 서버에 배포하기:** 톰캣Tomcat, 웹스피어WebSphere, 웹로직WebLogic, 또는 다른 자바 애플리케이션 서버에 애플리케이션을 배포해야 한다면, 선택의 여지없이 WAR 파일로 애플리케이션을 빌드해야 한다.
- **클라우드에 배포하기:** 클라우드 파운드리Cloud Foundry, AWSAmazon Web Services, 마이크로소프트 Azure, 구글 클라우드 플랫폼Google Cloud Platform 또는 이외의 다른 클라우드 플랫폼으로 애플리케이션을 배포한다면, 실행 가능한 JAR 파일이 최상의 선택이다. 그리고 애플리케이션 서버에 적합한 WAR 형식보다 JAR 형식이 훨씬 간단하므로,

설사 클라우드 플랫폼에서 WAR 파일 배포를 지원하더라도 JAR 파일로 배포하는 것이 좋다.

이번 장에서는 다음 세 가지 시나리오에 초점을 둔다.

- 스프링 부트 애플리케이션을 톰캣과 같은 자바 애플리케이션 서버에 WAR 파일로 배포하기
- 스프링 부트 애플리케이션을 클라우드 파운드리에 실행 가능한 JAR 파일로 배포하기
- 도커 배포를 지원하는 어떤 플랫폼에도 배포할 수 있도록 스프링 부트 애플리케이션을 도커 컨테이너에 패키징하기

우선, 톰캣과 같은 자바 애플리케이션 서버에 배포할 수 있는 WAR 파일로 식자재 서비스 애플리케이션을 빌드하는 방법을 알아보자.

19.2 WAR 파일 빌드하고 배포하기

이 책에서 타코 클라우드 애플리케이션을 개발할 때는 IDE나 명령행에서 실행 가능한 JAR 파일로 애플리케이션을 실행하였다. 그리고 톰캣 서버(또는 스프링 WebFlux 애플리케이션의 경우 Netty)를 사용해서 애플리케이션에 대한 요청을 처리하였다.

또한, 스프링 부트의 자동-구성 덕분에 스프링의 `DispatcherServlet`을 선언하기 위해 web.xml 파일이나 서블릿 초기화 클래스를 생성하지 않아도 되었다. 그러나 자바 애플리케이션 서버에 애플리케이션을 배포한다면 WAR 파일을 빌드해야 한다. 그리고 애플리케이션 서버가 애플리케이션을 실행하는 방법을 알도록 `DispatcherServlet`을 선언하는 서블릿 초기화 클래스도 WAR 파일에 포함해야 한다.

스프링 부트 애플리케이션을 WAR 파일로 빌드하는 것은 그리 어렵지 않다. 실제로, 스프링 Initializr를 통해 애플리케이션을 생성할 때 WAR 옵션을 선택했다면 우리가 더 해야 할 것은 없다.

생성되는 프로젝트가 서블릿 초기화 클래스를 포함하고, 빌드 파일이 WAR 파일을 생성하도록 Initializr가 보장해 준다. 그러나 Initializr에서 JAR 파일을 빌드하도록 선택했다면(또는 WAR 파일 생성과의 차이점이 궁금하다면) WAR 파일을 생성하기 위해 다음의 내용을 알아야 한다.

우선, 스프링의 DispatcherServlet을 구성해야 한다. 이것은 종전에 web.xml 파일을 사용해서 처리할 수 있었다. 그러나 스프링 부트는 SpringBootServletInitializr를 사용해서 더 쉽게 해준다. SpringBootServletInitializer는 스프링 WebApplicationInitializer 인터페이스를 구현하는 스프링 부트의 특별한 구현체(클래스)다. 스프링의 DispatcherServlet을 구성하는 것 외에도 SpringBootServletInitializer는 Filter, Servlet, ServletContextInitializer 타입의 빈들을 스프링 애플리케이션 컨텍스트에서 찾아서 서블릿 컨테이너에 바인딩한다.

SpringBootServletInitializer를 사용하려면 이것의 서브 클래스를 생성하고 configure() 메서드를 오버라이딩하여 스프링 구성 클래스를 지정해야 한다. 리스트 19.1에서는 SpringBootServletInitializer의 서브 클래스인 IngredientServiceServletInitializer를 보여준다. 이 클래스는 식자재 서비스 애플리케이션에 사용한다.

리스트 19.1 **자바로 스프링 웹 애플리케이션 활성화하기**

```
package tacos.ingredients;

import org.springframework.boot.builder.SpringApplicationBuilder;
import org.springframework.boot.context.web.SpringBootServletInitializer;

public class IngredientServiceServletInitializer
       extends SpringBootServletInitializer {
  @Override
  protected SpringApplicationBuilder configure(
                                SpringApplicationBuilder builder) {
    return builder.sources(IngredientServiceApplication.class);
  }
}
```

이것을 보면 알 수 있듯이, configure() 메서드는 SpringApplicationBuilder를 인자로 받아 반환한다. 그리고 이때 스프링 구성 클래스를 등록하는 sources() 메서드를 호출한다. 리스트 19.1에서는 IngredientServiceApplication 클래스만 등록하였다. 이 클래스는 부트스트랩 클래스(실행 가능 JAR 파일을 위한)와 스프링 구성 클래스의 이중 용도로 사용한다.

식자재 서비스 애플리케이션이 다른 스프링 구성 클래스들을 갖고 있더라도 이것들 모두를 sources() 메서드로 등록할 필요는 없다. IngredientServiceApplication 클래스는 @SpringBootApplication 애노테이션이 지정되어 있으므로 컴포넌트 자동 검색이 활성화된다. 따라서 필요한 컴포넌트를 다른 구성 클래스에서 찾아서 가져온다.

SpringBootServletInitializer의 서브 클래스는 상용구 코드로 되어 있다. 따라서 참조하는 애플리케이션의 메인 구성 클래스만 다르고 이외에는 WAR 파일로 빌드되는 모든 애플리케이션이 동일하다. 또한, 거의 변경할 일이 없을 것이다.

서블릿 초기화 클래스가 작성되었으므로 이제는 프로젝트 빌드를 변경해야 한다. 만일 메이븐으로 빌드한다면 pom.xml 파일의 <packaging> 요소를 war로 설정하면 된다.

```
<packaging>war</packaging>
```

그래들을 사용할 때도 간단하다. build.gradle 파일에 war 플러그인만 추가하면 된다.

```
apply plugin: 'war'
```

이제는 애플리케이션을 빌드할 준비가 되었다. 메이븐의 경우에는 Initializr가 패키지를 실행하기 위해 메이븐 래퍼 스크립트를 사용한다.

```
$ mvnw package
```

빌드가 성공적이면 WAR 파일이 대상 디렉터리에 생성된다. 이와는 달리, 그래들을 사용해서 프로젝트를 빌드할 때는 빌드 태스크를 실행하기 위해 그래들 래퍼를 사용한다.

```
$ gradlew build
```

빌드가 완료되면 WAR 파일이 build/libs 디렉터리에 생성된다. 이제는 애플리케이션을 배포하는 것만 남았다. 배포 절차는 애플리케이션 서버마다 다르다. 따라서 사용하는 애플리케이션 서버의 문서를 참고해야 한다.

서블릿 3.0 버전 이상의 서블릿 컨테이너에 배포하는 데 적합한 WAR 파일을 빌드했더라도 실행 가능한 JAR 파일처럼 여전히 명령행에서 실행할 수 있다는 것을 알아두자.

```
$ java -jar target/ingredient-service-0.0.19-SNAPSHOT.war
```

이 경우 하나의 배포 파일로 두 가지 배포 옵션(WAR와 JAR)을 모두 충족하는 셈이다.

애플리케이션 서버에 마이크로서비스를 배포할 때는?

식자재 서비스 애플리케이션은 더 큰 타코 클라우드 애플리케이션의 마이크로서비스 중 하나다. 그러나 여기서는 식자재 서비스를 독립형standalone 애플리케이션으로 애플리케이션 서버에 배포하는 것에 관해 얘기하였다. 이래도 되는 것일까?

일반적으로 마이크로서비스는 다른 애플리케이션과 같으며, 혼자 배포할 수 있다. 물론 타코 클라우드의 나머지 애플리케이션과 동떨어져 배포되면 유용하지 않을 수 있다. 그러나 톰캣이나 다른 애플리케이션 서버에 배포될 수 없는 것은 아니다. 단, 개별적인 애플리케이션의 배포는 클라우드로 배포할 때와 동일한 확장성을 기대할 수 없다.

WAR 파일은 20년 이상 자바 애플리케이션 배포의 일꾼이었지만, 종전의 자바 애플리케이션 서버에 애플리케이션을 배포하기 위해 설계되었다. 그러나 선택하는 플랫폼에 따라 다르지만, 현대의 클라우드 배포에는 WAR 파일이 필요하지 않으며, 지원되지 않는 경우도 있다. 따라서 새로운 클라우드 배포 시대에 걸맞게 JAR 파일을 선택하는 것이 더 좋다.

19.3 클라우드 파운드리에 JAR 파일 푸시하기

서버 하드웨어는 구입과 유지·보수 비용이 비싸다. 또한, 과중한 부담을 처리하는 데 적합한 서버의 확장은 까다롭고 어마어마한 비용이 들 수 있다. 따라서 오늘날은 클라우드에 애플리케이션을 배포하는 것이 자체적인 데이터 센터를 운영하는 것에 비해 설득력이 있고 비용 효율적인 대안이다.

클라우드는 여러 가지를 선택할 수 있지만, PaaSplatform as a service(인터넷으로 애플리케이션 설계/개발/배포를 할 때 필요한 하드웨어와 소프트웨어를 제공하는 플랫폼)를 제공하는 클라우드가 대세다. PaaS는 몇 가지 부가 서비스(예를 들어, 데이터베이스나 메시지 브로커)와 함께 미리 구축된 애플리케이션 배포 플랫폼을 제공하여 우리 애플리케이션과 결합한다. 또한, 우리 애플리케이션의 실행 인스턴스를 추가 또는 제거하여 규모 확장(또는 축소)을 쉽고 빠르게 해준다.

클라우드 파운드리는 애플리케이션의 개발, 배포, 확장을 위한 오픈소스/멀티 클라우드 PaaS 플랫폼이며, 클라우드 파운드리 재단에 의해 최초 개발되었다. 상용 버전은 스프링 플랫폼의 스프링 프레임워크와 다른 라이브러리를 주관하는 피보탈Pivotal사에서 제공한다. 클라우드 파운드리는 오픈 소스 버전과 상용 버전이 있어서 클라우드 파운드리를 어디서 어떻게 사용하는가에 따라 원하는 버전을 선택할 수 있다. 또한, 기업 데이터 센터의 방화벽 내부에서도 사설 클라우드로 실행할 수 있다.

클라우드 파운드리는 WAR 파일도 지원하지만, 더 간단한 실행 가능 JAR 파일이 클라우드 파운드리에 배포하기 적합한 선택이다.

실행 가능 JAR 파일을 빌드하고 클라우드 파운드리에 배포하는 방법을 보여주기 위해 여기서는 식자재 서비스 애플리케이션을 빌드하고 PWSPivotal Web Services에 배포할 것이다(PWS는 http://run.pivotal.io에서 피보탈이 호스팅하는 클라우드 파운드리다).

PWS를 사용하려면 계정을 등록해야 하며, 계정이 등록되면 https://console.run.pivotal.io/tools에서 `cf` 명령행 도구를 다운로드하여 설치해야 한다. 그리고 `cf` 명령행 도구를 사용하여 클라우드 파운드리에 애플리케이션을 푸시한다. 하지만 PWS 계정에 로그인하기 위해 `cf`를 먼저 사용해야 한다.

```
$ cf login -a https://api.run.pivotal.io
API endpoint: https://api.run.pivotal.io

Email> {각자의 이메일}

Password> {각자의 비밀번호}

Authenticating...
OK
```

잘 되었다! 이제는 클라우드 파운드리로 식자재 서비스 애플리케이션을 배포하기 위해 프로젝트가 준비되었다. 다음으로 프로젝트를 빌드한 후 클라우드 파운드리로 푸시하도록 한다.

우선, 메이븐으로 프로젝트를 빌드할 때는 해당 패키지를 실행하기 위해 메이븐 래퍼를 사용할 수 있다. 그러면 JAR 파일이 대상 디렉터리에 생성될 것이다.

```
$ mvnw package
```

그래들을 사용할 때는 빌드 태스크를 실행하기 위해 그래들 래퍼를 사용한다. 그리고 빌드가 완료되면 JAR 파일이 build/libs 디렉터리에 생성된다.

```
$ gradlew build
```

이제는 다음과 같이 `cf` 명령을 사용해서 JAR 파일을 클라우드 파운드리에 푸시하는 것만 남았다.

```
$ cf push ingredient-service -p target/ingredient-service-0.0.19-SNAPSHOT.jar
```

cf push의 첫 번째 인자인 ingredient-service는 클라우드 파운드리의 애플리케이션에 지정되는 이름이며, 이 애플리케이션의 전체 URL은 https://ingredient-service.cfapps.io다. 이처럼 애플리케이션 이름은 해당 애플리케이션이 호스팅되는 하위 도메인으로 사용된다. 따라서 클라우드 파운드리에 배포된 다른 애플리케이션과 충돌되지 않도록 애플리케이션에 지정하는 이름은 고유한 것이어야 한다(다른 클라우드 파운드리 사용자가 배포한 애플리케이션 이름을 포함해서).

그러나 고유한 이름을 생각하는 것이 어려울 수 있으므로 cf push 명령에서는 무작위로 하위 도메인을 생성해 주는 --random-route 옵션을 제공한다. 다음의 cf push 명령에서는 식자재 서비스 애플리케이션을 푸시하면서 무작위로 하위 도메인을 생성한다.

```
$ cf push ingredient-service \
    -p target/ingredient-service-0.0.19-SNAPSHOT.jar \
    --random-route
```

--random-route를 사용할 때도 애플리케이션 이름은 여전히 필요하다. 그러나 무작위로 선택된 두 개의 단어가 애플리케이션 이름 뒤에 추가되어 하위 도메인이 생성된다.

지금까지의 모든 것이 잘 되면 애플리케이션이 배포되어 요청을 처리할 준비가 된다. 만일 하위 도메인이 ingredient-service라고 가정하면 브라우저에서 http://ingredient-service.cfapps.io/ingredients에 접속하여 잘 실행되는지 알 수 있다. 이 경우 사용 가능한 식자재 리스트를 요청의 응답으로 받을 것이다.

현재 이 애플리케이션에서는 내장된 몽고 데이터베이스(테스트 목적으로 생성됨)를 사용해서 식자재 데이터를 저장한다. 그러나 프로덕션에서는 실제 데이터베이스를 사용해야 한다. 이 책을 저술하는 시점에는 mlab이라는 이름의 몽고DB 서비스를 PWS에서 사용할 수 있었다. cf marketplace 명령을 사용하면 이 서비스(그리고 다른 사용 가능한 서비스)를 찾을 수 있다. mlab 서비스의 인스턴스를 생성하기 위해 다음과 같이 cf create-service 명령을 실행한다.

```
$ cf create-service mlab sandbox ingredientdb
```

이것은 ingredientdb라는 이름의 서비스 플랜을 갖는 mlab 서비스를 생성한다. 일단 서비스가 생성되면 cf bind-service 명령으로 이 서비스를 우리 애플리케이션과 결합할 수 있다. 예를 들어, ingredientdb 서비스를 식자재 서비스 애플리케이션과 결합하려면 다음과 같이 한다.

```
$ cf bind-service ingredient-service ingredientdb
```

서비스를 애플리케이션과 결합한다는 것은 VCAP_SERVICES라는 이름의 환경 변수를 사용해서 서비스에 연결하는 방법을 애플리케이션에 제공하는 것이며, 해당 서비스를 사용하기 위해 애플리케이션을 변경하는 것은 아니다. 그다음에는 결합한 서비스를 적용하기 위해 애플리케이션을 재생성restage해야 한다.

```
$ cf restage ingredient-service
```

cf restage 명령은 클라우드 파운드리가 애플리케이션을 재배포하고 VCAP_SERVICES 값을 다시 고려한다. 그리고 이렇게 할 때 클라우드 파운드리는 애플리케이션과 결합되는 몽고DB 서비스가 있다는 것을 알게 되고, 애플리케이션의 데이터베이스로 해당 서비스를 사용한다.

MySQL 데이터베이스, PostgreSQL 데이터베이스, 바로 사용 가능한 유레카Eureka와 구성 서버 서비스를 포함해서 PWS에는 우리 애플리케이션이 결합할 수 있는 서비스가 많이 있다. 이에 관한 자세한 내용은 https://console.run.pivotal.io/marketplace를 참고하자. 그리고 PWS의 사용 방법은 https://docs.run.pivotal.io/의 문서를 참고하기 바란다.

클라우드 파운드리는 스프링 부트 애플리케이션 배포에 아주 좋은 PaaS다. 그리고 스프링 프로젝트와 연계되어 시너지 효과를 제공한다. 그러나 클라우드에 애플리케이션을 배포하는 또 다른 방법이 있는데, 특히 AWS 같은 IAASInfrastructure-as-a-Service 플랫폼에서는 클라우드의 도커 컨테이너에 애플리케이션을 패키징한다. 지금부터는 스프링 부트 애플리케이션을 수용하는 도커 컨테이너의 생성 방법을 알아본다.

19.4 도커 컨테이너에서 스프링 부트 실행하기

도커(https://www.docker.com/)는 클라우드에서 모든 종류의 애플리케이션을 배포하는 사실상의 표준이 되었다. AWS, 마이크로소프트 Azure, 구글 클라우드 플랫폼, 피보탈 웹 서비스 등을 포함하는 서로 다른 많은 클라우드 환경에서 애플리케이션 배포를 위한 도커 컨테이너를 수용한다.

도커로 생성되는 것과 같은 컨테이너 애플리케이션의 아이디어는 실세계의 컨테이너에서 비롯되었다. 선적 물품을 담는 모든 컨테이너는 내용물과 무관하게 표준화된 크기와 형태를 갖는다. 따라서 컨테이너는 쉽게 배에 쌓아 올리거나 기차나 트럭으로 운반할 수 있다. 이와 유사한 방법으로 컨테이너 애플리케이션은 공통된 컨테이너 형식을 공유하므로 컨테이너에 포함된 애플리케이션과 무관하게 어디서든 배포 및 실행할 수 있다.

도커 이미지 생성이 아주 어려운 것은 아니다. 그러나 Spotify(스포티파이)의 메이븐 플러그인을 사용하면 스프링 부트 빌드의 결과를 더 쉽게 도커 컨테이너로 생성할 수 있다. 도커 플러그인을 사용하려면 스프링 부트 프로젝트에 있는 pom.xml 파일의 `<build>/<plugins>` 블록 아래에 다음과 같이 플러그인을 추가한다.

```
<build>
  <plugins>
  ...
    <plugin>
      <groupId>com.spotify</groupId>
      <artifactId>dockerfile-maven-plugin</artifactId>
      <version>1.4.3</version>
      <configuration>
        <repository>
          ${docker.image.prefix}/${project.artifactId}
        </repository>
        <buildArgs>
          <JAR_FILE>target/${project.build.finalName}.jar</JAR_FILE>
        </buildArgs>
      </configuration>
    </plugin>
  </plugins>
</build>
```

`<configuration>` 블록 아래에는 도커 이미지 생성에 필요한 속성들을 설정한다. `<repository>` 요소에는 도커 리퍼지터리에 나타나는 도커 이미지의 이름을 지정한다. 여기에 지정했듯이, 이름의 제일 앞에는 `docker.image.prefix`라는 이름의 메이븐 속성 값이 지정되고 그 다음에는 메이븐 프로젝트의 artifact ID가 붙는다. 프로젝트의 artifact ID는 바로 위의 artifactId 요소에 지정되어 있으며, `docker.image.prefix` 속성은 다음과 같이 properties 요소에 지정해야 한다.

```
<properties>
  ...
  <docker.image.prefix>tacocloud</docker.image.prefix>
</properties>
```

이것이 타코 클라우드 식자재 서비스의 pom.xml 파일이었다면 결과로 생성되는 도커 이미지는 도커 리퍼지터리의 tacocloud/ingredient-service에 저장되었을 것이다.

<buildArgs> 요소 아래에는 메이븐 빌드가 생성하는 JAR 파일을 지정한다(도커 이미지에 포함시키기 위해). 이때 target 디렉터리에 있는 JAR 파일의 이름을 결정하기 위해 메이븐 속성인 project.build.finalName을 사용한다.

이처럼 메이븐 빌드 명세에 제공한 정보 외의 다른 모든 도커 이미지 정보는 Dockerfile이라는 이름의 파일에 정의된다. 대부분의 스프링 부트 애플리케이션은 다음의 Dockerfile과 같이 정의할 수 있다.

```
FROM openjdk:8-jdk-alpine
ENV SPRING_PROFILES_ACTIVE docker
VOLUME /tmp
ARG JAR_FILE
COPY ${JAR_FILE} app.jar
ENTRYPOINT ["java", ₩
            "-Djava.security.egd=file:/dev/./urandom", ₩
            "-jar", ₩
            "/app.jar"]
```

이 내용을 보면 다음과 같다.

- FROM에는 새 이미지의 기반이 되는 이미지를 지정한다. 새 이미지는 기본 이미지를 확장한다. 여기서는 기본 이미지가 OpenJDK 버전 8을 기반으로 하는 컨테이너 이미지인 openjdk:8-jdkalpine이다.
- ENV에는 환경 변수를 설정한다. 여기서는 활성 프로파일을 기반으로 스프링 부트 애플리케이션의 구성 속성을 변경할 것이므로 환경 변수인 SPRING_PROFILES_ACTIVE를 docker로 설정하였다. 스프링 부트 애플리케이션이 docker 활성 프로파일로 시작하도록 하기 위해서다.
- VOLUME은 컨테이너의 마운트 지점을 생성한다. 여기서는 필요 시에 컨테이너가 /tmp 디렉터리에 데이터를 쓸 수 있도록 /tmp에 마운트 지점을 생성한다.

- ARG에는 빌드 시에 전달할 수 있는 인자를 선언한다. 여기서는 메이븐 플러그인의 <buildArgs> 블록에 지정된 인자와 동일한 JAR_FILE이라는 이름의 인자를 선언한다.
- COPY는 지정된 경로의 파일을 다른 경로로 복사한다. 여기서는 메이븐 플러그인에 지정된 JAR 파일을 app.jar라는 이름의 파일로 도커 이미지에 복사한다.
- ENTRYPOINT에는 컨테이너가 시작될 때 실행하기 위한 명령행 코드를 배열로 지정한다. 여기서는 실행 가능한 app.jar 파일을 실행시키기 위해 명령행에서 java를 사용하도록 지정한다.

일반적으로 스프링 부트 애플리케이션을 포함하는 컨테이너 이미지에는 SPRING_PROFILES_ACTIVE 환경 변수를 ENV에 설정하는 것이 좋다. 이렇게 하면 도커에서 실행되는 애플리케이션에 고유한 빈과 구성 속성을 구성할 수 있기 때문이다.

식자재 서비스의 경우는 별개의 컨테이너에서 실행되는 몽고 데이터베이스에 우리 애플리케이션을 연결할 방법이 필요하다. 기본적으로 스프링 데이터는 localhost의 27017 포트를 리스닝하는 몽고 데이터베이스와의 연결을 시도한다. 그러나 이것은 로컬로 실행될 때만 가능하고 컨테이너일 때는 다르다. 따라서 spring.data.mongodb.host 속성을 구성하여 몽고 데이터베이스를 사용할 수 있는 호스트 이름을 스프링 데이터에 알려주어야 한다.

몽고 데이터베이스가 실행되는 곳을 아직 모를 수 있다. 그러나 다음의 도커에 특정된 구성을 application.yml 파일에 추가하여 docker 프로파일이 활성화될 때 스프링 데이터가 mongo라는 호스트의 몽고 데이터베이스를 연결하도록 구성할 수 있다.

```
---
spring:
  profiles: docker
  data:
    mongodb:
      host: mongo
```

이렇게 하면 도커 컨테이너가 시작되는 즉시 mongo 호스트가 다른 컨테이너에서 실행 중인 몽고 데이터베이스로 연결된다. 이제는 도커 이미지를 빌드할 준비가 되었으므로, 메이븐 래퍼를 사용해서 package와 dockerfile:build를 실행시켜 JAR 파일을 빌드하면 도커 이미지가 생성된다.

```
$ mvnw package dockerfile:build
```

이 시점에서 docker images 명령을 사용하면 생성된 이미지가 로컬 이미지 리퍼지터리에 있는지 검사할 수 있다(여기서는 알아보기 쉽도록 페이지 여백을 맞추기 위해 CREATED와 SIZE 열을 생략하였다).

```
$ docker images
REPOSITORY                          TAG                  IMAGE ID
tacocloud/ingredient-service        latest               7e8ed20e768e
```

식자재 서비스 컨테이너를 시작하기에 앞서, 몽고 데이터베이스의 컨테이너를 먼저 시작해야 한다. 다음의 명령행에서는 몽고 3.7.9 데이터베이스를 사용하는 tacocloud-mongo라는 이름의 새로운 도커를 로컬에 생성하여 실행한다.

```
$ docker run --name tacocloud-mongo -d mongo:3.7.9-xenial
```

마지막으로 식자재 서비스 컨테이너를 실행하면 된다. 이때 방금 시작된 몽고 컨테이너와 연결한다.

```
$ docker run -p 8080:8081 \
             --link tacocloud-mongo:mongo \
             tacocloud/ingredient-service
```

여기서 docker run 명령은 몇 가지 중요한 매개변수를 갖고 있다.

- 컨테이너의 스프링 부트 애플리케이션이 8081 포트로 실행되도록 구성했으므로 -p 매개변수에서는 내부 포트를 호스트의 8080 포트로 연결시킨다.
- --link 매개변수는 이 컨테이너를 tacocloud-mongo 컨테이너와 연결시킨다. 그리고 이때 tacocloud-mongo 컨테이너의 호스트 이름을 mongo로 지정한다. 스프링 데이터가 이 호스트 이름을 사용해서 연결할 수 있도록 하기 위해서다.
- 마지막으로 새 컨테이너에서 실행되는 이미지의 이름(여기서는 tacocloud/ingredient service)을 지정한다.

이제는 빌드된 도커 이미지를 갖게 되었고 로컬 컨테이너로 실행되는 것을 확인하였다. 따라서 해당 이미지를 Dockerhub나 다른 도커 이미지 리퍼지터리에 푸시할 수 있다. 만일 Dockerhub에 계정이 있고 로그인하면 다음과 같이 메이븐을 사용해서 해당 이미지를 푸시할 수 있다.

```
$ mvnw dockerfile:push
```

이때부터는 AWS, 마이크로소프트 Azure, 구글 클라우드 플랫폼을 포함해서 도커 컨테이너를 지원하는 어떤 환경에도 이미지를 배포할 수 있다. 원하는 환경을 선택한 후 플랫폼에 특정된 도커 컨테이너 배포 지침을 따르면 된다. 많이 알려진 몇 가지 클라우드 플랫폼은 다음과 같다.

- **AWS:** https://aws.amazon.com/getting-started/tutorials/deploy-dockercontainers/
- **마이크로소프트 Azure:** https://docs.docker.com/docker-for-azure/deploy/
- **구글 클라우드 플랫폼:** https://cloud.google.com/kubernetes-engine/docs/ tutorials/hello-app
- **피보탈 웹 서비스(PWS):** https://docs.run.pivotal.io/devguide/deploy-apps/ push-docker.html
- **피보탈 컨테이너 서비스(PKS):** https://pivotal.io/platform/pivotal-container-service

요약

- 스프링 애플리케이션은 종전의 애플리케이션 서버, 클라우드 파운드리와 같은 PaaS, 도커 컨테이너 등을 포함해서 서로 다른 환경에 배포할 수 있다.
- WAR 파일을 빌드할 때는 스프링의 `DispatcherServlet`이 적합하게 구성되도록 `SpringBootServletInitializr`의 서브 클래스를 포함해야 한다.
- 실행 가능 JAR 파일을 빌드하면 WAR 파일의 부담 없이 스프링 부트 애플리케이션을 다수의 클라우드 플랫폼에 배포할 수 있다.
- Spotify의 메이븐 플러그인을 사용하면 스프링 애플리케이션을 컨테이너에 패키징하기 쉽다. 이 플러그인은 실행 가능 JAR 파일을 도커 컨테이너에 래핑하므로 AWSAmazon Web Services, 마이크로소프트 Azure, 구글 클라우드 플랫폼, PWSPivotal Web Services, PKSPivotal Container Service 등을 포함하여 도커 컨테이너가 배포될 수 있는 곳이면 어디든지 애플리케이션을 배포할 수 있다.

APPENDIX

스프링 부트 프로젝트 생성하기

스프링 부트 프로젝트를 생성하고 시작하는 방법은 여러 가지가 있지만, 선택은 각자의 취향에 달려있다. 대개는 각자 선호하는 IDE를 사용하게 될 것이다.

그리고 사용하는 IDE는 다르더라도 스프링 사이트에서 제공하는 스프링 Initializr 서비스를 통해서 프로젝트를 생성하는 것이 일반적이다. 스프링 Initializr는 스프링 부트 프로젝트를 생성하는 REST API이며, 우리가 선택한 IDE는 이 REST API의 클라이언트가 되어 스프링 부트 프로젝트를 생성한다. 이와 더불어 IDE의 외부에서 직접 스프링 Initializr를 사용하는 방법도 있다.

여기서는 주로 많이 사용하는 IDE의 설치 및 설치된 IDE를 사용하여 스프링 부트 프로젝트를 생성하는 방법을 살펴본다.

A.1 STS를 사용해서 프로젝트 생성하기[36]

STSSpring Tool Suite를 사용해서 새로운 스프링 프로젝트를 생성하려면, 메뉴에서 **File ⇨ New ⇨ Spring Starter Project**를 선택한다(그림 A.1).

36 여기서는 STS를 사용해서 스프링 프로젝트를 생성하는 방법을 요약 설명한다. STS의 다운로드와 설치 및 STS가 생성한 프로젝트에 관련된 자세한 내용은 1장의 1.2를 참고하자.

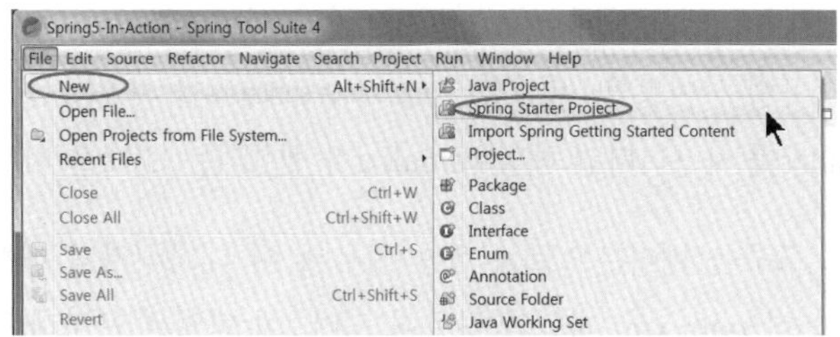

그림 A.1 **STS에서 새로운 프로젝트 생성하기**

그러면 그림 A.2의 새 프로젝트 위저드 대화상자가 나타난다.

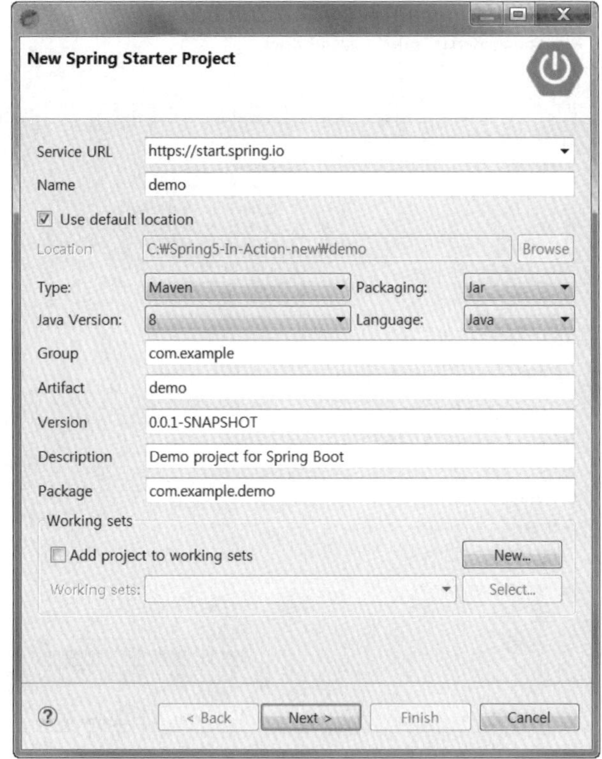

그림 A.2 **기본적인 프로젝트 정보 정의하기**

여기서는 프로젝트 이름(Name 필드), 개요(Description 필드), 버전(Version 필드), 패키지 이름(Package 필드) 등의 기본적인 프로젝트 정보를 지정한다. 또한, 메이븐이나 그래들 중 어떤 것으로 프로젝트를 빌드할 것인지(Type 필드), 그리고 JAR나 WAR 중 어떤 파일로 빌드를 생성할 것인지(Packaging 필드), 어떤 JVM 언어(자바, 코틀린, 그루비)를 사용할 것인지(Language 필드)도 지정할 수 있다.

첫 번째 필드인 Service URL 필드에는 스프링 Initializr 서비스의 위치를 지정할 수 있다. 기본값으로 지정된 스프링 사이트의 Initializr(https://start.spring.io)를 사용하는 것이 좋다. 그러나 다른 커스텀 Initializr를 사용한다면 해당 Initializr가 실행되는 URL을 지정하면 된다.

Type 필드의 빌드 도구를 메이븐으로 선택한 경우에 이 대화상자의 대부분 필드는 메이븐 빌드 명세를 정의한 pom.xml 파일의 항목이 되며, 이 파일은 프로젝트 내부에 자동 생성된다. 각 필드의 입력이나 선택이 끝난 후 **Next**를 클릭하면 그림 A.3의 프로젝트 의존성dependency을 지정하는 대화상자가 나타난다.

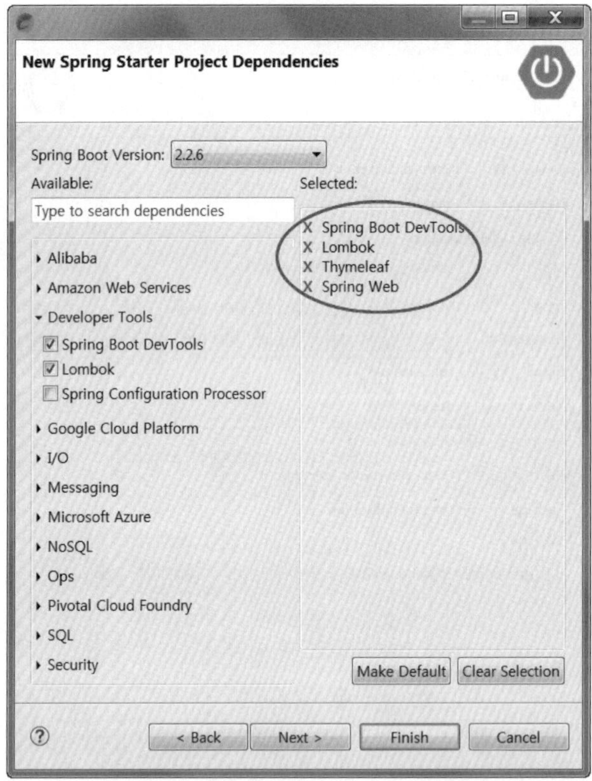

그림 A.3 **프로젝트 의존성 지정하기**

그림 A.3의 페이지에서는 프로젝트에 추가할 의존성을 지정할 수 있다. 의존성은 스프링 프로젝트에서 사용하는 외부 라이브러리나 모듈(주로 JAR 파일)을 나타내지만, 주로 스프링 부트 스타터 의존성들을 많이 지정한다. 제일 위의 드롭다운에서는 우리 프로젝트의 기반이 되는 스프링 부트의 버전을 선택하며, 사용 가능한 스프링 부트의 GAGeneral Availability(최신 정식) 버전이 기본값이 된다. 특별히 다른 버전을 목표로 하지 않는다면 기본값을 그대로 두는 것이 좋다.

의존성을 지정할 때는 각 항목의 **왼쪽 화살표**를 클릭하여 확장한 후 원하는 항목을 선택하거나, 위쪽의 검색 필드에 항목 이름을 입력한 후 나타나는 항목에서 선택하면 된다. 선택된 의존성은 오른쪽의 Selected 헤더 밑에 나타난다. 선택된 특정 의존성을 선택 해제할 때는 왼쪽의 **X**를 클릭하며, 모든 의존성을 선택 해제할 때는 **Clear Selection** 버튼을 클릭하면 된다.

또한, 우리 프로젝트에 항상(또는 자주) 사용하는 의존성들이 있을 때는 해당 의존성들을 선택한 후 **Make Default** 버튼을 클릭한다. 그러면 이후에 프로젝트를 생성할 때 해당 의존성들이 기본적으로 선택된다.

의존성 선택이 끝난 후 **Finish**를 클릭하면 프로젝트가 생성되어 STS IDE의 작업 영역에 저장된다. 그러나 스프링 사이트의 Initializr(https://start.spring.io)가 아닌 다른 Initializr를 사용하고 싶을 때는 **Next** 버튼을 클릭하여 그림 A.4의 대화상자에서 지정할 수 있다.

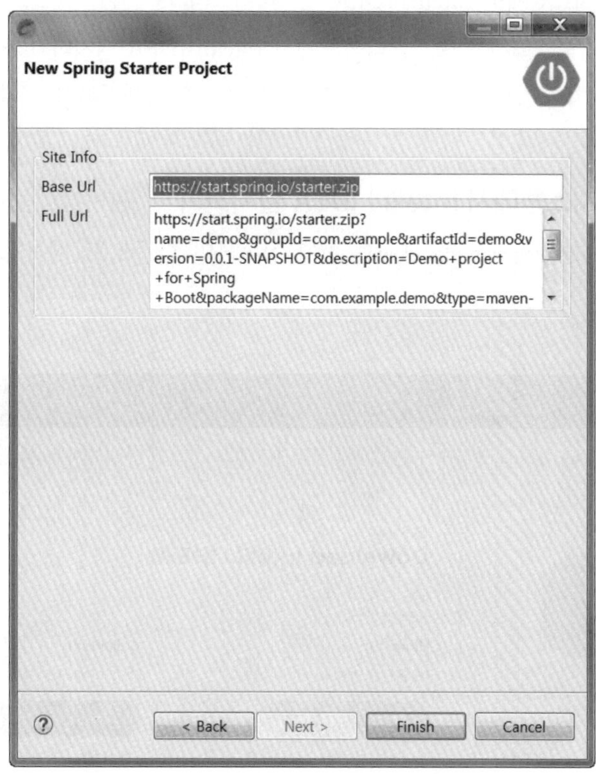

그림 A.4 Initializr의 URL 지정하기

Base Url 필드는 Initializr API가 리스닝하는 URL을 나타낸다. 이 페이지에서는 이 필드만 변경할 수 있다. Full Url 필드는 Initializr에 새로운 프로젝트를 요청하기 위해 사용되는 전체 URL을 나타낸다.

기본적으로 프로젝트 위저드는 http://start.spring.io의 스프링 Initializr를 호출하여 프로젝트를 생성한다. 대개는 이 기본값을 변경할 필요가 없으므로 이전 페이지(그림 A.3)에서 **Finish**를 클릭하면 된다. 그러나 어떤 이유로든 우리의 Initializr를 갖고 있다면(예를 들어, 기본 Initializr를 로컬 컴퓨터에 복사했거나, 회사 방화벽 내부에서 실행되는 커스터마이징된 Initializr가 있을 때), 그 주소를 Base Url 필드에 입력한 후 **Finish**를 클릭하면 된다.

A.2 IntelliJ IDEA 설치 및 프로젝트 생성하기

우선, 각자 사용 중인 운영체제에 맞춰 IntelliJ IDEA를 설치한다. 윈도우 시스템의 경우는 'A.2.1 윈도우 시스템에서 IntelliJ IDEA 설치하기', 맥OS에서는 'A.2.2 맥OS에서 IntelliJ IDEA 설치하기', 리눅스에서는 'A.2.3 리눅스에서 IntelliJ IDEA 설치하기'를 참고하여 설치하면 된다. 그리고 설치가 끝나면 'A.2.4 IntelliJ IDEA 프로젝트 생성하기'를 읽도록 한다.

A.2.1 윈도우 시스템에서 IntelliJ IDEA 설치하기

우선, https://www.jetbrains.com/idea/download/에 접속하면 다운로드 페이지가 나타난다(그림 A.5).

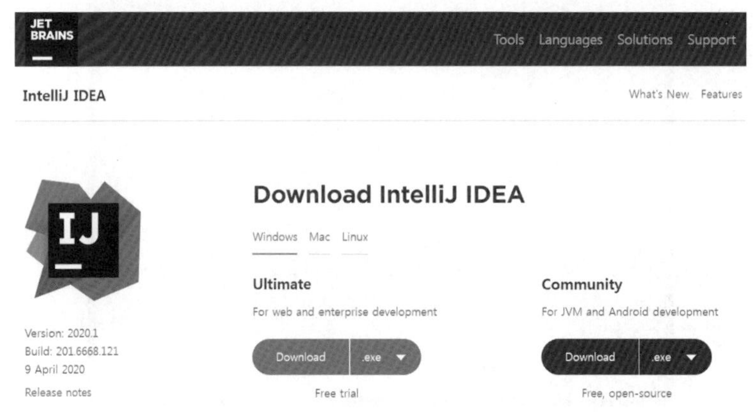

그림 A.5 IntelliJ IDEA 다운로드 페이지

Ultimate 버전의 **DOWNLOAD** 버튼을 클릭하여 다운로드한다(Ultimate 버전은 유료이고 Community 버전은 무료다). 그리고 다운로드한 파일을 실행하면 그림 A.6의 대화상자가 나타난다.

그림 A.6 **IntelliJ IDEA 설치 시작 화면**

Next 버튼을 클릭하면 그림 A.7의 설치 위치 지정 대화상자가 나타난다(만일 이전 버전이 설치되었다면 제거Uninstall를 묻는 대화상자가 나타나며, **제거할 버전**을 선택한 후 **Next** 버튼을 클릭하면 삭제 작업이 실행된다).

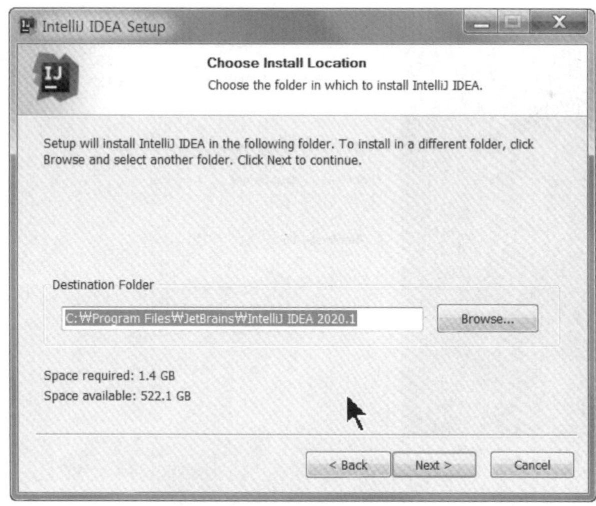

그림 A.7 **설치 위치 지정하기**

기본으로 나타난 폴더를 그대로 사용하거나, **Browse...** 버튼을 클릭하여 각자 원하는 위치를 지정한 후에 **Next** 버튼을 클릭하면 설치 옵션을 선택할 수 있는 그림 A.8의 대화상자가 나타난다.

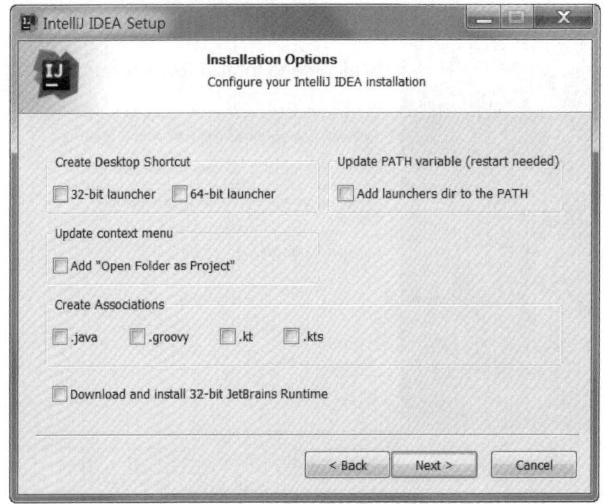

그림 A.8 **설치 옵션 선택하기**

Next 버튼을 클릭하면(각자 필요한 것이 있으면 선택한다) 시작 메뉴 폴더 선택 대화상자가 나타나며, **Install** 버튼을 클릭하면 설치가 시작된다. 그리고 설치가 완료된 후에는 그림 A.9의 대화상자가 나타난다.

그림 A.9 **설치 완료 화면**

Run IntelliJ IDEA를 체크한 후 **Finish** 버튼을 누르면 IntelliJ IDEA가 최초 실행되며, 만일 이전에 IntelliJ IDEA를 설치한 적이 있으면 이전 설정을 가져올 수 있도록 그림 A.10의 대화상자가 나타난다.

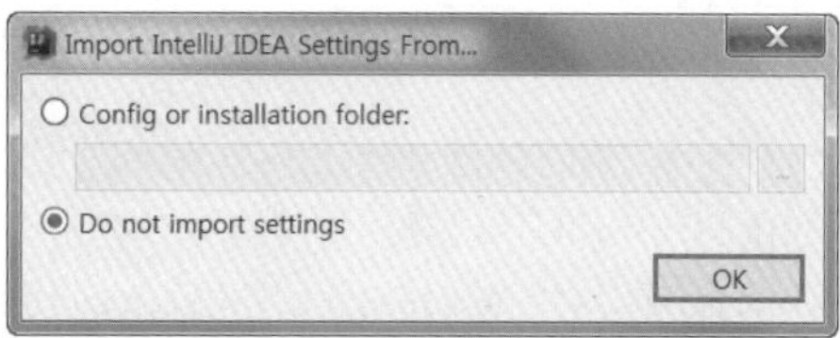

그림 A.10 **이전 설치 버전 설정 가져오기**

처음 설치하거나 또는 이전의 설정을 가져올 필요가 없으면 **'Do not import settings'**를 선택하고 **OK** 버튼을 클릭한다. 사용자 동의를 구하는 대화상자가 나타나면 **'I confirm that I have read and accept the terms of this User Agreement'**를 체크하고 **Continue** 버튼을 클릭한다. 그러면 IntelliJ IDEA의 UI를 선택하는 그림 A.11의 대화상자가 나타난다.

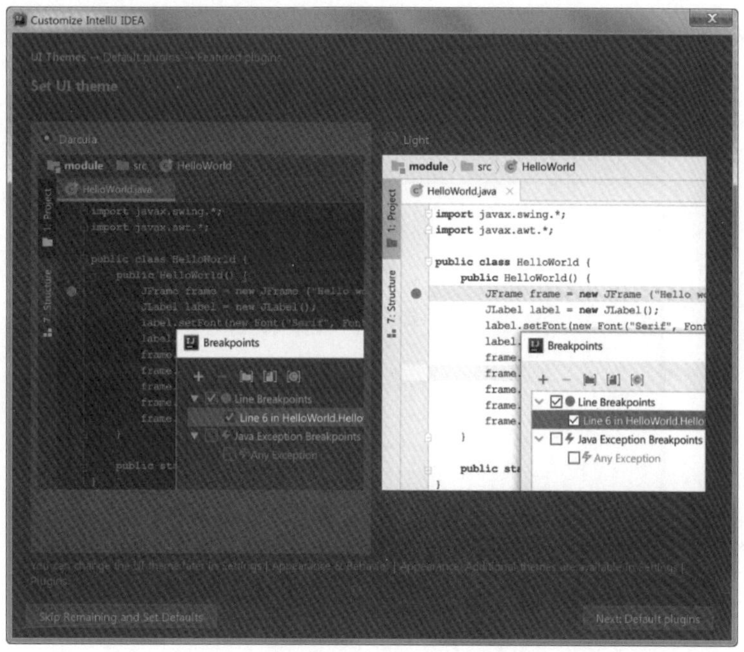

그림 A.11 **IntelliJ IDEA UI 선택하기**

각자 선호하는 형태를 선택하고 **Next: Default plugins** 버튼을 클릭하면 그림 A.12의 대화상자가 나타난다. 여기서는 각종 도구에 사용할 플러그인을 활성화 또는 비활성화할 수 있다.

그림 A.12 **도구와 플러그인 선택 화면**

기본 선택을 그대로 두고 **Skip Remaining and Set Defaults** 버튼을 클릭하면 라이선스를 활성화하는 대화상자가 나타난다. 여기서는 Free trial로 할 것이므로 제일 위의 오른쪽에 있는 **'Evaluate for free'**를 선택하고 **Evaluate** 버튼을 누른다(이 경우 30일 동안만 사용할 수 있다). 그러면 모든 설정이 끝나고 그림 A.13의 IntelliJ IDEA 시작 대화상자가 나타난다.

그림 A.13 **IntelliJ IDEA 시작 화면**

여기까지 수행했다면 IntelliJ IDEA를 사용하여 애플리케이션을 개발할 환경이 준비되었다.

A.2.2 맥OS에서 IntelliJ IDEA 설치하기

맥OS에서 IntelliJ IDEA를 설치하는 방법은 다음과 같다. https://www.jetbrains.com/idea/download/에 접속한 후 위쪽의 Mac이 선택되지 않았다면 그것을 클릭한다. 그리고 Ultimate 버전의 DOWNLOAD 버튼을 클릭하여 **디스크 이미지 파일**(.dmg)을 다운로드한다. 그다음에 파인더 창에서 그 파일을 찾아 더블 클릭한 후 화면에 나타난 IntelliJ IDEA 아이콘을 마우스로 끌어서 응용 프로그램 폴더에 놓으면 설치된다. 그리고 설치된 IntelliJ IDEA를 실행할 때는 파인더 창을 사용해서 응용 프로그램 폴더에 있는 **실행 파일**을 찾아 더블 클릭하면 된다.

A.2.3 리눅스에서 IntelliJ IDEA 설치하기

리눅스에서 IntelliJ IDEA를 설치하는 방법은 다음과 같다. https://www.jetbrains.com/idea/download/에 접속한 후 위쪽의 Linux가 선택되지 않았다면 그것을 클릭한다. 그리고 Ultimate 버전의 DOWNLOAD 버튼을 클릭하여 파일(.tar.gz)을 다운로드한 후 다음 명령을 실행하여 압축을 푼다.

```
tar -xfz 다운로드파일명 새로운폴더명
```

끝으로, IntelliJ IDEA가 설치된 디렉터리의 bin 서브 디렉터리에 있는 idea.sh를 실행한다.

A.2.4 IntelliJ IDEA 프로젝트 생성하기

그림 A.13의 시작 화면에서 Create New Project를 클릭하면 그림 A.14의 새로운 프로젝트 생성 대화상자가 나타난다(만일 IntelliJ를 설치한 이후에 처음 실행한 것이 아니라면 직전에 작업하던 프로젝트가 열릴 것이다. 이때는 IntelliJ 메인 창의 File ⇨ New ⇨ Project… 메뉴를 선택하면 된다).

그림 A.14 **새 프로젝트 생성 대화상자**

그림 A.14의 왼쪽에서 **Spring Initializr**를 선택한 후 오른쪽에서 스프링 부트 프로젝트를 생성하는 **Initializr**를 선택할 수 있다. **Next** 버튼을 클릭하면 프로젝트 정보를 입력하는 대화상자가 나타난다(그림 A.15). 그러나 https://start.spring.io와 다른 스프링 Initializr 서비스를 사용하고 싶다면 **Custom**을 선택하고 해당 스프링 Initializr 서비스의 URL을 입력하면 된다.

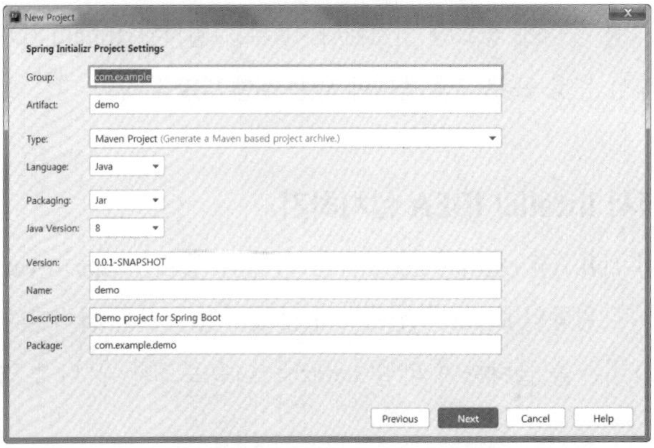

그림 A.15 IntelliJ IDEA에서 프로젝트 기본 정보 지정하기

그림 A.15의 필드들은 앞의 그림 A.2의 필드와 거의 동일하다. 또한, Type 필드를 **Maven Project**로 선택하면 이 대화상자의 대부분 필드가 메이븐 빌드 명세를 정의한 pom.xml 파일의 항목이 되며, 이 파일은 프로젝트 내부에 자동 생성된다. 프로젝트의 구조와 빌드 관리를 메이븐이 아닌 그래들로 할 때는 Type 필드를 **Gradle Project**로 선택하면 된다. 각 필드의 입력이나 선택이 끝난 후 **Next**를 클릭하면 그림 A.16의 프로젝트 의존성을 지정하는 대화상자가 나타난다.

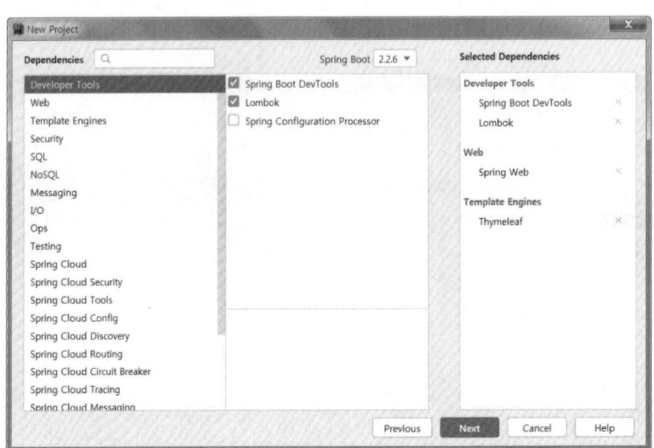

그림 A.16 프로젝트 의존성 선택하기

제일 왼쪽에는 의존성이 유형별로 나타나며, 특정 유형을 선택하면 이 유형에 속하는 의존성들이 바로 오른쪽에 나타난다. 그리고 원하는 의존성을 선택하면 제일 오른쪽에 선택한 의존성이 보여진다. 원하는 **의존성**을 선택한 후 **Next** 버튼을 클릭하면 그림 A.17 대화상자가 나타난다.

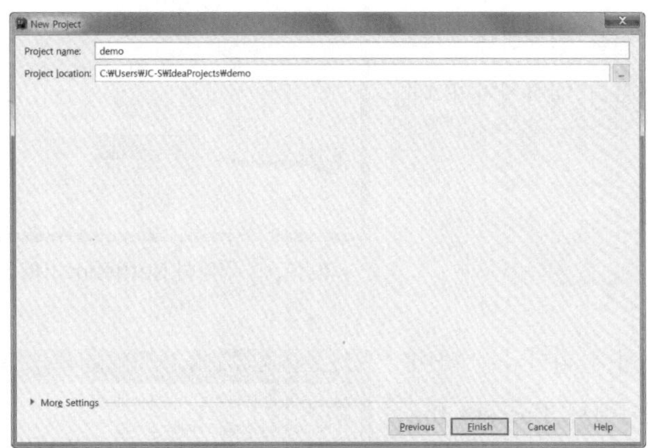

그림 A.17 **프로젝트 이름과 위치 지정하기**

프로젝트 이름과 저장할 위치를 지정한 후 **Finish** 버튼을 클릭하면 프로젝트가 생성되고 IntelliJ IDEA의 작업 영역에 로드된다.

A.3 NetBeans 설치 및 프로젝트 생성하기

여기서는 윈도우 시스템에 NetBeans를 설치하는 방법을 알아본다. 우선, **https://netbeans.org/downloads/index.html**에 접속하면 다운로드 페이지가 나타나며, 제일 위쪽에 있는 최신 버전(이 책을 출간할 때는 11.2 버전이었다)의 **Download** 버튼을 클릭하면 그림 A.18과 같이 해당 버전의 인스톨러installer 다운로드 페이지로 이동한다.

그림 A.18 **NetBeans 다운로드**

각자 시스템에 적합한 것을 클릭하면(윈도우 시스템의 경우는 **Apache-NetBeans-11.2-bin-windows-x64.exe**) 다운로드할 수 있는 사이트들을 보여준다. **원하는 사이트**를 클릭하여 다운로드한다. 그리고 다운로드한 파일을 실행하면 그림 A.19와 같이 인스톨러 대화상자가 나타난다.

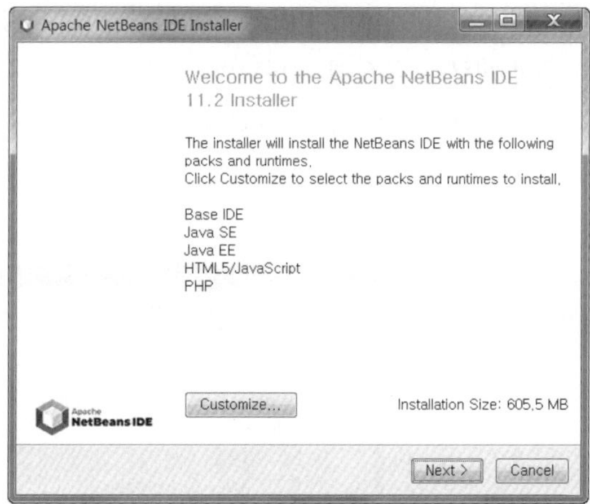

그림 A.19 **아파치 NetBeans IDE 인스톨러 대화상자**

Next 버튼을 클릭하여 나타나는 라이선스 동의 대화상자에서 **'I accept the terms in the license agreement'**를 체크하고 **Next** 버튼을 클릭하면 NetBeans와 JDK를 설치할 폴더를 지정하는 대화상자가 나타난다(그림 A.20).

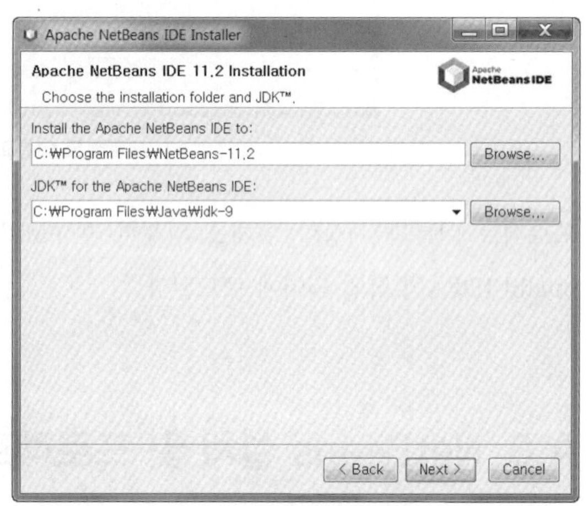

그림 A.20 **NetBeans와 JDK를 설치할 폴더 지정**

원하는 폴더를 지정하고 **Next** 버튼을 클릭하면 설치 정보를 요약해서 보여주는 대화상자가 나타나며, **Install** 버튼을 클릭하면 설치가 시작된다. 그리고 설치가 끝나고 그림 A.21의 설치 완료 대화상자가 나타나면 **Finish** 버튼을 클릭하면 된다.

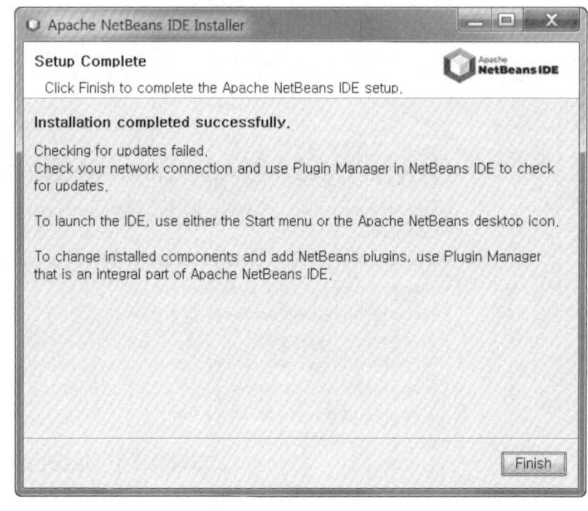

그림 A.21 **설치 완료를 알리는 대화상자**

NetBeans의 설치가 끝난 후에는 스프링 부트 플러그인을 설치해야 한다. 설치된 NetBeans를 실행한 후 메뉴의 **Tools ⇨ Plugins**를 선택하면 플러그인 대화상자가 나타난다(그림 A.22).

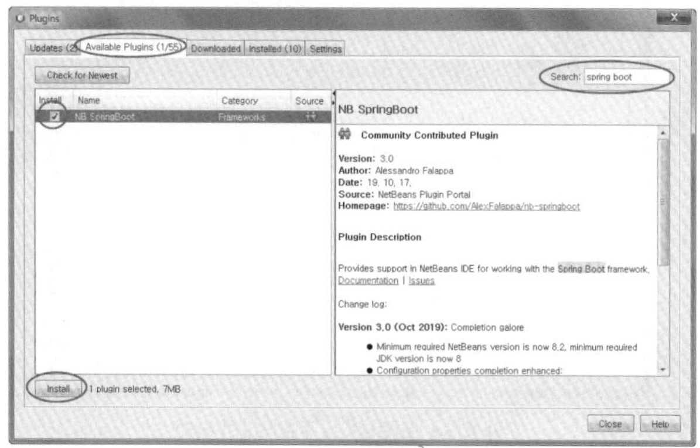

그림 A.22 플러그인 대화상자

그림 A.22처럼 제일 위의 **Availlable Plugins** 탭을 클릭하고 오른쪽 위의 Search 필드에 **'spring boot'**를 입력한 후 왼쪽에 나타난 NB SpringBoot의 **Install 체크박스**를 선택한다. 그리고, **Install** 버튼을 누르면 NetBeans 스프링 부트 플러그인이 설치됨을 알려주는 그림 A.23의 대화상자가 나타난다.

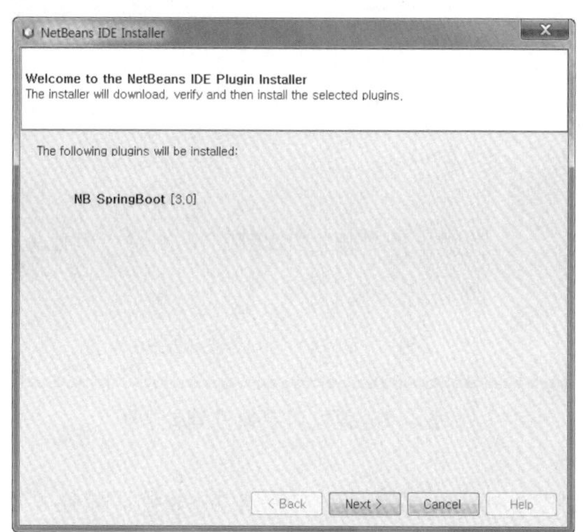

그림 A.23 NetBeans 스프링 부트 플러그인 설치 알림 대화상자

Next 버튼을 클릭하면 그림 A.24의 라이선스 동의 대화상자가 나타난다.

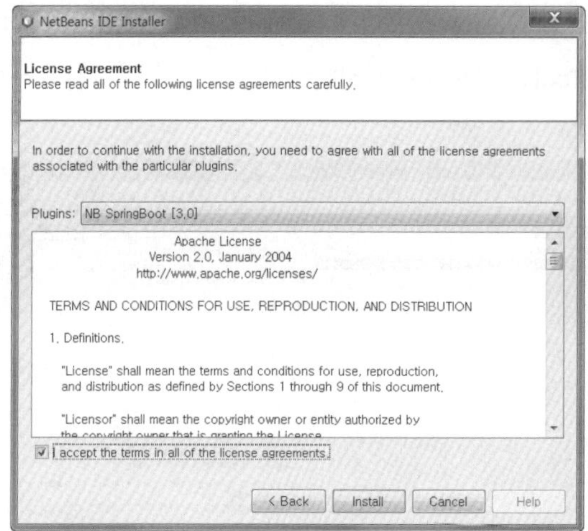

그림 A.24 **라이선스 동의 대화상자**

'I accept the terms in all of the license agreements'를 체크하고 **Install** 버튼을 클릭하면 설치가 시작되며, 설치 여부를 확인하는 그림 A.25의 대화상자가 나타난다.

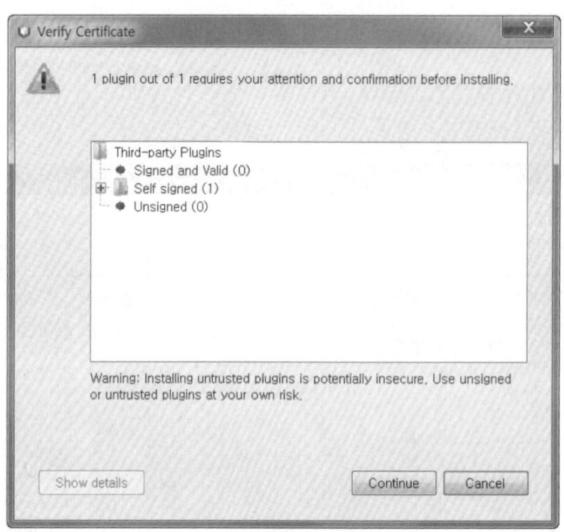

그림 A.25 **설치 여부 확인 대화상자**

Continue 버튼을 누르면 설치가 마무리되고 그림 A.26의 설치 완료 대화상자가 나타난다.

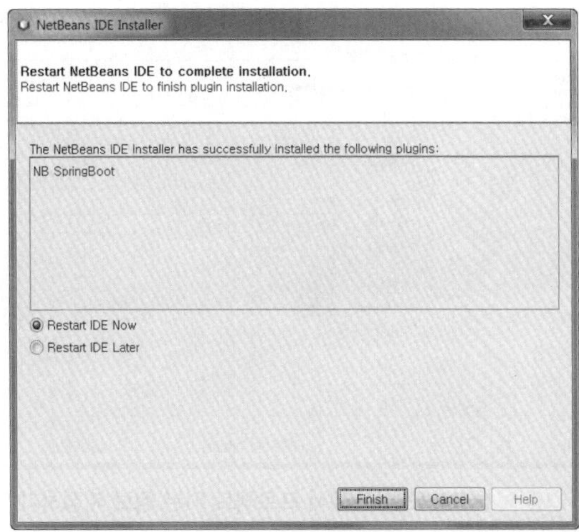

그림 A.26 **설치 완료 대화상자**

설치된 스프링 부트 플러그인을 적용하려면 NetBeans를 다시 시작해야 한다. **Restart IDE Now**를 선택하고 **Finish** 버튼을 누르면 NetBeans IDE가 다시 시작된다.

새로운 스프링 부트 프로젝트를 생성하기 위해 메뉴의 **File ⇨ New Project…**를 선택하면 그림 A.27의 대화상자가 나타난다.

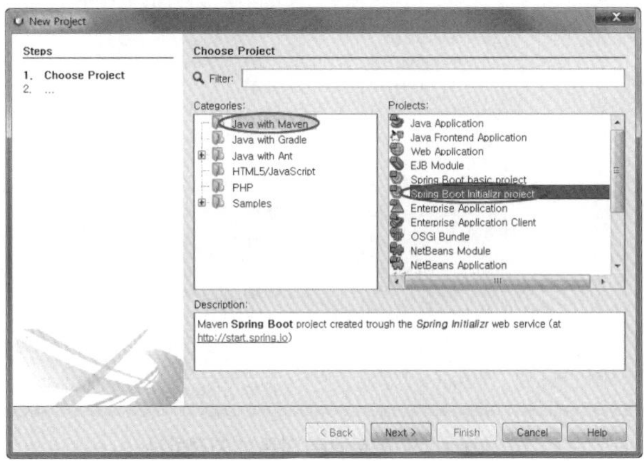

그림 A.27 **새 프로젝트 생성 대화상자**

이 대화상자에서는 생성하려는 프로젝트의 종류를 선택할 수 있다. 그림 A.27처럼 **Java with Maven**을 클릭한 후 오른쪽의 **'Spring Boot Initializr project'**를 선택한다. 그리고 **Next** 버튼을 클릭하면 그림 A.28의 대화상자가 나타난다.

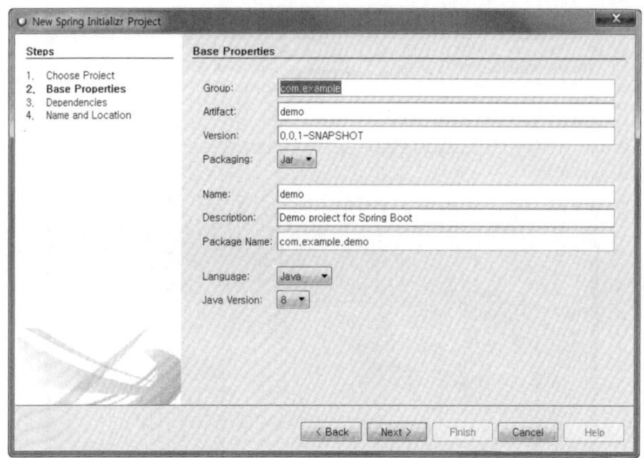

그림 A.28 NetBeans에서 프로젝트 기본 정보 지정하기

그림 A.28의 필드들은 앞의 그림 A.2의 필드와 거의 동일하다. 이 대화상자의 대부분 필드는 메이븐 빌드 명세를 정의한 pom.xml 파일의 항목이 되며, 이 파일은 프로젝트 내부에 자동 생성된다. 각 필드의 입력이나 선택이 끝난 후 **Next** 버튼을 클릭하면 그림 A.29의 프로젝트 의존성을 지정하는 대화상자가 나타난다.

그림 A.29 프로젝트 의존성 지정하기

모든 의존성은 유형별로 분류되어 체크박스로 나타나므로 스크롤해서 원하는 의존성을 찾아서 선택하면 된다. 또한, 오른쪽 위의 Filter 텍스트 상자에 의존성 유형을 입력하여 찾은 후 선택할 수도 있다.

그리고 Spring Boot Version 드롭다운에서 사용하기 원하는 스프링 부트 버전도 선택할 수 있다. 기본적으로는 사용 가능한 스프링 부트의 GA 버전이 선택된다.

프로젝트 의존성 선택이 끝나고 **Next** 버튼을 누르면 프로젝트 생성의 마지막 대화상자가 나타난다(그림 A.30).

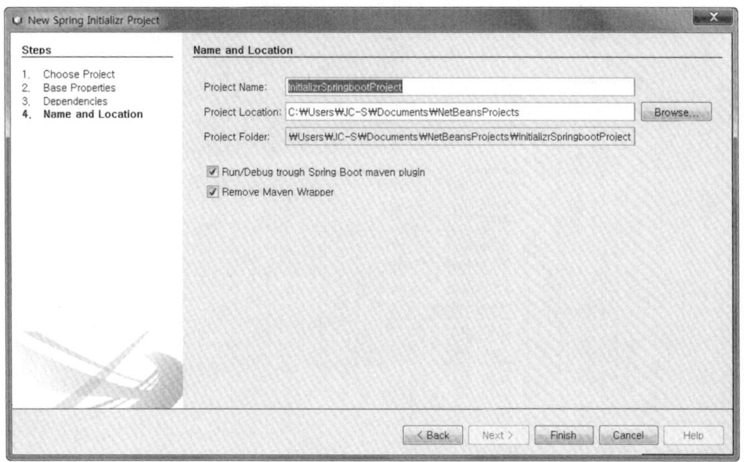

그림 A.30 **프로젝트 이름과 위치 지정하기**

이 대화상자에서는 프로젝트의 이름과 파일 시스템의 저장 위치를 지정할 수 있다. Project Folder 필드는 읽기 전용이며, 바로 위의 두 필드 값으로 구성된다. 즉, Project Name에 지정된 프로젝트 이름의 서브 디렉터리가 Project Location에 지정된 위치 아래에 생성되고 이곳에 프로젝트의 모든 파일이 저장된다. 그리고 NetBeans 대신 메이븐Maven 스프링 부트 플러그인을 통해 프로젝트를 실행 및 디버깅한다.

Finish 버튼을 클릭하면 프로젝트가 생성되고 NetBeans의 작업 영역에 추가된다.

A.4 start.spring.io에 직접 접속하여 프로젝트 생성하기

지금까지는 IDE(STS, IntelliJ IDEA, NetBeans)에서 스프링 부트 프로젝트를 생성하였다. 이 경우 스프링 부트 플러그인을 통해서 IDE가 프로젝트를 생성해 주므로 편리하다. 그러나 스프링 부트 플러그인을 지원하지 않는 다른 IDE나 텍스트 편집기를 사용할 수도 있다. 이때는 웹 기반 Initializr 인터페이스를 사용하는 스프링 Initializr에 직접 접속하여 프로젝트를 생성해야 한다.

우선, 웹 브라우저에서 https://start.spring.io에 접속한다. 그러면 그림 A.31의 스프링 Initializr 웹 인터페이스 화면이 나타난다.

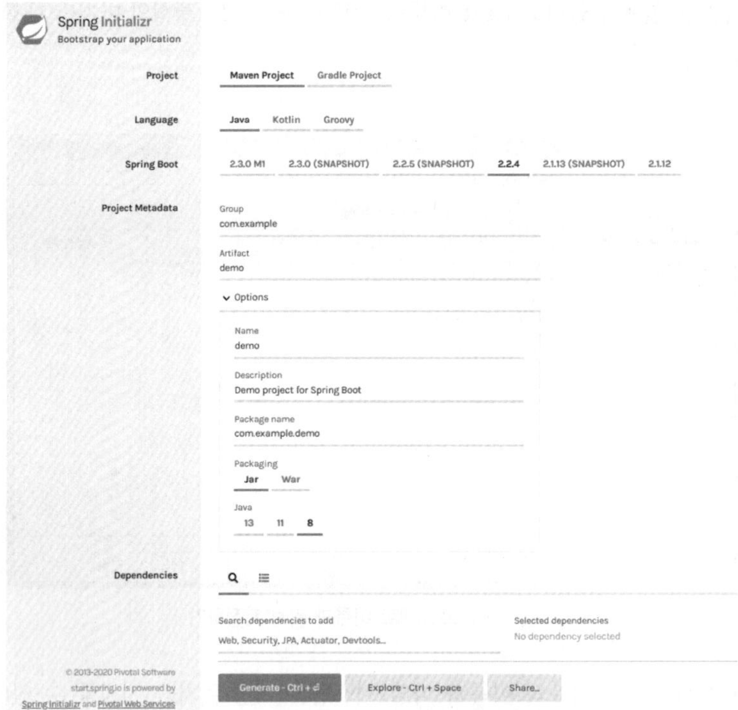

그림 A.31 **스프링 Initializr 웹 인터페이스**

앞에서 여러 IDE를 사용했던 것과 유사하게, 이 페이지에서는 스프링 부트 프로젝트에 관한 정보들을 지정한다. 생성되는 프로젝트 구조와 빌드 관리를 메이븐 또는 그래들로 선택할 수 있으며, 개발 언어와 스프링 부트 버전도 선택할 수 있다. 그리고 프로젝트 패키지, 이름, 설명, 패키징 파일(jar 또는 War), JDK 버전도 지정할 수 있다.

또한, 제일 밑에 있는 Search dependencies to add 필드에는 의존성 유형을 입력하여 원하는 의존성을 찾아 선택할 수 있다. 예를 들어, 'web' 유형의 의존성을 찾을 때는 그림 A.32와 같이 **web**을 입력하면 해당 의존성들이 나타나며, 이중에서 원하는 것을 클릭하면 된다.

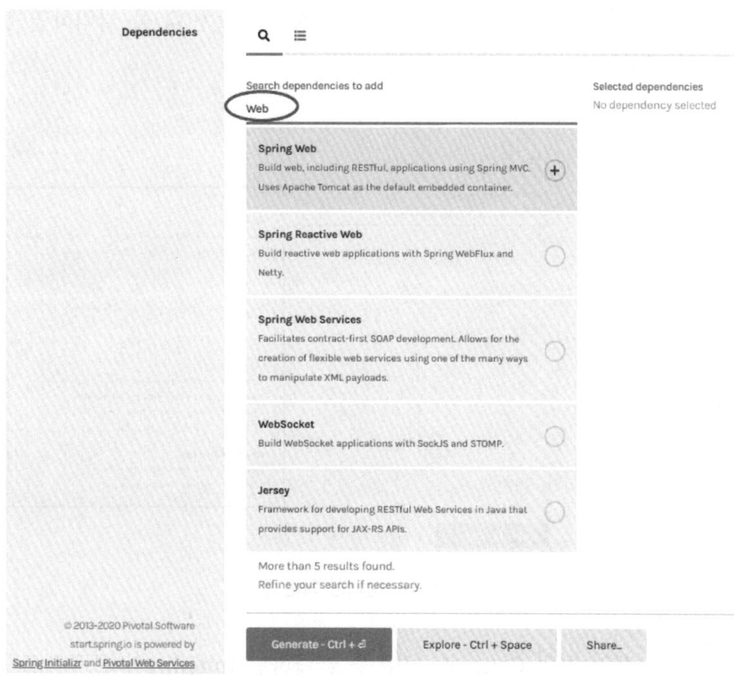

그림 A.32 'web' 의존성 유형으로 검색하고 선택하기

또는 그림 A.33과 같이 제일 위의 검색 아이콘(🔍) 오른쪽에 있는 **전체보기 아이콘**(☰)을 클릭하여 모든 의존성을 유형별로 볼 수 있다. 그리고 원하는 의존성의 오른쪽에 있는 **체크박스**를 클릭하여 선택 또는 선택 취소할 수 있다(체크 표시는 이미 선택된 의존성이라는 것을 나타낸다).

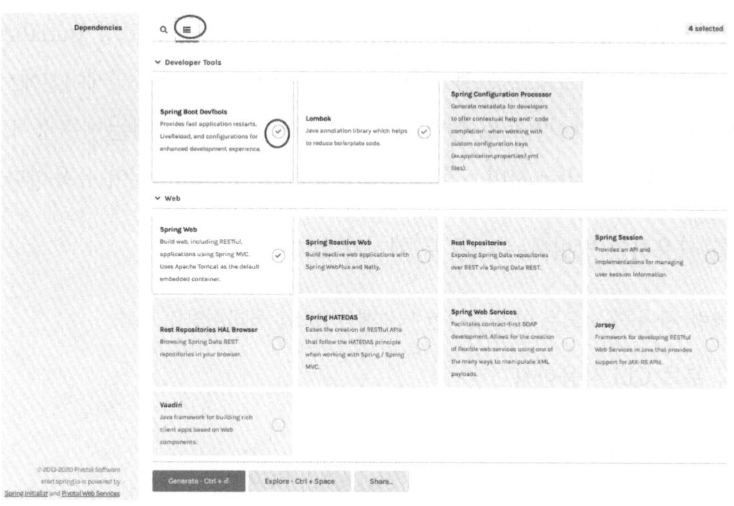

그림 A.33 모든 의존성을 보면서 선택하기

그림 A.32나 A.33의 방법으로 의존성을 선택한 후 **검색** 아이콘(🔍)을 클릭하면 선택한 의존성들을 오른쪽에 보여준다(그림 A.34).

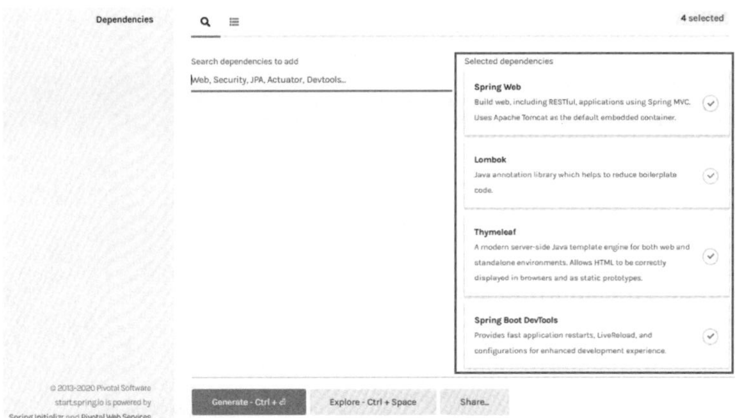

그림 A.34 선택한 의존성

모든 지정이 끝나고 제일 밑의 **Generate** 버튼을 클릭하면 Initializr가 프로젝트를 생성하고 zip 파일로 다운로드한다. 그다음에 다운로드한 zip 파일의 압축을 풀고 원하는 IDE나 텍스트 편집기에서 프로젝트 파일을 열거나 임포트 하면 된다.

A.5 명령행에서 프로젝트 생성하기

지금까지 알아보았듯이, 대부분의 경우 IDE나 웹 브라우저에서 스프링 Initializr 서비스를 사용하여 스프링 부트 프로젝트를 생성했다. 이 경우 Initializr 애플리케이션에서 제공하는 REST API 서비스의 클라이언트로 실행된다. 그러나 특별한 경우에는(예를 들어, 스크립트로 프로젝트를 생성할 때) Initializr 서비스를 명령행에서 직접 사용하는 것이 유용하다.

REST API를 사용하는 방법에는 다음 두 가지가 있다.

- curl 명령 사용하기(또는 이와 유사한 명령행의 REST 클라이언트 명령)
- 스프링 부트 CLI 사용하기

우선, curl 명령으로 사용하는 방법부터 알아보자.

A.5.1 curl과 Initializr API

curl을 사용해서 스프링 부트 프로젝트를 생성하는 예를 보면 다음과 같다(curl의 설치는 'A.8 curl 설치하기'를 참고하자).

```
% curl https://start.spring.io/starter.zip -o demo.zip
```

여기서는 Initializr의 /starter.zip 엔드포인트를 요청하며, Initializr는 스프링 프로젝트를 생성하고 zip 파일로 다운로드한다. 이 경우 생성된 프로젝트는 메이븐 빌드가 되며, 스프링 부트 스타터 의존성 외의 다른 의존성은 갖지 않는다. 그리고 프로젝트 내부에 생성되는 pom.xml 파일의 모든 프로젝트 정보는 기본값으로 설정된다.

생성되는 프로젝트의 zip 파일을 별도로 지정하지 않으면 해당 파일의 이름이 starter.zip이 된다. 그러나 여기서는 -o 옵션을 지정하였으므로 demo.zip이라는 파일 이름으로 생성되어 다운로드된다.

공개적으로 사용할 수 있는 스프링 Initializr 서버는 https://start.spring.io에 있다. 그러나 커스텀 Initializr를 사용할 때는 해당 Initializr의 URL을 지정하면 된다.

여기서는 스프링 Initializr REST 서비스를 사용하면서 -o 옵션만 지정했지만, 이외에도 표 A.1과 같은 요청 매개변수를 옵션에 추가 지정할 수 있다.

표 A.1 Initializr API에서 지원하는 요청 매개변수

매개변수	설명	기본값
groupId	메이븐 리퍼지터리의 고유 식별자로 사용되는 프로젝트의 그룹 ID	com.example
artifactId	메이븐 리퍼지터리의 프로젝트 ID	demo
version	프로젝트 버전	0.0.1-SNAPSHOT
name	프로젝트 이름. 애플리케이션의 메인 클래스 이름(프로젝트 이름 끝에 Application이 붙는다)에도 사용된다.	demo
description	프로젝트 설명	Demo project for Spring Boot
packageName	프로젝트의 기본 패키지 이름	com.example.demo
dependencies	프로젝트의 빌드 명세에 포함되는 의존성	스프링 부트 스타터 의존성만 기본으로 포함됨
type	프로젝트의 구조/빌드 타입으로 maven-project나 gradle-project 중 하나를 지정	maven-project
javaVersion	빌드에 사용되는 자바 JDK 버전	1.8

표 A.1 **Initializr API에서 지원하는 요청 매개변수 (계속)**

매개변수	설명	기본값
bootVersion	빌드에 사용되는 스프링 부트 버전	스프링 부트의 GA 버전
language	사용하는 프로그래밍 언어로 java, groovy, kotlin 중 하나를 지정한다.	java
packaging	빌드된 프로젝트의 패키징 타입으로 jar나 war 중 하나를 지정한다.	jar
applicationName	애플리케이션 이름	Name 매개변수의 값
baseDir	프로젝트의 모든 파일들이 위치하는 기본 디렉터리 이름	루트 디렉터리

사용 가능한 의존성을 포함해서 표 A.1의 매개변수 내역은 다음과 같이 Initializr의 기본 URL로 접속해도 볼 수 있다.

```
% curl https://start.spring.io
```

dependencies 매개변수는 가장 유용한 것 중 하나다. 예를 들어, 스프링을 사용해서 간단한 웹 프로젝트를 생성한다고 하자. 이 경우 다음과 같이 명령행에서 curl을 사용하면 웹 스타터 의존성이 포함된 프로젝트 zip 파일(여기서는 demo.zip)이 생성되어 다운로드된다.

```
% curl https://start.spring.io/starter.zip \
      -d dependencies=web \
      -o demo.zip
```

더 복잡한 예로, 스프링 데이터 JPA 의존성을 갖는 웹 애플리케이션을 생성한다고 하자. 또한, 이 프로젝트는 메이븐 대신 그래들을 사용해서 빌드하고, zip 파일 내부의 my-dir 디렉터리가 프로젝트의 모든 파일들이 위치하는 기본 디렉터리라고 하자. 그리고 다운로드한 zip 파일의 압축을 파일 시스템에 푸는 것까지 하자. 이때는 다음과 같이 하면 된다.

```
% curl https://start.spring.io/starter.tgz \
       -d dependencies=web,data-jpa \
       -d type=gradle-project
       -d baseDir=my-dir | tar -xzvf -
```

A.5.2 스프링 부트 명령행 인터페이스 사용하기

스프링 애플리케이션을 생성하는 또 다른 방법으로 스프링 부트 CLI를 사용할 수 있다. 스프링 부트 CLI는 여러 가지 방법으로 설치할 수 있지만, 가장 쉬운(그리고 내가 선호하는) 방법은 SDKMAN(https://sdkman.io/)을 사용하는 것이다.

```
% sdk install springboot
```

일단 스프링 부트 CLI가 설치되면 이것을 사용해서 curl로 할 때와 거의 동일하게 프로젝트를 생성할 수 있다. 이때 사용하는 명령어는 `spring init`이며, 가장 간단한 형태로 실행하는 예는 다음과 같다.

```
% spring init
```

이 경우 생성된 스프링 부트 프로젝트는 demo.zip이라는 zip 파일로 다운로드된다.

그러나 프로젝트의 더 상세한 정보와 의존성을 지정할 수도 있다. 표 A.2에서는 `spring init` 명령에 사용할 수 있는 요청 매개변수들을 보여준다.

표 A.2 `spring init` 명령에서 지원하는 요청 매개변수

매개변수	설명	기본값
`group-id`	메이븐 리퍼지터리의 고유 식별자로 사용되는 프로젝트의 그룹 ID	`com.example`
`artifact-id`	메이븐 리퍼지터리의 프로젝트 ID	`demo`
`version`	프로젝트 버전	`0.0.1-SNAPSHOT`
`name`	프로젝트 이름. 애플리케이션의 메인 클래스 이름(프로젝트 이름 끝에 `Application`이 붙는다)에도 사용된다.	`demo`
`description`	프로젝트 설명	`Demo project for Spring Boot`
`package-name`	프로젝트의 기본 패키지 이름	`com.example.demo`
`dependencies`	프로젝트의 빌드 명세에 포함되는 의존성	스프링 부트 스타터 의존성만 기본으로 포함된다.
`type`	프로젝트의 구조/빌드 타입으로 `maven-project`나 `gradle-project` 중 하나를 지정	`maven-project`
`java-version`	빌드에 사용되는 자바 JDK 버전	`1.8`
`boot-version`	빌드에 사용되는 스프링 부트 버전	스프링 부트의 GA 버전

표 A.2 spring init 명령에서 지원하는 요청 매개변수

매개변수	설명	기본값
language	사용하는 프로그래밍 언어로 자바, groovy, 코틀린 중 하나를 지정한다.	java
packaging	빌드된 프로젝트의 패키징 타입으로 jar나 war 중 하나를 지정한다.	jar

사용 가능한 의존성을 포함해서 표 A.2의 매개변수 내역은 다음과 같이 --list 매개변수를 사용해도 볼 수 있다.

```
% spring init --list
```

Jdk 1.7 버전으로 빌드하는 웹 애플리케이션을 생성하고 싶다고 하자. 이때는 다음과 같이 --dependencies와 --java 매개변수를 사용하면 된다.

```
% spring init --dependencies=web --java-version=1.7
```

또는 스프링 데이터 JPA 의존성을 갖는 웹 애플리케이션을 생성한다고 하자. 또한, 이 프로젝트는 메이븐 대신 그래들을 사용해서 빌드한다고 하자. 이때는 다음과 같이 한다.

```
% spring init --dependencies=web,jpa --type=gradle-project
```

spring init 명령의 매개변수는 curl 옵션의 매개변수와 똑같은 것도 있고 유사한 것도 있다. 또한, curl 옵션의 매개변수 중 일부는 spring init 명령에서 지원하지 않는 것도 있다(예를 들어, baseDir). 그리고 매개변수 이름이 두 개의 단어로 구성되는 경우, spring init 명령에서는 중간에 하이픈(-)을 넣는다(예를 들어, packageName 대신 package-name으로 되어 있다).

A.6 메타-프레임워크를 사용해서 스프링 애플리케이션 생성하기

스프링과 스프링 부트의 상위 계층으로 구축된 두 개의 프레임워크가 있다는 것도 알아 두자.

- Grails: https://grails.org/
- JHipster: https://jhipster.github.io/

이 메타-프레임워크들은 스프링 애플리케이션의 신속한 고수준 개발 기능을 제공하며, 스프링과 스프링 부트의 모든 것을 그대로 제공한다.

각 메타-프레임워크는 자신들의 독자적인 개발 모델을 제공한다. 하지만 여기서 간단하게 설명하기는 어려우므로 이런 메타-프레임워크들을 사용해서 스프링 애플리케이션을 생성할 수 있다는 정도만 알아 두자.

A.7 프로젝트 빌드하고 실행하기

어떤 방법으로 프로젝트를 생성 및 빌드하건, 다음과 같이 명령행에서 `java -jar` 명령을 사용하여 애플리케이션을 실행할 수 있다.

```
% java -jar demo.jar
```

JAR 파일 대신 WAR 파일로 프로젝트를 빌드한 경우에도 다음과 같이 애플리케이션을 실행하면 된다.

```
% java -jar demo.war
```

또는 스프링 부트 메이븐이나 그래들 플러그인을 사용해서 애플리케이션을 실행할 수도 있다. 예를 들어, 메이븐으로 프로젝트를 빌드했다면 다음과 같이 할 수 있다.

```
% mvn spring-boot:run
```

이와는 달리 그래들로 프로젝트를 빌드했다면 다음과 같이 한다.

```
% gradle bootRun
```

메이븐이나 그래들 중 어떤 경우에도 프로젝트가 먼저 빌드된 후(만일 빌드되지 않았다면) 실행된다.

A.8 curl 설치하기

이 책에서 사용하는 curl은 다음과 같이 설치할 수 있다. 우선 https://curl.haxx.se/dlwiz/?type=bin에 접속하면 curl 실행 파일을 다운로드할 수 있는 페이지가 나타난다(그림 A.35).

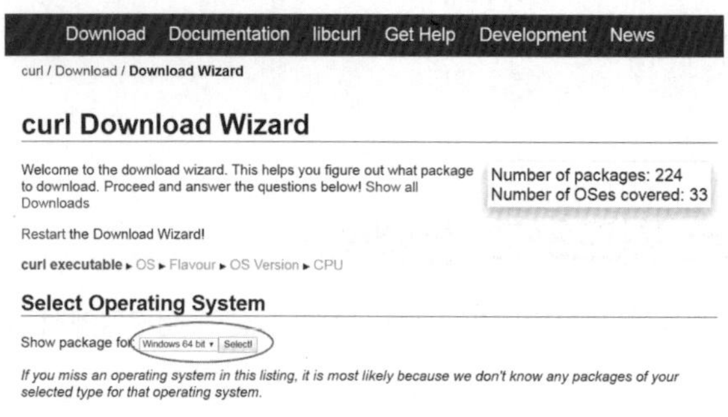

그림 A.35 curl 다운로드 페이지

아래에 있는 **드롭다운**을 클릭하여 **설치를 원하는 운영체제**를 선택한다. 그림 A.35에서는 윈도우 64비트를 선택하였다. 여기서는 윈도우 시스템에서 curl을 설치하고 사용하는 방법을 알아본다. 그리고 **Select!** 버튼을 클릭하면 그림 A.36의 페이지가 나타난다.

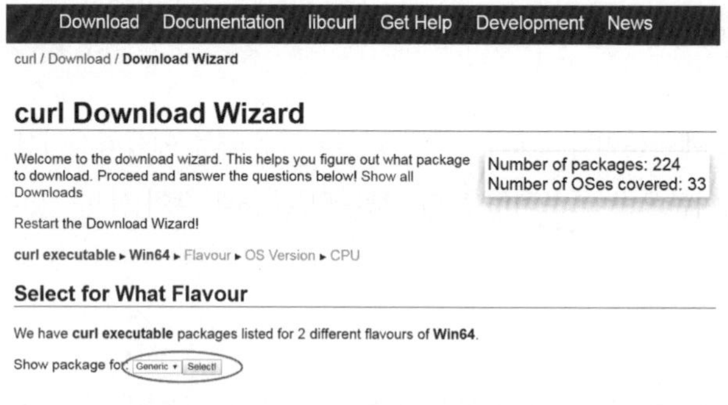

그림 A.36 윈도우 64비트 시스템에서 실행할 curl 버전 선택하기

윈도우 시스템에서 직접 실행되는 curl 버전을 의미하는 **Generic**을 선택하고 **Select!** 버튼을 클릭하면 그림 A.37의 페이지가 나타난다.

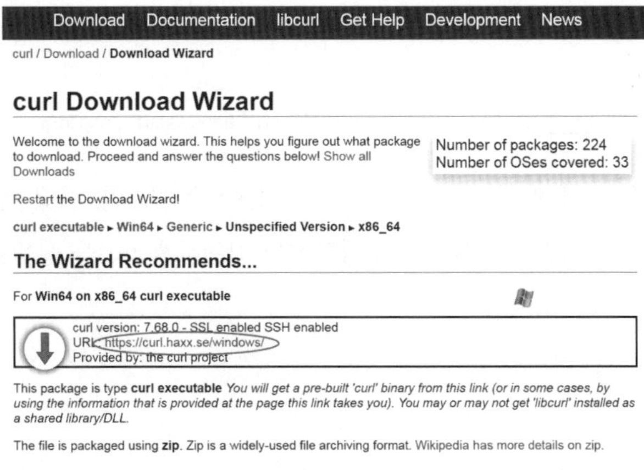

그림 A.37 **윈도우 64비트 시스템에서 실행되는 curl 다운로드하기**

여기서는 윈도우 64비트 시스템에서 실행되는 curl 실행 파일을 다운로드할 수 있다. **타원으로 표시된 링크**를 클릭하면 그림 A.38 페이지가 나타난다.

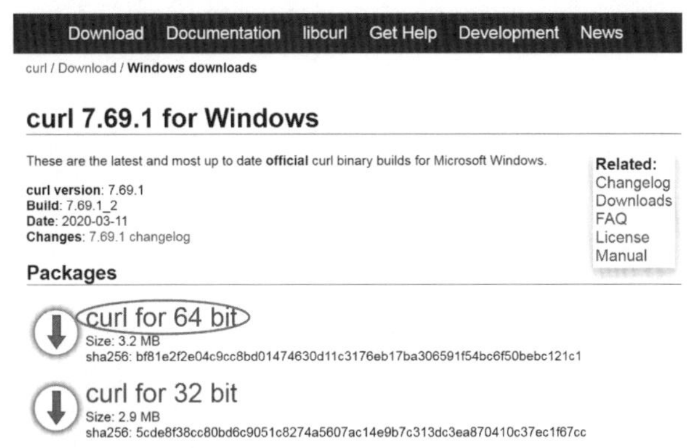

그림 A.38 **윈도우 64비트 또는 32비트 다시 선택하기**

타원으로 표시된 링크를 클릭하면 윈도우 64비트 버전의 zip 파일이 다운로드된다.

각자 원하는 디렉터리에 다운로드한 zip 파일의 압축을 풀자. 예를 들어, C:\Spring5 아래에 압축을 풀었다면 이 아래에 curl-7.69.1-win64-mingw라는 서브 디렉터리(7.69.1은 curl 버전에 따라 달라질 수 있다)가 생성되고 모든 파일이 저장된다. 그리고 curl 실행 파일은 C:\Spring5\curl-7.69.1-win64-mingw\bin 아래에 위치한다.

윈도우+R 키를 누르고 **cmd.exe**를 입력한 후 **확인** 버튼을 클릭하여 명령 프롬프트 창을 열자. 그리고 다음과 같이 curl을 실행하면 스프링 Initializr의 기본 URL에 접속하여 모든 매개변수 내역을 볼 수 있다.

```
C:\> C:\Spring5\curl-7.69.1-win64-mingw\bin\curl https://start.spring.io
```

(curl의 경로를 각 운영체제의 path 환경 변수에 추가하면 curl https://start.spring.io를 실행하므로 편리하다).

이처럼 각자의 운영체제에 맞게 curl을 설치하고 사용할 수 있지만, 사용 중인 운영체제와 무관하게 6장의 그림 6.17처럼 STS의 터미널 창에서도 간편하게 curl을 실행할 수 있다.

진솔한 서평을 올려주세요!

이 책 또는 이미 읽은 제이펍의 책이 있다면, 장단점을 잘 보여주는 솔직한 서평을 올려주세요.
매월 최대 5건의 우수 서평을 선별하여 원하는 제이펍 도서를 1권씩 드립니다!

- **서평 이벤트 참여 방법**

  ❶ 제이펍 책을 읽고 자신의 블로그나 SNS, 각 인터넷 서점 리뷰란에 서평을 올린다.

  ❷ 서평이 작성된 URL과 함께 **review@jpub.kr**로 메일을 보내 응모한다.

- **서평 당선자 발표**

  매월 첫째 주 제이펍 홈페이지(**www.jpub.kr**)에 공지하고, 해당 당선자에게는 메일로 연락을 드립니다.
  단, 서평단에 선정되어 작성한 서평은 응모 대상에서 제외합니다.

독자 여러분의 응원과 채찍질을 받아 더 나은 책을 만들 수 있도록 도와주시기 바랍니다.

기호 및 숫자

A

B

C

H

I

J

K

L

M

N

O

S

ㅂ

ㅅ